Contraste insuffisant

NF Z 43-120-14

ACADÉMIE ROYALE
DES SCIENCES, DES LETTRES ET DES BEAUX-ARTS DE BELGIQUE.

COMMISSION ROYALE D'HISTOIRE.

MM. Le baron Kervyn de Lettenhove, Président.
    Gachard, Secrétaire et Trésorier.
    Alphonse Wauters.
    Stanislas Bormans.
    Edmond Poullet.
    Charles Piot.
    Léopold Devillers.
    Gilliodts-Van Severen, Membre suppléant.

Chroniques de Flandre (Ms. 971 de la Bibliothèque d'Angers.)

CIII.e Chap —

Le conte Robert dartois fist sonner ses trompettes

ISTORE
ET
CRONIQUES DE FLANDRES,

D'APRÈS LES TEXTES DE DIVERS MANUSCRITS,

PAR

M. le baron KERVYN DE LETTENHOVE,

Membre de la Commission royale d'histoire.

TOME Ier.

BRUXELLES,
F. HAYEZ, IMPRIMEUR DE L'ACADÉMIE ROYALE DE BELGIQUE.

1879

Chroniques de Flandre (Ms. M de la Bibliothèque d'Angers.)

CIII.ᵉ Chap —

Le conte Robert d'artois fist sonner ses trompettes

ISTORE

ET

CRONIQUES DE FLANDRES,

D'APRÈS LES TEXTES DE DIVERS MANUSCRITS,

PAR

 M. le baron **KERVYN DE LETTENHOVE**,

Membre de la Commission royale d'histoire.

TOME Ier.

BRUXELLES,
F. HAYEZ, IMPRIMEUR DE L'ACADÉMIE ROYALE DE BELGIQUE.

1879

INTRODUCTION.

Les narrations, écrites de diverses mains et continuées pendant plusieurs siècles, que nous publions aujourd'hui, forment l'une des plus vastes conpilations historiques que l'on puisse consulter. A peine le cèdent-elles en étendue aux *Chroniques de Saint-Denis,* et de même que les annales des rois de France, celles des comtes de Flandre, si elles n'offrent constamment ni la valeur d'un récit original, ni l'impartialité d'un témoignage désintéressé, méritent d'être signalées à raison de l'abondance des faits recueillis dans cette longue suite de récits qui s'ouvrent à l'époque de Charlemagne avec les Forestiers et qui, dans la plupart des textes, se terminent devant la tombe de Louis de Male, avec l'existence même du comté de Flandre.

Dès l'époque de Villehardouin, la Flandre possédait, il est vrai, des relations historiques, rédigées en français. De ce nombre est la chronique publiée par nos soins pour la Société d'Émulation de Bruges, d'après un codex de la Bibliothèque Nationale de Paris, qui renferme tout à côté et de la même main l'un des textes les plus anciens des mémoires du maréchal de Champagne.

Cependant l'honneur de porter le titre de *Chronique de Flandre* était réservé à une œuvre plus considérable. C'est celle dont l'incipit : *On troève lisant que ou tamps Charlemaine, le très-fort roy de France, fu une terre brehaigne,* traduit d'abord le texte de nos premières chroniques latines, mais s'affranchit bientôt de cette étroite limite pour embrasser à peu près toute l'Europe chrétienne.

A quelle époque vit-on succéder à des fragments épars un corps de chroniques, présentant le tableau des événements de plusieurs siècles et ayant spécialement pour but de répandre en langue vulgaire la connaissance de ceux qui s'étaient accomplis en Flandre? Où cette œuvre fut-elle abordée et à quelle main appartint-il de l'entreprendre?

Ces questions sont difficiles à résoudre. Ce qui est incontestable, c'est que ce chroniqueur anonyme a été vivement pénétré du but qu'il se proposait, de la mission qu'il avait à remplir. Il appelle « l'histoire de la Flandre » sa première matière [1]. » Il dit qu'il écrit « le geste des Flamans et de leurs » guerres [2]. » On peut d'ailleurs considérer comme probable qu'un travail destiné à faire revivre les brillantes traditions de la Flandre coïncida avec l'époque où elle remplit dans l'histoire le rôle politique le plus important : je veux parler du milieu du XIVe siècle; et l'auteur, s'il ne nous a pas révélé son nom, nous a laissé plus d'un témoignage de nature à nous faire connaître où il vécut et sous quel drapeau le rangeaient ses plus vives sympathies.

Saint-Omer partageait avec Tournay la tâche périlleuse d'être l'un des boulevards de la monarchie française. Là se réunissait une noblesse intrépide toujours prête à verser son sang pour la défendre; là se réfugiaient les partisans les plus zélés des comtes de Flandre, ces *oultre-avolés* dont parle Froissart.

Là était aussi depuis trois siècles la grande source des informations historiques. C'était au monastère de Saint-Bertin qu'avait été écrite la première généalogie des comtes de Flandre; c'était un chanoine de Saint-Omer qui

---

[1] Tome I, p. 188.
[2] Tome I, p. 201.

à cette forme simple et concise avait substitué un récit plus développé. Depuis lors les études historiques n'avaient cessé d'y être cultivées.

Notre auteur semble aussi avoir vécu près du cloître où s'élevait « la » haute tombe ornée de cuivre ouvré[1] » sous laquelle reposait Guillaume de Normandie. Il put connaître au monastère des Cordeliers de Saint-Omer le religieux qui, après la bataille de Courtray, alla réclamer les restes sanglants de Robert d'Artois[2]; mais nous croirions volontiers qu'il était lui-même étranger aux ordres monastiques et qu'il appartenait à une famille de bourgeois de Saint-Omer. De là sa préoccupation constante de mettre en scène ses concitoyens. Il se plaît à rappeler comment les bourgeois se joignirent aux hommes d'armes de Thiébaut de Cépoy et de Jean d'Haveskerque et comment « li grans bourgois aloient de lieu en aultre pour visiter » les gardes[3]. » Il a vu sans doute l'archevêque de Reims excommunier les Flamands en plein marché en présence des collèges de la ville[4]. Avec quels détails ne parle-t-il point de l'entrée solennelle de Mahaut d'Artois à Saint-Omer[5]! Il sait que Robert de Flandre dîna à Saint-Omer avec Miles de Noyers[6]. Il transcrit les lettres qu'Édouard III écrivit aux échevins de Saint-Omer[7]. Il rapporte avec de longs et minutieux détails les sanglants combats livrés en 1340 aux bords de l'Aa[8] : « Ceux de la ville y gagnèrent » si grant avoir qu'on ne pourroit le raconter[9]. » Personne ne connaît mieux que lui tout ce qui s'y est passé, lorsqu'un fils de ce comte d'Artois, dont

---

[1] Tome I, p. 41.
[2] Tome I, p. 256.
[3] Tome I, p. 272.
[4] Tome I, p. 301.
[5] Tome I, p. 315.
[6] Tome I, p. 341.
[7] Tome I, p. 377.
[8] Tome I, pp. 585-592.
[9] Tome I, p. 592.

il a retracé la mort sous la bannière française en 1302, est venu, par un étrange jeu de la fortune, planter le drapeau anglais devant les remparts de Saint-Omer.

Quant aux sympathies de l'auteur, il ne les cache point. Il les réserve tout entières au comte de Flandre et au roi de France qui soutient le comte de Flandre. Il appelle « nos gens » ceux qui accompagnent le comte d'Artois au combat de Furnes [1] ou bien ceux qui se trouvent en garnison à Saint-Omer lors de l'assaut de Guillaume de Juliers [2]. Pour lui, Philippe le Bel est « le bon roi [3]. » Il ne dissimule pas davantage la part qu'il prend aux succès de Philippe de Valois. Lorsqu'il arrivera à l'année 1342 où sa chronique s'achève, ce sera pour lui une joie égale de raconter la blessure mortelle reçue par Robert d'Artois en Bretagne et la rentrée de Louis de Nevers en Flandre lors de sa réconciliation, trop courte hélas, avec les communes [4].

Quand, à la fin du XIVe siècle, un abbé de Saint-Bertin écrira l'histoire de son monastère, il aura sous les yeux la chronique dont nous venons de parler, et parmi les extraits qu'il y empruntera, nous citerons l'éloge de la comtesse Marguerite, la pieuse fondatrice du monastère de Flines [5].

Un jour viendra longtemps après, où dans un temps moins chevaleresque, peu après les sombres attentats du roi de Navarre et quelques années avant les complots non moins perfides de Jean sans Peur, on ira jusqu'à se demander si Robert de Cassel, tramant la perte de son frère aîné, Louis de Nevers, n'avait pas été légitimement frappé de proscription et de déchéance, et si la même peine ne devait point atteindre Louis d'Orléans, devenu l'époux de Valentine de Milan et soupçonné de conspirer, lui aussi, la mort

---

[1] Tome I, p. 215.
[2] Tome I, pp. 262 et 263.
[3] Tome I, p. 502.
[4] Tome I, p. 409.
[5] Iperius, *Chron. de Saint-Bertin.*

INTRODUCTION.

de son frère ainé; et à cette heure-là, le duc de Bourgogne, intéressé plus que tout autre à invoquer l'exemple de ce que l'on fit au XIV⁰ siècle, interrogera l'œuvre historique où ce récit a été recueilli, et sous quel titre : *Croniques de l'église Saint-Bertin à Saint-Omer* [1].

Tout tend donc à démontrer, non-seulement l'origine de la *Chronique de Flandre,* mais l'autorité dont elle jouissait près des abbés et près des princes. Elle présentait l'apologie des successeurs de Baudouin Bras de Fer comme on peut trouver dans les *Chroniques de Saint-Denis* celle des héritiers de Clovis. Un magnifique manuscrit de la *Chronique de Flandre* se conservait à la fin du siècle dernier au monastère des Petits-Augustins à Lyon [2]. Marguerite de Male, fille du dernier comte de Flandre, y avait inscrit elle-même son nom. C'était l'inventaire des titres de gloire de ses ancêtres. Il faut constater, non sans regret, qu'il a disparu dans l'orage révolutionnaire qui a brisé les tombeaux du dernier comte de Flandre et de Marguerite de Male elle-même.

C'est ce texte, continué jusqu'en 1383, que Denis Sauvage, historiographe du roi de France Henri II, a fait connaître en le publiant en 1561 sous le titre de : *Chronique de Flandres.* Mais, selon son usage, il eut soin de le corriger et d'en rajeunir le style : ce qui enlève toute valeur à son travail, car il a multiplié les erreurs, alors même qu'il prétendait les effacer.

Cependant, il existe pour notre histoire au moyen âge, un texte plus considérable encore et non moins précieux que celui de la *Chronique de Flandre.* C'est la narration connue sous le titre de : *Chroniques abrégées de Baudouin d'Avesnes.*

Il n'est point de travail historique qui ait donné lieu à des investigations plus laborieuses, à des appréciations plus contradictoires.

Selon quelques érudits, l'attribution même constitue une erreur, et il faut

---

[1] *Archives de Lille,* carton B. 1090.
[2] LELONG, *Bibl. hist.,* t. III, p. 635 (n° 39566).

INTRODUCTION.

effacer le nom de Baudouin d'Avesnes pour le remplacer par celui de Baudouin de Constantinople.

Vers l'an 1200, selon le récit de Jacques de Guyse, le comte Baudouin, guidé par les conseils et les lumières des principaux clercs du Hainaut, ordonna de former un corps de récits qui remonterait aux origines du monde; mais il prescrivit plus spécialement de recueillir tout ce qui se rapportait aux annales de son pays et à la généalogie de ses ancêtres. Cet ouvrage, rédigé en français, porta le titre d'*Histoires de Baudouin* [1].

Baudouin était un prince lettré. Il avait pour conseiller Cuesnes de Béthune aussi illustre comme trouvère que comme chevalier et composa lui-même quelques vers qui sont parvenus jusqu'à nous. Lors même que nous n'avons plus sous les yeux l'œuvre historique à laquelle il présida, il faut accepter le témoignage de Jacques de Guyse comme un précieux hommage rendu à la mémoire de ce prince qui à trente ans ceignit la glorieuse couronne des empereurs de Constantinople.

Jacques de Guyse déclare qu'il a emprunté aux *Histoires de Baudouin* les généalogies des comtes et des barons de Hainaut [2].

Ce qui ajoute aux difficultés et à la confusion, c'est que Jacques de Guyse cite fréquemment, pour des faits antérieurs au XIIIe siècle, la chronique de Baudouin; mais il importe de ne pas confondre deux ouvrages qui sont également perdus. Il ne s'agit plus ici de l'empereur Baudouin et de ses généalogies, mais de l'historiographe Baudouin [3], qui partage avec Almeric

---

[1] *His temporibus (circa annum 1200) Balduinus Hannoniae atque Flandriae comes, a magnis suarum patriarum clericis instructus, fecit historias a mundi creatione abbreviatas usque ad tempora sua sub brevi epilogatione recolligi atque conscribi, et specialiter historias quae tangere videbantur patrias atque genealogias a quibus ipse derivari credebatur, quas in gallicano idiomate redigi fecit, quae ab ipso : Historiae Balduini nuncupabantur.* JACQUES DE GUYSE, édition de M. de Fortia, t. XIII, p. 245.

[2] *Genealogias nonnullas huic operi annotavi.* JACQUES DE GUYSE, éd. de M. de Fortia, t. XIII, p. 246.

[3] *Praedictus historiographus.* JACQUES DE GUYSE, éd. de M. de Fortia, t. VIII, p. 16.

INTRODUCTION.

et Gilbert l'honneur de s'être occupé spécialement des annales du Hainaut [1].

Il faut conserver aux *Histoires de Baudouin* (comte de Hainaut) les généalogies recueillies par Jacques de Guyse. Il les a données dans les chapitres VII à X de son XVIe livre, et on les retrouvera dans Gilbert de Mons [2]. Rien n'est, en effet, plus aisé à comprendre que la reproduction par cet historien qui fut le premier clerc et le chancelier de Baudouin, d'un travail entrepris à la prière et probablement sous la direction des grands clercs du comté de Hainaut [3].

Baudouin d'Avesnes, dont Jacques de Guyse parait ne point avoir connu la compilation, a aussi reproduit fréquemment Gilbert de Mons; mais ce qui distingue ses récits des *Histoires de Baudouin*, c'est qu'il a complété, soit les généalogies des comtes et des barons de Hainaut, soit les récits historiques, pour toute l'époque qui s'était écoulée depuis que le premier empereur latin de Byzance ne vivait plus.

Les titres littéraires de Baudouin d'Avesnes sont placés hors de toute contestation sérieuse. Nous avons pour les reconnaître deux autorités formelles : la première très-précise, celle des copistes des manuscrits, qui désignent comme auteur Baudouin d'Avesnes, fils de la comtesse de Hainaut;

---

[1] Jacques de Guyse, éd. de M. de Fortia, t. I, p. 34.

[2] Gilbert de Mons, éd. de M. de Godefroy, t. I, pp. 78-104.

[3] Il y a dans Gilbert de Mons plus d'un passage où il semble reproduire les *Histoires de Baudouin*. Lorsqu'il annonce qu'il se propose de traiter : *De gestis et genealogia comitum Hanoniensum dicere proposuimus*, ceci ne répond-il point à ce que dit Jacques de Guyse: *Fecit recolligi et conscribi specialiter historias quae tangere videbantur patrias et genealogias?* Gilbert de Mons commence son livre après l'année 1195. Nous voici bien près de l'année 1200, indiquée approximativement par Jacques de Guyse. Il rapporte lui-même qu'il avait eu recours aux archives des maisons religieuses : *Gislebertus gesta ex scriptis ecclesiarum quamplurium collegerat*. Gilbert de Mons n'était pas seulement le clerc et le chancelier des comtes de Hainaut. Grâce aux services qu'il leur avait rendus, il était prévôt de Saint-Germain de Mons, chanoine de Maubeuge, de Condé et de Soignies.

l'autre plus décisive encore, celle d'Enguerrand de Coucy qui, à peu d'années près, fut son contemporain.

Grâce aux savantes recherches des auteurs de l'*Histoire littéraire de la France*, qui ont parfaitement indiqué l'œuvre originale de Baudouin d'Avesnes [1], nous pouvons aujourd'hui poursuivre sur les textes mêmes la solution de toutes les questions qui ont été soulevées; mais il faut avant tout que nous nous arrétions quelques moments à la biographie de Baudouin d'Avesnes.

Baudouin d'Avesnes était le second des fils de Bouchard d'Avesnes et de Marguerite de Constantinople, qui virent le jour pendant leur retraite au château d'Houffalize. Bientôt séparé de son père, quand le mariage de celui-ci eut été rompu, livré à ceux qui avaient profité de cette situation pour imposer à sa mère un second époux qui fut un maître pour elle et pour ses sujets, il passa une grande partie de sa jeunesse dans un château de l'Auvergne, soit comme otage, soit comme prisonnier. La sentence arbitrale, rendue par saint Louis en 1246, obligea Jean d'Avesnes, proclamé comte de Hainaut, à attribuer à son frère Baudouin un domaine héréditaire dans ses États : ce fut la seigneurie de Beaumont, qu'il reçut quelques années plus tard. La légitimité de sa naissance avait été reconnue, et il épousa Félicité de Coucy, seconde fille de Thomas de Coucy, seigneur de Vervins. Les témoignages contemporains confirment ce qu'on dit ailleurs de sa prudence. C'est ainsi que Richard de Cornouailles, roi des Romains, le chargea, en 1267, de recevoir le serment de fidélité du duc de Brabant [2] et, en 1271, de veiller à la défense de l'abbaye de Saint-Ghislain [3]. Ce fut

---

[1] *Hist. litt. de la France*, t. XXI, p. 755. Il convient aussi de ne point passer sous silence les notices que M. Gachet a écrites sur cette question. L'érudition avec laquelle il l'a exposée et discutée, justifie les regrets qu'a laissés sa mort prématurée. Voyez *Bulletins de la Commission royale d'histoire*, 2ᵉ série, t. II, p. 6; t. V, p. 255; t. IX, p. 265.

[2] WAUTERS, *Table chronologique des chartes et diplômes imprimés*, t. V, p. 585.

[3] WAUTERS, *Table chronologique des chartes et diplômes imprimés*, t. V, p. 488.

probablement grâce au crédit de Baudouin d'Avesnes à la cour d'Angleterre qu'il fit épouser à son fils Agnès de Valence, fille de Guillaume de Lusignan-Valence, comte de Pembroke. Le comte de Pembroke était par son père le petit-neveu de Gui de Lusignan, roi de Jérusalem, par sa mère le demi-frère de Henri III, roi d'Angleterre.

Selon une assertion conservée dans les Récits du ménestrel [1] ou plutôt du bourgeois de Reims, ce fut après la mort de Jean d'Avesnes que Baudouin se réconcilia avec sa mère. Ce récit, peut-être assez peu digne de foi, est fort pathétique : « Quant Baudouins d'Avesnes vit que ses frères fu mors, si se » pensa que il croiroit sa mère, et vint à li et li chéi aus piés et li cria merci. » « Et la contesse li respondi : « Baudouins, Baudouins, à queil eure ? En non » Dieu, trop a cousté, et à tart connoissés vostre folie. » — « Hé! bele mère, » pour Dieu merci, je vuel dès-ore-en-avant obéir à tous vos commandemens. » — « Quant la mère le vi si humilier, si fu meue à pitié, car elle estoit mère. »

Cette réconciliation fut sincère, car dès l'année suivante Marguerite confia à Baudouin le soin d'aller secourir la ville de Namur, menacée par Henri de Luxembourg. Ce fut aussi par son conseil qu'elle confirma en 1274 les priviléges de Nieuport [2], et plus tard elle le choisit pour l'un de ses exécuteurs testamentaires [3].

D'autre part, Baudouin d'Avesnes avait oublié tous les démêlés qui l'avaient longtemps opposé à Gui de Dampierre. Il intervint dans plusieurs chartes comme garant de ses engagements [4], et nous voyons qu'il se trouvait à sa cour à Alost aux fêtes de l'Ascension 1278 [5], à Winendale aux fêtes

---

[1] Tel est le titre que M. de Wailly a donné à la dernière édition d'une chronique qu'il est souvent intéressant de comparer à notre texte.

[2] *Archives de Lille.*

[3] *Archives de Lille.*

[4] C'est ainsi qu'au mois de janvier 1287 Baudouin d'Avesnes se porte caution pour Gui de Dampierre lors du mariage de sa fille avec Hugues de Châtillon. (*Archives de Flandre* à Gand, n° 458.)

[5] RYMER, t. I, 2ᵉ partie, p. 555.

de la Pentecôte 1288 [1]. Ces liens avaient été resserrés depuis plusieurs années par le mariage de Béatrix, fille unique de Baudouin d'Avesnes, et de Henri de Luxembourg, frère de la comtesse de Flandre.

Baudouin d'Avesnes mourut selon les uns au Quesnoy, selon d'autres à Valenciennes où ses obsèques furent célébrées le 10 avril 1289, dans l'église des Dominicains [2]. Déjà était né à Valenciennes un petit-fils de Baudouin d'Avesnes, qui devait, sous le nom de Henri VII, ceindre glorieusement la couronne impériale [3].

Situation étrange! Baudouin d'Avesnes, issu d'une noble race de barons, qui avait vu son frère épouser la sœur d'un empereur, son fils la nièce du roi d'Angleterre, sa fille le comte de Luxembourg, ne pouvait invoquer le mariage qui avait fait entrer son père dans la maison des comtes de Hainaut sans rappeler de longues et scandaleuses contestations à peine éteintes depuis quelques années. Il fallait donc introduire dans son récit tout ce qui retraçait la gloire de ses aïeux, tout ce qui légitimait ses espérances dans celle qui était réservée à sa postérité, il fallait qu'il énumérât toutes les alliances de sa maison avec des maisons non moins illustres, sans mentionner, sans citer une seule fois celle qu'avait contractée son père avec une princesse de Hainaut, et ce silence, constamment observé dans tout le cours de l'œuvre, suffirait, à défaut d'autre preuve, pour que nous puissions l'attribuer au fils de Bouchard d'Avesnes.

S'agit-il des descendants du comte Baudouin de Hainaut et d'Alix de Namur, l'auteur de la chronique que nous analysons, prend un soin particulier à consacrer de longs feuillets aux généalogies des sires d'Avesnes. Il cite les noms de leurs fils et leurs filles. Il rappelle leurs mariages et nous

---

[1] *Archives de Lille*.

[2] Inscriptions tumulaires du monastère des Dominicains à Valenciennes, communiquées par M. Caffiaux.

[3] Il est fait mention du testament de Baudouin d'Avesnes dans une charte du 6 décembre 1289. (*Archives de Flandre* à Gand, n° 511.)

apprend quels furent les enfants de leurs filles aussi bien que de leurs fils [1]. Une seule fois son récit est des plus laconiques. « Messires Jaikes ot IIII fils. » Li ainsnés et non : Gautiers; li autres : Bouchars [2]. » Rien de plus.

Baudouin d'Avesnes ne prendra place dans ces brillantes généalogies que comme époux de Félicité de Coucy. Quand il s'occupera de la lignée des rois de France comme il a retracé celle des comtes de Hainaut, il n'oubliera point d'y faire figurer les sires de Coucy et surtout cette branche de la maison de Coucy qui possédait la terre de Vervins [3]. « La seconde fille monsei- » gnour Thomas de Coucy, seignour de Vrevin, qui ot non : Félicitas, fut » mariée à monseignour Bauduin d'Avesnes, seignour de Biaumont, qui ot » de li un fil et une fille. Li fils ot non : Jehans. Il print à femme Agnès » fille monseignour Guillaume de Valence, frère le roi Henri d'Angleterre » de par sa mère. La fille monseignour Bauduin d'Avesnes, qui ot non : » Béatris, celle fut mariée à monseignour Henri de la Roche, ainsné fil le » comte Henri de Lucembourch [4]. »

Au même titre nous signalerons l'omission complète dans la chronique attribuée à Baudouin d'Avesnes du récit du tournoi de Trazegnies, où la fin si malheureuse et si imprévue de l'un des héros de la Massoure, faillit renouveler les longues haines des maisons d'Avesnes et de Dampierre.

Cependant il est d'autres souvenirs qu'il était permis à Baudouin d'Avesnes de rappeler; il était d'autres événements qu'il pouvait parfaitement connaître et au sujet desquels il n'était tenu à aucune réticence.

Ces souvenirs étaient ceux des belliqueux exploits des sires d'Avesnes, ces chevaliers fameux par leur courage entre tous ceux du Hainaut.

Il n'est, lorsque nous arrivons à l'époque où vécut Jacques d'Avesnes, point de page où l'on ne fasse ressortir son courage et sa prudence, où l'on

[1] Tome II, pp. 578-592.
[2] Tome II, p. 579.
[3] Tome II, pp. 595, 596.
[4] Tome II, p. 596.

ne rappelle l'admiration qui saluait son courage et l'influence qu'il exerçait par ses conseils [1]. Et c'est à deux reprises qu'on rapporte la glorieuse fin du chevalier qu'on nommait la colonne de la croisade. Ici on dit de lui « qu'il » fut moult vaillans chevaliers et moult prisiés d'armes, qu'il ot moult à » faire vers pluseurs gens et que encore en parole-on en mains lieus [2]. » Ailleurs, en parlant de la bataille d'Arsur, on ajoute : « Là ot mainte proesse » faite... Entre les autres i fut ocis un très-vaillans chevaliers : Jakes » d'Avesnes avoit non [3]. »

Nous retrouverons également reproduit avec attention dans le livre que nous avons sous les yeux tout ce que Villehardouin raconte d'un autre sire d'Avesnes associé aux périlleuses aventures d'une autre croisade, non plus aux bords du Jourdain, mais sur les rives de la Propontide [4].

Quant aux événements de son temps, il en était auxquels Baudouin d'Avesnes avait été directement mêlé et dont il pouvait parler sans blesser personne. On les rencontre dans la dernière partie de son livre.

Nous trouvons d'abord l'élection à l'empire de Guillaume de Hollande [5]. Une sœur de Guillaume avait épousé le frère de Baudouin d'Avesnes.

Puis vient le récit de l'expédition de Charles d'Anjou en Italie [6]. Robert de Flandre qui y prit une part glorieuse, était le neveu de Baudouin d'Avesnes.

A ces événements succèdent la désastreuse invasion des Flamands dans

[1] Tome II, pp. 619-623.
[2] Tome II, p. 579.
[3] Tome II, p. 654.
[4] Tome II, pp. 657, 658, 660, 663. Baudouin d'Avesnes suit le texte de Villehardouin. Néanmoins il le complète parfois. Il a notamment écrit sur le départ de Baudouin quelques lignes que ne donne pas le maréchal de Champagne. On trouve plus loin un récit qui manque à la dernière page de Henri de Valenciennes, et il y aurait lieu de rechercher d'après quelle source il rapporte les annales de l'empire latin d'Orient jusqu'au couronnement de Baudouin de Courtenay.
[5] Tome II, p. 684.
[6] Tome II, p. 685.

INTRODUCTION.

l'île de Walcheren[1] et la mort de l'empereur Guillaume de Hollande dans un marais de la Frise[2]. C'est Richard de Cornouailles qui monte sur le trône impérial[3], et les détails que nous avons sous les yeux, méritent d'autant plus de confiance qu'une charte nous apprend que Baudouin d'Avesnes assista à son couronnement à Aix au mois de mai 1257[4].

Il en est de même de ce qui se rapporte au règne de son successeur[5]; car ce fut Baudouin d'Avesnes qui prêta le serment de foi et d'hommage pour les terres que son frère Jean tenait de Rodolphe de Hapsbourg[6].

Nous arrivons à une narration bien plus importante : celle de l'expédition de Tunis et de la mort de saint Louis[7]. Ici notre auteur est en désaccord avec la plupart des biographes du pieux monarque, quand il rapporte que Philippe, atteint lui-même de la dyssenterie, ne connut la maladie de son père que lorsque celui-ci ne vivait plus.

Édouard d'Angleterre était l'un de ceux qui abordèrent sur la rive de Carthage; mais il continua son voyage jusqu'en Palestine où il fut en butte aux coups d'un *hassasin*. Baudouin d'Avesnes raconte qu'il fut guéri grâce à une pierre puissante contre le poison, que lui donna le Maître de l'Hôpital[8].

Ensuite vient un récit fort complet de la guerre des Français au delà des Pyrénées[9], et la narration s'achève par le supplice de Pierre de la Brosse « qui grant envie avoit del amour que li roys avoit à la reine[10]. » La reine

---

[1] Tome II, p. 687.
[2] Tome II, p. 688.
[3] Tome II, p. 689.
[4] WAUTERS, *Table chronologique de chartes et diplômes*, V, p. 154.
[5] Tome II, p. 690.
[6] WAUTERS, *Table chronologique de chartes et diplômes*, t. V, p. 665.
[7] Tome II, p. 691.
[8] Tome II, p. 692.
[9] Tome II, p. 694.
[10] Tome II, p. 696.

de France était sœur du duc de Brabant qui avait épousé une nièce de Baudouin d'Avesnes.

Baudouin d'Avesnes écrivait entre les années 1277 et 1280. Il connait le mariage de Maurice de Craon qui eut lieu en 1277; mais il ne mentionne point celui d'Enguerrand de Coucy avec une fille de Robert de Béthune, qui eut lieu en 1288, et ne donne point à Henri de la Roche le titre de comte de Luxembourg dont il fut investi en 1280.

La chronique de Baudouin d'Avesnes était divisée, parait-il, en trois livres. Le premier qui est perdu, renfermait l'histoire de l'antiquité. Le second commence à Tibère et à l'ère chrétienne par ces mots qui rappellent un travail antérieur : « Nous vous avons dit devant ke li emperères Tibé- » rius, etc. » Le troisième livre a pour point de départ les guerres de Palestine sous Foulques d'Anjou. Il se termine, comme nous l'avons déjà dit, au supplice de Pierre de la Brosse (juin 1278).

La Bibliothèque Nationale de Paris possède trois textes de la chronique de Baudouin d'Avesnes : le n° 15460 qui est le plus complet [1], le n° 17264 [2] et le n° 2801 [3]. Le premier commence à Tibère; le second à Pharamond; le troisième à l'année 1186. Tous les trois se terminent au procès de Pierre de la Brosse.

On trouve aussi à Bruxelles des textes précieux de la chronique de Baudouin d'Avesnes.

C'est d'abord un fragment fort ancien, qui porte le n° 9003. Il commence plus haut que les manuscrits de la Bibliothèque Nationale de Paris, mais se termine à la croisade de Baudouin de Constantinople.

Incipit : Caius Fabius enmena une légion en Touraine, l'autre enmena Cycero en Nivelois; la tierce mena Lucius Rosius à Soissons; la quarte Tytus Labianus en la marche de Rentyens et de Trièves.

[1] GACHARD, *la Bibliothèque Nationale à Paris*, t. Ier, p. 58.
[2] GACHARD, *la Bibliothèque Nationale à Paris*, t. Ier, p. 56.
[3] GACHARD, *la Bibliothèque Nationale à Paris*, t. Ier, p. 25.

INTRODUCTION.

Explicit : Li autre baron de Surie demorèrent pour garder les herberges et pour faire les engiens jeter. Dodekins ki entendi la venue le conte de Triple, ne l'osa attendre à bataille, ains s'en rala en son pays. Li quens de Triple et Guillaume de Bures quant il orent alé plus de II miles, il entendirent certainement que lor anemi s'en estoient ralé. Si retournèrent en l'ost li dus de Venisse et la soie gent, quant il furent alé jusques à Escandalion...

Un autre manuscrit de la Bibliothèque Royale de Bruxelles, le n° 9271, commence quelques lignes plus bas que les manuscrits de Paris et se termine vers l'année 1131 :

Explicit : Josselin son fil fut conte de Rohais après luy et fut asseurés de ceulx de la terre. Cil eut ung fils qui eut nom : Josselin et deux filles dont l'une eut nom : Agnès, laquelle fut premièrement mariée à Regnault des Marès, et depuis la mort d'icelluy Regnault l'espousa le conte Amaurris de Jaffe.

On lit plus bas : *Explicit le second livre du Trésor des histoires.*

Cet *explicit* répond exactement à la fin du second livre de la chronique de Baudouin d'Avesnes dans le manuscrit 15460 de Paris. Il nous apprend que cette chronique s'appelait : *le Trésor des histoires;* c'était probablement le titre que lui avait donné Baudouin d'Avesnes.

M. Gachet cite aussi un manuscrit de la Bibliothèque de Tournay, qui commence au même endroit que le manuscrit 15460 de Paris cité ci-dessus, mais qui finit au folio 100 recto de ce manuscrit. La suite manque jusqu'à la fin de ce livre. Une lettrine ornée nous annonce le commencement d'un autre livre qui, comme dans le manuscrit 15460 de Paris, s'ouvre au règne de Foulques d'Anjou à Jérusalem.

Quelques années plus tard, un clerc jugea utile de rédiger en latin un extrait de la chronique de Baudouin d'Avesnes, où, laissant en dehors les guerres de l'Orient et de l'Europe, il se bornait à transcrire ce qui concernait les comtes de Hainaut. On a songé un moment à prétendre qu'il y avait

INTRODUCTION.

là un texte original. Nous n'y voyons au contraire qu'une traduction, et quelques citations suffiront pour l'établir :

En cel messaige ala Hues li maisnés frères le roi de France et li quens Bauduins de Haynau. Si se partirent de l'ost et s'en alèrent vers Constantinople; *mais en le voie les assaillirent Turc qui plusours en occisent.*	Balduinus comes Haynoniae perditus fuit in itinere in quo cum Hugone fratre regis Francorum versus imperatorem Constantinopolitanum ibant, *a Turcis invasi.*
Il ala outre mer et *i fist pluseurs prouesses.* Au derrain il fut ocis en une arrière-garde où il cuida rescourre un mout vaillant chevalier qui ot non : Ysangrins de Metrenes.	Hic ultra mare *multas fecit probitates,* et tandem credens succurrere cuidam strenuo militi a Saracenis invaso occisus est ibidem.
La contesse Richaus et Bauduins ses fils furent en grant pourpens *comment il se pouroient efforcier* contre Robert le Frison, et pour ce firent une aloiance à Thiédolon l'évesque de Liége.	Comitissa cum filio suo Balduino, *ad se confortificandum,* confoederationem inierunt cum Theoduino Leodiensi episcopo.
Il ot une bataille entre Crestiens et Turs devant le chastel d'Assur. Là fu-il ocis, maisançois se vendi-il bien, car *il i fist tant d'armes que encore en parole-on en mains lieus.*	Interfuit cuidam praelio ante castrum Assur ubi fuit occisus, sed care se vendidit *quia tantum per arma fecit* quod adhuc est inde famositas in multis locis.
Li contes Ernous de Flandres assambla grant ost. Si entra en Haynau et saisi la conté de Mons contre Renier et Lambert qui furent fil Renier Long-Col, conte de Mons... et *guerroia tant* les enfans que il les convint fuir en France pour querre ayde.	Comes Flandriae Arnulfus, exercitu congregato, intravit Haynoniam et saisivit comitatum Montensem contra Reinerum et Lambertum, filios Reineri Longi-Colli... *tantumque guerravit* illos pueros quod oportuit eos fugere in Franciam ad quaerendum auxilium.

Bien que le travail de ce clerc anonyme soit peu étendu, il offre quelques additions qui ne sont pas sans intérêt. Raconte-t-il la bataille de Cassel et la mort d'Arnulf le Simple, il traduit : Ernous quens de Flandres, par : *Arnulfus verus comes Flandriae* [1].

---

[1] *Chronicon Balduini Avennensis,* p. 9.

INTRODUCTION. XVII

Ailleurs il nous apprend que le traité de Richilde et de l'évêque de Liége est reproduit d'après les chroniques du monastère de Lobbes [1].

Parfois aussi il ajoute aux généalogies quelques faits qui sont une nouvelle preuve de l'époque où écrivait Baudouin d'Avesnes et du temps où il rédigeait lui-même cet extrait.

Baudouin d'Avesnes s'était contenté de dire que la fille de Jean de Châtillon épousa le comte Pierre d'Alençon; ce mariage eut lieu en 1272. Le texte latin ajoute qu'elle décéda sans enfants. Sa mort est de 1292. Le même texte latin, parlant de Hugues de Châtillon, l'appelle : *Hugo comes Blesensis qui nunc est.* Hugues de Châtillon ne devint comte de Blois qu'en 1292.

Une édition fort correcte de ce texte parut en 1693 à Anvers. Le baron Jacques Le Roy en possédait un manuscrit fort ancien placé à la suite de la chronique d'Albéric de Trois-Fontaines et mit tous ses soins à le reproduire avec la plus grande fidélité [2].

Le baron Jacques Le Roy donna pour titre à ce texte : *Chronicon Balduini Avennensis toparchae Bellimontis sive historia genealogica comitum Hannoniae.*

A une époque antérieure, dom Luc d'Achéry avait inséré dans son *Spicilége* le même travail sous ce titre : *Genealogiae ex chronicis Hannoniensibus recollectis per magistrum Balduinum de Avennis.* On croit qu'il s'est servi d'une copie assez incorrecte du XVIIe siècle, aujourd'hui conservée à la Bibliothèque Nationale de Paris, où se trouve en effet le mot : *magister* [3].

---

[1] *Chronicon Balduini Avennensis*, p. 11.

[2] La Bibliothèque Nationale de Paris possède un Ms. du même texte, placé également à la suite d'un texte d'Albéric de Trois-Fontaines. L'écriture est de la fin du XIIIe siècle ou du commencement du XIVe siècle. Les derniers feuillets manquent. Explicit : *Filiarum vero dicti domini Jacobi de Avesnes primogenita comiti de Cysneio* (p. 54 de l'édition du baron Le Roy). Une main du XVIe siècle a écrit en marge : *Balduinus de Avena.*

[3] Sur ce Ms. voyez : *Bull. de la Commission royale d'histoire*, 1re série, t. VI, p. 68, et la *Bibliothèque Nationale à Paris*, par M. Gachard, t. I, p. 66.

L'auteur de cet extrait n'avait rien ajouté à la généalogie de la maison de Coucy. Cette tâche était réservée à Enguerrand de Coucy, sire d'Oisy et de Montmirail, cousin germain de Félicité de Coucy, femme de Baudouin d'Avesnes. Il l'entreprit quatorze ans après la mort de celui-ci et se proposa uniquement de continuer ce qui se rapportait aux généalogies des quatre maisons de Coucy, de Dreux, de Bourbon et de Courtenay ; mais, comme il s'occupait surtout de sa propre famille, on connut son travail sous le titre de : *Livre du lignage de Coucy.*

Enguerrand de Coucy, dont la mère était de la maison de Dampierre, ne cherche plus à jeter un voile sur la naissance de Baudouin d'Avesnes :

« Li contes Bauduins print à femme la sueur au roy de Navarre, qui feit les chansons, dont il ot deux filles qui petites estoyent, lesquelles et sa terre de Flandres et de Henault laissa en garde à monseigneur Bouchard d'Avesnes, frère au conte Gaultier d'Avesnes, qui ses homs liges estoit, et si estoit clers et diacres ; et s'en alla en Constantinoble avec plusieurs des barons de France, et là fut-il esleu à estre empereur, mais il mourut en une bataille assés tost après ce qu'il ot esté couronné ; et pour ce que ses deux filles estoient trop jeunes et qu'elles avoient si grands terres par-deçà, leurs amys n'orent mie conseil d'elles envoyer au pays par-delà. Si feist-on empereur de Henry son frère, dont nous avons dit cy-dessus ; et Jeanne, l'aisnée fille l'empereur Baudouyn, fut mariée à monseigeur Ferrant, fils du roy d'Espaigne.

» Cils Ferrans mourut sans hoirs de son corps, et Jehanne sa femme fut mariée au conte Thomas de Savoye. Si en ot une fille, mais elle mourut, et sa fille aussi. Si eschéy la conté de Flandres et de Henault à Margueritte, sa sueur, laquelle messire Bouchard d'Avennes qui garder la devoit et sa sueur, sicomme dit est, avoit espousée en l'aage de dix ans, et ot d'elle deux fils avant qu'elle eust quinze ans accomplis, dont li uns ot nom : Jehans, et li autres : Baudouyns ; et quant la contesse Jehanne fut morte, le dessusdit messire Bouchard alla à Rome pour avoir dispensation de son mariage pour

INTRODUCTION.   XIX

ce qu'il estoit diacre, mais il mourut en la voye, et la contesse Margueritte sa femme fut remariée à monseigneur Guillaume de Dampierre, frère monseigneur Archambault de Bourbon [1]. »

Il y a dans le *Livre du Lignage de Coucy* un passage plein d'intérêt pour nous : c'est celui où le sire de Coucy rapporte que « Baudouin d'Avesnes
» fut li ungs des plus sages chevaliers de sens naturel qui fust en son temps,
» bien que moult petit et menu. »

C'est dans le prologue du *Lignage de Coucy* que se trouvent les lignes suivantes si importantes pour le sujet qui nous occupe :

« Ce livre-icy parle du lignage de Coucy, de Dreux, de Bourbon et du
» lignage de Courtenay; et le feist messire Enguerrand, sires de Coucy,
» d'Oysy et de Montmiral, extraire des originaux d'un grant livre de croni-
» ques que messire Baudouin d'Avesnes, jadis sire de Beaumont, avoit,
» lequel livre parloit de toutes les anciennes lignées tant des roys comme
» des barons de France; mais ly sires de Coucy dessusdis a prins seulement
» et faict extraire des originaux les quatre lignées dessusdites et faict
» accroistre selon ce que les lignages estoient depuis creus et multipliés,
» et feist ce livret escrire l'an de l'Incarnation Nostre-Seigneur Jésus-Crist
» M.CCC.III, ou mois de may, auquel livre il faict mention de plusieurs,
» dont ne parle point, ou grant livre, monseigneur Baudouyn d'Avesnes ;
» car ils n'estoient point encores nés. »

Nous avons cru devoir citer d'une manière complète tout ce passage du *Lignage de Coucy*, car il fait disparaitre ce que M. Victor Leclerc trouvait de si vague dans le mot : *avoit*, à ce point qu'il ne voyait plus dans Baudouin d'Avesnes que le possesseur et non l'auteur du livre. Peut-être y a-t-il une lacune après le mot *avoit*; mais, quoi qu'il en soit, l'auteur est indiqué en

---

[1] Il existe des Mss. du *Lignage de Coucy* à Aix, n° 672 de la Bibliothèque Méjanes, et à la Bibliothèque Nationale à Paris, notamment Mss. Duchesne, 48. Ce dernier Ms. n'offre qu'une copie du XVIe siècle.

termes formels, quand le sire de Coucy annonce qu'il a ajouté la mention de plusieurs personnages dont Baudouin d'Avesnes *ne parle point* dans son grand livre.

C'est ainsi du reste que l'entendait André du Chesne, quand, publiant en 1631 son histoire de la maison de Luxembourg, il disait à propos de Béatrix d'Avesnes : « Le principal honneur dont elle pouvoit se glorifier, » est celuy que le livre du Lignage de Coucy et de Dreux attribue à Bau- » douin d'Avennes son père : *qu'il fut li ungs des plus sages chevaliers de* » *sens naturel qui fust en son temps, bien que moult petit et menu.* Et au » commencement de ce livre il est marqué que messire Enguerran sire de » Coucy, d'Oisy et de Montmirail le fist extraire l'an mille trois cens et » trois des originaux d'un grand livre de chroniques que le mesme Bau- » douin d'Avesnes, sire de Beaumont, avoit, lequel parloit de toutes les » anciennes lignées tant des roys comme des barons de France, et y fist » accroistre selon ce que les lignages estoient depuis creus et multipliés. Ce » sont les chroniques que j'ay citées plusieurs fois sous le nom de Baudouin » d'Avennes. »

Si quelque doute pouvait subsister à ce sujet, il disparaitrait par la mention formelle que nous allons trouver dans les *Chroniques abrégées de Baudouin d'Avesnes*. Nous ne saurions déterminer exactement à quelle époque elles furent écrites; mais ce fut vraisemblablement à une époque peu éloignée de celle où avait vécu Baudouin d'Avesnes. Rien n'est plus précis que le titre donné uniformément par tous les manuscrits :

« Che sont cronikes estraites et abrégies des livres monseigneur Bau- » douin d'Avesnes, fil jadis la contesse Margherite de Flandres et de » Hainau, qui fu mout sages hons et en assambla de pluisers livres. »

Le rédacteur des *Chroniques abrégées* semble suivre assez fidèlement le texte de Baudouin d'Avesnes jusqu'à la mort de Jeanne de Constantinople; mais, arrivé là, il introduit dans son récit sur les deux mariages de Marguerite de Flandre et sur le tournoi de Trazegnies deux chapitres que

INTRODUCTION.

Baudouin d'Avesnes n'avait pu écrire [1]; et en même temps son respect pour le texte original qu'il a sous les yeux, s'affaiblit et disparait. Lorsqu'il arrive à la condamnation de Frédéric II au concile de Lyon et à la première croisade de saint Louis, il ne craint pas de résumer en quelques lignes les vingt-deux feuillets qui dans le manuscrit 15460 de Paris séparent ce récit du passage où se trouve rapportée l'élection du landgrave Henri de Thuringe à l'Empire. C'est là qu'il termine par les lignes suivantes : « Li prélat » eslurent le frère du landgrave de Duringhes, mais il morut [2]. »

Il y eut toutefois un narrateur plus consciencieux qui entreprit d'analyser la fin si intéressante du travail de Baudouin d'Avesnes; mais un seul manuscrit [3] rappelle la tâche qu'il s'était imposée, et son œuvre est perdue.

Ce sont ces *Chroniques abrégées* que nous avons jointes à la *Chronique de Flandre*, comme relation différente, jusqu'à la fin de la vie de Louis de Nevers et dont nous avons eu aussi à utiliser les continuations jusqu'à l'année 1408. Il était impossible de les séparer de la *Chronique de Flandre*, puisque parfois elles se confondent avec ce texte et puisque partout ailleurs elles offrent pour les mêmes événements des récits qu'il est intéressant de comparer.

Le moment est arrivé d'exposer avec plus de détails pour l'un et l'autre de ces textes quelles ont été les bases de notre publication.

Occupons-nous d'abord de la *Chronique de Flandre*.

Selon l'opinion que nous avons déjà exprimée, la *Chronique de Flandre*, rédigée à Saint-Omer dans la première moitié du XIVe siècle, s'arrêtait à l'année 1342.

---

[1] L'auteur des *Chroniques abrégées* raconte, comme Enguerrand de Coucy, que Bouchard était archidiacre lorsqu'il s'accorda si bien avec Marguerite qu'il en eut deux fils, et il ajoute quelques lignes plus loin qu'on attribua la mort de Guillaume de Dampierre à l'envie des partisans des fils de Bouchard d'Avesnes. (Tome I, pp. 176, 177.)

[2] Tome Ier, p. 178.

[3] Le n° 17266 de la Bibliothèque Nationale de Paris.

INTRODUCTION.

Un autre chroniqueur poursuivit le récit jusqu'à la prise de Calais par les Anglais en 1347, mais son travail se répandit assez peu, et nous ne le trouvons que dans le manuscrit 20363 de la Bibliothèque Nationale de Paris [1].

Pour l'époque qui s'étend de 1342 jusqu'en 1383, on se borna à insérer dans les textes de la *Chronique de Flandre* des récits empruntés aux *Chroniques abrégées de Baudouin d'Avesnes*.

Lorsqu'on arrive à l'époque postérieure à la bataille de Pont-Vallain où les Mss. des *Chroniques abrégées de Baudouin d'Avesnes* offrent de nombreuses variantes, c'est du texte du Ms. 5610 que se rapproche le plus la rédaction introduite dans la *Chronique de Flandre*.

Il nous reste à indiquer ce qui appartient à la *Chronique de Flandre* vers ses dernières pages : c'est le journal du siége d'Ypres inséré assez incorrectement dans le Ms. de Paris 5610 [2] pour que nous ayons cru devoir reproduire aussi le texte de Denis Sauvage [3].

Tout ce qui suit dans la *Chronique de Flandre*, est tiré du Ms. 5610 de Paris, qui forme, nous l'avons déjà dit, l'une des suites des *Chroniques abrégées de Baudouin d'Avesnes*.

Ainsi s'est formé le texte complet de la *Chronique anonyme de Flandre*, que Denis Sauvage, seigneur de Fontenailles en Brie et historiographe de France, dédia à Charles IX en exprimant l'espoir que telles œuvres lui seraient agréables et profitables.

Denis Sauvage a établi son édition d'après un manuscrit qui appartenait à une famille bourguignonne, celle des seigneurs de Poupet. Il était formé de feuillets de parchemin et de papier entremêlés, et on lisait sur la couverture : *Chronique de Flandres*. On ne sait ce que ce manuscrit est devenu.

Nous avons trouvé le même texte avec le même *incipit* et le même

---

[1] Nous avons donné cette continuation, t. II, pp. 56-74.

[2] Tome II, pp. 295-306.

[3] Tome II, pp. 306-320.

INTRODUCTION.

explicit dans le Ms. 5611 (ancien 10196, 3. 3ᵉ) de la Bibliothèque Nationale de Paris [1] et nous l'avons suivi dans tout le cours de notre travail.

Incipit : On troeuve lisant que, ou tamps Charlemainne le très-fort roy de France, fu une terre brehaigne, etc. [2].

Explicit : Ce fu en l'an M. CCC. IIII^{xx} et III, le xiiiᵉ jour du mois de septembre [3].

La Bibliothèque Nationale de Paris possède un second manuscrit de la *Chronique de Flandre*. Il présente depuis 1342 jusqu'au siége de Calais une rédaction spéciale et différente de celle des chroniques de Baudouin d'Avesnes : c'est le Ms. 20363 (ancien fonds Sorbonne 1006) [4]. Nous nous sommes fait un devoir de le reproduire [5].

La Bibliothèque Royale de Bruxelles possède aussi plusieurs manuscrits de la *Chronique de Flandre*.

Deux manuscrits s'arrêtent avec le texte original à 1342. Ce sont les nᵒˢ 14910 et 10291.

Le nᵒ 14910 est un manuscrit du XIVᵉ siècle sur vélin. Il offre un fort bon texte, dont nous avons constamment fait usage.

Incipit : On troève lisant que el tamps Charlemainne, etc.

Explicit : Ne voult souffrir que en son ost entrassent [6].

Le Ms. 10291 est incomplet, car on n'y trouve point les premiers feuillets.

Incipit : Riqueus qui sentoit sa venue [7].

---

[1] Voyez la description de ce Ms. dans le savant ouvrage de M. Gachard, la *Bibliothèque Nationale à Paris*, t. Iᵉʳ, p. 15.

[2] Tome Iᵉʳ, p. 1.

[3] Tome II, p. 561.

[4] Gachard, la *Bibliothèque Nationale à Paris*, t. Iᵉʳ, p. 4.

[5] Tome II, pp. 56-71.

[6] Tome Iᵉʳ, p. 410.

[7] Tome Iᵉʳ, p. 17.

INTRODUCTION.

Explicit : Mais oncques le roy d'Engleterre ne voult souffrir que en son host entraissent.

Cette transcription fut faite à Lille en 1479 (v. st.) par Jennyn Wafelaert [1].

Le n° 10232 est un in-folio sur vélin de XV° siècle. On y remarque une assez mauvaise miniature qui représente Lidéric faisant hommage du comté de Flandre à Charlemagne.

Il est fort abrégé en certains endroits, surtout vers la fin.

Incipit : On treuve lisant que ou temps Charlemaine.

Explicit : L'an 1350 trespassa de ce siècle le roy Phelippe de France. Sy fu couronnés à Rains Jehan son fils, lequel fu après pris. Celle bataille fu l'an mil III° LVI ou mois de septembre [2].

Le Ms. 229 de la Bibliothèque de Lille a appartenu au chapitre de Saint-Pierre. C'est un in-8° sur vélin. L'écriture est du XV° siècle. Le titre manque, mais on voit par la table des chapitres qu'il portait celui de : *Chroniques de Flandre*. Une miniature qui occupe les deux tiers de la première page, représente Lidéric rendant hommage à Charlemagne qui, la couronne sur le front et un sceptre fleurdelisé à la main, est assis sur un trône.

Incipit : On treuve lisant que ou temps Charlemaine le très-fort roy de France fu une terre brehaingne, etc.

Explicit : mais le roi d'Engleterre ne voult onques souffrir qu'ils entrassent en son ost [3].

C'est le même *explicit* que celui que nous avons rencontré dans les Mss. 14910 et 10291 de Bruxelles.

On conserve au British Museum, Reg. XVI, F. III, un manuscrit des

---

[1] Notice de M. Gachet, *Bull. de la Comm. d'histoire*, 2° série, t. II, p. 22.
[2] Cf. t. II, p. 79.
[3] Je dois ces renseignements à l'obligeance de M. Paeile, conservateur de la bibliothèque de Lille.

INTRODUCTION. XXV

Chroniques de Flandre. Voici comment M. Van Bruyssel le décrit : « Ce
» Ms. qui date de la fin du XIVe siècle ou du commencement du siècle sui-
» vant, renferme de belles enluminures, exécutées avec un soin extrême...;
» il commence aux forestiers et se termine par le récit du siége de Calais. »
Peut-être ce Ms. renferme-t-il le même texte que le n° 20363 de Paris.
Il y a aussi un Ms. de la *Chronique de Flandre* dans la bibliothèque de
lord Ashburnham, où il porte le n° 221.

A la fin du XIVe siècle on composa un résumé des *Chroniques abrégées*
qui se terminait par la relation officielle des obsèques de Louis de Male [1].

L'*incipit* est conçu dans les termes suivants dans plusieurs de ces manu-
scrits :

On list en plusieurs croniques et autres livres autentiques que, ou temps de Charle-
maine le très-fort roy de France, fu une terre brehaigne, petit valant et plaine de palus,
en laquelle terre demouroit ung très-noble baron appelé : Liéderic. Cellui avoit pourpris
grant partie de la terre. Ung jour assembla pluseurs de son lignage, en la compaignie
desquels il se trait devers ledit roy de France. Si lui supplièrent qu'audit Liéderic, qui
estoit seigneur de Harelbeke, il voulsist ottroier celle terre pour lui et ses successeurs.

Explicit : Ceulx pour le corps de la contesse : le seigneur de Sully, le seigneur de
Chastillon, le mareschal de Bourgoingne, messire Gérard de Guistelle, messire Henry
d'Anthoing et le chastellain de Furnes.

La Bibliothèque d'Angers possède un précieux manuscrit de ce texte, qui
a appartenu à l'abbaye de Saint-Serge (n° 971). Écrit sur vélin au XVe siècle
et recouvert encore de sa vieille reliure de velours noir rehaussé d'orne-
ments de cuivre, il a perdu quelques-uns de ses feuillets, mais il conserve
du moins ses miniatures, et il en est deux que nous avons reproduites dans
notre édition [2].

[1] *Bull. de la Comm. d'histoire,* 3e série, t. VIII, p. 224.
[2] Je ne saurais mieux faire que de citer la description que je dois à l'érudite obligeance de M. Le-
marchand, conservateur de la ville d'Angers :
Codex sur vélin, provenant de l'abbaye de Saint-Serge d'Angers, XVe siècle. Reliure en bois, ver-

INTRODUCTION.

On en conserve un second exemplaire dans la bibliothèque publique de Lyon, n° 828 (ancien n° 795). Il en est deux autres dans les collections particulières de M. le comte de Limburg-Stirum et de M. Camberlyn d'Amougies.

moulue, avec clous, fermoirs et coins de cuivre ciselé. Il reste encore, sur le bois, des lambeaux usés du velours noir qui le recouvrait. Plusieurs des ornements de cuivre ont été enlevés, et quelques-uns de ceux qui demeurent, tiennent à peine à la couverture, dont le dos est brisé. Largeur de la couverture, 0^m,225, hauteur 0^m,320. Largeur du vélin, 0^m,220, hauteur 0^m,302.

Le volume, dans son état primitif, se composait de 16 feuillets de table, placés en tête, et de 220 feuillets de texte, numérotés à l'encre rouge. La table est encore entière; mais les feuillets 1, 26, 59, 77, 108, 144, 151 et 209 du texte ont été arrachés.

Commencement de la table : « Le table de cest livre est des Croniques de Flandres. Le premier
» chapitre parle de Liédric, le premier conte de Flandres, fol. 1. Le second, du conte Ernoul, fol. 2, etc... »

Fin de la table : « Le 229e, des obsèques du conte Loys (de Male). »

Le premier feuillet de texte de notre codex (qui n'est en réalité que le second des Chroniques) commence ainsi : « et se combaty à luy et pour che fu il surnommé Bras-de-fer. Briefment assés tost après
» trespassa de ce siècle et fu enterré en l'abaye de Saint-Bertin, quant il ot esté conte XVII ans. »

Le second chapitre : « Bauduin Bras-de-fer engendra Bauduin le Chauf, lequel fu conte XXXIX ans
» et gist à Saint-Pierre de Gand, qu'il fonda, etc... »

Le volume se termine par ces mots qui marquent la fin du 229e chapitre (f° 220 verso, coté par erreur 210) :

« ... Et cheulx pour le corps de la contesse : le seigneur de Sully, le seigneur de Chastillon, le
» mareschal de Bourgongne, mesire Gérard de Guistelle, messire Henry d'Anthoing et le chastelain
» de Furnes. »

» Explicit des obsèques du conte Loys, surnommé de Male. »

Miniatures. Elles sont au nombre de dix.

Première : Le roi de France Philippe-Auguste s'embarque au port de Gênes, avec un grand nombre de seigneurs, pour la croisade. Le navire royal est pavoisé, et plusieurs chevaliers portent des bannières d'azur semées de fleurs de lis d'or. Dans le lointain, par delà la mer, des croisés assiègent une ville.

Deuxième : Arrivée de la flotte du roi saint Louis devant Damiette.

Troisième : Le jeune Conradin, fait prisonnier, est amené devant la tente de Charles d'Anjou, dans un champ couvert d'un drap d'or, pour y être décollé.

Quatrième : Combat à coups de lances, livré devant Furnes par le comte Robert II d'Artois et son fils Philippe.

INTRODUCTION.

Nous avons emprunté à ce travail une relation des obsèques de Louis de Male [1].

On peut aussi rattacher à la *Chronique de Flandre* le Ms. 2799 de la Bibliothèque Nationale de Paris (ancien 8380), qui commence également à Lidéric d'Harlebeke, mais dont la rédaction est essentiellement différente [2]. D'après le titre elle devait se terminer aux obsèques de Louis de Male, mais le récit a été continué jusqu'à la mort d'Ackerman en 1387.

La même chronique existe au British Museum, fonds Cotton, Nero, E. III.

Les manuscrits des *Chroniques abrégées de Baudouin d'Avesnes* ne sont pas moins nombreux que ceux de la *Chronique de Flandre*.

Il faut distinguer dans ces textes, d'abord ce qui est emprunté à la compilation de Baudouin d'Avesnes, et ensuite les diverses continuations qui y ont été jointes.

La première partie, celle qui seule mérite le titre de *Chroniques abrégées de Baudouin d'Avesnes*, finit dans la plupart des textes à l'élection à l'empire du frère du landgrave de Thuringe [3].

Puis viennent dans les mêmes manuscrits quelques notes fort courtes ou *incidences* qui comprennent les années 1248 à 1293 [4].

Nous nous trouvons ici devant une œuvre nouvelle qui commence par

---

Cinquième : Combat de Courtray, où Robert II comte d'Artois est blessé mortellement.

Sixième : Mort de l'empereur Henri VII de Luxembourg dans son palais en Italie.

Septième : Le roi Louis X le Hutin conduit son armée contre les Flamands par un temps de pluie, qu'indique un arc-en-ciel.

Huitième : Combat des rois d'Espagne et de Portugal contre le roi Garbus et les Sarrasins devant Gibraltar.

Neuvième : Les Gantois assiégent Audenarde.

Dixième : Siége d'Ypres par les Anglais.

[1] Tome II, pp. 546-549.

[2] Voyez t. II, pp. 111, 112, 161, 162, 221-254, 284-291, 331-341, 567-585.

[3] Tome I, p. 178.

[4] Tome I, pp. 178-180, 237, 238.

INTRODUCTION.

un récit complet du gouvernement de Gui de Dampierre. Dans certains manuscrits, elle est intercalée et confondue au milieu des suites des *Chroniques abrégées de Baudouin d'Avesnes;* dans d'autres textes, au contraire, elle offre une chronique distincte, sans titre spécial, mais aisée à reconnaitre à son incipit : *Au temps le roy Phelippe le Bel avoit ung conte en Flandres,* etc.

Ce récit, dans sa forme originale, s'arrêtait à l'année 1342. Là commence une œuvre nouvelle dont le caractère nous révèle un auteur qui n'est ni clerc, ni bourgeois. C'est peut-être l'écuyer de l'un de ces chevaliers d'Artois qui frappent les grands coups d'épée dans les naïfs et brillants tableaux de Froissart. Il aborde son œuvre par les guerres de Bretagne. Il y ajoute chaque jour de nouveaux épisodes à mesure que les combats se succèdent. Il prend part à tous les siéges; il assiste à toutes les mêlées. C'est l'un des témoins les plus actifs, l'un des narrateurs les plus exacts de ces luttes sans cesse renaissantes, qu'on a appelées depuis : la guerre de Cent ans.

Cette rédaction s'arrête dans le Ms. 10434 de Bruxelles et dans d'autres textes au combat de Pont-Vallain en 1370[1].

A partir de cette date, diverses rédactions se mêlent ou se distinguent les unes des autres. Il est évident que ces variantes résultent d'informations différentes reçues par des chroniqueurs contemporains.

C'est ainsi que le Ms. 5610 de Paris diffère beaucoup du n° 10233 de Bruxelles. L'ordre des faits se modifie, et on rencontre à chaque page de nombreuses variantes. Il en est de même du Ms. 11139 de Bruxelles.

A l'année 1379 commence une nouvelle relation qui offre pour nous le plus vif intérêt; car elle embrasse le tableau des troubles de Flandre, dont la mort de Roger d'Autryve fut le signal, et s'étend jusqu'à la croisade de Nicopolis en 1396[2].

---

[1] Tome II, p. 107.
[2] Tome II, pp. 163-182, 281, 282, 321-325, 350-352, 388, 389, 403-416.

INTRODUCTION.　　　　　　　　　　　　　　　xxix

La différence des rédactions ne reste pas moins marquée pour le récit des troubles de Flandre Nous avons inséré séparément la relation du Ms. 5610 de Paris [1] et celle du Ms. 10233 de Bruxelles [2].

Nous avons cru devoir y joindre [3], d'après le Ms. 4 de la Bibliothèque Royale de Bruxelles, la relation des guerres de Flandre qui se trouve jointe à quelques manuscrits des Chroniques de Saint-Denis [4].

Rien n'est plus incertain que la fin des continuations jointes aux *Chroniques abrégées de Baudouin d'Avesnes.*

Le n° 5610 de Paris s'arrête à 1388; le n° 10233 de Bruxelles à 1396; le n° 11139 de Bruxelles à 1408.

Il convient de signaler maintenant les manuscrits qui remontent au commencement de la chronique universelle, c'est-à-dire à la Création, et auxquels revient le titre de *Chroniques abrégées de Baudouin d'Avesnes.*

Le Ms. 10233 de la Bibliothèque Royale de Bruxelles a été écrit au XVe siècle. C'est un gros in-folio sur papier [5].

« Che sont cronikes extraites et abrégies des livres monseigneur Bauduin de Avesnes,
» fil jadis le contesse Margheritte de Flandres et de Hainau, qui fu moult saiges homs et
» en assembla de pluseurs livres. »

Le premier chapitre est intitulé : *De la formation Adam et Evain.*

Dans le même codex que la chronique inédite de Gilles le Bel, nous retrouvons à la suite de cet ouvrage, mais d'une autre main, notre narration avec le titre : *Che sont chroniques estraites et abrégies des livres monseigneur Bauduin d'Avesnes, fil jadis le contesse Margherite de Flandre et de Hainau, qui fu mout sages hons et en assambla de pluseurs livres.* Elle com-

---

[1] Tome II, pp. 185-221, 282-284.
[2] Tome II, pp. 165-182, 281, 282.
[3] Tome II, pp. 254-280, 291-294, 344-346.
[4] On trouve le même texte dans un Ms. du *British Museum,* fonds Cotton, Julius, E. VI.
[5] M. le baron de Reiffenberg a décrit ce Ms.: *Bull. de la Comm. d'histoire,* 1re série, t. VI, p. 272.

mence également à la Création et se termine par le chapitre : *Dou royaume de Sésille.* Explicit : *Li prélat esleurent le frère landegrave de Duringhes, mès il morut.* (Ms. 10479 de la Bibliothèque Royale à Bruxelles.)

Dans un autre codex qui renferme les Chroniques de Saint-Denis et la Chronique de Reims (n° 14563) nous retrouvons le même texte. Explicit : *landegrave de Duringhes, mès il morut.*

La Bibliothèque de Bruxelles possède aussi une copie moderne du texte des *Chroniques abrégées.* C'est le n° 16789 (n° 580 du catalogue Van Hulthem).

Incipit : En ce temps estoit Bauduins Coste-fiérée cuens de Flandres.
Explicit : Charle de Labret le fil, cousin germain du roy de France.

Il faut signaler à la Bibliothèque Nationale de Paris le Ms. 5614 (ancien 10197. 2. 2'[1]).

Ce Ms. qui commence à la Création, paraît écrit à la fin du XVe siècle. Il a pour titre :

Cronicques estraites et abrégies des livres monsigneur Bauduin d'Avesnes, fil jadis la contesse Marguerite de Flandres et de Haynault, qui fut moult sages homes et en assembla de pluiseurs livres.

Explicit : Les prélas esleurent le frère landegrave de Duringhes, mais il morut.

J'ai déjà cité le Ms. 17266 de la Bibliothèque Nationale de Paris (ancien Saint-Germain 1566) comme le seul texte offrant jusqu'à la fin du travail de Baudouin d'Avesnes un résumé quelque peu complet[2].

On voit par la table des chapitres que les quinze ou seize derniers résumaient exactement la dernière partie de la *Chronique de Baudouin d'Avesnes.* Malheureusement le texte s'arrête aux premières lignes du cha-

---

[1] GACHARD, *la Bibliothèque Nationale à Paris*, t. I, p. 59.
[2] GACHARD, *la Bibliothèque Nationale à Paris*, t. I, p. 64.

pitre CXIX qui correspond au 1er alinéa du f° 336 verso du Ms. 15460. Il porte pour titre :

Ce sont les croniques estraites et abrégies des livres monseigneur Baudoin d'Avesnes, fils jadis la contesse de Flandres et de Henau, qui fut moult saiges homs et en a assemblé de pluseurs lieux et de pluseurs livres.

Écriture du XVe siècle.

Un texte des *Chroniques abrégées* existe à Paris à la bibliothèque de l'Arsenal dans le Ms. *Hist.* 148, où il précède la narration que nous avons récemment publiée sous le titre de : *Récits d'un bourgeois de Valenciennes.* Il se termine à l'élection de Henri de Thuringe.

On ne trouve point dans les bibliothèques françaises le manuscrit que le P. Labbe citait en 1653 dans sa *Nova bibliotheca manuscriptorum.* Il s'arrêtait à la bataille de Courtray en 1302. Ce codex portait pour titre :

Ce sont chroniques extraites et abrégies des livres monseigneur Bauduin d'Avesnes, ki fut moult saiges hom et en assembla de plusieurs lieux et de plusieurs livres.

Le dernier chapitre était intitulé : *De la bataille à Courtray.*

Ce Ms. avait été communiqué au P. Labbe par Henri de Maubreul, avocat à Saint-Quentin et bailli du duché de Saint-Simon.

La bibliothèque de l'université de Leyde doit à la générosité du célèbre érudit Meursius un exemplaire des *Chroniques abrégées de Baudouin d'Avesnes*, à peu près semblable au Ms. 10233 de la Bibliothèque Royale de Bruxelles. C'est un Ms. sur papier orné de quelques initiales à rinceaux [1]. Le récit commence à la Création. Il est précédé du titre suivant, écrit en encre rouge :

Ce sont les cronicques estraittes et abrégies des livres monseigneur Bauduin de Avesnes fils jadis le contesse Margheritte de Flandres et de Hainau, qui fu moult sages homs et en assembla de plusieurs livres.

---

[1] Ces renseignements m'ont été obligeamment transmis par M. du Rieu, conservateur de la bibliothèque de l'Université de Leyde.

INTRODUCTION.

Le dernier chapitre est intitulé : « S'enssieut comment le roy de France,
» à moult noble compagnie, alla au pape Clément en Avignon [1]. »

La Bibliothèque de Berne possède également (n° 77 du catalogue) un Ms.
du même texte. Il porte pour titre :

*Ce sont les croniques estraites et abrégies des livres monseigneur Bauduin
de Avesnes, fil jadis la contesse Margherite de Flandres et de Haynau, qui
fut moult saige homs et en assembla de plusieurs livres.*

Le récit commence à la Création et s'arrête à la mort du roi Jean. Il est
fort abrégé en certains endroits, notamment à la fin.

Explicit : « Pour tout ce accomplir il laissa en ostaiges le duc de Bourbon et le daul-
» phin de Viane, le conte de Saint-Pol et plusieurs grands seigneurs. Après tout ce
» accompli et les seigneurs remys en France, ledit roy Jehan en brief temps après moru,
» et print sa maladie de la mort en Angleterre, quant il y alla pour ravoir ses hostaiges,
» et moru au païs et fut rapportés en France et fut enterrés à Saint-Denis [2]. »

Toute une catégorie de manuscrits, formant la principale continuation des
Chroniques abrégées de Baudouin d'Avesnes, commence à Gui de Dam-
pierre et présente un *incipit* uniforme, sauf les légères modifications que les
copistes ont introduites dans la forme.

La Bibliothèque de Bruxelles offre plusieurs textes de cette rédaction.

Il faut citer en premier lieu le Ms. n° 10434, sur papier, XV° siècle.

Incipit : Au temps le roi Phelippe le Bel avoit ung conte en Flandres que on appeloit :
Guy de Dampierre.

Explicit : Thomas de Grantson et pluiseurs aultres prisonniers [3].

Nous citerons aussi le Ms. 11139 de la Bibliothèque de Bruxelles, vélin,
XV° siècle.

[1] Tome II, p. 405.
[2] Cf. tome II, p. 98.
[3] Tome II, p. 107.

INTRODUCTION.   XXXIII

Incipit : Ou temps du roi Phelippe le Bel avait ung conte en Flandres, etc.

Ce Ms. ne s'arrête qu'à l'année 1408.

Explicit : En son pays ou ailleurs où bon luy sembla [1].

Le Ms. 7033 de Bruxelles n'est qu'une copie du Ms. *Hist.*, n° 143 de la Bibliothèque de l'Arsenal à Paris, dont nous parlerons plus loin.

Le Ms. 5610 de la Bibliothèque Nationale à Paris (ancien 10196. 3. 3.) est un in-4° sur vélin. L'écriture est de la fin du XIV siècle.

Incipit : Au tamps du roy Philippe avoit un conte en Flandres, etc.

Ce texte s'étend jusqu'au traité conclu en 1388 entre Charles VI et le duc de Gueldre [2].

Ce texte, s'étendant de l'avénement de Gui de Dampierre à la bataille de Pont-Vallain, fut reproduit par David Aubert pour la librairie de Philippe le Bon. Cette transcription, ornée de miniatures et précédée d'un prologue, se trouve aujourd'hui à Paris, Bibliothèque de l'Arsenal, *Histoire*, n° 143 [3].

Le premier chapitre est intitulé : *Comment la guerre meut dentre le roy de France Philippe le Bel et le conte de Flandres Guy de Dampierre.*

La bibliothèque de sir Thomas Phillipps possède sous le n° 2217 un texte des *Chroniques abrégées de Baudouin d'Avesnes.*

Explicit : Et amena au roy de France Thomas de Grantson et pluseurs autres prisonniers [4].

C'est le texte que nous a déjà offert le Ms. 10434 de Bruxelles.

---

[1] Tome II, p. 436.
[2] GACHARD, *la Bibliothèque Nationale à Paris*, t. I, p. 10.
[3] *Bull. de la Comm. royale d'histoire*, 1re série, t. VI, p. 165.
[4] Tome II, p. 107.

Le n° 956 de la Bibliothèque Royale de la Haye a le même *incipit :*

Au temps du roy Philippe le Bel avoit ung conte en Flandres, nommé : Gui de Dampierre.

C'est une reproduction abrégée du texte du Ms. 5610 de Paris; elle s'arrête à l'entrée du duc d'Anjou dans la terre de Laigle [1].

La Bibliothèque de Lille possède dans le Ms. 207 (ancien C. P. 34) le même texte.

Incipit : Au tamps le roy Phelippe le Biel avoit ung conte de Flandres que on appeloit : Guy de Dampierre, etc.

Tels sont les principaux manuscrits signalés par les érudits et les bibliophiles. Il nous reste à rapporter en quelques mots comment nous en avons fait usage.

Pour la *Chronique de Flandre* nous nous sommes surtout servi du Ms. 5610 de la Bibliothèque Nationale de Paris, mais nous l'avons comparé avec soin au Ms. 14910 de Bruxelles [2].

Ce n'est point sans regret qu'au lieu de reproduire les *Chroniques abrégées,* nous n'avons point exhumé le texte original et complet de Baudouin d'Avesnes; mais nous ne pouvions oublier que notre travail était renfermé dans une limite bien déterminée, et l'étendue même de la chronique universelle du sire de Beaumont formait un obstacle à toute tentative de ce genre. Nous avions d'ailleurs à nous conformer à la résolution prise depuis longtemps de comprendre parmi nos publications historiques une édition des *Chroniques abrégées.* L'abbé de Nélis l'annonçait, au siècle dernier, dans son *Prodromus ;* M. de Reiffenberg l'avait préparée; M. le chanoine De Smet se proposait de l'aborder, et la publication des *Chroniques*

---

[1] Tome II, p. 558.

[2] La Chronique de Flandre occupe dans notre édition, t. Ier, les pp. 1-4, 17-19, 26, 31-37, 39-41, 43-45, 50-55, 70-75, 77-87, 104-144, 156-175, 171-236, 254-282, 294-319, 328-554, 560-410; t. II, les pp. 506-520.

INTRODUCTION. xxxv

abrégées semblait d'autant plus impérieusement exigée qu'à ce texte se rattachaient diverses continuations également dignes d'être mises en lumière.

Le Ms. 10233 de la Bibliothèque de Bourgogne a formé la base principale de notre édition des *Chroniques abrégées de Baudouin d'Avesnes*[1]. Nous l'avons collationné sur les divers manuscrits que possède le même dépôt[2].

Un supplément est placé à la fin de chaque volume. Il comprend de nombreux extraits d'une chronique anonyme latine conservée à Berne.

La chronique latine de Berne, sur laquelle nous avons déjà appelé l'attention, semblable à son début à l'une des plus anciennes chroniques de l'abbaye de Saint-Denis, dont on ne connaît que les premières lignes[3], renfermant ailleurs encore des mentions qui font croire qu'elle fut écrite dans ce célèbre monastère, offre à nos yeux l'incontestable mérite d'avoir recueilli des notes écrites de diverses mains, soit en Artois, soit à Tournay, et ce texte peut servir souvent de commentaire à celui de la *Chronique de Flandre*.

A la suite des extraits de la chronique latine de Berne viennent se placer des citations empruntées à plusieurs Mss. de la Bibliothèque Nationale de Paris, dont la rédaction se rapproche d'assez près des textes que nous avons mis au jour.

Une lacune importante subsistait. Nous avons cru devoir la combler (et

---

[1] M. le baron de Reiffenberg, qui avait préparé la même publication, lui avait aussi assigné pour base le texte du Ms. 10233.

[2] Nous avons placé les *Chroniques abrégées de Baudouin d'Avesnes* à la suite de la chronique de Flandre, en les faisant précéder des mots : Autre relation. Voyez : tome I, pp. 4-16, 19-30, 32, 37, 38, 42, 45-49, 55-69, 73, 76, 88-103, 141-155, 176-180, 257-235, 285-290, 320-327, 355-359, 411-419, tome II, pp. 1-56, 72-160, 163-221, 281-284, 321-331, 350-367, 388-395, 403-416.

[3] Cf. *Fragmentum anonymi chronici*, Recueil des historiens de France, t. XXI, p. 199.

ce ne sera point la partie la moins intéressante de notre publication) en plaçant à la fin de notre travail la reproduction des récits nationaux compris dans la chronique ou, pour parler plus exactement, dans le *Trésor des histoires* de Baudouin d'Avesnes.

ISTORE
ET
CRONIQUES DE FLANDRES.

I.

LES PREMIERS COMTES DE FLANDRE.

(Depuis Baudouin Bras-de-Fer jusqu'à Baudouin le Bon.)

Comment le roy Charlemaine donna la terre de Flandres qui estoit brahaigne, à Liédris le premier conte, et pourquoy il la nomma Flandres.

On troève lisant que ou tamps Charlemaine, le très-fort roy de France, fu une terre brehaigne, peu valant, et plaine de palus, en laquelle terre demoura un très-nobles barons, et fut nommés Liédris. Chieulx avoit pourprins[1] grant partie de celle terre. Un jour avint qu'il ot grant partie de

[1] Var. pourquis.

son lignage, et se trairent devers ledit roy de France et le supplièrent que audit Liédris, qui sire estoit de Harlebeke, vaulsist ottroyer ceste terre à luy et à ses successeurs. Li roys ot grant delibération de conseil et ly ottroya sa requeste, et le fist prince de celle terre, et fut li premiers contes, et nomma la terre : Flandres, pour sa femme qui ot nom Flandrine, et fu ladite dame extraite d'Alemaigne. Si ot un fil qui régna apres luy, liquels fu nommés Enguerrans. Chieulx Enguerrans fu de si grant forche que nuls hons ne pooit contrester à luy. Après Enguerran vint son fils, qui fut nommé Audagres. Chieulx acrut moult le conté de Flandres, et mourut et fut enterrés dalés son père en l'église de Harlebeke. Et avoit un fils qui fut nommés : Bauduins Bras-de-fer. Chieulx Bauduins ravit Judit, le fille de Charlon le Cauf, roy de France. On troève que chieulx Bauduins, ains comme il passoit une fois parmy l'Escaut, li diables s'appaurt à luy et sally hors de l'yauwe, et li vaillans contes sacha s'espée et se combati à luy ; et pour ce l'appeloit-on : Bauduin Bras-de-fer. Et, après ce, briefment trespassa de ce siècle et fut enterrés en l'abbéye de Saint-Bertin.

Che chapitre parle bien briefment de VI autres contes apriès Liédris et de leurs fais.

Bauduins Bras-de-fer engendra Bauduin le Cauf. Chieulx Bauduin ot à femme Gertruid à l'oeil, qui fu fille au roy Ygier d'Engleterre, et en ot un fils qui fut nommés : Ernous, liquel estora l'abbéye de Saint-Pierre de Gand. Chieulx Ernouls qui fut appelés li Vieulx pour son grant eage, tua en trahyson le duc Willame de Normendie, en une ville sur Somme, à Piquigny, là où il furent à parlement. Et ot à femme la fille le conte de Vermendois, qui fut nommée : Ale. Et avoit un frère, qui fut appellés : Alous, liquels fu conte de Boulongne et de Therewane. Chieulx Ernouls avoit un fils qui fut nommés : Bauduin le Jovène. Chieulx Bauduins prist à femme la fille Hermant, le duc de Sassoigne. Si engendra en icelle Ernoul le Jovène. Ernouls li fils Bauduin le Jovène morut devant son père et fut enterrés à Saint-Bertin. Quant Ernouls li Vieulx fu mors et enterrés à Gand, Ernouls le Jovène tint le conté, et prist à femme Susanne, le fille Bérengier, le roy de Lombardie, et engendra en lui Bauduin à la Barbe.

De Bauduin à la Barbe, VIIIe conte de Flandres, auquel les barons de Franche baillèrent en garde Philippon le fils au roy Henry de Franche, et comment chieux Bauduins eut à faire à l'empereur.

Bauduins à la Barbe estora la ville de Lille et fu plains de toutes boines meurs et prist à femme le fille de Robert Capet, roy de France, et ot de luy deux fils, Bauduin de Mons et Robert le Frison, et une fille qui ot à nom : Mehaut. Et quant Henris, roys de France, morut, qui fu fils le roy Robert devant dit et frères à la contesse de Flandres, demourés li fu un fils, qui fu nommés : Philippes, et estoit bailliés en garde au conte Bauduin, de par les barons de France, et luy firent féaulté pour l'enfant Philippe, par tel condition, que, se li enfès mouroit sans hoir, que li devant dis contes Bauduins fust roy de France, de par sa femme qui estoit tante du dit enfant.

Ychieulx Bauduins deffist le castel de Ham et estora une abbéye de noirs monnes et conquist moult de terre, entre [1] la rivière qu'on dist : Escaut, laquelle rivière desseuvre le royaume de France et le royaume d'Alemaigne. Li empereurs d'Alemaigne, qui se vit affebloyer pour sa terre que li contes Bauduins li tolly, assembla ses hos et vint près de Saint-Omer, jusques en une ville, que l'on apielle : Arques, et cuida par là légièrement entrer en Flandres; mais li contes avoit fait un fossé haut lever, sique li emperères n'y pot passer, et s'en rala en son pays. Tantost li contes assembla ses hos et le sieuwy jusqu'au Rin, et li arst son pays, et puis si s'en revint en Flandres.

Li emperères qui courchiés estoit de ce que chieulx contes Bauduins li avoit fait, assembla ses hos un an apriès, pour venir en la terre de Flandres, et vint jusques à Tournay [2], et prist des chevaliers grant quantité, et puis si s'en rala en son pays, sans plus faire. Mais parleurs [3] alèrent entre eulx, qui les acordèrent, tellement que li emperères luy rendi ses prisoniers, et li contes luy fist hommage de la terre qu'il conquist par delà l'Escaut.

Chieulx contes Bauduins estora le castel de Lille, et, tost après qu'il

---

[1] Il faut lire : outre.
[2] Var. : jusques à Courtray.
[3] Var. : parlemens.

l'avoit estoré noblement, morut et fut enterrés en l'église Saint-Pierre de Lille, laquelle il avoit estorée.

En cel temps aussi avoit la noble contesse Ale estoré une abbéye, c'est-assavoir : Messines, et là gist ses corps, et fut sa fille mariée à Guillame, duc de Normendie, qui puis fut roy d'Engleterre.

*De Bauduin de Mons IX*e *conte de Flandres, et de la fondation de l'abbaye d'Anchin l'an mil IIII*xx *et II.*

Bauduins de Mons, frères Robert le Frison et fieulx Bauduin à la Barbe, fu nourris el palais l'empereur Henry. Chils nobles homs, de sainte vie, deffist le castel de Hanon et estora une abbéye de chanones réguliers. Chieuls Bauduins prist à femme la contesse de Haynau, et tint si bien le pays que nulle rébellion n'y fut trouvée, mais toute paix et repos y fut noury. Apriès peu de jours il morut et fut enterrés à Hanon.

En ce temps, qui fut l'an mil quatre-vingts et deux, fut fondée l'abbéye d'Anchin, dalés Douay, par un chevalier, qui ot à nom : Ansel de Ribaumont.

AUTRE RELATION.

De Bauduin Coste-fiérée conte de Flandres.

En ce temps, estoit Bauduins Coste-fiérée cuens de Flandres. Il yert preus et hardis durement et entreprendans, et en ala li renommée si grande que li royne Judith, fille le roy Charlon le Cauf, qui eut esté femme Edufle roy d'Engleterre, qui adont manoit à Senlis et avoit pris deniers de sen douaire, l'enama siqu'elle s'en ala de Senlis en Flandres avoec lui et l'espousa. De quoy li rois Charles li Cauves fut si courchiés qu'il assambla grant ost pour aler sur le conte; mais, par le prière pape Nicolle et par le conseil Loeys son fil, qui moult amoit le conte, fu pais faitte, et furent racordet au roy.

Comment li contés de Flandres commencha et qui li primiers coens fu.

Et pour chou que je vous ay parlet dou conte Bauduin de Flandres, vous diray-jou dont si anchestre vinrent. Au temps le boin roy Charlemaine, le xxve an de son règne, l'an de grâce VIIc et XIIII [1], entreprist Liédris sires de Harlebecque, qui fu chevaliers hardis et entreprendans, à gouverner le terre de Flandres; elle estoit basse et plaine de palus, et quant il eult le terre concquise qui à ce temps estoit moult sauvaige, il s'en fist apeller contes. Il eult un fil qui ot nom : Odacres, qui tint le terre apriès luy. Chils Odacres engenra Bauduin Coste-fiérée, qui espousa Judith fille Charlon le Cauf, de qui il eult ung fil qu'on apella Bauduin le Cauf. Chils tint le conté de Flandres apriès le mort de sen père; il prist à femme Eufrède, le fille le roy Ogier d'Engleterre, de qui il engenra Ernoul le Grant.

Or revenons à la matière des rois de Franche.

Du roy Charle-le-Cauf comment il départi par Franche les reliques qu'il prist à Ais.

Li rois Charles li Caufs fu moult preudons; il prist à Ais aucunes des reliques que li grans rois Charlemaine y avoit mises, et les fist aporter en Franche. Si donna à Saint-Denis un des claus Nostre-Seigneur, et à Saint-Cornille à Compiégne de sen suaire, et à Chartres de le chemise Nostre-Dame une manche et un sien soller, et à Soissons le brach saint Siméon. Puis en alla à Romme en pèlerinage, et au retour uns siens fusicyens juis l'empuissonna, de quoy il moru à Mont-Cassin, quant il eult régnet xxvııı ans. Il fu aportés à Saint-Denis et là mis en terre. Il eult un fil qui eult nom : Loeys, et une fille qui eult nom : Avise. Loys ses fils qui fu sournommés : Babos [2] pour ce que sa parole bloisoit, régna apriès son père, et fu couronnés l'an de grasce VIIc IIIIxx et VIII.

---

[1] Il faut lire VIIc IIIIxx et XIIII.
[2] Un manuscrit porte : Baubos ou Baulois.

De Élye et d'Ayoul.

Avisse la fille du roy Charles le Calve fu donnée à mariage à Élie conte dou Mans, qui fu escachiés de Franche par traiteurs; et d'iceli Élie et Avisse yssi Ayous leur fieuls, de qui on a pluiseurs fois cantet.

Comment Oedes coens d'Ango et d'Aquitaine fu fais roys de Franche.

Loeys li Babos ne régna que II ans. Si moru à Soissons, et fu aportés à Saint-Denis enfouir. De li remest un fil qui eult nom : Charles li Simples, mais il yert si jovènes qu'il n'avoit pooir de tenir terre. Ly Danois vinrent adont en Franche où il firent moult de domage, espécialement à cause que le roy estoit de mineur age et trop petit entendement pour obvier et faire résistance contre les ennemis du royalme. Sy fisent les Franchois pour le paour d'iaux, Eudon conte d'Anjo et d'Aquitaine roy en telle manière qu'il tenroit le royaume toute se vie; et puis revenroit au droit hoir, et se li quierquièrent l'enffant à warder Chils Oedes desconfy les Danois et les cacha hors dou pays.

De Bauduin le Cauf conte de Flandres.

Bauduins li Caufs quens de Flandres guerria contre Oedon, et en après contre Charlon le Simple pour l'ocoison dou castiel Saint-Vaast d'Arras. De quoy Wanemiers li Clers, sénescauls de Flandres, ochi Foucon arcevesque de Rains, pour chou qu'il avoit grevet le conte Bauduin enviers le roy. Après chou moru Bauduins li Caufs, quens de Flandres, l'an de grâce IX^c XIX. Ernouls ses fieuls retint le contet et prist à femme Ade, le fille le conte Hierbiert de Viermendois, de lequelle il engenra Bauduin et Liénart.

Le mort le roy Oedon et le règne Charlon-le-Simple.

Or revenons à le matière des Franchois. Chils Oedes, de qui nous avons oyt, tint le royaume XIII ans; et puis moru et fu ensevelis à Saint-

Denis. Dont fu Charles li Simples couronnés, et li Franchois fisent Robiert, le fil Oedon, sénescal de Franche. Li Danois et li payen li fisent mainte guerre. Et une fois eult li rois Charles bataille à yaux à Soissons, où il eult moult de gens ochis, et à sen retour li quens Hierbiers de Vermendois le prist et le mist en prison à Piéronne. Et quant li Franchois virent chou, il fisent couronner à roy Raoul fil le duc de Bourgongne. De quoy Charles li Simples eult si grant doel qu'il en morut.

Charles li Simples avoit un fil de se femme; elle avoit à nom : Ogine et ert fille le roy d'Engleterre; et quant li dame seut le mort de son marit, elle prist sen fil et s'enfui en Engleterre au royaume son père.

Li rois Raouls gouvrena le royaume III ans, et puis moru. Li baron de Franche, par le consel Guillame le duc de Normendie, redemandèrent Loeys le fil Charlon le Simple, qui estoit en Engleterre, sicomme nous avons dessus dit.

De Taillefier père de Raoul de Cambrésis.

Quant Loys, fils de Charlon le Simple, fu revenus en Franche, il fu couronnés à Laon. Il avoit II soers que ses pères avoit mariées devant chou qu'il morust. Li aisnée avoit nom Helvis. Celi eult espousée le duc Garin qui tenoit Pontieu et Vimeu et les aloes Saint-Waléry; elle fut mère à Ysembart, qui amena le roy Gormont dechà le mer, pour France guerroyer. L'autre suer eult nom : Alis. Si fu donnée en mariage à Taillefier de Cambrésis, qui eult de li Raoul, qui puis eult guerre contre Bernechon de Saint-Quentin. Chils roys Loys eult à femme Gerberghe le fille le roy Oton de Sassongne, qui puis fu emperères de Romme.

Dou conte Ernoul de Flandres et comment Bausses-li-Cours uus siens chevaliers tua le duc Guillamme de Normendie.

Chils rois Loys usa moult dou conseil le conte Ernoul de Flandres. Chils quens Ernouls avoit grant content contre le duc Guillaume de Normendie. En le fin fu pris ung jour de parlement entre le duc Guillaume et le conte Ernoul à Piquegny-sur-Somme. Ly rois Loys et moult d'aultres preudommes y furent, qui traittièrent de le pais, mais elle ne peult venir; ains montèrent les parolles grosses au partir, siques uns des chevaliers le conte Ernoul (Bauses li Cours eult à nom) traist s'espée et féry le duc parmy le tieste, si l'abaty mort devant tous, et puis sen repaira en Flandres avoec le conte Ernoul. Moult fu li rois blasmés de ce qu'il en avoit ainsi laissiet le conte aler, sans prendre vengance de le mort le duc, qui en se présence avoit esté ochis; mais li quens Ernouls fu assés tost apriès racordés au roy Loys, par l'enortement le royne Gerbierghe.

D'Ysembart et de Gormont.

En ce tamps se descorda Ysembars dou roy Loys son oncle, par quoy il convint Ysembart yssir de le terre de France. Il s'en alla au roy Gormont qui estoit payens. Chils rois li fist Dieu renoyer, et puis li donna se fille en mariage. Apriès chou l'emmena Ysembart à grant ost contre le roy Loys. Sy arivèrent en Pontieu, et eurent grant bataille et périlleuse au roy Loys et à ses gens; mais en le fin y fu mors Ysembars, et li rois Gormons et li sien desconfit, et ochis li plus grant partie d'iaux, et li remanans s'en fuy, et li rois Loys meismes y pierdy moult de ses gens, et y fu si griefment navrés qu'il ne vesqui gaires apriès, ains morut. Si fu enterrés à Rains, quant il eult régné xxvii ans. De li demourèrent ii fils: Lohiers et Charles. Lohiers li aisnés fu couronnés à roy et tint le règne xxxi ans, puis morut, et fu ensevelis à Saint-Rémy à Rains.

De chiaux qui issirent de Charle frère le roy Lohier de Franche.

Charles, frères au roy Loys, ot ii filles. L'une eult nom: Ermengars, li aultre: Gerberghe. Ermengars engenra Aubiert le conte de Namur. Chils Aubiers engenra Aubiert qui apriès li fu contes de Namur, et Henry qui fu quens de le Roche. Chils Henris eult une fille qui eult nom: Mehauls; celle eult Nicolon d'Avesnes à marit. Si eult de li Jacquemon d'Avesnes et Mehault, qui fu femme le castelain de Saint-Omer. Godefrois, li aisnés fils Aubert, engenra Henry et Aélis. Celle Aélis fu donnée au conte Bauduyn de Haynau. Sy eult de luy Bauduin qui apriès son père tint le contet de Hainau. Chils Bauduins eult à femme Margheritte, fille Thiéry le conte de Flandres et suer Phelipon le conte de Flandres, liquels quens Phelipes eult puis guerre contre Bauduin de Haynau dessusdit, et arst en Haynau sur li, sicom nous vous dirons chà en avant. Chils quens Bauduins de Haynau eult de Margheritte, fille le conte Thiéry de Flandres, III fils et III filles. Ly aisnés fils ot nom : Bauduins, et fu puis emperères de Constantinoble; li autres eult nom Phelippes, et li tiers Henris. Et des III filles l'une fu mariée au roy Phelipon de France, qui eult de ly le roy Loys, qui fu pères au boin roy Loys. Li aultre fille fu donnée au signeur de Beaujeu, et li tierche au conte Pierre d'Aussoire.

De l'autre fille à Charle frère le roy Lohier, nommée Gerberge, issi Henris li Vieus de Brouxielles. Chils Henris engenra Henry, Lambiert et Mehault. Celle Mehault fu mariée au conte Wistasse de Boulongne. Chils Wistasses eult de ly II fils : Wistasse et Lambiert. Chils Wistasses fu pères Godefroi de Buillon, qui puis fu rois de Jhérusalem, et Bauduin et Wistasse frères audit Godefroi. Et Wistasses eult de Marie, fille le roy d'Escoche, Mehault qui engenra de son mary Estiévenon, conte de Blois, une fille qui ot à nom : Marie. Celle Marie devint nonne; mais puis ly esquéy li terre de Boulenois, par quoy Mahieus, frères le conte Phelipon de Flandres, le prist à femme, et tint le conté de Boulongne. Il eult de le dame II filles, et puis le remist en son abéye.

Or revenons à le matère des roys de Franche. Li roys Lohiers, dont nous avons deseure parlet, eult II fieulx : Loeys et Charlon. Loeys li aisnés fu couronnés apriès le mort son père.

Comment Ernous li coens de Flandres wéria as enfans Renier Lonc-Col.

En ce temps assembla li quens Ernouls de Flandres grant ost. Si entra en Haynnau et saisi le comté de Mons contre Renier et Lambiert, qui furent fil Renier Lonc-Col, conte de Mons. Et abati li quens Ernouls le castiel de Boussut, et guerria tant les enffans qu'il les en convint fuir en Franche pour querre secours; car Lambiers avoit à femme Gerbierghe, le fille Charlon frère le roy Lohier, qui estoit ante au roy Loys de Franche, qui adont régnoit, et puis fu femme au conte Henry de Brouxielle, le Viel, de qui nous avons deseure dit; et Reniers avoit à femme le fille Huon Cappet, et pour chou ly doi frère eulrent si grant aide en Franche que il rentrèrent en Haynau : si reconquisent toute leur terre.

Le mort le conte Ernoul de Flandres et de Bauduin Barbet sen fil.

Poy apriès moru li quens Ernouls de Flandres l'an del Incarnation IX^c IIII^{xx} et X. Si tint apriès li le contet de Flandres Bauduins li Barbes ses fieuls; et assés tost apriès il prist à femme Ogine le fille Gillebiert le conte de Lussembourg, de cui il eult un fil qui eult nom : Bauduin. Chieuls quens Bauduins li Barbes pourcacha puis tant au roy Robiert de Franche, de qui nous dirons chà en avant, que il donna se fille en mariage à Bauduin son fil, qui fu sournommés de Lille. Chils Bauduins de Lille qui ot le fille le roy Robiert de Franche, tint le contet de Flandres apriès le mort Bauduin le Barbe sen père, et li rois Loeis de Franche, fil le roy Lohier, régna ix ans, et puis moru, et fu ensevelis à Saint-Cornille à Compiègne; il n'eult nul hoir de se char.

Charles ses frères veult entreprendre le règne après ly ; mais Hues Capès et li dus de Bourgongne li fisent moult de contraires, pour ce que il avoit espousée le fille le conte Hierbiert de Troyes qu'il n'amoyent pas. Sy ne vorent souffrir qu'il fust couronnés, ains commenchièrent guere à li. Ung jour estoit Charles à Laon. Là l'assist Hues Capès, mais Charles yssi hors de le ville privéement à une matinée, et se féry en l'ost Huon : si le desconfist et ardi ses tentes. Mais, poy après chou, fist tant Hues Capès que li ville li fu rendue par trayson, et prist Charlon et se femme, et les mist en prison à Orliens; et puis fist tant enviers les barons de Franche qu'il fut couronnés à Noyon; et puis prist les hommages et les féautés dou règne. Il eut ung fil qui eult nom Robiers, qui moult fu sages et bien lettrés. Celi fist-il [1] couronner à roy dedens l'année que il eut rechut le couronne dou royaume. Et pour chou que nous vous avons parlet de celi Hue Capet, nous dirons

---

[1] Var. : fist-on.

qui il fu et dont il vint. Bien avés dessus oyt comment Robiers, li fieuls le conte d'Ango et d'Aquitaine, qui maintint [1] le règne de Franche, eult ung fil qui eult nom : Hues ly Grans. Chils fu fais sénescauls apriès le mort son père. Chils Hues ly Grans eubt III fieuls. Li uns eult nom : Hues Capès; li secons : Otes, et li tiers : Henris. Et quant Hues li Grans fu mors, Hues Capès ses fieuls fu fais sénescauls de Franche, et che fu chils de qui nous avons chi en droit parlet.

De pappe Gerbiert qui fu désespérés.

Au temps que li dis Hues Capès régnoit en Franche, morut li arcevesques de Rains, et li rois Hues pourcacha tant que Gerbiers, uns clers de s'amistet, fu fais arcevesques de Rains. Chils Gerbiers avoit estet désespérés tant qu'il avoit fait hommage au diable, qui li eult en convent qu'il le feroit moult riche homme et qu'il ne moroit devant che qu'il canteroit messe en Jhérusalem. De ceste promesse fu Gierbiers moult liés, car bien cuida vivre à sa volenté, comme chils qui n'avoit nul pourpos d'aler oultre mer. Poy apriès li donna Otes li secons, emperères d'Alemaigne, l'arcevesquiet de Ravane. Quant li anemis l'eut si hault montet, si veut-il avoir encore plus grant signourie. Dont fu-il fais cardenauls; et poy apriès morut li papes. Gierbiers fu eslus par les cardenauls en celle grant signourie et grande supermagesté de la prélation apostolicque qui est le superior honneur et majorité terrestre. Gerbert, estant ainsy en celle excédante domination et sublime auctorité révérentielle, alla ung jour pour canter en une chapelle dehors Romme, que on apielle : Jhérusalem. Quant li papes fu reviestis, on commencha le serviche Nostre-Seigneur; mais ne demora apriès che gaires, que très-grant plentet d'oribles oisiauls assamblèrent sur le capielle et démenèrent grant noise. Chil qui là estoyent, en furent moult espoentet. Ly papes demanda à l'anemy que c'estoit : il li dist que c'estoient si compaignon qui le venoyent querre, pour che qu'il cantoit messe en Jhérusalem. Adont fu Gierbiers moult esbahis, car il ne cuidoit avoir warde, fors en celli Jhérusalem qui estoit oultre mer. Et quant il vit

---

[1] Var. : tint.

que li anemis l'eut déchut, il ne veult point perdre l'âme; ains vint au ventail devant tout le peuple, et congnut, descouvry et confessa droit là toute son oevre. Puis commanda à ung sien sergant, en rémission de ses péchiés, que il li copast les piés, de quoy il avoit passé viers l'anemy, et li crevast les yeux, de quoy il l'avoit regardet, et li copast les mains, de quoy il li avoit fait hommage, et le langhe, de quoy il avoit parlet, et les oreilles, de quoy il l'avoit escoutet, et les lèvres, de quoy il l'avoit baisiet, et puis gietast tout as anemis; car l'âme voloit-il rendre à Nostre-Seigneur. Quant li papes fu bien confès et repentans, li sergans fist che que il li eult commandet, et puis gietta les pièches as oysiaulx qui les emportèrent, criant et urlant et faisant si grant noise que on ne pooit oïr goutte. Telle fu li fins pape Gierbiert.

De Robiert Wiscart qui devint routiers.

Au temps Huon Cappet avoit ossi ung chevalier en le marche de Normendie : Robiers Wiscars avoit nom. Preus estoit et hardis, mais trop estoit wastères. En le fin il fu si povres qu'il n'avoit que despendre. Se li convint le pays widier, et en alla en Puille et devint routiers. Il eult moult grant compaignie; si waignièrent moult grant avoir. En le fin trouva-il chiaux dou pays fauls et mauvais. Si pensa qu'il porroit bien conquerre le pays. Lors commencha à conquerre et à donner larghement, tant que à darrains il eult tout le païs soubgit. Apriès se maria moult haultement. Il avoit ung nepveult, fil de se soer, qui avoit nom : Robiers Crespins. Quant il oy dire que ses oncles avoit conquis Puille, il ne veult plus arrester. Si ala à li, et chils le fist chevalier et li donna grant terre, et demora chils Robiers sires de Puille.

Carles, qui roys deuist estre, demora puis tant en le prison, où Hues Capès l'avoit mis, qu'il eult II fieuls : Lohier et Charlon; mais il morurent assés tost apriès tous trois, et se femme renoncha au royaume.

Hues Capès régna IX ans, puis morut, et fu ensepvelis à Saint-Denis. Robiers ses fieuls qui couronnés avoit esté ou vivant son père, régna apriès lui. Il eult III fieuls : Robiert, Huon et Henry. Il donna à Robiert le terre de Bourgongne qui li estoit esqueue de le mort Henry, le duc de

Bourgoingne son oncle; il fist Huon sen fil couronner, mais il morut dedens l'an. Si fist li rois Robiers couronner Henry sen fil maninset à roy, puis morut quant il eult régnet xxxიი ans. Henris ses fieuls rechut le règne apriès li, et prist à femme le fille au roy de Roussie.

Le were le conte Bauduin de Flandres contre l'empereur Conrart.

En l'an del Incarnation Nostre-Seigneur Jhésu-Crist mil et XXV, régnoit li emperères Conrars en Alemaigne. Il eult ung fil qui eult nom : Henris. Celi fist-il couronner à roy d'Alemaigne. Gérars li évesques de Cambray ert de grant renom ou palais celi Conrart. Li quens Bauduins de Flandres et Godefrois dus de Loheraine eurent grant guerre contre cel empereur Conrart. Papes Lyons, qui adont estoit, se mella de le pais, mais elle ne peut avenir. Ains passa li quens de Flandres parmy Hainnau, et ala jusques à Huy : si arst le castiel, puis retourna en son pays. Sy frema le castiel d'Audenarde, et dou castiel de Ham[1], qui priès de li estoit, fist une abéye, et y mist moisnes; et puis saisi Braibant jusques à le rivière de Tenre. Adont clamoit-on Loheraine dou commenchement où li rivière d'Escault sourt, jusques là où elle pert son nom. Quand li emperères Conrars entendi ces coses, il assambla grant ost pour venir en Flandres; il passa devant Arras, où li quens Bauduine estoit, mais li coens avoit fait les passages si bien garnir que li emperères n'y peut riens faire. Si s'en retourna viers Alemaigne, et li quens qui ses gens avoit assamblés, le siévy jusques au Rin, et à sen retour arst le palais de Nimaye. De chou fu li emperères moult dolans, mais il avoit tant à faire en sen pays qu'il li convint délayer vii ans de le venganche. Mais puis entra en Flandres par l'Escluse. Si se venga bien de ses anemis, et en ochist grant plentet, et prist pluiseurs ricques hommes de le cité de Tournay. Et en le fin fu pais faitte entr'iaux, en telle manière que li emperères rendi tous les prisonniers au conte, et li otrya le Braibant dalés Audenarde, et li confrema Wacres, et li quens l'en fist hommage.

[1] Variante : Eham, Enham.

De l'estorement de l'abéye dou Brueck-Heluwin.

En ce temps prist habit de religion uns chevaliers, qui avoit nom Heluins, et puis qu'il eult XL ans, aprist-il en lettres, et fonda une abéye, qu'il nomma le Bruech, et en fu abés, et encore nomme-on l'abéye pour li : le Bruech-Heluin.

Comment li dus de Normendie engenra de le fille d'un peletier Willemme le Bastart qui puis fu dus de Normendie.

Li dus Robiers de Normendie estoit ung jour alés cachier. Si pleut si fort qu'il fu moulliés jusques à le char. Ses cambrelens manda ung escohier pour ung sien plichon raparillier qui moulliés estoit. Li dus iert venus à Cam. Li escohiers vint et amena avoecques li une sienne fille qui moult estoit bielle, pour luy aydier. Tantost comme li dus le vit, il le convoita moult et demanda à son cambrelent qui elle estoit. Chils li dist que elle estoit fille à l'escohier. Li dus fist tant qu'il jut le nuit avecques li, et le tint tant que il en eult ung fil qui eult nom : Guillaume le Bastart. Li escohiers avoit nom Sohier et estoit nés de Florinnes viers Haynau. Li dus le fist rique homme, et pourcacha puis tant que li baron de Normendie fisent féaultet à sen fil et jurèrent de le tenir à seigneur aprèes le mort de sen père. Li dus Robiers morut au repairier de le voye d'oultre-mer. Guillaumes, ses fieuls, retint le ducet après li par les convenenches des barons; mais moult eult de contraires. Et entre les aultres, Joffrois, quens d'Anjou, prist sour li Danfort et Alenchon; mais li dus Guillaumes assambla ses os et assist Alenchon. Mais chil de léens le laidengoyent des murs et clamoyent : bastart; et pour li faire plus grant duel et plus de despit, il batoient piaux [1] d'aignaus sur la muraille. Li dus fu si courechiés et si iriés que il fist lendemain assalir sy vigoreusement qu'il prist le ville à force, et fist à tous coper piés et mains. Et puis fist tant par se proèche qu'il délivra se terre de ses ennemis.

[1] Var. : pennes.

Comment chis dus Guillemmes demanda le fille le conte de Flandres, et comment elle le refusa et le prist puis qu'il l'eut bien batue.

Apriès ces coses, envoya-il au conte Bauduin de Flandres, et requist se fille en mariage. Li quens en parla à se fille, mais elle respondi qu'elle n'aroit jà bastart à marit. Et quant le conte Bauduin eult oy la volenté et response de sa fille, il s'escusa aux ambassadeurs et messages le duc Guillame, le plus courtoisement qu'il peut, du mariage; mais une pièce apriès sceult li dus comment li demisielle avoit respondu. Sy prist de ses gens et en ala privéement à Lille, et entra en le salle, et passa oultre, enssi comme pour besongnier : si entra en le cambre le contesse, et trouva illoec le demisielle fille au conte Bauduin. Il le prist par les trèches, et le trainna parmy le cambre, et le défoula à ses piés et le baty bien. Puis yssi de la chambre et salli sur son cheval que on li tenoit devant le salle, et féry des esporons: si s'en ala se voye. De ceste cose fu li quens Bauduins moult courouchiés, et guerria le duc et li porta moult grant damage; mais en le fin par consel de preudommes furent acordet et furent boin amit ensamble. Et quant les coses eurent une pièche ensi demoret, li dus envoya de requief au conte pour parler de mariage. Li quens en parla à se fille : elle respondi que bien li plaisoit. Si en furent faictes les noches à grant joie. Apriès ces coses demanda li quens Bauduins à se fille, tout riant, pour quoy elle avoit si légièrement otroyet le mariage qu'elle avoit aultrefois si cruelment refusé. Elle respondi qu'elle ne congnissoit point adont le duc pour si boin qu'elle faisoit ore : « Car, dist-elle, s'il ne fust de grant » cuer et de haulte emprise, il ne fust jà si hardis qu'il m'osast venir » batre en le cambre men père. »

Le mort le roy Henry de Franche, et comment li coens Bauduins fu baus du royaume.

Ly rois Henris de Franche, dont nous vous avons deseure dit, régna xxx ans, puis morut; si fu ensevelis à Saint-Denis. De li remèsent doy fil : Phelippes li aisnés qui régna apriès li, et Hues qui fu sournommés ly maisnés; mais pour ce que li rois Phelippes estoit encore trop jovènes pour maintenir le règne, fu establis li quens Bauduins de Flandres qu'on dist de Lille, qui avoit à femme le soer le roy Henry, père le roy Phelipon, bauls et garde dou royaume.

Chils Bauduins fonda l'église Saint-Pierre de Lille et l'église Nostre-Dame à Harlebecque et l'église Saint-Pierre à Aire, et mist canonnes en ces III esglises; si leur donna grans rentes et grans tenures. Il se maintint bien et droiturièrement au siècle, et moru l'an mil et LXVII. Il fu ensevelis en l'église Saint-Pierre à Lille. De li remèsent II fil et une fille, qu'il eult de le contesse Ale sa femme, suer au roy Henry de France. La fille du conte Bauduin fonda l'abéye de Miessines et y mist noires dames nonnains. Li aisnés des fieuls eult nom : Bauduins. Chils tint le conté de Flandres apriès sen père. Et li aultres eult nom : Robiers. A celi avoit li pères donnet dou sien larghement, et ly avoit fait jurer, voyant les barons de Flandres, qu'il ne demanderoit jamais riens à le contet, fors par le volentet son frère. Pour ce s'en alla chils Robiers en Frise au conte Florent, qui le reçut honnourablement.

Poy apriès moru ly quens Florens, et Robiers prist à femme le contesse de Frise; elle avoit une fille dou conte Florent que li rois Phelipes eult puis à femme. Et pour ce que chils Robiers repaira grant pièche en Frise, fu-il sournommés : Robiers li Frisons. Et li quens Bauduins ses aisnés frères eult à femme Ricault, contesse de Hainau; si en ot II fieuls : Ernoul et Bauduin.

Chils quens Bauduins fu si doubtés que nuls n'osoit porter armures en se terre, et ne clooit nuls des manans, dessoubs le sien, huis pour paour de larons. Il moru à Audenarde par maladie, l'an de grâce mil et LXX; il avoit Ernoul sen aisnet fil assenet à le contet de Flandres, et Bauduin le maisnet à le contet de Hainnau, et avoit fait faire serment as hommes de Flandres et de Haynau qu'il tenroyent celle assenne.

II.

ROBERT LE FRISON.

De la première bataille de Cassel et de la guerre dentre Robert le Frison et la contesse Riqueus, femme de Bauduin de Mons, son frère.

Quant Robers li Frisons, qui demouroit en Frise, seut que ses frères fu mors, il vint tantost à Gand, et manda à la contesse Riqueus qu'elle li laissast joïr de la terre son père; et elle respondi que jà ne li renderoit, car elle estoit assés forte pour tenir la terre contre luy. Quant Robers oyt ce, il se traist vers le roy Philippe, à qui il estoit cousins germains, et se dolu de Riqueud. Li roys emprinst la besongne, et luy commanda qu'il s'en ralast et qu'il li feroit telle aidance, comme faire le devoit. Quant Riqueud oyt ce, elle se tourna par devers le roy, et fist tant qu'elle corrompi son corage par quatre mille livres d'or qu'elle li promist. Et par tant li roys emprist la besongne. Quant li Frisons ot ains perdue s'espéranche, il s'en repaira vers Saissongne au père sa femme. Riqueud cuida tout avoir gaingniet, et commencha le païs à formener et les églises à rober, pour payer ce qu'elle avoit promis au roy. Quant li prélat et li baron de Flandres virent ce, il mandèrent au Frison que tantost il revenist vers yauls. Et, quant li Frisons l'entendi, lyement revint en Flandres.

A Cassel avoit un castelain qui avoit à nom : Boniface, liquels, quant il seut la venue de Robert le Frison, coyement s'en ala vers luy et l'amena en son castel. Quant li ami du Frison seurent qu'il fu là, tantost venirent vers luy à grant routes de gens et le bienveignèrent. Riqueus qui sentoit sa venue et vit le pays de Flandres jà reveler[1] contre luy, fist semondre

---

[1] Var. : revelé.

tous ses hommes, et le manda au roy de France, liquels li vint en aide à tout l'effort de son royaume. Li Frisons avoit assamblé le commun[1] du pays de Flandres encontre lui. Le roy, à toutes ses batailles ordonnées, vint en la campaigne dessoubs Cassel, et li Frisons, à tout son host, avala le mont encontre lui. Les deux hos s'assamblèrent, et ne fait mie à merveiller se la bataille fut grande et cruelle; et furent li champ arrousé de sanc, et y avoit si grant multitude d'ochys qu'on n'en savoit le nombre. Mais en la parfin fu la partie Riqueud desconfite, et la dame prinse, et Ernoul, ses fieulx, ocis, dont ce fut grant damages, et fut portés à ensevelir à Saint-Omer.

Entretant que Robers li Frisons chassoit ses ennemis, Eustaces, li contes de Boloingne, le prist et le mena au castel de Saint-Omer. Quant les gens le Frison virent que leur seigneur fu menés en prison, il vinrent devant la ville et assaillirent le castel, et atrairent leur seigneur hors par force et le ramenèrent à ses logis.

Riqueus fut mise hors de prison, et Bauduins, ses aultres fils, emprist nouvelle guerre; mais riens ne li valut, car il fut desconfis du tout et s'en fui hors du païs.

Quant li roys de France se fu retrais de la bataille de Cassel, il s'en alla à un castel, que on appelle Monstroel-sur-la-mer, et là assambla plus grant host qu'il n'avoit fait devant, et vint jusques à Saint-Omer, et arst les forbours, et entra ens le ville par le traïson Orry le castelain. Li bourgois s'en fuirent, et les pucelles furent ravies, et les églises robées; et fut grant pitié à veoir l'omicide qu'on y faisoit.

Entretant que li roys faisoit sa volenté en la ville de Saint-Omer, Geffrois, li évesques de Paris, estoit en une ville près d'illeuc, que on appelle Esperleque. Il envoya lettres au Frison, que, s'il li voloit donner la forest de Belo[2], il li restabliroit le héritage son père. Li Frisons li ottroya; et tantost li évesques manda au roy que Robiers li Frisons et li contes de Boulloingne, ses frères, estoient près de là embuschiés, et que, s'il ne se départoit tantost, il seroit prins ou mors. Quant li roy oyt ce, il s'en issi hors de la ville par nuit, à toute sa gent, et laissa là grant partie de son harnas. Li Frisons vint à Saint-Omer, et veit les outrages et les violences

---

[1] Var.: les communes.   [2] Var.: Baule.

que les gens du roy avoient faites : moult l'en pesa, et le fist amender à son pooir. La contesse Riqueut, qui coupable estoit de tant de mauls, fut boutée hors de Flandres, et alla demourer en Haynau là où elle démena puissedi moult sainte vie.

Des trois filles du conte Robert le Frison et de leurs enfans.

Li contes Robiers fu de moult grant pooir, et ot III filles, dont la première fut mariée à Canut, le roy de Danemarche, et ot de luy Charlon, qui fut très-nobles quens de Flandres. L'autre fut mariée au conte Henry de Brusselles ; mais ses maris ne vesqui point longuement. Après se remaria et eut à baron Thiéry, duc d'Aussay, et engendra de luy Thiéri, qui puis fut nobles quens de Flandres. Le tierce fille de Robert le Frison fut abbesse de Messines.

Comment li contes Robiers le Frison alla en Jhérusalem et au revenir fu mors.

Quant li vaillans quens Robers ot victoire contre ses anemis, il s'en ala en la Sainte-Terre de oultre mer pour conquerre la terre d'Antioche et de Jhérusalem, et fist tant de si nobles prouesses, que nuls ne les porroit nombrer. Puis revint par deçà et morut, et fut enterrés à Saint-Pierre de Cassel, qu'il avoit fondé et estoré de son avoir.

AUTRE RELATION.

De Robiert le Frison.

Quant Robiers li Frisons seut le mort le conte Baudouin sen frère, il ala en Flandres et atraist pluiseurs barons de le terre à son accord ; car il avoit béance de retenir le contet pour li, pour ce que si neveut estoient moult jovène. Tost apriès chou ala Ernouls, li aisnés fieuls le conte Bauduin, en Franche, au roy Phelipon son cousin, qui le fist chevalier, et puis revint en Flandres pour maintenir le contet; mais Robiers le Frisons, ses oncles, li fu du tout à l'encontre et saisi le ville de Gant et prist Cassiel.

Comment Robiers li Frisons saisi le terre de Flandres contre le contesse Ricaut de Mons et ses enfans.

Quant li quens Ernouls et Ricaut se mère virent chou, il envoyèrent au roy Phelipon de Franche, qui vint en Flandres à grant compaignie de gent, et quant il approchièrent Cassiel, Robiers li Frisons qui bien s'estoit pourveus de gens, leur vint à l'encontre. Si commencha li bataille piesme et dure, et dura longhement; si en y eult moult d'ochis d'une part et d'aultre. Li gent Robert le Frison prisent Ricaut en celle bataille, et li Haynnuyer prisent Robiert le Frison, et furent délivret l'un pour l'autre; mais Robiers li Frisons rassambla puis grant gent, et reult bataille contre le conte Ernoul de Flandres et ses gens et le roy Phelippon de Franche qui estoit en s'ayuwe. Sy fu li quens Ernouls ochis, et ses gens tournés à desconfiture. Li rois en fu moult irés : si se traist sur le mer, et li contesse Ricauls et Bauduins ses fieuls se traisent en Haynau, et Robiers li Frisons qui le camp avoit gaingniet, ala parmy Flandres, prendant villes et castiaux, et n'arresta, si eult toute le terre saisie.

Comment li rois Philippes de France assist Saint-Omer et comment il fu levés du siége par malisse.

Quant li rois Phelipes de Franche fu venus à Monstroel apriès celle desconfiture qui fu à Cassiel, il envoya en Franche et fist assambler grant ost. Si ala devant Saint-Omer et l'assist. Il ardy le fourbourch [1]; mais, ensi qu'il séoit à ce siège, Foucques li évesques de Paris, qui estoit frères le conte

---

[1] Var. : les fourbours.

de Boullongne, qui Wistasses eult nom, manda à Robiert le Frison que s'il li voloit donner le forest d'Esperlecke, il feroit le roy lever son siége et raler en Franche. Robiers ly ottrya volentiers. Dont manda li évesques privéement au roy qu'il estoit trays, s'il ne s'en aloit. Ly roys qui cuida que ce fust voirs, se party dou siége et s'en ala en Franche. Par chou eult li évesques le forest, et apriès sa mort le laissa au conte de Boullongne.

Comment Hainaus vint à hommage au vesque de Liége.

Li contesse Ricauls et Bauduins ses fieuls fisent endementiers alïanche au vesque Théodolin de Liége, et retinrent de ly Haynau en hommage. Sy assamblèrent grant ost par l'ayde l'évesque dou Liége, et eurent pluiseurs batailles audit Robiert, et dura li wière longhement au damage de l'une partie et de l'autre; et entre les aultres en y eult une viers Brocqueroye où Robiers li Frisons mist à mort grant plentet de gens, et encore a li lieux à nom pour ceste occision : Mortaye. Et puis fist Robiers grant forteresse à Wauvrechin sur Escault; mais li contesse Ricauls et Bauduins ses fieuls le fisent abatre, et y eult ochis plusieurs de chiaux que Robiers y avoit mis en garnisons.

Comment le ville de Douay vint à Flandres, et comment Ancins fu estorée.

En le fin fu pais faitte entre yaux en telle manière que li quens Bauduins de Haynau deubt prendre à femme une nièche le conte Robiert le Frison; et de chou tenir, mist li quens Bauduins en wage le ville de Douay, qui estoit adont de Haynau et de l'Ostrevant; mais, quant li quens Bauduins vit le demisielle, elle li sambla si laide qu'il dist qu'il ne l'aroit jà. Pour chou retint li quens Robiers Douay, ne puis n'en fu li contes de Haynau saisis.

En ce temps avoit ung chevalier en Artois, qui avoit nom Sohier de Loo, et estoit sires de Courcelles dalés Douay, et avoit grant wière contre monsigneur Watier de Montegny en Ostrevant. Un jour yssi messyres Sohiers de sa maison pour une besongne. Ses gens chevauchoyent devant,

et il venoit derrière, moult penssans. Une bruyne leva : si se fourvoya et entra en ung bos et chevaucha jusques à le nuit, tant qu'il vint en ung lieu que on nomme ore-endroit le warde Saint-Rémy. Il vit lumière de feu : si ala celle part tant qu'il vint à le porte d'une maison. Il requit le portier qu'il le laissast ens. Chils ouvry le porte, et ala nonchier à sen signeur que léens avoit ung chevalier descendut tout seul. Li sires envoya deulx varlès à li, l'un pour prendre sen cheval, et l'autre pour amener en le salle, et ne se doubtoit, ne sçavoit mye monseigneur Sohier que ce fust la maison monseigneur Gaultier de Montigny en qui il estoit descendus. Quant mesires Watiers vit monseigneur Sohier, il sali sus et dist que bien fust-il venus. Apriès l'avisa tant qu'il le congnut, et messire Sohiers li. Si furent moult esbahit; mais mesire Watiers li dist : « Sire, vous estes em-
» batus en mon ostel, et je vous ay salueт. Sachiés que vous n'arés à nuit
» warde de my, ne d'aultruy, et demain vous feray conduire hors de ma
» terre, et demain vous wardés de my. » Puis le prist par le main, et s'assisent eulx deux à table. Messires Sohiers li conta comment il estoit fourvoyés; et quant il eurent mengiet, il alèrent couchier. Au matin se levèrent. Messyres Watiers demanda à messires Sohier comment il avoit le nuit dormit. Il respondi qu'il avoit estet moult travilliés de songe, car il avoit songiet qu'il estoit en une isle priès d'illoec, et uns blans chiers li trayoit les boyaulx hors et les trainnoit tout entour l'isle : « Certes, dist
» messyres Watiers, tout ensi m'est-il avenut. » Dont s'acordèrent qu'il yroient voir ceste isle, et tantost qu'il y vinrent, il trouvèrent ung blancq chierf qui aloit tout entour cel ysle. Lors dist messire Sohiers à monseigneur Gautier : « Sire, nous avons eut wère ensamble longhement, de
» quoy pluiseurs de nos amis ont esté ochis. Il me samble que Nostres-
» Sires nous amonneste que nous en faisions le pénitanche en cel illet;
» et, se vous y voliés demorer, je vous y tenroie compaignie. » Messires Watiers s'i consenti volentiers. Puis revinrent li doy chevalier ensamble, et mandèrent de leurs amis : si fisent paix. Aucun de leur amis demorèrent illoec avec yaux. Sy y estorèrent une abbéye et fisent ung abet par l'assent Gérard, évesque de Cambray, qui fu pris en l'abeye de Hannon, et eult nom : Alars. Messyres Sohiers donna à l'église Loo et Courcelles, et messyres Watiers donna le ville de Peskencort. Et puis s'y rendirent pluiseurs chevaliers et gentils hommes, qui y donnèrent grans terres. Il nommèrent

l'abbéye : Anchin. Ensi et par tel miracle commencha l'abbéye d'Anchin, l'an del Incarnation mil LXXVIII, le darrain jour de novembre.

Comment li contesse Ricaus et ses fils Bauduins estorèrent l'abye de Saint-Denis-en-Broqueroye.

Apriès ces coses prist Bauduins quens de Haynau, fils le contesse Ricaut, Ydain, le soer le conte Lambiert de Louvain, à femme. Chils Bauduins et Ricaus se mère édéfyèrent l'abéie Saint-Denis-en-Broqueroye et y donnèrent le ville meismes et pluiseurs aultres tenures. Li quens Bauduins en eult deux fieuls et trois filles. Li aisnés de ses fieulx eult nom : Bauduin, et li aultres : Ernouls. Mais li contesse Ricaus ne vesqui gaires puis, ains moru l'an del Incarnation mil IIII^{xx} et I.

Or revenons à la matère de Robiert le Frison conte de Flandres.

Le mort Robiert le Frison.

Quand il eult conquis le terre, si que vous avés dessus oy, et il eut une pièce gouvrenée le terre, si moru. Il fu ensepvelis à Cassiel. De li remèsent deux fil et trois filles. Li aisnés de ses fieuls eult nom : Robiers. Chils tint le contet de Flandres apriès li. Il prist à femme Climenche, le fille Guillaume le duc de Bourgongne : sy en eult trois fieuls. Li aultres fieuls Robiert le Frison eult à nom : Phelippes. Chils eult ung fils qui eult à nom : Guillaume. Et des filles ledit comte Robiert le Frison, eult li rois Canus de Danemarche une, et si en eult ung fils qui eult à nom : Charles. L'autre fille eult li quens de Brouxielle; et quant il fu mors, elle reprist le conte Thierry de Ausay : sy en eult ung fils, qui eult nom : Thiéris. Et li tierche fille se rendy à Messines.

Comment li conte de Hainau vinrent.

Pour chou que nous vous avons dit dont li conte de Flandres vinrent, vous dirons nous aussi dont chil de Haynau vinrent.

On troève en aucunes cronicques que sains Waubiers qui gist à Consorre dalés Biaumont en Haynau, fu dus de Loheraine, et duroit se seignorie en Cambrésis, en Braibant, en Hasebaing et en Ardenne, jusques au Rin. Se femme eult nom : Biertille, boine dame et sainte. Il eurent deux filles ; li aisnée eult nom : Waudrus, et li aultre : Audegons. Waudrus espousa ung grant seigneur qui eult nom : Waldegars, qui fu puis apellés : Vincens. Celle Waudrus fu contesse de Castielmont, que on appelle orendroit Mons en Haynau, et y estora une abéye de nonnains. et y mist canonnes pour procurer les besongnes de l'église. Audegons, li maisnée suer le contesse Waudrut, édéfia l'église de Maubuege et se rendi léens. Vincens et li contesse Waudrus menèrent moult sainte vie. Vincens establi une abéye à Songnies et y mist moisnes; mais li Hon destruisirent puis l'abéie, et grant temps apriès elle fu rédéfie, et y mist-on canonnes. Ly dus Vincens fist puis tant à se femme qu'elle li donna congiet d'entrer en religion. Si se rendi à l'abéie d'Omont dalés Maubuege, et mena illocc si sainte vie que apriès se mort il fu sains et canonnisiés de par Romme ; et est en fiertre à Songnies. Et li ducesse Waudrus se rendi en l'abéie de Castielmont qu'elle avoit fondée ; sy laissa se terre à une sienne cousine qui ot nom : Aye. Celle prist à marit Ydulphe[1], qui apriès se mort fu ensevelis en l'abéie de Lobes. La ducesse Aye donna à l'église de Mons Quoesnes, Nimy et Brainne-la-Wihote. Et adont avoit abesse en l'église de Mons que on nomme Sainte-Waudrut, que les demisielles eslisoient, et puis le présentoient à l'empereur d'Alemaigne pour confremer leur élection ; mais grant tamps apriès eult ung conte en Haynnau, qui fu si bien d'un empereur, que chils emperères li otria le présentation de l'abesse. De quoy il avint que quant li abesse qui adont estoit, fu morte, li quens n'en veut nulle recepvoir et dist qu'il n'y aroit jamais abesse, ains en seroit abés il-meismes et les deffenderoit bien. Elles ne le veurent souffrir, ains en plaidièrent grant pièche, mais riens ne leur vali ; ains demorèrent en le subjection le conte et à se volenté. Li autre conte qui apriès celi vinrent, demorèrent aussi comme abet en l'église. Ensi et par telle ocquison défalirent abesses en l'église de Mons ; et li conte donnèrent les provendes à fait que aucunes des demisielles moroient, et les tinrent pour canoinesses pour le raison des prouvendes qu'il donnoient.

[1] Var. : Édufle.

Il y eult puis pluiseurs contes jusques à ung conte qui eult nom : Hermans. Chils eult espousée le contesse Ricaut. Si eut de li ung fil et une fille. A son temps moru li quens de Valenchiennes, sans hoir : si acquist chils quens Hermans et se femme le contet et hiretage à yaux et à leurs hoirs. Et quant li quens Hermans fu mors, li contesse Ricaut reprist à marit Bauduin fil le contesse de Flandres, dont nous vous avons deseure dit, qui fu frères Robiert le Frison. Celle contesse Ricaut ama tant le conte Bauduin sen marit, que des deux enffans qu'elle avoit eut du conte Hermant, elle fist le fil clercq, et fu puis, par le pourcach le conte Bauduin, vesques de Chaalon; et le fille fist-elle nonnain : par quoy si doy fil qu'elle eut dou conte Bauduin, demorèrent hoir de le terre de Flandres de par leur père, et de Haynau de par leur mère. Li uns des fieuls eut nom : Ernouls, et fu li aisnés ; mais il fu ochis en une bataille pour la contet de Flandres qui li estoit asenée, en li deffendant contre Robiert le Frison son oncle, qui la contet de Flandres avoit saisie, si que vous avés dessus oyt. Bauduins, li maisnés fieuls le conte Bauduin et de le contesse Ricaut, engenra de Ydain se femme, fille le conte Lambiert de Louvaing, deux fieuls et trois filles. Li aisnés fieuls eult nom : Bauduins, et li aultres : Ernouls. De celi Ernoul et de ses trois sereurs, yssi grans lignie, car chils Ernouls engenra Wistasse le Vieil dou Roels [1], qui édéfia le Roels et Morlanwelz. Ce Wistasse eult deux fieuls : Nicolon qui fu clers, et Wistasce que on apella : le Varlet, qui tint le terre dou Roels apriès li ; et s'eut trois filles, dont Watiers sires de Lens eult une, Nicolles de Boulers l'autre, et li tierche fu nonne. Wistasses li Varlès, sires dou Roels, prist à femme Biertain, fille monseigneur Rasson de Gavre et de medame dou Mison de Chièvre ; si en ot ung fil, qui eult nom : Wistasses Canines, et une fille qui eult nom : Béatris. Et des trois sereurs le dit Ernoul fu li une mariée à monseigneur Thomas de Marle, qui eult nom : Ide. Ly autre fu mariée au conte de Montfort, et eult nom : Ricaus. Li tierche fu mariée à monseigneur Huon seigneur de Rumegni, et eult nom : Aélis. Chils mesires Hues et Aélis eurent un fil et six filles. Ly fieuls eult nom : Nicolles et tint apriès son père le terre de Rumegny et de Florinnes. Il prist à femme medame dou Mison de Chièvre, apriès la mort de monseigneur Rasson de Gavre. Si

---

[1] Var. : Rues.

en eult deux fieuls et trois filles. Li aisnés fieuls ot nom : Nicolles. Chils tint le terre de Rumegny apriès le père; et li aultres eult nom : Hues. Chils tint Florinnes et fu moult preus durement. Et des trois filles, li une fu mariée à Regnault de Ronsoy, li aultre à Gérard de Halut, et li tierche à Henry de Hierges advoé de Hasebaing. Nicoles sires de Rumegni prist à femme Mehault, fille monseigneur Jaque d'Avesnes. Sy en eult trois fieuls : Nicolon, Huon et Jaque. Et les six filles monseigneur Huon de Rumegni furent mariées : li première au seigneur de Caos; li seconde à monseigneur Gossuin de Mons; li tierche au seigneur de Chiéry en Rochelois; li quarte au seigneur de Doncery; li cinquième au seigneur de Baillehain en Rocelois; et li sisième au seigneur de Barbenchon. Messyres Gossuins de Mons dont nous vous avons deseure dit, eult de le seconde fille monseigneur de Rumegni qui eult nom : Biétris, ung fil qui eult nom : Gossuin, et six filles qui furent mariées, li première à monseigneur Sohier d'Enghien, et puis se mort, à monseigneur Renier de Jauche; et pour ce que Gossuins, fieuls monseigneur Gossuin, morut sans hoir, esquéy la terre à monseigneur Regnier de Jauche, de par se femme; et apriès se mort eult la dame le tierch marit qui eult nom : messire Bauduin li Carons [1]. Li seconde fille monseigneur Gossuin de Mons fu mariée à monseigneur Watier de Ligne; li tierche à monseigneur Rogier de Condet; li quarte à monseigneur Estiévenon de Denaing; li cinquième à monseigneur Baudry de Roisin; et li sisième à monseigneur Huon d'Anthoing, seigneur d'Espinoy.

[1] Var. : li Charons.

III.

ROBERT DE JÉRUSALEM.

Du conte Robiert, fil le Frison, XIe conte de Flandres.

Après Robert de Frise fu contes Robiers ses fils, qui plains estoit de très-grans prouesses, et fu oncles Loys le Gros, roy de France. Chieulx Robiers prist une très-noble dame à femme, Clémence, fille de Guillame, duc de Bourgoingne, qui fut surnommé Guillame Teste-Hardie et pères à l'apostole Calixte. Chieulx conte Robiers engendra de celle dame Bauduin Hapieule, et aultres enfans qui morurent jovène, et furent enterré à Saint-Bertin. Après fist son pèlerinage en Jhérusalem, et avoec luy, au revenir, apporta le bras saint George, lequel il donna à l'église d'Anchin. Après ce qu'il fut revenus d'oultre mer, le roy de France, ses neveus, le manda pour luy aidier à gaingnier le chastel de Dampmartin; et un jour ala combatre as barbacanes, et ses chevaulx chéy sur luy, et fu blechiés, si que il en morut. Quant il fu mors, li roys le fist porter à Arras, et fut enterrés en l'église Saint-Vaast.

AUTRE RELATION.

Comment li quens Robiers, fil le Frison, prist la contet de Flandres et ala oultre mer.

Li quens Robiers de Flandres, fil Robiert le Frison, tint le contet de Flandres xix ans; il fu oultre mer à le prise de Jhérusalem avoec Godefroit de Bouillon.

De Godefroit de Bouillon.

Au temps pape Urbain, avint que uns hons qu'on apielloit Pierre li Ermitte, noncha audit pape Urbain qu'il avoit estet en Jhérusalem et parlet au patriarche, et que li patriarches li avoit dit que le terre de Jhérusalem seroit toutte destruitte, se li papes et li crestiennetés n'en avoit pitet. Chils Pierres li Ermites estoit petis de corps, mais vighereus estoit et bien emparlés.

Papes Urbains fist à ce tamps prechier de la croix d'oultre mer, et otria plain pardon à tous chiaux qui en ce voyage volroient aler. Sy vous dirons les noms des prinches qui adont se croisièrent en l'an de grâce mil IIII^{xx} et XV. Hues, maisnés frères le roy Phelipon de Franche, prist le croix d'oultre mer. Avoec lui se croisièrent Robiers quens de Flandres, fils Robiert le Frison, Robiers dus de Normendie, fil le roy Guillame d'Engleterre, Estièvenes quens de Chartres et de Blois, Raymons quens de Thoulouse, Godefrois de Bouillons dus de Loheraine, Bauduins et Wistasses si frère, Bauduins, leurs niés, fil le conte de Rétiers, Garniers quens de Grés, Bauduins quens de Haynau, fil Ricault, Ysembars quens de Die, Raouls quens d'Orenges, Guillaumes quens de Forois, Estiévènes quens d'Aubemarle, Rotrous quens dou Pierche, Hues quens de Saint-Pol, Guis de Gerlande, sénescauls de France, Raouls [1] quens de Toul, Pières ses frères, li quens Hermans, Robiers Danse, dus de Baivière, Connans, dus de Bretaigne, Buyemons, prinches de Tarente, Émars évesques dou Puy, ly évesques de Matrem, Guillaumes, évesques d'Orenges, Raouls de Bugenchi, Gérars de Puisach, Gasses de Chaumont, Guis de Processe, Gérars de Ciérisi, Rogiers de Barneville, Henris d'Asque, Godèfrois ses frères, Centons de Béart, Raimons Pelès, Guillaumes Amenas, Gasse de Bediers, Guillaumes de Monpellier, Gérars de Rousselion, Renauls de Broyes, Clarembaus de Venduel, Raimbaus Cretons, Fouckiers d'Orliens, Thumas de le Fère, Drieus de Noyelle, Guillaumes li Carpentiers, Cuènes de Montagut, Guillebiers de Moncler, Pierres, quens de Cardenois, Richars de Princepas, fil Guillaume Fierebrache, Raimons ses frères, Hermans de Sarny, Robiers de Sour-

---

[1] Var. : Renauls.

deval, Onfrois, fil Raoul, Haviaus de Chartres, Robiers de Crusten, Richars fil au conte de Roussellon, Alains Fregans Tangrés, niès Buyemont prince de Tarente, et pluiseurs aultres, dont nous ne sçavons les noms. Et entre les aultres se croisièrent chils Pières li Ermittes, de quoy nous avons deseure parlet, et Watiers-sans-Avoir. Chils Pierres et Watiers quellièrent grant plenté de gent, et eult cascuns deux grosses batailles.

Ly pèlerin dessus dit entrèrent en le terre des Sarrasins, et furent nombret[1] qu'il estoient VIe mil hommes à pied et C mil à cheval. Sy s'espardirent par le terre des Sarrasins et prisent villes et castiaux pluiseurs, et moult s'i maintinrent li pluiseur bien et vigoreusement; mais sour tous les aultres parloit-on de le proesche Godefroit de Bouillon. Il asségièrent une forte cité qui estoit à Solimant ung Turc. Celle cité ot à nom Nicke.

Solimans, li sires de celle cité, avoit oyt dire que Godefrois de Bouillon avoit copet ung Turc tout à moitiet, et pour veoir le manière doudit Godefroit, il fist triuwes aux crestyens jusques à un terme. Et dedens ce terme il fist tant que ils et Godefrois furent ensamble, et fist Solimans amener deux cameauls, et puis dist à Godefroit que, se Godefroit pooit coper ung de ces cameauls à ung cop le haterel tout oultre, il créroit chou qu'il avoit oyt dire de li. Adont fist Godefrois aporter s'espée, et le sacha dou fuerre, et en féry le camel, et li coppa le hateriel tout oultre. Dont dist Solimans que li espée estoit bonne; et Godefroit respondi : « Se vous cuidiés que se » soit par l'espée, si en faittes aporter une aultre et amener ung aultre » camel, et je m'y esprouveray, » Solimans fist aporter se propre espée et amener l'autre camel, et bailla s'espée à Godefroit de Bouillon, et Godefroit le prist et en féry le camel par tel viertu ou hateriel qu'il ly trencha si que li corps demora à l'un des lés, et li tieste et li hateriaux à l'autre. Dont dist Solimans que li poissanche Godefroit estoit en se brach, non pas en l'espée. Apriès chou se départy Solimans de Godefroit et rentra en se cité de Nicke, et le fist raparillier et se gent mettre en conroy pour le citet deffendre, apriès les trieuwes.

Poy apriès falirent les trieuwes, et, quant elles furent falies, ly pèlerin se traisent celle part, et l'asirent vigoreusement, et y eult fait plentet d'armes d'une part et d'autre; mais en le fin, à l'ayde de Dieu, li pèlerin

---

[1] Var. : esmet.

prisent le ditte cité et y conquisent grant avoir, et chou avint l'an de grâce mil IIII^{xx} et XVII.

Apriès chou alèrent li pèlerin dessus dit tout conquerre de cy en Jhérusalem, et misent siège devant le citet de Jhérusalem, et là eult fait grant plentet d'armes, et moult y fu Godefrois de Bouillon renommés. En le fin prisent lidit pèlerin le dicte citet de Jhérusalem, et en firent Godefroit roy, pour le bien et pour le proesche qui en li estoit; et chou avint l'an de grâce mil IIII^{xx} et XIX, par ung venredy, à XII heures dou jour, le xve jour de juillet.

Chils Godefrois maintint le royaume ung an et trois jours bien et vigoreusement, puis moru. Apriès lui régna Bauduins de Rohais, ses frères, qui moult fu preudons et viguereux, et bien maintint le royaume tant qu'il vesqui.

IV.

BAUDOUIN A LA HACHE.

De Bauduin Hapieule, XIIe conte, qui prinst guerre au roy d'Engleterre pour le duc Robiert de Normendie, et depuis se dessaisi de la contet de Flandres et en revesti Charles le fils au roy Canut de Danemarche.

Quant li contes Robiers fu enterrés, li roys appella Bauduin son fils, qui fut nommés : Hapieule, et le revesti de toutte la terre de son père. Quant chieulx Bauduin fu contes de Flandres, il recheut à son hostel[1] le fils au roy Canut, de Danemarche, qui ses cousins germains estoit, nommés : Charles, et estoit nouvellement venus d'oultre mer, et luy donna à femme Marguerite, fille au conte Renaud de Clermont et seur Raoul de Péronne, et le fist gouverneur de la conté d'Amiens et du chastel d'Encre. Li contes Bauduins fu moult boins justicères.

Un jour avint que li fils de Robert, duc de Normandie, s'en afui devers le conte Bauduin, son cousin, pour avoir ayde, liquels le nourrit et fist chevalier quant il ot xv ans ; puis il l'amonnesta qu'il se rebellast contre son oncle, le roy d'Engleterre, liquels si fist. Quant li roy d'Engleterre sceut que li contes de Flandres avoit esmeu la guerre de son nepveu et de luy, il luy manda qu'il le venroit assallir à Bruges. Et li quens, quant il ot oy son message, ly manda que jà ne se travaillast si avant, et que il venroit à luy à Rouen, jusques au devant de la porte. Puis li messagiers se départi, et li contes le siévy à v^m hommes d'armes, et ala jusques à Rouen, et hurta à la porte, et escria as bourgois qu'il nonchassent au roy qu'il estoit venus à le porte et que là le trouveroit-il. Quant li roys le sceut, qui avoit deux mille hommes d'armes avoec luy en la cité, tantost

---

[1] Var. : Il retint à son conseil, à conseil.

fist commander que nul ne fust si hardy d'issir contre luy, et dist li roys :
« Laissiés ce jouvencel fourcené faire son emprise. Il n'emportera riens du
» nostre. » Quant li contes veit qu'il n'en pooit nul attraire hors, pour
escrier, ne par autre chose, moult en fut iriés, et n'avoit pas gens pour
gaingnier la cité. Si veit, de loing, un parc plain de cerfs, et tantost le fist
dépecier et fist les bestes courre aval les champs. Aprés s'en revint vers
Flandres, et au revenir trouva une partie des gens le roy d'Engleterre,
asquels il se combati, et uns des chevaliers du roy d'Engleterre le hurta
de son escu au front, et luy fist enfler une petite enfleure, et le convint
aller à Arras, et demoura là malades un peu de temps. Aprés, la cure des
mires n'ala point bien, et dist-on que ce fut par un mire que li roys d'Engleterre y avoit envoiet. A la fin, voyant qu'il n'en pooit eschaper, il
appela Charles, son nepveu, lequel il avoit esprouvé en moult de boines
besongnes, et en fist son hoir, et le revesti de toute la conté de Flandres,
jà soit ce que Clémence, sa mère, et moult d'autres princes fussent à l'encontre. Dont prist li contes habit de moisne, et fu menés à Roulers, et là
morut; et de là fu portés en l'abbéye de Saint-Bertin, à grans pleurs de
chevaliers, et fu enterrés devant le crucifix en une tombe de noir marbre
entaillie.

AUTRE RELATION.

Comment apriès le mort le conte Robert Bauduins ses fils tint sept ans le contet de Flandres.

Apriès le conte Robert tint Bauduins ses fils sept ans le contet de Flandres, puis moru; jl avoit tenut avoecq lui ung sien cousin giermain, fil
le roy Canut de Danemarche de le fille Robiert le Frison, qui moult
estoit preudhons et preus. Chils quens Robiers fu ensevelis en l'abéie
Saint-Vaast d'Arras; et pour chou que li quens Bauduins n'eult nul hoir
de se char, il fist de celi, qui Charles avoit nom, sen hoir; si tint le contet
de Flandres apriès li.

V.

CHARLES LE BON.

Du XIIIe conte Charle qui eut guerre à la contesse Clémence, mère au conte Bauduin Hapieule, pour ce qu'elle le voloit geter hors de ses chastiaux par l'ayde du roy de Franche, et eut moult d'autres guerres, et fu moult dévos à Dieu.

Après le conte Bauduin Hapieule, fu contes Charles, fils de Canut, roy de Danemarche. Quant Clémence, mère au conte Bauduin, vit ce, elle en ot moult grant despit, pour l'amour de Guillame de Ypre, qui avoit sa niepce espousée, lequel elle eust volentiers fait conte. Celle contesse se remaria au duc de Louvain, et brisa la paix que son fils avoit faite entre luy et Charles, et tendoit à le cachier hors de dix chastiaux de Flandres, par l'ayde du roy de France et du conte de Saint-Pol, liquels fut nommés : Hugues Camp-d'Avaine. Chieulx envahit le conté de Flandres, par feu et par espée ; mais, au darrain, tout s'apaisèrent à luy, sans sang respandre, et la contesse Clémence vint à sa pais, par quatre chastiaux qu'elle luy rendit, c'est-assavoir Dicquemue, Aire, Cassel et Saint-Venant. Quant la contesse ot ce fait, elle estora deux abbéyes de dames, l'une à Messines[1], et l'autre à Bourbourg. Mais li quens Hugues de Saint-Pol demoura tousjours en sa cruaulté, et avoit avoec luy Gautier le conte de Hesdin. Et tantost li contes Charles assembla ses hos, et vint sur le conte de Saint-Pol et luy abati son chastel, et prinst Gautier conte de Hesdin et le deshérita de toute sa conté. Après fist venir en son obéissance le conte de Mons et Thomas de Coucy, qui par coustume guerroyoient Flandres.

[1] Var. : A Avesnes.

Chieulx contes fu si dévos qu'un jour d'Épiphanie, estant en sa tour à Bruges, il vit entrer l'abbé de Saint-Bertin, et tantost luy demanda li contes : « Sire abbé, qui chante huy la messe en l'abbéye de Saint-Bertin ? » Et li abbés luy respondi : « Il y en a assés qui la chantent, car il y a plus » de cent moisnes. » Et li contes respondi : « Voire ; mais vous la deussiés » avoir chantée et mengier en réfectoire avoec vos moisnes ; et deussiés » avoir donné bonne pitance à chieulx qui veilleront à nuit à matines, des » biens que mes ancesseurs vous ont donnés. » Li abbés luy respondi que besoing le luy avoit fait faire, pour un chevalier, qui leur voloit détenir une rente, laquelle ils avoient tenue soixante ans. Sur quoy, li contes manda tantost le chevalier, et luy commanda qu'il les tenist en paix, ainsi que ses pères avoit fait.

Comment le provost Berthous de Bruges et ses amis fist tuer le conte Charle.

En che tamps estoit un prouvost à Bruges, qui Bertoul estoit appelés, archecapelains de toute Flandres. Ce Bertoul avoit assamblé grandes richesses, tant de son héritage que de l'avoir du conte, et pour ce estoit-il montés en si grant orguel qu'à peine se congnoissoit-il luy-meismes, et avoit fait grans tout plain de parens et d'amis, de son avoir. De quoy il avint qu'uns chevalier, cousins audit prouvost, fist adjourner en la court du conte un autre chevalier, pour trèves enfraintes ; mais li chevaliers adjournés dist qu'il ne devoit mie respondre à luy pour ce qu'il estoit de condition de serf ; car il avoit prins à femme le fille [1] le prouvost Bertoul, laquelle estoit ancelle du conte. Pour cheste chose fut la lignie du prouvost esprise de grant ire encontre le conte et le chevalier, et leur sambla que ceste besongne touchoit à eulx ; et li contes leur mist jour à Cassel, pour eux expurgier de tel servage.

Li prouvos Bertouls vint au jour à Cassel, entre luy et le chevalier, et amena bien trois cens hommes d'armes avoec luy, et fut la journée remise à un autre jour : ouquel jour il fu dit, et par jugement, que la dame deust

---

[1] Var. : Le cousine.

calengier sa franchise par les mains de douze gentieulx hommes; et la querelle le conte demoura sauve. Ceste besongne fut la première cause de la mort le conte Charlon.

Chieulx prouvost avoit un nepveu, qui Bouchart estoit appelés, lequel emprist à faire tout plain d'outrages sur le pays de Flandres, sur la fiance de son oncle, et s'estoit vanté quoyement qu'il tueroit le conte Charles de Flandres.

Quant li bons contes Charles fut revenus de France, et il ot ouy les outrages que chieulx Bouchars avoit fait et dit, tantost il assambla ses gens, et par jugement lui abati son manoir. Après ala li quens à Bruges, pour faire ordonnance sur les aultres malfaiteurs. Tantost que li prouvos scent sa venue, il prinst Guiot d'Estanfort et de ses aultres privés, et les envoya au conte pour prier pour son nepveu. Si s'en alèrent devers le conte, et ne parlèrent mie tant de la paix, qu'il se plaignirent du conte, et disoient : « Biaulx sire conte, la honte que vous avés fait à Bouchart, et
» ce que vous avés vostre ire respandue[1] sur luy, suffise, et que vous avés
» arse sa maison, à le vergoingne de tout son parage. Rapaisiés l'ire que
» vous avés esmeue sur luy pour nient, jà soit que ce soit à tard, et rapai-
» siés, par satisfaction, ceulx que vous avés ainsi courouchiés, et pour
» nient. »

Quant li quens oy les orgeulleuses paroles que ces chevaliers luy disoient, moult en fut iriés, et leur respondi : « Je vueil que Bouchars rende tout
» ce qu'il a prins mauvaisement et à tort, et qu'il congnoisse la condition
» de la lignie dont il est venus. » Quant li messaige entendirent l'asseurance[2] du conte, moult en furent courrouchié. Si se retrairent vers le prouvost Bertoul, et luy raportèrent les paroles plus felleuses que li contes ne leur avoit dit. Et tantost furent emprins de grande foursenerie, et traitièrent quoyement comment li contes seroit mourdris. A ce conseil s'assentirent huit bacheliers, qui se faisoient du lignage du prouvost, c'est-assavoir : Wimiers, li frères le prouvost, li secons Bouchars, ses nieps, Robiers de Wervy, Enguerrans d'Esne et uns nieps du prouvost, qui estoit appelés : Isaac. Chil-cy jurèrent qu'il occiroient le conte, et le plus tost qu'il pourroient, et plevirent l'un à l'autre ceste trahison, qui fut pourparlée entr'eux,

---

[1] Var. : refroidie.   [2] Var. : la sentence.

sur la terre de Houdequerque, ou terroir de Furnes, et par nuit. Non-pourtant aucuns le firent bien assavoir au conte; mais onques ne le peut-on mener à ce qu'il le voulsist croire.

Or donc, un jour que li contes fu entrés en l'église de Saint-Donat pour oyr sa messe, et qu'il s'estoit jà mis à genoux devant l'autel, li desloyal y entrèrent ens et sachièrent leurs espées, et Bouchars le féri sus le chief du plat de son espée. Et tantost leva li contes son chief, et Bouchars laissa son espée aller [1], et luy fendit le chief, jà soit ce qu'une povre femme l'escriast, à qui li contes avoit donné une petite aumosne, et li dist : « Sire » conte, gardés-vous. » Tantost li faulx traitre sallirent avant, et illec le despechièrent en l'église; et jut li glorieux contes longuement en ce lieu, que nuls n'y osoit mettre la main, tant que li cler l'ensevelirent.

Ainsi que li prouvos s'esléeschoit de ce qu'il avoit abatu son adversaire, et qu'il esprouvoit les communautés du païs, en traitant comment il pourroit estre seigneur du païs, huit jours après la mort du conte (qui fut l'an mil cent et dix-sept [2]), s'esleva encontre les homicides uns gentils homs, nommés : Gervais de Praet, avoec xxx hommes d'armes, et envahit tantost le castel de Bruges. Quant li mourdrier virent ce, une paour leur vint, soudainement, si grant qu'il s'enfuirent au dongeon, et ne sçavoient que faire. Tantost chil de la ville s'accompagnèrent avoec Gervais, et furent li homicide prins de première venue, et les tourmentèrent en plusieurs tourmens et en maintes manières de très-cruelles peines [3].

L'un des malfaiteurs qui fut nommés : Isaac, s'estoit retirés en une sienne tour qui estoit bien garnie. Tantost ses frères y sourvint, qui le cuida trouver, pour prendre vengeance de luy; et, quant il vit qu'il y avoit failly, il bouta le feu en la maison, et n'est mie doute, s'il eust trouvé son frère, qu'il ne l'eust occis. Qnant il ne peult nulle part estre à seur, il s'en vint à la maison de Guyon de Stanfort, et eulx deux se retirèrent à privée mesnie, et ne finèrent tant qu'il vindrent à Terewane, en l'abbéye de Saint-Jean, et là se tinrent tant que li pays le sçeut. Puis issirent tantost ceulx de Saint-Omer, et les prinrent et tirèrent par force hors de l'abbeye, et les emmenèrent en leur ville; et là furent jugiés à estre mis en un tonnel

---

[1] Var. : Lascha l'espée.
[2] Lisez : 1127.
[3] Un MS. ajoute : les aucuns pendre, et les autres geter ès privées.

plain de broques de fer, et furent tournés par toutes les rues de la ville, et puis pendus au gibet. Quant aux aultres mourdriers, Baudouins de Gand, Daniaus de Tenremonde et Guillaumes d'Ypre les cachièrent par toute Flandres.

Li prouvos, qui estoit occasion de tout le meurdre, fut avalés par une corde du castel de Bruges par amis qu'il ot, et s'en fui à la maison d'Alard de Warneston. Tantost que Guillaumes d'Ypre le sçeut, il le prinst par force et bouta le feu dedans la maison, et le lendemain fut menés vers Ypre; et là fut-il loiés par les mains à une estaque, et ceulx de la ville le lapidèrent, et ainsi morut.

Bouchars, qui premier féri le conte, s'en fui par aide d'amis en la maison d'Alard de Roubais, qui estoit son oncle; mais Olivier, de Bondues l'annonça à ceulx de Lille, qui tantost qu'il le sceurent, l'alèrent prendre et le firent enroüer et mettre sur une haute estaque.

Guillaumes d'Ypre, qui estoit cousin du conte Charles, tantost qu'il sceut la mort du conte, calenga la conté de Flandres, et prist le chastel d'Aire, et mist en sa subjection Cassel, Yppre, Bruges, Furnes et toute la basse Flandres.

AUTRE RELATION.

Comment li bons quens Charles fu mourdris.

Chils quens Charles fu si boins aumosniers que on recorde qu'il-meismes de se main départi ung jour à Ypre son aumosne à vııı^m povres, et si fu si boins justichières que uns prévos de Bruges et aucun sien amit, qui cremoient à estre trop cruelment justichiet pour aucun villain cas qu'il avoient fais, fisent ledit conte mourdrir en l'église Saint-Donas à Bruges, en disant sen psaultier par devant l'autel; et ce provost qui le fist tuer, estoit provost de l'église mesmes. Il fu moult plains, car moult avoit estet preudons. Cil qui le mourdrirent (li provos eult nom Bertous) en furent pendut, et Bouchars son nepveu enroués; mais Mainfrois frères le provost, Ysaas, Robiers, Guillaumes de Werwy et Enguerrans d'Esne furent à mort par diviers tourmens livret. Et tout chil que on peut savoir et trouver qui les confortoient, en furent pugnis. Et chou avint l'an de grâce mil C et XXVII, le vi^e nonne de march.

VI.

GUILLAUME DE NORMANDIE.

Comment Guillames de Yppre voult estre contes de Flandre, après le mort Charle, et comment le roy de France donna le contet à Guillame, duc de Normendie, cousin germain au conte Charle, et fu le XIIIIe *conte, et aussi le voult calengier le roy d'Engleterre, mais le duc de Normendie en joy toute sa vie.*

Quant Loys, roys de France, sçeut la mort de son cousin, le conte Charlon, moult en fut dolens, et luy vint de savoir que Guillaumes d'Ypre avoit envahi le conté de Flandres sans son assentement. Pour quoy tantost s'en vint vers Arras et amena avoec luy Guillame, le duc de Normendie, qui avoit esté nourrys avoec le conte Bauduin Hapieule et estoit cousins germains au conte Charle, et luy donna le conté de Flandres, jà soit ce que moult de princes estoient venus devers le roy, disans que le conté de Flandres devoit estre à eux; et, entre autres, Bauduins contes de Mons, vint devers le roy, pour le terre calengier, mais li roys ne voulut rien oïr, ains se tint toudis avoec son serourge le duc de Normendie.

En après, li roys d'Engleterre (qui fut oncle du nouvel conte Guillaume, lequel il douta moult) volt amenuisier son pooir, et fist calengier le conté de Flandres pour luy par Estevène conte de Blois, et traist à son accord le conte [1] de Louvain, Thomas de Coucy et Guillaume d'Ypre pour ce qu'il fussent contraires à la volenté du roy de France. Et tantost mena li rois de France le nouvel conte de Flandres à Lille, tout premier, et puis à Bruges; mais à Gant le faveur du roy d'Engleterre empescha le roy de

---

[1] Var. : le duc.

France, si qu'il luy convint retourner par Béthune, et vint à Térewane et de là à Saint-Omer. Là le receut li castelains par aucunes conditions qui mises y furent. De là le mena li roys à Ypre, et là vint Guillame d'Ypre à tout l'effort qu'il pot avoir contre luy, et commencha la bataille crueuse. Mais aucuns de ceux d'Ypre avoient jà trahi leur seigneur Guillame, et avoient promis au roy qu'il luy ouvriroient la porte [1]. Et quant on eut grant pièche combatu, aucuns des traitres alèrent mettre une bannière sur le moustier de Saint-Pierre, et ouvrirent la porte. Et li roys entra ens à toute sa gent, et ravirent tout, et boutèrent le feu et ardirent la ville, d'un bout jusques à l'autre bout.

Quant Guillames se senti trahys, il s'en cuida fuir; mais il fut ratains par un chevalier, qui se nommoit : Daniel de Tenremonde, et fut menés devers le conte, et une partie de ses chevaliers. Puis li roys et li contes se retirèrent devers Messines, et donnèrent Guillame d'Ypre en garde au chastelain, et de là s'en alèrent à Aire et à Cassel et en la basse Flandres, qui tantost leur fu rendue. Après s'en alèrent vers Bruges, pour venger la mort du conte Charle, et prinrent le frère du prouvost et trente-huit de ses compaignons; et, pour ce qu'il n'osèrent mie bien faire l'exécution en la ville de Bruges, il les amenèrent sus le mont de Cassel, et là furent tous décolés. Aucun grant seigneur, qui estoient de la conjuration de la mort du conte Charle, s'en fuirent en Escoche et en autres divers païs. Après ce que le roys Loys eut mis en son païs de Flandres le conte et que tout fut en son obéissance, li roys repaira en son païs.

Quant li contes Guillames de Normandie eut tout le païs en sa subjection, il les commencha à fourmener, et à tollir leurs loix et leurs coustumes anciennes. Tantost chil de Flandres commencèrent à murmurer et à faire conspiration contre le conte, et disoient qu'il ameroient mieux à morir, que à demourer en tel servage; et estoyent chil de Lille li premier de celle émeute.

[1] Var. : les portes.

Comment Thierry, fils du duc d'Ausay, vint calengier la contet de Flandres contre Guillame duc de Normendie, et comment ledit Guillame fu mors l'an mil C et XLII.

En che tamps mandèrent ceulx[1] de Flandres à Thierry, qui fut fils du duc d'Aussay et de Gertrude qui fut fille de Robert le Frison et tante du conte Charle, qu'il venist calengier l'héritage de son cousin, comme plus prochain hoir; et y alèrent aucun de Lille. Aussitost que Thierry oït le message, moult en fut liés, et vint à mille chevaliers en Flandres, et le receurent ceulx du païs à grant léesse. Quant li contes Guillames entendit que Thierry estoit venus à Lille et que le pays commençoit à reveler encontre luy, tantost le manda au roy de France, liquels vint à Arras et amena l'archevesque de Rains avoec luy, et excommunièrent ledit Thierry et deffendirent le chanter en la ville de Lille. Nonporquant estoit chieulx Thierris cousins germains au roy Loys; mais néantmoins il s'appareilla pour tenir la guerre contre le roy et contre le conte Guillame. Tantost que li roys oï ce, il appareilla ses osts, et vint assiéger Thierry dedans la ville de Lille, et y livra maint grant assault, et s'efforcha de prendre la ville de Lille. Mais à la fin li roys vit que rien n'y exploiteroit. Si laissa le siége et s'en alla en son païs. Depuis, il avint, un jour que Thierris sortit de Lille et ainsy comme il s'en aloit son chemin, si encontra le conte Guillame à une ville qu'on appelle: Haspoule, et là commencha la bataille cruelle entre les deux princes. Mais en la fin Thierris ne peut souffrir l'effort du conte Guillame, ains fut desconfis et se traist au castel d'Alost, et Guillames tantost assist le chastel, tant que un jour avint, ainsy que li contes Guillames aloit à l'assaut, que là fut trais d'une arbaleste parmy la main dessoùs le poulce; et tantost li bras commencha à luy enfler, et devint moult malades. Si appela le duc Godeffroy qu'il fesist l'ost quoyment départir, et tantost il manda à Thierry (qui estoit dedans le chastel) qu'il vouloit faire paix entre luy et le conte, et tantost fesist l'ost sagement départir. Après peu de tamps, li contes morut et fut portés ensevelir en l'église de Saint-Bertin, et là gist en une haute tombe de cuivre ouvrée. Chiaulx contes morut l'an M C et XLII[2].

[1] Var.: li chevalier.
[2] Il faut lire: 1128.

AUTRE RELATION.

Comment Guillemmes de Normendie tint II ans le contet de Flandres.

Guillemmes, fieuls Phelippon fil Robiert le Frison, tint le contet apriès le conte Charlon, et pour che qu'il l'entreprist sans le gret le roy, ly royne de Franche pourcacha tant à aucuns barons de Flandres, que il rechurent à seigneur Guillemme fil le duc de Normendie, qui estoit des hoirs de Flandres de par se mère. Chils Guillemmes tint le contet II ans; puis fu ochis d'un quariel, de quoy il fu férus devant Alost, où il avoit assis Thierry, fil le conte d'Aussay de le fille le conte Robiert le Frison, de qui dessus avés oyt, qui calengoit le contet de par se mère. Li dis quens Guillemmes fu là navrés en le paume d'un quariel; si en moru.

VII.

THIERRY D'ALSACE.

Comment Thierris d'Aussay fu contes de Flandres.

En ce tamps, Thierris d'Aussay fut maistres de la conté de Flandres et print à femme Sebile, qui fut fille de Foucques d'Anjou, lequel depuis fut roy de Jhérusalem, et engendra de celle dame le noble conte Philippe et une fille qui fut mariée au conte Baudouin de Haynaut. Chieulx contes fu li darrains qui porta les armes gironnées.

Du roy Loys le Pieux de France, qui fonda l'ordre de Cistiaus et ala oultre mer avoec l'empereur, et sy y fu le conte Thierry de Flandres, et eussent pris la cité de Damas se ne fussent les Templiers et les Hospitaliers, si comme on dist.

Ou temps de lors régna en France Loys li Pieux, liquels ot à femme une très-haute dame, qui fut appelée Aliénor, et fut fille de Guillame, le duc d'Aquitaine, et en eut deux filles. Chielx roy, à la prédication de saint Bernard, fonda l'ordène de Cisteaux, et prist la croix de oultre mer et assambla le plus grant ost qui onques fust, et s'en alla par Constantinoble; et d'aultre part, y alla l'empereur Conrars d'Alemaigne, et s'assemblèrent à Nicée[1], mais peu esploitèrent, car leur host estoit si très-grant que nulle terre ne les pooit soustenir. Et leur convint départir; et s'en alèrent li haut homme en Jhérusalem, à petite compaignie. Et, quant li roys de Jhérusalem les vit, il leur fist grant feste, et leur requit pour Dieu qu'il luy voulsissent aidier à conquerre aucunes cités sur les Sarrasins, et tantost

---

[1] Var. : en Asie.

luy ottroyèrent et assamblèrent leur host, et orent conseil d'aller assir le ville de Damas. Tantost s'esmurent à grant effort et alèrent vers Damas et assirent la ville de tous lés et destruisirent les gardins. Or, avint un jour que ceulx de dedans estoient si près prins qu'il ne sçavoient que faire; car, devers la porte où li contes de Flandres estoit logiés, avoit-on tant miné qu'une grant partie des murs chéy jus, et estoient jà Sarrasins sur le fuir. Quant ce vit li contes de Flandres, il fist crier à l'arme en son ost et s'en vint pour entrer en la ville; mais li Templier et li Hospitalier estoient jà devant et deffendirent l'entrée, et disoient li aucun qu'il en avoient deniers, et les autres disoient qu'il le faisoient pour estre premier en la ville pour avoir le gaing. Quant li Sarrasin virent la détriance, il se recueillièrent et se mirent à leur deffense, et estoupèrent le trou de la brèche par force et firent nos gens reculer arrière. Quant li empereurs d'Alemaigne et li roys de France virent ce, moult en furent irés, et tantost laissèrent le siége et s'en alèrent. Mais li roys de Jhérusalem, qui moult fu courchiés de ceste chose, requist au roy qu'il luy voulsist aidier à conquerre la ville d'Ascalogne. Li roys luy contredit moult, mais en la fin luy ottroya.

Comment le roy Loys de France se parti du siége d'Ascaloigne pour sa femme Aliénor qui s'en voloit aler avoec le soudant, et comment il se remaria et eut depuis de sa femme Alle un fils nommé Philippe.

Or durant ce siége avint une moult grant merveille; car la royne de France Aliénor, qui avoit séjourné à Triple, avoit tant fait devers le soudan Rehaudin [1], qu'elle s'en devoit aler avoec luy. Tantost on le fist sçavoir au roy, qui estoit à siége devant Ascalogne. Li roys monta et s'en ala toute nuit; et, quant il vint là, il trouva que la royne estoit jà venue à la galée, pour y entrer ens; et tantost li roys la prit et la ramena avoec luy. Après ce, li roys prit congé du roy de Jhérusalem et s'en revint vers son païs et arriva à Brandis, et de là s'en revint à Romme et parla tant à l'Apostole que par son autorité (luy revenu à Estampes) fut la départie faite de luy et d'Aliénor, qui fut dame de Touraine, d'Anjou, de Poitou, d'Agénois et

---

[1] Var. : Jehoudin.

de Gascongne. Et des deux filles, que li roys ot d'elle, l'une fut mariée au conte Henry de Champaigne, et l'autre fut donnée au conte Thibaud de Blois. Depuis che, li roys Loys se remaria et eut à femme la fille du roy d'Espaigne, et en eut deux filles. Et, après que la royne d'Espaigne (femme du roy Loys) fut morte, il prit la tierce, qui eut nom : Ale, et estoit seur au conte Henry de Campaigne et au conte Thibaud de Blois, de laquelle dame il eut le très-noble Philippon et une fille qui fut donnée à Manuel, empereur de Constantinole. Chieulx Philippes fut nés en l'an du règne de son père trente-cinq, et de l'Incarnation de Jhésu-Crist mille cent soixante-cinq.

Or accorda li roys Loys saint Thomas, archevesque de Cantorbie, au roy Henry d'Engleterre; mais, après ce que le saint preudhomme fut entrés ou païs, celle paix fut peu tenue; car li roys Henris le fist martirisier en l'église, par plusieurs de ses chevaliers, et, entre aultres, par Richard le Breton et Guillaume l'Ours. En après, li roys Loys mourut, qui avoit moult de biens fait au païs de France, et fut enterrés à Barbéel près de Melun-sur-Seine.

Comment le conte Thierry de Flandres fu mort.

Tierris, li nobles contes de Flandres, avoit pris congé à son père le roy Fouques de Jhérusalem, et assés tost après s'en vint en Flandres, et mourut et fut enterrés en l'abbéye de Watènes.

AUTRE RELATION.

Comment Thiéris d'Ausay tint la contet de Flandres, et quelle fu sa lignie.

Thiéris d'Ausay tint, après le conte Guillame, le contet de Flandres par l'ayde le roy d'Engleterre et par l'acord des barons de Flandres, et prist à femme Sebille fille le conte Foucon d'Anjou, qui fu rois de Jhérusalem. Et fu, puis, chils quens Thiéris oultre mer avoec lui, et y mena sa femme; et puis fu chils quens Thiéris iii fies oultre mer, où il fist moult de grans proèches.

Li quens Thiéris de Flandres eult de se femme iii fieuls et ii filles. Ses aisnés fieuls eut nom : Phelippes. Chils Phelippes tint le contet après le mort de sen père. Li aultres fieuls eult nom : Mahieus; chils tint puis le contet de Boulongne. Li tiers fieuls eult nom : Pierres; chils fu clers et fu puis vesques de Cambray, et tint grant pièche l'évesquiet sans faire li ordener, et puis devint chils Pierres chevaliers et prist à femme le contesse de Neviers, qui estoit vesve; sy en eult une fille qui eult nom : Sebille, qui puis fu donnée à monseigneur de Wavrin, sénescal de Flandres. Et des ii filles le conte Thiéry fu li une donnée, qui eult nom : Margheritte, au conte Bauduin de Hainnau, le quart de ce nom après Ricaut; et l'autre eult li quens de Morienne.

Comment li emperères d'Alemaigne, li roys de France et li quens de Flandres se croisièrent.

Apriès le couronnement Bauduin de Rohais, roy de Jhérusalem, prisent le croix d'outre mer Conrars emperères d'Alemaigne, Loys roys de Franche, Thiéris quens de Flandres et moult d'aultres; mais il ne peurent riens faire, ne esploitier en le terre; ainschois y pierdirent tant de leurs hommes et de leur harnas qu'il les en convint partir sans riens faire.

Comment li castelains de Dicquemue prinst une forte cité en Espagne.

Tandis que li quens Thiéris de Flandres estoit oultre mer, fisent li commun de Flandres Crestien, castelain de Dicquemue, leur capitaine, et entrèrent en Espaigne sur Sarrasins, et prisent une forte chité [1], et portèrent grant damage au pays.

---

[1] Il s'agit ici de la prise de Lisbonne par les croisés flamands en 1147.

Le mort le roy Bauduin de Rohais.

Ly rois Bauduins estoit adont alés à ost sur les Philistyens, où·il conquist plentet de villes et de castiaux. Et puis revint en Jhérusalem et là morut, et fu portés le jour de Pasques Flories à grant plaintes et à grant pleurs l'an de son règne xvii ans et iii mois, et fu ensevelis ou mont de Calvaire dalés Godefroit roy de Jhérusalem son frère.

Comment Bauduins de Sebourg fu rois de Jhérusalem.

Apriès li fu couronnés à roy Bauduins de Sebourg, qui avoit à femme le fille ledit roy Bauduin. Au temps celi Bauduin de Sebourg fu li cités de Rohais prise par traïson une nuit dou Noël, entroes que on estoit à matines et que li crestyen entendoient au sierviche Nostre-Signeur, et rendue as Sarrasins. Chils Bauduins tint le royaume de Jhérusalem, le princet d'Antioche et le contet de Mésopotamie, et les gouvrena bien tant qu'il vesqui, et n'eult nul hoir de se char qu'une fille. Cele donna-il à femme à Foucon qui fu li tiers quens d'Anjou et dou Mans.

Comment Foukes d'Anjou entreprist le royaume de Jhérusalem.

Apriès le mort doudit Bauduin, entreprist li dis Foukes le royaume de Jhérusalem, et en fu couronnés à roy. Il eult ii fieuls et une fille. Ses aisnés fils eult à nom : Bauduins, et li aultres eult nom : Amauris, et li fille fu donnée en mariage au conte Thiéry de Flandres.

Comment, apriès le mort le roy Foucon, Bauduins ses aisnés fieuls porta couronne.

Apriès la mort le roy Foucon, fu couronnés Bauduins ses aisnés fieuls. Chieulx Bauduins conquist Escalonne et le contet de Jaffes et le castiel de

THIERRY D'ALSACE.

Or, revenrons à le Mulenne. Quant li provos de Damas qui moult estoit riches homs de meubles, eult oy que li rois Amauris eult conquis le citet de Balbais sur le Mulenne, il pensa qu'il quelleroit saudoiers et entreroit en le terre de le Mulenne. Quant il eult quelliet grant plentet de gent d'armes et de saudoyers, il ala aségier Damiette : si le prist à forche et le citet d'Alixandrie ossi. Li Mulenne eult conseil qu'il envoyeroit querre secours au roy Amaury. Se li manda qu'il le venist secourre, et li Mulenne devenroit ses homs, et li renderoit treu chascun an, et payeroit tous les cous et frais que li rois y aroit, alant et venant, pour luy secourre. Li rois Amauris s'otria à ceste requeste et assambla grant plentet de gent d'armes, et reconquist Damiette et Alixandrie et toute le terre que cil de Damas avoient conquise sur le Mulenne, et mist tous les anemis le Mulenne hors de le terre, et furent en fuyant cachiet, et moult y ot d'ochis, et s'en yeult aucuns pris, qui furent mis en prison au Crack. Et entre les prisonniers, en y eult ung qui estoit niés le prouvost de Damas, fieuls de se soer, de qui vous orés cy-apriès. Quant li rois Amauris eult ensi celle terre conquise, aucuns des prélas et des barons de l'ost li consillièrent qu'il y mesist garnisons de par ly et le retenist pour les chrestiens; et il respondi que jà, se Dieu plaisoit, n'aroit renom qu'il euist faitte trayson. Sy n'en veult riens faire; ains ala prendre congiet à le Mulenne, et li Mulennes li empli bien ses convenences et le merchia moult. Ly roys s'en party à tant et repaira en Jhérusalem.

En ce point moru li princesse d'Antioche. Sy esquéy li terre à Buyemont sen fil, et li prinches Renauls retourna deviers le roy, et li rois li donna à femme le dame dou Crack, qui estoit de nouviel vesve, et si donna au conte Raimon de Triple le dame de Tabarie à femme. Ceste dame avoit esté femme au seigneur de Tabarie qui fu castelains de Saint-Omer.

Et ne demora gaires apriès que li rois Amauris moru[1], et fu ensevelis avoec les aultres rois de Jhérusalem, et li remest uns fieuls qui eult nom : Bauduins. Chils Bauduins régna apriès li, mais il ne se veult oncques marier. Nostres-Sires le bati dou mal Saint-Ladre et fu mesiauls; mais pour chou ne demora mie qu'il ne fust preus du corps, larges et courtois et entreprendans.

---

[1] On peut trouver sur le voyage que Thierri de Flandre fit en Terre-Sainte sous le règne d'Amaury, d'intéressants détails dans la chronique d'Ernoul (édition de M. de Mas-Latrie, p. 24).

VIII.

PHILIPPE D'ALSACE.

Comment Philippe fu le XVIe conte de Flandres.

Quant li contes Tierris d'Aussay fut décédés, ses fils Philippes fut noble conte de Flandres après luy, et prit à femme le roynne Mehault, fille du roy de Portingal.

Chieulx Philippes, après qu'il ot moult de bonnes lois establies en son païs, prist la croix d'oultre mer et assit le chastel de Haroud [1] et fist moult de prouesses.

Comment le roy Phelippe de France, fils du roy Loys le Pieux, eut à faire contre ses barons et fu assalis de tous costeis.

Quant li roys Loys fust mors, ses fieulx Philippes receut le règne de France. Chielx Philippes fist murer les villes de son royame et prist à femme Ysabel, fille au conte Bauduin de Haynaut et nièce au conte Philippe de Flandres. Chieulx roys, à son commencement, ot moult à faire contre ses barons c'est-assavoir contre Philippe, conte de Flandres, à qui ses pères l'avoit laissé en garde, contre le conte de Hainau, de qui il avoit espousé la fille, contre Regnaud d'Isare qui fu fils le conte de Nevers et contre le conte de Champaigne et tout plain d'aultres grans seigneurs.

Un jour advint que li roys Philippes estoit à Senlis, à tout son ost, et Henris li dus de Cornuailles, fils du roy d'Engleterre, (liquels avoit fiancée [2]

---

[1] Var. : Harouc. Le *castrum Harenc* de Guillaume de Tyr.

[2] Var. : plevie.

PHILIPPE D'ALSACE.

sa seur Marguerite, mais il ne l'avoit point encor espousée) l'estoit venus servir, à belle chevalerie. Et ce pendant li contes Philippes de Flandres et li contes de Hainau estoient à Crespi en Valois, à tout leur pooir, et gastoient tout le pays d'environ; et li conte de Chartres gastoit le pays d'entour Bourges, et li dus de Bourgoingne, à tout son host, destruisoit le païs d'entour Sens. Mais il ne demoura mie moult que li contes de Flandres s'accorda à lui par ainsi qu'il li rendroit tout Vermandois, lequel il tenoit à tort, et trestout li aultre fisrent paix au roy. Chieulx contes de Flandres tenoit Vermandois, de par Ysabel, sa première femme, et en desheritoit le conte de Beaumont, qui l'autre seur avoit à femme.

Après vint li contes de Flandres sus un hault homme, qu'on appeloit : Robert de Bove, et cils Robers se traist devers le roy, pour avoir aide, et li roys vint à grant effort à Bove. Tantost li contes se traist à Amiens, et fist paix au roy par ainsi qu'il luy rendist les contés de Vermandois et de Valois; et le roy rendit le conté de Valois au conte de Beaumont et retint Vermandois pour luy. Quant li contes de Flandres ot fait sa paix au roy de France, le roy assambla ses hos et ala sur le duc de Bourgoingne et destruisit Chastillon-sur-Seine; et après vint li dus à sa mercy.

En che temps acoucha la royne Ysabel de France d'un fils qui fut appelé : Loys, li premiers nés, l'an de l'Incarnation M C IIII^{xx} et un.

De la royne Aliénor qui fu femme au roy Loys le Pieus de France, que le roy Henry d'Engleterre au Court Mantel prist à femme.

Or revenons à la royne Aliénor d'Aquitaine qui fut desevrée du roy de France, son seigneur. Li roys Henris d'Engleterre surnommés au Court Mantel, la prist à femme et en ot quatre fils et une fille. Et fut li premiers appelés : Henris, et fut dus de Cornuaille. Li aultres ot à nom : Richard et fu contes de Poitiers; li tiers : Geoffroy qui fu conte de Bretaingne; et li quars ot à nom : Jehans et fut appelés : Sans-Terre. Et la fille ot nom : Mehault, qui fu mariée à Oton l'empereur d'Allemaigne.

Comment li roys de France et d'Engleterre et moult d'autres princes se croisèrent.

Après se croisièrent grant foison de grans seigneurs du monde, si comme Fédric, empereur de Romme, Philippes, li roys de France, Henris, li roys d'Engleterre, Richard, son fils, Philippes, contes de Flandres, Henris, contes de Champaigne, Eudes, li contes de Bourgoingne, et plusieurs aultres. En Alemaigne se croisa li dus d'Austriche, et, en Lombardie, li marchis de Montferrat. Li empereurs vint premièrement, et tint sa voye par Alemaigne, à tout son ost, tant qu'il vint en la terre d'Ascalongne, et se herbergièrent sur un fleuve, qui n'est pas moult grans, là où plusieurs de ses chevaliers s'alèrent baignier, et il-mesmes s'y baigna si qu'il avint que uns de ses chevaliers se noyoit en icelle eaue, et nuls ne luy osoit aller aidier tant que li empereurs sailli avant, et li chevaliers se sacqua à luy si qu'il furent tous doy noyés : dont ce fut une moult douloureuse aventure pour la Terre-Sainte.

Comment li voyages fu délayés pour le roy d'Engleterre qui avoit fait demander Marguerite, fille du roy de France pour son fils, et quant il la vit, si la convoita pour li en malvais délit, dont il eurent guerre les uns contre les autres et assamblèrent sans cop férir à Gisors et à Trie.

Après le croisement des deux roys, sourvint un discord entre eulx, par quoy li sains voyages fut retardés. Il avint que li roys Henrys d'Engleterre envoya quérir la fille du feu roy de France, Marguerite, pour faire les espousailles de Henry son fils et d'elle, et le roy de France la lui envoya à belle compaingnie. Quant li roys d'Engleterre la vit, moult luy pleut, car elle estoit moult belle, et le convoita à l'avoir pour soy-mesmes [1]; mais la dame ne s'y voult assentir. Quant li roys vit ce, il luy commanda qu'elle widast sa terre, ainsy qu'elle estoit venue : laquelle vint pardeçà et se

[1] Var. : Avoec ly.

plaignit à son frère. Quant li roys oy ce, moult en fut courchiés et jura la lanche saint Jaque que amendé seroit. Tantost alla à Saint-Denis, et fist pendre son mantel à la croix en l'église, et voua que jà ne se mouveroit, se seroit vengiés du roy d'Engleterre, pour la honte qu'il avoit faite à lui et à sa seur. Quant Henris, li dus de Cornouaille, sceut que ses pères avoit ainsi ouvré de celle qui devoit estre sa femme, il morut de dueil. Et lors assembla li roys de France son ost moult efforcéement, et li roys d'Engleterre le sien, et vint jusques à Gisors; et li roys de France vint à l'encontre jusques à Trie. Et avint que la bataille fut prinse entre Philippe, conte de Flandres, qui devers le roy estoit, et Richard d'Engleterre, conte de Poitiers, fils au roy d'Engleterre, pour la querelle qui estoit entre les deux roys; et devoit estre cascuns d'eulx li tiers de chevaliers. Depuis fu accordé qu'il se combateroient corps à corps; mais oncques li roys d'Engleterre n'y laissa aler son fils.

Au jour que la bataille devoit estre, issi li roys de France, à tout son ost, de la ville de Trie, et ordonna ses batailles, et s'en alla vers Gisors; mais oncques li roys d'Engleterre ne laissa ses gens issir hors des barbaquanes. Si férit li contes Philippes de Flandres son cheval des espourons, hors de ses gens, et vint, devant l'avant-garde, tout seul, si comme devisé estoit, et se paroffrit à la bataille, mais oncques li roys d'Engleterre n'y laissa aler son fils.

Endementiers que li contes de Flandres attendoit la bataille, Guillames des Bares, qui estoit li plus preux du royalme de France, s'assembla aux gens du roy d'Engleterre, par devant les barbaquanes de Gisors, et là eut moult bon poingnis et moult de bonnes chevaleries faites.

Après ce fait, li roys de France se traist arrière; et li roys d'Engleterre d'aultre part. Puis parlèrent tant li hault homme que paix fut faite; mais elle ne dura guères longuement.

A celle dernière guerre se tourna li quens Richars de Poitiers pour ce qu'Aliénor, sa mère, enortoit le roy, sen baron, à mettre Jehan, son aisné fils, en vesture de ce qu'elle tenoit du royaume de France.

Tant guerroièrent les deux roys, qu'une fois que li roys de France cachoit le roy d'Engleterre de la ville du Mans où il avoit bouté le feu, il s'en fui au chastel de Chinon; et là fut suivy de si près que les gens du roy de France gaingnièrent la première porte sur lui : de quoy li roys d'Engleterre eult si grant peur, qu'il s'en fui en une de ses warde-robes, et dist-on que là on le trouva estranglé aux resnes¹ d'un frein.

Après que li roys Henris au Court Mantel fut ainsi mort et enfouy en l'abbaïe des Dames, qu'on appelle Fontevraut, Richars, ses fieulx, ala tantost faire hommage au roy de France, de la ducé de Normendie, et puis s'en ala en Engleterre, et se fist tantost couronner à roy. Quant li roys Richars fut couronnés, il vint par devers le roy de France, et firent leur appareil pour aller en la Terre-Sainte.

Du voiage d'outre mer, et comment le cité d'Acre fu prise, et là fu mort le conte Philippe de Flandres.

En l'an de l'Incarnation Nostre-Seigneur Jhésus-Crist M C IIII^{xx} et X s'esmeut la tierce meute vers Jhérusalem, de quoi li rois Philippe de France fut le souverain, et aussy fut Richars li rois d'Engleterre, Philippes, li contes de Flandres, Henris, li contes de Champaigne, Eudes, li dus de Bourgoingne, Pierres, li contes de Nevers, et tout plein d'aultres. Li rois de France entra en mer à Gennes, et li rois d'Engleterre à Marseille, et li contes de Flandres s'en ala par Lombardie. En chest voyage fist Richard, roy d'Engleterre, tout plein d'anoy au roy de France, son seigneur; car de Cypre, ne d'autre gaing, ne luy voulut onques faire partie, comment qu'il luy eust en convent. Quant il furent arivé, il alèrent assiéger Acre, où li rois de France fist moult de biaus assaus², et plus³ que ne fist li rois d'Engleterre; et fu par l'aide de Dieu la cité conquise. A celle prinse fut occis Robers⁴, li marischal de France, et y prist-on deux Sarrasins, qui estoyent maistres de la cité, dont li uns fut appelés : Mestolit⁵, et l'autre : Croquois⁶, liquels fut de moult grant aage.

A chel siége d'Acre morut li contes Philippes de Flandres, dont l'ost en fu moult destourbés, et son corps fut apportés par deçà la mer et enterrés en l'abbéye de Clervaux⁷. Mais, avant ce qu'il morust, il manda au roy

---

¹ Var. : A unes resgnes.
² Var. : De belles assailliés.
³ Var. : Moult plus.
⁴ Var. : Obers.
⁵ Var. : Mestolic.
⁶ Var. : Croquenois.
⁷ Var. : Cytiaus.

PHILIPPE D'ALSACE.

Philippe de France qui estoit ses filleux, qu'il prinst garde à soy-mesmes, car li rois d'Engleterre, avoec plusieurs autres princes[1], avoit bastie une grant trahison vers luy. Quant li rois de France l'entendit, il se départi du roy d'Engleterre, et vint à son hostel et manda son conseil, et faindi qu'il estoit malade, par quoy il luy convenoit retourner en son pays. Tantost il se fist mettre en une galée, et laissa le duc de Bourgoingne maistre[2] de son host en la cité d'Acre, et vint par la grande mer, veit les murailles de Troye, lesquelles il regarda moult volentiers, et tant singla par mer qu'il prit port à Venise, et de là vint en son pays; mais il n'avoit pas oublié les outrages, que li rois d'Engleterre luy avoit fais oultre mer. Par quoy tantost assembla ses hos, et saisit Lens et la cité d'Arras qui luy estoyent escheues par la mort du conte Philippe de Flandres, et la femme le conte Philippe, qui estoit fille le roy de Portingal, se traist à son douaire.

AUTRE RELATION.

Comment Phelippes fu quens de Flandres.

Chils quens Phelippes meut puis wère à Bauduin conte de Hainnau sen serourge si qu'est escript chy-dessoubs. Il eult l'aisnée fille le conte Raoul de Vermendois à femme; sy tint de par ly Vermendois et le contet de Valois. Et puis eult-il Mehault, fille le roy de Portingal : si n'eult d'elle nul hoir de se char.

Li roy qui tinrent en che temps le royaume de France.

Quant Phelippes, fil le roy de France Henry, vint en aage, il tint le royaume de Franche; il prist à femme le fille le conte de Frise, qui estoit seur au conte Robiert le Frison de par se mère.

[1] Var. : Tout plain d'aultres princes.   [2] Var. : Garde.

Apriès le roy Phelippon régna Loys ses fieuls, et puis Loys fil celui Loys, qui eult à femme le fille le conte de Poitiers, de par qui il tint le contet de Poitiers et le ducet d'Aquitaine; il eult de celle femme ung fil l'an mil C et LXV, lequel Phelippes de Flandres éleva: si eult nom : Phelippes, apriès li. Et VI ans apriès chou, fu saint Thumas de Cantorbie en son église martyrisiés.

Comment li quens Phelippes ala outre mer.

Au temps le roy Bauduin le Mesiel ala li quens Phelippes de Flandres oultre mer, et mena avoec li le advoet de Biétune, adont son cousin. Ly rois Bauduins les rechut honnourablement. Chils rois Bauduins avoit deux soers. Li quens Phelippes l'en requist l'une pour l'avoet de Biétune, mais Bauduins de Rames qui le dame désiroit avoir à femme, respondi devant tous et dist : « Sire quens, quant nous arons aucune forte citet conquise » sur les Sarrasins, il sera mieux tamps de parler mariage et faire nopces; car » nous ne sommes mye ci assemblés pour nopces faire, mais pour grever les » anemis de Sainte Église. » De ces parolles fu li quens sy courechiés qu'il ne veult oncques puis demorer en le terre, ains s'en parti, et emmena le conte de Tripple avoec li et tant des aultres que li rois demora à moult pau de gens d'armes. Li quens Phelippes mena son ost en Antioche et assist un fort castiel qu'on nomme Herenc, mais riens n'y peut esploitier. Si s'en parti et repaira en Flandres.

Comment li provos de Damas assist le Mulenne ou Cahaire.

Apriès le mort le roy Amaury de qui nous avons dessus parlet, avint que li provos de Damas (cils que li rois Amauris avoit cachiet hors de le terre le Mulenne) pensa qu'il poroit bien venir à quief de conquerre le terre d'Égipte. Il pourcacha que ses nieps qui pris fù au Crack, fu mis à renchon, et il paya le raenchon et le fist faire chevalier; puis queilli grant plentet de gent d'armes à ses saudées, et entra en le terre d'Égipte, et ala droit devant Babilone, et assist le Mulenne ou Cahaire, qui est li maistres castiaux de Babilone, et quant il eult une pièche sis devant le castiel, li maus de le mort le prist : si moru à ce siége. Sy demora tous ses avoirs à sen neveut, de qui vous avez oyt, qu'il avoit racatet de prison. Cils niés avoit nom : Salhadins, de qui on a tant parlet.

Comment Salhadins ochy le Mulenne et prist le citet de Babilonne.

Quant chils Salhadins vit que ses oncles estoit mors et que ses avoirs li estoit demorés, il retint tous les saudoyers que ses oncles li avoit amenés, et entreprist le besongne bien et vigoreusement; mais de tant s'avisa-il bien que par forche il ne poroit mie prendre le Cahaire, mais par soubtilleté. Il prist mesages et envoya à le Mulenne et li manda que moult li pesoit de l'oultrage que ses oncles avoit entrepris contre luy, et s'il plaisoit à le Mulenne, il en venroit à li à amende, voire telle qu'il venroit à li en son castiel et mouveroit de son ost à quatre piés une somme d'aighe[1] sur son dos, et le conduiroient XL de ses sergans empur les cottes et blancques verghes ès mains, pour le warder de le presse des gens le Mulenne. Ly Mulennes s'acorda à ceste amende; sy repairièrent si message à Salhadin, et li disent l'acord le Mulenne. Adont manda Salhadins tous ses hommes et sen conseil, et leur noncha ceste cose, et leur dist ensi : « Signeur, je me metray à IIII piés, une somme d'aighe sur
» mon dos; mais sachiés que jou aray ung fort trenchant coutiel à me
» cuisse, et mi XL sergant seront bien armet desoubs leur cotes; et voel
» que demain quant je mouverai, toutes nos batailles soyent couvertement
» armées, par quoy, quant on ora le hustin ou castiel, que cascuns s'apa-
» reille d'entrer ou castiel de Babilonne, car on ne trouvera jà en eulx
» deffence pour l'aseurement qu'il aront de chou qu'il me verront faire
» telle amende. » Ensi com Salhadins le devisa, ensi fu fait. Ly Mulenne fist à lendemain assir sen faudestuelf en le salle pour atendre le venue Salhadin. Et Salhadins se mist lendemain au matin au chemin en le manière que dessus est dit. Et quant li Mulenne et ses gens le virent venir, si en eurent grant risée, et li Mulenne s'asist en son faudestuéf et Salhadins se mist à ses piés, le somme à sen col, si comme vous avés oyt. Et quant li

---

[1] La chronique d'Ernoul porte : une somme d'asne.

Mulennes le vit, il fu moult liés de ceste amende, et Salhadins rua tantost le somme par terre et traist le fort coutiel qu'il avoit à se cuisse. Si en féry le Mulenne parmy le corps et l'ochy; et li XL sergant qui avoec li estoient, se férirent ès gens le Mulenne et en ochissent grant plentet et les misent tous à mierchit, comme chiaux qui de ce ne se donnoient garde. Et quant chil de l'ost oyrent le noise, il se férirent en le citet de Babilonne, et misent à l'espée tous chiaux qui vorent contrester à yaux; mais, quant chil de le citet seurent que li Mulennes estoit mors et que Salhadins avoit pris le Cahaire, il se rendirent tout à lui, et ossi firent chil de Damiette et d'Alexandrie et tout chil de la terre d'Égipte. Et quant Salhadins eult ensi ce royaume conquis, il départy larghement à ses saudoyers le gaaing dou trésor qu'il trouva au Cahaire, tant que tout s'en loèrent.

Comment Salhadins fu desconfis par le roy Bauduin le Mesiel.

Apriès çou s'apensa Salhadins que li terre de Jhérusalem estoit wide de gent d'armes; car on li avoit bien nonchiet comment li quens Phelippes de Flandres en avoit le plus grant partie menée en Antioche, et pour chou il fist ses os assambler. Mais li rois Bauduins de Jhérusalem li Mesiaulx avoit sceu se venue, et parti de Jhérusalem à V^c hommes d'armes sans plus, et entra en le citet d'Escalonne où Salhadins devoit venir pour l'asségier. Poy apriès mist Salhadins siége devant le ditte citet d'Escalonne. Quant li rois Bauduins vit que le citet d'Escalonne estoit assise, il manda sen arrière-ban en Jhérusalem et par toute le terre; mais son arrière-ban vint follement, car il ne vinrent mie en conroy, mais par parties si que, à fait qu'il approchoient Escalonne, Salhadins les faisoit prendre et loyer. Et ensi prist Salhadins grant plentet des bourgois de Jhérusalem; et quant il les eult pris, si seut par yaux que en le citet n'estoient mie demoret gent qui le citet peuissent tenir. Adont laissa Salhadins le siége d'Escalonne et fist ses os tourner viers Jhérusalem pour le citet prendre, et assist en sen quemin une citet ès plains de Rames, que on nommoit: Saint-Jorge, et le prist et destruisi toutte. Celle citet séoit à VII lieuwes priès d'Escalonne.

Or vous dirons que li rois Bauduins fist, quant il vit que Salhadins estoit partis dou siége d'Escalonne et qu'il trayoit viers Jhérusalem. Il yssi d'Esca-

PHILIPPE D'ALSACE.

lonne à tant pau de gent qu'il avoit, et pensa qu'il ameroit mieux à estre dépéchiés pièche à pièche, que à son tamps li cités de Jhérusalem fust pierdue. Avoec le roy Bauduin estoit Bauduins de Rames qui moult estoit vaillans homs et preus, et fu chils Bauduins qui parla audit Phelipon de Flandres, ensi que nous vous avons devant dit. Et si y estoit Balians de Belin [1], frères audit Bauduin, li prinches Renauls, Robiers de Boves, Hues de Tabarie, Guillaumes ses frères, qui furent fil le castelain de Saint-Omer, et si eult des chevaliers dou Temple et de l'Ospital. Si sieuvirent Salhadin et se logièrent le nuit à deux lieues priès de li à ung castiel que on nomme : Ybelin, et fu par ung joedy au soir. Lendemain au matin fu li jours Sainte-Caterine en yvier, et si fu venredis. Ly rois Bauduins et ses gens se misrent au chemin; si rataindirent l'ost Salhadin ès plains de Rames, devant ung castel que on apielle Mongissart. Et sachiés que li rois Bauduins et ses gens n'estoient mie par tout plus de V^c hommes d'armes; et Salhadins avoit bien en se bataille LX^m hommes à cheval, et si avoit les bourgois de Jhérusalem et les autres prisonniers qu'il avoyent pris devant Escalonne, toursés sur les cameus avoec les harnas [2].

Quant Bauduins de Rames en qui terre li Sarrasin estoient, vit l'ost des Sarrasins, et il furent aprochiet, il requist au roy qu'il li ottriast le première bataille, et dist que avoir le devoit, car il estoient en se terre. Ly rois li otrya, et Bauduins prist Baliant sen frère et chou qu'il peut avoir de gent avoec lui, et choisirent le plus forte bataille des Sarrasins, et se férirent sus si aigrement qu'il le perchièrent et le rompirent toute, et puis se remisent ès batailles. Et là fisent li dis Bauduins et ses frères tant d'armes, qu'on dist que on n'oy oncques parler de deux chevaliers qui tant peuissent faire d'armes en ung jour.

Ly rois Bauduins, Hues de Tabarie et ses frères Guillaumes, qui moult bien se maintinrent, eurent le seconde bataille, et furent li chevalier dou Temple et del Hospital avoec yaux. Sy fisent tout tant d'armes che jour que, à l'ayuwe de Dieu, li Sarrasin furent tout mis à le voye et desconfit, et en y eult grant plentet de mors et de pris, et de leur harnas n'escapa riens; car, quant li prisonnier de Jhérusalem et de le terre virent

---

[1] Il s'agit ici de Balian d'Ibelin, frère de Baudouin d'Ibelin, seigneur de Rama.

[2] Var. : Sur leurs chevaulx avec leurs harnas.

le desconfiture des Sarrasins, il desloyèrent l'un l'autre et ochirent chiaux qui le harnas wardoient. Sy enmenèrent le harnas avoec le harnas le roy Bauduin de Jhérusalem, où il et ses gens se traisent, quant Dieux eult fait pour yauls si biel miracle.

Aucun des chevaliers sarrasins qui pris estoient en celle bataille, demandèrent moult as crestyens qui li blans chevaliers estoit, qui tant avoit de leurs gens ochis et qui tant avoit fait d'armes en celle bataille. Ly crestyen ne savoient que respondre, fors tant qu'il cuidoyent bien que ce fust mesire sains Jorges, qui église li Sarrasin avoyent le jour destruite devant.

Comment Salhadins espousa la dame de Damas et desconfist les crestiens.

Pau apriès ces coses, vinrent nouvielles au roy Bauduin que Nouradins, soudans de Damas, estoit mors. Dont assambla li rois ses os et entra en le terre de Damas, et y fist grant gaaing et prist grant proye; mais il ne prist ville, ne castiel, car Salhadins vint au secours le royne à sen mant. Et quant li rois le seut, il repaira à tout son gaing en Jhérusalem. Mais pour chou ne laissa mie Salhadins qu'il n'alast à Damas : là le prist li royne à marit pour le secours qu'il li avoit fait.

Ensi eult Salhadins deux royaumes; et quant il fu venus à celle signourie, il assambla ses os et rentra en le terre de Jhérusalem par deviers le citet de Saiette, qui siet entre Sur et Barut. Li rois Bauduins li Mesiaulx à qui ces nouvielles furent nonchies, assambla ses os et vint encontre Salhadin. Sy assamblèrent les deux os devant ung castiel qu'on nomme Biaufort, et si tost que li os des Sarrasins fu aprochie de l'ost des crestyens, ly crestyen coururent sus as Sarrasins. Sy furent li Sarrasin desconfit de venue. Li Sarrasin se traisent sur une montaigne, et li crestyen entrèrent ès herberghes des Sarrasins, et se kierkièrent et toursèrent de l'avoir qui estoit ès tentes des Sarrasins. Et quant li Sarrasin virent qu'il furent bien tourset et bien quierquiet, il descendirent des montaignes et se férirent ès crestyens et rescousent leur avoir, et prisent le maistre dou Temple, Bauduin de Rames et plusieurs aultres, et li rois Bauduins se retraist viers Jhérusalem.

Pau apriès fu Bauduins de Rames mis à raenchon par l'otroy Salhadin, qui puis s'en repenty, pour chou que grans honeurs li sambloit de tenir si vaillant homme en prison; et non pour quant paya lidis Bauduins deux mille besans d'or pour se raenchon, car Salhadins fist serment qu'il en payeroit tant pour se raenchon ou il li feroit tous les dens de la bouche traire [1], et encore li fist-il deus des dens de sa bouche traire pour chou qu'il ne se veult plus tost obligier à le raenchon. Sy ala li dis Bauduins à l'empereur Manuel de Constantinoble pour querre ayde de se raenchon payer, et dist à l'empereur Manuel qu'il li convenoit payer II^c mil besans d'or pour se raenchon. Ly emperères Mannuels dist qu'il ne savoit compter; mais, se Bauduins se voloit assir sur une cayère enmy se salle, il la couveroit toute, de terre jusques au kief, de besans d'or [2]. Il fu ensi fait, par quoy li dis Bauduins eult assés de remanant de se raenchon.

Comment Salhadins conquist le royalme de Perse et abati le Wés-Jacob.

Apriès ceste desconfiture fist Salhadins trieuwes as crestyens, et ala conquerre le royalme de Perse.

Endementroes qu'il estoit là, fremèrent li Templier ung castiel qu'on nomme le Wés-Jacob en le terre des Sarrasins; et quant Salhadins le seut, il en fu moult courouchiés pour ce que ce fu fait durant les trieuwes.

Quant Salhadins eult conquise le terre de Perse, il revint et conquist le terre de Sarappe [3]. Adont eult-il cinq royaulmes concquis.

Puis revint assalir le Wés-Jacob que li Templier avoyent sur li fremet en triuwes, et le prist par forche et l'abati, et fist à tous les Templiers qui y estoient, coper les tiestes. Puis fist trieuwes as crestyens pour aler ung aultre royaulme conquerre [4].

Ches trieuwes durant, li prinches Renauls dou Crack fist prendre sour marchans de Damas grant avoir jusques à le value de II mil besans d'or,

---

[1] Var.: Sachier.
[2] On lit : *de pourpres d'or*, dans la chronique d'Ernoul.
[3] Var.: Sallapes. La chronique d'Ernoul porte: Halape.
[4] Var.: En un autre royaulme conquerre.

et fist les marchans et l'avoir tout mener en sen castiel au Crack. Et quant Salhadins seut que li prinches Renauls eut ses marchans pris et desreubés, il manda au roy Bauduin qu'il les fesist délivrer et wardast sen serment qu'il avoit mis as trièves. Li rois Bauduins li remanda, et voirs fu, que li prinches Renauls n'en voloit riens faire pour ly.

Comment Guions de Lusegnon prist à femme le soer Bauduin le Mesiel.

En ce temps pourcacha tant Aimeris, fieuls Huon Le Brun de Lusegnon en Poitou, connestable de Franche, au roy Bauduin le Mesiel qu'il donna se soer en mariage à Guion, ung sien frère qui biaus chevaliers estoit; mais il n'estoit mie preux, ne des plus sages [1]. Et puis chils Guis fut rois de Jhérusalem de par se femme : de quoy ce fu damages, car à sen tamps fu toute le tierre perdue.

Le mort le roy Bauduin le Mesiel.

Poy après asséga Salhadins le chasteau du Crack et y sist cinq mois. Et entandis envoya li prinches Renauls, pour Dieu, querre secours au roy Bauduin. Ly rois Bauduins qui pluiseurs fois li avoit refuset le secours, eult pitet de li : si assembla ses os et ala celle part. Quant Salhadins le seut, il parti dou siége, mais li castiaux dou Crack estoit moult adamagiés. Puis se fisent unes trieuwes à long temps entre le roy Bauduin et Salhadin ; sy repaira cascuns d'iaus en se terre.

Quant ces trieuwes eurent grant pièche duret, marchant d'Égipte se assamblèrent et quierquièrent grant avoir pour mener à Damas. Ly prinches Renauls les prist et leur toli leur avoir en trieuwes, ensi qu'il avoit fait aultre fois. Ly rois Bauduins li commanda qu'il les rendesist, et ly prinches respondi qu'il n'en feroit nient pour lui. Dont rassambla Salhadins ses os par toutes les terres qu'il avoit conquises, pour vengier le

---

[1] Var. : Ne saiges.

honte et le despit que li prinches Renauls li avoit fait. Quant il eult ses os assamblées, il entra en le terre de Jhérusalem et assist le Crack et y fu VIII sepmaines que oncques li rois Bauduins ne veult le prinche Renaut secourre. En le fin fu li rois Bauduins tant requis qu'il assambla ses os et en àla secourre le Crack. Quant Salhadins le seut, il se party dou siége et en ala asségier Napples¹ viers Nazareth. Quant li rois Bauduins le seut, il sieuwy Salhadin; et quant Salhadin seut se venue, il se party dou siége et en ala en se terre. Et li rois Bauduins revint en Jhérusalem, et là le prist li maux de le mort, et ne ly demora dois en le main, ne yeux, ne nés ou visage. Lors manda li rois tout sen consel et les barons de le terre, et leur monstra sen estat et dist qu'il voloit ouvrer par leur conseil. Il avoit deux suers, desquelles li aisnée estoit contesse de Jaffes et avoit ung fil qui avoit nom: Bauduins. Celi fist li rois Bauduins par l'accord de ses barons couronner en sen vivant dou royaume, et fist le conte de Triple estre sen bail, et deubt dix ans tenir le terre, se de l'enffant défaloit; et ce fu fait par l'acord de tous les barons dou royaume. Puis moru li rois mesiaus, et fu ensevelis ou moustier dou Saint-Sépulcre. Et encore avoit-on bailliet au dit conte de Triple deux des castiaux dou royaume, en seuretet de ravoir les cous et les frais qu'il metteroit au warder le royaume, et toutes ces convenenches jurèrent li baron de le terre à tenir.

Comment Guis de Lusegnon fu roys de Jhérusalem et perdi toute le terre.

Chils rois Bauduins qui couronnés fu darrainement, ne vesqui gaires puis, ains morut desoubs eage. Si en nasqui grans tourbles au pays; car, apriès se mort, li quens Joselins qui l'enffant avoit wardet, saisi les castiaux qui estoient bailliet en seuretet au conte de Triple, et puis pourcacha au patriarche de Jhérusalem et as Templiers que li contesse de Jaffe suer au roy mesiel et Guis ses maris² furent couronnet le jour dou my-septembre, et tinrent le royaume jusques au jour Saint-Martin-le-Boullant, et adont et à leur temps fu li terre perdue, ensi comme vous orés chà-en-avant.

¹ Naplouse.   ² Var.: Ses barons.

Quant li baron de le terre sorent ceste aventure, il en furent moult courouchiet; mais, puisque li cose estoit faite, il ne peurent laissier qu'il n'obéissent point à le couronne.

Après que le couronnement du roy Guion de Lusignen fut fait, si comme vous avés oy, furtivement et sans le gré des barons du royalme, ly quens de Triple et Bauduins de Rames ne veurent faire hommage au dit roy Guyon. Sy laissa li dis Bauduins se terre à ung sien fil, lequel il mist en le warde de Baliant de Belin sen frère; puis party du pays : de quoy ce fu grans pités et grans damages, car li Sarrasin ne doubtoyent homme dou monde tant qu'il faisoient celi Bauduin, tant estoit hardy, corageux, entreprenant, chevalleureux, preux et habille en touttes exercittes d'armes, comme pluiseurs fois avoient bien appercheut à leur grant confusion et ochision de leurs gens, quant il se trouvoit en bataille; car toutte grant proesse estoit en luy. Il s'en ala en Antioche où il fu rechus à grant honneur et s'i maintint moult vigoreusement, comme chils qui aultre cose n'en sçavoit faire.

Ly quens de Triple, à qui on avoit faussées ses convenenches, si que dessus est dit, s'en alla en Tabarie. Ly rois Guis li manda qu'il venist faire hommage à lui. Ly quens respondi que jà hommage ne li feroit, se li castiel que on li avoit bailliet en seureté, ne li estoyent rendut. Quant li rois Guis oy ceste responce, il fist assambler ses os pour aler asségier le conte de Tripple en Tabarie où il estoit. Li quens de Triple seut ceste assamblée et envoya à Salhadin messages en dépriant qu'il li volsist aidier et secourre. Salhadins li eult en convent le secours et semonst ses os. Là endedens assembla Baliant de Belin les barons de le terre de Jhérusalèm, et vint au roy Guyon et li dist : « Sire, vous savés que Bauduins de
» Rames mes frères est partis de ce pays, et si volés asségier le conte de
» Triple pour les convenenches qu'il requiert à avoir aemplies. Il nous
» samble qu'il vauroit mieux que une bonne paix se fesist entre vous et
» le conte de Triple, que chou que vous le perdissiés; car après lui por-
» riés-vous bien perdre aultres. » A ce conseil s'acordèrent tout li barons, et Balians ala de par le roy Guyon en message au conte de Triple et amena le conte de Triple au roy. Se li fist li quens de Triple hommage, et fu li paix faitte ent'riaulx. Salhadins qui ses os avoit assamblées pour secourre le conte de Triple, si que vous avés dessus oyt, fu moult cour-

chiés quant il seut que li quens de Triple estoit accordés au roy Guyon, et pour chou il fist ses os mouvoir, et mist siége devant Tabarie où li femme le conte de Triple estoit à pau de gent. Li contesse noncha au conte de Triple sen marit et au roy Guyon ceste chose ; et quant ces nouvielles furent sceues, que li contesse avoit mandées, li rois Guis fist assembler tous les barons et manda conseil qu'il feroit de celle cose. Adont respondi li quens de Triple et dist : « Seigneur, je loeroye par men conseil que on lai-
» sast Tabarie perdre, sans envoyer tant que à ore nul secours ; car je vous
» diray raison pour quoy. Vous savés qu'il fait moult grant cault, et sy n'a
» entre chi et Tabarie yauwe, rivière, ne fontaine pour nous, ne nos che-
» vaulx rafreschir ; et li Sarrasin ne s'assambleront mie à nous, jusques à
» tant qu'il nous verront à grant mesquief, ainschois traieront et hardie-
» ront à nous, et se retrairont ès montaignes, et puis descenderont sur
» nous tout à ung fais, quant il nous verront ataint de cault et de soif. Et,
» se li Sarrasin prendent le citet, nuls n'y puet perdre tant comme jou ;
» car ma femme et les miens sont dedans. Sy sçay bien qu'il abateront le
» cité, car il ne le porroient tenir, ne warnir ; et quant il l'aront prinse,
» il se retrairont en leur terre, car il ne nous venroient jamais assalir à
» nos herberghes. » A ce conseil se tinrent adont li rois et li baron de le terre. Et quant ce vint au soir, li maistres dou Temple qui avoit hayne au conte de Triple, s'en vint au roy et li dist : « Sire, créés-vous ce traitour
» le conte de Triple ? Chou qu'il vous conseille, que vous laissiés perdre
» Tabarie, c'est pour vo [1] grant déshonnour et pour cou que vous en
» soyés mains prisiés. Vous savés que vous estes nouviellement venus à le
» terre, et si avés grant ost assemblée, et si estes en le première besongne
» que vous euistes oncques à faire. Se n'ariés jamais honneur, se vous
» laissiés si priès de vous le citet perdre. Pour chou vous loeroie que vous
» secourussiés le citet. » Ly rois crut ce conseil, et fist que fols, et fist, très le viesprée, crier par toute l'ost que cascuns se deslogast lendemain au matin pour aler au secours à Tabarie.

Li quens de Triples et li baron de se terre s'esmervillièrent moult dont chils consauls venoit ; mais pour chou ne laissièrent mie que lendemain au matin il ne meusissent avoec le roy, et chemina li os paisivlement jus-

[1] Var. : No.

ques à tant que li caure du jour fu levée. Li Sarrasin descendirent des montaignes et commenchièrent à traire et à lanchier, et l'ost des chrestyens à hardyer. Et quant li crestyen les encauchoyent, il se retraioient. Ensi hardyèrent toute jour jusques à basse nonne. Puis se loga li os des crestiens, et furent le nuit à grant mesquief; car il n'y avoit point d'iauwe, ne pour hommes, ne pour chevaulx. Lendemain se mist li os des crestiens au chemin; et quant li caure fu venue, li Sarrasin hardyèrent à yauls, si quil avoient fait le jour devant, et boutèrent li Sarrasin le feu ès bruyères de le terre, pour les crestyens plus escauffer. Quant Salhadins vit que li os des crestyens estoit à si grant mesquief, il ordonna ses batailles. Li sergant à piet des crestiens jettèrent jus leurs armures pour le cault, et se férirent, geulle bée et à grant destresse [1], ès Sarrazins, et li Sarrazin les ochisoient à peu près tous sans deffense, car il estoient si travelliés et sy foullés de grant caleur que toute puissance estoit fallie en eulx. Li quens de Triple, li fieuls le prince d'Antioche, li quatre fillastre le conte et leur bataille poindirent sur Sarrasins et passèrent tout oultre les batailles des Sarrasins, et li Sarrasin se férirent en le bataille le roy et le desconfirent toute. Là fut li vraye croix perdue, que li prieus dou Temple portoit. Ly rois Guis, li prinches Renauls, li maistres dou Temple, li quens Josselins, li marchis Boniface, Hainfroy et li marescauls le roy furent tout pris. Salhadins copa meismes au prinche Renault le tieste pour les trièves qu'il avoit enfraintes, et les aultres fist mettre en prison. Li quens de Triple et se bataille en alèrent à Sur; Balians de Belin et Renauls de Saiette, qui faisoient l'arrière-garde, s'enfuirent ossi et s'en alèrent à Sur.

Apriès ceste desconfiture qui fu le jour Saint-Martin-le-Boullant, ala Salhadins parmy toute le terre, et prist Jhérusalem et les castiaux d'entour, et ne trouva qui contre li fist deffense, ne qui tant peu fist de résistence [2]. Tandis que Salhadins faisoit ces prinses en la terre de Jhérusalem, li arcevesques de Sur entra en une galée et noncha au pape ces mortelles et piteuses nouvielles. Li papes le fist savoir à tous les hauls prinches de le crestientet. Là endedens assist Salhadins Triple qui fu secourue, si que vous orés chà-en-avant.

---

[1] Var. : Geulle bée de destrèche.   [2] Var. : Qui contre luy fust.

Pau apriès se croisièrent moult de haults [1] prinches crestyens, si comme vous orés chà-en-avant, entre lesquels fu li rois Richars d'Engleterre, qui conquist en se voye l'empire de Chipre et le vendi au roy Guyon qui estoit sans terre.

Une wière dou conte Philippon de Flandres au conte Bauduin de Hainau.

En l'an del Incarnation mil C IIII[xx] et VI, fist li quens de Flandres qui adont avoit nom : Phelippes, semonce contre Bauduin conte de Hainau, pour chou que lidis Bauduins avoit fait aloianche au roy Phelipon de France, et ot en s'ayde li quens Phelippes de Flandre Phelippe, arcevesque de Coulongne, fil monseigneur Gossuin de Francquemont, Godefroit duc de Louvaing, Henry sen fil et Jaquemon d'Avesnes et moult d'autres. Sy entra li quens Phelippes en Haynnau par deviers Cambrésis. Sy prist Vellis, Solemmes, Saint-Piton et Haussi, et en abati les murs, et ala tout ardant jusques au Quesnoit. Et li quens de Haynnau qui vit qu'il n'avoit pooir de deffendre le Quesnoit, fist le ville ardoir et le castiel warnir de gens d'armes. D'autre part entrèrent en Haynnau li arcevesques de Coulongne et li dus de Louvaing par deviers le Brabant. Si ardirent le Roët, Bray, Lestinnes et tout le pays jusques à Maubuege, où li quens Phelipes revint à yauls à l'encontre, qui avoit tout ars le pays par où il estoit passés. Ly wière dura grant pièche entr'iauls; et au darrain en fist li rois Phillippes de Franche le pais.

Chils rois Phelippes eult à femme Ysabiel fille le conte Bauduin de Haynnau, qu'il engenra de Margheritte suer au conte Phelippon de Flandres dessus dit, et en eult ung fil qui eult nom : Loys, qui fu péres au roy saint Loys.

[1] Var. : Grans.

Comment li rois Philippes de France et li rois Ricars d'Engleterre et plusieur baron se croisièrent contre Salhadin.

Depuis ala li quens Phelippes de Flandres oultre mer, car il s'estoit croisiés l'an mil C IIII^{xx} et VII à ung praichement que li arcevesques de Sur fist entre Caumont et Gisors, où li rois Phelippes de Franche et li rois Richars d'Engleterre estoient assamblet à parlement. Et là se croisièrent li doy roy devant dit, Gautiers arcevesques de Roen, Bauduins arcevesques de Cantorbie, li évesques de Biauvais, li évesques de Chartres, ly dus de Bourgongne, ly quens Phelippes de Flandres, ly quens Richars de Poitiers, li quens Thiébauls de Blois, Henris, quens de Campagne, Rotrous, quens dou Perche, Robiers, quens de Dreus, li quens de Clermont, li quens de Biaumont, li quens de Soissons, li quens de Neviers, li quens de Bar, messires Willaumes des Bares, Bernars de Saint-Walléry, Jaquèmes d'Avesnes, Guillaume de Merlo et moult d'aultres preudommes. Ly emperères d'Alemaigne qui le croix avoit ossi prise, meult premiers et mena ung sien fil avoecques li et grant plentet d'Alemans. Il passèrent Constantinoble où on leur fist moult grant honneur, et passèrent le brach Saint-Jorge. Et li emperères manda au soudan del Coine qu'il fesist envoyer des viandes en sen ost pour raisonnavle marchiet, et il le fist; mais, quant li marchant furent venut en l'ost, li Alemant leur tolurent toutes leurs viandes, par quoy on ne leur apporta puis riens. Et li sien eulrent puis si grant disette qu'il en moru assès de famine. Il se logièrent sur une rivière en Erménie, et li emperères eult talent de baignier : sy entra en le rivière et fu noyés ains qu'il en peuist issir.

Comment Triple fu secourue, que Salhadin avoit assise.

D'autre part envoya li rois Guillaumes de Sésille II^c chevaliers en gallées, et plentet d'autres gent, et arrivèrent à Sur, où li marchis de Sur les retint à grant joye, et envoya li marchis ses gallées viers Triple pour aidier chiaux de dedens que Salhadins avoit assis; et avoec yaux allèrent li II^c chevalier le roy Guillaume, et li vers chevaliers d'Espaigne, qui moult estoit vaillans homs. Quant il furent venut à Triple, il séjournèrent une grant pièche, et puis issirent hors contre les Sarrasins. Si eulrent grant bataille, mais li Sarrasin y perdirent assés des leurs, et les convint retraire arrière. Quant Salhadins seut que li vers chevaliers estoit dedens Triple, il le manda à sauf conduit et li fist très-grant fieste, et li offry grans doins se il voloit demorer avoec lui. Mais li vers chevaliers respondi qu'il n'estoit mie pour chou venus ou pays, mais pour grever les Sarrasins et les Turs à sen pooir. Si se party à tant de Salhadin, si s'en rala à Triple, et Salhadins se parti dou siége, quant il vit que li cités estoit si bien garnie.

Comment Salhadins rendi Acre as crestyens.

Ung peu apriès asségièrent no gent Acre que li rois Guis sans Terre avoit saisie pour chou que li marchis Conrars ne li veult rendre la cité de Sur, qui sienne estoit. Et à ce siége vint ossi li roys Richars d'Engleterre qui avoit l'empire de Cipre conquis. Et à ce siége moru li quens Phelippes de Flandres, li quens de Clermont, li quens Thiébauls de Blois; et fu li corps Phelipon de Flandres enfouis à Clervauls.

Chil d'Acre estoient à grant mesquief. Sy mandèrent à Salhadin qu'il les secourust; et il ne peut, ains requist journée de païs à no gent; sy le eult, et fu li païs faitte par ensi que Acre fu rendue as crestiens, et eult Salhadins en convent de rendre le vraie croix, et li crestyen entrèrent en Acre l'an mil C IIII^{xx} et XI, et là partirent leurs proyes, et assés tost apriès li rois Phelippes de Franche se repaira en Franche.

IX.

BAUDOUIN DE HAINAUT.

Du conte Bauduin de Haynau qui fu XVIIe conte de Flandres et de sa lignie.

Quant le conte de Flandres fu mort, ainsi que dessus est dit, sa terre eschéy au conte de Hainau Bauduin, de par sa femme. Chieulx conte Bauduin eut de la contesse Marguerite, sa femme, trois fils et trois filles, dont l'aisné ot à nom : Bauduin, et fu conte de Flandres et de Hainau et empereur de Constantinoble. Li secons fu Philippes, conte de Namur. Li tiers fu Henris d'Angiau, qui après fu empereur de Constantinoble. Li aisnée fille ot à nom : Ysabel et fu royne de France. La seconde ot à nom : Yolant, qui print le conte d'Aussoire à mari, et par elle fu depuis empereur de Constantinoble. La tierce ot à nom : Sebile, qui fu mariée à Gérard de Lingny.

Comment le roy de France conquist sur le conte Bauduin Arras, Saint-Omer et Ayre.

Quant li roys de France ot conquis Arras, tantost vint sur Saint-Omer : et lui fut tantost rendue, et Aire ensement.

BAUDQUIN DE HAINAUT.

Comment le roy de France commencha à guerroyer le roy d'Engleterre et prist Évreux et Vernon; et si parle en ce chapitre des enfans que le roy de France eut en avoutire.

Après li roys de France assembla ses hos, et commencha à guerroyer le roy d'Engleterre, et print Évreux de première venue, et le chastel de Vernon et Gisors.

En ce temps moru Ysabeau, royne de France, et en prit li roys une aultre qui fu appelée Englebours, fille au roy de Dannemarc, laquelle il laissa depuis. Et en espousa une autre qui fu fille au duc de Mérane, de qui il ot deux enfans : un fils qui ot à nom : Philippes, et une fille qui ot à nom : Marie, qui depuis furent depuis légitimé par l'Apostole Innocent li Tiers, pour ce que Sainte Église souffri le mariage qui dessevré en fu par Guillaume l'archevesque de Rains et par aultres clercs, qui jurèrent parage entre le roy et la royne Englebourt. De quoy, tous ceulx, qui jurèrent le parage, morurent depuis de maise[1] mort, et fu France mise en entredit.

Comment li rois Richars d'Engleterre eut à faire au soudan Salhadin, et eust-on conquis la cité de Jhérusalem, se n'eussent esté li François qui ne voloient mie que li rois d'Engleterre en eust l'honneur.

Revenir vous vueil au roy d'Engleterre, qui en Acre estoit. Nouvelles luy vindrent que li soudans de Babilonne, Salhadins, luy vouloit rendre le royaume de Surie, par ainsi qu'il le laissast joïr de ses autres terres. Quant li roys d'Engleterre l'entendit, il le fist sçavoir au duc de Bourgoingne, qui estoit au lieu du roy de France. Tantost firent ordonner leurs batailles pour aler en Jhérusalem; et fist li roys d'Engleterre l'avant-garde, et li dus de Bourgoingne l'arrière-garde. Après qu'il furent si avant alé qu'il vindrent à la sainte cité de Jhérusalem, et estoient jà les processions issues contre eux, li dus de Bourgoingne et les barons de France orent conseil

---

[1] Var. : Male.

que la prinse seroit sur le roy d'Engleterre et que les François n'y auroient point d'honneur. Dont tantost fist li dus retourner ses gens. Quant les nouvelles en vindrent au roy d'Engleterre, moult en fu esbahy, et s'en revint à Jaffe [1], et le garnit moult bien, et puis vint à Acre, après le duc de Bourgoingne. Et par tel orguel fu la terre de Promission perdue.

Comment li rois Richars ala rescourre la citet de Jaffe et fist de belles proèches.

Ne demoura guères après ce que li dus de Bourgoingne fu mors, que li soudans Salhadins assembla ses hos et ala assir la ville de Jaffe. Et, quant ceux de Jaffe se veirent assis, il envoyèrent un message au roy d'Engleterre qu'il les secourust; car li castiaux n'estoit mie fors encontre si grant gent, que li soudans avoit assemblée. Et quant li roy oyt les nouvelles, il assembla les hauts hommes, qui estoient en la cité d'Acre, et leur dict : « Signeur, je » veuil aler rescourre Jaffe. Liquel de vous venront avoec moy? » Et il luy respondirent tout qu'en tous lieux là où il iroit pour aydier la Terre-Sainte, il iroyent avoeques luy. Tantost meurent et issirent de la cité d'Acre.

Lors dit li roys d'Engleterre qu'il alaissent [2] par terre, et il se mettroit en une gallée, pour plus tost estre là; car il sentoit bien que li castiaulx ne se porroit tant tenir qu'il fust là par terre. Lors fist appareiller une gallée, et prit telle compaignie qu'il luy pleut : de quoy li premiers fu Gautiers de Chastillon; li secons, li contes de Clèves; li tiers, Guis de Monfort : li quars, li conte d'Oste en Alémaigne : li cinquiesmes, li barons d'Estanfort; li sixiesmes, li contes de Lembourc; li septiesmes, Wallerans de Luxembourg; li huistiesmes, Andrieu de Savingny : le neufiesmes, Drieux de Mellon : li disiesmes, Guillames des Bares; li onsimes, Guillames Longe-Espée.

Quant li rois Richars fu en mer et sa compaignie, il ala tant qu'il vint à la porte de Jaffe; et tantost sailli à terre, et sa belle compaignie, l'escu au col et la lance au poing, et entra dedans la ville, et trouva que li Sarrasin avoyent gaingniet la ville et loyoient les crestiens pour les mener en

---

[1] Jaffa. [2] Var. : Errassent.

leur ost. Là salli li rois avant, une hache danoise en son puing, et cria : « Guienne au roi d'Engleterre! » Et là fist ressortir li rois ses ennemis arrière hors du castel, et rescout le castel. Et ne fait mie à merveiller se ce jour y ot faite mainte belle chevalerie. Et les sieuwy occiant jusques dehors la ville, et s'arresta devant un tertre, qui devant l'ost estoit.

Quant li soudans Salhadins vit la fuite de ses gens, moult s'esmerveilla que ce fu. Tantost on luy dist que c'estoit li rois d'Engleterre, qui estoit arrivés au port et avoit gaingnié le castel. Lors demanda Salhadins où il estoit. Ses gens luy dirent : « Sire, véés-le là, à pié, avoec ses gens [1]. » Et dist Salhadins : « Comment est-ce que li rois est à pié avec ses hommes? Il » n'affiert mie que si haut homme, comme luy [2], soit à pié. » Tantost apiella un sien escuyer, et luy commanda qu'il luy menast un destrier, tout ensellé, de par luy, et qu'il luy dist que moult s'esmerveilloit que si haus hommes estoit à pié entre ses barons. Li escuyers [3] fist son message, ainsi comme commandé luy fu; et li rois l'en mercia, mais il ne monta oncques sus, ains y fist monter un sien escuyer, et le fist poindre pardevant luy. Quant l'escuyers féri des esporons, il cuida retourner le destrier, mais oncques, pour pooir qu'il eust, ne le peut retourner, ains s'en ala tout droit en l'ost des Sarrasins. De quoy li soudans se hontoya, si qu'il luy en renvoya un plus grant assés; mais li rois ne le voult recevoir, ains s'en ala arrière ou castel. Quant li soudans vit ce, et il oït dire que l'ost venoit par terre sur luy, tantost se desloga et s'en ala en payennie. Or, depuis ce temps, li Sarrasin ont tousjours dit, et disent encores, quant il chevauchent un cheval ombrageux, qu'il a peur du roy d'Engleterre; et alors parlent ainsi à leurs chevaulx : « Cuidiés-vous que li roys d'Engleterre soit » muchiés en ce buisson? »

---

[1] Var. : Hommes.
[2] Var. : Comme il est.
[3] Var. : Li varlès.

Comment le roy Richars d'Engleterre, au revenir d'outre mer, qui venoit en tapinage en le compaignie de XII Templiers, fu pris du duc d'Ostriche, tournant le rost en ung chastel que on appelle : Frizart, et y fu lonc tamps en prison et fu trouvé par un sien menestrel.

Endementiers que li rois Richars d'Engleterre faisoit tant de belles proèches que nuls ne les poroit nombrer, luy vinrent nouvelles que li rois Philippes de France luy exilloit son païs par dechà. Tantost il prist congié à son nepveu le conte Henry de Campaigne et s'en vint par dechà. Et, pour ce qu'il sçavoit que li rois avoit fait gaitier tous les pors de la mer pour luy, il fist tantost tant au maistre du Temple qu'il luy bailla douze Templiers pour passer avoecques luy, et prinst l'habit de l'un pour se faire descongnoistre. Mais il ne se peut tant garder que celuy qui le trahit, ne fust avoecques luy en sa nef. Et arrivèrent au port qu'on appelle Nègrepons, et de là vint en la terre le duc d'Osteriche, qui est en l'éveschié de Sansebourc, et s'herbergièrent en une ville nommée : Frisac[1], où il avoit un castel. Tantost on fist sçavoir au duc que li rois d'Engleterre estoit en la ville. Li dus s'arma et vint en l'ostel, mais il n'y trouva que les Templiers, tant qu'uns varlès, venant à luy, le mena en la cuisine, et là lui monstra le rois d'Engleterre qui avoit vestu une mauvaise hiraudie et tournoit le rost. Tantost li dus mist le main à luy et le mena au castel. Moult y fu li rois d'Engleterre long tamps, que nuls ne sçavoit qu'il estoit devenus, tant qu'un sien ménestrieux de vieille, qu'on appeloit : Blondel, voua que jamais ne finiroit de trachier[2], se l'aroit trouvé, et s'en ala par mainte terre et par maint païs tant que par aventure il vint à la ville de Frisac, et s'hostela en l'hostel d'une bonne dame, et luy demanda de l'affaire du castel et que moult volentiers y entreroit. Mais la dame luy respondit que, puis demy an, nuls n'y pooit entrer, pour un prisonnier que l'on y tenoit moult curieusement[3]. Quant li ménestrieux oy ce, bien luy sambla qu'il ot trouvé sa queste. Et lendemain se leva bien matin et s'en ala entour le castel et commencha à chanter une chanson, le plus haut qu'il pooit : laquelle li roys d'Engleterre

---

[1] Frisach, à seize lieues de Salzbourg, sur les frontières de la Styrie.

[2] Var. : serchier.

[3] Var. : cruelment.

entendit, et tantost luy respondit l'autre vers, là où il estoit en la tour. Tantost li ménestrieux vint en Engleterre et dist qu'il avoit trouvé le roy. On envoya tantost par devers l'empereur et le duc d'Ostriche, et fu accordée sa rançon à trois cens mille mars d'estrelins, de quoy l'empereur en eut cent mil marcs d'estrelins, et cent mil marcs li rois de France pour ce qu'il laissa passer la rançon parmy sa terre.

AUTRE RELATION.

Du conte Bauduin de Haynnau et de sa lignie.

Quant li quens Bauduins de Haynnau seut que li quens Phelipes de Flandres estoit mors, il saisi le terre de Flandres, car elle estoit esqueuwe à medame Margheritte se femme, qui fu soer et drois hoirs au conte Phelippe de Flandres dessus dit; car li dis quens Phelipes n'eut nul hoir de se char, et si eult à femme le contesse de Vermendois, et apriès ly le royne de Portingal, qui puis eult maint content au conte Baudouin pour sen doaire.

Li quens Bauduins fist hommage de le terre de Flandres au roy Phelipon de Franche et au roy Henry d'Alemaigne, selonc che que on en devoit tenir de Franche et del empire, et le tint III ans; et puis moru se femme de qui il avoit III fieuls et II filles. Li aisnés eult nom : Bauduins. Chils releva, apriès le mort se mère, le terre de Flandres, et en fu quens, et apriès le mort sen père fu quens de Haynnau ossi. Li aultres fieuls eult à nom : Phelipes, et tint, apriès le déchès sen père, le contet de Namur; car li quens Bauduins ses pères conquesta le contet de Namur contre Henry conte de Namur, par convenenches qui avoient esté faites entre Bauduin, devanchier conte, le dit Henry et le dit Bauduin conte de Haynnau, et les avoit l'empereur d'Alemaigne confermées par l'assent des dits contes de Haynault et de Namur; et tint li quens Bauduins de Hainnau le contet de

Namur par vii ans ans, anchois qu'il morust. Li tiers fils eult à nom : Henry d'Angiau. A celli donna li quens Bauduins de Haynnau deniers pour sen assenne, et trespassa li quens Bauduins de Haynnau l'an mil C IIII^{xx} et XVI, viii jours devant Noël.

X.

BAUDOUIN DE CONSTANTINOPLE.

Comment li rois d'Engleterre chassa le roy de France jusques au chastiel de Gisors, et fu pris Guillemmes des Barres qui estoit armés des armes du roy de France.

Li rois d'Engleterre estoit orguelleux sur toutes riens et ne daignoit estre obéissans au roy de France, car il estoit assés plus riche que luy; et li rois de France ne pooit soufrir l'orgueil de luy. Il estoit si riches homs qu'il avoit tous les Avalois et les routiers[1] avoec luy par son grant avoir, et par ceci adamagoit moult le royaume de France, et gaingna le chastel d'Aubemarle sur luy et le mist jus.

Un jour avint que li rois de France vint à Gisors, et s'en devoit aler vers France à peu de gent; car il n'avoit mie quatre-vingt chevaliers en sa route, et ne se doubtoit de nulluy. Et ainsi qu'il passa un pas, il vit venteler la bannière du roy d'Engleterre, liquels venoit à luy à tout sen ost. Quant il veit ce, moult en fu esbahy; et ses gens s'avisèrent d'un beau fait, et dirent au roy de France : « Sire, vous estes péris, se vous ne faites » nostre conseil; et, se vous ne le faites, li royaumes de France est en aven- » ture. Montés sur ce coursier et vous en retournés devers Gisors et fiérés » des esporons; et nous contresterons tant que vous serés à sauveté. » Quant li rois les oï, moult en fut dolans de cuer, mais ainsi faire luy convint pour le mieux. Si s'en ala, ainsi que devisé estoit; mais onques ne se peut tant haster que li routier ne l'eussent siévy de si près que, quant il fu entrés ou chastel et li pons fu levés, il ne fussent jà au bout du pont.

---

[1] Var. : bouchiers.

Mais, avant ce que li rois de France fu partis de ses gens, il laissa ses armes à Guillaume des Barres, qui fu armés en son lieu. Li rois d'Engleterre vint à grant beuban et s'assembla aux gens du roy de France qui estoyent à peu de gens au regard de luy. Là fut faite mainte bonne chevalerie; mais en la fin les François ne porent soufrir le grant effort du roy d'Engleterre. Si furent tous prins. Li rois d'Engleterre ala assallir[1] Guillame des Barres, qui estoit armés des armes du roy de France; et commencha la bataille moult cruelle entre eulx deux, tant que li rois d'Engleterre le prist as bras et luy dist : « Rois de France, or vous ay-je. Or seray-je maistre » de la terre, que vous avés conquise sur moy à tort. » Tantost li chevaliers luy respondi : « Sire, il s'en faut assés. Vous n'avés mie pris le roy de » France, mais vous avés pris un povre chevalier. » Quant li rois d'Engleterre oï ce, moult en fu esbahy, et luy demanda qui il estoit. Et il respondit qu'il estoit li mendres chevaliers du royaume de France : « Et » m'appelle-on Guillaume des Barres. » Quant li roys l'entendi, il sousrit, et luy dist : « Barrois, puisque je t'ay, je n'ay mie failli. »

Comment le conte Bauduin de Flandres conquist Saint-Omer et Aire sur le roy de France.

Or oés en quelle manière li rois d'Engleterre greva son seigneur le roy de France et quels tours il trouva. Il manda au conte Bauduin de Flandres qu'il venist parler à luy : liquels y vint, et tantost luy fist demander sur le roy de France Lens, Arras, Hesdin et Bapaumes. Puis demanda Saint-Omer et Aire, et luy faisoit le roy d'Engleterre entendant que tous ces païs luy devoyent retourner, combien qu'il eussent esté donnés en mariage à Ysabel, la royne de France, laquelle fut suer de ce conte Bauduin, et de laquelle li roys de France avoit le très-noble Loys, son aisné fils. Et pour ce que li rois de France ne les luy vouloit rendre, il l'enhorta de guerroyer sur chelle terre. Et tantost il alla assir la ville de Saint-Omer, et tant y fu que ceulx de dedans n'avoient que manger, et prinrent trèves jusques à quarante jours et envoyèrent au roy de France; mais il avoit

---

[1] Var. : assambler à.

tant à faire en Normendie contre le roy Richard d'Engleterre, qu'il leur dist qu'il ne les pourroit secourre et qu'il feissent ce que Dieux leur enseigneroit. Quant li message furent revenu à Saint-Omer, et il eurent dit la response du roy, moult en furent ceux de dedans esbahi; car destresse de famine les appressoit. Si firent traitier au conte Bauduin de Flandres de luy rendre la ville par conditions qui mises y furent, et ainsi les receut. Puis tantost après prist Aire à sa volenté, et luy fut abandonnés tous li pays devant-dis. Si l'exilla par feu et par espée.

Comment li contes de Saint-Pol féri le conte Regnaut de Boulongne, présent le roy de France.

La royne Ysabel de France avoit un nepveu qui moult estoit gentieulx homs, et fut appelés Renaus de Dammartin, auquel li rois de France avoit donné à femme la contesse de Bouloingne, qui moult estoit riche dame, et l'avoit fait un des plus grans barons de France.

Un jour avint, que, le roy estant à Saint-Pol[1] avoec ses barons, commencha li contes Hugues de Saint-Pol à parler au conte Renaud de Boulongne tant que li contes de Saint-Pol laissa le puing aler[2], et le féri au visage tellement qu'il en fist le sang saillir; et li contes Renaus sacqua un coutel et en cuida férir le conte de Saint-Pol. Mais li rois et les barons de France alèrent entre deux. Tantost monta li contes Renaus et se départy de la court. Li roys envoya tantost après luy frère Garin son conseillier, et luy requit de par le roy, qu'il voulsist laisser le fait sur le roy. Tantost respondit li contes Renaus que volentiers le feroit, par-ainsi que li roys feroit tant que le sang, qui dégouta de son visage à terre, remonteroit arrière dont il vint, et qu'autrement n'auroit jà paix à luy. Quant li roys oy la response, moult en fut irés et commencha à avoir le cuer sur luy. Quant li contes Renaus le sceut, il traist tantost le conte de Guines à son acord, et devinrent homme du conte de Flandres, et les eut tous à son accord, fors Guillame l'advoé de Béthune et Guillame le castelain de Saint-Omer.

[1] Var. : à Compiengne. [2] Var. : lascha le puing.

Quant li roys sceut ces aliances, il semonst ses osts et vint à Bailleul en Flandres, et là vint li contes Bauduins encontre luy, et si fu une paix faite, qui peu dura.

Comment li rois Richars d'Engleterre fu mors.

Quant Richars et li roys de France eurent guerroyé long temps, si furent unes trèves faites entre eux. Après que les trèves furent affermées, li roys Richars vint en la terre de Limosin, qui sienne estoit, et manda à ung sien chevalier, qui avoit un trésor trouvé en son chastel, qu'il le luy envoyast; mais li chevaliers luy escondy du tout. Quant li roys l'entendi, il manda ses osts, et alla tantost assir le chastel, si qu'un jour avint, ainsi que li roys aloit entour le chastel pour veoir où il le poroit assalir, qu'un arbalestrier traist un quarel et en féri le roy parmy le corps. Et li roys getta le main au quarel et le sacqua hors, et ne vesqui puis guères. Chieulx roys Richars fut moult preux, riches et poissans. Quant il fu mors et apparillés ainsi qu'il affiert, il fut portés en l'abbaïe de Frontevaux, et là fut enterrés delés son père le roy Henry.

Comment pais fu faite entre le roy de France et le roy Jehan d'Engleterre qui fu frères au roy Richart.

Après fu roys d'Engleterre, Jehans qui fu frères Richard, duquel li roys de France ne fut pas si grevés comme de l'autre. Assés tost après son couronnement, fut faite leur paix entre Goulet et Boutavant. Si donna li roys Jehans à Loys, fils du roys de France, une sienne niepce à femme, qui fut appelée Blanche, fille du roy le Petit d'Espaigne [1], de la suer le roy Jehan. Après mena li roys de France le roy Jehan à Paris, et là luy fist grant honneur et le festya grandement.

En ce temps fut la paix faite du roy de France et du conte de Flandres

---

[1] Alphonse IX, roi de Castille.

par ainsi que li roys luy laissa tenir Saint-Omer et Aire, lesquelles villes il avoit conquis sur luy.

Du voiage d'outre mer, dont on se croisa à ung tournoy, et firent li croisiet leur chèvetaine le marchis de Monferrat, et conquirent la cité de Constantinoble, et en firent empereur le conte Bauduin de Flandres, et fu sires de toute Grèce.

Or vous dirons du conte Bauduin de Flandres et des aultres barons qui avoyent esté avoec luy contre le roy de France. Il firent crier un tournoy entre Bray et Corbie et y furent tuit apparilliet pour tournoyer; et là prindrent tous les croix pour aler oultre mer. Mais on dist qu'il le faisoient plus pour doute qu'il avoyent du roy de France que par dévotion, pour ce qu'il avoient esté contre luy.

En l'an de l'Incarnation Nostre-Seigneur mille deux cens et trois, s'esmeurent, pour vengier le mort [1] de Nostre-Seigneur, chil hault homme, c'est-assavoir: li contes Bauduins de Flandres et de Hainaut, et Henrys d'Angiau ses frères, li contes Tibaus de Champaigne, li contes de Blois, li contes Estiennes du Perche, li contes Hugues de Saint-Pol, li contes Simons de Monfort, et Guys ses frères, Jehans de Néele, castelains de Bruges, Enguerrans de Bove et ses trois frères, li contes de Dampierre, et tout plain d'aultres; et firent leur capitaine [2] du marquis de Monferrat qu'il envoyèrent querre en Lombardie. Mais, devant ce, ot Bauduins de Flandres par sa femme Marie qui fu fille du conte de Campaigne, deux filles, dont l'une fu nommée: Jehanne, et l'aultre: Marguerite.

Tout li prinche devant dit s'en vinrent à Venise, et là esquippèrent. Li Vénitien les menèrent sur la cité de Gadres en Esclavonie, laquelle il orent, et la destruisirent tout à fait. Là vint à eulx li fils l'empereur de Constantinoble, et leur pria qu'il luy voulsissent aler aidier à conquerre sa cité, et li pèlerin luy ottroyèrent. Quant il vinrent à Constantinoble, tantost on luy rendi la ville; mais, tost après, il pourcacha, par ses Grif-

---

[1] Var.: la honte.   [2] Var.: chièvetaine.

fons, que li pèlerin eussent près esté mourdris. Mais il s'en apercheurent et conquirent la cité sur luy par force, et en firent empereur le conte de Flandres, et donnèrent aux Vénitiens la quarte partie du gaing. Quant l'emperères Bauduins eut porté couronne et fu sires de toute Grèce, Henrys ses frères prinst congié de luy et passa le bras Saint-George, et ala en Turquie et y conquit grant terre. Après vint la femme l'empereur, et fu empereis.

Comment li emperères Bauduins fu desconfis devant Andrenople, et y fu mors li contes de Blois, et ne sceut-on que li emperères devint; et pour ce firent ceulx de Constantinoble Henry d'Angau empereur; et quant li emperères Henris fu mors, il mandèrent le conte de Namur, mais il n'y voult venir.

Il avint que li Vénitien orent la cité d'Andrenople pour leur partie. Quant il furent ens et seigneur de la ville, moult mesmenèrent les citoyens de leurs femmes et leurs filles; et alors ces citoyens, voyans ce maltraittement, se trairent par-devers le seigneur de Blaquie, et luy requirent qu'il leur aidast contre les Vénitiens qui moult les fourmenoyent. Tantost s'acordèrent les villes et les chasteaux d'entour avoec Andrenople, à l'encontre des Latins; et les Vénitiens mandèrent incontinent à l'empereur qu'il les venist secourre. Mais devant avoient dit ceulx de la ville aux Vénitiens qu'il widassent la ville tantost et qu'il emportassent leurs choses, ou il les occiroient. Toutes les garnisons des Latins s'en alèrent en Constantinoble; car la force n'estoit pas leur. Li messages vint à Constantinoble le jour des cendres, ainsi que l'empereur issoit de sa chapelle, et luy conta toutes les nouvelles, ainsi qu'elles estoient. Tantost l'empereur manda son conseil, et entra en sa chambre, et fut conseil prins qu'il iroient assir Andrenople, et, quant il l'aroient gaingniée, il mettroient tont à l'espée; car par eux estoit la terre revelée contre l'empereur. Dont fist l'empereur crier son ban que tous fussent appareillés pour aler avoec luy. Quant il furent tout apareilliet, il meurent, et s'en vinrent devant Andrenople (où il y a quatre journées) et assirent le chastel de toutes pars;

mais, devant, il avoit mandé Henry d'Angiau, son frère qui estoit en Turquie, qu'il venist à luy, sans délay; et manda aussi à Bauduin de Beauvoir[1] et à Payen d'Orliens, qui un autre ost tenoit oultre le bras Saint-George, que tantost venist devers luy.

Quant li emperères vint à Andrenople, ceulx de la ville issirent hors et le bienveignèrent, comme leur seigneur, et luy demandèrent pourquoy il venoit assir la cité; car il luy renderoient volentiers, s'il les vouloit tenir à droit comme ses hommes, et dirent bien que en le main des Vénitiens jamais ne demourroient, et que ce que fait avoient, il l'avoient fait sur leurs corps deffendans. Quant li emperères les entendi, il prinst conseil, et luy dist le conseil que, se li dus des Vénitiens vouloit ailleurs prendre meilleure terre qu'Andrenople, il la luy donneroient; et li dus respondi que jà autre eschange ne prenderoit. Par quoi l'empereur fist tantost assallir Andrenople de toutes pars et le fist miner; et avoient jà miné un grant pan de mur et mis tout leur atrait pour porter le feu ens. Quant li seigneur virent ce, il ordonnèrent qu'après disner il bouteroient le feu en leur atrait. A tant fist crier l'empereur, par l'ost, que tout s'armassent, et que nuls ne se meust pour chose qu'il ouist.

Après ce, l'empereur ala disner; et, entrement qu'il disnoit, vindrent li Blac et li Commain et li Griffon glatissant jusques aux tentes de l'empereur. Quant li contes Loys de Blois oy la noise, là où il séoit à disner, il demanda que c'estoit; et on luy dist que c'estoyent les ennemis, qui estoyent venus jusques as tentes. Quant li contes oyt ce, il fist amener un cheval, et getta un haubert en son dos, et disoit qu'il feroit reculer les gloutons, qui l'avoient destourbé de son disner, et commanda qu'on fist aler après luy Renaud de Montmirail et ses aultres chevaliers. Quant l'empereur oyt l'ost estourmir, il demanda que c'estoit, et on luy dist que c'estoit li contes Loys de Bloys qui estoit issus contre les ennemis. Tantost li emperères demanda un cheval, et dist qu'il l'iroit querre et qu'il le feroit retourner arrière.

Li contes Loys de Blois sieuwy les ennemis de si près qu'il s'embatit sur leur aguet, et, quant il vit qu'il s'estoit trop avant embatus, il s'en fust volentiers retourné, s'il eust peu. Et ce virent les ennemis. Si luy coururent

---

[1] Var. : Beaumont.

sus, tous à un fais, et l'abatirent de son cheval, et le navrèrent à mort, et occirent tous ceulx qui avoec luy estoient.

Or issirent, avoec l'empereur, bien deux cens chevalliers tout esleu, pour secourre le conte Loys de Blois; mais, quant li ennemi virent venir l'empereur, il se trairent arrière. Et, sur le point que li emperères vint là, li contes de Blois se mouroit : dont moult fut li emperères dolans, car il estoit son oncle; et commencha son duel très-grant. Et li contes Loys de Blois luy dist : « Sire, pour Dieu, ne faites mie duel pour my; mais sauvés vous- » mesmes et vos gens, car je suy mors; et, se vous alés avant, vous estes » perdus et toute crestienté; car il sont assés plus de gens que vous n'estes, » comme bien je les ay veus. » Li emperères luy respondit que jà ne luy seroit reprouvé, n'à ses hoirs, qu'il eust laissé son nepveu morir en camp, et qu'il le porteroit avoec luy, ou il mourroit en la peine. Et tantost sallirent li Blac et li Commain : si les environnèrent, et commencha la bataille moult cruelle. Mais en la fin li emperères s'en fui et fu desconfis, et furent sa gent tout mort ou prins, fors aucun chevalier, qui s'en fuirent as tentes et firent sçavoir au duc de Venise et au mareschal de Champaigne qui gardoient l'ost, le grant meschief qui avenus estoit. Et quant il oïrent les doloreuses novelles, tantost montèrent et s'en alèrent, et laissèrent tout leur harnas, et s'en alèrent toute nuit vers une cité sus la mer, qui a nom : Rodestoc[1], et li aucun vers Constantinoble. Et quant il eurent chevauché toute nuit, et li solaus fu levés, il virent de loing gens à cheval et bannières venteler, si qu'il cuidèrent que ce fussent leurs ennemis, et commencèrent à fuir vers Rodestoc. Et, quant li aultre les virent ainsi fuir, moult s'en merveillèrent, et tantost uns chevaliers, qui fut nommés Pierre de Braioncel, féri hors des aultres, et dist qu'il iroit voir quel gent c'estoient. Quant il vint près, si choisi aucunes bannières, et tantost fist signe à eulx; et il vinrent vers luy, et congnurent que c'estoit l'ost Payen d'Orliens et Bauduin de Beauvoir, qui venoient pour secourre l'empereur. Et quant il oyrent conter celle grant meschéance, il en furent iriet : si alèrent ensemble à Rodestoc.

Quant li Blac et li Commain orent ainsi desconfit l'empereur, il pensèrent que Henris d'Angiau, ses frères, devoit venir vers l'ost. Tantost se meurent à l'encontre de luy; mais uns qui estoit escapés de la bataille, vint à

---

[1] Rodosto, sur la mer de Marmara.

l'encontre de luy, ainsi que Dieux le volut, et luy dist les doloreuses nouvelles, et comment le siége estoit levé d'Andrenople. Dont moult fu courouchiés, et pria au boin homme qu'il le menast, le plus seur chemin, à Rodestock, avoec les aultres; et li boins homs luy dist que bien le mèneroit, mais qu'il se hastast.

Or avoit amené Henris d'Angiau bien trente mille manssions [1], pour demourer en Constantinoble. Par quoy dist ainsi : « Et, se celle povre gent » ne me peuvent suywir et que li ennemi les atrapent, tout seront mort, » et je seray primiers; car je leur ay en convent que jà ne leur faudray, » si les aray mis en Constantinoble, si que je ne sçay que faire. » Adont prinst conseil à ses chevaliers, et li consauls porta que mieux valoit ces gens perdre, que tout fussent perdu. Si se hastèrent si Henris et ses gens que leurs chevaulx ne pooient aler avant, et les convint aler à pié, chevaliers et aultres, et ne finèrent jusques à tant qu'il vinrent à Rodestoc, à moult grant peine. Et li ennemi trouvèrent ces Ermins : si les tuèrent tout à fait.

Quant les nouvelles vinrent en Constantinoble que l'empereur estoit desconfis et de la mort le conte Loys de Bloys et des aultres chevaliers, moult en furent esbahi. Et tantost Conain de Béthune et li aultre chevalier qui estoient demourés en la ville avoec un cardinal, mandèrent tous les Latins, pour prendre conseil qu'il feroient; car, pour un Latin qui y avoit en la ville, il y avoit bien dix Griffons. Si fisrent tantost adouber une galée, qui estoit en la ville, et la menèrent à Rodestoc, pour les barons qui là estoient; car la voye par terre estoit trop périlleuse. Et quant li Blac furent retrait, et la voye asseurée, tantost se meurent de Rodestoc et vinrent en Constantinoble.

Tantost que li baron furent venus ensamble, si prinsent conseil, et consaulx leur apporta qu'il feroient bailli de la terre Henry d'Angiau, tant que on sceust vrayes nouvelles de l'empereur; et tous les barons luy firent hommage, comme à bailly de Grèce.

Quant Henry d'Angiau fu baillieulx, il fist chercher par toute la terre se l'on porroit oïr nouvelles de l'empereur; mais onques n'en peut oïr vrayes

---

[1] Pour expliquer ce passage, il y a lieu de recourir à la chronique de Bernard le Trésorier : Il avoit bien amené aveuc lui de Turkie XXX^m maisnies d'Ermins et lor femmes et lor enfans pour faire manoir en Constantinoble.

nouvelles, fors tant que uns homs vint en Constantinoble, qui dist qu'il avoit mené l'empereur, avoec deux hommes, en une forest, et que on y envoyast et que on le trouveroit. Quant Henrys d'Angiau l'entendit, tantost fist apparillier deux galées; et Conains de Béthune, qui les conduisoit, les mena là. Quant il orent passé le mer, si vinrent en la forest, et chieulx les mena dessous l'arbre, là où il l'avoit laissié; mais n'y trouvèrent nulluy, fors relief d'ongnons, de sel et de pain. Quant il virent ce, se alèrent cerquier la forest, mais n'y trouvèrent riens. Tantost retournèrent arrière et racontèrent leur message.

Quant li baron oïrent ce, tantost orent conseil qu'il feroient Henry d'Angiau empereur. Si le menèrent à Sainte-Sophie, et là le couronnèrent, et sa femme avoec luy. Tantost se rendirent li Blac et li Commain à luy, et semblablement ceulx d'Andrenople, par ainsi qu'il ne leur feroit avoir nul aultre seigneur latin. Après ala à Salenique, là où on luy rendi tantost la ville. Adonques prinst maladie à l'empereis, et morut. Après se remaria l'empereur, et prist à femme la fille du seigneur de Blaquie, pour avoir l'aide de luy. Tantost après mourut l'empereur, et fut Pierres, ses frères, empereur, et fu couronnés du pappe. Et, quant l'empereur Pierre fut mors, ceulx de Constantinoble envoyèrent querre le conte de Namur; mais il n'y ala point luy-meismes, ains y envoya.

Or lairrons à parler de Constantinoble, et revenrons à nostre matière de par dechà.

Comment li rois d'Engleterre fist mourir Artus de Bretaigne.

En cel tamps que li croisiet alèrent oultre mer, avoit li roys de France avoec luy Artus, le fils le conte Geffroy de Bretaigne, nepveu le roy Jehan d'Engleterre. Chieulx Artus avoit fiancé Marie, le fille le roy de France qui le fist chevalier et l'envoya en Poitou pour guerroyer son oncle le roy d'Engleterre; et calenga sur luy le conté d'Angiau, et avoit assis un chastel, qu'on appeloit Mirebel. Et tantost li roys Jehans vint sur luy, et le prinst et le mist en prison en la tour de Rouen, et le fist mourir. De quoy li bon chevalier orent si grand duel qu'il se partirent de luy et s'en alèrent au roy de France.

Comment li rois d'Engleterre espousa la damoiselle d'Angolesme.

Or avint en cel tamps que Hugues li Bruns, contes de la Marche, devoit espouser la damoiselle d'Angolesme, et pria au roy Jehan qu'il voulsist mener la dame au moustier. Et, quant il l'ot menée devant l'évesque, qui les devoit espouser, li roys dist : « Espousés moy ceste dame; car je le » veuil avoir à femme. » Quant Robers, li contes d'Alençon, oy ce, et li aultre baron qui là estoyent, moult en furent esbahi ; mais li roys ne s'en voult départir, et convint que li évesques les espousast. Pour quoy tout li baron de Poitou se départirent de luy et alèrent devers le roy de France.

Comment li roys Philippes de France conquist Normendie.

Lors assembla li roys de France ses osts et entra en Normendie. Si prinst l'isle d'Andeli et le Val-de-Rueil et le Pont-de-l'Arche, et ala assir Chastel-Gaillart et le prinst par famine. Et li roys Jehans s'en ala en Engleterre et laissa Normendie au roy de France, où onques depuis il ne retourna. Et l'an après ala li roys Philippes assalir le chastel de Chinon si avant, que li chastelains, qui englès estoit, vit ses sergans en crainte[1]; et commenchèrent à murmurer que trop souffreroient de mésaise et que bon seroit que li chastiaus li fust rendus. Mais, quant li chastelains l'entendist, si les fist tout widier, fors cheulx qui voloient demourer avoec luy, et dist que jà n'en wideroit s'il n'en estoit hors trainés. Quant li sergant furent issu, il vint à la porte, l'escu au col, la lance au puing; et là se combatit tant que par force fu prins et abatus, et le traina-on hors. Et, quant li chastiaux fut ainsi prins, li roys fist de cel chevalier chastelain de par luy. Et là vinrent les nouvelles au roy de France, del empereur Bauduin de Constantinoble, qui contes estoit de Flandres et de Hainau, comment il fu desconfis et perdus et que li contes de Saint-Pol estoit mors celle année en Constantinople.

[1] Var. : De mal convine.

AUTRE RELATION.

Le wière le roy Ricart d'Engleterre contre le roy Philippe de Franche.

Apriès la mort le conte Bauduin de Haynnau, ses aisnés fieuls fist aloyance, contre le roy Phelippon de Franche, au roy Richart d'Engleterre qui estoit nouvellement revenus d'outre mer, où il avoit fait merveilles d'armes contre Salhadin, les Sarrasins et les Turs; et en estoit si renommés ou pays d'outre mer, que quant li petit enffant des Sarrasins ploroient, leurs mères leur disoient : « Taisé! taisé! que le roy Richart ne » viengne! » Et quant li chevauls d'aucun chevaucheur reculoit pour aucun buisson, ly chevauchières disoit : « Cuides-tu que li rois Richars » soit en che buisson? » Et fut celle aloyanche faitte entre le roy Richart et le conte Bauduin l'an mil C IIII^{xx} et XVII, et le fist li quens Bauduins pour ce que li rois Phelippes avoit saisi Arras, Aire, Saint-Omer, Hesdin et Bappaumes, qui avoyent estet au conte Phelippon de Flandres; et li rois Phelippes disoit que li quens Phelipes li avoit donnet en mariage, et li quens Bauduins disoit que li quens Phelipes ne le peut faire. Et pour che pourcacha li quens Bauduins pluiseurs aydes en Franche et en Alemaigne, et furent en s'ayde, entre les aultres, li quens Renáus de Danmartin qui tenoit le conté de Boulongne et pluiseurs aultres.

Ly rois Richars entra en Normendie à grant plentet de gent; sy commencha à waster le terre entour Gisors. Et quant li rois Phelippes le seut, il assembla hastivement quanqu'il peut avoir de gent, et s'en ala à Gisors; mais li rois Richars li vint à l'encontre et li couru sus vigoreusement. Li rois Phelippes et se gent se deffendirent grant pièce, mais en le fin furent desconfit et se misent à le fuitte; et li rois Phelippes entra ou castiel de Gisors. Si se warandi li rois Phelippes[1] le mieux qu'il peut, et en y eult un grant mont de mors, et si furent pris messires Alains quens de Roussi, mes-

---

[1] Var. : chascuns.

sires Mahieus de Marle, messires Phelipes de Nantuel et pluiseurs aultres que li rois Richars emmena prisonniers, et aultre grant proye. Li rois Phelippes assembla grant gent à Gisors, moult courchiés dou damage qu'il avoit eult, et arst tout chou qu'il trouva entre Gisors et le Noefbourch, puis s'en revint en Franche à tout grant proye. Et puis rentra li rois Richars en le contrée [1] de Bourges et aqueilli grant proye. Messires Willaumes de Merlo li Vieus et plentet d'aultres chevaliers et d'autre gent dou pays li cuidièrent le proye rescoure, mais il ne peurent, ains fu pris messires Willaumes et moult d'autres chevaliers, et les tint longhement li rois Richars en ses prisons [2].

Comment li coens Bauduins de Flandres assist Saint-Omer.

En cel an meismes, asséga li quens de Flandres Bauduins de Haynnau Saint-Omer, et le prist par forche; mais anchois y eult fait mainte proesche d'une part et d'autre.

Adont envoya li pappes Innocens un légat pour faire le pais des II rois, mais il n'en puet à kief venir; toutesvoyes pourcacha-il unes trieuwes de v ans d'une part et d'autre.

Pau apriès ces trieuwes, oy dire li rois Richars qu'uns chevaliers dou Limosin avoit trouvet grant trésor en un sien castiel, c'est assavoir : un homme couronnet comme empereur, une femme et II enffans séans à une table, et tout de fin or estoit. Ly rois manda au chevalier qu'il li envoyast ce trésor. Li chevaliers ne le veult mie faire, ains s'en fuy au visconte de Limoges, et se mist en un fort castiel que on apielloit : Chaelus de Cabro. Ly rois Richars aséga le castiel et fist drechier ses engiens qui gietoient grans pierres as murs. En le fin s'abandonna li rois trop; se fu férus d'un quarel parmy le brach. Il se warda maisement; se moru de la playe l'an mil C IIII^{xx} et XIX, et fu ensevelis à Fontevrault encoste sen père.

Ly rois Richars n'eut nul hoir de se char. Sy esquéy li royaumes à Jehan sans Terre, sen frère, qui tost fist pais au roy de Franche; car messires Loys, fil au roy Phelippon, prist à femme medame Blanche, fille au roy Aufour

---

[1] Var. : en le contet. [2] Var. : en se prison.

de Castelle, qui estoit cousine au roy Jehan d'Engleterre, qui quita à monseigneur Loys tout chou que li rois Phelippes ses pères avoit concquis en Normendie, et eult encore en convent que s'il advenoit qu'il morust sans hoir de se char, il donroit à monseigneur Loys toute Normendie et le terre qu'il tenoit dechà le mer d'Engleterre.

Pau apriès s'acorda aussi li quens Bauduins de Flandres et de Haynnau au roy Phelipon de Franche, et par cel acort lui quita li rois Phelippes Aire et Saint-Omer, et li quens Bauduins quita au roy Arras, Hesdin et Bappaumes, et délivra encore li rois Phelippes le conte Phelippon de Namur, frère au conte Bauduin, qui grant pièche avoit estet en le prison le roy de Franche, et furent faites boines chartres de ceste pais d'une part et d'aultre, en l'an del Incarnation de Nostre-Seigneur Jhésu-Crist mil et CC. : dont le peuple d'une chascune partie fit moult grant feste, et en rendirent grant grâce à Dieu.

Le voye d'outre mer et comment Constantinoble fu prise.

En ce tempore praicha de le croix d'oultre mer uns preudons, que on apielloit : monseigneur Foucke de Nulli. Sy se croisièrent li quens Bauduins de Flandres et de Haynnau, et de sen pays se croisièrent Henry d'Ango ses frères, Guillaumes li Rous, avoés de Biétune, Quènes ses frères, Jehans li castelains de Bruges, Mahieus de Walaincourt, Jaquèmes d'Avesnes, Bauduins de Biauvoir, Oedes de Ham, Watiers de Bousies [1], Marie femme le conte Bauduin et pluiseurs aultres. Item, Thiébaus quens de Champaigne, et de se terre : Garniers li évesques de Troyes, Watiers quens de Brainne, Joffrois de Genville, Robiers de Ville, Watiers de Wergonrieu [2], Gautiers de Montbéliart, Wistasces d'Esconfflans, Guis dou Plaisiet, Henris d'Argillières, Ogiers de Saint-Guion, Villains de Noelli, Manessiers de Lille, Milles de Braibant, Guis de Capes, Clarembaus ses frères, Jehans Fuinons, Renauls li quens de Dampiere, Jehans Castenois [3] et maint aultre. Item, li quens Loys de Chartres et de Blois, et de sa terre, Gervaises dou Castiel, Hervius ses fieuls, Jehans de Vreson, Oliviers de Rochefort, Henris de Monstroel,

---

[1] Var. : Gautier de Boussut.
[2] Var. : Wangnonrieu.
[3] Var. : li coens de Dampierre en Astenois.

Payens d'Orlyens, Pieres de Brachoel, Hues ses frères, Guillaumes de Saint-Jehan de Friaise, Watiers de Gaudonville, Hues de Cormeroy, Jofroys ses frères, Hues de Biauvoir, Robiers de Froiville, Payens ses frères, Ouris de Lille, Robiers dou Quartier et maint aultre. Item, li quens Simons de Monfort, Milles li vesques de Soissons, Renauls de Montmirail. Et de Franche, Mahieus de Monmorenchy, Guis castelains de Couchi, Robiers de Roussoy, Gautiers de Saint-Denis, Goffrois de Ville-Harduin, Willaumes d'Ausnoy, Engherans de Boves, Robiers ses frères et maint aultre. Item, Hues quens de Saint-Pol, et avoecq lui Pierres, d'Araines [1], Wistasces Canteleu, Nicolles de Mailli et Anssiauls de Ken [2] et plusieurs aultres. Item, Joffrois li quens dou Perche, Rotrous de Monfort et pluiseurs aultres. Chil baron tinrent pluiseurs parlemens de leur voye, et en le fin s'acordèrent d'envoyer messages pour faire leur passage atourner et pour faire convenenches et aloyanches où il poroient mieulx passer. Li message tournèrent viers Venise, et parlèrent au duc qui moult estoit preudons, et fisent telles convenences ensamble que li dus deubt livrer vaissiaux une année pour passer vııım et vᶜ chevaucheurs et xxm sergans de piet, parmy certain fuer, et eult en convent à livrer L galies de Vénissyens armés, sans le coust des pèlerins par tel convent que de tous les concquets que li pèlerin et li Vénissyen feroyent par mer, ne par terre, tant que le compaignie duroit, li pèlerin en aroient le moitiet et li Vénissien l'autre. Et ceste cose ottroyèrent li message des pèlerins, et en furent faites boines chartres, et deurent li pèlerin estre en Venise à le fieste de Saint-Jehan-Bastiste, l'an mil IIᶜ et deux.

Li pèlerin s'apareillièrent pour faire leur voyage. Et entre les autres li quens Bauduins de Flandres et de Haynnau laissa Phelipon conte de Namur bail et warde de se terre et de se femme, car elle estoit enchainte, si ne peut faire sen pèlerinage, et ly quens avoit de li une jovène fille qui n'avoit que II ans. Elle avoit nom : Jehenne.

Li quens ala tant par ses journées qu'il et se gent vinrent en Venisse. Si se logièrent en une ille que on claime : Saint-Nicolay-ou-Port; et à fait que li aultre pèlerin venoient, si se logièrent en celle ille. Et quant li pèlerin furent assamblet, li dus de Venisse qui moult voloit essauchier le pèlerinage, fist assambler tout chou qu'il peut avoir de gent, et, voyant tous, ala

---

[1] Var. : Camp-d'Avaine.   [2] Var. : Camp-d'Avaine.

à l'église Saint-Marc et prist le crois et l'ataka à son capiel de bonnet, pour chou que plus de gent le veissent; et puis requist as pèlerins qu'il li volsissent aidier à recouvrer Gadres. Li pèlerin li ottryèrent et firent appareillier leurs nefs; et en ce point qu'il appareilloient leurs nefs, vint une grant compagnie de pèlerins d'Alemaigne, dont il furent moult liet, entre lesquels estoient li vesques de Havestat, Biertouls, quens de Cassenebourch, Garniers de Bolande, Thiéris d'Alost, Rogiers de Sustre, Alixandres de Villers et maint aultre.

Quant les nefs furent kierkies, li pèlerin et li Vénissyen singlèrent tant qu'il vinrent devant Gadres[1] le vigille de le Saint-Martin l'an II^c et trois. Li ville estoit forte et bien fremée, et nequedent prisent-il le port par forche, et rompirent grosses kaines qui y estoient, et se logièrent entre le ville et le port, et puis fisent drechier engiens et giettèrent pierres, et assalirent par v jours continuellement à le ville. Chil de dedens eurent grant peur; sy rendirent le ville au duc, et li dus fist les pèlerins assambler, et leur dist qu'il estoit yviers et qu'il n'estoit mie tamps d'aler oultre, jusques à Pasques, et li cités de Gadres estoit bien warnie. Sy loa li dus qu'il demoraissent là l'ivier et presissent le moitiet de le ville, et li dus et li Vénissyen l'autre, et s'acordèrent à ce conseil; mais dedens le tierch jour ot un hustin entre les Vénissyens et les Franchois : sy y fu mors uns boins chevaliers que on apielloit : Gillion de Landas, mais au darrain furent rapaisiet à grant paine.

Ly marchis de Monferrat vint dedens le xve jour avoec les pèlerins à Gadres; et si vint li fieuls l'empereur Kirsac de Constantinoble, et requist as pèlerins qu'il li volsissent aidier à recouvrer son hiretaige. Ly pèlerin et li Vénisyen ly otrièrent, par tel sy que s'il en venoient à kief, tous li empires de Constantinoble seroit à l'obéissanche de Romme, et payeroit le passage des pèlerins et donroit II^m mars d'argent, et il-meismes yroit avoec les pèlerins à Babilonne, ou il y envoieroit x^m hommes à ses despens pour ung an. Et ensi fu li cose convenenchie d'une part et d'autre. Li fieuls l'empereur avoit nom : Alexis. Il se parti des barons pour pourquerre se besongne; il revint à yaux au plus tost qu'il peut, et prisent ensamble Eduras[2], et li ville leur fu rendue, et fisent fianche à Alexis. Puis alèrent à Corfol en com-

---

[1] Zara.   [2] Duras ou Durazzo.

penie. Si se logièrent en l'ille qui moult estoit plentiveuse, et y demorèrent bien III sepmaines, et puis se partirent dou port le vegille de Pentecoste l'an mil II^c et quattre. Et li contesse de Flandres et de Haynau qui estoit demorée enchainte, se délivra d'une fille qui eult nom Margueritte. Et apriès qu'elle fu relevée, elle fist appareillier son oire, et s'en ala apriès son marit, et vint à Acre en ce temps; et puis fist savoir se venue au conte Bauduin son mary qui estoit à Constantinoble, et quant li mesage vindrent au conte Bauduin, il luy dirent que la contesse sa femme estoit venue après luy pour faire le saint voyage comme elle avoit en volenté et qu'elle estoit en Acre, et de ce fut li contes Bauduins bien joyeulx. Et quant li message revindrent, il le trouvèrent morte, dont il firent grant duel.

Chils Alexis, fils l'empereur Kirsac, estoit cachiés de se terre par un sien oncle, qui eult nom : Alexis, liquels oncles prist l'empereur Kirsac de Constantinoble en une abéye, où il estoit alés juer, dalés une chitet que on nomme : Phelippe, où sains Pols fist les espitles, et li creva les yeux, et si estoit ses frères, et puis se fist couronner à empereur, et mist l'empereur Kirsac en prison, pour lequel cose Alexis li jovènes n'osoit entrer en le terre.

Tant singlèrent li pèlerin et li Vénisyen, avoec le fil l'empereur, qu'il vinrent devant Constantinoble; et quant il furent arrivet, il misent par consel Alexis, fil l'empereur Kirsac, en une galie, et alèrent devant les murs de Constantinoble, et le monstrèrent à chiaux de le chitet qui estoient as murs, et crioyent chil qui avoec li estoient : « Vechy vo droiturier sei-
» gneur! » mais nuls ne leur respondi. A lendemain ordenèrent no gent leurs batailles, pour prendre le port contre chiaux qui le wardoient, dont il y avoit grant plentet. Sy eulrent VI batailles, et fu entr'iaux ordenet que li quens Bauduins aroit le première bataille, Henris ses frères, le seconde, li quens Hues de Saint-Pol, le tierche, li quens Loys de Blois, le quarte, Mahieus de Monmorency, le ve; si eult avoec lui Oedon de Canlite, Joffroy de Ville-Harduin, Ogier de Saint-Simon, Manessier de Lille, Mille de Braibant, Miquiel de Sainte-Menehaut, Jehan Fromon, Guy de Capes, Clarembaut sen nepveu, et Robiert de Roussy. Le VIe bataille fist li marchis de Montferrat; et li Vénisyen estoient en l'iauwe pour assalir par là. Quant no gent eurent pris terre, Alexis qui se faisait empererès, estoit logiés as camps. Si fist grant samblant de li deffendre, car moult avoit gent plus que

li nostre n'estoient; mais quant il vit no gent aprochier, il et se gent fuirent en le citet de Constantinoble, et laissièrent leurs tentes toutes estrayères, et no gent y entrèrent et s'i logièrent. Si assalirent puis par maintes fois à le citet, et eurent assés de poigneis[1] où il gaignièrent et perdirent; mais au darrain Alexis qui se faisoit emperères, s'enfuy, et cil de le citet misent l'empereur Kirsach hors de prison et le viestirent de robe impérial et fisent savoir en l'ost à Alexis fil l'empereur ceste cose. Et quant no gent le seurent, il entrèrent en le citet, et, sans faille, li Vénisyen prisent à forche, par leurs nefs que il joindirent as murs, pluiseurs des tours de le citet, et dist-on que li confanons Saint-Marc fu en une tour veus, anchois que on peuist savoir que nuls de nos gens entrassent en le cité. Et quant no gent furent en le citet venut, li emperères Kirsach les rechupt à grant joie, et pau apriès s'asentirent que Alexis, fils l'empereur, fust couronnés, et quant il fu couronnés, il prist de no gent et s'en ala reconquerre sen pays. Si en vint si bien à quief, que quant il repaira en Constantinoble, il cuella si grant orgueil qu'il ne veult tenir les convenenches qu'il avoit à nos gens. Sy les commencha à porter[2] si dur que au darain no gent li mandèrent qu'il acomplist les convenenches qu'il leur avoit en convent, ou il en querroient leur raison, et si se wardast d'iauls; mais il n'en veult riens faire, sy n'eut puis nulle amour à yauls, et commencha la wère, de quoy il eulrent maint poingneis ensamble; mais adès perdoient li Grieu de Constantinoble plus que li pèlerin. Et entre ces coses, un Grieu qui avoit nom Morcufles qui moult estoit privés de l'empereur Alexis, et aultre sien compaignon eulrent conseil de le trahyr. Si le prisent en se cambre et misent en prison; et puis menèrent Morcuffle à l'église Sainte-Souffie et le couronnèrent à empereur; et quant li emperères Kirsach le seut, il en eult si grant duel et si grant peur qu'une maladie l'en prist, si grande qu'il en moru. Ne demora gaires apriès que Morcuffles estrangla le jovène empereur Alexis en le prison où il l'avoit mis, et fist dire qu'il estoit mors par malladie. Il fist le corps entièrer honnourablement comme à empereur appartient; mais li mourdres ne peut estre célés, ains fu tost sceus des Griés et des Latins. Dont s'ascmblèrent li pèlerin et li Vénisyen; et li prélat de l'ost, qui avoient le pooir de l'Apostole de Rome, disent as barons et as tous les

---

[1] De rencontres et de sallyes.   [2] Traitter.

pèlerins, que s'il avoient droite entention de conquerre le terre de Constantinoble, pour mettre en le subjection de le foy de Romme, il leur otryoient le pardon d'oultre mer tout entier; car chils qui avoit son seignour mourdrit, n'avoit en le terre nul droit, et chil qui le soustenoient et aidoient, estoient hors de le compaignie Nostre-Segneur. De ceste cose eulrent li pèlerin grant joye, et disent qu'il entrenderoient volontiers le wère. Et quant li quaresmes fu entrés, li baron et li pèlerin aparillièrent leurs engiens et les drechièrent, et chil de le citet d'autre part se hourdèrent et ratournèrent leurs tours et leurs murs. Li baron parlèrent ensamble, et fu devisé entr'iaux que s'il pooient le cité prendre à force, tous li gaings et li butins seroit aportés avant et départis par commun consel en l'ost; apriès prenderoient-il de commun vi hommes des pèlerins et vi des Vénisyens, qui jureroyent sour sains qu'il esliroient à leur escient le plus pourfitable de l'ost et qui mieudres seroit, pour gouverner le terre, et chils seroit emperères; et adont seroyent pris xii hommes en l'ost des pèlerins et xii des Vénisyens qui départiroient les fiefs et les rentes dou pays et deviseroyent quel service cascuns devroit al empereur. Ceste cose fu jurée de tous, et sy escumenyèrent li prélat tous chiaux qui contre ceste devise seroient.

Quant vint li venredi[1] apriès le mi-quaresme, ly Vénisyen et li pèlerin entrèrent ès nefs, et s'aparillièrent d'assalir au costet deviers l'iauwe, et avoit bien li frons del assault demye lieuwe franchoise. Assés y eult trait et lanchiet, et des mors et des navrés d'une part et d'aultre, et ainssy dura chils assauls toute jour, et au viespre se traisent arrière. Ly emperères Morcufles avoit ses viermeilles tentes fait tendre en une plache viers l'assault par dedens le ville; si estoit là hierbergiés à tout son povoir.

Le lundi apriès recommencha li assauls moult fiers, moult grans et moult fort périlleux, et dura longhement. En le fin leva uns grans vent qui bouta les nefs plus priès des murs, et dont drechièrent les esquielles, cascuns endroit li, et commenchièrent à monter as murs. Les premiers qui entrèrent ens, ce fu uns Vénisyens et uns chevaliers le conte Bauduin, qui avoit nom Andrieus de Jurbise. Se prisent une tour, et chil qui le gardoient, se desconfirent et guerpirent les murs. Dont commenchièrent li pèlerin à

---

[1] Var. : Le merquedy.

monter vigoreusement par les esquielles as murs; si waignièrent IIII tours. Et li Vénisyen qui estoient ès nefs, salirent hors et despièchèrent les portes qui estoient endroit yaux. Et adont fisent li pèlerin traire hors les chevauls des nefs, et montèrent li chevalier et chevaucheur, et entrèrent en le ville, et s'adrechièrent viers l'empereur Morcufle, qui avoit ses batailles ordenées devant ses tentes et faisoit grant samblant d'atendre les pèlerins; mais, quant il les vit aprochier, il tourna le dos, et li sien aussi, et s'enfuy ou palais de Boukelion. Ly baron alèrent jusques as tentes. Sy eulrent conseil qu'il n'eslongeroyent mie les murs. Sy se loga li quens Bauduins ès tentes l'empereur, et Henris ses frères devant le palais de Blackerne, et li marchis de Monferrat et li Vénisyen devant le ville. Li quens Bauduins de Blois n'y estoit mie, car il avoit grant pièche languy d'une quartaine. Et quant li emperères Morcufles fu à Boukelion, il raloya se gent, et dist qu'il yroit assalir les pèlerins. Mais il entra en une aultre rue, et s'en ala à le porte qu'on claime : Porte Oire [1], et par là s'enfuy, et apriès li fuirent chil qui fuir peurent.

Li baron qui de chou ne savoyent riens, se reposèrent celle nuit, fors tant que il se fisent escargaittier. Au matin s'aparillièrent li pèlerin, et traist chacuns à se bataille, comme chil qui cuidièrent assés avoir affaire. Si chevauchièrent parmy les rues; mais ne trouvèrent qui contre yauls fust, ains leur dist-on que li emperères Morcufles et si aidant s'en estoyent fuys. Sy prisent no gent le palais, et y trouvèrent trop grant richesses. Cascuns prist ostel à se volentet, car assés en y avoit. Si se reposèrent jusques à le Pasque à grant joie, loant Nostre-Seigneur, par qui il avoient si grant besongne akiévée, car il n'avoyent mie plus de xx^m hommes d'armes. Sy avoient pris une des plus fortes villes dou monde et des mieux fremées, contre plus de IIII^c mille hommes d'armes [2].

Apriès le Pasque fu commandet que cascuns aportast avant le gaing qu'il avoit fait, mais bien peut estre que tout ne le fisent mie; mais toutesvoyes en eurent li pèlerin, en leur part, bien la valeur de VI^c mille bons ducas d'or, et li Vénisyen en eurent plus de III^c mil mars d'argent, et x^m chevaucheurs, qu'uns qu'aultres, d'entour divers pays, allemans, hongrois, rodiens, chyprois, sésilliens, puillois, calabrois et plusieurs néapolitains en eurent

---

[1] La Porte Dorée. [2] Var. : à armes.

autant que les aultres pour ce que aidiet et siévy les avoient. Et quant li gaaings fu départis, li baron s'asamblèrent et nommèrent les xii qui devoyent eslire l'empereur; et chil xii, apriès moult de parolles, nommèrent de commun acord le conte Bauduin de Haynnau et de Flandres, empereur. Sy en fist-on grant fieste, car moult s'estoit bien maintenus en celle wère.

Comment li coens Bauduins de Flandres et de Hainnau fu fais emperères à Constantinoble.

Li marchis de Monferrat et li aultre baron emportèrent le conte Bauduin au moustier; et iii sepmaines apriès Pasques, l'an del Incarnation mil IIe et chincq, le portèrent au moustier Sainte-Souffye que la pluspart de ceulx de dechà appellent: Sainte-Sophye. Et là fut à moult grande solempnité de ceulx de l'Église et des barons couronnés comme emperères, et li fisent hommage chil cui on avoit aucunes terres données et assénées al empire.

Quant li emperères Bauduins eult une pièche séjournet en Constantinoble apriès sen couronnement, il s'apareilla et chevaucha à grant compaignie de gent par le terre de l'empire, et prist toutes les bonnes villes, les castiaux et toutes les forteresses, et ne trouva qui contre lui fust, fors qu'uns hons que on apielloit: Johannin, qui estoit rois de Blakie. Chils Johannins le tint si court que moult li livra d'ententes, et eult en l'ost l'empereur Bauduin par pluiseurs fois moult grant famine; et si n'osoyent au fourrage aler pour les gens qui s'estoient revelet, quant il virent qu'il eurent Johannin à kièvetaine, car il l'amoyent mieux que les Franchois, et s'estoient priesque toutes les villes et li castiel de l'empire de Constantinoble tournet par deviers luy.

Le bataille le conte Bauduin contre les Blas, les Commains et les Grius et comment il fu pierdu, et plusieur baron ochit.

Un jour eurent no gent nouvielles que Johannins les aprochoit moult et qu'il avoit tous chiauls de le terre de Blaquië, qui armes povient porter, et bien xiiii mil Commains, et grant plentet de Griés. No gent eurent conseil qu'il n'isteroyent mie contre li à bataille, car il avoit plus de c hommes [1] contre un des nos, ains le atenderoient devant leurs tentes, et fu ensi convenenchiet et promis de tous.

A lendemain vinrent li Commain hardier autour de l'ost. Si leva li cris en l'ost, et quant li quens de Blois les vit aprochier si près de l'ost, il en eut grant desdaing, et dist qu'il ne souffreroit plus tel honte que cil kien leur faisoient. Sy s'arma, et yssi del ost, et commencha les Commains à cachier. et les siuwy près de ii lieuwes, et manda l'empereur Bauduin qu'il le siuwist. Li emperères ala après li. Ly Commain avoit grant plentet de gens embusquiés, et quant il eurent fait leur gait et passet, il retournèrent contre le conte. Sy commencha la bataille grande et périlleuse. Ly emperères Bauduins qui venoit, trouva en sen venir le conte Loys abatut de sen cheval et navret en deux lieux, et Jehans de Friaise estoit descendus et faisoit le conte monter sour sen cheval. Ly emperères se féry ou tas de ses anemis, et commencha le priesse à desrompre; mais tant y avoit de ses anemis, que si gent li prioyent pour Dieu qu'il se retraisist, mais il ne veut, ains se abandonna contre ses anemis, et bien tesmoingnent chil qui escapèrent de le bataille qu'il ne créoient mie [2] que oncques chevaliers fesist tant d'armes, ne si grant deffence mesist de sen corps, comme il luy virent faire. Mais tant y eult d'anemis que, par le souffranche Nostre-Seigneur, il fu pris si navrés que merveilles estoit comment il vivoit. Li quens Loys et Estiévène dou Perche y furent ochis, ly vesques de Bethléem perdus. Renauls de Monmiral, Mahieus de Walaincourt, Robiert de Roussy, Jehans de Friaise, Watiers de Vellis [3], Ferris de Erre, Jehans ses frères, Bauduin de Noefville, Witasse d'Anjou, Jehan son frère et moult d'aultres qui virent que leur deffence n'y valoit riens, s'en fuirent viers les tentes. Et quant Joffrois de Ville-Harduin et Manessiers de Lille qui estoient as tentes, seurent ceste cose, il yssirent à tout chou qu'il peurent avoir de gens. Si encontrèrent les fuyans et les arrestèrent. Li Commain, li Blach et li Grieu qui suiwirent les fuyans, traisent, lanchièrent et hardyèrent à leurs batailles, et ensi fisent jusques au viespre, que cascune partie se retraist.

---

[1] Plus de xx hommes.

[2] Var. : qu'il ne cuidoient mie.

[3] Var. : Bellis, Biellis.

BAUDOUIN DE CONSTANTINOPLE. 99

Dont se repairièrent no gent viers Constantinoble, et fisent Henry d'Ango, frère l'empereur Bauduin, bail et gouverneur del empire, et eult lidis Henris pluiseurs batailles et pluiseurs poingneis encontre les Commains et les Grieus. Et vint un jour ledit Henry et se gent devant un castiel que on apelloit : Castenemat, pour sekeure Renier de Trith, qui wardoit le castiel, et li faisoient li Grieu grans assauls, et quant il furent là venut, li dis Reniers en eult grant joie, et leur dist entre les aultres coses que li emperères Bauduins estoit mors, et qu'il le savoit de certain par chiauls qui l'avoyent veut mort, et estoit mors des plaies qu'il avoit eut à le bataille, où il fu pris. Et quant li baron seurent chou, il retournèrent en Constantinoble et eslurent à empereur Henry leur bail, frère audit empereur Bauduin, et le couronnèrent comme empereur l'an de grâce mil II^c et VI, le diemenche apriès le my-aoust. Puis que li emperères Henris fu couronnés, il se maintint bien et grossement contre ses anemis, et concquist grant partie de le terre de Salenike et desconfi les Lombars qui voloyent le terre tenir contre li; et quant il les eult vaincus, Johannins li fist requerre le pais, et elle fu faitte par ensi que Johannins li donna une sienne fille, et donna li emperères Henris trois siennes nièches, filles de se soer femme le conte Pïeron d'Auçoirre, en mariage, l'une à Johannin, l'autre à Coldelastre, le tierche à Andrieu de Honghérie, et par ces mariages acquist-il grant pais ou païs; mais il ne vesqui gaires puissedi, ains moru sans hoir de se char, dont ce fu grans damages, car moult avoit estet preudons, vighereus et de grant coer. Apriès li fu emperères Pierres quens d'Auchoire, que li baron mandèrent. Sy morut chil conte Pierre d'Auçoire sy tost qu'il fut venus en Constantinoble, ne oncques ne fist riens de l'empire. Apriès le mort l'empereur Pierron d'Auchoirre, mandèrent li baron par conseil Phelipon conte de Namur, mais il n'y veut aler. Sy envoya un sien frère qui Robiers avoit nom. Chils Robiers fu fais emperères, mais il se maintint maisement et mist les besongnes de l'empire en noncaloir pour une dame qu'il amoit, qui estoit fille à un chevalier d'Artois, que on appelloit : Bauduin de Noefville. Si le tint avoec li comme se femme, et se mère estoit avoec li. Li Franchois, quant il virent chou, il furent tous moult esbahis; il eurent conseil et entrèrent en le cambre l'empereur, et prirent les II femmes, et ruèrent le mère en un batiel et le noièrent, et à se fille copèrent le nés et les baulèvres. Ly emperères en fu si courchiés qu'il yssi dou pays et s'en alla à Romme plaindre au pape. Li pape le reconforta moult pour le grant besoing qu'il avoit en le terre, et li donna dou sien par si qu'il ralast en Constantinoble. Il se remist au retour et moru en le voye d'une maladie.

Or lairons à parler de le terre de Constantinoble; si dirons d'autres coses.

Le condempnation des érèges de Toulouse et le voye d'Aubegois.

En l'an del Incarnation mil II^c et XIII, furent li quens de Thoulouse, li quens de Fois, et li quens de Comminge et chil de leurs terres retet et reprins d'irésie, et fu faite une croiserie sour yauls, et sermonnoit-on par les pays pour prendre le croix d'Albegois, mais en ce tamps remanda li papes par ung légaut que on prechast de le crois d'outre mer et laissast-on à prechier contre les Albegois et les hérites devant dis. Et ce fist li papes pour chou que li rois d'Arragonne li avoit donnet à entendre que on faisoit trop grant tort au conte de Toulouse et à ses gens, et assés d'autres menchongnes.

Comment li coens Simons de Monfort se combati as hérites et au roy d'Aragonne.

Si tost que on en eult laissiet le prechier de la croisie des Albigois et qu'on n'aloit plus avant en le terre, adont li quens Simons de Monfort qui estoit en Carkasonne qu'il avoit prise avoec pluiseurs aultres villes et castiaux sur les hérites au command de l'Église de Romme, fu à grant mesquief en le terre, car il avoit pau de gent, et riens ne plus ne leur venoit. Et quant li rois d'Arragonne vit chou, il assambla quanqu'il peut avoir de gent, et se tourna avoec le conte et les hérites, et leur aida à reprendre aucuns de leurs castiaus; mais li prélat et li quens Simons de Montfort fisent ceste cose savoir au pape. Sy en fu li papes si courchiés qu'il rapiella quanqu'il avoit otroyet à le requeste le roy d'Arragon, et envoya lettres d'amonester le roy, sour paine d'escumeniement, qu'il laissast le compaignie des hérites. On envoya le mandement au roy par II abbés, et il respondi qu'il y obéiroit volentiers, mais riens n'en fist; ains assembla ses os et ala avoec le conte de Toulouse et le conte de Fois et le conte de Comminge en Gascongne, et prist pluiseurs castiaux qui estoient le conte Simon de Monfort, et puis ala aségier Muriaut[1]. Li quens Simons estoit à Fangiaux, et avoec lui estoit li quens de Corbuel et un pau de pèlerins et VII évesques et III abbés, et Guillaumes d'Aire, ses frères, et aucun aultre chevalier, mais pau eurent de gent. Lendemain au matin li évesque et li abbet tout reviestit des armes Nostre-Seigneur escuményèrent le conte de Toulouse, le conte de Fois, le conte de Comminge et tous leurs aidans, et nomméement le roy d'Arragonne qui estoit leur chief; et apriès le messe s'armèrent tout et montèrent sour leurs chevauls. Et quant il furent hors de le ville, il firent III batailles en l'onneur de le Trinitet, et mandèrent au roy d'Arragon pour Dieu qu'il euist pitet de le chrestiennetet et qu'il se partesist dou siége : il n'en veult riens faire. Et quant il virent chou, uns preudons fist un brief siermon : sy dist entre les aultres coses que, se li uns de nos gens avoit autant de foy comme uns grains de seneif est grans, leur anemy n'aroient pooir contre yauls. Adont s'escria li quens Simons de Montfort : « Certes, dont sont-il vaincut, car » j'en ay plus que Moriauls mes chevauls ne soit grans. » Et ce recorde-on pour le grant bontet dou preudomme. Et, apriès ceste brieve colation et exhortation, les absolurent li évesque et leur donnèrent plenière rémission de tous cas commis et passés et plain pardon de paine et de coulpe par l'auctorité du Saint Père qui ce pooir leur avoit donné. Entre les chevaliers qui avoec le conte Simon estoient, en y avoit II moult renommés de grant chevalerie. Li uns estoit messires Alains de Renty et li aultres messires Florens de Ville. Cil deux et aucun aultre s'acordèrent de mettre leur entente à ochire le roy d'Arragon ; car, s'il estoit mors, li aultre seroient desconfit plus légièrement. Li quens Simons et chil qui avoec lui estoient, n'estoient nient plus de VIII^c chevaucheurs, et en l'ost le roy d'Arragon en avoit bien C mille. Li rois d'Arragon changa ses armes et fist les siennes viestir à un sien chevalier.

Li quens Simons de Montfort ordena ce tant qu'il avoit de gens, en III batailles. La première fut baillie et délivrée au conte de Corbuel qui

[1] Muret.

moult bon chevalier estoit; la seconde à messire Alain de Renty et avoec luy Flourent de Ville; et il retint la tierche. Sy widèrent, avec la bénédicdiction des évesques et des abbés, sur leurs ennemis. Et quant ce vint à l'approchier, le conte de Corbuel qui menoit l'avant-garde, conduit sa bataille bien ordonnéement et fort serrée jusques en l'ost, et assalirent moult vigoreusement selon la quantité de gens qu'il estoient, et fort asprement les ennemis. Si commencha li bataille pesante [1] et dure. Li seconde bataille vint apriès, en lequelle messires Alains de Renty et messires Florens de Ville estoient, et virent celui qui avoit viestu les armes dou roy d'Arragon : se li coururent sus tout ensemble. Chils se deffendi au mieux qu'il peut, mais messires Alains qui bien pierchut que li rois estoit mieudres chevaliers de trop, s'escria et dist : « Chils chevaliers-chi est trop mols » enviers le roy; ce n'est-il mie. » Quant li rois d'Arragon qui estoit assés priès dou chevalier, oy ceste parolle, il féry des esporons et ne se veult plus céler, ains hucha à haute voix, et dist : « Voirement n'est-il mie che. » Me vechi. » Et haucha une mache turquoise comme chils qui estoit boins chevaliers et vaillans et de grant cuer, et en féri un chevalier des nos et le fist voler à terre jus de son cheval, et puis se lancha en le priesse, et fist merveilles d'armes. Et quant messires Florens et messires Alains, virent chou, il le recogneurent et li coururent sus tout à un fais, il et leur compaignon : si l'avironnèrent et se penèrent de le grever, et illoec l'ochirent. Et quant li Arragonnois virent leur seigneur mort, n'y eult plus d'ariest, ains se misent à le fuitte. Li quens Simons et li sien les encauchièrent vigoreusement : si en ochisent pluisours milliers, mais il ne veurent mie cachier lonch, ains retournèrent viers Muriaut, et trouvèrent chiaux de Thoulouse, qui avoit asalit Muriaut. Sy en ochisent grant partie, et li remanans s'enfuy. Apriès trouva li quens Simons le roy d'Arragon où il gisoit mors. Quant il le vit, il le plaindi moult pour chou qu'il avoit estet ses sires.

En celle bataille eult bien mors des anemis de Sainte Église xx[m]. Li prélat et li quens Simons de Monfort qui bien seurent que ce avoit estet œuvre de Dieu, se descauchièrent enmy le camp de le bataille, et alèrent à nuds piés jusques à l'église et rendirent grâces à Nostre-Seigneur, par

---

[1] Var. : aspre.

qui aide il avoient eult celle victoire, et donna li quens Simons sen cheval et ses armes as povres pour l'amour de Nostre-Seigneur.

Ceste bataille fu en l'an mil IIe et XIIII le xviie calende d'aoust.

Or lairons à parler dou conte Simon de Montfort et des pèlerins; sy dirons dou royaume de Franche.

XI.

JEANNE DE CONSTANTINOPLE.

Comment li rois Philippe de France ala en Bretaigne sur Guy de Touars.

En l'année après ce que fut prins li chastiel de Chinon, ala li roys Philippes sur Guyon de Touars qui tenoit la conté de Bretaigne, de par sa femme de qui il ot une fille. Et prinst li roys la cité de Nantes, et vint li sires de Touars à sa merci, et luy donna le chastel de Vitré, et luy bailla sa fille en ostage.

Comment li contes de Namur fu baus de Flandres et de Haynau, de par les filles l'empereur Bauduin, et comment il espousa la fille du roy de France.

Après fist li roys un mariage du conte de Namur et de Marie sa fille. Et estoit chieulx Philippes bautris de Flandres et de Haynau de par les filles l'empereur Bauduin qui ses niepces estoient.

Comment li rois d'Engleterre vint en Poitou.

Après ce fait, vint li roys Jehans d'Engleterre en Gascongne. Et quant li roys de France le sceut, il laissa en garnison à Chinon Eudon le duc d Bourgoingne et Guillame le conte de Poitou, qui sa suer avoit à femme celle que li roys avoit fianchie. Quant li roys Jehans ot fait ses besongnes en Gascoingne, il vint en Poitou, et li dus de Bourgoingne manda au roy de France qu'il venist : liquels vint tantost, à tout son ost. Et, quant li roys d'Engleterre le sceut, il s'en ala en Engleterre et laissa le visconte de Touars et Savari de Moléon garde de la terre deçà la mer.

Comment Philippes de Souave fu murdris, et comment Otes de Saxonne fu esleus empereur.

Après avint que uns homs d'Alemaigne murdri Philippe de Souave qui fu eslus roy d'Alemaigne : de quoy li roys fut moult courchiés. Et après fu esleus Otes de Saxonne, qui fu fils de la seur le roy d'Engleterre, par l'assentement de tous les barons d'Alemaigne et de l'empire; et le receut li Apostoles à grant honneur, et le consacra à empereur de Rome.

Comment li rois de France donna sa nièce à Simon de Dammartin.

En ce temps donna li roys de France une sienne nièce (et fu fille du conte de Poitou) à Simon de Dammartin, qui fut frères le conte Renaut de Boulongne qui moult estoit mal du roy.

Comment on se croisa sur la terre d'Albegois.

En ce temps on se croisa sur les Albegois, pour Rogier qui estoit viscontes de Béziers, et tenoit Carcassone et Albegois et maint boin chastel, et estoit de celle sorte li contes Raymons de Toulouse, qui estoit germains au roy de France, et par luy fu occis un cardinal, ce qui moult agreva la meute. Si se croisa li dus Eudes de Bourgoingne, Henrys li contes de Nevers, Simons de Monfort (qui fu contes de Licestre) et Gautiers de Chastillon, li contes de Saint-Pol, et mirent leur croix devant leur pis, pour la différence d'oultre mer.

Che fut en l'an de l'Incarnation Nostre-Seigneur M CC et IX que li roys

Philippes de France fist Loys, son fils, chevalier, à une Pentecoste, à Compiègne, là où il ot moult de hauls hommes, et furent chevalier nouviel li doy enfant du conte de Dreux, Robert et Pierre.

De celle feste s'en alèrent tous les hauts hommes en Albegois, et assirent la cité de Béziers et la prindrent par force, et tuèrent presque tous ceux de la ville en l'église. Après alèrent assir Carcassonne, laquelle leur fu rendue.

Après fu mellés [1] Renaus de Dammartin et li contes de Bouloingne de nouvel au roy de France si qu'il leur tolli toute leur terre, et encacha ly ly et son frère Symon hors du royaume, liquel alèrent au conte de Bar qui moult gracieusement les rechupt.

Comment Ferrans de Portingal fu mandés en France.

En ce tamps avoit la royne de Portingal mandé en Espaigne un sien nepveu (laquelle estoit femme au conte Philippe de Flandres); et avoit à nom : Ferrans, et estoit fieulx au roy de Portingal, et trenchoit devant madame Blanche la femme Loys.

Comment li roys de France voult conquerre Engleterre, et comment la guerre vint de ly et de Ferrant conte de Flandres pour ce que il ne se voult acorder avoecques les autres barons de France à aler en Engleterre avoec le roy.

En cel tamps emprist li roys une moult grant merveille; car il manda, une matinée, frère Garin l'Hospitalier, et son confesseur, et Henry le mariscal, et plusieurs autres. Si leur dist qu'il avoit eu en propos longuement d'aler conquerre le royaume d'Engleterre, et leur dist qu'il ne s'en voloit plus déporter. Tantost fist semonre ses osts, et fist venir toutes les nefs des pors de sa terre, et fist faire des vaisseaux nouveaux, pour esqui-

---

[1] Fu mellés. Ce mot est synonyme de : se brouilla, fut en discord. Il s'est conservé dans le mot moderne : démêlé.

per gens. Et, quant il ot tout ses hauls barons, et il leur ot monstré tout sen talent et qu'il alassent en Engleterre avoec luy pour conquerre le royame d'Engleterre, tout luy ottroyèrent, fors li contes Ferrans de Flandres, qui dist que jà n'y entreroit, se li roys ne luy rendoit Saint-Omer et Aire, que li roys Loys, ses pères, ly avoit tollis. Li roys luy respondi qu'il le tenroit comme son héritage; mais, pour la paix qu'il avoit paravant faite au conte Bauduin, il estoit prest de le récompenser, et luy offri de faire escange en France, par le dit des bonnes gens. Mais Ferrans ne volt pas ce faire. Pour quoy li roys l'en cueilli en grant haine, et luy remist jour à une ville qu'on appelle : Arcques, là où il vint à sen jour; mais li roys luy remist jour à Gravelines, sur la mer, et luy dist que, s'il ne venoit là aprestés pour aler avec luy, il le défieroyt de ce jour en avant. Li roys vint à Gravelines, atout ses osts ; et ainsy qu'il cuida passer la mer, li passages luy fut deffendus de par l'Apostole, et disoit li légat qu'Engleterre estoit tenue du patrimoine Saint-Pierre.

Li roys n'osa sur ce passer, ains s'en ala sur le conte de Flandres, qui n'estoit pas venu à sa semonse. Li roys ot avoec luy deux hauls hommes, que li contes avoit cachiés hors de sa terre, Jehan de Néelle, chastelain de Bruges, et Sohyer de Gand. Chil doy estoyent avoec le roy en l'ost. Quant li roys de France fut partis de Gravelines, il fit toute sa mesnie aler au Dam, et li roys s'en vint à Ypre où li contes vint à luy, pour merchy crier; mais li roys ne le voult oïr. Ains luy manda li roys qu'il widast tantost Flandres, et li contes s'en ala, et tantost fu la ville d'Ypre rendue au roy de France, et après s'en ala à Bruges, si le prinst, et de là à Gand qui luy fut tantost rendue, et en ot bons ostages.

A Gand vint au roy, Henrys li dus de Louvain, qui avoit sa fille à femme. Si amena grant gens avoec luy, et s'ala loger pardelà l'Escaut, devers Brabant. Là vinrent nouvelles au roy que li contes Ferrans et Renaus de Dammartin et les gens du roy d'Engleterre avoyent arses toutes les nefs, que li roys de France avoit au Dam. Si sen ala à grant haste celle part, et avint que les gens du roy trouvèrent les gens Ferrant, conte de Flandres, et du roy d'Engleterre. Si s'assamblèrent, et y eut grant[1] bataille, mais les gens du conte de Flandres furent desconfit, et y ot prins

---

[1] Var. : bonne.

xxxii chevaliers de leurs gens, desquels je vous nommeray aucuns. Là furent prins Gautiers de Formiselles, Jehans ses frères, Thomas Quirès et Gautiers d'Amiens. Li contes Ferrans s'en fui en l'isle de Waucres, et li contes de Boulouingne aussi, qui là estoit venu de par le roy d'Engleterre, et avoient arses toutes les nefs susdites. Tantost fist li roys de France ardre toutes les nefs, qui luy estoient demourées. Puis se traist vers Gand, et de là vers Lille. Si mena ses ostages avoec luy, et de là s'en ala à Douay : sy luy fut tantost rendue. Il laissa à Lille en garnison Loys son fils, Gautier de Chastillon, le conte de Saint-Pol et Henry le Marescal, à belle chevalerie; et li roys s'en ala tantost en France.

Quant li roys de France s'en fu alés en France, Loys, son fils, qui estoit demourés à Lille, fist sonner sa trompette et issi hors : sy alla ardoir la ville de Courtray, mais il y trouva encontre, et y eut moult grant poingnis. Si y furent Daniel de Malines et Philippe de la Gastine pour capitaines, et entra Loys par force en la ville, et le destruist toute, et puis s'en revint à Lille. Mais, s'il eust encores demouré, il eust eu la bataille au conte Ferrant qui jà avoit Bruges et Gand deviers luy, et s'en venoit, au férir des esporons, devers Courtray. Et quant li contes vit qu'il avoit failli à la bataille, il s'en ala à Ypre qui luy fu tantost rendue.

Quant Loys eut fait son emprise et fu revenus à Lille, tantost après s'en ala vers France, après le roy son père, et mena avoecques luy le conte de Saint-Pol et Henry le Sénescal[1], et laissa deux cens hommes d'armes pour garder la ville. Et tantost que Loys fu alés en France, li conte Ferrans ne fut mie endormis. Si vint assaillir le chastel d'Arquinghen et y fut entour quinze jours. Et quant il vit que riens n'y exploitoit, il laissa le siége et vint assir Lille, où il fut quatre jours, à peu de conquest. Quant il vit que riens n'y feroit, il s'en parti, et chil de la ville issirent hors et assamblèrent à ses gens, et là fut prins Alars de Bourgelles ès fourbours et l'emmenèrent à grant joye en la ville.

Quant li roys de France sceut les nouvelles que li contes Ferrans avoit assis Lille et que son ost avoit ainsi exploité, grant joye en ot, et sceut bon gré aux bourgois de la ville de ce qu'il avoyent si bien aidié à sa gent; et, pour la grant fiance qu'il avoit à eulx, osta-il toute la garnison et leur laissa

---

[1] Var. : le Marescal.

la garde de la ville. Et tantost que li contes Ferrans sceut que les garnisons estoient hors, il rassambla ses osts et vint de nouveau assir la ville de Lille; et tantost chil de la ville se rendirent au conte Ferrant.

Moult fut courrouchiés li roys de France de ce que la ville se rendy si tost. Il assambla ses osts, puis s'en revint en Flandres et vint à Lille. Quant li contes Ferrans le sceut, il ne l'osa attendre, et li roys entra en la ville de Lille par force et bouta le feu dedans. Puis bouta le feu en une fortresse de Renaud de Bouloingne et après ala abatre le chastel d'Arquinghen et le chastel de Cassel, et de là s'en rala à Paris.

Devant le quaresme après celle destruction, revint Loys, le fils du roy de France, en Flandre et ardit Bailleul. Mais il fut là surprins et ses gens avec luy, et estoient en grant doute d'estre tout ars, car li presse y estoit grande, tant de gens comme de carroy. Il estoit nuit, et li feu les appressoit. Si vous di qu'il n'y eut si hardy qui n'y eust peur. Mais devant ardit Loys la ville de Stenford et grant plenté du douaire de la royne de Portingal. Quant Loys ot ars Bailleul en Flandres, il ala ardoir tout le terroir de Cassel, et puis s'en ala en France. Mais, en l'esté devant, s'en estoit li contes Ferrans de Flandres alés au roy d'Engleterre pour renouveler ses aliances.

Li contes Ferrans de Flandres, quant il vit qu'il ne povoit avoir mercy du roy de France, prinst conseil à ses hommes, liquel luy loèrent qu'il alast en Engleterre au roy Jehan, et s'aliast à luy, et manda à aucuns chevaliers de ses païs [1] qu'il le luy mandassent.

Comment li contes Ferrans de Flandres envoia Bauduin de Noefport au roy d'Engleterre pour ly aidier contre le roy de France, et le roy d'Engleterre l'acorda et y envoia son frère et de ses gens qui, en passant la mer, gaignièrent IIII^c des nefs du roy de France.

A ce message faire fut eslus Bauduins de Nuefport; et quant il fu arrivés en une ville d'Engleterre, nommée: Sandwich, il entendi que li roys d'Engleterre avoit par avant fait semonre un parlement en une ville qu'on appelle : Cantorbie [2]; mais il n'y estoit pas encores venus, ains estoit aux

---

[1] Var. : de sa terre.   [2] Var. : Radingues.

champs[1] hors de Douvres, où il avoit fait sa paix à un légat de Romme, qu'on appeloit : maistre Pandolfe. Li roys d'Engleterre y avoit moult grant gent assamblée. Quant Bauduins de Nuefport sceut que li roys estoit là, tantost monta et ala parler aux chevaliers de Flandres, qui à celle assamblée estoient. Il les trouva en leurs lits gisans, et leur dist son message, et leur pria, de par le conte de Flandres, qu'il luy aidassent devers le roy d'Engleterre. Six banerets y avoit de Flandres, sans les bacheliers : desquels li premiers fu Robers de Béthune, li secons Guillaume de Saint-Omer, li tiers Gilles Bertaus, li quars Adam Quiérès, chastelain de Berghes, li cinquiesmes Henrys de Bailleul et li sisymes Hugues de la Capelle. Quant Bauduins de Nuefport fut venus à eux, bien leur conta comment li roys de France avoit cachiet le conte de Flandres de son pays et ne luy voloit faire droit, ne merchy, et ne le vouloit recevoir. Si leur mandoit li contes que pour Dieu il priassent au roy d'Engleterre qu'il mesist conseil à son affaire. Quant li chevalier oïrent les nouvelles, moult leur despleut. Si en tinrent parlement ensamble, et s'en alèrent vers le roy d'Engleterre, et fut chargié sur Robert de Béthune de la parole, et tantost que li roys les vit venir, il leur dist : « Je sçay bien que vous quérés; j'en parleray à mon » conseil. » Lors se trairent arrière, et li roys appela premièrement Guillaume Longue-Espée (qui estoit contes de Salesbirs), l'évesque de Wincestre, le conte de Bouloingne et Hugues de Boves qui estoient cachiet de France. Li roys se consilla à ceulx que j'ay cy nommés. Si ot moult tost fait; et puis remanda les Flamens et leur dist : « Seigneurs, je sçay bien que » vous me voliés orains; vous me voliés prier que je mesisse conseil » en l'affaire du conte de Flandres, vostre seigneur. Je l'y mettray » volentiers. Je veuil que vous vous en alliés vers luy, et je mesme y » envoyeray le conte de Salesbirs, mon frère, et tout plain de mes cheva- » liers et de mon avoir, par ainsy que vous reveniés tantost à moy, quant » j'en auray mestier. » Quant il oyrent les paroles du roy, moult l'en mercyèrent, et luy dirent que, s'il devoyent venir en noant par le mer, si viendroyent-il à son commandement. Lors montèrent et s'en alèrent à Douvres et fisrent tantost chargier leurs chevaux et leur harnois. Li roys mesmes les convoya jusques à Douvres. Si bailla au conte de Salesbirs, son

---

[1] Au Temple.

frère, une sienne nef, qu'il ot fait faire, qui estoit si belle qu'onques on n'en avoit veu si belle sur la mer.

Li contes de Bouloingne, Hugues de Boves et Jehans li Fils-Hue, un des conseillers du roy d'Engleterre, s'en alèrent devant découvrir, par un jeudy devant la Pentecouste, et virent l'armée du Dam. Lors s'armèrent chielx qui armés n'estoient, et yssirent des grandes nefs, et entrèrent ès vaisseaux, et coururent sur l'estoire du roy de France, qu'il trouvèrent, et les desconfirent toutes, et bien gaingnièrent IIII^c vaisseaux. Et puis alèrent assalir les grandes nefs, qui estoient plus près de la ville de Dam; mais elles estoient traites assés près de la ville, si que rien n'y pooient faire, pour quoy s'en alèrent, atout leur gaing.

Comment les gens d'Engleterre requirent au conte Ferrant que il se aliast au roy d'Engleterre, et il si fist par le conseil de ses hommes, et aussi s'i alia le conte de Boulongne, et jurèrent les alianches, et s'en alèrent vers le Dan lan il furent desconfit des gens au roy de France, et y eut prins XXII chevaliers flamens, et s'en ala Ferrans en Engleterre confermer son aliance, et puis revint en Flandres à peu de proffit.

Lendemain, au vendredy, vint li contes de Flandres, à peu de gens, sur le rivage, et n'amena point avoec luy plus haut de quarante chevaliers. Quant ceux des nefs les virent, il entrèrent en leurs vaisseaux et vinrent parler au conte de Flandres à sèche terre. Si le requirent qu'il s'aliast avoec le roy d'Engleterre. Il respondi qu'il estoit hommes liges au roy de France : si n'oseroit ce faire, se ses hommes ne le luy louoyent. Tantost conjura ses hommes se faire le pooit; et ils jurèrent qu'ouy parmy les tors que li roys de France avoit fais sur luy. Encores leur demanda-il, par leurs sermens, s'il le pooit faire sans blasme de sa personne. Si homme prinrent, sur leur foy, que bien le pooit faire, parmy ce que li roys avoit exploitié contre luy. Tantost jura li contes de Flandres, sur Saintes Évangiles, que d'ores en avant il aideroit au roy d'Engleterre, en bonne foy, ne jamais ne luy faudroit, ny ne feroit paix sans luy, ne sans le conte de Bouloingne; et tout ce avint, quant li roys de France fu parti de Flandres.

Chielx, qui par le roy d'Engleterre estoient là, jurèrent le mesme serment, en l'âme du roy d'Engleterre; et li contes de Bouloingne le fist pour luy, et ainsi fut faite et affermée li alliance. Lendemain fu le nuit de le Pentecoste. Li contes de Flandres, li contes de Bouloingne et li aultre chevalier, qui estoyent logiet sur le terre, issirent de leurs trefs et se levèrent bien matin, et alèrent oïr messe. Puis s'armèrent et montèrent sur leurs chevaux, et s'en alèrent vers le Dam, et là s'arrestèrent à une lieue de la ville, et prinrent conseil de quelle part il feroit mieux assallir la ville. Tantost Robers de Béthune et Gautiers de Ghistelle se partirent de l'ost et s'en alèrent à l'autre lés du Dam. Si vinrent devers Male, une maison du conte, et veirent que grant gens y logoient. Si cuidèrent que ce fussent chieulx de Bruges, qui fussent venus hors contre leur seigneur le conte de Flandres. A ce point vint une femme vers eulx, qui bien cognoissoit Gautier de Gistelle. Si luy dist : « Sire » Gautier de Gistelle, que faites-vous cy? Li roys de France est venu à tout » son ost; et ce sont ses gens, que vous véés là logiet. »

Quant Robers et Gautiers oïrent ce, il s'en alèrent vers leur ost; si contèrent as seigneurs celle nouvelle. Adonques dist li contes de Bouloingne à ses compaignons : « Seigneur, traions-nous arrière. » Si se retrairent le petit pas, et envoyèrent Robert de Béthune aux nefs, pour advertir le conte de Salesbirs et Hugues de Boves et Jehan le Fil-Huon. Et ains qu'il s'en devoient aler, oïrent grant noise, et regardèrent deux Bayonniers [1] du roy de France qui estoyent venu traire à leurs gens. Tantost monta sur son destrier Ansel de Boulers [2] et Lammequins de Bousbeke, et laissèrent courre vers les deux arbalestriers. Si les jettèrent à terre, et furent tantost prins. Puis en vinrent cinq autres, qui commenchèrent à hardier les gens du conte de Flandres. Après en vint encore une grande masse, et commenchièrent à venir bannières à grant plenté; et commencha la bataille crueuse. Mais li contes Ferrans de Flandre ne pooit souffrir le grant tas des gens du roy de France, et là fut desconfis; et furent pris xxII chevaliers, desquels vous avés oy une partie des noms chy-devant.

Li contes de Flandres et li contes de Bouloingne entrèrent en leurs nefs, et tout li hault homme, fors Bertrans Gilles, li chastelains de Guines [3],

---

[1] Var. : Berruyers.
[2] Var. : Roulers.
[3] Var. : Li chambellans de Gennes.

Roger de Ghistelle et Gautier son frère, Herbert de Furnes et Robert de Béthune, qui onques ne volurent partir du rivage, devant ce que li contes fust en sa nef. Puis s'en alèrent et emmenèrent le destrier du conte de Flandres.

Li contes de Flandres, li contes de Bouloingne et li contes de Salesbirs s'en alèrent en l'isle de Waucres sauvement; et Hugues de Boves et son fils Jehan s'en alèrent en Engleterre, à tout leur grant maisnie. Chil qui sur terre estoyent demourés, se mirent en sauveté, le mieux qu'il pooient. Gilles Bertrand [1] s'en alla à Oudenborch dont il estoit sires. Rogiers de Gistelle et son frère s'en alèrent en leur ville. Herbert s'en ala à Furnes, et Robert de Béthune s'en ala à Neufport.

En ce tamps estoient li baron de Flandres assamblés à Courtray, et ceux de Hainaut à Audenarde, et moult y eut grant gent.

Quand il sceurent la desconfiture qui avoit esté devant le Dam, il eslurent deux chevaliers pour aller querre le conte de Flandres, desquels fu l'uns Ernous de Landas qui estoit un des barons de Flandres, et l'aultre fu Philippes de la Gastine. Quant les deux chevaliers furent venus à Neufport, il trouvèrent Robert de Béthune à quarante chevaliers. Ainçois qu'il fussent là venus, Thomas Quirès, qui avoit esté prins en la bataille, avoit esté délivré par aucuns amis qu'il avoit en la court du roy de France, devant ce que li roys de France le sçeut. Si raconta que li roys de France avoit fait ardre toutes ses nefs, qui estoient au Dam, et s'en estoit alés en France. Il demandèrent à Robert s'il ne sçavoit nulles nouvelles du conte. Il leur dist qu'un pescheur luy avoit dit qu'il estoit en l'isle de Waucres, et li aultre conte avoec luy; et bien cuidoit que li contes Willequins de Hollande y fust. Là devisèrent qu'il iroient lendemain à Waucre, et entrèrent en une nef de pescheur, et quant il vinrent en la mer, si choisirent le nef du conte de Salesbirs qui s'en aloit vers Engleterre. Lendemain s'en vinrent en l'isle de Waucres, et trouvèrent le conte à Middelbourg. En l'eure [2] passa li contes en Engleterre. Si envoya, devant luy, Robert de Béthune et Bauduin d'Aire, et, après passa le mer, avoec Ernoul d'Audenarde, Rasse de Gavre, Gillebert de Gistelle, Gérard de Sotteghem et autres seigneurs et barons de Flandres qui tous arrivèrent à Sandwich, sans avoir amené nuls chevaulx. Mais li

---

[1] Var. : Bertaus.   [2] Var. : En l'iver apriès.

roys qui savoit bien leur venue, leur en envoya. Si monta li contes, avoec ses gens, à cheval, et vint à Cantorbie. Et là vint nouvelles qui li rois estoit à Windesore. Quant le roy le sceut, tantost manda Robert de Béthune et Bauduin d'Aire, et leur dist : « Seigneur, vostres sires li contes de Flandres » est arrivé en ceste terre. » Adonques luy respondit Robers de Béthune : « Sire, qu'attendés-vous que vous n'alés à l'encontre? » Li rois commencha à sousrire et dist : « Oyés ce Flamand, qui cuide que ce soit grant chose » de son seigneur. » Adonques respondit Robert : « Foy que je doy à Dieu, » si est-ce. » Li rois commencha à rire forment et dist : « Mandés tost » vos chevaulx, car je veuil aler vers luy. » Tantost monta li rois, et s'en vint à Cantorbie. Quant li roys fu venus, tantost s'en ala vers l'hostel du conte de Flandres, et li contes vint, courant à luy, emmy la rue, et luy aida à descendre; et li roys l'accolla, et luy fist grant semblant, et à toute sa gent. Li roys le pria que lendemain il disnast avec luy, en l'abéye : et li contes le luy ottroya. Lendemain vint à sa messe. Puis alèrent à conseil ; et là fu l'aliance confermée entre le roi Jehan et le conte Ferrand qui tantost rentra en sa nef et s'en revint en Flandres. Tantost qu'il fu arrivés, il oït dire que li roys de France avoit ars Bailleul et une grande partie de la terre, que la royne de Portingal tenoit en douaire : de quoy il fut moult irés. Tantost après il et li contes de Salesbirs, li contes de Bouloingne, Hugues de Boves et Robers de Béthune assemblèrent leurs osts et vindrent devant Saint-Omer; mais riens n'y exploitèrent. Puis entrèrent en la terre du conte de Guines et l'ardirent toute et essillèrent. Mais li vicontes de Melun, qui gardoit la terre de par Loys, assembla grant gent, et les suivy de si près qu'il se fust bien assamblés à l'arrière-garde, que Robers de Béthune menoit. Puis passèrent à Gravelines et alèrent en Flandres; et après fist li contes Ferrans une chevauchée moult belle; car il entra si parfond au pays qu'il ardit la ville de Souches et ala assir le chastel de Lens, où riens ne fist. Après, ala assir la ville de Houdaing, et abati un chastel de Sohyer de Gand, et avala devant le chastel d'Aire, et y sist près de trois semaines, et y ot un bon poingnis devant la porte. Quant li roys de France le sçeut, tantost vint à Aire; et, quant li contes Ferrans sceut sa venue, il leva le siége et s'en ala en son pays.

Comment li roys d'Engleterre prist Robert de Dreux à Nantes, et furent mises trièves entre les II roys de par l'apostole.

Or vous dirons du roy Jehan d'Engleterre.

Il ne demoura pas moult que li roys d'Engleterre passa le mer et s'en vint en Poitou. Savaris de Mauléon fisit tant qu'il eut paix au roy d'Engleterre, qui assambla ses osts et assit la cité de Nantes; et dedans estoit Robers, li fils au conte de Dreux, liquels s'en vint à la porte de la ville, et une partie de ses jovènes chevaliers. Et quant li gent du roy d'Engleterre les virent, il coururent tous à un fais sur eulx, à la porte; et, quant il les vit venir, si ne daigna reculer pour eulx, ains les attendi. Mais il l'assalirent soudainement et le prinrent par forche. Quant li roys ot fait son fait, il se traist arrière. Si mena Robert de Dreux, son prisonnier, avoec luy, et s'en ala tantost assir un chastel du roy de France, qu'on appeloit : la Roche des Moines.

Loys, li fils le roy de France, estoit adont à Chinon. Quant il sceut la nouvelle de ce siége, tantost assambla ses osts, et s'en ala pour lever le siége. Tantost que li roys d'Engleterre le sceut, il fist armer ses gens; mais il fu si sourprins des gens du roy de France, que vilainement li convint fuir; et là perdi une grande partie de ses gens et de ses tentes et de ses pavillons. Et le siewy Loys si près que prins eust esté, se n'eust esté un cardenal de Romme (il estoit englès et avoit nom : Robert de Courton) qui le rescout. Et puis vint en France et fist unes trèves entre les deux roys, pour cinq ans, de par l'apostole de Romme.

Quant les trèves furent prinses, li roys vint à la mer. Si passa outre en Engleterre et mena Robert de Dreux, son prisonnier, avoec lui; mais onques ne luy fist mauvaise prison, ains le laissa aler esbanoyer ès bois et ès rivières. Chieulx Robers fut escangiés pour le conte de Salesbirs, lequel fut pris en la bataille de Bouvines, ainsi comme vous orrés ci-après tantost ensuyvant.

Comment li roys d'Engleterre manda à l'empereur de Romme son neveu qu'il venist aidier à li et au conte Ferrant de Flandres, et de la bataille de Bouvines là où fu prins li contes Ferrans.

En cel temps avoit li roys d'Engleterre envoyé querre l'empereur Otton, pour le faire joindre au conte de Flandre et luy aidier à faire guerre au roy de France. Quant li emperères oy les nouvelles du roy d'Engleterre son oncle, tantost fist son appareil et vint vers Valenciennes. Quant li roys de France oy dire que li emperères estoit venus en l'aide du conte Ferrant, il fist semonre ses osts, et manda tous ses hauls hommes, et vint vers Valenciennes où li emperères et li contes Ferrans estoyent. Et estoit avoec eux Henrys, li dus de Louvain, Walerans, li dus de Lembourc, Renaus de Dammartin, li contes de Bouloigne, et uns contes d'Alemaigne, que on apeloit le conte Pelu du Rin, et li contes de Requebourc, et fu garde du corps l'empereur. Et sy ot trois hauls hommes, qui vinrent avoec l'empereur, dont li uns fut nommés : Bernard d'Ostemale, et li aultres : Conrad de Cremoingne, et li tiers : Gérard de Randerode. Li contes Guillames Longue-Espée y fu, qui tint le lieu du roy d'Engleterre, son frère, et un riche homme d'Engleterre, qui fu nommés Jehan, li fils Hugue de Bove, et maint aultre vaillant chevalier. Li Flamenc y vindrent, à toutes leurs communes, et Walerans de Lembourg y vint à huit cens chevaliers[1]; mais li roy de France leur envoya frère Garin, et prist une trève de quinze jours et un parlement au Quesnoy. Puis il passa outre et fist tant à Waleran de Lembourg qu'il failly d'aide à l'empereur.

Chy sont les haults hommes qui estoient avoec le roy de France : c'est-assavoir Eudes, li dus de Bourgoingne, Henry, li dus de Bar, Henry, li contes de Grant-Pré, Jehans, li contes de Beaumont, Gautiers de Chastillon, li contes de Saint-Pol, Guillames li contes de Poitou, Ernoul, li contes de Guines, Raouls, li contes de Soissons, Mahieus de Monmorensi, Guillames des Barres, Enguerrans de Couchi et ses deux frères, et maint aultre hault homme.

A Tournay vint li roys de France; et li emperères vint, à tout son ost,

---

[1] Le MS. 14910 porte : VII^{xx} chevaliers. Ce chiffre est plus vraisemblable.

d'aultre part, jusques à un chastel, qu'on appelle : Mortaigne, qui fu Évrard Raoul, chastelain de Tournay, et le tenoit de Flandres. Quant li roys sceut qu'il fut si près de luy venu, il ot doubte de trahison, car il n'estoit qu'à trois lieues de Tournay. Lors prist conseil, et li consauls luy porta qu'il s'en alast vers France au lendemain. Quant ce vint au lendemain, li roys fist armer son ost et trousser son harnas, et ordena ses batailles, et issit de Tournay, et s'en alla le chemin de Lille, ses batailles toutes ordenées. Et quant li emperères et li contes Ferrans et leur gent, qui estoyent à Mortaigne, le sceurent, tantost issirent après désordonnéement. Si trouvèrent le duc de Bourgoingne et les Champenois, qui faisoient l'arrière-garde, et les ratindirent à deux lieues de Tournay, à un bosquet, et les appressèrent tant que ceulx de l'arrière-garde s'arrestèrent et tournèrent les visages devers leurs ennemis, et envoyèrent leurs arbalestiers traire à eulx, pour leurs gens mettre arrière. Ainsi fisrent li Flamenc, par cinq fois, l'arrière-garde arrester, tant que li dus de Bourgoingne manda au roy qu'il chevauchast bellement, car on les appressoit près d'un moustier, que on appelle : Bouvines. Près de Chisoing vint frères Garins au roy. Si le trouva descendu là où il se déjeusnoit de pain et de vin. Et luy dist : « Que faites-vous ? — Bien, » dist li roys, je me suis chy déjeusné. » — « Or vous armés, luy dist » frères Garins; car ceulx de delà ne veulent mettre la bataille en respit » jusques à demain; et voyés-les cy bien près de vous. »

Il estoit dimence, et pour ce voloit li roys mettre la bataille en respit jusques à lendemain; mais, quant li roys vit qu'autrement ne pooit estre, il appela tous ses barons et fist aporter un grant hanap de vin et le fist mettre tout plain de souppes. Il prinst la première et la manga; et puis dist à tous les barons, qui bien luy voloyent, qu'il presissent une soupe avoec luy. Tantost saillirent tout au hanap, et tantost fu li hanaps widiés. Puis entra au moustier et fist ses oraisons, et puis ala monter, et devisa et ordonna il-mesmes ses batailles sagement et non esbahis, et fist crier que tout chevalier et aultre ralassent en leurs batailles. Et sachiés qu'une grande partie de l'ost de l'empereur estoit desjà passée ung pont, qui estoit sus une petite rivière, et y avoit jà tout plain de pavillons tendus oultre le pont, en une prairie, où le roys avoit empensé de luy et de tout son ost aler herbergier.

Quant li roys ot ses batailles [1] ordenées, et elles alèrent de front, moult y peussiés veoir de belles armeures et moult de belles gens et de belles bannières; et d'aultre part aussi, car li emperères avoit fait amener un car sus quatre roes, et estoit tout batilliés, et y avoit moult de bonne chevalerie dedans, et avoit au milieu du car une estaque de xxx piés [2] de haut, et y avoit dessus un aigle doré [3], de moult riche ouvrage, et avoit les eles estendues bien longues [4], et reluisoit si fort qu'à peine le pooit-on regarder. Et y avoit cinquante chevaliers, qui gardoient l'estandart, et en estoit chèvetaine Bernard d'Ostemale, à qui li estandars de l'empereur estoit bailliés en garde. On menait le car avant, à quatre destriers tous couvers de couvertures d'Alemaigne; mais sachiés qu'il ne venoyent pas si bien appareilliés [5] que les François.

Si comme les osts s'estoyent entre-aprochiet et qu'il s'encontroyent de plain front [6], longuement s'arrestèrent d'une part et d'autre, et atirèrent leurs batailles, tant que li roys de France commanda à une bataille de ses gens à cheval qui tous portoyent pennonchiaulx à leurs glaives, qu'il alassent assambler à eulx. Si coururent sus aux batailles des Flamens et fisrent moult bonne alée. Ernouls, li chastelains de Rasse, qui devers les Flamens estoit, laissa courre entre deux rangs, et courut sur les arbalestriers et les mist à la voye, et porta, en son venir, ung chevalier à terre, qu'on appeloit : Michel d'Auchi, puis revint sain et sauf à ses gens. Lors assambla li contes de Flandres as Champenois, et y ot moult grant estour entre eulx; mais les Champenois furent mis arrière, et alors leur vint au secours li contes de Melun, en quel bataille estoient li contes de Pontieu, li contes de Guines et tout chil qui estoient dessoubs Loys, le fils le roy de France. Celle bataille fist arrester la cache, et y ot si bon estour que li preudhomme, qui là furent, dirent qu'onques si bon n'avoyent veu. Uns chevaliers, que on appeloit : Baudouin de Praet, porta Huon de Malaunoy à terre, luy et son cheval, combien que Huon fust moult bon chevalier de son corps. Lors coururent les routes d'une part et d'aultre, et s'entre-assamblèrent; et les trompettes du roy sonnèrent tousjours. Car li roys mesmes vint à l'es-

---

[1] Var. : ses eschielles.
[2] Var. : de XX piés.
[3] Var. : un aigle d'or.
[4] Var. : bien larges.
[5] Var. : si bien ordené.
[6] Et qu'il s'entrevirent... qu'il s'entremirent.

tour, et fondi son cheval dessoubs luy, et cria : « Montjoye-Saint-Denis! » à haulte voix, mais tost fu montés sus un aultre destrier. Chil jour porta l'oriflamme Wales de Montigni, uns chevaliers de Vermandois, qui moult bien le porta. Gautiers de Chastillon et li contes de Saint-Pol coururent parmy les routes, faisant merveilles d'armes. Et quant Henrys de Louvain vit ce, qui encores n'estoit assamblés, tantost se mist à la fuite; et commencha la desconfiture. Là fu prins li contes Ferrans, et li Flamenc commenchèrent à se mettre à la voye, les uns après les aultres. Qui lors eust veu ces vaillans chevaliers entremesler l'un à l'autre, et les Flamens aler à la fuite, bien luy peust ramembrer de gentile baronnie. Mahieus de Mommorensi tenoit ung faussart en sa main, et desrompi les presses, et estoit sur un grant destrier; et, qui lors le veist, bien luy peust ramembrer de gentil vassal. Eudes, li dus de Bourgoingne, avoit vestue la cotte d'armes de Guillame des Barres; mais les couvertures de son escu estoyent de ses armes. Il fist tant d'armes de son corps, que nul ne les porroit nombrer[1]. Il se regarda d'aultre part : sy vit Ernoul d'Audenarde, un des plus haults hommes de Flandres, liquels estoit arrestés devant les sergans. Si luy courut sus; et, quant Ernouls le vit venir, il dist à ses gens, « Seigneur, » véés-ci Guillame des Bares, il vient sur nous. Tournons-luy le visage. » A ce cop survint li dus; et Ernouls l'attendi moult bien et hardiement. Si comme il tenoient meslée entre eulx, li dus de Bourgoingne se baissa et luy volut son cheval esbouler; mais Ernouls tenoit un coutel à pointe et visa pour férir le duc en l'œuillière du heaume, et li dus s'abaissa et retourna[2] le cop. Et quant li dus vit ses gens eslongier de luy, il féri des esporons et se parti de là. Et quant Ernouls le vit aler, il dist à ses gens : « Encores nous pourroit bien Diex aidier, puisque ce bon chevalier s'en » va et nous laisse la place. » Et encores cuidoit-il que ce fust Guillames des Bares.

Quant li contes Renaus de Bouloingne vit que la chose aloit mal devers sa partie, il assambla ses gens (ce qu'il en pooit avoir) et se tint[3] sur ung pas. Là vint la bataille du conte de Saint-Pol sur luy, et commencha li estours moult fors et moult périlleux. Et quant li François virent ce, il

---

[1] Var. : penser.
[2] Var. : gauchi.
[3] Var. : et se traist.

prinrent charrettes et les boutèrent emmy eux, et ainsy les départirent. Quant li contes Renaus vit ce, il se mist tous seuls sur le pas, et François luy vinrent de toutes pars, et fu prins par force. Que vous en diroye plus? Tout furent desconfit, et li contes Ferrans fu prins par force, et grant plenté des hauls hommes de sa terre. Là fu prins Hellins de Wavrin, sénéchal de Flandres, qui à cest jour estoit nouviaulx chevaliers, et ses trois fils. Aussi furent là prins Gautiers de Gistelles, Philippes de Maldeghem, Pierres de Maisnil et Robers de Béthune; mais il fist tant à un chevalier de France qu'on appeloit : Flamenc de Crespelaines, qu'il le délivra. Des gens du roy d'Engleterre furent prins Guillaume Longue-Espée, conte de Salesbirs, frère du roy d'Engleterre et Renaus de Dammartin et plusieurs aultres. Des gens de l'empereur furent prins li contes Pelus du Rin, Bernars d'Ostemalle, Conrad de Cremoingne et Ernouls d'Audenarde, qui flamens estoit. Mais li roys l'ostaga au conte de Soissons à qui il estoit cousins et à Roger de Rosoy, qui avoit sa fille à femme. Pour quoy li dus de Bourgoingne dist, sur le soir, au roy : « Sire, à bon droit l'ostagiés-vous; car,
» s'il ne fust, vous eussiés plus de deux cens chevaliers en prison, que
» vous n'avés pas. » Li roys respondi au duc de Bourgoingne : « Par la
» lance saint Jaques, duc de Bourgoingne, ce croy-je bien; mais il n'aima
» onques la guerre, et tousjours l'a desloée à son seigneur, ne onques ne
» volut faire aliance au roy d'Engleterre. quant tout les autres le firent;
» et, s'il m'a fait damage pour son seigneur loyaument servir, de ce ne
» luy sçay-je nul mal gré. » Or fist li roys de France cest honneur à Ernoul d'Audenarde.

Que vous en diroye-je plus? Tant y ot prins de barons, de bacheliers et de sergans, que ce fut merveilles; et li estandars de l'empereur, où li aigles estoit sus, fu tous abatus et défroissiés, et tout ceulx qui le gardoyent, mort ou prins. Et dura la chache bien deux lieues ou plus. Li empererères s'en fui vers Vallenciennes et jut la nuit en l'abbéye de Saint-Sage; et li aultre s'en fuirent çà et là.

Quant li roys de France ot eu celle victoire, il repaira en France, et mena ses prisonniers avoec luy, et laissa le conte Renand de Boulongne en prison en la tour de Péronne; et li contes Ferrans gieut en la tour du Louvre à Paris, et avoec luy un hault homme que on appelloit : Wistasse de Reus, qui estoit de Haynau. Li aultre furent mis en diverses prisons;

et tant les tint que li aucun se rachetèrent, et li aucun s'escapèrent, si comme vous orrés. Mais onques puis ne fut, qui guerre luy osast mouvoir; ains tint sa terre en bonne paix, tant qu'il vesqui. Chelle bataille fut faite par un dimenche, au mois de juillet, en l'an de grâce mil M. CC. et XIIII.

Comment les barons d'Engleterre, pour ce qu'il avoient débat au roy leur seigneur, mandèrent au roy de France que il alast en Engleterre et il luy livreroient le païs, et le roy de France ne le voult mie entreprendre; mais Loys ses fils y ala à grant host contre le conseil du roy Philippe son père; et fu receus Loys en Engleterre moult honorablement, mès en la fin li baron se racordèrent à leur seigneur le roy d'Engleterre : si s'en revint Loys, quant il eut assés despendu, tout excommeniés du pappe.

Après la bataille de Bouvines, mut une discorde entre le roy Jehan d'Engleterre et ses barons, laquelle tourna à grant mal; car premièrement li baron orent la force et le chachièrent hors de son royame. Et après assambla li roys grant gent, et vint à Douvre, et de là ala assir Rochestre, et, pour ce qu'il ne se fioit mie bien as Englès, il manda gens de Flandres et de Brabant, et pour ses deniers en ot, et assaillirent si fort ceulx de Rochestre qu'il se rendirent à luy. Puis s'en ala par Engleterre, et y fist moult de ses volentés. Mais grant courrous luy vint pour Huon de Boves, qui dès long temps estoit bannis de France, pour son fait. Ainsi qu'il s'estoit mis en un batel, pour se cuidier retirer vers luy, après la bataille de Bouvines[1], tempeste le surprit sur mer, et fu noyés et toute sa compaignie.

Quant li baron d'Engleterre virent qu'il ne pourroient venir à chief, il alèrent à Londres, et là prinrent conseil qu'il feroient, et ordonnèrent pour envoyer au roy Philippe de France pour avoir l'aide de luy, et eslurent deux chevaliers, desquels li uns fut li contes de Harefort, et li aultres li contes de Wincestre, et leur baillèrent leurs lettres séelées des seaux des barons. Et tantost se mirent en mer, et vinrent au roy, de par les

---

[1] Var. : ainsi qu'il cuida aler au roy.

barons, et baillèrent leurs lettres séelées, et luy dirent qu'il passast la mer et s'en vinst en Engleterre, et on luy livreroit tout le pays. Li roys se conseilla et leur respondi qu'il avoit assés terre. Adont dist Loys à son père : « Sire, s'il vous plaist, j'entreprendray ce voyage. » Et li roys luy respondi : « Par la lance saint Jaques, tu n'y entreras jà à bon chief, car » Englès ne te tenront convenances; mais fay ce qu'il te plaist. » Adont respondi-il : « Sire, j'entreprendray ce voyage de par Dieu. » Si dist as messages : « Seigneurs, dites à vos compaignons[1] que j'entreprendray » ce voyage à l'aide de Dieu. » Tantost affermèrent leurs convenances, puis se partirent, et promirent, sur leur foy, d'envoyer leurs enfans en ostage dedans le mois. Et quant il furent revenu à Londres, il contèrent aux barons comment il avoyent exploitiet. Li baron respondirent que moult estoit bien fait, et envoyèrent leurs enfans en France, comme promis avoyent.

Après vint Loys à Calais, et envoya jusques à vii^{xx} chevaliers en Engleterre, par le conseil du conte de Harefort, et fu chèvetaine des dessusdits chevaliers Guillames li chastelains de Saint-Omer et li chastelains de Beauvais, et quant il vinrent à Londres, moult furent bien receus[2] des barons.

Au nouvel tamps vint Loys à Calais, à moult grant gent, et entra en mer lendemain de l'Ascension, et arriva, l'aultre jour d'après, en l'isle de Tanet, encontre Santvic là où li roys Jehans estoit à tout son ost. Et quant li roys sceut sa venue, tantost s'en ala et laissa le chastel de Douvre bien garny. Quant li roys Jehans s'en fu alés, Loys s'en ala à Santvich et prinst la ville à toute la navie du roy. Et quant cheux avoirs fu gaingniés, si vint à Cantorbie, à tout son ost, et renvoya toutes ses nefs arrière, et tantost luy fu la ville rendue. Et là vinrent li baron d'Engleterre, et luy fisrent féauté, et puis le menèrent à Londres là où il fu receu à procession en l'église Saint-Pol. Apriès le menèrent à l'hostel à la maison de Cantorbie, là où il ne séjourna mie, ains s'en ala vers Wincestre pour querre le roy Jehan. Et avoit Loys assemblé moult grant ost, de quoy nous nommerons les barons. Hervius, li contes de Nevers, y fu, à cent chevaliers; Enguerrans de Couchy, à cinquante chevaliers; Robers de Dreux, à trente chevaliers; Jehans de Montmiral, à vingt chevaliers; li contes de Roussi, à

---

[1] Var. : à vos seigneurs.   [2] Var. : bien venu.

dix chevaliers; Guichars de Baugieu, à dix chevaliers; li viscontes de Touraine, à treize chevaliers[1]; Willequins, li contes de Hollande, à trente-six chevaliers; Ernouls, li contes de Guines, à quinze chevaliers; Daniel, li advoés de Béthune, à quinze chevaliers. Li contes du Perche, li contes de Montfort, li contes de Montbelliart, Guillames Crespins, Robers Bertrans, Guis de la Roche y estoient aussi, avoec leur poissance; et li visconte de Melun et Adam de Beaumont furent mariscaul de tout l'ost.

Ainsi vint Loys à Londres[2] avoec son ost qui grant estoit, et prinst le chastel de Regart et celuy de Fournehem. Et quant li roys Jehans le sceut, qui à Lincole estoit, il wida le cité et bouta le feu ens, et laissa le chastel bien garny, et s'en fui vers le chastel du Coirf[3]. Quant Loys vint devant le chastel de Lincole, il trouva encores le ville ardant, et li contes du Perche fist l'avant-garde. Tantost qu'il vint devant le chastel, le garnison issi hors encontre luy, et si paletèrent tant que li contes du Perche fut abatu dessous son cheval, et uns hommes de pié haussa le haubert et le féri d'un coutel parmy le corps. De quoy Loys fut si très courchiés qu'il fist assallir le chastel de toutes pars, et le prinst au tiers jour, et le bailla au conte de Nevers. Puis prinst le chastel de Sutantonne et celuy de Porchestre, et aussi les luy donna. Puis ala assallir ung petit chastel, qui Edreux[4] estoit apelé, et à ce siége envoya à luy Hugues de Nuefville, qui luy rendit le chastel de Merlebeque, qu'il avoit en garde.

Quant li chastiaux fut prins, Loys ala à ung parlement à Wincestre, contre un légat de Romme, qui l'ammonesta, de par le pape, qu'il laissast son emprise, et, s'il ne le laissoit, qu'il l'escummenieroit, et tous ses aidans. Mais Loys n'en volut riens faire. Pour quoy li papes le fist escummenier par toutes terres. Après ce parlement s'en vint, deçà le mer, li contes Willequins de Holande, avoec grant partie de sa gent. Et Loys vint assir le chastel de Windesore, où il n'esploitièrent guères; car bonnes gens trouvèrent dedans, et si deffendables que par deux fois coupèrent la flèche de leur perrière et leur firent mainte belle assalie. Puis vint li roys d'Engleterre, à tout son ost, à Radingues, pour lever le siége, et tant les aprocha qu'il oïrent les trompettes et cuidièrent bien avoir le bataille

---

[1] Var.: à XIIII chevaliers.
[2] Var.: à Wincestre.
[3] Var.: du Couef.
[4] Var.: Edicur.

toute preste, et vinrent li Galois paleter à eulx; mais, en la fin, li roys se traist arrière, par quoy la bataille failli.

Chy lairons ester du conte de Nevers et de Robert de Dreux. Se dirons de Loys qui leva son siége et s'en vint à Douvre; mais tost après apetissa son ost, car li contes de Roussi et li viscontes de Touraine et tout plain d'aultres chevaliers s'en revinrent en leur pays. Devant la porte, qui ouvroit devers Cantorbie, avoit une barbequane, et avoit un fossé dehors, qui l'environnoit, et par là issoyent ceulx du chastel. Quant Loys vit ce, il fist tantost monter le mont et fist par force prendre le barbequane, et l'avoit à garder un chevalier, que on appeloit Pierre de Cran [1], et dist-on qu'il en mourut de dueil; mais, à prendre celle barbaquane, fu navrés Bauduins de Beaumont qui moult bien le fist. Li premiers qui y monta, fu un escuyer, qui portoit la bannière l'advoé de Béthune; mais li chastiaulx ne fut mie prins. Uns chevaliers, que on appeloit Robert de Bours, en fu chastellains.

Loys avoit moult despendu. Si envoya par-devers le roy son père qu'il lui envoyast des deniers; et li roys jura par la lance saint Jaques que jà pour escummenié ne le feroit.

Quant madame Blanche l'entendi (qui estoit femme de Loys), elle dist au roy : « Sire, lairés-vous vostre enfant périr en estrange pays? » Puis, voyant le roy continuer en son propos, luy dist encores : « Je feray un » autre tour. » — « Et que ferés-vous? dist li roys. » — J'ay, dist-elle, des « biaux enfans. Je les mettray en gage et rachapteray mon baron. » Quant li roys l'entendi, il cuida qu'elle desist voir. Si luy dist : « Blanche, pren » de mon trésor : si en fay ce qu'il te plaist. » Et elle en print grant partie : si l'envoya à son seigneur.

Je vous avoye oublié à dire que li roys avoit un fils, par la fille du duc de Mérane, qui estoit appelés : Philippes, et luy avoit li roys donné la conté de Bouloingne, laquelle avoit fourfaite Renaus de Dammartin.

Après vint li roys d'Escoce à Loys, au siége de Douvre, et luy fist hommage de la terre qu'il tenoit en Engleterre.

A cel siége morut Jehans de la Rivière et Guichars de Biaugieu, et furent apporté enterrer en leur pays. Tant sist Loys à cel siége que si mineur

---

[1] Var. : de Tran.

avoyent jà miné un grant pan du mur, et chéy une des tours de la porte, et une grant partie des gens Loys entrèrent ens; mais li deffendant les combatirent vigoreusement et se refermèrent le mieux qu'il peurent. Puis furent prises trèves entre Loys et ceulx du chastel.

Après s'en ala Loys vers le Rie, qui siet en eaux[1]; mais ceux de le ville estoyent tous fui vers l'admiral de la mer qui estoit de par le roy d'Engleterre, et l'apeloit-on : Philippe d'Aubigny, et avoit fait brisier tous les moulins, qui estoyent dehors la ville. Quant Loys se vit si à destresse, il manda à tous chevaliers de ses chastiaulx qu'il le venissent secourre. Tantost Guillames, li chastelains de Saint-Omer, manda tous les chevaliers que il peut avoir, et s'en vint à une ville, que on apelle : Remmenel; et cuidièrent là passer les eaux pour aler à leur seigneur; mais il n'avoyent mie gent assés. Dedans chelle quinzaine fut Loys à grant destresse, et tous ceulx qui avoec luy estoyent. Il avoit avoec luy ung chevalier, que on appeloit : Eustace le Moyne, qui moult sçavoit de la mer et moult luy aida à ses besongnes.

Quant li roys Jehans vit qu'il perdoit ainsi sa terre, il fist à ses barons traitier de paix, liquel oïrent sa requeste et orent pité de luy; et, parmy les convenanches qui furent faites entre eulx, il dist que la défaute, qui estoit en luy, voloit amender et mettre en leur main. Et quant li baron virent ce, tantost furent prest à le recepvoir. Si prinrent conseil, et eurent l'assentement de luy qu'il s'amenderoit. Leurs convenanches faites, il s'en alèrent à Loys et luy dirent : « Sire, sachiés que nous ne poons plus souf-
» frir le damage nostre seigneur naturel, car il se voelt amender, et ne
» vous volons plus aidier nullement. »

Quant Loys entendi ceste parole, tantost leur dist : « Ha, seigneur, bien
» est vray ce que on m'a dit; car vous m'avés trahi. » Adont dirent : « Il
» vault mieux que nous vous faillons de convenanches, que nous laissions
» mettre no seigneur en essil et destruction[2]; et, pour Dieu, alés-vous ent,
» car chy demourer ne vous est mie boins. » Quant Loys vit que aultrement ne povoit estre, il fist appareiller sa navie et s'en vint en France; mais il ne povoit estre absouls du pape, devant ce qu'il eust rendu les ostages, qu'il ot en Engleterre. Quant il fu revenus, il s'en ala sur cheulx de Toulouse; mais moult peu y conquesta.

[1] Var. : en vaux. [2] Var. : et destruire.

Comment le roy Jehan d'Engleterre ala en Yrlande, et li vint faire service le roy de Connot à grant gent; et sy y vint le roy de Quennelion, auquel le roy d'Engleterre fist requerre qu'il devenist ses homs et li paiast treu, mais il s'en parti sagement à la villenie et au damage du roy d'Engleterre.

Or retournerons-nous à parler du roy Jehan d'Engleterre, qui avoit deux fils et deux filles de la dame d'Angolesme, qui devoit estre femme du conte de la Marce.

Chieulx roys Jehans avoit tousjours mis s'entente à déduire son corps. Bois et rivières hantoit, et moult luy plaisoit. Tant fu doubtés par sa terre que, depuis le temps du roy Artus, n'y ot roy en Engleterre, qui tant fust doubtés en Gales, n'en Yrlande.

En cel tamps morut Hubers Gautiers, archevesque de Cantorbie, là où li roys vint, qui se voult entreprendre de faire un archevesque contre la liberté de l'Église, et fut sa terre entredite. Dedans cest entredit, vinrent nouvelles au roy Jehan que chil d'Yrlande estoient rebellet. Tantost apparilla sa navie, pour aler en Yrlande; mais ainçois ala sur un hault homme des marces de Galles, que on appelloit: Guillaume de Braiouse. La femme d'yceluy fist une fois présent à la royne, de quatre cent vaches et un tor, qui tout estoient blanches, fors les orelles, qui estoient rouges. Chieulx Guillame s'en estoit fuis en France, et Mahauls, sa femme, et Guillame, ses fils, s'en fuirent en Yrlande, à Guillame de Blancy[1] qui estoit leurs parens. Li roys saisit leur terre, puis s'en vint en Yrlande à la cité de Duvelines, qui sienne estoit, où il fu receus à grant joye. Puis chevaucha par la terre, et vit moult de grandes merveilles, qui moult seroyent mal créables. Li roys de Connot vint à son service, qui estoit uns des plus riches homs d'Yrlande, et amena moult très-grant gent avoec luy; mais tout furent à pié, et leurs roys estoit moult povrement montés et atournés à leur guise. Quant li roys Jehans le vit, il luy fist présenter un moult bel destrier, richement ensellé et enfrené. Li roys de Connot ne l'en

---

[1] Var.: Bauchi.

mercia pas; mais il en fist oster la selle; puis monta sus, car il n'estoit mie usé de chevauchier en selle, et ains chevaucha dalés le roy d'Engleterre, et le roy le regarda moult volentiers, mais onques n'en fist samblant devant luy. Atant s'en ala assir le chastel de Chufergu, qui moult estoit fors. Hugues de Lancy[1] et la dame de Brayeuse et Guilliames ses fils avoyent esté dedans; mais, quant il sceurent la venue du roy, il n'y osèrent plus demourer. Si se mirent en mer et s'en alèrent en l'isle de Man, et là furent quatre jours. De là s'en alèrent en la terre de Gamoire[2]; et là fu prinse la dame de Brayeuse et Guilliames ses fils, et furent envoyet au roy Jehan, qui estoit encores au siége de Chufergu. Hugues de Lancy s'en fuit en Escoce.

Au siége de Chufergu, où li roys Jehans estoit, vint li roys de Quennelion luy présenter son service; mais il ne vint mie jusques en l'ost, ains se loga en une prairie. Quant li roys Jehans le sceut, il ala encontre; et, quant il vint près de lui, il le regarda moult volentiers; car sa place comprenoit si peu qu'il sembloit qu'il n'y eust mie deux mil hommes, et si y en avoit bien quarante mille. Quant li roys de Quennelion vit venir le roy Jehan, il luy ala à l'encontre, les bras tendus et l'acola, et fist venir son trucheman[3], et luy fist requerre qu'il devinst son homme et qu'il luy rendist treu de sa terre. Li roys de Quennelion traist son conseil d'une part, puis revint ses truchemans, et dist au roy : « Sire, mes sires vous
» respond que bien luy plaist estre vostre homme et faire vostre volenté;
» mais il vous prie que huymais vous luy donniés respit, car encores n'est
» mie tous ses consaulx venus, mais doit venir encores à nuit, et demain
» il vous respondra, tant qu'il vous suffira. » Li roys Jehans jura les dens Dieu qu'il disoit moult bien et que volentiers l'attendroit. Et chascuns s'en ala en son ost. Et lendemain, à la matinée, li roys de Quennelion courut sus les fourriers du roy Jehan, et roba grant foison de proye, de chevaulx et d'aultres choses, propres à gens d'armes; puis s'en ala en ses montaignes, où il ne doubtoit homme, et manda au roy d'Engleterre qu'il envoyast querre son treu, s'il le voloit avoir. Ainsy perdit li roys d'Engleterre le service de ce roy, par sa grant convoitise. Adonques

---

[1] Var. : Lenchi.
[2] Var. : Gamoie.
[3] Var. : Drugeman.

fist tant assaillir le chastel qu'il le print, et le garni de ses gens, et mist ses gouverneurs par la terre d'Yrlande. Puis s'en repaira en Engleterre. Quant il fut revenus en son pays, il fist mettre la dame de Brayeuse et son fils au chastel de Thoursi[1], et les fist enfermer, et leur fist livrer un bacon et une garbe d'avaine pour tenir leur vie. Et onze jours après fut trouvée la dame morte, entre les gambes son fils, séant toute droite, fors tant qu'elle clinoit son chief sur le pis de son fils; et li fils, qui mors estoit, séoit tout droit, contre la paroit, et luy avoit la mère mangié les joues. Quant ses maris, qui estoit à Paris, le sceut, il en morut de duel.

Comment li baron d'Engleterre eurent guerre au roy leur seigneur et le cachièrent hors d'Engleterre, et le roy Philippe de France fu mort l'an mil CC et XXIII, et aussi furent mort celle année le pappe Innocent et li emperères Othes d'Alemaigne et le roy Jehan d'Engleterre.

Or vous diray-je l'occoison de l'esmeutte des barons d'Engleterre contre leur roi Jehan, et comment il morut. Quelque temps après qu'il fu revenus d'Yrlande en Engleterre, si baron commenchèrent à murmurer encontre luy : c'est-assavoir Robers li-Fils-Gautier, Sohiers de Trachy[2], qui fu contes de Wincestre, Gillebers de Clare, Geoffroys de Mandeville, li contes d'Asseles et tout li baron de la contrée, et furent tout chil à un parlement. Si mandèrent au roy qu'il leur tenist leurs chartes séelées, et, se ce ne voloit faire, tout ensamble le deffioyent; et jurèrent tout celle aliance; et envoyèrent au roy un clerc pour luy dire ce message. Quant li roys l'oït, moult en fut irés, et tant que peu s'en falut qu'il ne leur fist grant honte; mais ne leur vault faire nulle belle response. Puis luy renvoyèrent leurs messages tout li baron de rechief : et si luy mandèrent moult asprement ce qu'il requéroyent. Li roys qui bien sçavoit l'emprise, se doubta d'eulx, et ne leur osa respondre si plainement qu'il avoit fait l'aultre fois, ains leur mist jour à Norantonne. Li baron s'appareillèrent de venir tout au jour en armes, et avoyent grant gent, si que li roys n'osa le jour tenir, ains les contremanda et leur mist un autre jour. Tant ala de jour en jour que li rois et eulx

---

[1] Var. : el chastel de Courf. [2] Var. : Trensy.

JEANNE DE CONSTANTINOPLE.

s'assamblèrent; mais nul acord n'y pust estre. Et tantost li baron s'en alèrent à Londres, et trouvèrent les portes fermées contre eulx. Si descendirent[1] et froissièrent les portes par force, et entrèrent ens, et gaignièrent la ville, sans contredit. Quant li roys le sceut, tantost se mist en mer, et s'en vint en Anjou[2]. Tantost que Loys, li fils le roy de France, le sceut, il assambla ses os, et s'en vint à luy, à grant aleure; mais li roys d'Engleterre ne l'osa attendre, ains de là s'en ala en Touraine. Et Loys le siévy de si près que si coureur estoyent au matin, où il avoit géu au soir, et depuis le poursiévi encores tant qu'il l'assiéga en le ville. Mais, quant li roys d'Engleterre vit ce, il se mist en mer, et ala à Bordeaux, et de là en Engleterre; et Loys vint en France.

En cel tamps fist li roys Philippes tenir ung parlement à Mante, environ la Magdalaine, et y eut, qu'archevesques, qu'évesques, que barons, quarante-sept. Là prinst li boins roys Philippes maladie et, quant il vit que la mort l'aprochoit, il fist son testament. La tierce partie de son trésor, qui moult estoit grant, laissa au voyage d'oultre-mer. L'aultre tierche partie il donna as povres de son royaume; et l'autre tierche partie laissa pour gouverner et aidier à deffendre la couronne de France. Et tantost après rendi l'ame à Nostre-Seigneur. Tantost fut apparillés ainsi qu'on doit apparillier corps de roi, et fu portés à Nostre-Dame de Paris et à Saint-Denis en France, et, à cascun lieu où li roys reposa, fit-on faire une croix, où se image estoit pourtraite; et chanta la messe li archevesques de Rains qui fu appelés: Guillaume de Joinville. Chieulx roys Philipes trespassa le tierch jour après la Magdalaine, l'an de grâce M. CC. et XXIII.

En cel tamps moru li pappes Innocens, et Ottes li emperères d'Allemaigne, et li roys Jehans d'Engleterre, duquel demourèrent deux fils et une fille : dont li aisnés ot à nom : Henry, et li aultres : Richars; et fu mariés Henris à la contesse de Pontieu, et en ot trois fils et une fille, desquels li aisnés ot à nom : Édouart, et li aultres : Edmond, et la fille fu mariée au conte de Bretaigne.

---

[1] Var. : Tantost. [2] Var. : Angiau.

Comment messires Loys de France et madame Blanche sa femme furent couronnés à Rains.

Désormais vous diray de Loys et de madame Blanche, sa femme, qui fu fille le roy d'Espaigne, et avoit quatre fils, dont li premiers fu nommés : Philippes : chieulx morut devant son père. Li secons eut à nom : Loys. Li tiers eut à nom : Robers. Li quars eut à nom : Aufours ; et la dame estoit grosse d'une fille, qui fu nommée Ysabel, laquelle demoura vierge tout son eage.

Loys fist son appareil pour luy et pour sa femme couronner à Rains, et fist semonre ses barons pour estre à son couronnement as octaves de la mi-aoust. Et tant y vinrent de gent qu'on n'en avait onques tant veu à couronnement de roy. Et lors fu sacrés Loys à roy de France, et madame Blanche sa femme à royne, par la main de Guillaume de Joinville, archevesque de Rains. Lendemain s'en alèrent li roys et la royne vers Paris, où il furent recheus à grant solempnité. Chieulx roys Loys fut moult preudhommes et hardis, et fist moult de beaulx vasselages ou vivant de son père, et eut puis un fils de la royne, et lui donna la conté d'Angiau, qu'il avoit conquise sur le roy Jehan d'Engleterre. Après ala conquerre la conté de Poitou et la donna à Aufour, son fils.

Comment aucun traiteur vourent faire conte de Flandres d'un varlet qui bien resambloit au conte Bauduin qui fu emperères à Constantinoble qui fu perdus devant Andrenople, et depuis fu le varlet pendus, car il fu sceu, et congnut la tricherie.

En cel tamps advint qu'aucun traiteur avoyent pourchachiet un varlet, qui trop bien ressambloit l'empereur Bauduin, et l'avoyent mis en un hermitage, en la forest de Mourmay, et luy dirent qu'il le feroient, s'il les voloit croire, conte de Flandres. Chieulx fu espris de convoitise et dist qu'oïl. Et il y avoit aucuns des ministres, qui avoient esté entour l'empereur, et moult savoient de son afaire, et luy aprinsent comment il responderoit, se aucune demande luy estoit faite ; et il les creut. Si fist que fol.

Tantost coururent les nouvelles que li emperères Bauduins estoit venus en tapinage et qu'il estoit escapés de la prison Vatache[1] le seigneur de Blaquie, et s'estoit mis en la forest pour faire sa pénitence. Si furent tantost telles nouvelles espandues, et partout disoit-on que li contes Bauduins estoit venus. Trestous coururent vers l'ermitage, et le misrent hors, et le menèrent à Valenciennes, et luy firent faire robes d'escarlate fourée de menu-vair, et le montèrent sur un destrier, et le menèrent par toutes les villes de Flandres. Et le tenoit-on à seigneur par toute Flandres, et fu grant tamps en celle seignorie, et tant qu'il oyt dire que la contesse Jehanne estoit au Quesnoy et estoit assise au disner : et, si tost qu'il le sceut, il fist monter sa gent et commanda qu'on la lui amenast. Mais uns siens amys, qu'elle y avoit, luy fist assavoir; et néantmoins elle fut si près prinse qu'il luy falut monter sur un cheval, et s'en fui à Mons en Haynaut, et là fu en grant doubte[2]. Tantost manda au roy de France, qui ses sires et ses cousins germains estoit, qu'il voulsist mettre consel à ceste chose, ou elle perderoit sa terre. Quant li roys l'entendi, moult s'en merveilla. Si envoya tantost deux chevaliers vers luy, et luy manda qu'il venist parler à luy, sus sauf-conduit, et luy mist jour à Compiengne. Tantost fist li contes empruntés trousser ses sommiers, et avoit envoyé ses fourriers devant, et vint à Compiengne, où li rois estoit, et bien sambla estre riches homs, qui le véoit entrer en la ville; car il fu monté sur un hault palefroy, et avoit vestu une cappe d'escarlate vermeille, et ains ala descendre à son hostel. Tantost envoya li rois par devers luy. Et yssy de son hostel à grant route de chevaliers, et descendi devant la salle du roy, et avoit quatre huissiers à verge, alant devant luy, et avoit vestu un mantel de coulour sanguine[3], fourré de vert cendal, et avoit un chapelet de bevier sur son chief, et portoit une blanche verge en sa main. Quant li rois sceut qu'il venoit, il issi de sa chambre, et vint encontre luy, et lui dist : « Sire, vous soyés li
» bien venus, se vous estes mes oncles li contes Bauduins, qui deuist
» estre empereur de Constantinoble et roy de Salonique et conte de Flan-
» dres et de Haynau. » Tantost respondi au roy : « Sires biaus nieps, vous
» ayés bonne aventure. Voirement sui-je chieulx, se on me faisoit droit;

---

[1] Var. : Nachache.
[2] Var. : Et là fu-elle à garant.
[3] Var. : un mantel de sanguine.

» mais mes filles me veulent déshériter et ne me voellent congnoistre à
» père. Si vous prie, biaux nieps, que vous me voeilliés mon droit aidier
» à garder. » — « Chertes, dist li roys, pour aultre chose ne vous ay-je
» mandé, que pour savoir la vérité de ceste chose. » Li roy le prinst par le
main : il le mena en sa chambre et le fist asseoir lés luy[1], et luy fist moult
de demandes, as quelles il respondi moult bien. Lendemain le pria li roys
à disner avoec luy, et il le fist moult volontiers. Quant on ot disné, li roys
le mena en sa chambre, et luy dist : « Sire, il y a bien grant tamps que
» mes oncles ala hors du pays. Si ne tenés mie à grant mervelle, se je
» voeil enquerre des besongnes. » Tantost se prinrent li conseillier du roy
à luy demander moult de questions, as quelles il respondi très-bien. Mais
uns, qui estoit évesques de Beauvais, luy demanda : « Sire, où espou-
» sastes vous vostre femme ? » Sur chelle demande n'avoit-il mie esté apris.
Si n'en sceut respondre, et dist qu'il s'en voloit aler, et li roys vit tantost
que c'estoit uns baratères; mais pour le sauf-conduit qu'il avoit du roy, il
s'en ala sauvement à Valenciennes, et de là s'en ala en son pays. Et avint
après, un jour, qu'uns escuyers au seigneur de Castenay le vit. Si dit:
« Sire, véés-là celuy qui se disoit estre conte de Flandres. » Adont dist li
sires de Castenay : « Prenés-le. Par sainte Marie, il payera mon escot[2]. »
Tantost il fut prins; et escrivit li sires de Castenay unes lettres à la con-
tesse de Flandres comment il estoit prins. Celle luy manda qu'il le luy
envoyast, et elle luy donneroit quatre cens marcs d'argent. Et tantost le
luy envoya; et elle fist assembler ses barons à Lille, et fist cel barateur
amener avant, et là luy fut demandé dont il estoit. Il respondi qu'il estoit
de Campaigne et estoit nommés : Bertrans de Rains[3]. La contesse le fist
despoullier et mettre sur un cheval et mener par toute la ville de Lille et
recongnoistre son fait. Puis le fist mener au gibet; et là fu pendus.

Comment le conte Regnaut de Boulongne fu mort en prison.

Devant ce que li roys Philipes trespassast, fist Regnaulx, conte de Bou-
loingne, traiter de sa paix[4] par monseigneur Loys, son nepveu. Loys vint

[1] Var. : dencoste ly.
[2] Var. : nostre escot.
[3] Var. : Bertaus de Rains.
[4] Var. : de sa délivrance.

parler à luy à la prison, et luy dist qu'il avoit pourchachiet, devers son père, sa délivrance. De quoy li contes Renaulx fu si très-liés qu'il dist à monseigneur Loys : « Certes, biaus nieps, il vous sera bien guerdonné; » car je vous feray, ains un mois, roy de France. » Quant Loys l'entendi, si pensa que son père convendroit mourir ou renonchier à la couronne. Tantost monta, et s'en vint à son père, et luy dist les parolles du conte Renaud. Si fut mandé au chastelain, où il estoit en prison, que sans délay le mesist en plus forte prison et que nuls n'alast à luy. Li chastelains vint à luy; et li contes luy demanda : « Chastelain, est ma délivrance venue ? » Li chastelains luy fist tantost lire les lettres du roy. Tantost fremi ses corages, et print un sien camberlenc entre ses bras, et l'embrassa si fort que tout doy en morurent. Quant li contes Renaulx fu ainsi mors, il fu ensevelis à Saint-Leu en le prioré de Clugny.

Comment le conte Ferrant qui avoit esté en prison XIII ans, fu délivrés à Jehanne sa femme.

Vous avés oy que li emperères Bauduins avoit deux filles, Jehanne et Marguerite. Jehanne fist tant devers son cousin le roy de France, qu'il luy délivra le conte Ferrant, qui avoit esté XIII ans en prison, et ne vesqui puis que un an. Après se remaria sa femme à Thomas de Savoye, et n'en ot nul enfant.

Comment Marguerite de Flandres ot deux fieulx de messire Bouchart d'Avesnes.

Or revenons à l'aultre suer Marguerite. Quant elle fu jovène, elle fu baillie en garde à un gentil chevalier, qui estoit ses cousins[1], qui estoit nommés : sire Bouchars d'Avennes; et fu provost de Saint-Pierre de Lille, et fu diacres ordenés. Il garda si bien la fille qu'il en ot deux valletons : l'aisnés avoit à nom : Jehan, et li aultres : Bauduins. Quant sires Bouchars vit la

---

[1] Var. : ses cousins en outre.

chose ainsi aler, il s'en ala à Romme et fist tant par devers le pape qu'il fut desgradés de ses ordènes, et li papes lui espousa la dame Marguerite, comment que elle fust absente. Quant sires Bouchars ot faite sa besoingne, il s'en revint ; mais maladie le prinst, et morut.

Comment Marguerite de Flandres espousa Guillame de Dampierre.

Quant li haut homme, qui furent du lignage de ces deux dames, virent ce, il marièrent celle Marguerite à un vaillant bachelier des marches de Bourgoingne, qui fut appelés : Guillames de Dampierre, et n'estoit mie riches. Si ot celle Marguerite de luy trois fils et trois filles. Li aisnés ot à nom : Guilliames, qui ot à femme la fille Godefroy de Brabant, laquelle fut appelée : madame de Courtray. Chieulx Guilliames morut devant sa mère à un tournoy. Li aultres fils ot à nom : Guys, et avoit prins à femme, devant la mort de son frère, la fille l'advoé de Béthune, et li aultres fu mariés en Lorraine.

Comment le roy Loys de France conquist Avignon, et, au retourner,
fu mort à Montpenchier.

Or vous dirons du roy Loys, qui onques n'ot guères de repos. Nouvelles luy vinrent que ceux d'Avignon s'estoient rebellet contre luy et avoient occis de ses gens et prins de ses garnisons qui marchissoient à eulx. Li roys y envoya, et leur fist dire, s'il avoient ce fait, qu'il le venissent amender ; mais il mandèrent au roy que riens n'en feroient, ne de luy ne tenroient-il riens. Quant li roys entendi leur orgueil et ce qu'il luy mandoyent, tantost manda ses osts et ses barons que sur leur foy il venissent avoec luy pour amender ce fait. Tantost ot li roys si grant ost que ce fu merveilles, et ala en Avignon à son effort.

Quant li roys vint à Avignon, il trouva la ville bien garnie contre luy. Tantost il ala assir la ville, et fist dresser ses pierriers, et getta fort à eulx ; et cheux de dedans gettèrent fort aussi encontre ses gens. Un jour avint que li contes de Saint-Pol fist le gait, et, ensi qu'il chevauchoit entour les engiens et les faisoit getter, une pierre luy vint, par meschief, de dedans la ville et lui chéy sur le chief, et fu tous escervellés. Quant li roys le sceut, moult en fut dolans; car il ly avoit esté fiables et loyaus. Tantost fist le corps désarmer et apparillier, et le fist mettre en un vaissel de plomb, et fu porté à enterrer en l'abbéye de Longue-yaue, dessous Chastillon, moult honorablement. Tantost l'assault cessa, et donna-l'on trève pour quinze jours. Et jura li roys que, se la ville d'Avignon ne lui estoit rendue, jamais ne la prenderoit que par l'espée et par force, et que ceulx de dedans autre rançon n'auroient que de veoir mettre leur ville en feu[1] et eulx tous à l'espée. Quant chil d'Avignon virent qu'aultrement ne pooit estre, il orent conseil de rendre la ville au roy, sauves leurs vies, et ainsi le fisrent. Quant li roys ot la ville receue, il s'en parti au plus tost qu'il pot; car le lieu y estoit trop corrompus, et moult y perdi de gens; et là fu mors li contes de Namur, dont ce fu grans damages, et moult d'autres hommes.

Si comme li roys Loys revint de ce voyage, une grant maladie le print, et fu portés à Montpensier en Auvergne, et là trespassa li bons roys Loys l'an M. CC. et XXVI. Et adont fu acomplie la prophétie Merlin, qui dist que li roys de France mourroit à Montpensier. Li corps fu apparilliés et fu aportés à Saint-Denis en France, et fu enterrés dalés son père le boin roy Philippe.

Trois jours après la mort du roy, morut li archevesques de Rains, Guilliames de Joinville, et fu enterrés en l'abbéye de Clervaulx.

[1] Quelques MSS. ajoutent : et en flamme.

Du couronnement saint Loys, quant il fu roys de France, qui n'avoit que XIIII ans, et prinst le bail du royalme madame Blanche sa mère, dont le conte de Boulongne qui estoit oncles du roy et li autre baron eurent grant despit et firent aliances entr'eulx pour faire roy de Enguerran de Couchy, mais il faisoient entendant au conte de Boulongne qu'il le feroyent roy, et assalirent le conte de Champaigne; mais la royne y mena le roy son fils, à tout son host, et, en la fin, le conte de Boulongne laissa les alyés et s'en vint à merchy devers le roy, en sa cote, sans ceinture et sans chaperon, et tout si chevalier aussi.

Or vous diray de la royne Blanche, qui démenoit grant duel, et ce n'estoit pas merveilles; car si enfant estoient jovènes[1], et elle estoit en estrange terre, et si avoit à marchir à tout plain de grans seigneurs, si comme le conte Philippon Hurepel de Bouloingne, qui estoit oncles de ses enfans, le conte Robert de Dreux, le seigneur de Mascon, le seigneur de Courtenay et monseigneur Euguerran de Couchi, qui tout estoient alyés ensemble. Et elle manda tantost tous les barons du royame, as quels elle se fioit, et quant il furent tout venu, si leur dist ainsi : « Biaux seigneurs, messires » Loys li roys est trespassés, dont c'est grans damages pour moy et pour » vous tous. Si vous requier que vous me conseilliés. »—«Par foy, dirent li » baron, nous le ferons volentiers. Nous vous loons que vous preniés Loys » vostre fils et le menés à Rains, et nous irons avoec luy, pour le faire » couronner. » Lors fu li jours prins pour couronner l'enfant qui n'avoit que trèze ans, et tout li baron y furent en armes. Che fut à la Saint-Andrieu, l'an de grâce M. CC. et XXVI, et vint à Rains assés simplement, et fu couronnés de l'évesque Jaques de Soissons pour ce que li siéges de Rains estoit vages. Et lors firent li baron qui là estoyent, hommage au roy et à la royne, tant qu'elle tendroit le bail. De ce orent li autre baron et li contes Philippes grant despit, et faisoient parlemens, et disoient qu'il n'y avoit nul en France, qui les peust grever, et véoient que li roys estoit bien jovènes, et peu prisoient sa mère. Si s'alièrent ensemble, et faisoient

[1] Var. : jone et petit.

entendant au conte de Bouloingne qu'il le feroient roy de France, et il n'estoit pas moult sages : si les crut. Et prinsent conseil entre eulx qu'il entreprendroient la guerre anchois encontre le conte Tibaut de Champagne, et luy metteroient sus la mort du roy Loys, pour ce qu'il l'avoit laissiet en Avignon et s'en estoit partis mauvaisement, comme traitre, et dirent que, s'il l'avoient ou mort ou prins, il n'aroient nul contrediseur[1] du royame conquerre. Et ainsi fut fait. Et tantost envoya li contes de Bouloingne défier le conte Thibaut de Campaigne par deux chevaliers, luy mandant qu'il estoit cause de la mort de son frère. Dont li contes Thibaut fu moult esbahis, et manda ses hommes, et leur demanda conseil, mais ne les trouva mie à sa volenté, car il estoient tout aliet avoec les autres barons. Quant li contes vit leur mauvaise chière, il en fu moult dolans, et non pourquant il fist la meilleure chière qu'il puet. Si fist tantost garnir une bretesque et le commanda à garder au conte de Réthel qui assés maisement le tint. Puis ala garnir Fymes, et en fist capitaine Simon de Trélon. Et après fist garnir Montwinoy, et fu la garnison qui mieux se tint. Puis se traist à Provins, où il fist le bourg fermer, et là se tint, car il ne savoit en qui se fier.

Chy vous lairrons du conte Thibaut, et vous dirons des aliés qui avoyent assamblé grans gens. Il s'en vinrent tout droit vers Fimes et l'assirent, mais en la fin leur fu rendue, et y boutèrent le feu. Puis se trairent vers le pont, mais il ne pooient passer, car li contes l'avoit bien fait garnir. Quant li contes Hugues de Saint-Pol vit qu'il ne pooit passer, si contremonta Marne jusques à Ruel, et là passa premiers, luy et toutes ses gens, mais un peu y eut de contredit des chevaliers du conte de Réthel. Toutesfois riens ne leur valut, car li contes de Saint-Pol gaigna le pas sur eulx. Li contes de Réthel s'en fui, et fut prins un de ses chevaliers qu'on appeloit : le Moyne de Meigon[2]. A tant passa tous li os la rivière, et vinrent à Espernay qu'il abatirent toute, et là gaignierent grant trésor. De là alèrent à Damery et l'abatirent toute. Puys vinrent à Sésanne et le trouvèrent toute wide. Tantost menèrent leur ost vers Provins, mais vitaille leur falli[3], car chil de Montwinoy roboient quanqu'il avoient de vitaille celle part, et menoient en leur chastel.

[1] Var. : nul contredit.
[2] Var. : de Mongon.
[3] Var. : vitaille commença tantost à faillir.

Quant la royne de France sçeut leur convine et qu'il avoient ordené de faire monseigneur Enguerran de Couchi roi de France, et avoient jà fait faire la couronne (jà soit ce qu'il faisoient entendre au conte de Bouloingne que c'estoit pour luy), tantost ot la royne conseil qu'elle aideroit à deffendre la terre de Champaigne, car li contes de Champaigne estoit ses parens et homs du roy de France. Si fist assembler son ost à quatre lieues de Troyes, et y furent li roys et sa mère. Tantost mandèrent au conte de Bouloingne et aux aliés qu'il ne fussent tant hardis, sus quanqu'il pooient meffaire, de entrer sur le fief du royame, et bien leur manda qu'elle estoit apparillie de faire droit du conte, s'il luy savoient riens demander. Et il luy respondirent que jà n'en plaideroient devant elle, et dirent que c'estoit coustume de femme que celuy qui avoit mourdry son mary, elle aideroit anchois [1] que un aultre. Adont respondit li contes de Bouloingne, qui jà s'estoit apperceus de trahison : « Seigneur, se nous meffaisons rien dores-
» en-avant sur la deffense du roy, nous sommes tous parjures, et, avoec ce,
» li roys est fils de mon frère, et je sui son homme lige. Si vous di que
» désormais en avant je m'oste de vostre aliance, et serviray le roy à mon
» pooir. » Quant il oïrent le conte ainsi parler, il se regardèrent li uns l'aultre, et furent tout esbahi. Et dirent au conte : « Sire, vous nous avés
» mal valu, car vous aurés vostre paix au roy, et nous en perderons nos vies
» et nos terres comme fols [2]. » — « El nom Dieu, dist li contes, mieux vaut
» folie laissie que folie entreprinse. » Adont manda li contes de Bouloingne au roy qu'il le voloit désormais servir, comme son seigneur et nepveu, et que pour Dieu il eust pité de lui. La royne lui manda qu'il venist seurement et qu'elle luy feroit sa paix. Tantost il se départi de ses compaignons, à qui il avoit donné congiet, et s'en ala devers le roy ; et, quant il vint près des tentes, il descendi de son cheval et se mist en sa cote, sans chainture et sans chaperon, et tous si chevalier aussi. Quant li roys le vit venir, il ala à l'encontre de luy, le mena en sa tente et luy pardonna son maltalent, et li aliet s'en alèrent, cascuns en son pays, le cuer à mésaise.

[1] Var. : plus volentiers.
[2] Var. : et nous tenrés comme fols.

Comment le roy saint Loys se maria à Marguerite fille au conte de Prouvenche et comment il fist ses frères chevaliers à Compiengne et ordena le conté d'Artoys.

Quant li bons roys Loys fu à l'eage de vingt-et-trois ans, il prinst à femme la fille le conte de Prouvence; et l'aultre fille ot Henrys, li roys d'Engleterre. La tierce ot li roys d'Alemaigne, et la quarte ot li contes Charles d'Angiau. De celle dame que li roys de France prinst, il ot huit enfans : cinq fils et trois filles, desquels li aisnés ot à nom : Loys, li secons : Philippes; li tierch : Pierres; li quars : Jehans; et li quins : Robers. L'aisnée des filles ot à nom : Ysabel et fu mariée au roy de Navarre. Li seconde ot à nom : Marguerite et fut donnée au fils le conte de Bourgoingne. Li tierche ot à nom : Blanche, qui fu mariée au roy d'Espaigne. Depuis eut li roys moult de guerres contre ses barons, c'est-assavoir contre Thibaud, le roy de Navarre, contre Henry, le roy d'Engleterre, contre Pieron Mauclerc, duc de Bretaigne, et contre le conte de la Marche; mais à la fin il les fist venir à sa merchy, par forche, combien que li roys Henrys d'Engleterre aidast à ce conte de la Marche.

En l'an de grâce M. CC. et XXXII morut Philippes li dus de Bourgoingne, et fist li roys semonre une grant feste à Compiengne, pour faire son frère Robert chevalier [1]. Et là fut ordené, de par les barons de France, de faire une nouvelle conté : c'est-assavoir de Lens, Bapaumes, Arras, Hesdin et l'hommage de Béthune, et furent ces villes nommées : la conté d'Artois, qui onques devant n'avoit esté nommée, et puis y ajousta li roys Saint-Omer et Aire.

Li roys de France, qui avoit assamblé ses osts, s'en ala sur la terre de Poitou; et li roys d'Engleterre estoit adonques à Saint-Ydier. Si vint li roys devant un chastel du conte de la Marche, qu'on appeloit : Courtsanc; si le prinst. Après s'en ala devant Sainte-Fie; et li contes d'Artois ala devant à bannière desploye. Chil de la ville issirent contre luy, et commencha la bataille moult fière, et y eut des chevaliers prins d'une part et d'aultre; mais chil de la ville ne le porent souffrir et s'en retournèrent en leur ville, et li

---

[1] Var. : Ses frères chevaliers.

contes d'Artois y entra avoec eux; et ainsi fut la ville gaingnée. Quant li roys englès le sçeut, il s'en fui à Bordeaux, et de là s'en ala en Engleterre.

Quant li contes de la Marche sceut qu'il avoit perdu ses trois villes de la hayne du roy d'Engleterre, de Renaud de Pons, du seigneur de Taillebourc et du seigneur de Mirabel, si pensa qu'il avoit mal esploitiet; et, au plustost qu'il peut, vint à la mercy du roy, luy payant les despens de sa guerre et luy laissant sa conqueste. Après fist li roys ces trois chastiaulx bien garnir, puis s'en revint en France.

Comment le roy saint Loys se croisa pour aller outre mer.

Assés tost après vint au roy grant maladie, et fu près de la mort, et en celle heure se croisa pour aler oultre mer, et Dieux l'espargna et guérit. Et se croisièrent tout plain de hault homme, si comme li contes d'Artois, li contes de Poitiers, li contes de Flandres, li contes d'Angiau, li contes de Bretaigne, li contes de Dreux, li contes de Montfort, li contes de Vendosme, li contes de la Marche, Gautiers de Chastillon, Oliviers de Termes, Hubers de Biaugieu, Raouls de Couchy, Gautiers de Choisi, Raouls de Soissons et li mareschaulx de France, qu'on appeloit Aubri Climent. Et tout plain d'aultres s'aparillèrent pour aler à cel voyage; et donna li roys respit à tous cheulx, qui aloient avoec luy, de leurs debtes, pour trois ans. Mais, anchois que li roys alast en Poitou, li quens Ferrans estoit mors, et li roys remaria la contesse de Flandres à Thomas de Savoye.

Quant li roys ot apparillié sa voye, il print escherpe et bourdon à Nostre-Dame de Paris, et la royne avoec lui; et s'en alèrent à Saint-Denis en France, là où toutes les processions de Paris le convoyèrent, en pleurs et en larmes. Quant il fu à Saint-Denis, il print congiet à eulx; et fu moult piteux[1] à veoir la départie. Atant s'en ala li roys, et sa bonne mère, qui demoura garde du royaume, le convoya quatre journées, maugré luy. Adont lui dist : « Belle mère, par la foy que vous me devés, retournés » désormais. Je vous laisse trois enfans en garde, Loys, Philippe et Ysabel, » et je sçay bien qu'il seront bien gardé, et li royaumes bien gouvernés. »

[1] Var. : moult grant pitié.

Adont lui respondi la royne, tout en plorant : « Biaux très-douls fils, com-
» ment sera-ce que mon cuer pourra souffrir la départie de moy et de vous?
» Certes il sera plus dur que pierre s'il ne fend en deux moitiés; car vous
» m'avés esté mieudres fils qu'onques ne fu enfant à mère. » A cel mot chéy
pasmée, et li roys le prinst entre ses deux bras. Puis s'agenoilla devant luy,
et print congiet, et dist : « Biaulx fieulx, je ne vous verray jamais. » Et elle
disoit voir, car elle moru ains qu'il revenist. Adont fut faite la départie.

Comment la contesse Jehanne fu morte.

En ce tamps que li roys fu départis, morut Jehanne la contesse de Flan-
dres et de Haynaut.

AUTRE RELATION.

*Le mariage Ferrant de Portingal à la contesse Jehanne fille le
conte Bauduin de Flandres.*

Quand li mors Bauduin de Constantinoble, conte de Flandres et de
Haynnau, fu sceue en Franche et en Flandres, grant duel en fisent si amit.
Li quens Phelippes de Namur ses frères, cui il avoit laissiet en garde ses
enffans et se terre, fist tant parler au roy de Franche qu'il li donna en
mariage se fille qu'il avoit eue de le royne se femme, fille au duc de
Meran. Apriès quierqua li quens Phelippes de Namur les ii filles l'empe-
reour Bauduin, Jehenne et Margheritte, au roy Phelipon de Franche. Et
adont vivoit encore li royne Mehauls de Portingal, qui avoit estet femme
au conte Phelippon de Flandres. Elle avoit un nepveut, frère au roy de
Portingal, qui avoit nom : Ferrans. Elle pourcacha tant au roy Phelipon
de Franche qu'il otrya le mariage de Ferrant et de Jehenne, l'aisnée fille
à l'empereur Bauduin. Sy fisent hommage Ferrant et Jehenne au roy Phe-

lipon de le terre de Flandres, Jehenne comme hiretière, et Ferrans comme baus, et se partirent dou roy en boine pais et en boine amour, et se traisent viers Flandres.

Comment messires Loys, fil le roy Phelippon, fist clore les portes de Péronne quant li contes Ferrans et se femme y furent entret pour aler en Flandres, et ne les en laissa issir sy eut prins Aire et Saint-Omer.

Quant Ferrant et sa femme vinrent à Piéronne pour aler viers Aire et viers Saint-Omer, et il furent entret en le ville de Piéronne, messire Lois, fils au roy Phelipon, fist clore les portes et ne les laissa issir de le ville, jusques adont qu'il eult repris Aire et Saint-Omer, que li rois ses pères avoit rendues et quittées au conte Bauduin de Flandres et de Haynnau, si comme nous avons deseure dit, par l'acord de le paix qui ot estet faite entr'iaulx; et quant messires Loys ot ces II villes saisies, il fist ouvrir les portes. De ceste cose fu li quens Ferrans moult courchiés, et se départi de Piéronne au plus tost qu'il pot.

En ce tamps avoit li rois Jehans d'Engleterre dissention et forte guerre au roy Phelipon, et avoit li rois Jehans prise le citet d'Angiers, et puis le fist bien fremer; et endementroes qu'il estoit en Poitau, il envoya querre aide à l'empereur Oton d'Alemaigne, dont il estoit oncles, au conte Ferrant, au conte de Boulongne et à pluiseurs autres, à qui il avoit promis grant avoir; et y ala, en message, messire Willaumes de Sallebières; et li quens Ferrans s'i estoit volontiers aloyés pour le despit et villonnie que on li avoit fait. Et quant li rois Jehans eult fait fermer Angiers, il s'en ala devant ung castiel que on claime: le Roche-au-Monne. Quant messyre Loys, fil au roy Phelipon, le sceut, il assambla grant ost à Chinon, et puis ala le siége lever; car, quant li rois Jehans sceut se venue, il ne le veut mie atendre, ains se party dou siége. Et messire Loys reconquist grant partie des castiaux que li rois Jehans avoit pris en le terre au visconte de Touart, et sy reprist Angiers que li rois Jehans avoit devant pris, et fist abatre tout chou que li roys Jehans y avoit fait faire de fermetet.

L'assanlée de le bataille de Bouvines.

Entretant que messyres Loys estoit en Poitau, li emperères Otes d'Alcmaigne, niés le roy Jehan, assambla ce qu'il pot avoir de gent en l'aide le roy Jehan. Sy vint à Valenchiennes, et estoyent avoecq li, li dus de Braibant cui fille il avoit, li dus de Lembourch, messyres Wallerans de le Monjoie et pluiseurs aultres Alemans. De par le roy Jehan d'Engleterre y vinrent messyre Willaumes Longhe-Espée, quens de Sallebiers, li contes Ferrans, li quens Renauls de Boulongne et de Dammartin, Hues de Boves et moult d'aultres, et avoient mandet tout leur pooir.

Li rois Phelippes seut leur assamblée : sy manda tout chou qu'il peut avoir de gens et les assambla à Piéronne : il n'en yot mie grant plentet, car messyre Loys, ses fieuls, en avoit menet le plus grant partie de le bacelerie de Franche avoec luy. Ly rois Phelipes s'en ala à Tournay à tout son ost. Li emperères Otes et li autre qui estoient à Valenchiennes, traisent à Mortaigne le samedi apriès le Saint-Jaquème et Saint-Christofle, et lendemain yssi li rois Phelippes de Franche, de Tournay, et adrecha sen chemin viers le pont à Bouvines pour aler à Lille. Quant li emperères Otes et chil qui estoient à Mortaigne, le seurent, il quisent conseil entr'iauls qu'il feroient. Li quens de Salebières dist qu'il looit qu'il alaissent courre sus le roy. Li quens de Boulongne respondi que li rois savoit bien qu'il estoient là, et, se li rois s'en aloit sans tourner à yauls, il li sembloit que ce fust moult grant honneur à l'empereur Oton et à chiauls qui avoec lui estoient, et non pour quant li os le roy ne pooit croistre, ains amenuisoit adiès, et li leur ne faisoit se croistre non de gens qu'il avoient mandet, et si estoit dimenches, par quoy il looit que on envoyast espyer le contenanche de l'ost le roy, et selonc ce que les espies raporteroyent, on ouvrast à lendemain. A ce conseil se tinrent li pluiseur ; mais messyre Hues de Boves dist que chil qui le bataille desconseilloient, n'estoient mie loyal enviers le roy Jehan, car il avoyent sen avoir pris et bien pooient se besongne faire, et si le destourboient, de quoy c'estoit grant trayson, car li rois de Franche s'en fuyoit, et pour chou estoit plus légiers à desconfire. Dont respondi li quens Renauls qu'il n'avoit mie parlet pour le roy trahir, mais pour le

mieuls qu'il pooit¹, « car je congnois, dist-il, mieulx les Franchois que
» vous ne faittes, et sachiés que tantost qu'il saront no venue, nous les
» trouverons en bataille ordenée, et lors parra bien à quoy je bée; car,
» ou li besongne le roy Jehan sera furnie, ou je demorray ou mors ou
» prins, et vous vous en fuyerés comme mauvais couars et faillis. »

Au darrain fu assentit qu'il s'armaissent et suivissent hastievement le roy Phelipon. Quant il furent armet, il ysirent de Mortaigne et s'adrechièrent viers le roy Phelipon, qui jà estoit aprochiés le pont de Bouvines. Et quant li rois Phelippes seult que li emperères Otes estoit yssis de Mortaigne, il envoya celle part le visconte de Melun et frère Garin, ung templier, pour sourveyr leur ost. Quant chil eurent veut l'ost à l'empereur, li et se gent à grant desroy, sans nul conroy, il revinrent au roy Phelipon qui debvoit passer le pont de Bouvinnes, et li disent conment si anemit venoyent contre li. Et quant li rois Phelippes entendy chou, il fist retourner chiaus de ses gens qui estoient passet le pont de Bouvines et ordonna ses batailles.

Ly emperères Othes aprocha tant, que les ıı os s'entreférirent². Dont assamblèrent par grant aïr, et commencha li bataille fière et crueuse, et moult bien se maintint ce jour li quens Renauls de Boulongne, et fu li mieuls faisans, et si le fisent moult bien Bauduins Buridans de Walain-court et messire Bernars d'Ostemalle, et y eult li rois Phelippes au venir assés à faire, et fu mis par terre; mais au darrain li emperères et li sien qui estoient venut à grant beubant et à tel desroy, furent desconfit. Si s'en fuy ly emperères Othes, li dus de Braibant, li dus de Lembourch et tout li aultre qui fuir peurent; et là demorèrent pris li coens Ferrans de Flandres, li quens Renauls de Boulongne, messyre Willames Longhe-Espée, quens de Sallebières, Otes, quens de Cassenelbourch, et grant plentet d'aultres che-valiers, et celle bataille fu l'an mil IIᶜ et XIII, le vıᵉ³ calende d'aoust par un dimenche.

En ce jour meismes avoit eult messyre Loys, fil le roy Phelipon, victoire contre le roy Jehan d'Engleterre.

Li rois Phelippes rendi grâces à Nostre-Seigneur de le victore que Dieux li avoit donnée, et repaira en Franche, et fist les prisonniers bien garder. Et,

---

[1] Var. : qu'il savoit.
[2] Var. : s'entrevéoient.
[3] Var. : le xvᵉ.

JEANNE DE CONSTANTINOPLE.

comment que li emperères Othes euist trop plus de gens que li rois Phelipes à eeste bataillie, ne se doit nuls esmervillier se il luy mesquéy à lui et à chiaux qui avoec lui estoient, car il assembla à bataille trop beubanchièrement et sans tenir conroy; et d'autre part, quant li papes Innocens l'eut couronnet de le couronne del empire et il eult fait fiautet à l'Église de Rome, si tost comme il fu partis dou pape et il deubt retourner viers Alemaigne, il saisi Aighepenandant, Mont-Flascon, Sainte-Clère et encore pluiseurs aultres villes et castiauls de la terre de Puille et dou Patrimoine saint Pierre et dou droit demaine de l'Église, pour lequel cose li papes le fist ammonester qu'il les rendist, et il n'en veult riens faire : sy l'en escumenia li papes, et demora plus d'un an en celle sentence, pour lequel cose li papes escumenia tous chiauls qui le tenroient pour empereur, et couronna un aultre à empereur, qui eult nom : Fédéric[1], et en celle sentence estoit lidis Othes quant il se combati : se li deubt bien meschéir.

De l'empereur Fédri.

Apriès chou que li dis Othes fu desconfis à Bouvines et pris li contes Ferrans, il se restraist viers Alemaigne et vint à Coulongne, et quant li emperères Fédris seut chou que li dis Othes avoit estet desconfis, il vint devant Coulongne et aséga dedens l'empereur Othon. Sy eult maint poingneich[2] devant le citet, mais au darrain s'en parti li emperères Othes, et s'en ala en Sassongne, et là le prist une maladie, dont il moru, quant il eult régnet IIII ans. Et quant li emperères Fédris seut chou, il manda se femme et sen fil qui estoient remès à Miessines, qu'il s'en venissent à li en Alemaigne, et là demora li dis emperères Fédris, et rechupt les hommages de l'empire, et obéirent chil del empire à li comme empereur.

---

[1] Var. : Fédris.
[2] Var. : Maint hustin, maint rencontre et maintes sallies et rebouttemens.

Une wière de France et d'Engleterre.

Peu apriès chou que li rois Phelipes de Franche eult desconfit l'empereur Othon à Bouvines et pris le conte Ferrant, le conte Renault et pluiseurs aultres, si comme nous avons dit, il s'en ala à Poïtau à grant ost. Là vint au roy li quens Pierres de Bretaigne, qui avoit à femme une cousine le visconte de Touart, et fist le pais dou roy et dou visconte. Là meismement vint au roy ung légas qui amena o lui le conte de Clocestre : si fisent triuwes des II roys de Franche et d'Engleterre v ans. Sy retourna li rois Phelippes en Franche et estora une abéie de Saint-Victor dalés Senlis.
Ces trieuwes pendans, li rois d'Engleterre cuvria et traveilla si sen pays que aucunes bonnes villes de sen pays envoyèrent à monseigneur Loys, fil le roy Phelipon de Franche, et li mandèrent qu'il venist en Engleterre, et il li aideroient à conquerre le terre et li en feroient bonne et souffisante seuretet. Quant li rois Jehans seult ceste cose, il envoya au pape et reprist se terre de li; et quant il eult ce fait, li apostoles envoya en Franche et deffendi sus escumeniement que nuls ne meffesist sus le royaume d'Engleterre. Mais pour chou ne laissa mie messire Loys qu'il n'asamblast grant gens, et les envoya en Engleterre. Chil d'Engleterre les rechurent liement et leur délivrèrent le chitet de Londres. Quant messyre Hues de Boves entendi que messyre Loys envoioit gens en Engleterre contre le roy Jehan, il assambla grans gens en Flandres et en Braibant, et les mena en l'ayuwe le roy Jehan, et montèrent en mer à le Mue; mais une tempeste les prist, qui les mena à Gernemue. Si hurtèrent les nefs à une roche et brisièrent, si que pau en escapa [1]. Là fu mors et noyés messyres Hues de Boves, messyres Watiers de Sotenghien et Bauduins ses frères, et pluiseurs aultres chevaliers et sergans.

[1] Var. : Si que à paine en escapa mille.

Comment messire Loys, fil le roy Phelippon, entra en Engleterre par l'acort des Englès, et comment li Englès se retournèrent contre luy.

Quant messyre Loys seut que ses gens estoient à Londres, il assambla grant gent à l'estet apriès, l'an mil II^c et XVIII, et passa en Engleterre, et prist Cantorbie et Rocestre, et puis revint à Londres, où ses gens li fisent grant joie, et après qu'il eult ung peu là séjourné, il s'en partit à tout grant ost et s'en ala viers Wincestre, et prist Redage, Portemue, Hanstone et pluiseurs aultres villes et chasteaulx. Et quant il eult partout estet et mis ses garnisons, il repaira à Douvres et l'assist ; mais messyre Hubiers de Bourch, qui moult estoit vaillans homs et chevaliers, le tint si bien que messyre Loys n'y fist nul exploit, et s'en party, quant il vit qu'il qu'il n'y faisoit riens, et repassa la mer ; mais il eult en convent à ses gens qu'il laissa en Engleterre en garnisons, qu'il revenroit à yauls, tantost comme il li feroient savoir, s'il leur sourvenoit ou se esmouvoit quelque commotion ou rébellion ou oppressement de cheulx d'Engleterre ou d'aultres leurs aidans.

Endementroes que messyre Loys demora en Franche, li rois Jehans d'Engleterre morut ; il avoit II fieuls dont li aisnés eult à nom : Henris. Chils tint le terre apriès sen père. Li baron de le terre eurent fianche qu'il les traiteroit plus débonnairement et plus droiturièrement que n'ot fait ses pères. Sy se retraisent et ostèrent de l'amour monseigneur Loys, et retournèrent deviers le dit Henry pour che que c'estoit leurs drois sires. Chil qui estoyent en le terre de par monseigneur Loys, li fisent savoir ceste cose, et il ramena grans gens o lui et passa mer. Sy rala ségier Douvres et envoya le conte du Perche et une partie de se gent viers Nicolle pour conforter ses garnisons ; car grant partie de le terre s'estoit retournée contre luy. Et ainsy comme il vinrent devant Nicolle, chil de le terre vinrent soudainement sour yaux : si ochirent le conte dou Perche et le plus grant partie de se gent, et li remanans s'en fuy et fu pris. Quant messyre Loys le seut, il se parti dou siége et se retraist à Londres ; sy manda gens en Flandres, mais li Englès fisent si les pas warder qu'on n'y pooit passer.

Quant messyre Robiers de Courtenay seult le besongne monseigneur Loys, il entra en mer à tout c chevaliers, entre lesquels estoit Wistasses li

Monnes, et cuida arriver sauvement; mais li Englès qui estoient ès nefs et ès galies, leur coururent sus : si les prisent tous et les misent en prison à Douvres; mais il copèrent Wistasse le Monne le tieste. Et peu apriès fu ostagiet et plesgiet pour sa renchon messyre Robiers de Courtenay : sy s'en ala à Londres. Li cardenauls qui encore estoit ou pays de par le pape, parla de le pais; si fu faitte en telle manière que messyre Loys fist toute se gent yssir de le terre d'Engleterre, et li Englès délivrèrent tous les prisonniers qu'il tenoyent des Franchois. Sy s'en rala messyres Loys et tout li Franchois en Franche. Ly rois Henris qui n'avoit mie plus de XIII ans, aqueilli à guerre chiaux de Londres et les barons qui avoient estet contre lui. Chil de Londres s'apaisièrent à lui, mais li baron se tinrent plus longhement; mais au darrain les assist li rois Henris en Rocestre, et fist tant gietter de ses engiens qu'il abatirent une tour, et se rendirent à faire le volontet le roy Henry.

Chi endroit lairons à parler d'Engleterre : sy retournerons à parler de monseigneur Simon conte de Monfort.

Le mort le conte Simon de Monfort.

Bien avés oyt dessus comment li contes de Monfort desconfi les Aragonnois et les Toulousois et comment li rois d'Arragon fu mors en le bataille. Apriès chou ala li quens Simons sur le terre le conte de Fois : sy le destruisi moult fort et tout chou qu'il peut trouver hors des forteresses, et ardit le bourch de Fois; puis ala à Argentières où on li avoit dit que on destourboit les pèlerins; mais Poins de Monferrant [1], qui sires en estoit, vint au conte Simon et li abandonna toutte se terre. Et en ce point vint uns légas qui messyre Pierres de Bonnimont [2] avoit à nom, ou pays. Sy vinrent à lui li quens de Fois et li quens de Comminges, et jurèrent et promirent de faire le command de Sainte-Église et livrèrent en ostages che qu'il leur estoit remès de castiauls et fortes places, et dont assambla li légaus un concile à Montpellier; sy y eult v archesvesques et xxvIII évesques. Li légauls leur demanda conseil à cui il donroit le terre concquise des pèlerins. Tout

---

[1] Var. : Monbérant.   [2] Var. : Monnimont.

s'acordèrent au conte Simon de Montfort ; car moult avoit esté observant et obédient, mettant son corps et ses biens en aventure de mort et de péril contre les ennemis de la foy de Sainte-Église, et, leur conclusion et oppinion oye, li légauls le segnéfia au pappe, et li pappes l'otria volentiers. Sy fu fait l'an mil II^c et xv, et adont mist li quens Simons ses wardes partout, puis s'en revint en Franche.

Endementroes qu'il fu en Franche, Raimons, fil le conte de Toulouse, ala en Provenche et prist Avignon, Tarrascon, Marselle, Biaukaire, qui estoient au conte Simon. Quant li quens Simons le seut, il revint ou pays et reconquist aucuns de ces castiaux, puis ala aségier Toulouse, et là furent avoec lui, entre les aultres, Miquiels de Harnes et Aurames de Chisoing. Et un jour, durant le siége, estoit li quens Simons de Monfort armés devant le ville contre un arbre, et uns engiens jetta plentet de boulets de terre que on apelle : poteras [1], dedens le siége du conte Simon : sy l'en atainst l'une de ces boules ou quief et l'ochi et foudroya, dont che fu grans damages; car moult avoit estet preudons et souffert grant travail ou serviche Nostre-Seigneur, pour la foy soutenir. Il avoit ce jour mesmes esté à confesse et rechupt le Saint-Sacrement à l'autel [2]. Et aucun qui furent avoec luy à le messe, disent que quant on fist Sacrement à l'élévation du *Corpus Domini,* il joindy ses mains et dist : « Biaus sire Dieux, sauvères de tout le monde [3], ayés pitet » et mierchit de l'âme de my et me delivrés, s'il vous plaist, hastivement » des travaux et des paines que j'ay souffert en vo serviche. » Ceste cose recordons pour chou qu'il samble que Nostres-Sires oy se pryère, car il moru ce jour meismes en l'an mil II^c et XVIII.

Or, lairons à parler de le terre d'Aubegois; sy dirons dou roy Phelipon de Franche.

Le mort Phelippon de Franche et le règne Loys sen fil.

Quant li rois Phelipes eult régnet XLIII ans et maintenu bien et vigoeurement son royaume et conquis Poitou, Angou, Touraine, Normendie,

---

[1] Var. : Potant.
[2] Var. : Il avoit esté ce jour confès et acumeniés.
[3] Var. : Vray sire père Jhésu-Crist.

Aquitaine, le conté de Clermont et de Biaumont, et partie de celi d'Auviergne, il moru à Nantes l'an M. IIe et XXIII, par un venredi, le darrain jour de juillet.

Après fu rois uns siens fieuls qui eult nom : Loys, et fu couronnés à Rains, en ce meisme an, le jour de la Transfiguration Nostre-Seigneur. En l'an après qu'il fu couronnés, il assembla grant ost à Tours en Touraine pour aler contre monseigneur Savary de Maulion, qui wardoit le terre le roy Henry d'Engleterre : si prist de forche le ville de Saint-Jehan-l'Evangéliste, le Rocelle, Limoges, Pieregot et toutes les aultres forteresses qu'il peut prendre sour le roy d'Engleterre, et puis s'en revint en Franche. Et en l'an apriès prist-il le croix d'Aubegois, et pluiseurs barons de Franche avoec, et s'assamblèrent à Bourges en Berry l'an mil II^c et XXVI, et alèrent assir le citet d'Avignon Si dura li siéges de la Pentecouste jusques à le my-aoust; sy eult mors II^m hommes. Li quens Guis de Monfort y fu ochis d'une pierre, et li viscoens de Limoges y moru de malladie. Li quens de Campaigne en revint sans congiet: mais li roys et li prinche qui là demorèrent, jurèrent le siége, et en le fin se rendirent chil d'Avignon et livrèrent boins ostages. Puis ala li rois par toute Provence, et li furent les chités et li castiel tout rendut, jusques à III lieuwes priès de Thoulouse. Puis s'en retourna li rois viers Franche, et laissa monseigneur Ymbiert de Biaugieu, pour warder le terre et les castiaux qu'il eult conquis; et au retour du roy, il et se gent eurent grant pestilence de maladie et moult de grant mortoire, et plus sour les josnes que sour les vieuls. Li arcevesques de Rains et li quens Phelipes de Namur y morurent et moult d'aultres, et li rois mesmes y prist une si grant malladie, le joedi apriès le Toussains, qu'il enchéy en frénésie le mardy apriès, et en morut le diemenche apriès sieuwant à Monpanchier, l'an del Incarnation mil II^c et XXVI. Adont fu acomplie li prophésie Merlin qui dist qu'à Monpanchier morroit li paisivles lions. Ses corps fu raportés à Saint-Denis et fu ensevelis dencoste sen père.

Comment Biertrans dou Rais se fist contes de Flandres.

Ainchois que li rois, fils le roy Phelipon, morut, estoit li quens Ferrans de Flandres qui fu pris en le bataille à Bouvines, si comme nous avons deseure dit, en le prison le roy, et estoit au Louvre, et peu après se prise, s'aparu uns hons en un bos entre Tournay et Valenchiennes, que on apielle : le forest de Glachon, et se tenoit celuy homme à manière d'un ermitte en un quaresme. Il n'y eult gaires demoret, quant aucune gent disrent que c'estoit li quens Bauduins de Flandres et de Haynnau et emperères de Constantinoble, et vous avés bien oyt dessus comment il fu perdus et comment on seult puis nouvielles de se mort.

Aucun noble homme dou païs parlèrent à celuy homme ermitte et luy demandèrent qui il estoit; et il leur dist et fist entendre que voirement estoit-il chou, et leur fist entendre aucunes enseignes par quoy il cuidièrent que ce fust voirs. Dont l'amenèrent à grant joie à Valenchiennes, et l'alèrent moult de gens veoir, qui cuidièrent certainement que ce fust-il, selonc ce qu'il disoit, et le menèrent parmy Flandres.

Li contesse Jehenne de Flandres envoya à li granment de chiaulx qui congneut avoyent l'empereur Bauduin, de quoy aucun cuidièrent que ce fust-il, et aucun disent le contraire.

Comment li rois Loys manda cheli Bertran pour savoir se c'estoit ses oncles, et comment il s'en fui de Piéronne.

Quant li rois Loys de France seut les nouvelles qui couroient en Flandres touchant cel hiermitte qui se faisoit et disoit le conte Bauduin, il le manda, car il veult savoir se c'estoit ses onçles. Sy vint au parlement à li à Piéronne parmy ung sauf-conduit alant et venant, car aultrement n'y volt-il venir. Quant il vint à Piéronne, il amena grant plentet de Flamens et de Hainuyers qui bien cuidoient que ce fust leurs sires. Li rois le rechut honnourablement et li demanda de pluiseurs coses pour li asayer. Li consauls meismes le roy, qui maintes fois avoyent estet avoec l'empereur Bauduin, li demandèrent pluiseurs coses. D'aucunes il respondi bien, et de pluiseurs il ne seult respondre. Au darrain dist-il qu'il estoit las et trop travilliés et qu'il se voloit aler reposer. Il se retraist à ses herberghes, et quant il fu nuis, il prist chou qu'il peult avoir et emporter de ses joyaulx, et monta sour un cheval : si s'en fuy tous seuls. Lendemain, quant chil qui o lui furent venut, furent levet, il alèrent viers son ostel; mais il seurent qu'il en estoit alés et fuys. Il furent tout esbahit et retournèrent en leur pays tout honteux, et quant li rois le sceult, il en eult grant merveille : si s'aperchurent bien trestout qu'il estoient déchut.

Ne demora mie granment qu'en le terre monseigneur Érard de Cantenay en une ville qui avoit nom : Rais, fu trouvés uns homs nés de la ville, qui eult nom : Biertrans. Sy disoit-on certainement que c'estoit chils qui s'estoit fais emperères et contes de Flandres et de Haynnau, et qu'il s'en estoit fuis de Piéronne. Li contesse Jehenne de Flandres et de Haynnau fist tant à monseigneur Érard de Cantenay qu'il li envoya celi Biertrant, et fu amenés à Lille le jour Nostre-Dame my-aoust l'an mil II^c et XXVI. Et quant il vint devant le contesse, elle fist apieller ses cambrelans et des plus privés escuyers et sergans que li emperères Bauduins avoit eus. Se li fist de requief demander [1] aucunes coses secrées qu'il avoient maintenut à l'empereur Bauduin; mais chils n'en sceult respondre, ains confiessa comment il avoit ouvret. Et adont le fist li contesse trainer et pendre au gibet de Lille et loyer de kaines de fier, par quoy il pendesist plus longhement au gibet. Telle fu le fin de Bertrand de Ray, pour chou qu'il cuida embler le contet de Flandres et de Haynnau.

Le mort le roy Loys et le règne Loys sen fil qui fu li boins roys.

Apriès le mort le roy Loys de France, fil le roy Phelipon, régna et succéda messyre Loys ses aisnés fieuls, et fu couronnés à Rains, le XIIIIe an de son eage, et délivra le conte Ferrant de le prison, où il avoit estet XII ans et demy.

Apriès che fisent aloyanche contre luy Hues quens de le Marche, Thiebauls quens de Campaigne, Pierre Maucler conte de Bretaingne et aucuns aultres. Et quant li roys Loys le sceult, il entra à grant ost en le terre le conte de Campaigne; mais li contes vint bientost [2] à se mierchit, de qouy li quens de Bretaigne et li quens de le Marche furent si courchiet qu'il wastèrent grant partie de le terre le conte de Campaigne, et l'assirent à

---

[1] Var. : Se luy disrent de rechief et subtillement demandèrent.
[2] Var. : Errant.

Caoursse. Ly rois ala en l'ost pour le conte de Campaigne secourre, et leur fist laissier le siége; et quant li quens de Bretaigne vit chou, il manda le roy Henry d'Engleterre qu'il leur venist aidier contre le roy Loys, et il y vint; mais li rois Loys li vint à l'encontre, par quoy li rois Henris retourna, et li rois Loys revint en Franche.

Apriès avint l'an de grâce mil II^c et XXX que li rois Henris d'Engleterre repaira en Franche à tout grant ost, mais li rois Loys et li royne Blanche fisent si bien le pays warder qu'il s'en rala sans riens faire; et pour chou que li quens Pierres de Bretaigne avoit chou pourcachiet, li retoli li rois le citet d'Angiers et le castiel de Belesmes, qu'il li avoit quierquiet.

En l'an mil II^c et XXXIIII, prist li roys Loys à femme Margueritte fille le conte de Prouvence, et en eult un fil qui eult nom: Loys, et fu ses premiers fieuls, et fu nés l'an mil II^c et XLIII, et en l'an apriès en eult un aultre qui eult nom: Phelipes, et puis des aultres si qu'à Dieu pleut.

Le condampnation l'empereur Fédry.

En l'an del Incarnation mil II^c et XLV, tint li papes Innocens un conchille à Lions. Là eult moult grant plentet de prélas et de prinches et de toutes manières de gens. A ce conchille fu condempnés Fédris li empèreres d'Alemaigne, li secons de ce nom.

Comment li cardenaus de Tusculane vint en Franche praichier de le crois d'oultre mer, et comment moult de preudhommes emprisent le voye.

Apriès le conchille envoya li papes Oedon le cardenal de Tusculane en Franche pour praiechier de le crois d'outre mer, et li cardenaus assambla moult de prélas et de barons. Sy leur dist et monstra le besongne. Moult y eult de preudommes qui emprisent le voye. De chiauls fu Robiers quens d'Artois, messyre Aufours quens de Poitiers, messyre Charles quens d'Ango. Chil troy estoyent frère germain au roy Loys de Franche. Apriès se croisa li rois Thiebauls de Navare et coens de Campaigne. Chils avoit estet fils au roy de Navare de le fille monseigneur Ercenbaut de Bourbon. Item Guillemmes de Dompière, quens de Flandres, Pierres Mauclers, quens de Bretaigne, Gautiers de Chastillon, Robiers évesques de Biauvais, li quens Simons de Monfort, fil au conte Simon, li quens de Vendosme, messyre Erkenbaus de Bourbon, li jovènes Jehans quens de Dreus, messires Guillemmes de Merlo, messyre Drues ses frères, messyre Guillaumes des Bares et moult d'aultres, et fisent grant apareil.

Or vous lairons à parler des ystores des pèlerins. Sy vous dirons d'aucunes aultres coses qui avinrent, ainschois qu'il venissent pour aler oultre et grant pièche devant.

Comment frère Robiers ardi les bougres, et aultres incidenses.

En l'an qui couroit mil II^c et XXXV envoya li apostoles ung frère prescheur qu'on appelloit: frère Robert, pour praiechier contre les érittes et les mescréans bougres, et li donna plain pooir de prendre l'avoir de chiauls qu'il trouveroit tels et d'iauls faire ardoir, et il en fist pluiseurs ardoir en diverses villes et espécialment en le citet de Cambray, qui estoit en l'empire d'Alemaingne.

En l'an apriès sievant prist Jehans, fieuls le conte Piéron de Bretaigne, à femme le fille le roy Thiebault de Navare, conte de Campaigne, de Bray-sour-Saine et de Monsteruel-en-Fourdionne.

En cel an meismes vint li emperères Bauduins de Constantinoble, fil le conte Piéron d'Auçoire, en Flandres et en Franche, et fu rechus honnourablement, et li aida li contesse Jehenne qu'il reut le contet de Namur que li quens de Viane qui avoit se suer en mariage, voloit retenir contre li.

Item, en ce tempore prinst li rois Henris d'Engleterre à femme madame Aliénon, fille le conte de Prouvenche, suer le royne Marguerite de Franche; et Robiers, frères au roy Loys de Franche, prist aussi adont à femme le fille au duc Henry de Braibant, et li donna li roys Loys ses frères le contet d'Artois et l'en fist apeller conte.

En cel an meismes medame Jehenne contesse de Flandres et de Haynnau qui estoit vesve demorée dou conte Ferrant son marit, qui moru tost apriès chou qu'il estoit issus de le prison le roy, prist à baron et seigneur monseigneur Thomas, frère le conte de Savoye; et en l'an de grâce M. II° et XXXVII assist lidis Thomas quens de Flandres et de Haynnau le castiel de Savoye.

Le mort le contesse Jehane.

Apriès chou trespassa la contesse Jehane de cest siècle, sans avoir hoir de se char de nul de ses II maris, ne de monseigneur Ferrant, ne de monseigneur Thumas.

XII.

MARGUERITE DE CONSTANTINOPLE.

Comment la terre de Flandres vint à la contesse Marguerite.

Apriès le mort de Jehanne, contesse de Flandres et de Haynau, vint la terre à Marguerite sa seur, qui moult estoit saige dame et qui moult bien gouverna ses deux contés.

Du couronnement Fédéric empereur de Romme, lequel le pappe envoya guerroyer contre ceulx de Melans, et ceulx de Melans firent leur pais pour XXX^m marcs d'argent, dont li emperères en fu déceus, et depuis guerroia le pappe; et Mainfrois son fils debat le fist morir l'an M CC et L[1].

Anchois que li roys de France eust prins la croix, avoit li papes couronné à empereur Fédric qui estoit appelé : l'Enfant de Puille. Entre cecy chil de Milan avoient débat à leur évesque et s'en vinrent plaindre au pape. Li pappe y envoya tantost un cardinal pour savoir la vérité comment la chose estoit. Il trouva que chil de la ville avoient tort contre l'évesque. Si getta sentence contre eulx, et s'en départi, et ne fut pas loing quant li bouchier de la ville le suywirent et le mirent à mort. Quant la nouvelle en vint

[1] Ce chapitre est un résumé assez succinct du récit de la chronique que M. Louis Paris a publiée comme étant une chronique de Reims et que M. le chanoine De Smet a réimprimée sous le titre de : *Chronique de Flandre et des Croisades.* Voyez le *Corpus chronicorum Flandriæ*, t. III, p. 652.

au pappe, moult en fu irés et manda l'empereur Fédric, lequel il avoit couronné, et l'avoient eslu les sept esliseurs de l'empire, desquels li premiers est l'archevesque de Mayence; li secons l'archevesque de Trèves, li tiers le conte Pelu du Rhin, li quars l'archevesque de Couloingne, li quins li marchis de Brandebourc, li sisismes li ducs de Sassongne, et li septismes li roys de Behaigne. Quant li empereurs Fédric fu venus au pappe, li pappes luy requist que pour Dieu il voulsist aidier à vengier la Sainte-Église de la honte que chil de Melan luy avoient faite, et que bien le payeroit de ses gages. Tantost li emperères le luy octroya, et fist semondre ses osts et vint devant Melan, à tout son effort, et y fut an et demy à grans despens, tant que chil de Melan s'aperchurent que vivres leur commenchoient à fallir, et orent consel qu'il envoyeroient deux messages à l'empereur que pour Dieu il voulsist à eux parlementer, sus sauf-conduit; et li empererès le leur ottroya. Li conseillier de Melan vinrent aux tentes, sus sauf-conduit. Si parlèrent assés à luy à consel; mais nulle paix n'y peurent trouver qu'elle ne fust à leur destruction du tout. Tantost revinrent en la ville, et dirent que riens n'avoient peu faire. Adont dist li podestaus : « Je loe que nous en- » voyons au pappe et lui offrons un très-grant trésor; car je congnoy tant » le cour de Romme, que, s'il oent parler d'argent, il s'amolieront. » A cel consel s'accordèrent tout, et envoyèrent un bourgois de Plaisance pour avoir lettres de sauf-conduit, et tantost li pappes le leur ottroya; et li bourgois s'en vint, à tout son sauf-conduit, à Melan. Quant chil de la ville le sceurent, moult en furent liet, et esleurent deux des plus sages hommes de la cité pour faire cest voyage, et leur chargèrent les lettres de la ville en vérité que chil de Melan tenroient à fait ce que chil doy feroient. Lendemain firent chil de la ville armer leur gent à cheval, et issirent hors sur ceulx del ost, qui garde ne s'en donnoient, et se férirent entre eulx, et commencha li poingnis moult fort, et prinrent dix des gens à l'empereur et les emmenèrent en la ville. Et endementiers qu'il se combatoient, li doy message issirent hors de la ville et s'en alèrent.

Tant alèrent li doy message qu'il vinrent à Romme[1]; et, quant il y furent, moult leur fist-on mal[2] samblant, et furent huit jours, avant qu'il peussent

---

[1] Var. : Or dist li contes que li doi message errèrent tant qu'il vinrent à Romme.   [2] Var. : lait.

estre oy. Adont leur demanda-on qu'il quéroient, et il dirent au pappe : « Sire, vostre grâce. Pour Dieu, ayés pité de nous. » — « Ha, male gent, » dist li pappes, bougres desloyal, vous avés desservi de perdre corps et » ame. » — « Ha! sire, pour Dieu, dirent li bourgois, vous estes mal » informés. Enquérés la vérité, et chil de Melan vous serviront de trente » mille marcs d'argent. » Quant li pappes et cil frère oïrent ce mot, moult se commenchèrent à amolir et demandèrent comment il en seroient payet. Sur ce leur respondirent : « Sire, nous demourerons par-devers vous, et » vous ferés l'ost départir ; et nous manderons qu'on nous envoye trente » des plus riches enfans de la ville, et vous les tenrés par-devers vous, » tant que vous aurés l'argent. » A ceste chose s'acorda li pappes et si frère, et ainsi fut fait, et tantost furent absouls. Et manda li pappes à l'empereur qu'il revenist; car li cardinaus avoit desservi ce qu'il avoit eu.

Quant li emperères entendi ce, moult en fu esbahis, car il avoit despendu moult grant avoir au siége, et dist que jà ne s'en partiroit, devant qu'il rauroit ses despens. Et li pappes luy manda, que, s'il ne laissoit le siége, il l'excommenieroit et tous ses aidans. Quant li emperères vit que ensi estoit, tantost laissa le siége, et s'en ala en Puille, et fist départir ses osts.

En cel tamps estoit li roys de Jhérusalem venus d'Acre en cel païs, et disoient les gens de l'empereur à leur seigneur, que bien estoit tamps de luy marier, et que li roys avoit une fille, laquelle estoit héritière de Jhérusalem. « Si vous louons que vous l'envoyés querre par dix chevaliers. » Et li emperères le fist, et li roys Jehans la luy envoya, et tantost il l'espousa et en ot un fils, qui ot à nom : Conrad, qui depuis ot la fille du duc d'Ostriche, et en ot aussi un fils, qui fut appelé : Conradin, de qui vous orés parler en ce livre.

Li emperères ot consel qu'il alast au pappe, et lui remonstra comment il avoit juré, sur le corps Saint-Pierre et Saint-Pol, que bien luy payeroit ses despens ; mais li papes n'en volut riens faire. Tantost li emperères se départi de luy, par mal-talent, et entra en la terre du pappe et en prinst tant qu'il en pot avoir. Et ainsi fut li discors entre le pappe et l'empereur, par quoy nuls riches homs ne pooit aler à Romme, qu'il ne fust desrobés.

Or avint que li pappes, qui estoit moult anciens, morut, et fut li siéges vages près de deux ans. Mais par grant doubte s'assamblèrent li cardinal, et firent pappe monseigneur Sinebaud de Gennes, qui fut fieulx le conte de Lovain, et fu appelés : Innocent, et fu li plus grans amis, que li emperères eust entre les cardinaux.

Quant li papes vit que sa court estoit ainsi perdue et que li passage estoient gasté par Mainfroy (qui estoit fieux l'empereur, mais il n'estoit mie de mouillier), liquels estoit son vicaire en Toscane, tantost il se mit sur mer, et vint à Lion sur le Rosne, où il ne doubta l'empereur, ne son pooir, et là fist tantost assembler tout son conseil et fist ajourner l'empereur. Et li emperères y envoya son procureur, un des meilleurs clers du monde, que on appeloit : Pierre des Vignes. Là dist li pappes par sentence diffinitive que Frédéric fust privés, et tout si hoir, de l'empire, à tous jours : de laquelle sentence Pierre des Vignes appela au feu et à l'espée. Tantost li pappes se traist vers Romme ; et maistre Pierre des Vignes se traist vers l'empereur, et luy conta comment il estoit condampnés, ne pour chose qu'il proposast, ne peut estre ouys. Quant li emperères l'entendi, il chéy en une grant soupesson qu'il ne fust trahis, siqu'il ne créoit nulluy, et fist destruire moult d'officiers de son hostel ; et Conrad, son aisné fils, fist mettre à Boulongne la Grasse, et le fist mourir, pour son affaire qu'il blasma. Le roy Jehan cacha-il de sa terre, et à maistre Pierre des Vignes fist-il crever les yeux, pour ce qu'il l'avoit trahi devers le pappe, et puis le fist mener après luy, par toutes les bonnes villes, sur un asne ; et crioit uns varlès [1] : « Veschy le maistre conseillier de l'empereur, qui a l'empereur trahi. » Et fu sceu par unes lettres, qui furent trouvées en son coffre.

Chieulx emperères traist avoec luy le seigneur de Nochières (qui sarrasins estoit) et usa moult de son consel, et tint plusieurs femmes en soingnantes, et honoroit peu Sainte-Église. Or avint un jour qu'il luy prist maladie, et manda Mainfroy, son fils bastart ; et tantost y vint, et traist à luy tous les barons du pays. Si vint un jour en la chambre de son père, et prist un coussin et le mist sur la bouche de son père et l'estouffa, et ainsi morut Fédris, li emperères, tous condampnés, l'an de grâce M CC et L.

En cel tamps entrèrent li Guelphe dedens Florence, dont il estoient cachiet.

[1] Quelques manuscrits ajoutent : aux quarrefours.

Le lignie du conte d'Artois.

Après ce que la contesse Jehanne de Flandres fu morte et enterrée en l'abbaye de Marquette, avoit li contes Robers d'Artois prins à femme une des seurs le duc de Brabant, qui estoit seur à la dame de Courtray qui fu femme Guillemme de Dampierre, et en avoit li contes d'Artois un fils, et une fille, liquels fils fu appelés : Robers, et le laissa son père en la garde de sa tante la dame de Courtray ; et la fille fut mariée au roy de Navarre, qui en ot une fille qui fu royne de France.

Comment le roy saint Loys conquist Damiette, et y acoucha la royne sa femme d'un fils ; et comment li primier contes d'Artois fu mors, et comment saint Loys fu prins des Sarrasins, et puis s'en revint en France pour la royne Blanche sa mère qui fu morte [1].

Or vous dirons du roy Loys, qui tant ala par ses journées qu'il vint à un sien chastel, que on appelle : Aiguemortes. Là trouva sa nef apparillie, et tantost y entra, et la royne sans plus, et li maistres de la nef et sa femme ; et ses frères et leurs femmes entrèrent cascun en sa nef, et li aultre baron aussy. Et s'en alèrent par un mardi matin trente-huit grandes nefs, plaines de bonne gent et de hauls hommes, sans les navies des menues gens, des chevaulx et des vitailles. Et alèrent [2] tant par mer qu'il prinrent port en Cypre en une ville qu'on appele : Limechon ; et là demourèrent près de deux ans. Après commanda li rois que chascuns entrast en sa nef. Et quant il furent ens entré, li rois fist bailler à cascun des maistres des nefs unes lettres closes, et leur commanda que nuls ne les ouvrist, devant ce qu'il fussent départis du port. Et quant il furent départi, chacuns brisa son séel et leut sa lettre ; et y estoit contenu que cascuns s'adressast vers Damiette. Quant li maronnier virent ce, il dirent que si feroient-il volentiers. Tantost levèrent leurs voiles, et alèrent par dix jours vers Damiette, et à l'onziesme jour

---

[1] Cf. la chronique de Reims, éd. de M. Louis Paris, p. 199.

[2] Var. : nagièrent.

arrivèrent au port de Damiette, et furent un jour et demy tout assamblé devant le port, mais il estoit si mauvais à prendre que les nefs ne pooyent aprochier la rive, à une glave[1] près.

Quant cil de Damiette les aperceurent, il coururent as armes, et fisrent sonner une graille de cuevre, et se traïrent vers le rivage, et commenchièrent si fort à traire ars turquois que ce sambloit grésil, qui chéist du ciel ; et convint les crestiens arrester, par fine force. Quant li rois s'aperceut que li crestien s'arrestoient, adont fut-il ainsy que tous fourcenés de grant ire. Lors joigni ses piés ensamble, et salli en l'eaue, tous armés, l'escu au col et la lance au puing, et estoit en la mer jusques à la courroye, et, ainsi comme Dieux volut, vint à sèche terre, et se féri entre Sarrasins, et le fist si bien que tout chil qui y estoient, furent tout esbahi de la prouesse qu'il faisoit. Et quant li crestien virent le roy s'abandonner, tout saillirent hors des nefs, prinrent terre et crièrent tout à haulte voix : « Monjoye! Saint-
» Denis! » Quant li Sarrasin virent les proèches que faisoient li crestien, il ne les peurent plus endurer. Si se desconfirent, et s'en fuirent en leur ville, et cloïrent leurs portes, et y ot tué tant de Sarrasins qu'à paine les pooit-on nombrer. Li crestien tendirent leurs tentes tout entour la ville, et commanda li rois qu'on drechast engiens. Tantost fut fait, et jettèrent trois jours et trois nuis, sans cesser; mais nuls ne s'aparut en la cité, ne ne fist samblant de deffendre. Quant li gais vit ce, si vinrent tantost au roy et luy « dirent : Sire, il nous est advis qu'il n'y a nulluy en la cité; car nuls s'y » apert, ne par jour, ne par nuit. S'il vous plaisoit, nous ferièmes monter à » eschielles : si sarièmes le convine d'eulx. » Et li rois leur ottroyà, et alors fist-on crier, par tout l'ost, que cascuns fust apparilliés pour aler assallir; et ainsi fu fait. Tantost drechièrent eskielles as murs, et montèrent en la ville, sans contredit; car chil de dedens s'en estoient tout fui de nuit, fors les povres gens et les malades. Quant nos gens furent descendu, il cherchèrent la ville et la trouvèrent bien garnie, et coururent as portes et les ouvrirent. Tantost entra en la ville l'ost de la menue gent, et la royne avoec ses dames; mais li rois demoura dehors logiés. Et, tantost que la royne fut entrée en la ville, si travailla d'enfant; mais, pour ce qu'elle eut au cuer tristesse avant qu'elle relevast, on l'appela : Tristran.

[1] Var. : lance.

Moult furent crestien en grant joye, quant il virent prise la cité de Damiette; mais celle joye ne dura pas longuement si comme vous orés. Il avint que li contes d'Artois vint à son frère le roy de France et lui dist : « Sire, que séjournés-vous cy? Si vous m'en créés, laissiés-nous chevauchier
» avoec les Templiers et les Hospitaliers; et sachiés que la terre est toute
» nostre, ne nous ne trouverons jà, qui le nous contredie. » — « Certes, dist
» li roys, biaus frères, vous attendrés encore un peu, se vous m'en créés. Si
» aprendrons du pays qui est moult fors à conquerre; et li Turc sont sages
» gens et bons guerroyeurs. » — « Sire, dist li contes d'Artois, il faut que
» nous passions le fleuve, et, quant nous l'arons passé, nous aurons consel
» comment nous irons avant. » Li roys dist : « Je redoute moult, biaux
» frères, vostre hardement et vostre grant corage; et pense que, se vous aviés
» passé le fleuve, vous n'attendriés ne moy, n'autruy. » — « Ha! sire, dist
» li contes, je vous jure sur Saints, que je vous attendray, tant que vous
» soyés passé. » Li rois en prinst le serment, et luy ottroya le congiet.

En celle nuit fist li contes armer sa gent, et les Templiers et les Hospitaliers avoec luy; et passèrent le fleuve, par un matin, et furent conduit par ung crestien renoiet, qui savoit les passages et les destrois, et dist au conte : « Sire, se vous me voulés croire, je vous feray encores à nuit gaingnier le
» plus grant avoir du monde; car les gens de tout ce païs ont amassé tout
» leur avoir en une ville, qui est près de cy, qu'on appelle : le Massoure. » — « Alons-y donques, dist li contes. » — « Ha! sire, dist li maistres du Temple,
» qu'est-ce que vous voulés faire? Vous ne savés mie que Sarrasin sont si
» duit de guerroyer que, quant vous cuiderés qu'il s'en seront fui, vous en
» serés tout environnés, et, pour Dieu, sire, attendés le roy, qui doit tantost
» passer, ainsi que vous luy avés promis. » — « Hay! hay! dist li contes,
» voirement dist-on voir que tousjours aura ès Templiers du poil de leu. »
« — Sire, dist li maistres des Templiers, qui moult estoit preux et hardis,
» or chevauchons, quel part que vous voudrés, et nous vous sieuvrons;
» ne jà ne porrés reprouver à Templier nulle mauvaistié, par tel convent
» que je croy que nous retournerons à grant damage [1]. »

Tantost li contes d'Artois fist sonner ses trompettes et desployer ses bannières, et s'en ala baudement vers le Massoure. Tantost qu'il vinrent devant

---

[1] Var. : que nous recheverons grans damages, si comme je croy.

la ville, si entrèrent ens et trouvèrent la ville toute wide; mais, aussi tost qu'il furent tout dedens, li Sarrasin, qui estoyent tout muchiet ès croutes dessoubs terre, sallirent hors, et saquièrent leurs bailles avant, et tantost se mirent as fenestres, et jettèrent aval grosses pierres et pieux agus et eaue bouillant pour nos gens escaudre[1]; et estoient nos gens si appressés que aidier ne se pooient. Et quant li Sarrasin les virent à si grant meschief, il sallirent hors de leurs hosteux, et les mirent auques tous à mort. Li rois, qui de ce ne savoit riens, cuida son frère trouver outre le fleuve. Si ne l'y trouva mie. Adont dist-il : « Biaux frères, je me doubte que vostre grant » orguel ne vous ait déceu. » Et tantost chieulx, qui estoient eschapé de la bataille, dirent au roy : « Sire, créés-nous. Malement va. Li contes d'Ar- » tois, vostre frère, et toute sa chevalerie sont mors ou prins; et sachiés » sire, qu'il est ainsi, car nous l'avons veu ochire. » Quant li rois les ouy, il souspira moult tendrement[2], et dist : « S'il est mort, Diex lui pardoint ses » péchiés, et à tous les autres! » Adont commanda li roys que les tentes fussent tendues : si se reposeroient, car moult s'estoient lassé à passer le fleuve.

Tantost que li Sarrasin sceurent que li rois avoit passé le fleuve, il se mirent as escluses et firent tenir l'eaue, et fu en peu d'heure si grande que nuls n'y pooit passer. Quant li légaus, qui là estoit de par le pappe, vit ce, il dist au roy : « Sire, entrons en ceste galée et allons à Damiette. » — « Hé! » Dieux, comment porroit-ce estre que je lairois chy ce peuple, que je ay » amené avoec moy? Certes, sire, je n'en feray rien; ains attendray le » merchy Dieu, et feray telle fin que li aultre feront. » Quant li légaus vit ce et que li rois ne se voloit partir, il entra en sa galée et s'en ala à Damiette, et li Sarrasin firent garder le rivage, si que nuls vaissaus ne pooit passer[3], fors à grant paine; car il avoient si avironné le roy de toutes pars que nul ne se pooit mouvoir, et vitaille leur commenchoit du tout à fallir. Et ainsi furent de le Toussains jusques à quaresme; et tout ce fu par messire Jehan de Beaumont, qui ne volut garder le pas, par où la vitaille devoit venir sur les crestiens.

Quant li soudans de Babilonne sceut que li rois de France estoit à si

---

[1] Var. : eschauder.
[2] Var. : profondement de cuer.
[3] Var. : que nuls n'y pooit passer.

grande destrèce, il luy manda qu'il se rendist à luy. Li rois respondi : « Jà
» ne plaise à Dieu que je me rende à Sarrasin. » Adont vinrent li contes de
Poitiers et li contes d'Angiau, ses frères, et lui dirent : « Sire, pour Dieu,
» vous voyés que nous n'avons que boire, ne que mangier; ne vitaille ne
» nous peut venir de nulle part. Se nous nous rendions, bien porroit ave-
» nir que nous serièmes mis à raenchon. » Et tant le préechièrent que li
rois crut consel et qu'il rendi au soudan s'espée, et li contes de Poitiers et
li contes d'Angiau.

Quant li rois de France fu prisonniers au soudan de Babilonne, onques
ne fut remués de sa tente [1]; mais y avoit grant garde qu'il ne luy eschappast.
Après fist traitier de sa raenchon, et fu raenchonnés à VIII^c mil besans d'or,
et le fist bien seur par le temple del Hospital. Et quant li soudans de la
Conie, li soudans de Damas, li soudans d'Alaphe et li soudans de Perse
sceurent que li soudans de Babilonne avoit raenchonné le roy de France
sans leur conseil, si s'en alèrent au tref le soudan, tout armé, et luy dirent
qu'il voloient estre parchonnier de celle raenchon ; et li soudans de Babi-
lonne leur dist qu'il n'y partiroient jà. Quant il virent l'orguel de luy, il luy
coururent sus et l'occirent ; et puis s'en alèrent au tref le roy de France,
tout ensamble, et firent dire au roy qu'il avoient occis le soudan de Babi-
lonne : « Si vous disons que nous troy volons estre en son point. » Quant
li roys vit qu'il estoient mal meu, il dist que bien le voloit. Lors fu la con-
venance faite à eulx trois. Et par tant debvoient rendre tous les prisonniers,
et parmy ce ly rois avoit en convent que dedens le quinzaine qu'il seroit
revenus à Damiette, il feroit la cité widier de tous les crestiens et la déli-
vreroit as Sarrasins. Tout li prisonnier, que li Sarrasin avoient, furent
rendu au roy, ainçois qu'il se must, se ce ne fu Gautiers de Chastillon qu'on
ne pooit trouver. Atant se parti li rois des soudans, et entra en une nef, il
et ses frères et, li aultre en aultres vaissiaulx. Si vinrent à Damiette, et là
furent liement receu, pour la délivrance du roy. Lors commanda li rois que
tout vidassent la ville et s'en alassent à Acre; et là fist li rois mener la
royne qui gisoit d'enfant, et fu Damiette livrée as Sarrasins, et fu assés tost
après destruite. Ainsi demoura li rois sept ans oultre mer; et avint que la
royne Blanche, sa mère, lui manda que, pour Dieu, il venist, car elle

[1] Var. : de sa terre.

estoit malade ; et, s'il mésadvenoit riens de luy, li royaumes estoit en grant péril, car li prince du royame se rebelloient tout li uns contre l'aultre. Quant li rois ot veu les lettres que sa mère mouroit, il renvoya tantost le conte de Poitiers et le conte d'Angiau.

Après ce que li roys ot fait ses ausmonnes à Acre et il sceut la mort de sa mère la royne, il vint en France : là fu-il rechus à grant joye.

Comment li contes d'Angiau prist la guerre pour la contesse Marguerite le Hainau et de Flandres contre Jehan d'Avesnes et Guy de Dampierre, enfans à la dicte Marguerite, mais, avant toute oevre, elle donna au conte d'Anjou la conté de Haynau; et assamblèrent moult grans hos li uns contre l'autre, et assés tost Jehans d'Avesnes fu mors, et Guis de Dampierre vint à merchy à la contesse, et rendi le conte d'Anjou le conté de Haynau, sans ses despens, du commandement du roy son frère[1].

Anchois que li rois fust revenus, s'estoit traite la contesse Marguerite de Flandres et de Haynau à la royne Blanche, et estoit cheue à ses piés, en luy requérant, pour Dieu, qu'elle le tenist à droit, comme son homme lige,

---

[1] Nous jugeons utile de reproduire le texte auquel ce chapitre est emprunté :

Or avint une aventure en Franche d'un jugement qui fu rendus en le court de Franche des enfans le contesse de Flandres, lesqués ele avoit eus de monseigneur Bouchart d'Avesnes, qui gentiux hom et vaillans hom estoit, c'est-à-savoir Jehan et Bauduin. Et après monseigneur Bouchart ot le contesse à mari monseigneur Guillaume de Dampierre, dont ele eut III fix : Guillaume, Guion et Jehan. Et eurent descort entr'aus, et se misent en discors, en roy de Franche et en grans seigneurs, et fu dit par assentement, et furent assenti à le court à Paris, que Jehans, qui estoit de monseigneur Bouchart, tenroit Hainau, et Bauduins ses frères tenroit autre tere contre, et Guillames, qui fu de monseigneur Guillame de Dampierre, aroit le conté de Flandres, après le déchet de se mère.

Or vous dirons qu'il avint après che. Jehans et Bauduins se partirent de court le plus tost qu'il peurent, et vinrent à un castel qui estoit leur mère, liqués siet en le marche de Flandre et de Hainau, et i entrèrent et misent hors les garnisons le contesse, et le garnisent bien. Et quant le contesse le sot, si en fu trop dolante, et assanla ses os et ala devant le castel et l'assist; mais il n'avoit homme en l'ost qui li aidast de cuer, car il amoient mix Jehan et Bauduin que li. Quant le contesse vit qu'ensi estoit, si se parti de l'ost, et laissa chièvetain monseigneur Guion de Dampierre son fil, car mesire Guillame ses fix estoit mors, qui estoit ainsnés, et s'en vint à court à le roine, et li cay as piés en disant : « Dame, pour

et se plaigni de Jehan d'Avennes et de Baudouin, son frère, qui avoient garni le chastel de Ruplemonde, au préjudice du jugement, par lequel fut dit, en la court de France, que li enfant d'Avennes aroyent Hainau, et li enfant de Dampierre aroyent Flandres : « Hé! chière dame, je suis cousine

» Diu merchi, Jehans et Bauduins, mi fil, m'ont
» tolu Ripemonde, un mien chastel, et me veu-
» lent désireter. Dame, pour Diu, or i metés
» consel, car je suis vostre femme lige, et sui
» cousine germaine au roy, et sui preste et appa-
» rellie de croire vostre consel et de metre toute
» me terre en vostre main. » — « Dame, dist le
» roine, vous parlerés au conte de Poitiers et au
» conte d'Angiau, et leur manderai entrefait qu'il
» y mettent consel. »

Le contesse se parti avant de le roine, et trouva le conte de Poitiers à Saint-Germain-en-Laie et le conte d'Angiau, où li quens de Poitiers estoit débaitiés, et parla à aus et leur monstra sen besoing. Et il respondirent molcment. Quant le contesse vitet perchut lors corages, si traist le conte d'Angiau d'une part et li dist : « Biaus cousins,
» aidiés-moi de bon cuer, car je veul que vostre
» paine i soit bien sauve, et je vous donrai le
» conté de Hainau, qui bien vaut xx^m livres l'an,
» et voci que vous en soiés maintenant en saisine,
» et vous en donrai mes lettres pendans. » Quant li quens l'oï enssi parller, si li esclarchi li cuers, et dist à le contesse : « Dame, se vous me faites che
» que vous m'avés dit, je vous renderai le castel et
» vous ferai vostre tere tenir en pais à tousjours
» mais. » Et le contesse li rendi maintenant par-devant le conte de Poitiers, et ele li en donna boines lettres de son séel. Adont se parti le contesse, et s'en ala droit à Ripemonde, et les trouva enssi comme ele les avoit laissiés, et peu y avoit perdu, ne gaagnié.

Or revenrons à nostre matère, et dirons comment li quens d'Angiau assanla une grant ost et s'en ala à Ripemonde. Mais anchois qu'il i fust alés, s'en ala Jehans d'Avesnes en Alemaigne au roi son serourge, et li requist aide. Et li rois li respondi que contre se mère ne lui aideroit-il pas, et convint que li chastiaux fust rendu au conte d'Angiau. Et li quens i laissa ses garnisons, et s'en vint à Valenchiennes entre lui et le contesse, et trouvèrent les portes closes et fermées. Le contesse manda le maire et les jurés, et leur demanda pourquoy il avoient che fait qu'il avoient fermé les portes. Et il respondirent que ch'estoit pour sauf faisant, « car nous véons le païs tri-
» boulé et le descort qui est entre vous et vos
» enfans. » — « Bien avés fait, dist le contesse;
» ouvrés les portes, et je vous jure sur Sains que
» je, ne li quens d'Angiau ne ferons mal, ne griété à
» chiaus de le vile. » Et maintenant furent ouvertes les portes, et entrèrent ens le contesse et li quens d'Angiau et toutes lor gens, et furent mandé li prévos et li maires et li juré et dusques à chent des mellieurs de le vile, et leur quemanda le contesse que il fesissent feuté au conte d'Angiau. Quant il oïrent che, si furent tout esbahi, et bien virent qu'il n'orent pooir, et firent feuté au conte d'Angiau, vausissent ou non. Et fu li quens saisis de Valenchiennes et de le forteresche. Et manda à chiaus de Mons en Hainau qu'il li venissent faire feuté par le lettre le contesse et par le soie, et chil de Mons li mandèrent qu'il n'en feroient riens pour lui, ne pour le contesse. Et l'endemain li quens fist son ost mouvoir et s'en ala asséir Mons, et chil de Mons estoient bien bourdé, qui peu le prisoient. Et li quens fist jeter perrières et mangonniaus nuit et jour, et tant les destrait que il l'eut par forche, et tant fist que il fu saisis de le conté de Hainau, au rès de Binch ou le femme Jehan gisoit d'enfant, et pour che le laissa, au rès d'Enguien, un chastel qui est monseigneur Sohier, cousin monseigneur Jehan d'Avesnes : ichil ne vaut au conte obéir, ne flanche faire.

» germaine au roy de France. » Dont dist la royne : « Dame, vous vous en
» irés au conte de Poitiers et au conte d'Angiau, à qui vous estes de lignage,
» et leur requerrés qu'il y mettent consel. » Tantost la contesse vint à Saint-
Germain-en-Laye, où li doi conte estoient, et là leur conta sa besoingne;

Quant li quens d'Angiau ot saisi le conté de Hainau, et laissié chièvetaine pour garder sa tere, si s'en vint en Franche, et trouva se mère moult malade, si comme au lit de la mort, et fist son testament et laissa moult grant cose pour Diu, et mourut en le foi et en l'estat de Sainte Église, comme boine dame et sage que ele estoit, et fu portée à Maubuisson s'abbaye, et là fu enfouye moult honnerablement.

Dès ore mais vous dirons de Jehan d'Avesnes, qui estoit avoec le roy d'Alemaigne, son serourge, qui li disoit souvent : « Sire, pour Diu, mi lairés-vous
» désireter, qui sui vostre serourge, et vos neveus
» que j'ai de vostre sereur, qui doivent estre oir
» après le déchet me mère : or poés véir qu'ele a
» tout mis en le main le conte d'Angiau, et en est
» saisis, et les feutés en a prises à tousjours comme
» de le soie. Pour Diu, sire, comment souffrirés-
» vous che? Et d'autre part ch'est de vostre fief, et
» i est entrés sans vostre seu, et s'en est meffais
» envers vous. » Tant fist entendant d'unes et d'autres le roy, qu'il fist semonre toute Alemaigne, et vint à ost en Hainau, à VIII liues près de Valenchienes. Et quant li quens d'Angiau seut que li rois d'Alemaigne estoit en Hainau, si refist une grant semonsse, et vint à Saint-Quentin, et là se tint et atendi se gent. Et quant il furent venu, si atendi et prist conseil que il feroit. Ses consaus li loa que il se tenist quois, dessi atant que on verroit que li rois feroit, et chil li monstrèrent boine raison et dirent : « Sire, vous estes saisis de
» le tere, et il n'a encore riens meffait sur vous, et
» d'autre part il a amour entre le roi de Franche,
» vostre sire, et le roi d'Alemaigne; si ne seroit
» mie boin que vous commenchissiés le mellée, ne
» brisissiés l'alianche. » A chel consel s'acordèrent tout, et séjournèrent à Saint-Quentin une grant pièche; ne ne demoura gaires que li rois d'Aix fist destraver ses très, et s'en rala ensi comme il vint, et li quens d'Angiau s'en revint en Franche.

Or vous dirons du roi d'Alemaigne, qui s'en fu ralés en son païs. Il oï dire que Frise estoit sans seigneur, et li prist talent d'aler, et assanla son ost et ala en Frise, qui est uns païs anieus, et le vaut prendre par forche, mais il n'en savoit pas bien le tour. Si avint un jour que il chevauchoit armés sur un grant cheval, et avoit aveukes lui peu de gent, car il estoit auques seus, et mal afféroit à si grant seigneur que ses gens ne li estoient plus près : si avint que il vit outre un fossé un tropel de païsans armés à le guise du pays, et li rois par son grant hardement fiert cheval des esperons et cuide passer outre le fossé, mais che ne peut estre, car li fossés estoit trop larges, et il estoit pesamment armés. Si sailli bien IIII piés dedens le fossé, et par le grant forche de lui et du cheval si se touclla ens si durement, que il sanloit as païsans que il fust englués, ne li sien ne li pooient aidier. Quant li païsant virent qu'il estoit en leur nasse, il le sakèrent hors à greus de fer et l'ochirent, dont che fu grans damages.

Chi vous lairons du roi d'Alemaigne. Si vous dirons du roi de Franche, qui outre mer estoit demourés. Nouveles li vinrent que se mère estoit morte; si vit bien que mestiers estoit que il s'en revenist en Franche. Et fist apparellier ses naves et entra ens, et s'en vint, par la grâce de Diu, sans destourbier, atout III enfans que il ot en le tere de Surie, et arriva à Aiguemorte, et erra tant qu'il vint en Franche, et fu recheus à grant honneur.

Chi vous lairons ester un peu du roi. Si vous dirons du conte d'Angiau, qui manda au seigneur

mais il luy fisrent assés povre response. Et quant la contesse qui sage estoit, aperceut leur corage, elle traist le conte d'Angiau à part et luy dist : « Biaulx cousins, aidiés-moi, car je vous payeray bien vostre salaire. Je
» vous donneray la conté de Hainau, mais que vous me teniés à droit
» encontre mes enfans, qui me veulent déshériter. » Adont respondi li contes : « Dame, si vous faites ceste chose, je vous feray tenir vostre terre
» en paix. » Lors furent convenance faites entre eulx, et puis vint devant le chastel de Ruplemonde, que Guis de Dampierre ses fils avoit assis.

Or vous dirons de Jehan d'Avennes qui estoit sires de Beaumont et de Crèvecuer, liquels se maria à la suer le roy d'Alemaigne, qui avoit esté conte de Holande. Chieulx Jehans d'Avennes estoit moult amés des cheva-

d'Enggien qu'il li venist faire hommage, et il li remanda que jà hommage ne li feroit. Li quens assanla quanques il peut avoir de gent, par hommage et par deniers, et ot aveukes lui l'archevesque Thumas de Rains, qui le servoit à son pooir, car il en cuida trouver tele bonté où il failli, et on dist piècha : *biaus santans fait musart tic.* Et s'en ala devant Enguien et l'assist, et bien avoit pooir du prendre et espéranche, mais li sires d'Enguien pourcacha tant par aucun sien ami que il mist Enguien en le main le roi. Et li rois manda maintenant au conte d'Angian que il s'en revenist sans targier ; et faire le convint, puisque li rois le vaut, et s'en revint arrière tous dolans.

Or vous dirons un peu de Jehan d'Avesnes, qui estoit si dolans qu'a peu qu'il n'esragoit tous vis, pour che qu'il avoit failli à son propos, et du roi d'Alemaigne qui mors estoit, son serourge, ensi com vous avés oï, et de l'amour se mère où il avoit failli, et de le conté de Hainau, dont il estoit mis hors à toujours, che li sanloit, et il et si oir, dont il li estoit plus que de toutes autres coses, et estoit sans tere, povres et au-dessous et sans espéranche de recouvrer jamais. Ensi avint que maladie le prist et kay en langueur et langui grant pièche. En le parfin moru à Valenchienes, et fu enfouys en l'église Saint-Pol, si comme il

afféri à si haut homme et à si gentil homme qu'il estoit. Quant Bauduins d'Avesnes vit que ses frères estoit mors, si se pensa que il querroit se mère et qu'il venroit à li et li cayroit as piés et li prieroit merchi, et le fist. « Bauduin, dist le con-
» tesse, à quele eure ? En non Diu, trop a cousté
» et à tart connoissiés vostre folie. » — « Ha, bele
» mère, pour Diu merchi, che ne faisoie-je pas,
» anchois le faisoit mes frères qui est mors, et,
» bele très-douche mère, je voel obéir d'ore en
» avant à vostres commandemens. »

Quant le mère le vit si humilier, si en fu meue en pitié, car ele estoit mère. Et tout li chevalier et li dames qui là estoient, s'agenouillièrent devant li à ses piés, et crièrent merchi pour sen fil, et le contesse li pardonna, et fu tous sires de le court le contesse.

Or revenrons au conte d'Angiau, qui tenoit le conté de Hainau. Et sanla au roi sen frère qu'il ne le tenoit pas raisnavlement, car il y estoit entrés sans le seigneur de qui on le tenoit et sans lui faire hommage. Si vaut li rois outréement qu'on le remesist en le main le contesse, et li feroit taxer les dépens que il y avoit fais. Et fu contesse mandée, et tauxa-on les despens à c mile livres de tournois, à reprendre dedens v ans en le tere. Et le contesse refu saisie de se tere, ainsi comme devant. (*Corp. chron. Flandr.*, t. III, p. 669.)

MARGUERITE DE CONSTANTINOPLE.

liers, et moult luy aydoient à sa guerre; et avoit un fils, nommé : Jehan, qui puis fu conte de Hainaut, et une fille, qui fut mariée à l'aisné fils de monseigneur Henry de Lusembourc; et avoit Jehans d'Avennes saisi Hainau par faveur.

Or vous dirons du conte d'Angiau, qui avoit assamblé un grant ost, et vint aidier la contesse, sa cousine, et ala jusques à Ruplemonde, et luy fu li chastiaulx rendus, et de là s'en ala à Valenciennes, et la contesse avoec luy, mais il trouvèrent les portes fermées. Tantost manda la contesse à ceulx de la ville qu'il luy ouvrissent les portes, et il luy respondirent que point ne les avoient fermées encontre elle, mais pour ce qu'il ne voloient nul débat avoir à ses enfans. Adont dist la contesse : « Bien avés fait. » Et tantost ouvrirent les portes, et la contesse et le conte d'Angiau entrèrent ens, à tout leur ost, et commanda la contesse aux bourgois de la ville qu'il fesissent féaulté et hommage au conte d'Angiau, comme à leur seigneur. Adont furent chil de la ville moult esperdu, et virent qu'il avoient la force perdue, et tantost le fisrent. Et ainsi fu li contes d'Angiau saisis de Valenciennes. Lendemain manda à ceulx de Mons qu'il rendissent la ville. Il luy mandèrent que jà ne luy rendroient, ne pour luy, ne pour madame la contesse. Tantost fist apparillier ses osts, et s'en ala assir Mons, et fist getter nuit et jour en la ville, et tant les destrainst que par force les prinst. Après se rendi toute la terre de Hainau, excepté Bouchain, là où la femme Jehan gisoit d'enfant, et pour ce n'y voult point faire d'assault. Quant il ot conquis Hainau, il s'en revint en France.

Désormais vous orés de Jehan d'Avesnes, qui estoit alés au roy d'Alemaigne son serourge et luy disoit souvent : « Sire, lairés-vous déshériter » vostre suer et les enfans que j'ay de luy, qui doivent estre hiretier de la » conté de Hainau après la mort de ma mère, et ores l'a-elle mise en la » main du conte d'Angiau : pour quoy, se vous ne m'aydiés, jamais ne » revenra à son droit. Et d'aultre part, c'est de vostre fief, et il y est entrés, » sans vostre sceu, contre la liberté de l'empire. » Tant fist par ses prières que li rois fist semonre toute Alemaigne, et s'en vint, à tout son ost, à six lieues de Valenciennes. Et tantost li contes d'Angiau assembla ses osts, et s'en vint à Douay. Sy prinrent consel qu'il feroient, et leur conseil [1] aporta

---
[1] Var. : consaulx.

qu'il se tenissent à Douay, jusques à tant qu'il verroient que li rois d'Alemaigne voudroit faire; car encores n'avoit-il riens meffait sur luy. Et ainsi furent grant pièce l'un encontre l'aultre. Quant li rois d'Alemaigne vit qu'il ne venoit avant, et les nouvelles vinrent que li Frison et li Danois estoient sans seigneur, il se leva du siége, et s'en ala droite voye en Frise, et voult prendre le pays par force; mais il n'en savait mie les tours. Un jour estoit montés sur son cheval, armés de tous poins, avoec sa gent, et vit un grant tropel de paysans, qui estoient armé à la guise de leur pays, et avoit un fossé devant eulx. Et quant li rois les veit, il féry des esperons et cuida passer oultre; mais ses chevaulx chéy au fossé, et luy avoec. Tantost li paysan y vinrent courant et le trouvèrent dedens le fossé, et ses gens ne luy pooient aydier. Et li païsan le sachièrent hors de l'eaue et le tuèrent. Quant li contes d'Angiau veit qu'ainsi il s'estoit départis, il manda au seigneur d'Enguien qu'il luy venist faire hommage; et il respondi que jà hommage ne luy feroit. Adont fist mouvoir son ost et s'en ala devant Enguien; mais li sires d'Enguien avoit des amis en la court de France. Li rois manda à son frère qu'il laissast le siége et qu'il venist parler à luy. Li contes ne l'osa laissier: si s'en vint, dolans et courrouchiés, devers le roy de France.

Or vous dirons de Jehan d'Avesnes, qui avoit falli à son pourpos, dont il estoit moult dolans, et du roy d'Alemaigne, qui morts estoit. Lors chéy en une grant langueur, et après mist ses enfans en bonne garde, puis morut, et fut enterrés à Los en Hainaut. Quant Bauduins d'Avesnes vist que ses frères estoit mors, si se pensa qu'il crieroit merchy à sa mère, et vint à luy et se mist à ses piés; et elle luy dist: « Bauduin, à ceste heure, » ou nom Dieu, trop a cousté, et à tard congnoissés vostre folie. » — « Ha! » hay! belle mère, pour Dieu merchy, ce ne faisoye-je mie, ains le faisoit » mes frères qui mors est. Je veuil désormais vous obéir. » Quant sa mère l'oy, tantost en eut pité, et li chevalier et toutes les dames, qui là estoient, luy cheurent as piés et prièrent pour luy, et elle luy pardonna.

Quant li boins rois Loys sceut que ses frères tenoit ainsi la conté de Hainau et qu'il y estoit entrés sans faire hommage, il manda la contesse de Flandres, et luy fut rendue la conté; et lors furent taxé li despens que li contes d'Angiau avoit fais, et furent à terme[1] à cinq ans.

---

[1] Var. : aterminé.

MARGUERITE DE CONSTANTINOPLE.

De la contesse de Namur qui eut à faire à ceulx de la ville de Namur; et li vint aidier la contesse Marguerite [1].

En cel tamps avint que la contesse de Namur, qui estoit empereis de Constantinoble, estoit venue par dechà en son pays. Quant elle fu à Namur, elle trouva que chil de la ville avoient occis un sien baillif, et pour

---

[1] Nous reproduisons de nouveau le texte correspondant de la chronique publiée par M. le chanoine De Smet :

Chi vous lairons ester de le contesse de Flandres, qui assés ot paine et travail en se vie. Si vous dirons de l'empereur Bauduin de Constantinoble, qui fu fix le comte Pierron d'Auchuerre, qui fu envoiés en Constantinoble, et fu sacrés et enoins à empereur, et fu mariés à le fille le roy Jehan d'Acre que il ot de le sereur le roi d'Espaigne, et estoit nièche le roine Blanche et l'enmena à col. Et ensi fu baus li rois Jehans, par le jonèche de li, tant comme il vesqui ; mais il estoit de grant aage : si morut com boins crestiens, et fu enfouys devant l'autel Sainte-Soufflc. Et li emperères Bauduins estoit jones et enfantins. Si despendi largement et ne prist garde à son affaire ; si fu povres et endetés, et n'ot que donner as chevaliers, ne as sergans : si se partirent de lui une grant pièche et s'en ralèrent en lor païs. Et quant li emperères vit qu'ensi estoit, si ot conseil qu'il s'en venroit en Franche au pape, qui estoit à Lions, et à le roine, qui estoit ante se femme, et requerroit aide au pape et à le roine. Et monta sur mer le plus coiement qu'il peut, pour Nathache qui le guerroioit et tenoit moult court, et moult désiroit à avoir le saisine de Constantinoble et de l'empire. Et s'en vint à Marcelle et descendi à Le Roche, et s'en vint au plus tost qu'il pot à Lions, là ù il trouva le pape, et li monstra toutes ses nécessités ; et li papes en fu moult meus et li donna le disime des clers III ans. Et en vint à le roine, qui volontiers le vit, et li dist son essonne ; et le roine li dist que volontiers y metteroit consel, et le retint une grant pièche aveuques li, et le trouva enfantin en ses paroles : si li desplut moult, car à empire tenir convient sage homme et vigreus. « Dame, dist li » emperères, il me convient deniers, car je ne puis » tenir l'empire sans grant coustenge ; si me con- » vient vendre le conté de Namur, qui me vint de » men hyretaige. » — « En non Diu, dist le roine, » je ne voel pas que vous le vendés. » — « Dame, » que ferai-je dont ? » — « Par ma foi, dist le roine, » je vous presterai xx^m livres, à reprendre as » issues, et enssi sera sauvée à vous et à vos oirs, » en tele manière que vous me jurrés sur Sains, » que dedens le mois que vous serés venus en » Constantinoble, vous m'envoierés l'empereis, » car je le désire moult à veoir. » — « Chertes, » dist-il, qui ne s'i sot garder volentiers, et li jura. Et le roine li délivra xx^m livres, et prist congié à li. Et au plus tost qu'il peut, si s'en rala en Constantinoble, et sachiés de voir que il n'avoit que targier. Et quant il fu revenus, si dist à l'empereis : « Dame, le roine m'a presté xx^m livres » sur le conté de Namur, en tele manière que il me » convint jurer sur Sains, que je vous envoierai à li » dedens le mois que je seroie revenus. » — Sire, » dist la dame, qui désiroit l'aler, vous en tenrés » bien convent, et sauverés vostre sacrement, se » Diu plaist. » Lors dist li emperères : « Appareil- liés IIII naves armées. » Et li fist metre che que mestiers fu, et fist metre l'empereis dedens et chevaliers et arbalestriers, et le commanda à Diu, de tele eure qu'onques puis ne le vit. Et s'en

ce elle les calenga d'avoir fourfait corps et avoir. Tantost li bourgois vinrent à luy pour eulx escuser, mais nulle merchy n'y porent trouver; ains fist semonre ses osts et manda à la contesse Marguerite, qui sa dame et sa cousine estoit, qu'elle luy aidast; et elle luy ottroya toute son aide

alèrent costiant tere, et nagièrent tant qu'il vinrent à droit port de salut. Lors li furent apparelliés chevaucheures beles et rikes, et errèrent par leur journées tant qu'il vinrent à Pontoise. Quant le roine le vit, si ne fist onques si grant joie, et demoura tant avuec li comme ele vesqui. Et quant ele morut, ele li donna le conté de Namur, et en fu en le possession et en prist les hommages des frans hommes et le feuté des bourgois, et le tint dusques à un jour que mauvaise renommée fu des fix des bourgois de grant lignaige de Namur; si en ot plainte des moiennes gens de le vile, et fist mander les pères à chiaus qui estoient blamé, et lor quemanda qu'il castiassent lor enfans en tele manière qu'on n'en oïst mauvais reclain, et s'il ne le faisoient, si convenroit c'on i mesist consel. Et li bourgois disent : « Dame, vous dites bien et nous dirons à nos » enfans qu'il se tiengnent en pais, et, se il ne le » veulent faire, si en faites che que Diex vous en- » seignera et que conssaus vous aportera. » Atant se partirent li bourgois, et quemandèrent à leur enfans qu'il se castiassent et laissassent leur folies. Et il n'en firent riens, anchois firent pis que devant.

Or vous dirai qu'il faisoient. Il aloient en le taverne x ou xii, et despendoient xx livres ou xxx, ou plus ou mains, et mandoient à un preudhomme de petit parage de le vile auques rike, que on paiast leur despens. Aucuns en i avoit, qui les paoient par paour, et aucuns qui ne les voloient paier : si le batoient et faisoient vilenie et li toloient le sien à forche. Quant l'empereis oï ches plaintes, si en fu moult courechie et quemanda à son bailliu qu'il les presist et mesist en tel liu où il ne peussent mal faire. Li baillius les fist gaitier et seut où il estoient, et y ala folement et

mal garnis, et les cuida prendre; mais il se deffendirent vigreusement et ochisent le bailliu, puis se destournèrent et misent à sauveté. Quant l'empereis le seut, pour un peu que ele n'issi de sen sens, et dist : « Voirement sui-je sans amis en » estrange contrée! » Et fait l'endemain semonre le commune de Namur par devant li, et leur demanda le mort de sen bailliu et les mourdreurs qui mourdri l'avoient. Et li bourgois respondirent que le mort le bailliu lor pesoit-il, mais il n'en estoient mie coupavle, et bien voloient que chil qui avoient fait le fait, fussent puni. « En non Diu, dist l'empereis, ensi n'ira pas; » vous le me renderés, et en sera chascuns de vous » en me volenté de corps et d'avoir. » — « Ha » dame! dient li bourgois, comment sera che que » chil comperra le fait, qui coupe n'i a? Chertes, » dame, nus drois nel aportés, ne che n'iert jà » souffert, se Diu plaist. »

Atant se partirent li bourgois de le court l'empereis, sauf che qu'il s'offrirent bien de estre mené à droit. Et l'empereis lor respondi que jà drois n'en seroit fais, ne dis autres que à se volenté. Ensi demourèrent les coses une grant pièce, et l'empereis faisoit prendre du leur et les mesmenoit durement. Quant li bourgois virent que ensi estoit, si orent consel qu'il envoieroient au roi savoir se il i vauvroit metre consel. Et eslurent IIII des plus sages hommes d'aus, et furent envoié au roy et li monstrèrent le besongne et le desraison que leur dame leur faisoit : « Pour Diu, sires, si metés consel. » — « Chertes, » dist Pierres de Fontaines, je vous dirai quel » consel vous en devés avoir. Vous en irés arrière, » et prendera chascuns bourgois de Namur une » hart, et le loiera chascuns entour con col, et irés » tout devant l'empereis, et dirés : Dame, veschi vos

d'avoir et d'amis. Quant chil de Namur veirent que nul acord ne pooient avoir à leur dame, il envoyèrent à Henry de Lusembourc, que pour Dieu il les volsist recevoir en sa garde. Henrys de Lusembourc, qui moult désiroit estre sires d'eulx, fut tantost conselliés et dist que volentiers le feroit.

» mourdreurs, faites-ent che qu'il vous plaist. »
Quant li bourgois oïrent che, si furent tout esbahi, et li rois les regarda. Si les vit tous muer, et dist li rois : « Messire Pierres, vous ne parlés mic par consel. Li bourgois s'en revoisent et s'acordent à lor dame, si feront que sage. » — « Sire, dient li bourgois, vous dites bien, » qui moult désiroient l'aler. Et se partirent de court comme chil qui puis n'orent talent de revenir, et revinrent à Namur, et contèrent comment il avoient erré. « Par foi, dient-il, là n'a point de resort; il » nous convient querre avoué. » — « En non Diu, » dist li uns d'aus, j'ai entendu des anchiens bour- » gois que le conté de Namur doit estre monsei- » gneur Henri de Lussembourc, et que on l'en fait » tort. Si loeroie en boine foi que vous l'envoïssiés » querre, et li fesissiés feuté et il vous, et sachiés » il le fera volentiers, car ch'est le riens u monde » queil plus désire. »
A che consel s'acordèrent tout, et fu envoïés querre, et il i vint sans délai, et li fisent feuté et il aus. Et s'en rala en sen païs, et emprunta deniers et assanla grant gent. L'empereis sot que li bourgois avoient fait feuté à monseigneur Henri : si fist garnir le chastel et mist ens chièvetain preudomme et sage. Mesire Henris vint à Namur atout son ost, et li bourgois le rechurent volentiers, et il misent à abandon cors et avoir et vile, et tint son siége iluec, et hourda si bien le bourc et gardoit si bien l'entrée du castel que nus n'i pooit entrer, ne issir. Enssi tint une grant pièche le siége, et l'empereis pourcachoit à le contesse de Flandres, de cui ele tenoit le conté de Namur, et à ses amis, que ele assanla une grant ost où il ot mout de chevaliers et de grans seigneurs. Et i fu li quens d'Eu, et li quens de Monfort et li quens de Joingni et mesire Érars de Saint-Waléri pour les Champenois, et le contese de Flandres pour se partie, et fist Bauduin d'Avesnes, son fils, chièvetain, dont il ne vint onques nus biens. Et aprochièrent Namur à un liues, et l'endemain i vinrent, et commanda le contesse qu'on assesist le bourc. Et assalirent Flamenc et Hainnuier faintichement, car mesires Bauduins d'Avesnes déportoit monseigneur Henri quanques il pooit, et plus i perdirent ses gens qu'il n'i gagnièrent. Dont pourcacha mesire Bauduins d'Avesnes unes trives à XL jours, en tele manière que on n'osteroit, ne ne meteroit riens dedens les trives.

Quant li Champenois virent le traïson et le déport Bauduin d'Avesnes, si s'acordèrent entre aus que il s'en revenroient arrière, et li Flamenc s'escrièrent : Helpe! helpe! Et se férirent au harnois le conte de Joingni en le keue, et li fisent grant damage d'armeures et de son harnois, ne plus n'en fu fait. Ensi se parti li os des Champenois assés vilainement, par le mauvaiseté des Flamens, et mesires Henris tint son siége qu'onques ne le mut, et passèrent les trives, ne nus ne revint. Et il destraignoit durement chiaus du castel, et fu devant un an et plus. Quant li chièvetains du castel vit qu'il n'aroit nul secours, et ses viandes li apetichoient, et ses gens moroient de maladie, si fu à grant mésaise de cuer, car il savoit bien que mesires Henris le haoit forment. Atant esvous un chevalier qui vint à le porte, et on vint as crestiaus, et li demanda-on que il voloit, et il dist que mesires Henris voloit parler au chièvetain. Li messages li ala dire, et il respondi que il parleroit volentiers à lui, et vint as crestiaus, et mesire Henris le voit et li dist :
« Chièvetains, vous me faites paine et damage, et » bien sachiés que vous n'arés secours de nului, et » sachiés de voir je ne me mouverai jamais de chi,

Tantost il assambla toute la gent qu'il povoit avoir, et s'en ala à Namur, et chil de la ville le receurent à grant joye. Tantost fist monseigneur Henrys fermer la ville et bien garder l'entrée du chastel que nuls n'y pooit entrer, ne issir. L'empereis et la contesse de Flandres assamblèrent grant ost, où il y avoit moult de haults hommes [1], et y fu li contes d'Eu [2] et li contes de Joingni et li contes de Montfort et sire Évrars de Saint-Waléry. Et fist-on chèvetaine de l'ost monseigneur Bauduin d'Avesnes, liquels avoit à femme la suer Henry de Lussembourc.

Quant l'ost fut près de Namur, à quatre lieues, lendemain assirent la ville. Et lors assallirent Hennuier assés faintement, car messire Bauduins d'Avesnes déporta sire Henry de Lussembourc de tout ce qu'il pot; et plus y perdirent sa gent qu'il n'y gaingnièrent. Dont pourcacha Bauduins unes trèves à ceulx de dedens, qui durèrent quinze jours, par ainsi qu'on ne prenderoit, ne metteroit-on riens dedens le chastel, le terme des trièves durant. Quant li Champenois virent que les choses aloient ainsi, il s'acordèrent as trièves, et prinrent congiet, et s'en alèrent en leur pays. Et quant li Aleman virent qu'il se partoient ainsi, tantost férirent en la queue, et rifflèrent as harnas et as chevaulx du conte de Joingni, et puis vinrent en l'ost. Quant la contesse veit que ses gens luy commenchoient ainsi à faillir, elle se départi du siége. Messires Henris fist assallir le chastel, après les trèves, et tant que chil du chastel firent traitier à luy [3]; et mesires Henris leur dist que hardiement il envoyassent par devers la contesse qu'elle les secourust dedens quinze jours, ou, se faire ne le voloit, que li chastiaulx luy fust rendu, et tout ainsi il fu fait. Quant li messages vint à l'empereis, il dist son message, et elle respondi que riens ne pooit faire. Et, au chief de la quinzaine, li chastiaulx fu rendu, sauves leurs vies. Et

» tant con je vive, dessi adont que j'aie le castel,
» et sachiés de voir, se je vous preng par forche,
» je ne vous en sarai gré, et se vous le me rendés,
» je vous pardonrai mon mal talent; et sachiés de
» voir que vous n'i arés dès-or-mais point de honte,
» ne de vilenie.» — «Sire, dist li chièvetains, dès-
» ormais je m'en consellerai, et dedens xv jours
» je vous ferai savoir me volenté. » Mesire Henris
li otria, et envoia à l'empereis li chièvetains, et li
manda comment il estoit, et ele li remanda que ele n'en pooit plus faire. Et au chief de le quinsaine li chièvetains rendi le chastel à monseigneur Henri, sauve se vie, et mesires Henris i entra et le tint, qui que en fust bel, ne qui que en fust lait. (Corp. Chron. Flandr., t. III, p. 675).

[1] Var. : Chevaliers.
[2] Var. : de Dreux.
[3] Var. : tant que li chastellains fist traitier à luy.

MARGUERITE DE CONSTANTINOPLE.

ainsi fu Henris de Lussembourc sires de Namur une pièce; mais depuis fu fait li mariages de sa fille et de Guy de Dampierre, qui estoit fils de la contesse Marguerite de Flandres. Et devant avoit eu li contes Guis à femme la fille l'advoé de Béthune, dont il avoit quatre fils et trois filles, desquels fils li premiers fut apellés : Robers, qui ot à femme la fille le conte Charles d'Angiau et en ot deux filles. Depuis fu remariés à la contesse de Nevers, de laquelle il ot deux fils et quatre filles: de quoy li premiers ot à nom : Loys, et li aultres : Robers. L'aisnée fille fu mariée au conte de Blois; li aultre au seigneur de Couchy, li tierche au seigneur d'Enguien, et li quarte à Mahieu de Lorraine. Li secons fils au conte Gui de Dampierre fu appellés : Jehan et fut évesques de Liége. Li tiers fu nommés : Guilliame et ot à femme la fille le seigneur de Néele. Li quars fu appellés : Philippes et fut mariés à la contesse de Thiète. L'aisnée des filles fu donnée à Jehan duc de Brabant; la seconde au conte de Julers; la tierce au conte Florent de Holande.

Comment après chou la contesse Marguerite fu morte.

Or revenons à la contesse Marguerite de Flandres, de laquelle tout chil enfant dessusdit sont descendu. En luy avoit quatre tèches[1]. Premièrement elle estoit une des plus grans dames, de lignage, du royaume de France. Secondement elle estoit la plus sage et mieux gouvernans terre, que on sceust. Tiercement elle estoit large vivendière, et tenoit si large hostel qu'elle sambloit mieux estre royne, que contesse. Quartement elle estoit très-riche, car elle estoit contesse de Flandres et de Hainau. Quant la très-bonne dame ot vescu ainsi que oy avés, il luy convint morir, et trespassa de ce siècle, et fut enterrée en l'abbaye de Flines, laquelle elle avoit fondée, et tantost après morut Bauduins ses fils, et fu enterrés à Vallenciennes.

[1] Var. : taiches.

AUTRE RELATION.

Comment le contesse Margherite succéda à le contesse Jehanne.

Apriès le mort le contesse Jehenne esquéy le terre à medame Margherite se soer, qui fu quierquie à warder à monseigneur Bouchart d'Avesnes, qui clers estoit et archediakes de Laon, et s'acordèrent si bien qu'elle en eult II fieuls, dont li aisnés avoit à nom : Jehans, et li aultres : Baudujns, et furent sournommet d'Avesnes de par leur père, et furent puis légitismet de l'auctoritet le pappe par l'Église de Romme. Mais, quant li terre de Flandres et de Haynnau fu escheue à le dicte medame Marguerite, sy amy furent courouchiet de chou qu'elle avoit ensi ouvret. Sy pourcachièrent qu'elle fust donnée en mariage à monseigneur Willaume de Dampière, qui estoit vaillans homs et cousins le roy de Franche, et fisent hommage de le terre de Flandres au roy de Franche li dicte dame Marguerite comme hiretière et lidis messyre Willaumes comme ses maris et ses bauls. Chieuls messyre Guillaumes prist, grant pièce puis ce mariage, le crois d'oultremer avoec le roy Loys de Franche, l'an mil II^c et XLVIII, et ariva avoec li à Nimechon, ensi comme vous orés chà en avant.

Li quens Willaumes de Dampière de qui nous vous disons chi endroit et medame Margritte eurent II fieuls. Li uns eult à nom : Guillaume, et li aultres : Guion. Guillaumes fu li aisnés et fu mariés à medame Biétris de Braibant, qu'il doa de Courtray; elle fu moult bielle et moult courtoise. Guis leurs aultres fieuls qui maisnés estoit et de quoy on ne cuidoit mie qu'il deuist jà venir à le contet, prist le advoeresse de Béthune, qui estoit dame de Tenremonde, à femme.

Comment messire Guillaumes de Dampière fu ochis à ung tournoy à Trasegnies.

Messire Guillaumes de Dampière, li aisnés d'yauls deus, de qui nous vous avons dessus dit, fu moult preus as armes et hanta volentiers les joustes et les tournois et toutes aultres choses où on faisait exercites d'armes. Si fu à Trasegnies à ung tournoy où il fu des mieuls faisans, et là fu ochis par envie de chiauls qui estoient de le partie as enffans que li contesse Margritte avoit eus de monseigneur Boucart d'Avesnes, si comme on dist, car il ne peurent onques amer l'un l'autre, et ce fu l'an IIe et LI. Et non pour quant fu fais uns acors des hoirs de par monseigneur Boucart d'Avesnes d'une part, et des hoirs de par monseigneur Guillaume de Dampière d'autre part, en le court le roy à Paris, par le roy et par les barons, en telle manière que apriès le déchiès de la mère, chil de par monseigneur Bouchart tenroyent Hainnau et le apendanches, et chil de par monseigneur Guillaume, Flandres et toutes les apendanches; mais pour l'acquoison de ces apendanches sont puis venut maint mal, car chil par monseigneur Bouchart maintenoyent que li castelerie d'Alost, d'Audenarde et de Grantmont et li IIII mestier de Flandres et le terre de Waas estoient des apendanches de Haynnau. Li aultre hoir de par monseigneur Guillaume le contredisoient, et en estoient adiès en saisine.

Apriès le mort monseigneur Guillaume devant dit, demora messire Guis ses frères demisiauls et hoirs de Flandres, car li dis messyres Guillaumes n'eult nul hoir de se char de se femme, et li dis messyre Guis qui puis fu quens de Flandres, ala puis oultre mer avoec le roy Loys, ainsi que nous vous dirons chà en avant, en l'an mil IIe et XLVIII. Et lidis messyre Guis ot de se femme l'avoeresse de Biétune III fieuls dont li aisnés ot nom : Robiers, li autres : Guillaume, li tiers : Bauduins, et li quars : Phelipes.

Dou royaume de Sésille.

Or vous lairons à parler de Franche et de Flandres. Si dirons de Sésille, de Puille et de Calabre.

Bien avés oyt dessus comment papes Innocens condempna l'empereur Fédry au concille à Lions sour le Rosne, l'an IIe et XLV, pour les grans essernis et injures qu'il avoit fait et faisoit chascun jour à l'Église de Romme. Pau apriès envoya li papes as prélas et as prinches d'Alemaigne, et leur manda qu'il eslisissent ung roy et il le couronneroit à empereur à

Romme. Aucun des prinches ne veurent mie obéir à ce mandement, mais li prélat eslurent le frère du landegrave de Duringhes, mais il morut[1].

De saint Eamond, arcevesque de Cantoribe, et aultres incidenses.

En celui tamps fu saint Eamont arcevesque de Cantorbie, le corps duquel gist à Ponteigny l'abéye. A cest Eamont, comme il estoit à l'escolle enffant à Paris, aparu Nostres-Sires Jhésu-Crist, et comme l'enfant ne le cogneust, Nostres-Sires li commanda qu'il luist les lettres qu'il verroit escriptes en son front, et comme l'autre considérait dilligemment son visage, il y trouva escript : *Jhesus Nazarenus,* etc. « C'est mon nom, fist » Nostres-Sires, douquel se tu te garnis toutes les nuis, tu aras remède » contre la mort soubite. » Ce saint fu de moult grant dévotion et fist maints miracles à la vie et apriès la mort.

L'an Nostre-Seigneur mil II^c XLVIII, le venredi apriès le Pentecouste, le roy Loys se parti pour aler oultre mer en la Terre Sainte, et avoec li II de ses frères, Robiers conte d'Artois, et Charles conte d'Angiers.

En celui tamps fu clerc en l'ordre de frères praicheurs de vie et de miracles sains Pierres de Melan, lequel canonisa pape Innocent le Xe an de son éveschié.

En l'an mil II^c LI volrent aler les pastouriaux outre mer par le conduit d'un que on apielloit : le maistre de Hongherie, et comme il feissent mains mauls as clers et as Juis, et maintes aultres abusations, et ainsi passèrent par Paris et par Orlyens, et tousjours pastouriaulx se joingnoyent à euls, à le parfin des bourgois de Bourges sieuwirent ce maistre de Hongrie et le tuèrent à mort, si comme à deux lieuwes de Bourges, et ensi toute l'ost fu dissipée, et s'en ala chascuns là où il pot.

L'an mil II^c LII ot grans contens à Paris entre les escoliers et religieux, de laquelle dissention fu acteur maistre Guillaume de Saint-Amand, lequel maistre Guillaume composa ung livre contre les religieux, espécialement mendians, lequel livre il apella : *le livre des darrains parlans du monde;*

[1] Ici s'arrête la rédaction du texte qui précède. Les pages qui suivent, semblent n'être que des additions placées par des mains différentes à la suite de ce texte.

mais après, le dit livre, tant comme contenant erreurs et hérésies, fut condempné par pape Alixandre, et commanda ledit livre à ardoir, et ledit maistre fu privés de tous préviléges de clerc et de tous bénéfices eus et à avoir, et fu requis au roy de Franche de par le pape que ledit maistre Guillaume fust banis dou royaume, laquelle chose fu faitte.

L'an mil IIe LXII, puis que li rois Loys fu retournés en Franche d'outre mer pour raison de la mort sa mère, il maria Phelipe son fil, car Loys estoit jà trespassés, à Ysabiel la fille au roy d'Arragon, et le roi d'Arragon ly quita tout le droit qu'il avoit en Carcasonne et en Bigore et en Barchinonne et en Cathaloingne.

L'an mil IIe LXIII, Simon le conte de Monfort, lequel avoit le suer au roy d'Engleterre à femme, pour chou qu'il fu contraires as Englès, quant aucuns status ne li sambloient pas raisonnables, fu ochis des Englès.

Apriès le mort pape Alixandre, fu papes Urbains de Troyes, lequel donna à Charle le conte d'Anjou et à ses hoirs jusques à le quarte génération le royaume de Sésille, le duché de Puille et toute le terre qu'avoit usurpée Mainfroy, le fil à l'empereur Fédric.

En l'an mil IIe LXV, le dit Charle se party de Marselle et s'ala combatre contre ledit Mainfroy.

L'an mil IIe LXVII, le roy Loys fist chevalier son fil à Paris le jour de Pentecouste, et l'année, apriès le femme audit Phelippe ot un enffant, lequel fu apiellés : Phelippes, lequel fu puis roy de Franche.

Le mort du roy saint Loys, et aultre incidense.

L'an mil IIe LXIX, le roy Loys et III de ses enffans prirent le croix pour aler la seconde fois oultre mer, et, l'an mil IIe LXX, le saint roy Loys se coucha malade à Thunes, et puis qu'il ot entroduit Phelippe sen fil du gouvernement dou royaume, lendemain de le Saint-Biétremieu, il rendi à Dieu l'âme plaine de dévotion et de virtus, et furent apportés ses ossemens à Saint-Denis en Franche, là où Nostres-Sires et en aultres lieux pluiseurs a fait maints miracles pour monstrer la saintetet dou glorieux roy.

En celle année moru Ysabel, femme Phelipe le nouviel roy, et le conte de Poitiers son oncle ; et assés tost apriès le contesse fille au conte de Thoulouse moru sans hoir avoir de son corps, et ainsi ces II terres furent escheues au roy.

Le couronnement du roy Phelippe, fil le roy saint Loys, et aultres incidenses.

L'an mil II^c LXXI le roy Phelippe, le jour de le mi-aoust, fu couronnés à Rains, et tint l'espée devant lui Charles le grant, ses oncles, contes d'Artois.

L'an mil II^c LXXIIII fu le conchille à Lion sur le Rosne, soubs pape Grégoire X^e, lequel conchille dura du premier jour de may jusques à le fieste de le Madelaine. Ou dit conchille ot II^c évesques que arcevesques, et XL abbés mitrés, et bien mil qui n'estoyent pas mitrés. Illoecq furent condempnées aucunes religions mendians espécialment, de ceuls que on apielloit : les Sachès. Illoecq furent li vigaine privet de tous préviléges de clerc; et fu otroyé le Xe de l'Église à VI ans en subside de le Terre Sainte.

L'an mil II^c LXXV, le roy prist à femme Marie fille au duc de Braibant, laquelle fut couronnée en le capelle royal à Paris, le jour de le fieste Saint-Jehan-Baptiste, par le main l'arcevesque de Rains, laquelle cose ne fu pas plaisans à l'arcevesque de Sens.

L'an mil II^c LXXVI moru l'aisné fil au roy Phelipe, pour laquel cose uns grans maistres de l'ostel le roy, lequel on apielloit : Pierre de la Broche, commencha à machiner contre la royne, et l'acusa au roy que par aventure elle désiroit la mort de ceuls qui n'estoient pas ses enffans, affin que les siens regnassent. Che Pierre hayoit la royne pour ce qu'elle ne voloit pas que sa femme fust en sa compaignie, car ceste femme ne parisioit as grans dames, et pour ce la royne n'avoit cure de li; mais, la vérité enquise diligamment, la royne fu trouvée innocens.

L'an mil II^c LXXVIII, lendemain de la fieste Saint-Pierre et Saint-Pol, cils Pierres de la Broche fu condempnés et pendus en la présence de gens sans fin, qui ne se pooient esmervillier assés comment si grant homme et de si grant auctorité vint à tel fin, car il estoit maistre consillier et gouverneur dou royaume. Entre les aultres coses que on metoit sus à lui, une lettre fu trouvée séellée de son seel, èsquelle estoit contenue traïson, laquelle cose ne pot nyer.

XIII.

GUY DE DAMPIERRE.

Première partie.

(DEPUIS L'AVÉNEMENT DE GUY DE DAMPIERRE JUSQU'A LA BATAILLE DE COURTRAY.)

Comment le roy saint Loys récompensa au roi Jehan d'Engleterre la terre d'Aquitaine.

Or vous dirons du roy Loys de France, à qui sa conscience remordoit que li roys Jehans d'Engleterre par contumace avoit perdu toute la terre d'Aquitaine. Et fist un parlement à Paris, entour le Saint-Martin, en l'an de grâce M. CC. et LX [1], et luy récompensa la conté de Cahors, la conté de Périgort et la duché d'Agenois ; et fu par tant paix et concorde entre eulx, et le tint à Paris, jusques à quaresme, et puis le convoya jusques à Saint-Omer, et là firent leur Pasques ensamble, et puis prinrent congiet li uns à l'aultre, et s'en ala cascuns en son royaume.

---

[1] Ce fut vers la Saint-Martin 1259 et non 1260 que le roi d'Angleterre vint ratifier à Paris la paix conclue avec saint Louis. Il y a lieu de remarquer que beaucoup d'événements rapportés aux feuillets suivants sont bien antérieurs à la mort de Marguerite de Constantinople (février 1279, v. st.).

Comment le pappe Innocent ala en Puile contre Mainfroy, et puis fu mors; et apriès li fu pappes li quars Alexandres qui tantost fu mors; et puis fu pappes Urbains, qui fu nés de la cité de Rains, qui ottroya et donna au conte d'Anjou, frère du roy de France, le royalme de Sézile, par ainsi que il le mesist hors des mains Mainfroy.

Or je vous di qu'après ce que li papes ot desposé l'empereur Fédric et que Mainfrois ses fils l'avoit mis à mort, tant fut pourchachié que li landegrave de Duringe, uns grans princes d'Alemaigne, fu esleu pour estre empereur de Romme; mais il morut avant qu'il fust pourveus.

Après, li papes assembla grant ost et vint en Puille pour conquerre, encontre Mainfroy, le royaume qui estoit du patrimoine saint Pierre; mais Mainfrois le défendi si que li papes n'y pot rien gaingnier. Après, li papes ala de vie à trespas, et fu eslus li quars Alexandres. Et en son tamps se fist couronner Mainfroy à roy de Puille; mais, pource que ses couronnemens estoit contre le droit de Sainte-Église, il fu tout avant escomeniés, et puis fu desposés, par sentence, de sa dignité; et puis li papes envoya querre un grant ost, mais riens n'y gaingnèrent.

A cel tamps fu une division entre les eslisseurs de l'empereur; car li aucun eslurent Alphons, le roy de Castille, et li aultre eslurent le conte Richart de Cornouaille, frère du roy d'Engleterre.

En cel tamps morut li papes Alexandres, et fu eslu un François, de la cité de Rains, et fu nommés : Urbains. Chieulx papes considéra que Mainfrois par sa tirannie avoit occupé le royaume de Sézile et de Puille qui à Sainte-Église apartenoit, et que il avoit mis les églises en servage, et qu'il avoit sur le patrimoine de saint Pierre envoyé l'ost des Sarrasins, et puis que ses gens estoyent entré en Toscane et avoyent chachiet les Guelphes hors de Florence, et qu'il avoit en pourpos de mettre Italie en subjection. Et pour ce fu-il ordené qu'on envoyeroyt contre luy Charle, conte de Prouvence et d'Angiau, et frère du roy de France; et luy ottroya li papes le royame de Sézile, par ainsi qu'il le mesist hors des mains Mainfroy.

En cel tamps apparut l'estoille à queue, qui segnefie mortalité de hauls hommes, ce dient li sage.

Comment li contes d'Anjou ala en Puille et conquist premier le chastiel de Saint-Germain-l'Aguillier, et y fu tués Mainfroy.

Atant vinrent li message du pape, qui présentèrent ses lettres à Charle; et, quant il les ot leues, il print conseil au roy Loys de France, son frère, et trouva en son conseil qu'il entreprendroit le voyage. Tantost ala partout retenir chevaliers, et s'en ala à Marseille (qui estoit sienne) et là fist apparillier sa navie, et mena avoec luy Henry d'Espaigne qui estoit ses cousins germains, et luy avoit li roys de France bailliet deux chevaliers qui estoient maistre de luy, et les tenoit-on pour les plus preux du monde, dont li uns ot à nom : Évrars de Saint-Waléry, et li aultres : Jehans Brichaut. Or avoit mandé Charles à Robert de Flandres, qui sa fille avoit à femme, qu'il le servist, à tout l'effort qu'il porroit avoir; et ainsi fist-il, ainsi que vous orés.

Quant li contes vint à Marseille, li papes luy manda qu'il se hastast, car Mainfroy avoit desjà occupé tout le règne. Tantost se mist en une galée et commanda à ses gens qu'il le suivissent le plus tost qu'il poroyent, et ne fina se vint au port du Tybre. Quant li papes et li peuples de Romme le sceurent, il vinrent encontre luy à grant proucession, et le menèrent à grant joye en la cité, et le firent souverain sénateur de Romme. Après vinrent ses gens, et assambla grant ost.

Or vous dirons de Robert de Flandres, qui avoit assamblé grant gent. Il s'en ala droite voye au mont Saint-Bernard; et adont fist desployer toutes ses banières et sonner ses trompettes, et passa toute Lombardie et vint à Romme [1], et le receut li papes à grant joye, et tout li baron.

Li contes Charles ala ordonner son ost, et s'en issi de Romme, et ala assir un chastel en Puille, qu'on appelle : Saint-Germain-l'Angelin [2], et avoit laissiet son cousin Henry d'Espaigne pour garder la cité de Romme. Quant Mainfrois entendi que son chastiaulx estoit assis, il assambla moult grant ost et s'en ala pour lever le siége; et, quant il furent aprochiet, il ordenèrent leur batailles des deux costés. Li marescal de Mirepois n'atendi mie qu'on leur courust sus, ains féri sur ses ennemis. Là veissiés batailles assam-

---

[1] Var. : De quoy on dist qu'il fist biau vasselage.   [2] Var.: L'Aguiller.

bler et combatre de toutes pars, et sires Charles sievy l'estour, criant à haute vois : « Mont-Joye! Saint-Denis! » Quant li peuples ennemis senti les grans cops que li François et li Flamans féroyent, si se desconfirent, et Mainfrois s'en fui. Mais deux escuyers de Boulenois, qui le virent si hault monté et s'en aler, entre eulx deux le rattaignirent à un pas, et là l'abatirent de son cheval, et le tuèrent et menèrent son cheval en l'ost, couvert de ses couvertures. Quant ceulx qui prins estoient, virent le cheval, il commenchèrent à faire moult grant duel et disoient que par le cheval qu'il véoient amener, il savoient bien que leur sire estoit mors. Tantost on demanda à ches deulx escuyers, où chieulx estoit à qui ce cheval fu, et il dirent qu'il l'avoient occis. Li contes Charles y envoya tantost plusieurs chevaliers et deux cordeliers, et fu apportés li corps devant luy.

Après ce, firent traitier chil du chastel au conte Charle, mais nulle paix n'y povoient trover, ains fut li chastiaulx gaingniés, et tout chil qui estoient dedens, furent mis à l'espée.

La bataille de Bonivent, et y fu pris Conradins et décolés et aucun aultre grant seigneur aussi.

Quant li contes Charles ot conquis Saint-Germain-l'Angelin, il se traist vers la cité de Bonivent, et là oïst nouvelles que li jovènes Conradins, qui estoit fils Conrad, l'aisné fils de Fédéric qu'il ot de la fille le roy Jehan d'Acre, avoit assemblé un grant ost d'Alemans et de Lombars, et s'en venoit droite voye en Puille, pour conquerre l'héritage de son tayon, et se traist droite voye vers Bonivent, là où il savoit le conte d'Angiau. Mais, en son venir, il avoit fait parler à Henry d'Espaigne, qui gardoit la cité de Romme, et avoit fait traitier à luy qu'il luy rendesist la cité, mais la chose fut trop près [1] apperchue : si s'en fui Henris d'Espaigne en l'ost Conradin, où à grant joye il fut receu. Quant Charles, li contes de Prouvence, entendi que ce grant ost venoit sur luy et qu'il estoient à six lieues près de Bonivent, tantost fist ses gens issir [2], et ala loger as champs. Conradins vint à si grant beubant et à si grant plenté de gens que tout li camp en estoient

[1] Var.: Trop tost. [2] Var.: Et la vitaille.

couvert, et estoit en s'aide li soudans de Nochères, à grant fuison de Sarrasins. Et avint un jour que Conradins fist ordenner ses batailles. Si vint à bannières désployes, pour combatre au conte de Prouvence, et avoit fait trois batailles, de quoy Henris d'Espaigne ot la première, et li Italien de la partie Gibeline la seconde. En la tierche bataille, qui estoit très-grande, estoit Conradins, et li dus d'Ostriche, ses oncles, et li marchis de Brunswic et maint aultre hault homme d'Alemaigne; et si avoit une èle du soudan de Nochères, à tout ses Sarrasins. Et ainsi vinrent ordennet devers l'ost le conte d'Angiau, et cel jour estoit venredis. Tantost vinrent li coureur devers le conte, et luy dirent : « Sire, li annemi aprochent. » Adont monta li contes Charles sur un coursier, et vint frapant à la tente messire Jehan Brichaut, qui jà en avoit oy nouvelles, là où il séoit sur un coffre et laçoit ses chausses de fer. Tantost descendi li contes et dist : « Biaulx » pères, nos anemis nous aprochent; et il est venredis. Que ferons-nous? » Le chevalier respondit : « Sire, tant fait-il meilleur combatre. Alés; se » faites sonner les trompettes et issons sur eulx, car, s'il plaist à Dieu, » nous arons victoire, avoec nostre bon droit. »

Adont fist li contes crier à l'arme, par tout son ost. Là puissiés veoir maint hault homme apparillier. Et issi li contes aux champs, et toute sa gent, et ordena trois batailles. La première mena li marisaulx de Mirepois, avec la gent de l'Église et de la Langue d'och. La seconde li contes Charles de Prouvence et li contes de Vendosme, avoec les François et les Provenchiaulx. La tierce conduisi Robers de Flandres, avoec les gens de sa terre. Quant il furent assemblé as champs les uns contre les aultres, là peut-on veoir mainte belle bannière et maint bel vassal. Adont cria li marisaulx de Mirepois, et féri des esporons, et assembla contre Henry d'Espaigne, liquels le rechupt si dur que par force il le fist reculer; mais ce fu en combatant. Quant ce vit li contes Charles, il assambla à la bataille Conradin. Là peust-on veoir maint bel estour, et li vassal estoient preux des deux lés, et longuement se combattirent. Et, endementiers que la bataille estoit au plus dur, Robers de Flandres assembla as Sarrasins, et les avoit jà perchiés et desconfis. Tantost tournèrent les dos et s'en fuirent; et là peust-on veoir maint cheval trébuschier et maint vaillant chevalier gésir, la gueule baée. Mais en la fin li os Conradin furent du tout desconfit, et fu Conradins prins, et li dus d'Ostriche et li marchis de Brunswic et jusques à sept grans princes d'Alemaigne et de Lombardie. Quant li contes Charles ot eu celle victoire, il vint à ses tentes et regarda ses prisonniers; mais ne vit Henry d'Espagne son cousin. Tantost le fist querre entre les mors; mais on le pooit trouver, car il s'en estoit fuis en l'abbéye du Mont-Cassin: après fist tant à l'abbé qu'il le luy envoya.

Un jour avint que li contes Charles fist amener tous ses prisonniers en sa tente et leur fist chanter une belle messe, et puis les fist confesser; et en fist sept, des plus grans, mener hors, et fist estendre un drap d'or sur un champ, et fist agenouiller Conradin, et là fut décolés. Après fist commander au duc d'Ostriche qu'il s'alast agenouiller; mais il s'ala agenouiller emmy les camps, et dist : « Ha, sire, ne plaise à Dieu que » mon sanc soit meslé avoec le noble sanc de Conradin; car je ne le » vau mie [1]. » Après fu décolés Henris d'Espaigne; et puis on fist décoler les aultres.

Ceste bataille de Bonivent fut faite par un vendredi, l'an M. CC et LXVIII. Après s'en ala li contes Charles à Romme, et li papes et tout si frère vinrent encontre luy à proucession et le receurent à grant joye. Et li papes le mena en son palais et le couronna à roy de Sézille.

Comment le conte Guy de Flandres ala pour conquerre la terre de Hollande, et il y fu pris et desconfis.

Or lairons à parler du roy Charles, qui desconfist tous ses anemis. Si dirons de Guyon, le conte de Flandres, qui assambla un grant ost, et voult conquerre la terre de Hollande sur le conte Florent, et demanda aucunes redevances, et vint à grant force sur la terre; et li contes Florens laissa le conte de Flandres venir si avant en sa terre, que retourner ne s'en pooit à sa volenté. Et quant li contes de Hollande le vist ainsi sourpris, si luy courut sus, et fu là li contes Guis desconfis et retenus prisonniers. Li Hollandois, qui avoient les Flamans à leur volenté, ne les voloient mie tuer, ains les despouillèrent tous nus, et puis les envoyèrent en leur païs. Mais depuis fut traitie une paix entre eulx; et fu délivrés li contes Guis, par

---

[1] Var. : car je ne le voel mie.

ainsi qu'il donneroit au conte de Hollande une sienne fille à femme, et par grant renchon qu'il luy convint payer.

Comment le roy saint Loys fu en Thunes là où il fu mors l'an M. CC. LXX.

Or retournerons-nous au roy Loys qui contendoit à grever les ennemis de la foy chrestienne. Talent li prinst d'aler conquerre le royalme de Thunes, comment que ce n'estoit mie la volenté de son conseil; mais faire le voloit, et assambla ses osts moult grans à Marseille, et là se mist en mer, et ala vers un port du royalme de Thunes, et là prinrent terre. Et lendemain allèrent asségier une moulte forte ville, et la fist assir à grant force si que la ville fu gaingnie, et furent tout li Sarrasin mis à l'espée.

Or avoit li rois mandé au roy Charle, son frère, qu'il venist à luy au siége de Castretastre [1]. Après que li rois ot prins la ville, il fu à séjour pour une grande maladie qui luy prinst, et avoec ce avoit-il le flux de ventre. Quant il vit que maladie ly agrévoit, il manda ses amis et fist ordenances si bonnes et si belles que onques rois ne fist telles et qui ne sont mie encores déclarées; et, après ce qu'il ot eu son darrain sacrement, il rendit l'esprit à Dieu, si comme il est apparu par les miracles que Dieu a depuis fait de luy. Tantost fist-on le corps apparillier et enbausmer, et le mist-on en un vaissiel de plonc et fu mis en mer, et le mena-on en France, à tout son ost.

Quant li rois Charles, qui s'estoit mis en grant navie pour venir vers luy, sceut la mort son frère, si s'en retourna arrière; et mena-on le corps du roy à Nostre-Dame de Paris, et là fist-on les obsèques moult grandes; et puis fut convoyés li corps de toutes les congrégations de Paris, jusques à Saint-Denis, et là fu li sains corps enterrés, l'an de grâce M. CC et LXX.

[1] On lit : Castelcastre dans les Chroniques de Saint-Denis.

Comment le roy Phelippe, fil saint Loys, se fist couronner, qui fu pères au roy Phelippe le Bel.

Après ce que li corps sains fu enterrés, Philippe, ses fils, assambla tous ses barons, et se fist couronner à Rains, et la royne sa femme qui estoit fille du roy d'Arragon; et avoit de celle femme deux fils et une fille, desquels li aisnés fut appelés : Philippes le Bel, et li aultres : Charles, et fu conte de Vallois. Tantost après morut la royne, et li rois prinst à femme la suer le duc Jehan de Brabant, qui fut : nommée Marie, et en ot un fils qui fu nommé : Loys, et fu conte d'Évreux, et si en ot une fille, qui puis fu mariée au roy Édouard d'Engleterre.

Des lignées qui yssèrent des enfans du premier conte d'Artois.

Vous avés bien oy comment li contes d'Artois, qui morut en la ville qui fu appelée : le Masoure, avoit prins l'antain au duc de Brabant et à la royne Marie, et qu'il en ot un fils qui fut nommés : Philippes et une fille qui fut nommée : Mehaut. Chieulx fieuls ot à femme madame Blanche, fille le conte de Bretaigne, et en ot un fils qui fut nommés : Robers, et puis fu contes de Beaumont, et en ot trois filles, de quoi la première fut mariée à Loys de France, et en ot le roy de Navarre et la contesse de Brabant et la contesse de Bourgoingne. L'autre fille du conte d'Artois fu donnée au conte de Foix, et la tierche fu donnée au conte Jehan de Namur. Philippes li Biaux print à femme la fille du roy Thiebaut de Navarre, et en ot trois fils, desquels li premier ot à nom : Loys, li secons : Philippes, le tierch : Charles, et une fille qui ot à nom : Ysabeau, qui fu mariée au roy Édouard d'Engleterre, et en ot un fils et deux filles, de quoi li fils fu marié à la fille du conte Guillame de Hainau, et l'aisnée fille fut mariée au conte Renaud de Guelre, et l'aultre fille fut mariée à David le roy d'Escoce.

Or revenray-je à la mère de conte d'Artois. Quant ses barons fu mors, ainsi comme vous avés oy, elle se remaria au conte Guy de Saint-Pol. Desormais revenons à nostre première matière.

De la bataille de Lembourc.

Quant sires Henris de Lussembourc fu mors, de qui vous avés oy parler, de luy demourèrent trois fils, desquels li aisnés fu conte de Lussembourc, et avoit à femme la fille sire Jehan d'Avesnes, de laquelle ot le très-noble empereur et conte Henry de Lussembourc. Et si doy frère, par l'ennortement de leurs deux suers, la contesse de Flandres et la contesse de Hainau, se trairent à leur oncle, le conte de Guelre, et luy requirent que pour Dieu il leur voulsist aidier encontre le duc Jehan de Brabant, liquels par force leur toloit le conté de Lembourc et ne leur voloit faire nulle raison. Tantost li contes de Guelre, qui ceste chose prit à cuer, manda partout parens et amis, et assembla grant ost, et vint pour destruire la duché de Brabant. Quant li dus de Brabant sceut que si grant gent venoient sur luy, tantost assembla de gens ce qu'il pot, et se traist vers Lembourc, à une ville, qu'on appelle : Ouromme [1]. Li contes Guis de Flandres vit ces deux grans osts assambler des deux parties. Si parla à sa femme et à la contesse de Hainau, lesquelles soustenoient leurs frères de corps et d'avoir, et eust moult volentiers traitiet de la paix, car moult faisoient leurs frères de leur conseil, et les contesses respondirent au conte : « Sire, pour Dieu, ne vous » en meslés. » Et li contes n'en parla plus. Li deux ost s'entr'aprochèrent; et quant les batailles furent arengies les unes contre les aultres, li contes de Guelre fist ses bannières aler avant, et li dus fist estendre les siennes. Là commencha la bataille moult forte et crueuse et dura une grant pièce. Mais à un poindre, que li contes de Lussembourc fist, fu abatus son cheval, et fu occis. Et, comment que li contes de Guelre eust plus de gens que li dus, ainsi comme Diex le volt, il furent desconfit, et furent li trois fils de Lussembourc occis et maint hault chevalier, et fu prins l'archevesque de Coulongne. Quant li contes de Guelre vit la desconfiture, si s'en tourna en fuite; mais Gui de Saint-Pol apercoeut qu'il s'en fuyoit : si le sieuwy,

---

[1] Woeringen.

On lit dans la chronique inédite de Gilles Le Bel : En l'an M. CC. LXXXIX ardit le duck Jehan de Brabant devant Coullongne et abeuvrat son cheval au Rein en despit des Allemans, puis asségat le chastinul de Vorant. Li archevesque de Coullongne venit, et la fleur d'Alemaingne, mais le duck Jehan les desconfist, et y furent ochis li frères de Lussembourgh.

luy douzième, et le prinst en fuyant, et le amena en prison au duc. Quant li dus ot celle victoire et conquis Lembourg par bataille, tantost fist écarteler ses armes as armes de Lembourg, et laissa son cry de Louvain, et cria : « Lembourg, à celuy qui l'a conquis! » Quant li contes Guis de Flandres oy les nouvelles, tantost vint à la contesse qui riens n'en savoit, et elle luy demanda : « Sire, avés-vous oy nulles nouvelles? » Et li contes respondit : « Ouy, mauvaises, vos frères sont tout mort. » Tantost s'en ala en sa chambre, faisant grant duel. Mais li ami, qui virent la guerre mal séant, firent traitier de la paix, et fu la chose acordée et la paix faite par tel si que Henris, qui fu fils le conte de Lussembourc, qui mors estoit en la bataille, prenderoit à femme la fille du duc de Brabant. Et en ot chieulx Henris un fils et une fille, et fu li fils appelés : Jehans, et ot à femme la royne de Behaigne, et la fille fu mariée au roy Jehan de France. Li contes de Guelre et l'archevesques de Couloingne furent renchonné. Ceste bataille fut à Ouromme en Brabant, l'an de grâce M. CC. et quatre-vingt [1].

Comment les barons d'Engleterre eurent guerre contre leur roy et firent leur chèvetaine le conte de Montfort, lequel conte prist Édouart et Aymon enfans du roy; et comment Édouard eschapa et passa la rivière de Tamise sur ung destrier, tous armés pour le tournoy; et puis s'en ala en Acre, et tantost s'en revint en Engleterre pour son père qui estoit mors, et le conte de Montfort estoit prins; et en venant eut moult de contraire en mer, et se maria à Aelle fille du roy d'Espaigne, et puis fu couronnés à roy d'Engleterre, et le conte de Montfort fu mors en prison.

Cy-devant avés oy que Henris, li rois d'Engleterre, s'estoit partis, par paix faisant, du roy de France, avoec sa femme et ses enfans, et s'en estoit revenus en Engleterre. Tantost li baron sceurent comment il avoit paix au roy de France à son déshonneur, car il estoit obligiés de venir deux fois l'an faire hommage au roy en sa personne : pour quoy il disoient qu'il ne

---

[1] On trouve le même récit de la bataille de Woeringen dans les *Chroniques de Saint-Denis*, t. V, p. 91 (édition de M. Paulin Paris.

voloient obéir à nul roy serf. Tantost prinrent conseil ensemble, et envoyèrent au conte de Montfort, en luy requérant qu'il voulsist venir rechevoir le royame d'Engleterre; car leurs rois avait tant fait envers eux qu'à luy ne devoient plus obéir, mais alast tenir sa terre par delà la mer et fist son service, ainsi qu'il avoit en convent. Tantost li contes Symons de Montfort assembla tout ce qu'il pot avoir de gens, et s'en vint en Engleterre et fu receus à grant joye des barons. Li rois, qui savoit sa venue, se traist en la terre de Gales et laissa la royne (qui estoit contesse de Pontieu) et Édouard et Aymon ses enfans, avoec une partie de sa gent. Simons de Montfort prinst Édouard, l'aisné fils du roy, et fu menés à Londres, et li contes de Montfort, qui tendoit à conquerre l'Engleterre, fist tant vers les barons que la plus grant partie obéissoient à luy, comme à leur roy, sans ce qu'il fust couronnés.

Or vous dirons d'Édouard. Comme il estoit en prison à Londres, avoit li contes de Montfort commandé qu'on luy laissast faire tous les déduis qu'il voloit faire, sus sauvegarde. Édouars, qui estoit moult dolens de ce qu'il se vit en prison de ceulx qui devoient estre si subget, s'appensa d'une folie très-hardie. Un jour fist assembler une grant partie des jovènes bachelers du païs, et disoit qu'il vouloit aler behourder, et ala drechier son estandart en une prairie, qui estoit enclose, d'un lés, de la rivière de Tamise, qui moult estoit grande, et à l'autre lés estoit toute garnie de gens d'armes. Quant il fu montés, et si compaignon, il commenchèrent l'esbanoy; mais li destriers, sur quoy il estoit montés, ne luy estoit pas bien agréables. Si requist à ses gardes qu'il luy en baillassent un du seigneur de Montfort; et il le firent. Quant Édouars fu montés sur ce destrier, et il le senti dessous luy fort et puissant, tantost féri des espourons en la rivière, et li chevaulx, qui fors estoit, noa dessous luy tout outre la rivière. Quant ses gardes le virent ainsi aler, il furent moult grandement esbahi, car nuls ne l'osa suyvre, et, quant il fu oultre passés, ne fina onques, si vint à le mer, et y trouva une nef, que si privé luy avoient apprestée et entra ens et fist lever les voiles, et ala droit à Bourdiaux là où il fu rechus à grant joye, et demoura là une pièce, et assembla deniers et toute la bonne chevalerie qu'il pooit avoir de Bourdelois et de Gascogne. Si les mena à Aigues-Mortes, et se mirent en mer, et alèrent à Acre; et tantost chil d'Acre en firent leur capitaine, car li rois d'Engleterre y avoit grant avoir, qui luy fu tout abandonné. Là fit moult bel vasselage sur les Sarrasins. Tant y demoura, que nouvelles luy vinrent, que li sires de Mortemer avoit pris le conte de Montfort, par force, et que li rois ses pères estoit mors et enterrés en l'abbéye de Westmoustier. Tantost Édouwars laissa garnison à Acre, et en fit capitaine un vaillant chevalier, qui ot à nom : Ottes de Grantson, et luy laissa deniers pour tenir la guerre contre les Sarrasins, et puis s'en vint en Engleterre. Là vinrent li baron, qui avoient esté contre son père, à sa merchy. La royne, qui estoit contesse de Pontieu, et Émons, ses aultres fils, qui estoit conte de Lenclastre, le receurent à grant feste, et le menèrent à Londres ; et là fu couronnés à roy d'Engleterre, et sa femme à royne. Et li contes Simons de Montfort, qui estoit en prison à Londres ou chastel, morut comme vaillans chevaliers, et li rois fist justice d'aucuns aultres.

Comment Pierres de la Broce fu pendus.

Désormais revenons au roy Philippe de France, qui avoit un gouverneur qu'on appeloit : Pierre de la Broce. Chieulx fu si présumptueux qu'il fist vestir ses enfans, ainsi et d'autel comme les enfans du roy. Et avint que li contes d'Artois, qui estoit cousins germains du roy, et li dus Jehans de Brabant, qui estoit frères de la royne, quéroient partout les armes, et ne les pooient faire sans grans despens ; et Pierres de la Broce ne leur voloit pas tant de deniers administrer, comme mestiers leur fu. Si le prinrent en haine et l'accusèrent, par-devers le roy, de plusieurs fais horribles, et tant qu'il fut jugiés à pendre, et tantost fu mis sur une charrette, et li contes d'Artois chevauchoit d'un costé, et li dus de Brabant à l'aultre lés, et le menèrent [1] au Montfaucon, et là fu pendus.

Comment li quens de Bar fu mors [2].

Après fist li contes de Bar crier unes joustes à Bar-le-Duc, et y jousta li dus de Brabant encontre un vaillant homme, qu'on appeloit : sire Pierre

---

[1] Le MS. 14910 de Bruxelles ajoute : chantant.
[2] Je n'ai pas cru devoir faire usage jusqu'à ce moment du MS. 10432 de la Bibliothèque royale de Bruxelles, parce que l'on y retrouve les mêmes

GUI DE DAMPIERRE.

de Baufremont, et fu li dus attains de la seconde lance ou bras, et luy furent tout li nerf portet hors de la lance; et puis fu portés à son hostel et jut sept jours, et puis manda le chevalier devant lui et luy pardonna sa mort, et au witisme jour trespassa.

Comment le roy Charles de Sezile fu mors l'an M CC IIII^{xx} et IIII, et si parle de ses enfans et successeurs.

Aussi trespassa Charles, li rois de Sezille, l'an de grâce M CC quatre-vingt et quatre, et vint li royames à son fils, qui fu nommés Charles li Clos, et ot à femme la princesse de Salerne et de la Mourée, et en ot trois fils et trois filles. L'aisné fu nommés : rois Robers, et li aultres : princes de Sa-

---

légendes que dans Jean d'Outremeuse et dans d'autres récits où la vérité se confond avec les plus grossières erreurs. Néanmoins j'en reproduirai en note quelques chapitres relatifs à l'époque de Gui de Dampierre, car on peut admettre que l'histoire de ce temps a été mieux connue par l'auteur qui paraît avoir vécu sous le règne de Philippe de Valois; mais il est d'autant plus nécessaire de le faire avec d'expresses réserves sur l'exactitude des détails, que cette relation est fort hostile aux Flamands :

Une pièche après estoit li roys Édouars à Londres; et dist li roys Édouars : « Puis que Philippes » li Hardis est mors », car il voloit ravoir Gas-congne. Lors fist amis partout et fist crier unes joustes, et li dus de Braibant les fourjousta. Quant li vespres vint, on souppa, et li roys avoit II sereurs. Li dus en demanda l'une, et li roys englès dist que li li donroit volentiers par tele condition qu'il li aideroit en tous cas encontre le roy de Franche; et li dus de Braibant dist que il le feroit volentiers. Lors li fu donnée le maisnée, et en fu menée en Braibant. Et assés tost après l'aisnée fu donnée au conte de Bar. Quant li dus de Braibant oy nouvelles que li contes de Bar avoit l'aisnée et le plus belle, si le tint à trop grant despit et dit que il fera, s'il puet, qu'il ara le dame ainchois qu'elle soit espousée, et que il en fera se volenté, et puis si le renvoiera. Il en ala en le terre le conte de Bar et mist ses gens en chertain lieu, et lors vint là où on faisoit les noeuches; car ad ce jour on les faisoit. Lors print un hiraut qui vint à le tavle et dit si hault que chascuns l'entendi : « Contes de Bar, li dus de Braibant vous mande » que, se vous estes preudons, que vous joustés » une jouste contre li. Si verra-on lequelle de » miex mariée des deux sereurs. » Li contes de Bar y fust volentiers alés; mais on ne li vault souffrir, car on dist que il estoit trop nouvellement mariés et que il ne jousteroit point. Mais on dist au duc que, se il voloit jouster, on li envoieroit Pierre de Bolmelmont, et li dus de Braibant dist que il y jousteroit volentiers. Il joustèrent ensamble, et li dus de Braibant quéy en telle manière, et li et le queval, que il morut de ce coup. Or est-il paiés de se malvaise volenté. Li roys Philippes li Biaux oy nouvelles comment li dus de Braibant estoit mort, mais il ne compta mie granment.

lerne et de la Mourée et prince de Tarente. Li aisnée fut donnée à Charlon, fils du roy Philippe de France, de laquelle issi Philippes contes du Mans, qui puis fu roy de France, ainsi que vous orés, et Charles d'Alençon, et une fille qui fu donnée au conte de Hainau, qui fu appellés : Guilliames; et la tierche fu donnée au conte de Blois. Et puis morut chelle dame, et sire Charles reprist à femme l'empereis de Constantinople et en ot une fille, qui puis se maria à messire Robert d'Artois, qui fu contes d'Artois [1].

De la bataille d'Arragon.

En cel temps, li rois d'Arragon envahy le royame de Sezille, pour quoy li papes l'ammonesta qu'il en laissast joïr Charlon le Clos, qui drois rois en estoit de par l'Église; mais li rois d'Arragon n'en voult riens faire, pour quoy li papes Martins le condampna et envoya en France un cardinal légat, qui fist entreprendre le fait au roy de France et deffendit sur paine d'escumeniement que nuls ne l'appelast roy d'Arragon, mais tant seulement Pierre d'Arragon.

Tantost fist li rois de France semondre ses osts que tous fussent à Toulouse, et de là s'en ala à Carcassonne; et tantost entrèrent en la terre de Roussillon, qui estoit tenue du roy d'Arragon, et se rendirent à luy chil de Casteloingne. Après vint l'ost à Pierre-Latte [2], où Pierres d'Arragon estoit, liquels s'en parti par nuit et bouta le feu dans la ville. Adont vint au roy li évesques de Ienne [3], et se complaigni au roy, disant que Pierres d'Arragon l'avoit chacé hors de son évesché, pource qu'il se tenoit de la partie de l'Église. Si fist li rois de France assir la cité, et tant y fist de fors assaulx que par force elle fut prinse. Là vindrent li prestre revestu, portans le corps de Nostre-Seigneur, et les femmes grosses haussoyent leurs draps et monstroient leurs ventres, et les mères et les pères portoient leurs petis enfans pour estre espargniés; mais li légal et deux aultres cardinaux qui là estoient venu, commandèrent, de par Dieu et de par l'aultorité du

---

[1] Var. : et de Beaumont.
[2] On lit dans les Chroniques de Saint-Denis: Pierrelatte. Ceci est tiré des Gestes de Philippe III qui portent : Petralata.
[3] Ianna dans le texte latin des Gestes de Philippe III. Il faut entendre ceci de la cité épiscopale d'Elne.

pape, que tout mesissent à l'espée, prestres, clers, hommes, femmes et enfants, et absolurent tous ceulx qui les tuoyent, de par saint Pierre et de par saint Pol. Quant tout furent mors, moult fut piteuse chose à veoir.

Après passa li rois de France les montaignes d'Arragon et vint à Gironde, un chastel qui estoit moult fors. En ce siége fut l'ost moult agrevé par famine et par pestilence de mousques[1], qui les destraingnoient si que moult de gens en morurent.

Après donna li rois de France congiet à ses galères, par mal conseil qu'il ot, et tantost les garnisons, que li rois de France avoit saisies, furent toutes destruites, car message alèrent tantost à Pierre d'Arragon. Quant Pierres d'Arragon sceut que li rois de France avoit saisi Gironde la cité, il assambla ses osts[2] et vint pour rescourre la ville, par grant effort. Li rois, qui bien savoit sa venue, fist ordenner ses batailles : si ala encontre luy. Si assamblèrent ensemble; mais en la fin li rois de France ot victore. Et fu Pierres d'Arragon navrés, mais pas n'en moru; ains s'en ala, luy et ses enfans, en Sezille.

Le mort le roy de France.

Assés tost vint une grande maladie au roy de France, pour quoy li François laissèrent le siége, et fu li rois menés à Paris; mais il morut, ains qu'il fust là, et fu ensevely à Saint-Denis et enterrés dalés son père, et ses cuers fu enseveli aux Prescheurs à Paris.

Comment Philippes, fils le roy Phelippon le Hardi, fu couronnés à Rains par l'archevesque Pierre de Courtenay.

Après ce que li rois Philippes fu mors, qui avoit régné quatorze ans, fu couronnés ses fieulx par les mains Pierre de Courtenay, archevesque

---

[1] Var. : mouches.
[2] Un MS ajoute : liquel destruisirent toutes les garnisons que li roys de France avoit laissies.

de Rains, le jour de l'Épiphanie, l'an de grâce M CC et quatre-vingt et sept[1].

Désormais dirons de la cité d'Acre, comment elle fu destruite.

Comment les Sarrasins gaingnièrent la cité d'Acre que le roy d'Engleterre avoit laissie en garde à Othe de Grantson, et comment se deffiguroient les belles femmes pour ce que les Sarrasins ne les convoitassent.

Vous avés bien oy par-dessus, que, quant li rois d'Engleterre se parti d'Acre, il laissa sire Othe de Grantson, avoec sa chevalerie et avoec le mariscal du Temple et le maistre del Hospital, garde de toute la terre d'Acre, qui en la main des crestiens estoit; mais li soudans de Babilonne qui moult puissans Sarrasins estoit, assembla tout son pooir, et vint la cité d'Acre assir; mais li crestien pooient bien issir et entrer d'un lés, et estoit la ville moult forte, car elle estoit fermée de deux paires de murs. Li Sarrasin, qui estoient moult de gent, y firent moult de divers assaulx. Quant li siéges ot duré deux ans, li Sarrasin estoient sur le départir; car il veoient qu'il perderoient leur paine, et avoient traitiet une paix; mais, anchois qu'elle fust affermée, fu li soudans mors. Adont prinst conseil ses fils, et si chevalier luy consillièrent et luy dirent que moult seroit grant honte, s'il se départoit du siége, puis que ses pères y avoit esté mors, sans avoir la cité; et il jura que jà ne s'en partiroit, si auroit la ville prinse.

[1] Philippes li Biaux régna XXIX ans, et avint plus d'aventures de sen tamps en Franche que de roy qui piècha y fust. Et fu roys Philippes li Biaux en l'an de grace Nostre-Seigneur M CCIIII^{xx} et V et régna sur deux royaumes, sur Franche et sur Navaire. A sen tamps fu le guerre de li et des Englès, et le paix fu faite par chou que li roys englès espousa le sereur du roy de Franche. L'an M CC IIII^{xx} XIX fu fais li mariages. Et quant partie de ses barons furent mort à Courtray l'an M CCC II le jour saint Benoit, après il ot victoire contre Flamens à Mons-en-Pevre l'an M CCC V. Et à sen tamps fu li ordres des Templiers destruis l'an M CCC VII. Et après il fist prendre le pappe Boniface pour ce qu'il avoit envoié lettres pour li esquemunier. Là fu Guillame Longaret. Et le femme de un des fiex Philippe le Bel se porta, si comme on dist, malvaisement : ce fu le femme Charle de le Marche, et morut le dame en prison : ce fu l'an M CCC XIII. Et en chel an furent escorchié et pendu à Pontoise Philippes d'Aunay et Gautiers ses frères. Il régna XXIX ans.

Quant Philippes li Biaux fu roys, il espousa le royne de Navaire qui estoit dame de Champaigne et de Brie. (MS. 10432).

Quant li crestien, qui en la ville estoient, sceurent ce, moult furent à grande destrèche; car li vivre leur estoit du tout failli. Si commenchièrent foiblement à deffendre, et li Sarrasin le percheurent; si prinrent cuer en eulx et envoyèrent leurs mineurs, et minèrent tant qu'il firent cheoir un grant pan de mur, et y estoient jà entré, et commenchièrent li crestien à fuir [1]. Et quant les nouvelles vinrent au mariscal du Temple, il féri le cheval des espourons devers les portes et trouva les Sarrasins, qui se combatoient à no gent, et là assembla à eulx, et tant les tint que la ville fu estourmie; et li secours vint si grant qu'il convint les Sarrasins retourner, et fu à cel jour la ville sauvée par les Templiers. Mais, au retourner, on trouva mort le mariscal du Temple et moult de ses chevaliers, dont ce fu grans damages à crestienneté. Quant li Sarrasin furent widiet, on fist restouper le treu de gros mairien et de cloyes, pour quoy nul n'y pooit entrer. Après, li Sarrasin se rassamblèrent et assallirent la ville si fort que nuls engiens ne pooit deffendre la ville longuement. Si prinrent no gens conseil de eulx partir. Tantost li chevalier de deçà se mirent en mer et vinrent en Cypre. Quant messire Othes de Grantson, qui là estoit de par le roy d'Engleterre, vit que ses gens luy falloient et que li Sarrasin avoient gaingniet un des murs de la ville et entroyent dedans par force, et à peine trouvoyent-il personne qui se vaulsist mettre à deffense, tantost se mist en une galée et arriva en Cypre. Un jour avint que li Sarrasin se percheurent que nos gens estoient défalli de toute deffense [2]. Si drechièrent leurs eskielles as murs et y entrèrent, et gaingnièrent la ville par force sur nos gens et firent leurs batailles entrer. Quant li patriarches Nicoles vint que la chose aloit mal, il se mist en une grant barge, et là peust-on veir les femmes, les clers et les petits enfans, qui aloient sur les murs et se laissoient cheoir en la mer, et en receut tant li patriarches en sa nef qu'elle enfonça [3], et furent tout noyé. Li aucun estoient à leurs huis et as portes de leurs moustiers, et se deffendoyent tant qu'il pooient; mais deffense n'y valut rien, car tout furent tué. Là peust-on veir les nonnains, les belles dames et les belles pucelles, qui coppoyent leurs nez, les aultres leurs lèvres, et les aultres crevoient leurs yeux. Là furent tout chil de la ville tué et mis à mort des Sarrasins.

[1] Var. : les crestiens à tuer.
[2] Var. : du tout de deffendre.
[3] Var. : qu'elle effondra.

Quant li soudans de Babilonne vit celle conqueste, laquelle estoit ses premiers fais d'armes, si commanda que toute la ville fust mise en feu et en flamme. Tantost emportèrent li Sarrasin tout le trésor de la ville, et fu là toute destruite si comme il appiert encore, et fut en l'an de grâce mil CC IIII^{xx} et XI. Lors régnoit en France Philippes li Biaux.

Comment Adulphus fu esleus roys d'Alemaigne et les lettres qu'il envoya au roy de France et la response que le roy de France luy fist, et puis furent à acort par ce que le roy de France li donna sa suer à femme.

En cel tamps morut li rois d'Alemaigne, et les esliseur s'assamblèrent à Couloingne et eslurent un vaillant homme, qui fut appelé : Adulphe. Tantost qu'il fu couronnés, il fist assambler les barons d'Alemaigne et leur monstra que li rois de France avoit grant partie de l'empire devers luy, laquelle chose il ne povoit faire par le serment qu'il avoit fait à l'empire. Tantost eslurent deux chevaliers, qui aportèrent lettres au roy de France, de par le roy d'Alemaigne, en ceste fourme : « Adulphus, par le grâce de
» Dieu, rois des Romains, toudis acroissant, à très-hault prince et seigneur
» Philippe, roy de France. Comme par vous les possessions, les droitures,
» les juridictions et autres tiltres de nostre empire soyent empeschés
» et détenus par moult de tamps et folement fourtraities, ains comme il
» appert clèrement en divers lieux, comme nous ne puissèmes passer
» ceste chose sous souffrance de simulation, nous vous signefions par ces
» présentes lettres que nous nous ordenons à aler contre vous, à toute
» nostre poissance, en parfinement de nostre grant injure, laquelle in-
» jure nous ne povons souffrir. Donné à Nuremberge, la seconde calende
» de novembre, l'an de grâce mil deux cens quatre-vingt et quatorze. »
Quant li roys de France ot veu les lettres, il ot grant délibération de conseil et leur bailla la response de leurs lettres. Et tantost li chevalier se départirent, et vinrent à leur seigneur et luy baillièrent les lettres du roy, qui estoient moult grandes; et, quant elles furent ouvertes, on ne trouva riens dedens escript fors : « Troup Allemant. » Et ceste response fut faite par sire Robert d'Artois, avoec le grant conseil du roy.

Après fu faite la paix et fu mise journée des deux roys à estre à Valcoulour. Là fu ordenés li mariages du roy d'Alemaigne et de la suer du roy de France, et par tant fut la paix confermée, et si tost qu'il l'ot prinse à femme, il mena sa femme avoec lui [1].

Comment Célestin fu pappe et comment il résigna la papalité à Bénédic Gaytan par la fraude dudit Bénédic, et fu nommés : Boniface.

En cel tamps mourut li papes Nicolas, et s'assamblèrent li cardinal pour faire pape, mais ne porent acorder que nuls d'eulx le fust; et demoura li siéges vaghes deux ans. Mais tant fu la chose démenée que li cardinal laissièrent la chose sur deux de leurs compaignons, dont li uns fu Pierre de la Coulombe, et li aultres Bénédic Gaitan. Chil doi firent leur élection et eslurent par acord un hermite, qui estoit en un bois dalés Romme, et estoit simple homs, et l'appeloit-on : frère Pierre de Moiron. Tantost il crièrent : « Nous avons pape frère Pierre de Moiron. » Et tantost on courut à luy, et l'emmena-on hors de son hermitage, et le mirent sur un grant mul, et le menèrent au palais de Latran, et fu consacrés à pape et nommés : Célestin. Tantost rechupt [2] monseigneur Bénédic Caitan. Quant messire Bénédic vit qu'il ne povoit venir à la papalité se ce n'estoit par fraude, il s'en ala à penser d'un grant malice. Un jour avint qu'il entra en la chambre du pape, qui gisoit en son lit. Si regarda la manière de son gésir, et avoit les cambrelens à sa volenté. Après fist despechier la paroit et mettre une buisine d'airain, de quoy li huchès [3] s'estendoit jusques où li papes gisoit. Et uns menistres du cardinal Bénédic mist la buisine à sa bouche, de quoy li aultres bous aloit à la bouche du pape, et luy dist : « Résigne, résigne; car tu n'es pas digne de gouverner le monde. » Et ainsi l'ouy li papes par pluseurs fois, tant qu'il s'en descouvri à Bénédic. Chieulx papes estoit moult simples homs. Après fist assambler consistoire, et y furent tout li cardinal, et leur dist qu'il ne voloit plus estre papes; car li Sains-Espris luy avoit démonstré qu'il n'en estoit pas dignes. Li car-

---

[1] Cf. le récit des Chroniques de Saint-Denis, t. V, p. 110.
[2] Var. : retint.
[3] Var. : li buhos, li buses.

dinal l'en blasmèrent; car il faisoient assés de leurs volentés. Mais il ne volut retenir la papauté, ains le résigna en la main messire Bénédic, jà soit ce que tout li cardinal y contredisoient par moult de raisons. Mais il respondi, ainsi qu'il fu apprins, que puisqu'il avoit pooir de lier et délier, il leur commandoit, sur obéissance, qu'il le receussent à pape, et luy mist tantost l'annel au doigt et le revestit de la papalité. Quant li cardinal virent que refuser ne le pooient par nul droit, si le receurent à pape, et le portèrent à Saint-Jehan de Latran, et là le consacrèrent, et fu nommés : Boniface. Tantost fist prendre frère Pierre de Moiron qui papes avoit esté, et le fist mener en ung chastel et ileuc le fist garder tout le demourant de sa vie [1].

Comment li roy de France fist requerrè au pape que li corps saint Loys fust eslevés, et comment il retint le lignage des Columbois pour le servir contre le pape Boniface.

Or avint que li rois Philippes de France, qui avoit grant ayde des cardinaux, fist requerre au pape que li corps saint Loys fust élevé. Li papes assembla consistoire, et furent là démonstrés les miracles, que Dieux avoit fais pour luy. Mais li papes, qui n'amoit mie le roy de France, dist que, pour la cause qu'il avoit mis ses baillies et ses prévostés à ferme, de quoy maint povre homme en estoit déshérité, il ne le oseroit lever à saint. Mais en la fin, pour ce que li cardinal monstrèrent assés de miracles, pour quoy il devoit estre levés, tantost li papes le laissa en leur conscience [2]; et tost après fu acordé que li sains corps fust eslevés et fust tenu pour saint. Pour ceste cause, ot li rois le cuer si enflé envers le pape, que onques puis n'y ot bon fons, et ala li rois retenir tout le lignage des Columbois à ses deniers, qui luy aydèrent [3] à tenir sa cause contre le pape Boniface.

[1] Var. : tout le remenant de sa vie.
[2] Var. : en consciences.
[3] Var. : qui luy aideroient.

GUI DE DAMPIERRE.

Comment le roy Édouart d'Engleterre requist la fille au conte de Flandres à femme pour avoir l'ayde du conte contre le roy de France.

Désormais recommencerons le geste des Flamans et de leurs guerres [1]. Il avint que li rois Édouwars d'Engleterre ot moult le cuer enflé que li rois de France tenoit aucunes parties des terres qui avoient esté et devoient estre siennes, ainsi qu'il luy sambloit; et véoit que au chief n'en pooit venir, s'il n'avoit l'aide d'aucuns des barons de par dechà; et estoit sa femme morte, qui fu fille du roy d'Espaigne et mère à Édouward, à la duchesse de Brabant et à la contesse de Bar. Si envoya l'évesque de Lincole et et le conte de Garengnes au conte Guyon de Flandres, et luy portèrent les lettres de créance du roy d'Engleterre, et se trairent à Winendale, où li contes Guis estoit, qui les receut honorablement. Si luy baillèrent leurs lettres, et dirent au conte : « Sire, li rois a entendu que vous avés une » fille, qui a nom : Philippe. Si vous prie que vous le luy envoyés, car » il le veut avoir à femme. » Quant li contes Guis l'entendi, il manda ses parens, et li fut la dame donnée, et prinrent la foy de la dame, puis s'en ralèrent en leur pays. Li contes de Flandres fist moult grant appareil pour envoyer sa fille en Engleterre; mais li rois de France fist dire au conte, ainsi que se ce ne fust pas de par luy, que moult se tenroit li rois de France mal payés, s'il envoyoit sa fille oultre mer, sans prendre con-

---

[1] Le MS. 10452 a conservé un récit succinct des dissensions qui éclatèrent vers 1290 entre le comte de Flandre et le comte de Hainaut :

En cel tempore avint que li contes de Hainault fu en son pays. Si ot volonté de guerrier au conte de Flandres pour le contet d'Alos que li contes de Flandres li voloit tenir et tolir. Quant li contes de Flandres sot que li contes de Hainault assanloit ses gens, si dist que il l'iroit querre en Hollande là où il savoit que li contes de Hainault estoit, et il si fist. Quant li contes de Hainault sot que li contes de Flandres estoit venus en son pays pour li courre sus, si le tint à grant despit.

Lors se conseilla à ses gens et dist que grant despit li avoit fait li contes de Flandres qui estoit arrivés en Hollande, et il li fu loé que tantost et incontinant il li allast courre sus, et il dist que si feroit-il. Et tantost il demanda bataille au conte de Flandres, et li contes de Flandres l'acorda volontiers, car il avait ij tamps de gens que n'avoit li contes de Hainault.

Le bataille se fist, et furent li Flamenc desconfit, et Sansset de Boussoi fu li uns des miex faisans. Après, les trièves furent donnés jusques à iij ans des deux cousins germains.

giet de luy. Tantost fu conseillé ¹ qu'il alast vers le roy de France et menast sa fille avoec luy : liquels le fist, dont il fist que fol ².

¹ Var. : s'en conseilla.

² Voici quel est au sujet de ces événements le récit du MS. 10432 :

Li roys Édouars toudis s'avisoit de faire amis pour grever au roy Philippe le Bel. Il manda le conte de Flandres que il alast parler à lui; et il si fist et mena avecques li ses iiij filx Robert de Béthune, Philippe de Thiette, Guillaume de Courtray et l'autre Guillaume de Crièvecœur et plenté de ses boins gens. Li contes Guys de Dampierre salua le roy Édouars et li dist : « Sire, je sui chi » venus à vostre commandement. » — « Vostre » merchi, » dist Édouars. — « Et je vous diray » que je vous voeul » dist li roys. — « Or dites, » dist Guis, et je vous escouteray moult volon- » tiers. » Et li roys commenche se raison en ceste manière : « Vous avés unne fille. Donnés-le moy. » Si sera royne d'Engleterre. » — « Non ferai, » dist li contes Guis de Dompierre, car vous estes » trop viex; mais, se il vous plaist, je le donray » à vo fil. » — « Il me plaist bien, dist li roys, » mais ce sera par tel condition que vous m'aidé- » rés toutes mes guerres à maintenir encontre le » roy franchoys et encontre tous ses prochains. » — « Et je le vous acorde, dist li contes de Flan- » dres. Et le vous jure sur me loyautté. »

Li contes de Flandres s'en revint en ses pays pour faire ses pourvéanches, et li roys Philippes estoit à Paris qui avoit oy nouvelles de l'estat le roy d'Engleterre; et savoit bien li roys Philippes nouvelles du mariage et de li alianche que li roys Édouars et li contes Guis de Dompierre avoient fait. Si manda ses barons partout, et il y vinrent. Si vous dirai qui il furent. Il y estoit : Loys d'Évreuses et Charles de Valois, li boins Robers d'Artois, Guy de Saint-Pol et Jaques ses frères, Regnault de Boulogne, li contes Jehans de Pontieu et cheli de Guines, chiex de Dampmartin et Loys de Blois, le dauffin de Vienne, le dauffin d'Auvergne, le conte de Savoie, le conte de Hainault qui trop haoit le conte de Flandres; et si y vint le duc de Bretaigne, le conte de Montfort, le conte de Brion, le duc de Bourgougne, le conte d'Auchoire, le conte de Sanssoirre et autres contes que je ne say nommer. Et se plaint Philippes li Biaux à cheux que j'ai chi nommés, du mariage comment il avait esté fais du fil le roy Édouart d'Engleterre et de le fille de Guy de Dompierre conte de Flandres et les paroles qui avoient esté dites au mariage faire.

Entreux que li baron furent mandé, on manda le conte de Flandres par Symon de Montfort et par Engueran de Marigny, et parla Symon de Montfort, et fist si bien le message à chelle foys que li contes de Guys ot conseil de ses barons que il venroit à Paris et que il y amenroit se fille et tous ses iiij flex, c'est-assavoir Robert de Béthune et Philippe de Thiette, Guillame de Mortaigne et Guillame de Crièvecoer; car Symons de Montfort avoit enconvenenchié au conte de Flandres que li roys franchois pardonroit au roy englès tout son maltallent pour l'amour des noeuches, et pour ceste cose y mena li contes de Flandres se belle fille et ses iiij flex Robert, Guillame, Philippe et l'autre Guilleme; mais il y ot du pau du leu, car on donna fauls entendant au conte Guy de Dompierre.

Comment le roy de France retint en prison au Louvre le conte et sa fille qui y fu morte.

Li contes Guis et sa fille firent leur appareil, et s'en alèrent à Corbeil, et là trouvèrent le roy et la royne Jehanne qui estoit sa femme. Li contes prinst se fille et le mena devant le roy, et luy dist : « Sire, véés chy vostre » cousine, qui a pleu à Édouward d'Engleterre : si ne voet pas partir de » vostre royame, sans prendre congiet de vous. » Tantost li rois respondi : « En nom Dieu, sire conte, ainsi n'ira mie. Vous avés fait aliance à mon » enemy, sans mon sceu, pour quoy vous et elle demourerés devers moy. » Tantost fist li rois mener le conte au Louvre, et là tint prison, et sa fille avoec luy [1].

Comment le roy d'Engleterre fu moult iré de ce qui estoit advenu en France.

Quant li rois d'Engleterre sceut qu'ainsi estoit alé de sa femme, moult en fut irés, et fist mander toute sa navie, et commanda qu'il fesissent tout le pis qu'il porroient sur le royaume de France, et envoya en Gascoingne

---

[1] Quant li contes de Flandres vint à Paris, si ala saluer le roy et li dist : « Sire, j'ay chi amené » me fille; véés-le chi dencoste mi. » — « De- » moisele, dist li roys Philippes, vous soiés très- » bien venue. » Et puis dist au conte Guy de Flandres : « Guy de Dompierre, vous aves mariée » vostre fille, et si avés faites alianches en no » grant préjudice; car vous avés fait serement au » roy englès que en tous cas vous l'aiderés en- » contre my. Vraiment ce mariage ne me plaist » mie, car vous savés bien que il m'a mandé que » il volra guerroier contre my, ou je li renderay » Gascoingne que mi anchiseur conquirrent, et » vous savés bien que je ne li renderay mie. » Donecques convient-il que le guerre y soit, et, » pour ces coses-cy, le demoisele demoura par » devers nous, et le donray à Louis ou à Charle » mon frère ou à Philippe mon fil, lequel qui » miex li plaira. » — « Sire, dist le demoisele, » je suis bien assenée à Édouart. Je li ai donné » m'amour : jà pour nul Franchois ne li retou- » ray. » Et li contes de Flandres dist au roy Philippe le Bel. « Sire, vous me mandastes, et » je suis venus à vo mant. Je vous pri que vous » me délivrés me fille, et puis se l'iray baillier au » jone Édouart à qui je l'ai donnée. »

Adoneques dist li consaux que il n'en remer- roit mie et que il s'en alast, s'il vausist : « Car vo » fille nous demourra par devers le court. » Et quant li contes oy ces paroles, si se parti de court moult courouchiés (MS. 10432).

à sire Jehan de Labret et au seigneur de Saint-Jehan qu'il fesissent le pis qu'il peussent, sur le royaume de France.

Comment le conte de Flandres fu délivrés et comment sa fille mourut.

Li contes Guis qui estoit en prison, fist tant traitier par devers le roy de France que sa délivrance fu ottroyée par condition que, se jamais se eslevoit contre la couronne de France, il et tout si enfant et tout si aidant fussent escummeniet du pape et de son auctorité. Et sur ce il ala en Flandres; mais sa fille, qui estoit demourée en prison, quant elle vit que elle avoit si grant honneur perdue que de estre royne d'Engleterre, en prinst si grande maladie au cuer, qu'elle en mourut. Quant li rois sceut que la damoisielle de Flandres estoit morte en prison, il fist apparillier le corps noblement, et fu enterrée as Cordeliers à Paris.

En celle année fu nés, de la royne Jehanne, Loys, li premiers fils du roy de France, l'an mil deux cens quatre-vingts et douze.

Quant li rois de France ouy les complaintes, qui de tout lés venoient des gens du roy d'Engleterre, moult en fu irés. Si manda tantost les pers de France et leur monstra les injures que li rois d'Engleterre luy faisoit, et les conjura que droit luy en disissent; et li per jugièrent que on envoyast deux des pers au roy d'Engleterre. Tantost on y envoya l'évesque de Beauvais et l'évesque de Noyon, et ne finèrent, si vinrent en Engleterre, et trouvèrent le roy en un sien chastel, qu'on appelle : Windesore. Là luy baillièrent leurs lettres et luy dirent : « Sire, li per de France ont jugiet que » on vous adjourne sur les demandes, que li rois de France vous fait; et » nous qui sommes pers de France, vous adjournons que dedens qua- » rante jours venés respondre à ceste chose. »

Quant li rois d'Engleterre les entendi, si leur dist : « Alés dire à vostre » seigneur que j'yray plus tost que bel ne luy sera. » Tantost s'en revinrent en France et dirent leur relation à leurs compaignons.

Comment le roy d'Engleterre envoia Aymon son frère en Gascongne contre le roy de France, et le roy de France y envoia le conte Robert d'Artois, qui y fist moult de belles prouèces.

Ne tarda guaires après que li rois d'Engleterre fist apparillier sa navie, et envoya Aymon son frère, conte de Lencastre, qui avoit à femme la mère de la royne de France, et le conte de Lincole et le seigneur de Mortemer et tout plain d'aultres seigneurs en la terre de Gascoingne. Tantost assamblèrent leur gens, et alèrent assir un chastel du roy de France, que on appelle : Saint-Maquaire, liquels estoit bailliés en garde à un vaillant chevalier, que on nommoit : Thiebaut de Chepoy ; et y fist messire Aymons jetter de douze pierriers. Mais li chastelains se deffendit si baudement que onques li ennemi ne peurent le chastel conquerre, comment qu'il fust si froissiés que cil de dedens ne se savoient où quatir [1], fors as arces [2] du mur.

Quant li rois de France sceut ceste chose, tantost y envoya le conte Robert, d'Artois, à mille hommes d'armes, pour lever le siége et pour tenir la guerre en ces parties. Li contes se mist en chemin [3] à tout son arroy qui estoit biau et grant, et vint jusques à Bediers [4]. Quant messire Aymons entendi sa venue, il fist brisier le siége de Saint-Maquaire, et fist charger ses engiens et son harnais, et s'en ala à Bordeaux.

Après ce, li contes d'Artois entra en Gascoingne et assist le chastel de la Riole. Ses espies luy avoient dit que li enemi avoient juré qu'il meneroient vitailles à Sodoye, à Belle-garde et à Saint-Quitère, dedens le Chandeler. Quant li contes l'entendi, il se desloga et ala, à tout sen ost, à Ortois en Bierne, car près de là estoit la voye où li anemy devoient passer ; et à deux lieues près d'Ortois estoient deux chasteaux, dont li uns a nom : Tilly, et li aultres : Estivaux. Si mist à Tilli le chastelain de Berghes et messire Jaque Laire, avoec cent et cinquante hommes d'armes ; car entre ces deux chastiaux convenoit l'ost passer, et les pooit-on bien veoir venir d'une lieue loing ou plus.

---

[1] Var. : tapir.
[2] Var. : archières.
[3] Var. : mut.
[4] Var. : Bodiers.

La nuit de la Candeleur estoit li contes d'Artois revenus d'oyr messe et estoit assis à son conseil, et là vint à luy uns coureurs à cheval, et entra en la chanbre moult effrayés et dist au conte, de par Jaque Laire, que li anemi venoient, et qu'il les avoient veu venir, et qu'il se hastast durement; car il en estoit besoing. Tantost fist li contes ordonner ses batailles et sonner ses trompettes, et fu li contes Robers d'Artois armés en ses plaines armes, et avoit environ sept cens hommes d'armes et sept cens [1] hommes de pié; et tant ala, ses batailles ordenées, qu'il encontra ses anemis à une lieue près de Bellegarde et sus leur aler à Sodoye, près d'un bois; et avoient fait trois batailles, et les nombroit-on bien à huit cens hommes d'armes à cheval et à cinq cens de pié, et y estoit tous leurs effors, et estoient douze bannières angloises et douze [2] de Gascoingne. Li contes d'Artois ordena trois batailles, dont la première conduisi li contes de Fois, qui à celle matinée estoit venus à luy. La seconde conduisi li contes d'Artois, et fist deux elles, l'une du conte de Bouloingne, et l'aultre du conte de Sancerre. La tierce bataille conduisi messire Thibaus de Chepoy, tenant le lieu du mariscal, et messire Ponce de Meuilli [3], et leva là sa bannière messire Wales Paye qui porta une des bannières le conte d'Artois, et luy donna, ce jour, cinquante livres de rente à héritage, et sire Sansons [4] de Cinq-Ourmes porta l'aultre, et luy donna soixante livres [5] de rente à sa vie.

Li annemi avoient rangiet leur première bataille entre le bos et un pas, si que la bataille du conte de Fois ne pooit aler à eulx. Li contes s'avança, et cria : « Mont-joye ! » à haulte voix, et assambla à ses anemis ; et disoient chil qui le veoient, qu'il n'estoit homs, tant fust couars, s'il vesist la contenance du conte et sa manière à l'assambler, qu'il n'eust deu [6] prendre cuer. Et fu la bataille où il assambla, percée et tost desconfite, et s'en fuirent tout li Gascoing de leur partie. Puis assambla la seconde bataille, laquelle ne se tint gaires. La tierce, où li contes de Lincole estoit, assambla après. Et là commencha un fort [7] estour, et se tindrent assés longuement; mais en la fin furent desconfit et s'en fuirent par les bos [8] et par les champs.

---

[1] Var. : cinq cens.
[2] Var. : neuf.
[3] Var. : Moilly.
[4] Var. : Simons.
[5] Var. : livrées.
[6] Var. : qu'il ne peust.
[7] Var. : fier.
[8] Var. : par le bois.

Et là fu prins messire Jehans de Saint-Jehan et messire Guilliames de Mortemer, li jovènes, et bien jusques à cent gentils hommes, tous Englès. Et des Gascoins fu pris li viscontes de Maurepas en fuyant. Et dura la bataille deux lieues de nuit. Après ce li contes se trait à Ortoys, et lendemain s'en revint au camp, ses batailles ordenées, pour veoir se li anemi s'estoyent ralyet ou s'il se voloient vengier, mais il n'en avoient talent. Et fist-on nombrer les mors, et trouva-on qu'il y avoit, que mors, que prins, sept cens, et tout leur harnas prins et toute leur vitaille perdue. Et après celle victore, se traist li conte d'Artois vers Bourdiaux, qui tantost luy fut rendue. Mais devant s'en estoit partis messire Aymons, et alés en Engleterre. Là vint-on rendre au conte d'Artois toute la terre de Gascoingne, laquelle il rechupt pour le roy de France.

Comment le conte Guy de Flandres fist de nouvel aliance au roy d'Engleterre contre son serement.

Dessus avés oy comment li contes Guis de Flandres estoit issus de la prison le roy de France, sur une très-forte caution ; car il estoit obligiés en la sentence, en quoy li contes Thomas de Savoye et la comtesse Jehanne s'estoient obligiés par-devers la court de Romme et par-devant l'apostole : que se jamais s'eslevoient contre la couronne de France, ou aucun de leurs successeurs, que sentence fust gettée en eux, et toute la terre entredite. Et pour ce que li siéges de Romme estoit loing du royame de France, establi li papes Honorés exécuteurs pour luy, pour congnoistre des rébellions de Flandres, et furent li exécuteur de Romme li archevesques de Rains et li évesques de Senlis. Et avoec tout ce, jura li contes Guis que jamais ne feroit aliance avoec le roy d'Engleterre, ne avec les autres anemis du roy de France. Mais, si tost qu'il fust revenus en Flandres, et il vit que sa fille estoit morte, si manda au roy d'Engleterre que, pour l'amour de Dieu, il luy voulsist aidier à vengier l'outrage que li rois de France luy avoit fait, et li rois d'Engleterre le luy accorda, et fu li aliance jurée et confermée entre eulx.

*Comment le roy de France fist adjourner le conte de Flandres
par main mise.*

Quant li rois Philippes de France entendit que li contes de Flandres estoit aliés avoec le roy d'Engleterre, sen anemy, si assembla les pers et leur monstra l'injure que li contes de Flandres avoit faite à la couronne de France; et il jugièrent qu'il fust adjourné en propre personne, par main mise, pour amender l'outrage qu'il avoit fait. Tantost fu mandés li provos de Monstreul, qui estoit appelés : Simon Monnequin, et un sergans de Beauquesne, qui fu nommés : Jehan de Bours, et leur furent livrées les commissions, et se partirent du roy, et ne finèrent, si vinrent à Winendale où il trouvèrent le conte Guy et ses enfans et tout plain d'aultres hauts hommes. Ainsi que li contes issi de sa chapelle, et avoit oy messe, li sergant le saluèrent, et firent lire leur pooir devant luy, et mirent tantost main au conte, et luy commandèrent qu'il livrast son corps en prison, dedans quinze jours, en Chastelet, à Paris, sur quanqu'il pooit meffaire. Quant messire Robers, li fils le conte, et si frère virent qu'il avoient mis le main au conte, si dirent que jà aultre gage n'y laisseroient que le puing, et qu'il leur apprendroient à main mettre à si hault homme que li contes de Flandres. Mais, quant li contes vit ce, si dit à ses enfans : « Biaux seigneurs, que demandés-vous à
» ces povres varlès qui servent leur seigneur loyaument en faisant son
» commandement? Il n'appartient point que vous preniés la vengance sur
» eulx; mais quant vous venrés as champs et que vous verrés ceulx qui
» ceste chose[1] consillièrent au roy, si vous vengiés sur eulx. » Et tantost commanda qu'on ne leur fist nul outrage, et les fist conduire jusques au Noef-fossé.

Les lettres que le conte de Flandres envoya au roy de France.

Quant li conte Guis vit que li rois procédoit encontre luy, si fist escripre unes lettres, et les bailla à l'abbé de Gemblois en Brabant et à

---

[1] Var. : Tel chose.

l'abbé de Seneffles, tous deux du diocèse de Liége, et leur commanda qu'il alassent devers le roy de France et luy baillassent ces lettres de par luy. Quant il vinrent à Paris, si trouvèrent le roy et luy baillèrent leurs lettres; et li rois les fist ouvrir, et fu la teneur telle:

« Nous Guis, contes de Flandres et marchis de Namur, faisons savoir à
» tous, et espécialement à très-hault homme et très-puissant le roy Phe-
» lipe de France, que nous, religieux hommes et honnorables, l'abbé de
» Gemblois et l'abbé de Seneffles, du diocèse de Liége, porteurs de ces
» lettres, et cascun d'eulx pour le tout, en telle manière que, si l'un ne peut
» faire la besoingne, que l'aultre en soit crus, faisons et establissons nos
» messages, pour dénonchier et dire, de par nous et en nostre nom, au
» roy dessusdit, que nous, pour les mesfais et deffautes de luy, sommes
» délivre, et nous tenons pour délivre, absols et desloiés de toutes aliances,
» de toutes obligations, de tous liens et de toutes redevances, en quoy
» nous avons esté calengiet et tenu envers luy, en quelconque manière et
» par quelconque cause que ce soit, et avons donné à nosdits procu-
» reurs pooir pour dire et pour faire ce que à telle besoingne apartenra,
» et tenons ferme et stable ce que li uns d'eulx ou les deux diront et feront,
» et volons qu'il en soient crus, ou li uns d'eulx en soit crus, en telle manière
» que se nous-mesmes le disions en propre personne, et que li mandemens
» et li povoirs que nous leur avons donnés en ces présentes lettres, s'es-
» tende, sans plus, aux choses qui sont contenues en ce présent escript,
» et non à autre, liquels est séelés de nostre petit séel. En tesmoing de
» laquelle chose, nous avons séelé ces lettres de nostre signet, qui furent
» donnécs à Male, l'an de grâce mil deux cens quatre-vingts et seize, le
» mercredi après l'Épiphanie[1]. »

Après ce que li abbé orent fait leur devoir et leur message et se furent départi de la court, envoya li rois au conte deux de ses consilliers, c'est-assavoir l'archevesque de Narbonne et l'évesque de Senlis, et demandèrent, quant il furent venu par conduit, s'il avoit fait la lettre et avoit ce que li deux abbé avoient aporté au roy. Li contes Guis leur respondi que ouyl, et, se li rois voloit aucune chose, qu'il venist au bout de sa terre, et là luy respondroit. Quant li évesque furent retourné en France et orent dit

---

[1] Var.: après le Thiephaine.

le message ¹ que li contes avoit respondu (par laquelle response guerre estoit toute ouverte), tantost manda li rois tous ses barons, pour avoir conseil à eulx et pour savoir qu'il en avoit à faire, liquel luy conseillèrent qu'il mesist main à la paste.

Comment le roy d'Engleterre ala à Gand et comment le roy de France luy donna Marguerite sa suer à mariage pour dépecier l'aliance qu'il avoit au conte de Flandres.

Or vous dirons du conte Gui de Flandres, qui apperceut que li rois le commenchoit à guerroyer. Si manda au roy d'Engleterre que, pour Dieu, il le venist secoure; car il en avoit besoing. Tantost que li rois d'Engleterre sceut les nouvelles, il fist apparillier ses chevaulx et son harnas, et les fist mettre en ses nefs, et puis y entra. Ne tarda pas moult qu'il arriva à l'Escluse, où il fut receus moult honnorablement du conte et de ses enfans, et de là le menèrent à Gand.

Endementiers que li rois d'Engleterre estoit à Gand, si vint li contes de Savoye, pour traitier à luy d'unes courtes trèves, lesquelles furent ottroyées entre les deux roys et leurs aliés. Mais li rois de France, qui s'apensa comment il porroit brisier et despechier ² les aliances, fist traitier au roy d'Engleterre, par le conte de Savoye, qu'il voulsist prendre Marguerite sa suer à femme, et par tant seroit bonne paix entre eulx. A quoy s'acorda li rois d'Engleterre qui vit que plus grossement ne se pooit marier, par ainsi que li rois de France le feroit absolre, par le pape, de son serment, devant toute euvre, laquelle chose luy fu ottroyée ³.

---

¹ Var. : le response.
² Var. : depiécier.
³ Li contes de Flandres ala en Almaigne, et là trouva-il le roy d'Almaigne et li requist s'ayde; et li roys li dist que dedens un certain jour il li en saroit à dire se verité. Il parla après au duc d'Osteriche et à grant plenté des barons d'Almaigne, et manda au roy d'Engleterre que il avoit trouvé le roy Philippe le plus malvais roy que nuls homs trouvast onques, et comment il l'avoit mandé, et y estoit alés « et puis se retint me fille » maugré my et à forche. » Quant li roys englès oy parler Guillame le fiex au conte Guy comment se sereur estoit demourée, si en fut trop dolans, et furent d'acort que on yroit deffier le roy Philippe, et y fu envoiés uns abbés et uns chevalier que on nommoit : Gautier de le Capelle, et deffièrent le roy. Et li roys se party de Paris et ala à

Comment li Galois orent débat à ceulx de Gand et comment li roys Édouwars retourna en Engleterre.

Endementiers que li rois d'Engleterre estoit à Gand, commenchèrent li Galois à avoir débat à ceulx de la ville de Gand, si qu'il s'armèrent l'un contre l'aultre; et commencha la bataille moult forte, et tant que li Englès furent chacié jusques à l'hostel du roy. Quant li rois vit ce, si s'arma et monta sur son destrier couvert de ses armes, et issi hors à bannières desployes, en criant : « Guienne ! » à haulte voix, et se féri en la commune. Mais li contes Guis de Flandres, qui cette chose sceut, vint, piquant[1] cheval des espourons, à la meslée. Si les départi et mena le roy arrière à son hostel; mais moult y avoit perdu de ses Galois. Après ce, li rois d'Engleterre prinst congiet au conte de Flandres, qui riens ne savoit encore de son mariage, et s'en ala à Middelbourg; et de là s'en ala en Engleterre, et luy fu la dame envoye : si l'espousa et en ot deux fils, dont li uns fu nommés : li contes Marescaus, et li aultres fu contes de Quent.

Comment le roy Phelippe de France assambla ses osts et assit la ville de Lille.

Or vous lairons à parler du roy d'Engleterre. Si vous dirons du roy de France, qui assambla ses osts, et que tout vinssent, qui armes portoient ou pooient porter. Quant li contes de Flandres sceut que li rois de France venoit à si grant effort sur luy, il fist moult bien garnir la ville de Lille de vivres et d'artillerie; et puis y envoya Robert, son aisné fils, et grant fuison de gens d'armes, pour la ville garder. Li rois de France n'arresta, si vint à Lille et l'assit de tous lés; mais li contes de Flandres, qui à Ypre

---

Béthune et envoia à Cambray, et y ot acordé un mariage pour quoy li roys d'Almaigne et li dus d'Osteriche ne furent point nuisans, car il ot une des deux sereurs le roy Philippe le Bel, puis vinrent à Paris, et là espousa-il le demoisele (MS. 10432).

[1] Var. : férant.

estoit, avoit assamblé grant fuison de gens d'Alemaigne et de son pays, et attendoit à l'aventure [1].

Endementiers que li rois estoit au siége de Lille, si vint li boins contes d'Artois, de Gascoingne, et avoit laissiet, en son lieu, Robert Brunel, seigneur de Saint-Venant. Tant esploita li contes d'Artois, et toute sa gent, qu'il vint au siége de Lille, et là fut recheu moult haultement.

Tantost que li contes d'Artois sceut que messire Robers, li contes de Nevers, estoit dedans la ville, si requist au roy qu'il peust parler à luy, pour savoir s'il le porroit atraire à ce qu'il rendist la ville. Li rois le luy ottroya. Puis monta sus un palefroy, tous désarmés, et s'en ala vers la porte, et fist signe de son chaperon. Et chil de la ville l'apperceurent. Si l'asseurèrent et luy demandèrent qu'il voloit. « Je voel, dit-il, parler au
» conte de Nevers, qui est garde de ceste ville, de par le conte de Flandres,
» son père. » Tantost on le luy fist savoir, et il fist ouvrir le guichet de la

---

[1] Quant li contes de Flandres oy les nouvelles que li roys d'Alemaigne li mandoit que il ne li aideroit de riens et que il avoit espousé le sereur du roy, si en fu trop courouchiés li contes de Flandres; car il avoit de nuisanche cheli et ses amis que il cuidoit avoir en s'ayewe. Or se repent maintenant du defflement et de l'emprise que il a faite; mais c'est trop tart, et point ne laissa-il pour che que il ne fesist s'emprise et ordena ses gens. Il envoia Robert de Béthune à Lille, et fu avecques li Gérars li Mors et li castelains de Bergues et Ernouls d'Audenarde et li mareschaux de Flandres et Jehans de Fauquemont et X^m d'autre gent. Et puis dit au conte Guillame de Jullers que il voit à Furnes. « Et arés Gautier de Formisèle,
» et si arés L^m hommes; et vous, beaux fiex
» Guilleme, vous arés avecques vous Henri de
» Monchi et Ouffart de Guistele et XV^m hommes,
» et si yrés à Douay. » Et à Philippe de Thiette et Guillame de Courtray ses frères un enfant dist li contes : « Vous irés à Granmont, et si arés avec-
» ques vous Hellin de Wavrin et Guérard de So-
» tengien et le castelain de Diquemue et le sei-
» gneur de Hondecote et Guillame le castelain de
» Saint-Omer, et si arés avec vous XV^m hommes.
» Et je seray à Bruges : si sera avecques my l'an-
» chien preudhomme Rasse de Gavre et le seigneur
» de Saint-Venant et le seigneur d'Engien. Et li
» roys d'Engleterre sera à Gant. Et, se nous n'avons
» autre conseil, nous tout yrons d'huy en xv jours
» à Granmont; et tout maintenant y alissièmes-
» nous, ainsi que nous l'airèmes en convenent;
» mais nous avons en no nuisanche le roy d'Ale-
» maigne, lequel je cuidoye qui nous deust aidier.
» Et pour chel estat serons-nous sur no garde, car
» je say bien que li roys venra sur nous pour le
» defflement que nous li avons fait et pour ce que
» il sect bien que nous avons perdu l'ayde le roy
» d'Alemaigne et le duc d'Osteriche et del évesque
» du Liége et des autres riques barons, ainsi que
» je vous ay dit autre fois. Il nous convient souf-
» frir tant comme à présent. » Et se on eust ou-
vré du conseil au roy d'Engleterre ou de Robert de Béthune ou de Guilleme de Jullers, on leur eust corru sus; mais li contes Guis de Flandres dist « Seigneur, vous ne savés mie si bien le pooir
» du roy comme je say. » Et ad ce acorda bien Rasses de Gavre (MS. 10432).

GUI DE DAMPIERRE.

porte, puis issi hors. Si tost que li contes d'Artois le vit, il descendi de son cheval, et parlèrent ensemble; mais il ne se peurent acorder, ains se départirent, sans riens faire. Adont li contes d'Artois se retourna et s'en revint en l'ost du roy de France, son seigneur [1].

[1] Or diray du roy Philippe qui avoit assanlé ses gens, et je les nommeray. Il fist assanlée de Loys d'Évreuses et de Charle de Valois (c'estoient si doy frère), et du duc de Bretaigne et du conte de Monfort qui vinrent ensemble, du duc de Bourgongne, du conte d'Auchoire, du conte de Savoye, du conte de Sanssoire, du conte d'Erminac, du conte de Vendôme, du dauffin d'Auvergne, de chelli de Vienne, du conte de Forest, du conte de Mermande, du conte de Boulongne, du conte de Dampmartin, du conte de Pontieu, du conte le boin Robert d'Artois, de Jaque de Saint-Pol et de sen frère le conte Guy, du conte de Blois, du conte de Hainault, du conte de Dreues et du conte d'Eu. Tous ches-chy et pluiseurs autres estoient à Arras, et de là ils alèrent devant Douay. Et, se li roys eust ouvré de boin conseil, il eust prins Flandres; mais li dus de Bretaigne et li contes de Savoie et li contes de Monblason dirent au roy Philippe le Bel que ce seroit boin que li os se partesist en II. Li roys fist huequier II chevaliers. Li uns fu li contes de Biaufort, et li autres fu le seigneur de Valcoulour, et estoient cousin germain à la royne de Navare, femme au roy Philippe le Bel. Il furent huequié; il vinrent. Il leur fu commandé qu'il alaissent au Pont-à-Raisse à tout XV^m hommes et que ils presissent le pas; et par là passera le moitié de l'ost. Il se mirent à voie. Et uns varlès le vint dire à ceulx qui estoient au pont, et tantost il coppèrent ou soièrent les estacques, et estoient muchiés ès près et ès fossés. Et les seigneurs chevauchèrent toudis et vinrent en le cauchie de Raisse, laquelle n'avoit que XXVI piés de lé, et si estoit enclose de marès d'une part et d'autre; et si avoit II^m Flamens au bout du pont. Li sires de Valcoulour se fiert ès Flamens, et Flamens se deffendirent très-bien du trait, car il y avoit plenté d'arbalestriers. Après, li Flament se retrairent ainssi que se il fussent desconfit, et ce faisoient-il de gré, et reculèrent oultre le pont. Et li sires de Valcoulour dist : « Or après! il sont « desconfit. » Lors brocha son cheval des esperons trop hardiement et passa le pont, et Flamens le souffrirent bien. Et en passa bien X^m, et entreux que il passoient, il firent tant que les estacques furent abatues, et il en quéy grant plenté en l'yaue, et Franchoys et no gent estoient si entassé que il ne povoient riens faire. Et Flamens estoient reculé jusques à unes liches là où on avoit fait boins fossés par-devant, et n'i avoit de plain que VI piés. Les Franchois ne se pooient eslargir, ainchois quéoient en ces parfons fossés et s'i boutoient li uns l'aultre; et Flamens traioient toudis. A briefs mos, des X^m qui passèrent oultre le pont, il n'en retourna onques nul que tout ne fussent mort, car li pons estoit abatus. Et ainsi furent Franchois desconfit au Pont-à-Raisse et les V^m retournèrent à l'ost. Ce fut fait l'an mil CC. IIII^{xx} XVII.

Li os des Franchois se loga devant Lille, et là dedens estoit Robert de Béthune, et li roys se loga, et chascuns print se pièche; et li contes de Hainault se loga devant le Magdelène, et là appella-t-il le maistre des engiens, et li dit : « Très-douls « maistres des engiens, je vous prie par amours « que vous aprestés le plus grant engien que vous « porrés et que il soit carquiés à point, et si pré-« sentés du fruit à mon cousin germain : chou est « Robert de Béthune. Et, se vous faites bien le « besongne, vous arés ceste cloque fourée. » — « Et je vous enconvenanche que ce sera fait : » dist li maistres. Lors carqua l'engien, et puis hoste le cliquet, et li engiens desclique, et le pomme qui pesa IIe, va abatre une queminée, et li galès quéy

Cy commence la bataille de Furnes, là où le conte Robert d'Artoys fist moult de belles prouesses.

Quant li nobles contes d'Artois vit qu'il ne pooit rien esploitier, il requist au roy qu'il luy livrast une partie de son ost, pour aler en une partie de West-Flandres, et li rois le luy ottroya. Et prist li contes avoec luy monseigneur Philippe, son fils, et le conte Othelin de Bourgoingne, qui avoit sa fille à femme, et le conte de Bouloingne et moult d'autres bannières. Tantost qu'il ot bien deux mille hommes d'armes, il vint à Saint-Omer, à tout son ost, et là fu receus noblement, comme sires. Lendemain, à heure de prime, fist trousser son harnas et sonner sa trompette, et yssi à bannières désployes et ordenées. Et conduisoit la première bataille messire Simons de Melun, mariscal de France. Après issi la seconde bataille, en laquelle estoit li contes d'Artois, montés sur son destrier, armés d'un jaseran et d'une haulte gorgière, et par-dessus avoit une houssette couverte de fleurs de lis d'or. Et devant luy aloient ses trompettes [1] et ses naquaires, faisant moult grant noise, et sambloit que bien devoient estre asseuré, chil qui tel chèvetaine avoient. La tierche bataille conduisoient messire Philippes d'Artois et li contes de Bouloingne. Les batailles ainsi ordenées s'en alèrent à Cassel; et vinrent à l'encontre d'eulx chil de la ville et se rendirent au conte d'Artois. Lendemain se mut li contes de Cassel, à tout son ost, et s'en ala logier en une abbéye, qu'on appelle : Watènes, qui est à deux lieues près de Saint-Omer. Là se vinrent rendre tout chil du terroir de Bergues et de Bourbourg. De là se mut li contes d'Artois, et s'en ala vers Bergues, mais bien avoit oy nouvelles que Guillemmes de Jullers, niés au conte de Flandres, li contes de Clèves, li contes de Castellennebogue, li conte d'Espanaim, li sires de Blanmont, et messire Jehans de Gavre, qui portoit les armes de Rolland, s'en estoient jà venu en la ville de Furnes, en volenté de combatre au conte d'Artois s'il alloit celle part.

---

assés près de Robert de Béthune, et Robert de Béthune dit : « C'est du fruit Guillame de Hai- » nault mon cousin germain; mais, se je vis lon- » guement, je luy renderay bien. Encore n'ay- » jou mie oublié comment nous fusmes servi de » li en Hollande (MS. 10432). »

[1] Var. : ses trompes.

Tantost envoya li contes d'Artois dire à ceulx de Saint-Omer que, sans délay, il le venissent secoure; et, en l'heure qu'il sceurent le mandement, tantost envoyèrent, après le conte, cent hommes d'armes, neuf-vingts arbalestriers et xii^c hommes de piét. Tant esploitièrent qu'il vinrent à Bergues où il trouvèrent le conte d'Artois, qui gracieusement les recheut.

Nouvelles vinrent de jour en jour que li anemi s'enforchoient en la ville de Furnes. Quant li contes d'Artois l'entendi, il fist mouvoir son ost pour aler contre eulx; mais en leur chemin trouvèrent une église, qui bien estoit batillie, où li anemi s'estoient trait, qu'on appelle: Heromme [1]. Tantost fu assaillie, et le prinrent par force, et tout mis à l'espée quanqu'il trouvèrent dedans. Et puis ala li contes d'Artois disner à une maison, qui estoit au chastelain de Bergues, que on appelle: Burlescans.

Endementiers qu'il séoit au disner, luy vinrent nouvelles que li anemi couroient jà sur nos gens. Tantost envoya li contes d'Artois ses coureurs, mais il furent rachachiet par force. Quant li mariscaus vit ce, tantost monta, et sa bataille, et puis passa oultre le pas, et là il ot attaint une partie des anemis, desquels Guillaume Broquette estoit chèvetaine, et en y ot tué jusques à douze.

Ainsi que li mariscaulx se combattoit, issirent ceulx de Furnes, à grant fuison de bannières et de gens d'armes. Li mariscaulx se traist tantost sur le pas et manda secours au conte d'Artois; mais monseigneur Philippe, qui estoit li plus priès logiés, estoit jà armés et montés pour secoure le marescal, et crioit-on à l'arme par tout l'ost. Messire Philippes, qui vit venir les anemis, s'en ala de première venue assambler à eulx, et commencha la meslée moult dure. Là peust-on veoir chiefs voler, poings couper, chevaux esbouler, et grant estourmie de gent. Messire Philippes s'estoit jà avanché as anemis, qui se combatoit comme sanglers; mais sa force ne peut durer, pour ses anemis, qui s'embatirent sur luy, tout à un faix, et le prinrent. Quant li contes d'Artois, qui venoit jà le grant trot devers luy pour le secoure, sceut que ses fieuls estoit prins, il se mist oultre le pont. Là peust-on veoir, au passage, maint homme tresbuchier en l'eaue, pour syevir le conte; et commencha la meslée moult dure. Mais, ainsi que li contes se combatoit de grant vigour, une route de sa gent se

---

[1] Var.: Heroungne. Il est aisé de reconnaître dans ce nom Haringhe près de Roesbrugge.

partirent hors, qui chacièrent les anemis, qui jà avoient tourné le dos, et
ratainrent messire Philippe qui jà estoit désarmés, et le devoit-on mener
en la ville, mais par force d'armes le recourent et le ramenèrent à sauveté.
Quant li contes d'Artois le sceut, il prist cuer en luy, et cria : « Montjoye! »
et férit si fort en ses anemis qu'il ne le pooient endurer, et se descon-
firent. Là fu prins Guillaumes de Jullers, qui moult bien s'y porta; mais
durement fu navrés. Li sires de Blanmont et li aultre Alemant s'enfuirent
vers Ypre; et li contes d'Artois entra en la ville de Furnes, cachant ses
anemis. Là se combati Jehans de Gavre qui rendre ne se voloit, mais en
la fin li bidau luy saillirent au col par derrière et l'abatirent et tuèrent.

Quant li contes d'Artois ot eu celle victoire, si ala hosteler en le ville
de Furnes. Lendemain fist sonner sa trompette et fist son ost armer, et fist
bouter le feu en la ville de Furnes, et emmena ses prisonniers, avoec le
grant avoir qui gaingniés y fu, et les envoya à son chastel de Saint-Omer,
en prison.

Ceste victore ot li contes d'Artois le mardi après la Saint-Laurent, l'an
mil deux cens quatre-vingts et dix-sept. Après ce, li contes d'Artois donna
congiet à ceulx de Saint-Omer et se traist, à tout son ost, devers le roy
qui estoit encores au siége de Lille [1].

---

[1] Quant li roys Philippes li Biaux fu logiés et chascuns aussi, li boins Robers d'Artois regarda que li roys avoit assés des gens devant Lille et que il ne faisoit riens là, car il y avoit grant plenté de très-riches hommes. Il se parti de l'ost le roy Philippe et par sen congié, et s'en vint à Furnes. Ce fu l'an mil cc IIII^{xx} et XVII que Robert d'Artois et sen fil et Regnault le conte de Boulongne et Guy le conte de Saint Pol et le cambrelenc de Tancarville se partirent de l'ost, et s'avoient XXV^m hommes. Quant il vinrent devant Furnes, Wales de Monteigny et Pierre Flote et Wale-Paièle vinrent au boin conte Robert, et li firent présent de V^e hommes armés et montés, et li dirent : « Sire, nous garderièmes bien un tel « chastel, et il nous fu dit que vous venriés vers « Furnes; et nous vous sommes chi venu servir ». — « Seigneur, vous soiés le très-bien venu, car » vraiement c'est bien fait. » — « Quels gens » a-il à Furnes? » dit li contes d'Artois. « Sire, dit » Wale de Montegny, Guillame de Jullers et li » flex Rasse de Gavre et tels et tels, et sont bien » LX^m hommes en leur compaignie. » Ainsi que il parloient, Guillemmes de Jullers qui savoit bien leur venue, les choisi et dit : « Il ne sont que un » peu. Férons dedens yaulx, car il sont desconfit. » « — Ha, dit Jehans de Gavres, Guillame, il sont » assés, car il sont trop boin chevalier, et en » espécial Robers d'Artois qui est leur quiefs, est » li mieudres chevaliers que on puist trouver. » Et li contes Robers disoit à son fil : « Biaux fiex, » je say bien que arons le bataille, car leurs » quiefs est hardis, et sont grant nombre de gent, » pour quoy je vous pri que vous soiés encoste » mi, et faictes des biaux coups hardiement; mais » je vous deffens Jehan de Gavre : c'est chiex qui

GUI DE DAMPIERRE.

Comment li rois de France ot la ville de Lille.

Or vous dirons du conte Robert de Nevers, l'aisné fils du conte de Flandres, qui dedans la ville de Lille estoit, liquels menoit trop bel estat. Quant il vit que la force du roy de France croissoit chascun jour et que

« porte d'or au lyon de gueules rampant à l'oulle
« noir entour l'escu. »

Ainsi que Robert d'Artois enseignoit sen fil et li monstroit comment on devoit assallir et li deffendre, Guillame de Jullers, désirans de le bataille, venoit toudis contre le bataille de Robert d'Artois. Il aprochèrent ; il s'entrecourrurent sus. Là veïssiés bataille forte et dure. Qui dont veïst le conte d'Artois férir à destre et à senestre, bien li peust souvenir de vaillant chevalier, et Guilliame de Jullers le faisoit boin de l'autre partie ; et encore le faisoit miex Jehans de Gavre, car il abatoit d'une part et d'autre. Ainsi abatoit Jehan de Gavre à destre et à senestre d'un goudendac que il portoit. Quant Philippes d'Artois vit Jehan de Gavre, si fiert des esperons le cheval, là où il le vit, et escrie : « Jehan de Gavre ! » Et Jehan de Gavre regarde l'enfant qui venoit grant aleure encontre li. Il atent l'enfant, et Philippes d'Artois fiert Jehan de Gavre et rompi se glaive, et si li percha son escu. Et Jehan de Gavre dist : « Veschi le fil du boin chevalier. » Alors hauche le goudendac, et fiert le cheval en le teste, et abat et cheval et chevalier, et dist : « j'ay
« plus quier à avoir féru le cheval que j'eusse
« tué le chevalier ; car il me samble que je l'eusse
« bien tué se je eusse volu, mais je l'ay plus
« quier ainsi. » Et Jehan passa tout oultre, et li Flamenc qui estoient grant plenté, prinrent Philippe et l'emmenèrent.

Quant Wale-Paièle et Pierre Flote et li boin Wale de Monteigny virent que on emmenoit leur demisel, si se frappèrent en le bataille et se prouvèrent trop bien, et Wales de Monteigny va férir un chevalier que on nommoit : Gautier de Formiselles, et abat luy et le cheval tout en un mont. Et Piere Flote abati le chastelain de Rasse. Et Robert d'Artois estoit alés aidier au conte Regnault de Boulongne, et là fist li contes d'Artois merveilles de son corps, et Regnault de Boulongne s'i prouva trop bien, et uns escuiers en vient à Robert d'Artois et li dist : « Sire, pour Dieu, venés
« aidier à Pierre Flote et à Wale-Paièle et à
« Wale de Monteigny qui se combatent pour vo
« fil qui est pris. » — « Par le paterne Dieu,
» dit li contes, si mes fiex n'i estoit mie, si aide-
« roie-jou volentiers les iij chevaliers. » Lors se muèvent à le bataille droit à Guillemme de Jullers et à Wale de Monteigny qui venoient l'un contre l'autre. » Par le paterne Dieu, dit li contes d'Ar-
» tois, je verrai chelle jouste-là. » Lors leur monstra, et Guillemme de Jullers venoit si tost que c'estoit merveille, et fiert Wale de Monteigny en tele manière que il li boute le glaive parmi l'espaule, et passa li fers plus d'un pié, et le glaive brise ; et Wales de Monteigny fiert Guillemme de Jullers si que il le porta hors des archons. « Par le paterne
» Dieu, dit li contes d'Artois, veilà belle jouste.
» Moult est preudons li viellars Wales de Montei-
» gny. » Qui dont veist Pierre Flote et Wale-Paièle et Ridau de Cresquy et le conte d'Artois et Regnault de Boulongne et le conte de Saint-Pol comment il abatoient ces Flamens, il en eust trop grant merveille. Là fu prins Guillemmes de Jullers, et Philippes d'Artois fu rescous par Wale-Paièle et par Pierre Flote et par Wale de Monteigny et par Ridaux de Cresqui. Mais, quant li Flamenc virent que il ne gorroient mie de Philippe d'Artois, il le batirent tant que il morut des coups que on li donna ; mais toutevoies il fu ramenés par devers

ses pères n'avoit mie gent pour le siége faire lever, il fist traitier par le conte de Savoye et par le conte d'Artois et par le conte Jehan de Haynau, en la manière qui s'ensieut : que li rois Philippes de France luy donroit congiet d'issir[1] hors de la ville, à toute sa gent et à tout sen harnois, sans estre empeschiés de nulluy. Quant ainsi fu acordé et seureté donnée des deux parties, li contes fist trousser son harnois, et fist premier issir son charroy, après ses sommiers et ses grans chevaulx, et puis toute son escuerie, deux et deux, et puis ses chevaliers; et il venoit tout derrière, tous désarmés, et dencoste luy messire Guy de Néelle, marescal de France, liquels l'ot en son sauf-conduit, et toute sa bataille. Cil de la ville qui virent qu'il avoient perdu leur chèvetaine, se vinrent rendre au roy, sauf leur vies, et ainsi les receut li rois, et fist sa gent entrer en la ville, et sermentèrent tout à luy[2].

ses gens. Et au rescoucee de Philippe d'Artois fu pris Guillemme de Jullers, et furent li Flamenc desconfit. Et Jehans de Gavre se combatoit toudis, et li contes d'Artoys vint à luy et li dit: « Jehan de Gavre, rendés à nous vostre espée. » — « Non feray, » dit Jehans de Gavres. Lors se lanche sur no gent, et là tua-il un chevalier qui estoit parens bien près au cambrelene de Tancarville, et si abati iij autres chevaliers. Là tua-on grant plenté de ceulx de se bataille. Encore dit li contes d'Artois que il se rendesist, et il dist que non feroit, et li contes s'encourcha et tua bien, que li, que ses gens, mil hommes de le bataille Jehan de Gavres, liquels Jehans fu prins par forche, et puis que il fu prins et rendus, li cambrelens de Tancarville le féri par derière et l'ochist. Et quant li contes Robert d'Artoys oy parler comment Jehans de Gavres, le très-boin chevalier, avoit esté ochis, si dit au cambrelene de Tancarville: « Cambrelene, cambrelene, vous » soiés certains que vous avés fait le plus lait » coup que chevaliers fist onequés de lonc » tamps. » Et li cambrelens fu tous honteux, mais il n'osa respondre.

Robers li contes d'Artois entra en Furnes, et Wale-Paièle et Pierre Flote et Wale de Monteigny s'en alèrent au castel que il devoient garder, et bien perdirent lx hommes. Et Robert d'Artois et Regnault de Boulongne et Guys de Saint Pol demourèrent à Furnes et parlèrent assés des iii chevaliers qui s'en estoient alé. Ainsi passèrent le nuit. Lendemain il prinrent vitailles et envoièrent en l'ost. Et Guillemmes de Jullers fu emmenés à Saint-Omer, et là morut-il quant il y fu menés. Il reubèrent le ville, et puis après on bouta le feu partout. Après, li contes d'Artois s'en parti et jura le paterne Dieu que il fera un grant veu en Flandres ainchois que il retourne jamais, et fist mettre un petit ramon en guise de timbre, et on li demanda quelle senefianche c'estoit; et il respondit que, se il vivoit longuement, Flandres seroit ramonnée et essillie, et je croi que il disoit voir. Quant il se partirent de Furnes, il alèrent à Gravelinges et se combatirrent à ceulx de Gravelinges. Après on bouta le feu partout. Li contes s'en parti et ala tout ardant jusques as molins d'Ippre, et puis retourna en l'ost Philippe le Bel (MS. 10432).

[1] Var. : le lairoit issir.
[2] Li rois Philippes li Biaus séoit encore devant Lille, et se n'i avoit rien fait. Et monseigneur Charles de Valois avoit esté à Courtray, et se rendirent à lui, et de là il avoit esté à Bruges, et

GUI DE DAMPIERRE.

Comment li roy conquist Flandres contre le conte Guy et retourna en France.

Endementiers que li roys estoit à Lille, envoyèrent chil de Gand à luy que pour Dieu il les voulsist recevoir à sa merchy; et li rois bonnement les recheut et y envoya le connestable de Néelle à grant foison de gens,

s'estoit rendue à li sans coup férir : je ne say qu'il pensoient à faire. Et après ces choses-chi monseigneur Charles estoit retournés à Lille, et encore n'avoit li roys riens fait.

Or poés savoir que il en pooit bien avoir aucuns qui donnoient conseil au pourfit des Flamens, et je nommeray jà tost une partie de chiaulx qui là estoient. Il y estoit : li dus de Bretaigne, le conte de Savoie, le conte de Forest, le conte de Monbrison, le doffin de Vienne, le conte de Saint-Pol, Jaques ses frères, Regnault de Boulongne et li drois sires de Couchi.

Entreux que ces riques hommes estoient avec le roy Philippe et grant plenté d'autres riques hommes, li contes de Bar s'estoit partis de sen pays et venoit aidier au conte de Flandres et au roy d'Engleterre. Il entra en Champaigne et ardoit tout le pays. Le royne de Navarre, femme au roy de Franche, quant elle oy parler que li contes de Bar ardoit son pays, et Philippes le Biaux, roys de Franche, et ses barons, estoit toudis devant Lille, elle se va apenser de bien et honneur, et assanla tant de gent que elle en ot près de XL^m, et furent quiefs Raouls de Nécle et Gautier de Chasteillon. Il s'en vinrent en Champaigne, et li contes de Bar avoit bien XXVIII milliers d'ommes, et il estoit venu si avant que il avoit ars LIIII villes. Le dame ala toudis avant, et vinrent à mains de IIII lieues près des ennemis, et toudis reculoit li contes de Bar, et elle toudis après. Et a dit le royne à ses gens « Je voeul parler à vous et » de conseil. » Et il dirent « De par Dieu. » Il parlèrent ensamble, et elle leur a dit : « Je croy » que on ara demain le bataille, et je voeul bien

» que vous soiés certains que, se je say aucun qui » s'en fuie, que jamais tant comme je soie femme » vivans, el royame de Franche plain pié de terre » non tenra. Et tels s'en porra bien fuier, que je » ferai pendre par le haterel. Et vous, Raoul de » Nécle et Gautier de Chasteillon, gardés bien » que par vous n'i ait nul meffait; car, par le foy » que je doy au roy de Franche, quel femme je » suy, vous ariés vos terres perdues, et si perde- » riés vos testes aussi. Et si voeul que demain li » quens de Bar soit assalis. » Et il respondirent: » Dame, nous ferons bien vostre commande- » ment. » Lendemain il se mirent à voie et vinrent assés près des ennemis, et la dame monta sur un grant destrier et dist : « Seigneurs, or » vous souviengne de ce que je vous dis hier; » car je fay veu à Dieu que le premier qui s'en » fuira, sera pendus tant comme il sera estranlés. » Et alés à Dieu et pensés de bien faire. » Lors commencha le bataille forte et rude; et quant il y en avoit aucuns qui s'en fuioit, le royne le faisoit pendre et en fist pendre plus d'une XXe. Le bataille dura longuement, et en le fin fu li contes de Bar prins, et ses gens furent tout desconfit. Après, le royne de Navare, dame de Champagne, entra en le terre le conte de Bar et ala tout ardant les villettes et Saint-Mihiex et très-bonnes villes tant qu'elle ot plus de XL villes; et si perdit bien le contes de Bar XXII^m hommes. Et puis li contes de Bar pria que il peust estre mis à raenchon et que il yroit à tousjours sans revenir. La dame n'en volt riens faire et le fist mettre en tel lieu que on n'en oy puissedi nouvelles; et puis retourna et vint devant Lille, et dit au roy comment elle avoit

pour rechevoir la ville, et, quant il fu venus, moult le recheurent à grant joye et se remirent [1] à luy, au nom du roy. Après y mist baillis et officiers, de par le roy. Et, quant chil de Bruges le sceurent, il envoyèrent au roy qu'il les voulsist rechevoir; et, par la prière monseigneur de Valois son frère, il les recheut. Puis se vinrent rendre ceulx de Douay.

Li rois de France ne voloit plus séjourner en Flandres. Si s'en retourna en France, et envoya monseigneur Charle, son frère, à Bruges, avoec deux mille hommes d'armes et le fist chèvetaine de toute sa conqueste.

ouvré et que il alast à Paris reposer et li aisier, et s'elle ne prendoit Lille entre chi et un mois, jamais ne fust-elle royne. « Dame, vous dites bien, » dist li roys; alés vous ent à Paris et nous lais- » siés faire no besongne, car il me plaist ainsi. » — « Sire, jou m'en yrai volentiers puisque il vous » plaist » dist la dame. Lors se mist à voye le royne et en vint à Paris.

Entreux que le royne guerroia et qu'elle fu revenue, les bourgois de Lille dirent à Robert de Béthune que vraiement il renderoient Lille au roy Philippe et que ce seroit demain fait. Lors dist Robert de Béthune : « Vous estes trestous trai- » tres, et je escapperai bien quant vourray, et » vous demourrés en le raque. » Lors fist faire unes lettres et les envoya au duc de Bretaigne. Li dus prist les lettres et les lut devant le conte de Savoie et devant le conte de Forest et devant autrui. Lors se mist à voie li dus li vi^e. Il y estoit : le conte de Savoie, le conte de Forrest, le doffin de Vienne, le conte de Boulongne et le conte de Saint-Pol. Il en vinrent devant le roy, et li dus de Bretaigne dist au roy : « Sire, demourons-nous » au mais devant ceste maleureuse ville? » — « Vrayement, seigneur, je ne say. J'ai esté onse » sepmaines devant Lille, et se ay au plus de XL » contes en me compaignie, et se n'y ay riens » fait. » — « Sire, dist li dus, selonc ce que » j'ay entendu, encore y estes vous bien taillés » d'estre chi une grant pièche. » — « Et com- » ment? » dist li roys. « — J'ay oy dire à une es- » pie, dist li dus, que il sont bien xxx^m dedens » Lille, et si ont à mengier et à boire pour III ans. » — « Il ne m'en caut, dist li roys, puisque je ne le « puis amender; mais je ne m'en partirai jamais « jusques adont que je aurai le ville. » Adonc- ques dist li dus : « Or vous diray-jou que vous » ferés. Mandés-leur que il rendent le ville, et Ro- » bert de Béthune s'en voist tout franquement et » s'en maine avecques li tous ceulx qui lui plaira, » ou, se il ne le fait, que jamais à merchi ne se- » ront recheu. » — « En vérité, disent li aultre, » vechi boin conseil et certain. » — « Or soit, » dist li roys; et qui fera le message? » — « Li « contes de Savoie et li contes de Forest » dit li dus. « Et jou m'i acorde, » dit li biaux roys Philippes. Il se mirent à voie et vinrent dedens Lille et dirent à Robert de Béthune tout ce que vous avés oy. Il s'y accorda volentiers. Il revinrent et dirent que Robert de Béthune eust piècha rendue le ville, mais il n'osoit pour ceulx de le ville, liquel sont trop orgueilleux, et pour ce que il ont esté si rebelle, n'en menra-il nul de ceulx de le ville. « Il a droit, dit li dus. » « Et j'acorde qu'il » s'en voist » dist li roys, et il si fist (MS. 10432).

[1] Var. : se sermentèrent.

GUI DE DAMPIERRE.

Comment les François ardirent les fourbours d'Ypre.

Or vous lairons du roy, qui s'en va en France, et vous dirons de monseigneur Charle de Valois qui ala, à tout son ost, à Bruges, où il fut noblement recheus de ceulx de la ville ; mais li contes de Flandres qui estoit à Ypre, fist souvent courre sa gent si près de luy qu'à le fois s'encontroient. Si avint un jour que li sires de Maldeghem s'estoit trais hors de la ville, à grant foison de gens, pour guetter une partie des gens [1] de monseigneur Charle de Valois qui estoient courut devant Ypre. Quant li mariscauls de monseigneur Charlon le sceut, il issi hors et assambla à eulx, et là ot moult bonne bataille, mais en la fin li Flamenc se desconfirent et furent près tout noyet et mort. De là s'en alèrent li François à Ypre et ardirent tous les fourbours, que onques homs de la ville n'issi hors pour rescoure, et revinrent à Bruges, mais moult perdirent de chevaulx en celle chevauchie [2].

Comment le conte Guy de Flandres et ses fils Robert et Guillemme se vindrent rendre au roy à Paris et furent mis en diverses prisons.

Or vous dirons du conte Gui de Flandres et de ses enfans, qui à Winendale estoient. Il veirent qu'il orent le champ perdu, car leur gent leur failloient du tout, et fist li contes traitier par-devers le conte de Valois que pour Dieu il voulsist tant faire par-devers le roy qu'il le voulsist recevoir à merchy. Li quens de Valois emprist la chose; si s'en ala par-devers le roy de France et li monstra comment li contes de Flandres li avoit fait requerre qu'il le volsist recepvoir à merchi. Tantost li roys assambla son conseil. Si fu déterminé du conseil du roy, que, se li contes de Flandres et si enfant voloient venir à Paris et eulx mettre en la volonté du roy, qu'ainsi seroient recheu, et autrement non. Quant monseigneur Charles ot la response du roy, il prinst avoec luy le conte de Savoye; et vinrent à Bruges, et envoyèrent par-devers le conte de Flandres, et luy mandèrent

---

[1] Var. : des Berruyers.   [2] Var. : à celle voye.

la response du roy de France. Et fu tant la chose traitie que li contes Guis de Flandres et messire Robers de Béthune[1] et messire Guillemmes s'accordèrent à chieste chose, sauf ce que li contes Charles et li contes de Savoye les asseuroient de leurs vies; mais onques messire Philippes, li tierchs fieulx, ne s'y volt accorder, ains s'en ala hors du païs et demoura dehors un espace de temps[2].

Li contes de Flandres, avoec ses deux fils et moult de chevaliers[3] de son païs, s'en alèrent devers le roy, qui lors estoit en son palais, et la royne aussi. Quant li nouvelle vinrent que li contes de Flandres se venoit rendre, la royne se mist as fenestres; mais onques li contes, ne messire Robers ses fieulx, ne la regardèrent, ains passèrent, leurs chiefs baissés[4], mais messire Guillemmes osta son chaperon et salua la royne. Quant il furent venu au perron, li contes et si enfant descendirent, et li contes de Savoye les mena devant le roy. Là s'agenouillèrent et se rendirent à li et se mirent du tout en sa volenté. Li rois les regarda; mais mot ne leur disoit, ains les fist issir

---

[1] Var. : sen fils.

[2] Assés tost après li roys s'en revint à Paris, et Robert s'en ala à Gant et trouva le conte Guy son père et le roy d'Engleterre aussi. Et ses pères li dit : « Robert de Béthune, quelles nouvelles » nous dirés-vous? » Et Robert de Béthune li dit : « Mauvaises nouvelles. Nous avons perdu Cour- » tray et Furnes et Bruges et Ypre et Lille et » Douay. » Et leur compta comment il estoit escappés et par qui. Et en celle sepmaine il oyrent les nouvelles comment li contes de Bar avoit esté desconfit et que tout sen pays estoit ars. Et quant li roys englès oy nouvelles de la desconfiture qui estoit avenue au conte de Bar, si dit à Hue Le Despensier : « Chi ne fait nul. » Il se vaurrent mettre à voye sans riens faire. Chieux de Gant ne le volrent mie souffrir. Il se combatirent à le gent le roy d'Engleterre, et orent de le gent au roy d'Engleterre plus de xviij^m noos. Li roys englès s'en ala, et Guis de Dampierre demoura à Gant tous esbahis. Ainsi que il estoit à Gant, on li apporta nouvelles que messires Charles de Valois et Robert li boins contes d'Artois s'en venoient à Gant et que li contes d'Artois avoit dit que toutes Flandres seroit ramonée, et voirement l'avoit-il dit, mais il estoient encore à Gant là où il appareilloient leur affaire. Quant li contes de Flandres oy ces nouvelles, si fut moult esbahis, car il ne savoit où aler. Il prinrent conseil. Il furent à acort. Il s'en vinrent à Bruges; il entrèrent en une maison, il en yssirent et vinrent devant monseigneur Charle de Valois en pur les cotes, sans capperons, tous deschains. En cel estat. que vous ey conter m'oés, vint Guis de Dampierre, contes de Flandres, et Robert de Béthune sen fil et Guillemme de Mortaigne et l'autre Guillemme de Crièvecœur : c'estoient si III enfant. Là s'en vinrent agenouiller devant monseigneur Charles de Valois, frère du roy de Franche, et li prièrent merchi que il faiche leur paix au roy de Franche ; et Charles de Valoys les lièveet dit : « Sire contes, quant vous » venrés à Paris, vo paix sera bien faite, car je » vous ay en convenent que, se li roys ne vous » rechoipt à merchi, que je vous ramenray ou » ferai ramener en le ville de Gant » et il se mirent à voye (MS. 10432).

[3] Var. : tout plain de chevalerie.

[4] Var. : leurs testes baissans.

hors, et puis ordonna que li contes fust menés à Compiengne, et là fu mis en prison, en une moult forte tourelle de mairien, telle que chascun le pooit veoir¹. Et messire Robers, ses fieulx, fu menés en prison ou chastel de Chinon, et messires Guillemmes fu menés au Mont-le-héry, et li aucun des autres chevaliers furent menés en prison à la Nonnette en Auvergne².

Après ces choses, se rendirent chil d'Ypre au roy, et fist-on, par toutes les villes de Flandres, les offices³ et les mandemens de par le roy de France.

Comment Robers de Brus conquist le royalme d'Écosse et se fist couronner à roy.

Or lairons à parler du roy de France, qui estoit sires de Flandres, et si dirons du roy Édouward d'Engleterre, qui avoit empris le jugement du royaume d'Escoce. Il advint qu'après la mort d'Alexandre d'Escoce, messire Jehans de Bailleul se présenta pour hoir, comme chieulx qui estoit l'aisné masle de par sa femme, et Robert de Brus le calenga d'aultre part, disant qu'il estoit issus du masle. Quant li rois Édouwars vit la contention que chil doy avoyent pour le royame d'Escoce, si leur requist qu'il le voulsissent laissier sur luy et qu'il appelleroit à son conseil douze barons d'Escoce. Li doy prince s'y accordèrent, et ainsi ot li rois toute la chose en sa main. Mais, pour ce que Robers de Brus, qui estoit de Queric, ne se voloit assentir qu'il tenist le royame d'Escoce de luy, si l'en forjugea et le bailla à Jehan de Bailleul. Après ala li rois d'Engleterre en Escoce, et les mist en subjection, et print tous les haus hommes d'Escoce et les envoya, par maistre Estevène l'évesque de Duresme, par deçà le mer, liquel vinrent

¹ Var. : com tous li mons le pooit vir.
² Guy de Dompierre et ses III fiex vinrent à Paris, car Philippe de Thiette s'en ala delà Romme et ne se osa mettre en le merchi du roy. Quant Guys li contes de Flandres vint à Paris, il s'agenouilla devant le roy Philippe le Bel. Quant il orent esté à genouls une grant pièche, Charles de Valois les fist lever et les volt emmener ; mais li roys Philippes jura qu'il seroient mis en prison. « Ne vous caut, dit monseigneur Charles, vous » serés tantost delivrés, mais c'est pour se vo- » lenté accomplir. » Il furent mis en prison tout IIII. Guis li contes de Flandres fut envoiés à Compiengne, et Robert de Béthune fu mis à Chinon, et Guillemme de Mortaigne à Mongaillart, et l'autre Guillemme en un autre chastel. Messire Charles de Valois leur a tenu malvaise convenenche (MS. 10432).

³ Var. : les officiers.

à Saint-Omer, et là firent leur résidence; et, quant il y orent esté par l'espace d'un an, il firent traitier au roy d'Engleterre qu'il pussent raler en leur païs, par ainsi que tout luy feroient hommage et que jamais ne proposeroient contre luy, ne contre sa majesté; et ce fait, li rois les fist raler en Escoce.

Or avint que Robers de Brus, qui avoit moult le cueur enflé de ce que li rois Édouwars l'avoit forjugé du royame d'Escoce, s'appensa que jamais n'y retourneroit s'il n'avoit l'aide de Jehan Comin qui estoit li plus poissans homs de la terre. Si luy fist requerre qu'il, avoec les autres barons du païs, voulsist estre aux Jacobins, à un jour, en la ville de Pert, et y vinrent. Quant tout furent assamblé, Robers de Brus et toute sa compaigne entrèrent dedens, tous armés couvertement. Si remonstra à sire Jehan Comin comment eulx et toute la terre estoient en servage et que pour Dieu il voulsist emprendre le royame, comme li plus poissans homs d'iceluy : et il luy promettoit que, de corps et d'avoir, il luy aideroit à parfaire son emprise, ou, se faire ne le voloit, qu'il luy aidast, et il l'entreprendroit. Mais onques ne l'y peut attraire, et dist que jà ne fausseroit le serment, qu'il avoit fait au roy d'Engleterre. Quant Robers vit ce, il sacha son espée et le tua. Après ce, Robers de Brus ne se savoit où mettre, pour le grant lignage à qui il avoit à faire. Si se traist en Yrlande, au conte de Houlnestier [1], de qui il avoit la fille, et là demoura tant qu'il ot atrait à li aucuns des barons d'Escoce; et puis s'en revint ou païs, tapissant et en grant doubte, car li rois d'Engleterre le fist guettier [2] de tous lés, et fist tant par son grant labeur qu'il atrait par devers luy la plus grande partie des barons d'Escoce, et le menèrent en l'abbaïe d'Escoin [3], où on soloit couronner les roys d'Escosse, et là le couronnèrent à roy. Puis alla conquerre tous les chastiaulx d'Escoce, et puis les fist tous abatre.

[1] Var. : Ulnestre.
[2] Var. : wetier.
[3] Il s'agit ici de la fameuse pierre de Scone sur laquelle on couronnait les rois d'Écosse. Elle se trouve aujourd'hui à Westminster.

GUI DE DAMPIERRE.

Comment le roy Philippe le Beaux de France ala visiter le païs de Flandres où il fu receus moult honorablement, et quant il s'en revint en France, il y laissa messire Jaque de Saint-Pol.

Or vous lairons à parler de Robert de Brus, qui avoit conquesté le royame d'Escoce, et parlerons du roy Philippe de France, qui estoit à séjour en son royaume. Talent luy print d'aller visiter le païs de Flandres, et fist moult grant appareil pour luy et pour la royne, et vint à Lille, où il fu moult honnorablement recheus. Puis s'en ala à Winendale, où li chevalier de Flandres joustèrent contre sa venue, pour luy faire honneur. Puis s'en ala à Bruges, où tout li mestier vinrent en paremens contre luy et le menèrent à grant joye en la ville, et joustèrent li bourgois deux jours à tous sourvenans de dehors. Puis s'en ala à Gand et à Douay; et puis s'en revint à Lille, et alors fist le mariage du conte Robert d'Artois et de Marguerite, la fille du conte de Haynau, et laissa garde de Flandres monseigneur Jaque de Saint-Pol et monseigneur Godefroy de Boulongne, à douze cents hommes d'armes, et puis s'en rala en France [1].

Comment le roy Philippe le Beauls de France envoya messire Pierre Flote et maistre Guillaume de Longaret au pape Boniface qui n'avoit vollut canonnisier le corps saint Loys, et comment le pappe fu mort.

Quant li rois de France fu revenus à Paris et il vit qu'il n'avoit guerre à nuls de ses voisins, si luy souvint de l'outrage que li papes luy avoit fait, de ce qu'il n'avoit volu canoniser le corps saint Loys; et avoit trait à s'aliance Pierre de la Coulombe et tous les Coulombois de la cité de Romme, et fist dire par messire Pierre Flotte à l'Université de Paris que li papes

---

[1] Quant li roys de Franche ot mis le conte de Flandres en prison, il se parti de Paris et ala à Douay et à Lille et à Bruges, et là laissa-il Jaque de Saint-Pol. Flamenc estoient si mené qu'il ne leur demoura que l'Escluse et le Dant et le ville de Bergues : encore estoient-elles tenues du conte de Namur. Li roys s'en revint à Paris, et Jaques de Saint-Pol demoura à Bruges, car tout avoient fait hommage au roy de Franche ceulx de le ville de Bruges, de Douay, de Lille et des autres villes. Et aussi Jaques de Saint-Pol y pooit bien demourer puisque il plaisoit au roy (MS. 10432.).

estoit hérite[1] et qu'il faisoit moult de choses, qui estoient contre la foy. Si envoya messire Pierre Flotte et maistre Guillaume de Longaret à Romme qui remonstrèrent la cause du roy de France as Coulombois. Mais, si tost que li papes le sceut, il wuida la cité et s'en ala à un chastel que on appelle: Anaignie. Quant les gens du roy de France et les Coulombois sceurent qu'il estoit là, il alèrent à grant foison de gens d'armes, à la porte du chastel et le rompirent par force. Et quant li papes vit qu'il avoit le champ perdu, si se revestit des armes saint Pierre, et mist la mitre papale sur son chief, et s'estendi en croix contre la paroy[2]. Puis vinrent ens à si grant foison[3] de gens que merveilles; et li papes s'escria à haulte voix : « J'aten la mort ainsi » comme Jhésus-Crist. » Et tantost luy ostèrent la mitre de la teste et le pressèrent là si fort que merveille. Mais, assés tost après, li papes print si grant douleur au cueur, tant de la bleceure comme de courroux, qu'il en morut. Puis firent les gens du roy assambler les cardinaux, et eslurent un pape de l'ordène des Prescheurs, et fu appelés : Bénédic.

La trahison de ceulx de Bruges.

Dessus avés oy comment messire Jaques de Saint-Pol demoura garde du païs de Flandres, liquels commencha à faire moult de ses volentés et mena le païs aultrement qu'il n'avoit esté mené anciennement: pour quoy ceulx de Flandres commenchèrent à murmurer, et nommément chil de Bruges, et pour quoy il se pourpensèrent d'une très-grande trahison, car il avoient intention de mourdrir tous les chevaliers, qui estoient en la ville en garnison. Mais, pour ce que li plus grant bourgois de la ville l'aperçeurent, qui la loy avoient à garder, fu la chose délayée ; et bien trois cens des combonneurs se trairent au Dam. Messire Jaques de Saint-Pol estoit à Winendale, quant chil de Bruges luy firent savoir que pour Dieu il venist, car li communs commenchoit à murmurer. Et quant messire Jaques sceut ceste chose, tantost mut, li et messire Godefroy de Bouloingne, et s'en vinrent à Bruges. Mais, quant il aprochièrent vers le vesprée[4] et que mes-

---

[1] Var. : hérétique.
[2] Var. : la porte.
[3] Var. : foule.
[4] Var. : vers le vespre.

sire Jaques fu venus à son hostel, aucun de ses amis luy firent savoir que pour Dieu il s'en alast, car chil de la ville avoient en pourpos qu'il tueroient tous les saudoiers, qui dedens la ville estoient. Mesire Jaques monta tantost, et quoyement s'en issi, et fist savoir as haults hommes qui dedens la ville estoient, que chascuns se sauvast, le mieux qu'il peussent. Mais chil, qui estoient au Dam, espris de mauvaise volenté, entrèrent à Bruges. Tantost li communs se mist avoec eulx, et coururent as hostels des gentieulx hommes, et froissièrent les huis, et les prinrent, navrèrent et tuèrent. Là peust-on veoir les vaillans hommes desparillier et fuir leur voye. Tant firent aucun qu'il issirent de la ville ; et li aultre demourèrent ou mors ou prins [1].

---

[1] Jaques de Saint-Pol commencha à lever moult de maulvaises costumes. Jaques les demanda une fois en le halle et leur dit que li roys li avoit mandé que, se il y avoit aucune dame vesve de mary, que s'elle muert, li roys volra tenir le sien le première année. Li Flamenc l'accordèrent, et Jacques rechupt tant d'argent que il en fist faire le chastel de la ville et le chastel de Condet-sur-l'Escaut. D'autres coustumes malvaises il aleva, tant que ce fu merveilles, ainssi que on fait maintenant par malvais conseil que les villes en sont honnies, et c'est grans périeus que les boines villes ne honnissent tout. En le fin, li bourgois de Bruges regardèrent que des coustumes alevées à Bruges nouvellement, li menu n'en paioient se peu non. Or furent li gros à conseil et dirent que ce seroit bien boin que on fesist une taille sur eeulx qui ouvroient de mestier et que chascuns paieroit un gros le sepmaine : « Et nous nous trairons » par devers Jaque de Saint-Pol et li monsterons » ceste voie ; et, se il puet faire ceste chose-chi » et il veulle faire cesser les autres coustumes, » nous li donrons XL mil livres, un gros pour un » denier, à payer entre chi et quatre ans, et si » l'en ferons si seur que il volra, et Jaques le » fera volontiers, car il est trop convoiteux, et » vous verrés que il tueront Jaque de Saint-Pol, » et après il seront tout mis à mort. Ainsi seronnous délivré du commun qui toudis veut estre » maistre de nous, et Jaques de Saint-Pol que » ces coustumes a alevées. » Il furent à acort et disrent que c'estoit fait. Il s'en vinrent à le halle, et fu ordené liquel il yroient parler à Jaque de Saint-Pol pour eulx tous, car autrement s'en percheveroit li communs. Il parlèrent à Jaque de Saint-Pol et dirent ce que vous avés oy, et bien li monstroient, car il y avoit plus de rapport de le moitié de le taille qu'il n'avoit, à avoir les biens de l'année du mort qui se moroit : » Et si arés maintenant aveecques x^m livres de » gros, le gros pour un denier. Encore voloit li bourgois plus dire de l'autre aterminement ; mais Jaques de Saint-Pol dit : « Che que vous » avés requis, sera fait, mais que j'aye les x^m » livres de gros, un gros pour un denier. » — » Sire, vraiment vous les arés, » — « Et il sera » fait, » dist Jaques. Il se départirent, et les II bourgois dirent as autres comment il avoient finé. Lendemain à prime, Jaques de Saint-Pol fist crier que chascuns quief d'ostel ouvrant de labeur paieroit un gros le sepmaine, et, s'il y avoit aucun qui de cest estatu alast au contraire, il forferoit quanques il avoit vaillant. En ce tempore tous li communs fu tous esbahis de celle nouvelle ordenanche. Dont parla uns bouchiers que

Quant messire Godefroys de Bouloingne et li chastelains de Lens furent issu hors, qui moult estoient courchiet de ce qu'il avoient perdu tant de bonne gent, et il en orent recueilly ce qu'il en peurent avoir, si se trairent on nommoit: Jehan Brede, et dist : « Seigneurs, » se il vous plaist, je parlerai pour vous. » Et li communs dist : « Il nous plaist bien. » Jehans appella Jaquemon de Saint-Pol et li dit : « Sires » je vous pri que vous m'escoutés tant que » j'aie parlé à vous. » — « De ce que tu veuls » pour ti, ne plus, ne mains » dit Jaques. — « Sire » vous volés et requérés que il soit fait que » chascuns homs de laheur baille un gros cascune » sepmaine; et ce ne nous samble cose de raison. » Encore a-il chi une xxe qui ont esté xx ans à » maisnage, qui n'espargnèrent onques un gros, » ne nous ne porriesmes chevir se telle cose » estoit, et li roys ne volroit mie que toute le » ville perdesist chevanche. Et se ainsi estoit que » on le vausist faire, nous tous ariesmes plus » chier à morir; et vraiement nous n'en ferons » jà taille. Honnis soit le premier qui le paiera ; » et nous demandons le plait par devant le roy » de Franche, et soiés certains que nous en en- » voierons au roy pour avoir droit. » — « Je y » serai aussi tost que vous serés » dist Jacques. Lors s'en vint Jehans Brede et dist : « Pendus » soit qui le paiera premièrement ! » et li communs dist : « Voire à soy ! voire à soy ! » Là ot-il si grant noise que Jaques de Saint-Pol vausist estre xx lieues loings. Après ces paroles, li communs fu à conseil, et eslurent x tainturiers qui ceste cose yroient monstrer au roy de Franche, et Jaques de Saint-Pol dist as gros de Bruges : « Je » m'en vois à Paris, et pour Dieu gardés-vous » bien. Il sont trop malvaise gent en ceste ville ; » mais je vous dirai que vous ferés. Vous tous » en yrés à Male. Vous savés bien là où chou » est; et jou yrai à Paris, et vous m'atenderés » dedens le chastel de Male, tant que je seray » revenus, car je n'ay cure que il vous voient » aler avo le ville; car, se vous estiés en vo mai- » sons, vous seriés trop périlleusement. » Et il dirent que c'estoit boins consaus et qu'ainsi se- roit-il fait. Lors les commanda à Dieu, et puis s'en vint à Paris. Et les x tainturiers estoient venu et avoient parlé au roy, et li avoient dit tels parolles : « Sires roys, nous sommes tout » plain de gent de mestiers demourans en le » ville de Bruges, et sommes mené aultrement » qu'à point. On nous fait payer de tel cose et » de telle, et encore veult-on que tout quief » d'ostel paient un gros le sepmaine, et ce seroit » en no grant préjudice. Se vous supplions que » vous y mettés remède. » Et li roys leur res- pondi : « Je n'ay cure de vous taillier. Je vous » voeul mener as us et as costumes que vous » avés esté mené dusques à ore. Demourés cy » jusques à quinzaine, et je vous feray mener » par droit. » Et Jaques de Saint-Pol estoit tan- tost venus, et y fu assés qui dist à Jaque de Saint- Pol chou que li tainturier avoient dit au roy et ce que li roy leur avoit dit. Lors s'en vint Jaques de Saint-Pol à le royne et li dit : « Madame, je sui » chi venus pour parler à vous, car je sui commis » d'estre à Bruges au commandement de mon- » seigneur le roy de Franche, et vous le savés » assés : « Je li avoie-jou ordené une taille qui ot » esté trop pourfitable au roy mon seigneur ; » mais je croy qu'il sera aultrement, se vous n'i » mettés remède. Et ce sont gent qui point ne » nous aiment et qui, plus seront rique, plus » porront, et qui plus porront, plus hairont et » pis nous feront. Et je volroie qu'il fust ordené » que on ne laissast à tels vaillant que v souls et » un agne, car il y a nul qui ne soit si cointes » que ce samble li contes prins. » Et le royne commencha à rire, et puis si li dist Jaques : « Madame, je vous pri que vous pensés de me » besongne. » Et elle li respondi : « Jaques de

quoyement vers Courtray. Quant il furent un peu loing de la ville, et le jour estoit esclarci, si virent de loing aprocher bannières, et dist li chastelains de Lens à messire Godefroy de Bouloingne : « Sire, véés là les anemis,

« Saint-Pol, biau cousins, j'en feray ce que je » porrai. » — « Madame, Diex le vous mire! » Lors print congié à le royne. Entreux que Jaques de Saint-Pol et les x tainturiers estoient à Paris, Pierres Conius et Jehans Brede et pluiseurs autres prinrent conseil, et fu li consaus que on se vengast des traytres qui estoient à Male, et que on ne les assauleroit jamais si bien que on feroit maintenant, ne jamais on n'ara si boin loisir. Lors allèrent à Male et assirent le chastel, et cheulx de dedens furent si mené que en le fin il dirent que il se renderoient sauves leurs vies; et il furent rechupt. Il yssirent de Male, et quant il furent hors, chiaulx de le ville de Bruges du commun coppèrent les testes à tous les gros qui estoient à Male, et puis se prinrent tout l'avoir qui y estoit, et il y avoit à trop grant plenté, car chascuns y avoit porté tout ce qu'il avoit peu avoir. Et je croy que ce que on savoit que il y avoit tant de riquesces, les fist morir, et bien disoient à apporter l'avoir : « On en porra bien » payer des soudoiers. » Quant cefu fait, on envoia querre les x tainturiers et que tantost il s'en venissent et que telle cose estoit faite. Et lendemain li roys en sot les nouvelles et sot que li tainturier s'en estoient alé. Lors appella Jaque de Saint-Pol et li dist : « Jaques de Saint-Pol, » c'est ainsy. Chy nous est tous venus par » vous, et vo convoitise me porra bien tourner » à grant damage, car vous en deviés avoir » x^m livres, un gros pour un denier, et li tain- » turier le m'ont très-bien dit. Et vous en yrés à » Bruges et prenderés vengancehe des malfaiteurs, » car tout est par vous, et toudis sent le mortu » les aux. Et je vous commans que vous y aillés, » et li quens de Monfort et li quens de Biau- » fort. » Il dirent que il yroient volentiers. Et li Flamene de Bruges, quant il orent esté à Male,

prinrent conseil comment il se démeneroient. Il furent en le halle et furent d'acord que on fesist un quièvetain, et on le fist par l'acord du commun, et fu prins uns tisserans que on nommoit : Pierres Connins, et fu couronnés, et en firent roy. Lors dist Pierres Connins : « Nous yrons à nos hos- » teux. A demain au matin, chascuns de nous » venra en le hale, car j'ay à faire de vous. » Et il dirent qu'il venroient volentiers. Et on ala as maisons de ceulx qui avoient esté mort, et roboient tout, et orent tant d'avoir que c'estoit merveilles. Lendemain il revinrent en le hale, et li roys Pierres Connins, tisserans de linge, commencha à parler et dist : « Seigneurs, se li roys » des Franchois nous tenoit, il nous feroit tres- » tous morir. Doncques ne s'i feroit-il point boin » mettre. Et se nous nous deffendons, nous » arons le bataille. Et j'ay II petis jouelès, les- » quels je vous monstreray, car de nécessité il » convient que vous en avés l'un. Or soiés bien » avisés : si prenés le millour. » Lors fist-il huquier un varlet qui estoit à l'uis de le cambre, et chieux y vint, et li roys Pierres Connins prent une espée et le sacque toute nue ; et à l'autre main il tenoit un cavestre : « Signeur, dist » Pierres, veschi II jouelès. Se vous vous mettés » en le merchi du roy, veschi le partinent. » Lors monstra le cavestre. « Et se vous ne ne vous y » mettés, par ceste espée vous convient def- » fendre. Or, prenés lequel qui mieux vous » plaira. » Et il commenchent à crier : « Nous » volons l'espée. » — « Et je le vous ottri, dit li » Roys, et je le vous otri. » Entreux que il estoient en le halle, uns varlès huequa et dist que c'estoit besoings. On li ouvri l'uis et entra ens : » Quels nouvelles diras-tu ? » dist li Roys tisserans. « Sire, je vous diray. Jacques de Saint-Pol » est à Arras à grant plenté de gent et vient en

» qui jà nous ont fourclos. Il faut que nous les gaingnions ou que nous
» morions. » Tantost li chevalier s'acordèrent à la bataille, et descendirent pour rechaingler leurs chevaulx, et s'habillèrent pour combattre ; et, quant il furent aprochiet, si congnurent que c'estoient les bannières de messire Jaque de Saint-Pol, et firent moult grant joie l'un à l'aultre. Tant

» ceste ville » dist li vallés. — « Ét par Dieu, ce
» soit, dist li Roys ; or t'en va à Dieu. » — « Seigneurs, dist li roys Pierres Connins, chi fault-il
» advis. Je vous diray que nous ferons. Nous
» bannirons tous chiaulx qui furent à Male, et
» il s'en yront demourer au Dant ; et, se nous
» poons faire tant que Jaques de Saint-Pol se
» puist herbergier en ceste ville, li et ses gens,
» chiaux qui seront au Dant, venront de nuit à
» Bruges et les metteront à mort » Et il dirent
que li consaux estoit boins. Encore firent-il acort
que on yroit au Liége, et diroit-on à un cannone
que on on nomme: Guillemme de Jullers, liquels
estoit frères au conte Guillemme de Jullers qui fu
pris à Furnes « que nous li prions qu'il vien-
» gne à Bruges. Si sera nos quiefs, et il sera
» très-bien payés. » Et si envoyèrent à Namur et
prioient aux enfans de Namur que il peussent
avoir leur aide et que il seroient bien payé. A
tant il se départirent de le halle, et ala chascuns
à son hostel. Et Jaques de Saint-Pol s'en vint à
Courtray en grant peur et en grant double, et
lendemain Jaques se mist en voie en venant vers
Bruges, et encontra en sen chemin IIII hommes
de Bruges qui estoient tout anchien, lesquels
Jaques de Saint-Pol cognissoit assés. Il s'en vinrent à Jaque de Saint-Pol et li dirent : « Sires,
» les boines gens de Bruges se recommandent à
» vous et vous prient que il puissent avoir vostre
» aide encontre les gens qui furent à Male et qui
» nous mandent toute jour que il nous venront
» ardoir, et par telle condition que, se il puent
» estre prins, vous en ferés vostre volenté. »
— « Combien sont-il de gent ? » dist Jaques. « Il
» sont environ XIII^m, » dient ceulx de Bruges.
» Et je vous enconvenenche que je les délivrerai

» à ceulx de Bruges, » dist Jacques de Saint-Pol. Ainsi chevauchèrent ensamble, et Jaques fu en plus grant seurté que devant, et bien disoient que tous cheulx qui avoient esté à Male, sont bany de Bruges. Ainsi chevauchèrent tant que il vinrent à Bruges, et Pierres, li roys tisserans, ala encontre Jaque de Saint-Pol et li fist moult grant honneur. Quant il furent venu, Pierres Connins, li roy tisserans, fist crier que chascuns herbegast les Franchois et que chascun hostel là où il seroient herbergié, eust une fleur de lis, par quoy il seussent bien retourner à leurs hosteux. Quant li Franchois orent souppé, il s'esbatirent, et puis s'alèrent couchier. Et li message estoient au Dant, qui en faisoient venir les XIII^m hommes, et leur devisoient leurs hosteux et comment il estoient marquié à fleurs de lis, et que tout partout là où les maisons seroient marquiés, que il entraissent ès maisons et tuassent tout : « Et on » vous abandonne tout l'or et l'argent que vous » y trouverés. » Et il dirent que il seroit bien fait. Lors entrèrent en le ville, et tous les Franchois se dormoient, et il tuoient tout, et à le mesure que li Franchois se cuidoient armer, les hostes venoient par devers eulx en disant : « Avés- » vous mestier de mi ? » Et puis se les tuoient. Et là s'éprouva bien un escuier que on nommoit : Hue Durens, car il gardoit l'oir de Hainault ; car il se combati à tout l'enfant et si l'emporta et le mist à sauveté. Et Jaqnes de Saint-Pol estoit herbergiés ès fourbours, et il vit le bataille. Si s'en fui, dont il fu moult blasmés : je ne say se che fu à boine cause. Le mortalité dura jusques au jour, et là ot-il bien mort IIIIe chevaliers et VIIIe escuiers et plus de XII^m hommes à pié. Ce fu l'an mil CCC un. (MS. 10452.)

alèrent qu'il vinrent à Courtray, et mist messire Jaques el chastel le chastelain de Lens et treize chevaliers, et escuiers et arbalestriers, tant que mestiers estoit, et fist prendre toutes les garnisons, qui en la ville estoient, et les fist mener au chastel, et le fist garnir de pierres et de toutes autres estoffes. Et puis se partirent, et s'en alèrent vers le roy, pour monstrer la trahison, que ceulx de Bruges avoient fait. Quant li roys l'entendi, si manda tous ses barons, pour savoir qu'il en feroit. A ce conseil fu acordé que tout li noble du royaume s'apparillassent à guerre.

Comment ceulx de Bruges mandèrent Guillemme de Jullers, Jehan de Namur et Henry son frère.

Or vous dirons de ceulx, qui par droit avoient fourfait corps et avoir, et pensèrent bien que la chose ne porroit ainsi demourer. Si envoyèrent querre Guillemme de Jullers, le frère de Guillemme, qui fu prins en la bataille de Furnes, et luy requirent que pour Dieu il venist vers eulx et qu'il entrepresist la guerre à la délivrance du conte Guy, son oncle, et luy offrirent or et argent, à grant foison. Tantost il ot conseil, et vint, à tout l'effort qu'il peut avoir. Et puis mandèrent le conte Jehan de Namur et monseigneur Guy et monseigneur Henry son frère, liquel tantost emprirent la guerre avoec eulx [1].

Puis assambla Guillemmes de Jullers son ost, et prinst une partie de ceulx de Bruges, et s'en vint à Dicquemue et à Ypre, et puis à Furnes, liquel

[1] Guillemme de Jullers le canonne du Liége vint à Bruges assés tost après et amena avecques lui x^m soudoiers. Li Flamenc en orent grant joye. Après il lui contèrent le grant ochison qui avoit esté à Bruges, et il dist que c'estoit bien fait et qu'ainsi fussent tout li autre. Lors dist Guillemme à Bruges que le ville estoit bien amendée puis un mois : « Ce soloit estre une « contée, et c'estoit uns royaumes. » Et li enfant de Namur prinrent conseil de ce que le ville de Bruges leur avoit mandé. Jehans, li aisnés fiex de Namur, dist que il ne s'en mesleroit jà : « Car « pour l'amour de nous il ont laissié à ardoir » Bergues, le Dant et l'Escluse. » — « En nom » Dieu, dist Guys de Namur, jou iray. » Lors fist crier que li saudoier qui venroient avecques li, aroient boines saudées, et fist tant qu'il en ot bien x^m. Il s'en vinrent à Bruges là où il furent bien rechupt et riquement. Or ont-il xx^m de saudoiers, x par Guillemme de Jullers et x par Guy de Namur. Et lors firent crier cheulx de Bruges que chascuns eust un parement parti de gaune contre vert; et furent bien l^m qui tout orent parement de gaune contre vert (MS. 10432).

se rendirent tout à luy. Puis se trairent vers Berghes, à tentes et à pavillons. Et quant messires Wales-Paielle l'entendi, qui de par le conte d'Artois y estoit, et sceut que ceulx de la ville avoient jà envoyé à l'encontre pour eulx rendre, il fist ses gens armer, et se départi de la ville, et s'en vint à Cassel, où il trouva le chastel tout wide, et y fist entrer, de par le roy, messire Jehan de Haveskerke et messire Gillon son frère, et le fist garnir de vittaille et d'artellerie et de tout ce qui mestier y avoit. Et quant il ot ce fait, il vint, avoec le remanant de sa gent, à Saint-Omer, pour garder la ville. Et Guillemmes de Jullers qui jà avoit gaingniet la ville de Berghes, fist apparillier tout son ost, et s'en vint à Cassel, et assist le chastel de toutes pars et y commencha à faire grans assaulx; et chil de dedans se deffendirent, comme bonne gens [1].

Endementiers que Guillemmes de Jullers estoit devant Cassel au siége, li contes de Namur qui avoit avoec luy ses deux frères et plusieurs autres chevaliers, prist avec luy ceulx de Gand, ceux du Franc et des Quatre-Mestiers, et ala à tout son ost, assir le chastel de Courtray.

Comment le roy de France envoya Raoul de Néelle à Saint-Omer et manda au conte d'Artois qu'il entrepresist la guerre contre les Flamens.

Or vous lairons à parler du siége des deux chastiaulx. Si vous dirons du roy de France, qui avoit envoyé à Saint-Omer monseigneur Raoul de Néelle, connestable de France, à quinze cens hommes d'armes, pour aler lever le siége de Cassel s'il pooit. Mais, quant il fu venus, il luy fu raporté

---

[1] Quant li roys Pierres Connins vit que il avoient bien 1^m qui estoient à leurs gaiges, si prinrent conseil que il iroient à Gant, et il i furent, et les Franchois se rendirent sauves leurs vies. Et puis firent li Flamenc tant que il eurent Yppre et Poperingues et grant plenté d'autres villes. Et, se il estoit aucuns qui demandast comment c'estoit que il pooient si tost prendre ces villes, je responderoie que c'estoit pour che que li Flamenc qui estoient dedens les villes, estoient tout désirant d'estre de le partie flamengue. Et, se je estoie roys et je venoie au descure d'eulx, je les feroye tous mettre à mort; car il sont tout parjure et, se peussent, toudis desloiaux, pour quoy il ne doient point avoir de remède. Li Flamenc alèrent tant que il vinrent devant Cassel. Il assalirent Cassel, et dedens avoit boines gens. Il y estoit li sires de Fiennes et li sires de Renti et cheli de Courtisel et chieux de Sainte-Audegonde, qui trop bien se deffendirent, n'oncques li Flamenc n'y porent riens faire (MS. 10432).

par ses espies qu'il n'avoit mie assés de gens pour le siége ; et tantost le manda au roy. Quant li rois l'entendi, il manda au conte d'Artois qu'il vosist entreprendre ceste chose, et il luy livreroit autant de gens que mestier luy seroit. Li contes qui moult estoit hardis, le luy ottroya et prinst toute la bonne chevalerie de France avoec luy, et mut de Paris pour venir à Saint-Omer. Mais, quant il fu venus à Arras à tout son ost, là trouva les messages du chastelain de Lens, qui le prièrent, de par leur seigneur, que pour Dieu il le venist secoure, car grant mestier en avoit. Li contes, qui moult amoit le chastelain et les autres chevaliers qui estoient au chastel, changea son conseil, et fist son ost traire vers Lille, et manda au connestable qu'il venist tantost vers luy. Tantost que Guillemmes de Jullers sceut que li contes d'Artois aloit vers Lille, si leva le siége de Cassel et mena tout son ost au siége de Courtray. Quant li connestables vit que li siéges estoit levés de Cassel, il issi de Saint-Omer et s'en ala à Cassel ; et messires Jehans de Haveskerke, qui estoit ou castel, issi hors et dist qu'il n'y voloit plus demourer, car il n'y avoit point de garde[1], et li connestables y mist nouvel chastelain de par le roy, et puis s'en ala, à tout son ost, à Lille, où il trouva le conte d'Artois qui moult bel le rechupt[2].

[1] Var. : car il l'avoit gardé.

[2] Entreux que Flamenc estoient à Cassel, li roys Philippes li Biaux oy nouvelles comment Flamenc se démenoient et le damage que il li avoient fait de se gent. Si manda de ses barons : de tels y ot. Premièrement il dit à Robert d'Artois que il convenoit que il alast en Flandres. « Et je vous en pri. » Et li contes d'Artois jura le paterne Dieu que il yra volentiers. Après on huqua li conte de Saint-Pol et Jaque son frère et le conte d'Eu, le conte d'Aubemale, le conte de Clermont, le conte de Soissons et le conte de Boulongne. Aveecques ces contes que j'ay nommés, furent les chevaliers que je nommeray. Il y fu Raoul de Néelle, connestable de Franche, Guys de Néelle, Jehan de Hainault, chiex de Tancarville, chiex de Fiennes, Regnault de Trye, maressaux de l'ost de Franche, chiex d'Apremont, chiex de Hautot, Ferrant d'Arraines, chiex de Ronquerolles et Godeffroy de Braibant, Pierres de Foulloy, Pierres Flote, Ridaux de Créquy, chiex de Biauval, Raoul de Biauval, Raoul des Poissons, chiex d'Orli, chiex du Reus, chiex de Grantval, chiex de Mollaines, Jehan de Brullas, chiex de Gaucourt. Toutes ces banières que j'ay nommées et autres que je ne say nommer, estoient en le compaignie au conte Robert d'Artois (MS. 10432).

De la bataille devant Courtray, l'an mil CCC. et II, où le bon conte Robert d'Artois et moult d'autres jusques à LII banières furent mort.

Robers li contes d'Artois se partit de Lille à tout son ost et s'en ala loger à deux lieues de Courtray, et là demoura deux jours. Puis envoya les mareschaus de France courre devant Courtray, pour prendre place ; et puis vint li contes d'Artois devant la ville de Courtray, et estoient jà li Flamenc issu à bataille rangie. Mais li contes d'Artois n'avoit mie conseil de combattre à ce jour, ains fist ses gens logier. Et tantost que li Flamenc virent qu'il se logoit, si se trairent oultre le Lis, et cuidèrent li François qu'il s'en fuissent, et lendemain, à l'aube du jour, furent li mareschal armet pour aler veoir leur convine ; mais il trouvèrent les anemis, qui estoient logiet sus un fossé hors de la ville. Quant li mareschal les veirent là logiés, si mandèrent au conte d'Artois, qui jà estoit à sa messe, que li anemi estoient ainsi logiet[1]. Si manda son conseil où il ot plusieurs[2] qui desloèrent la bataille; mais la plus grant partie s'y acorda. Tantost fist li contes sonner sa trompette, et issi hors, montés sus un hault destrier, armés en ses plaines armes; et là peust-on veoir toute la fleur de France. Quant li contes fu venus as champs à toutes ses batailles, si vit ses anemis rangiés. Moult luy creut li cueurs, et là vinrent li hault homme. Si luy dirent : « Sire, qu'attendés-vous ? Nos gens » de piet s'avanceront, si qu'il aront la victore ; et nous n'y arons point » d'honneur. » Quant li contes les entendi, si fist passer ses bannières ; et, tantost qu'elles furent passées, li Flamenc se férirent tout à un fais sur eulx, et chil, qui premier poingnoient, chéirent tout en ce fossé, l'un sur l'autre, à si grant randon que tout y furent mort et estaint. Quant li Flamenc les veirent ainsi tresbuchier, si coururent à eux, à haches et à maches et à espées, et mirent tout à mort. Là peust-on veoir toute la noblesse du monde gisant à terre, et ces grans destriers les piés en contremont, et les chevaliers dessous. Li contes d'Artois qui estoit assemblés sur les macecliers de Bruges, fut reversés sur la crouppe de son cheval, et uns le féri de sa mache au travers du visage. Et, ainsi que li boins contes cria : « Pren, » pren le conte d'Artois ! » uns salli avant, si luy abati le bras tout jus ; et

---

[1] Var. : issu.   [2] Var. : tout plain.

puis le férirent de glaves parmy le corps et le tuèrent. Là peust-on veoir maint gentilhomme gésir mort [1]. Messire Jehans de Renesse qui estoit avoec les Flamans, avoit amené avoec luy bien deux cens Hollandois. Quant messire Loys de Clermont et li contes de Bouloingne veirent la desconfiture, il s'en alèrent [2].

Or vous dirons les noms des haus hommes, qui là morurent. Premiers li nobles contes d'Artois, li contes d'Eu, li contes d'Aubemarle, messire Godefroys, frères au duc de Brabant, messire Jehans, li aisnés fils du conte de Haynau, messire Jehans de Verson, messire Jaques de Saint-Pol, messire Raouls de Néele, messire Guys, ses frères, messire Simons de Melun, mariscal de France, et tant d'aultres haults hommes, jusques à cinquante-deux bannières. Et avint celle doloreuse bataille à Courtray, par un mercredy, le jour de la Translation Saint-Benoist, au mois de juillet, l'an mil trois cens et deux.

Après ce, li Flamenc entrèrent en la ville de Courtray, à grant conqueste

[1] Var. : gueule béc.
[2] Li contes Robers d'Artois et se compaignie chevauchèrent et approchèrent Flandres; et chil qui estoient devant Cassel, s'en pártirent et vinrent devant Courtray. Et li castelains de Lens gardoit Courtray et en fist bien sen devoir, et faisoit en Courtray moult grant fu, et c'estoit à dire que il estoit à grant mesquief. On vint dire au conte d'Artois sur le Lis où il estoit logiés, que Guy de Namur et Jehan ses frères et Jehan de Renaisse et li clers Guillemme de Jullers et Guérars li Mors et chiex d'Escornay et bien c^m hommes estoient devant Courtray : « Et puet bien estre, dit li » contes d'Artois, car j'ay veu le feu dedens le » chastel. » — « Or, tost dist li contes. Deslo- » giés-vous, car j'ay grant fain de voir les en- » nemis » et il si firent. Et là vinrent Pierre Flote et Walc-Paiéle, et venoient de garder Saint-Omer. Quant li contes d'Artois vit qu'il le venoient aidier à III^c hommes armés et montés, si leur fist grant samblant et bailla se banière à porter à Wale-Paiéle, et l'arrière-garde fu baillie au conte Guy de Saint-Pol et au conte Regnault de Boulongne, à Loys de Clermont et au conte de le Marche. Les gens Robert d'Artois aprochèrent. Les Flamens furent ensamble. Et les piétons faisoient trop bien leur devoir et eussent eu victore, se n'eust esté li orgueuls de cheulx de queval, et on vint dire au conte d'Artois que li piéton aroient par tamps desconfit les Flamens. « Par le paterne Dieu, dist li contes » d'Artois, veschi grant vilennie pour nous, quant » ces piétons aront l'onneur devant le milleur » chevallerie du royaume. » Lors se férirent en le bataille, et abatirent trop grant plenté de piétons de le gent franchoise, et de tels y avoit des Franchoys qui alongoient contre chiaux de cheval de leur gent. Et commenche à plouvoir une pluie trop carcans qui moult greva à no gent. Et Guy de Saint-Pol et Regnault de Boulongne et Loys de Clermont faisoient l'arrière-garde. Il se gardèrent très-bien, et ne fu che bien gardé quant il n'orent nul mal. Il s'en vinrent à Tournay (MS. 10452).

de belles armeures, et prinrent toutes les bannières qu'il trouvèrent emmy les camps, pour esbahir ceulx qui estoient au chastel.

Lendemain matin vint un cordeliers de Saint-Omer, qui estoit du couvent d'Audenarde, à Jehan de Namur, et luy pria que pour Dieu il voulsist souffrir que li contes d'Artois eust sépulture [1]. Li contes demanda au frère qui il estoit. Il lui respondi qu'il estoit de la terre d'Artois. Adont luy dit li contes de Namur, que moult luy pesoit de la mort du conte d'Artois et que ceste chose ne tenoit mie à luy, ains tenoit à Guillemme de Jullers et à un tisserant de Bruges qu'on appeloit : Pierre le Roy, qui à ce jour avoit esté fait nouvel chevalier. Quant li frères l'entendi, il se traist vers Guillemme de Jullers et lui fist sa requeste. Tantost Guillemmes de Jullers luy respondi : « Biau frère, que me requérés-vous ? Telle courtoisie » qu'il fist à mon frère, luy feray-je [2]. »

Endementiers qu'il parloient, entra li contes de Namur et sire Guis, ses frères, et tant traitièrent devers Guillemme de Jullers qu'il acorda au cordelier de prendre le corps du conte d'Artois et deux autres, lesquels qu'il vouldroit choisir. Quant li preudhons ot ce impétré, il mena un char et deux chambrelens le conte avoec luy, et tant quisent entre les mors, qu'il trouvèrent le corps du conte, qui avoit le bras coppé. Tantost si chambrelenc se laissèrent cheoir sur luy, en plorant, et puis le mirent sur le char et les corps du conte d'Eu et du conte d'Aubemarle, sans plus ; et puis les menèrent en une abbéye, dalés Courtray, qu'on appelle : Groeninghes ; et là les mist-on en trois auges [3], et furent ensevelis en celle abbéye, devant l'autel, l'an de grâce mil trois cent et deux [4].

---

[1] Var. : sépulchre.

[2] Robers d'Artois demoura tous mors, et li contes d'Aubemale, li contes de Soissons, li contes d'Eu, Raoul de Néelle, Guy de Néelle, Godefroy de Braibant, Jehans li sires de Brulas et Regnault de Trye, maressal de l'ost, li cambrelenc de Tancarville, Pierre de Foulloy, Pierres Floté et Ridiaux de Créqui, aussi chiex de Fiennes, chiex de Biauval, Raoul des Poissons et Ferrans d'Araines, chiex de Mollaines, chiex d'Aspremont, chiex de Hautost, chiex d'Orli, chiex du Reus, li vidames de Chaalons et Jehan l'oir de Hainault. Tous cheulx-chi furent ou conte ou baneret, et si ne les say mie tous nommer. Or poés-vous bien savoir que y ot mort grant plenté de chevaliers d'un escu et plus grant plenté d'escuiers (MS. 10432).

[3] Un MS porte : trois auges de plonc.

[4] Briefment de tous cheulx de queval, cheux qui orent plus chier honneur que vilenie, morurent là. Et de tous les prisons on n'en print que II : li uns fu Mahieu de Trye, et li autres fu de Loheraine. Che fu damages de le journée, et on dist que ce fu par Guillemme de Jullers ; car

AUTRE RELATION.

Comment li papes Martins succéda au pape Nicole, et aultres incidences [1].

L'an mil II^c LXXIX [2], fu eslus papes Martins qui avant estoit appiellés : Simons, entre lequel et Grégoire furent quatre papes. Chils qui fu apriès Grégoire, fu frère Pierre de Tarentoise, de l'ordre des frères prescheurs, qui fu apellés : Innocent, et ne vesqui que demy an. Apriès lequel fut Adrian qui ne vesqui que II mois. Apriès lequel ung Espaignol qui fu apiellés : Jehan XXIe, et comme ce Jehan euist trouvé ès estoilles qu'il devoit longhement vivre, soudainement une maison qu'il faisoit pour regarder ès estoilles, va cheoir sur li, et fu si froissiés et quassés que le VIIe jour il va morir; et ainsi fu desfraudés de s'entention. Apriès lui fu eslus Jehans Gaietan, lequel fu apellés : Nicolles le tiers. Che Nicole priva le roy Charle de la sénatorie de Romme et li volt oster le royaume de Sésille, mais li rois respondy qu'il l'avoit concquis à l'espée, et à l'espée le gaigneroit, qui li volroit oster. Il vesqui entour III ans, et apriès li fu eslus ce Martin.

L'an mil II^c LXXX, le roy d'Arragon qui avoit à femme le suer Mainfroy, le fil de l'empereur Fédric, à tout grant ost, entra en Sésille, et fu moult grant guerre et aspre entre li et le roy Charle, auquel il metoit sus qu'il tenoit son royaume, qui li estoit deus par raison de sa femme.

En celle année, li papes envoya en Franche Jehan Colet, cardinal de Romme, pour preschier la croix encontre le roy d'Arragon et pour mener l'ost des croisiés en Arragon pour délivrer le royalme de Sésille à Charle le second fil le roy Phelippe, à qui li papes l'avoit donné.

---

on dist que il ouvroit du magique art, et sanloit à no gent que ce fussent ennemy qui céissent avecques le pluie, et si leur sambloit que il fust nuis. Je ne say comment ce fu, mais no gent furent tout mort : nuls, fors Diex, ne sot comment le cose fu démenée. Ce fu l'an mil CCC. II, le jour Saint-Benoît (MS. 10452).

[1] Nous retrouvons ici la suite des notes qui paraissent avoir été ajoutées par diverses mains à la rédaction qui se termine p. 178.

[2] Martin IV ne monta sur le trône pontifical qu'au mois de février 1280 (n. st.); mais il est inutile de relever les erreurs chronologiques que nous rencontrons à chaque page.

Le mort le roy Phelippe, fil saint Loys; et aultres incidences.

Celle année, au retour d'Arragon, ly rois Phelippes moru à Nerbonne ou à Perpinian, et fu li corps apportés à Saint-Denis, et le cuer as frères praicheurs à Paris.

L'an mil IIc IIIIxx et X, Acre fu prise des Sarrasins, et pluisieurs chrestyens tués.

En celle année, Charles, fils au roy Phelippe, prist à femme la fille au roy Charle de Sésille, et laissa ledit roy tout le droit qu'il avoit en Arragon, et ledit roy li donna, en réconpensation dudit royaume et pour le mariage de sa fille, le conté d'Avignon et du Mans.

L'an mil IIc IIIIxx et XIII, le roy d'Engleterre Édouart quita Phelippe quanques il tenoit de lui, et li rendi son fief, car il quidoit que par forche d'armes il peuist tenir tout che qu'il tenoit du roy Phelippe; et ensi commencha la guerre en Gascongne.

Apriès ce que le siége de Romme ot vacquiet II ans et III jours, fu eslus à pape du commun assentement de tous les cardinauls ung hiermitte qui avoit nom : Pieron de Morron, et fu apiellés : Célestins; mais assés tost apriès, à la sugestion et barat de Bénédic le cardinal, le dit pape se démist, et Bénédic fu papes et apiellés : Bonifaces huitisme. Si fu adont moult grant discorde en l'Église, car aucuns disoient que le pape ne se pooit desmettre, ensi réputoient à vray pappe Célestin et non mie Boniface; mais Boniface le fist ensiérer en une maison, pour ce que le peulle ne peust avoir accès à lui, et là le preudomme finit ses jours.

Comment la fille du conte de Flandres fu fiancée au roy d'Engleterre, et comment le roy de France la manda et la retint par devers luy.

A celi tamps [1] avoit ung conte en Flandres, que on appelloit : Guy de Dampière, et fu fils le contesse Margherite et ot en sen vivant II femmes, dont il ot pluiseurs enffans. Se première femme fu fille à l'avoet de

---

[1] Ici commence une nouvelle relation historique, dont il existe de nombreux manuscrits.

Biétune. De celle ot li contes III fieuls, Robiert, Guillaume et Phelippe, et pluiseurs filles, dont li une fu mariée au conte de Guerles, et li autre au conte de Jullers. Et de s'aultre femme qui fu fille au conte de Lussembourc et contesse de Namur, ot li contes III fieuls, Jehan, Guy et Henry. et une fille, que on apella Phelippe, et fu celle filloelle au biel roy Phelippe de Franche Li rois d'Engleterre fist celle pucelle demander pour Édouart son fil, et li contes le fiancha en le main des messages. Il fu dit briefment au roy de Franche par un des chevaliers de le court du conte, et estoit chieux apellés : Simons Le Ras. Li rois par conseil manda au conte de Flandres qu'il alast parler à luy et li menast Phelippe se filloelle; et li contes y ala et y mena le pucelle. Quant li rois le tint, il dist qu'elle demourroit par devers li et le retint, et blasma moult au conte ce qu'il avoit fait, et li commanda que il widast le contet de Flandres, car fourfaicté l'avoit pour ce que l'on avoit establi en Franche, par le conseil des prinches, que nuls nobles homs du royaume de Franche ne pooit ses enffans marier hors du royanme sans le congiet du roy de Franche; et qui sans congiet le faisoit, il estoit en son voloir de luy déshireter. Li contes ne peut trouver merchy au roy pour pryère d'amis qu'il euist, et demora se fille viers le roy Phelippe, qui ne voult mie que li mariages se fesist, pour ce que li rois d'Engleterre estoit ses anemis.

Comment li contes de Flandres appela par-devant le Saint-Père et fist de grandes aliances, et comment il envoya lettres de deffianche au roy de France.

Lors ot li contes conseil par aucuns de ses amis qu'il appelleroit du roy par-devant le Saint-Père, et envoya à Romme pour fourmer l'appel. Li papes Bonifaces voult bien que li appiauls fust fais, et envoya à Paris le légal de Melan, qui dist au roy, de par le Saint-Père, qu'il rendesist au conte de Flandres se fille et luy laissast marier à sen voloir où il l'avoit affiée, et le laissast de se terre joïr paisiblement, et, se ce ne voloit faire, il envoyast à le court de Romme où il estoit apellé dou conte de Flandres. Li rois respondi au légal que de se seignourie terryenne ne se debvoit point meller li papes, et qu'il avoit court de droit pour ses hommes jugier, et que à le court du pape il ne plaideroit point. Li légaus s'en rala à Romme et dist au pape Boniface le response du roy. Li contes sceut que li rois ne cesseroit point pour l'appiel, et lors manda le fait au roy d'Engleterre, et requist aide à ses amis, et fist grandes alianches, et fist une grant assamblée de parlement à Granmont. Là fu li rois d'Engleterre et li rois Ardoufles d'Alemaigne, li dus d'Osteriche, li dus de Braibant, li contes de Guerles, li contes de Jullers, li contes de Hollande et li contes de Bar, qui avoit espousée Aliénor le fille le roy d'Engleterre.

Par-devant ces prinches que j'ay chi nommés et pluiseurs aultres, fist li contes Guis hommage de le contet de Flandres que il debvoit tenir du roy de Franche, au roy d'Alemaigne, et li rois d'Alemaigne le rechut et luy promist à deffendre[1] contre ses nuisans. Adont furent faittes lettres de deffianches où li aloyet mirent cascuns leurs seauls, et furent portées au roy par III abbés, dont li uns fu de Gemblous, li aultres de Saint-Andrieu de Gramnont, et li tiers de Saint-Bavon de Gant.

Comment le roy de France, à tout son ost, alla assir Lille.

Apriès ces deffianches, li rois manda ses hommes et saudoyers moult efforchiement pour aler en Flandres, et li contes manda ses amis et ses aloyés, et envoya sen fil Guillaume à Douay pour le ville warder, et ot avoec luy le seigneur du Rous que on nommoit : le Familleux, et Henri de Nassi et pluiseurs aultres saudoyers. Chils Guillaumes avoit espousé le fille Raoul de Néelle, connestable de Franche.

Apriès envoya li contes son aisné fil à Lille, et mena avoec luy le conte d'Espenchem, le conte de Castelongne, Regnault de Fauquemont, le seigneur de Kuk et pluiseurs Alemans. Chils Robiers ot II fieuls de se darraine femme, qui fu fille le duc de Bourgongne et fu contesse de Nevers. En ce temps estoit la dame trespassée, dont Loeis li aisnés releva le contet de Nevers dou roy de Franche, et pour che ne se mella de la guerre; et li aultres fils ot à nom : Robiers, et puis fu nommés : Robiers de Cassel.

[1] Var. : et le prist à deffendre.

Li contes envoya par ses bonnes villes gens d'armes, et li rois s'en ala à siége devant Lille à moult grant gent, et fu en l'an mil CC. IIII^{xx} et XVII que li rois se party pour aler en Flandres, et le royne Jehenne se femme s'en ala en se terre en Campaigne, où li contes de Bar menoit guerre pour chou qu'il s'estoit aloyés au conte de Flandres, et mena avoec ly le royne le duc de Lorraine, le visconte de Nerbonne, le conte de Roussy et pluiseurs aultres, dont li contes de Bar ot paour que se terre ne fust perdue, siques il se rendi à le royne, sans bataille faire. Le royne l'envoya à Paris en prison, et s'en ala de Champaigne droit à Lille où li rois, ses barons, estoit à siége par-devant.

En ce tamps que li rois estoit devant Lille, ala Phelippes d'Artois, fieuls au conte Robert d'Artois, à Béthune, qui estoit à Robert de Flandres, et chil de le ville se rendirent, et Phelippes les rechut ou nom dou roy; et puis s'en rala au siége à grant gent. Et tantost après vint li contes Robers d'Artois du pays de Gascongne, où il avoit guerriet pour le roy de Franche contre les Englès, et y avoit laissiet Aury l'Alemant pour tenir le guerre pour le roy de Franche contre les Englès et pour garder aucunes forterèches qui estoient au roy de Franche.

La bataille que li Franchois orent as Flamens devant Furnes.

Li contes Robers oy dire au siége de Lille que il y avoit Flamens en la ville de Furnes, qui grevoyent le gent de son pays d'Artois. Lors assambla ses amis et manda Phelippe sen fil, Guy conte de Saint-Pol, Jaques sen frère, Loys duc de Bourbon, Robert conte de Boulongne, Jehan de Tancarville, cambrelenc de Franche, et pluiseurs aultres, et les mena vers Furnes, à grant poissanche de gens; et li Alemant et li Flamenc qui estoient à Furnes, yssirent contre yaux, et assambla li bataille à un petit hamiel que on appelle : Bullecamp. A celle bataille là fu en kief li contes de Jullers, qui estoit fieuls de le fille le conte de Flandres, et avoit avoec luy le conte des Mons et grant plentet d'Alemans et de Flamens. Là estoit li sires de Gavres qui moult estoit preus et hardis. Li contes de Jullers bailla che jour se banière à porter à un chevalier qu'on appelloit : Bauduin Ruffin, et à l'assambler de le bataille il gietta se banière jus et se traist vers le castelain de Berghes, qui estoit avoec les Franchois. Là furent Flamenc et Alemant desconfit, et en y ot grant plentet de mors. Là fu pris li contes de Jullers et envoyés à Saint-Omer, mais il fu si navrés qu'il ne vesqui depuis que III jours. Li contes de Blanmont et li contes des Mons escapèrent de le bataille et s'en alèrent à Yppre. Li sires de Gavres fu mors en celle bataille : en ce jour se combatti contre Phelippe d'Artois et le prist, mais il fu rescous, et non pour quant fu si fourmenés que oncques puis ne porta armes, ains morut moult tost après.

Comment li Rous de Fauquemont fist pluiseurs envahies en l'ost du roy de France.

Apriès le desconfiture, li contes d'Artois entra en Furnes et le fist fourrer et essillier, et puis se repaira[1] au siége du roy par-devant Lille. Et y fu li rois XI sepmaines, et y ot pluiseurs assauls. Gallerans li sires de Fauquemont yssoit souvent sur les Franchois et leur faisoit moult de paine. Ung jour avint que li contes de Forest, li contes de Montbliart et Jehan de Challon faisoient le gait du jour, pour chou que li saudoyer de Lille ne venissent en l'ost soudainement. Quant vint à la caurre du jour, chil waitteur de l'ost descendirent de leurs chevauls et firent monter leurs garchons et leur baillièrent leurs bachines et leurs escus et leurs lanches, et s'allèrent ombrier en leurs tentes. Li Rous de Fauquemont sceut cel affaire par une espie que il avoit. Adont fist se gent armer, et il aussi s'arma et fist faire delés le fier de se lanche ung grau de fier pour les garchons sacquier jus de leurs chevauls, et celle lanche au grau de fier fu appellée : saque-boute, dont puis firent li Flamenc faire de tels bastons. Li Rous de Fauquemont et se gent coururent sus les garchons appertement et les ruèrent jus de leurs chevaux. Adont leva li cris parmy l'ost, et pluiseurs Franchois coururent sus les Alemans qui se deffendirent en retrayant vers le porte. Devant les aultres s'avancha li contes de Vendome et se féry ès Alemans; mais li Rous de Fauquemont le prist et le mist sour son cheval devant luy par l'ayde de ses hommes. Adont vinrent

[1] Var. : s'en retourna.

Franchois si efforchiement que li Alemant furent moult grevet. Li Rous de Fauquemont ne se pooit mie bien aidier pour le conte de Vendome, dont il estoit encombrés. Adont le ala jetter jus en ung puich qui estoit ès arsins de Lille, et là fu mors. Li Alemant souffrirent moult de paine, mais toutesfois rentrèrent-il dedens le porte et gaignièrent-il pluiseurs chevaulx qu'il avoyent envoyés devant par leurs varlès. Li Franchois sacquièrent le conte de Vendome hors du puich tout mort, et fu portés enterrer en sen pays par ses hommes. Adont fist li rois drechier grans engiens as portes et as murs de Lille.

Une aultre journée avint que li meskine le royne avoyent fait[1] une buée, et avoyent mis les nappes de l'ostel dou roy et de le royne, draps, linges, sambues et cuevrequiefs, et fu le buée faite et estendue pour secquier, ou rieu de le Magdelaine, assés priès de le porte. Li Rous de Fauquemont le vit : adont s'arma, et se gent aussi, èt yssirent hors de la porte, et des gent de piet avoec yaux. Li cris leva parmy l'ost, et les gens qui faisoient le gait du jour, coururent sus les Alemans. Li sires de Fauquemont et se gent se combatirent contre Franchois et les contretinrent tant que les gens de piet orent le buée cueillie et portée à Lille. Adont se retrairent li Alemant vers le porte en deffendant, et retournèrent sans avoir perte de leur gent.

Comment le roy de France fist traittier avec le roy d'Allemaigne.

De tels envayes que li Rous de Fauquemont faisoit, fu li rois moult dolans, et assambla sen conseil, sen frère et ses amis et ses prinches, dont grant plenté avoit en son ost, car il y avoit xxxii contes, le duc de Bourgongne, cellui de Loheraine et cellui de Bretaigne. Li roys demanda conseil de se guerre et leur dist que bien avoit oy dire que li rois Édouars venoit en Flandres, à grant gent, pour le conte aidier, et pluiseurs prinches d'Alemaigne et meismes li rois Ardouffles, leur venoient aidier. Adont parla li contes de Haynnau qui estoit niés au conte de Flandres, mais Robers de Flandres l'avoit moult guerroyet et grevet pour chou qu'il s'estoit aloyés

---

[1] Var. : pendu.

au roy de Franche. Chils contes dist au roy que li rois d'Alemaigne estoit moult convoiteux et que s'il luy envoyoit aucun présent de deniers, que tost li feroit la guerre cesser. Dont li envoya li rois IIII sommiers de deniers par Jaque de Saint-Pol, qui trouva le roy Ardoufle à Coulongne et luy dist salus de par le roy de Franche qui lui prioit qu'il ne fust point en l'ayde de ses anemis pour luy grever, et que à son couronnement il avoit fait serment que il n'acroisteroit ses fiefs sur le royaume de Franche, et li roys de Franche avoit aussi juré à son sacre qu'il n'acroisteroit ses fiefs sur l'empire : se le prioit qu'il wardast son serment, aussi bien qu'il voloit le sien warder. Adont li fist Jaques le présent, et ly rois le rechupt moult liement et li promist qu'il ne s'en melleroit, ne pour l'une partie, ne pour l'autre. Ensi rechut grant présent de deniers de cascune partie, et pour che meffait l'ochirent puis li parent [1] dou conte de Flandres. Jaques prist congiet au roy Ardoufle et party de Coulongne et revint au biau roy Phelippe au siége à Lille, et li conta comment li rois Ardoufles estoit apaisiés et qu'il ne se melleroit, ne pour l'une partie, ne pour l'autre. Li rois en fu moult liés et en tint sen siége plus seurement.

Comment Robers d'Astiches voult livrer la ville de Lille au roy de France.

A Lille avoit un chevalier de Peule et estoit as draps Robert de Flandres et à sen consel, et le nommoit-on : Robert d'Astiches. Chils Robers yssi une vesprée de Lille tous seuls, et s'en entra secrètement [2] ès trefs, et fist tant qu'il vint en le tente du roy et parla à luy, et dist chils Robers que il luy enseigneroit comment il poroit lendemain prendre le ville de Lille et avoir vengance de ses anemis. Li rois li demanda comment ce poroit estre : « Sire, dist li chevaliers au roy, faittes demain cachier une » porquerie de vostre garnison devant le porte de le Madelaine, et faittes » armer [3] III^m hommes près et embusquier; et bien say que li Rous de » Fauquemont ystera pour celle proye [4] avoir, et vostre gent leur cour-

[1] Var : li baron.
[2] Var. : coiement.
[3] Var. : mener.
[4] Var. : porquerie.

» ront sus[1] apertement; et s'il retournent à le porte, jou le tenray ouverte,
» tant que vostre gent porront entrer ens et le ville prendre. » Li rois
s'i acorda volentiers, et manda pluiseurs barons et leur conta le fait, et
leur manda qu'il fuissent lendemain armés as tentes pour che faire, et chil
l'acordèrent; mais il y ot aucun qui furent amy Robert de Flandres, qui
ce fait luy mandèrent en le nuytie secrettement, comment il devoit estre
trahis par Robert d'Astiches et qu'il estoit as tentes du roy.

Quant Robers sceut ce fait, il le fist savoir à ses hommes et commanda
que on wardast lendemain as portes, et si tost que Robers d'Astiches y
entreroit, que il fust pris et amenés devant luy. Lendemain party Robers
d'Astiches et ala vers le porte que on dist : de Fives, et bien cuidoit entrer
ens que on ne le perchust; mais il fu pris et menés devant Robert de
Flandres, qui le fist emprisonner et dist qu'il le feroit justichier. Le gent
du roy s'embusquièrent ès tentes tous armés, et fist-on envers l'eure de
prime cachier une porquerie devant le porte de le Madelaine; mais li Rous
de Fauquemont et li aultre saudoyer savoyent bien le fait des Franchois : si
n'osoient yssir. Lors s'avisa Gallerans li Alemans : quant il vit le proye si
près de le porte, il le fist ouvrir et les bailles aussi, et fist ses gens ren-
gier et ordonner au dehors des bailles, et fist aporter ung petit pourchelet
et le prist par les oreilles et le fist wignier si fort que li pourchiel de
le grande porquerie y acoururent les gheulles baées[2], que chil qui les
wardoyent, ne les porent tenir; et quant il vinrent près des bailles,
Gallerans laissa aler le pourchelet, et ses gens cachièrent les pourchiaux
dedens le porte, et Franchois se desbusquièrent des tentes et acoururent
devers le porte, mais il fallirent à leur atente[3] et perdirent leur porquerie.

Le prise de le ville de Lille.

Moult fist li sires de Fauquemont de anoy en l'ost du roy; mais tant fu
le ville aségie que li vivre fallirent à pluiseurs, et estoit grant chierté de
pluiseurs vivres en le ville de Lille, et bien voulsissent aucun que le ville
se fust rendue.

---

[1] Var. : saurront sur yaulx. [2] Var. : aventure.
[3] Var. : bées.

Ung jour séoit au disner Robers de Flandres en le salle à Lille, mais li contes de Haynnau li fist envoyer une pierre d'engien qui rompy le comble de le salle et quéy devant le table et ochist II chevaliers, dont il fu moult dolans¹, et vit bien que il ne pooit plus le ville tenir et le fist rendre par les hommes et bourgois, et chil le rendirent par convent que Robers s'en partiroit sauvement et toute se gent. Lors entra li rois et li roine en Lille, et leur gent. Et Robers de Flandres et ses gens d'armes s'en partirent pour aler à Gant, et fist Robert d'Astiches querquier en ung tonniel, mais il crioit si hault² qu'il fu oys des Franchois et fu rescous.

Comment le roy de France fu maistre de toute le terre de Flandres.

Li rois reposa trois jours en Lille, et au IIIIe s'en parti, et bailla grant plentet de gens d'armes à Charle sen frère, qui s'en ala droit à Yppre, et li rois vers Courtray. Li ville se rendi à luy et li castiauls, et puis s'en ala à Englemoustier et là se reposa en atendant Charle son frère qui s'en ala vers Yppre, mais li Alemant qui estoient à Yppre, yssirent hors bien III mil. Là fu li contes des Mons, li contes de Blanmont, qui avoyent estet desconfit à Furnes, et si y fu li contes de le Marche. Là assamblèrent Flamens et Allemans et Franchois à ung hamiel que on dist : Commines. Là furent Alemant et Flamenc desconfit, et moult en y ot d'ochis. Et fu pris li contes des Mons, et li aultre cachiet jusques en Yppre, et fist Charles de Valois bouter le feu ès fourbous, mais chil d'Yppre n'en yssirent point. Adont s'en repaira Charles en l'ost du roy son frère à Englemoustier, et en ce jour meismes vinrent III³ bourgois de Bruges au roy de par toute le commnnauté de le ville présenter les clefs de le ville. Li rois les rechut et y envoya lendemain Charle sen frère, qui les rechupt à l'hommage, ou nom dou roy, saufs leurs loys. Lendemain s'en ala Charles en le ville dou Dam à grant gent, et y cuida trouver le navire du roy d'Engleterre, mais li Englès l'avoyent esquipé en mer, et toutesfois se rendi le ville dou Dam

---

¹ Var. : courouchiés.   ³ Var. : IIII.
² Var. : si fort.

à Charle, et il y mist m° bidaulx pour le garder, et puis s'en repaira à Englemoustier à l'ost du roy.

Quant li rois d'Engleterre et li contes de Flandres sceurent que Bruges et le Dam s'estoient rendu, adont envoyèrent le duc d'Osterisse et le prinche de Gales à grant plentet de gens au Dam, et l'assalirent et le reconquirent, et ochirent tous les bidaus que Charles y avoit laissiet; et puis s'en repairièrent à Gant.

Comment trièves furent données et comment toutes les dissences furent mises en l'ordonnance du pape Boniface.

Robers de Flandres et se gent estoient à Gant venu de Lille, et li contes de Guerles dist au conte de Flandres que li rois Ardouffles ne faisoit nul appareil de guerre et que li rois de Franche li avoit envoyet ung présent par Jaque de Saint-Pol, pour quoy il ne se mouvoit [1]. Adont jura li dus d'Osterisce que, se celle guerre estoit finée vers le roy de Franche, qu'il assauroit de guerre le roy des Allemans. Li dus de Braibant, Henris de Lussembourc, li contes de Guerles, li contes de Blanmont et li Rous de Fauquemont et pluiseurs aultres s'aloyèrent ensamble par fianche au duc d'Osterisce pour guerrier le roy d'Allemaigne. Lors se advisèrent par conseil li rois d'Engleterre et li contes de Flandres que à trop grant péril assambleroyent à bataille contre le roy de Franche pour le grant plentet de peuple [2] qu'il avoit. Si furent trièves requises, et tant fu li cose menée que trièves furent données II ans, par condition que li rois de France, li rois d'Engleterre et li contes de Flandres mirent leurs fais sur le ordonnanche dou pape Boniface, pour appaissier toutes les dissences qui estoient entre yaulx, et par condition que, les trièves durant, li rois posseisseroit Lille, Bruges, Courtray et tout ce qu'il avoit concquis ou pays de Flandres. Adont se partirent les os, et s'en revint li rois à Paris.

---

[1] Var.: il ne se mouveroit. [2] Var.: peulle.

Comment li Gallois furent ochis à Gant.

Quant li Gallois virent que li rois d'Engleterre et li prinches de Galles leurs sires se volloient partir de Flandres et qu'il n'avoyent riens¹ gaigniet dechà le mer, adont se consillièrent ensamble de rober le ville de Gant, et bouteroient le feu en pluiseurs lieux en le ville, et entroes que le gent de Gant entendroient au feu estaindre, il entreroient ès grandes maisons et roberoient draps et les milleurs ricquèches qu'il poroient trouver. Et le firent, et quant chil de Gant perchurent le malisse des Gallois, il laissièrent le feu et cryèrent : alarme²! et coururent sur les Gallois et en ochirent plus de IIII^m. Et encore voloient-il courir sus as aultres à camps, se ne fust li contes et si enfant qui les rappaisièrent à moult grant paine. Li rois d'Engleterre s'en ala au Dam et rentra en mer, et li prinches de Galles qui moult avoit perdu de ses hommes.

D'une wère dou roy Ayoul d'Allemaigne contre le duc d'Osteriche, et comment li roys Ayouls fu ochis, et comment li dus d'Osteriche fu couronnés à roy d'Allemaigne.

En l'an après deffia li dus d'Osteriche le roy d'Allemaigne et ala seoir devant Ais, et tout si aloyet. Adont rassambla li rois ses amis et ot o luy les Frisons, Gerfault de Bouguerie, Loys de Baivière et pluiseurs aultres prinches jusques au nombre de XVIII^m hommes, et li dus en avoit XIIII^m. Là ot grant bataille, et fu li rois Ardouffles desconfis et mors, et Loys de Baivière pris et pluiseurs aultres. Après celle desconfiture fu li dus XL jours devant Ais, et puis entra en le ville, et fu couronnés rois d'Allemaigne. Li contes de Haynau ala à ce roy faire hommage et pourcacha tant que li rois envoya demander à femme une des filles Charle de Valois, et on li envoya, et l'espousa à grant honneur. Par che mariage perdi li contes de Flandres l'alianche du roy d'Allemaigne duc d'Osteriche.

¹ Var. : nient.   ² Var : à l'arme!

Comment la chartre de l'ordonnanche du pape fu desquirée par le conte d'Artois.

En ce temps alèrent à Romme les gens du conseil des III prinches, c'est-assavoir : pour le roy de Franche, Jaque de Saint-Pol, pour le roy d'Engleterre, l'évesque de Duremmes, et pour le conte de Flandres, Robert son aisné fil, et cascuns pour se partie monstra se cause devant le Saint-Père. Apriès leurs raisons monstréos, li papes ordonna que li rois de Franche renderoit au conte de Flandres se fille et se terre qu'il avoit conquise, et au roy d'Engleterre renderoit che qu'il avoit conquis en Gascongne. Sy furent les chartres faittes sur ceste fourme et bullées et baillies au vesque de Duremmes. Li baron s'en vinrent en Franche, Robers s'en ala en Flandres, li vesques et Jaques s'en alèrent à Paris et contèrent au roy comment li papes avoit ordenet. Avoec le roy estoit Charles de Valois, Loeys d'Évreux et Robers li contes d'Artois, qui demanda le chartre à veoir, que li papes avoit séellée. Li vesques de Duremmes l'ala querre et le voult monstrer au roy ; mais li contes d'Artois lui esraga [1] des mains et le desquira et le jetta au feu qui estoit à le queminée de le cambre du roy. Li aucun l'en blasmèrent, et li aultre non ; et meismes li rois dist que jà ne tenroit l'ordenanche du pape, ains yroit sur ses anemis tantost que les trièves seroient passées [2].

Comment li contes de Flandres se rendi au roy de France.

Quant les trièves furent passées, li rois envoya le conte d'Artois en Gascongne et Charle de Valois en Flandres, et leur quierqua moult de gent. Quant Charles vint en Flandres, tout le pays se rendi légièrement, jusques à Gant. Là estoit li contes et ses enfans [3], qui avoyent mandé leurs aloyés, mais si pau de gent leur vint en ayuwe qu'il virent bien qu'il ne porroient contrester contre le pooir Charle. Adont se rendi li contes et Robers et Guillaumes, par condition que, s'il ne se pooient accorder au roy, Charles

---

[1] Var. : escacha.
[2] Var. : fauroient.
[3] Var. : et se gent.

de Valois les devoit restablir là où il les prenderoit. Adont s'en ala li contesse à Namur et si troy fil; et Charles enmena le conte Guy et ses II fieuls et pluiseurs chevaliers de Flandres. Et fu toute Flandres[1] en la main du roy, et y mist Charles Raoul de Néelle connestable de Franche, et fu gouvernères de Flandres, et Charles de Valois mena ses prisonniers au roy et luy dist comment il se estoient rendu. Li roys envoya le conte Guy en prison en le tour de Compiengne, et de ses chevaliers avoec lui, et si envoya Robert au castiel de Chinon en Touraine, et Guillaume envoya au castiel de le Nonnette en Auvergne.

En ces deux ans[2] ne peurent trouver pais, ne acord au roy, dont requirent à Charles qu'il les remenast en Flandres ainssi comme il leur ot en convent, et Charles requist au roy qu'il li rendesist les barons; mais il dist que non. Adont assambla Charles VIII[m][3] hommes, et party de Franche pour aler en Constantinoble, dont se femme devoit estre empereis.

Comment messires Jaques de Saint-Pol fu fais gardyens de Flandres de par le roy Philippon de France.

En che temps estoit li contes Robers d'Artois en Gascongne à siége devant le Riolle, et tant donna au castellain que on appelloit: Gobiert de l'Espinache, et avoec ce, li promist ung castiel en Flandres, lequel qu'il voulroit demander, et par ces dons et promesses le fist acorder à luy, et luy rendi le Riolle et Saint-Macaire et pluiseurs aultres forteresses, que il avoit à warder. Dont revint li contes Robers au roy et li conta comment Gobiers li avoit vendu les castiauls et le don que il li avoit promis, et li rois li otrya. Assés tost apriès ala li rois en Flandres visiter le pays, et là fu bien recheus et festyés; et là demanda Gobers au roy le castiel de Male dalés Bruges, et li rois li donna. Adont fist li rois Jaque de Saint-Pol gouverneur de Flandres, et Raouls de Néelle en fu démis. Li rois ala en Franche, et assés tost apriès fu fais li mariages du biel roy Édouard et de Jehenne suer au biau roy Phelippe, dont fu pais par tout le royaume, et demora Flandres au roy paisiblement l'espasse de II ans.

---

[1] Var.: le contet de Flandres. [3] Var.: V[m] hommes.
[2] Var.: En cel an.

Comment li communs de Flandres, c'est-assavoir chil de Bruges se revelèrent contre Jaque de Saint-Pol.

En che temps fist faire Jaques de Saint-Pol pour le roy le castiel de Lille, et refaire et renforchier les aultres castiaux, et fist le commune gent taillier pour payer ces frais, dont il prirent à murmurer. Après avint que Gobiers de l'Espinache vendi vin à Male, et li gent de Bruges y alèrent boire pluiseurs fois. Sy avint que uns bouchiers qui avoit nom : Jehan Bredelle, se courcha au vallet qui sacquoit le vin, et le féry si qu'il l'ochist. Adont s'arma Gobers et se gent pour sen vallet vengier, mais li gent de Bruges se deffendirent. Li fais fu sceus à Bruges, dont y ala bien vii^c des communs [1], qui ochirent Gobert et ses gens. Quant li gouvernères de Flandres sçeut ce fait, il assembla plenté de chevaliers, d'escuyers et d'arbalestriers jusques à la somme de iiii^m, et s'en ala à Bruges pour corrigier ceulx qui avoyent le castellain ochis. Chil qui avoyent au fait estet, se partirent de Bruges et s'en alèrent au Dam. Avoec eulx avoit uns tisserans de draps que on apelloit : Piettre le Roy. Chils les enhardy d'iauls deffendre et de courir sus aux Franchois, et mandèrent à pluiseurs de leurs amis qu'il avoyent à Bruges, qu'il leur aidaissent, et qu'il yroient par nuit les Franchois tuer en leurs lis. En celle nuitie vinrent cil dou Dam à Bruges les Franchois assalir en leurs lis, et en furent li pluiseur ochis et par l'ayde de leurs amis [2]. Jaques de Saint-Pol, Pierres Flote, Jehans de Vrevin et Jehans de Lens escapèrent et s'en alèrent en celle nuitie à Courtray ; mais à Bruges demora mors des Franchois iii^m et xvi, et lx pris et emprisonnés. Jaques de Saint-Pol commanda le castiel de Courtray à warder à Jehan de Vrevin et à Jehan de Lens, et s'en ala à Paris conter au roy le meffait de chiauls de Bruges [3].

---

[1] Var. : de commugnes.
[2] Var. : et en ochirent pluiseurs par l'ayde de leurs amis.
[3] Var. : que chil de Bruges avoient fait.

De le bataille de Courtray.

Lors manda li rois le noble chevalerie et escuierie de Franche, et les fist assambler à Arras, et en fist Robiert conte d'Artois quief et gouverneur de l'ost, et luy commanda que grief vengance fust prise des malfaitteurs de Bruges. Li contes l'acorda et vint à Arras pour attendre les gens d'armes. Li Flamenc seurent que li Franchois faisoient grandes assamblées pour venir sur yaulx. Adont mandèrent chiaux dou Franc, et firent leur quief de ce tisserant qui avoit le cose esmutte. Dont se mirent as camps, et dirent qu'il reconquesteroient Flandres et raroyent leur seigneur que li rois avoit emprisonné. Dont s'en alèrent parmy Flandres et se rendirent pluiseurs villes à euls, comme Ardenbourc, Bailleul, Poperinghe, Audenarde, Cassiel et le ville de Courtray; mais li castiaux se tint franchois, car chil que Jaques y avoit laissiet, le deffendirent. Dont assirent Flamenc le castel de Courtray. Adont estoient avec eulx Guys de Namur qui estoit fieuls au conte de Flandres, et uns damoisiauls qui avoit à nom : le clerc de Jullers, pour ce que diacres estoit et attendoit à estre bénéficiés, quant le conté de Jullers li esquéy par le mort de sen frère qui morut à Saint-Omer en prison et fu pris à Furnes. Avoecques ces deux prinches furent aucun chevalier pour les Flamens aidier, et tinrent le siége devant le castel de Courtray. Li contes d'Artois ala à moult noble gent contre les Flamens; mais à pluiseurs séoit mal li coers pour che que en x jours n'avoyent oy ung cheval hennir en l'ost où bien en avoit LX mil.

La batailla assambla devant Courtray en l'an mil IIIe II le jour Saint-Benoit au mois de juingnet. Là furent Franchois desconfit, et si fu mors Robers li contes d'Artois, kief et gouverneur de l'ost, Jacques de Saint-Pol, li contes d'Eu, li contes de Vimeu, li contes d'Aubemarle, li contes de Dreus, li contes de Dampmartin, li contes de Soissons, Guillaumes, aisnés fils au duc de Bretaigne, Jehans sans Pité, aisnés fils au conte de Haynnau, Godefrois de Braibant, Raouls de Néelle, connestables de Franche, Guys de Néelle, mareschauls, Jehans li cambrelens de Tancarville, Regnault de Trie, Bauduins de Ligny, Baudars de Pierrewés, Ferrans d'Araines, Auberis de Longueval, li castellains de Douay et tant d'aultres que sans les prinches y ot mors LXX[1] chevaliers banerès et XI^c[2] chevaliers d'un escu. De le bataille escapèrent Loys de Bourbon, Robers contes de Boullongne, Guis de Saint-Pol, Renauls de Dampmartin et pluiseur aultre, dont li aucun alèrent conter au roy la bataille qui fu à Courtray, dont moult fu esmervilliés. Adont manda li rois gens à forche par tout son royaume et ailleurs pour aler sur les Flamens.

[1] Var. : LX. [2] Var. III^c.

XIV.

GUI DE DAMPIERRE.

Deuxième partie.

(DEPUIS LA BATAILLE DE COURTRAY JUSQU'A LA MORT DE GUI DE DAMPIERRE.)

Comment li chastiaus de Courtray, Lille, Douay et Castel furent rendus aus Flamens.

Or vous dirons des Flamens, qui vinrent devant le chastel de Courtray et envoyèrent monseigneur Thierry de Hondeschote et le chastelain d'Alost à ceulx du chastel, qu'il vosissent acorder que li contes de Namur et Guillemmes de Jullers peussent parlementer à eulx. Li chastelains de Lens se conseilla avoec ses chevaliers et le leur acorda.

Lendemain vinrent li Flamenc à la porte du chastel, tout désarmé, et ceulx du chastel avalèrent leur pont, et issirent trois chevaliers pour parlementer : dont li premiers fu li chastellains de Lens, li aultres messire Estiévènes de Mournay, et li tierch messire Michiel de Rayecourt. Assés parlèrent ensamble, mais il ne peurent estre d'acord de rendre le chastel, et fu la journée remise à lendemain, et tant parlèrent ensamble qu'il acordèrent de rendre le chastel, adfin qu'il fussent conduit, sain et sauf, au royame de France. Et au tierch jour s'en issirent, et furent conduit, sain et sauf, outre le Lis, et li chastiaulx fu livrés as Flamens.

Guillemmes de Jullers issi tantost à tout son ost de Courtray et ala pour assir la ville de Lille. Quant chil de Lille se virent assis, moult foiblement se deffendirent et firent traitier de rendre la ville, sauves leurs vies. Tantost li Flamenc entrèrent dedens et mirent leurs bannières sur les portes. Après se trairent vers Douay. Quant chil de Douay le sceurent, si vinrent contre eulx et se rendirent. Puis leur fu rendus li chastiaulx de Cassel; et puis s'en alèrent en leurs païs [1].

Comment le roy Philippe le Beaux de France rala à grant host en Flandres, et les Flamens envoièrent au roy d'Engleterre pour eulx aidier, et li roys englès respondi qu'il leur aideroit bien; si fist entendant à la royne d'Engleterre qui estoit seur au roy de France, que le roy de France son frère estoit vendus et trahis de ses barons, et la royne le fist savoir secrètement au roy de France, pour quoy il retourna en France et mist establies ès frontières de Flandres.

Quant li rois de France sceut les nouvelles de la doloreuse bataille de Courtray et de la mort de tant de nobles hommes, si fist crier son ban

[1] Quant li Flamenc eurent eu victoire à Courtray, si vinrent au chastel de Courtray et dirent au chastelain de Lens que il se rendesist sauve sa vie, et il si fist, car il véoit bien que il ne porroit durer. Il vint à leur mant et leur cryâ merchi. Et Guillemmes de Jullers ly dit : « Tu » seras délivrés, mais tu nous enconvencheras » que tu yras tout droit au roy Philippe le Bel, et » li diras le damage qu'il a eu et que il le viengne » amender. Et pour tant tu seras délivrés. » — « Et je le vous enconvenche, » dist li chastelains. Il s'en vint à Paris et dist au roy le très-grant damage qui li estoit advenu. Se li roys fu courouchiés, il y avoit bien cause, et li roys paya se renchon pour ravoir ses gens. Et Flamenc dirent qu'il ne fineroient jamais si raroient Lille et Douay. Après, li Flamenc vinrent devant Lille. Là estoit li contes de Sanssoirre, et li dirent que il se rendesist, et il dist que non feroit. Lors li firent li Flamenc un pactis que il envoiast querre secours en Franche et, se il ne vient dedens un mois, que il s'en voist, et li contes l'acorda. Il y envoia, et li Flamenc prinrent de leur gent pour aler garder les pas. Il y vint li contes d'Espeneham et Bauduins de Stopperode et Guérars de Masmine et Jehans d'Escornay et Guérars de Rassenguien et Jehans Pilefour, et estoit tous li pays as Flamens, ne li roys n'y avoit arme des siens. Et li roys fist mettre des gens à l'Escluse et à Lens et à ses autres forteresches, et fu mandé au conte de Sanssoire que il s'en venist, et il si fist. Après il vinrent devant Douay et essillèrent le pays, et Douay fu rendue. Après il revinrent devant Tournay, laquelle n'estoit mie si bien fremée comme elle est maintenant, et li prévos demanda trièves un an et il leur donroit xxx^m livres de parisis. Li argens fu convoitiés : si le prinrent, et puis s'en alèrent. Quant il orent séalé le lettre de l'acort, chil de Tournay firent fremer leur ville bien et riquement et moult noblement, et si se portèrent esraument (MS. 10432).

que tout noble et non noble fussent apparillié pour aler avoec luy pour le vengier de ce [1]. Lors y vinrent premiers : messire Charles et messire Loys si frère, messire Pierres contes de Bretaigne, Robers li dus de Bourgoingne, Robers li contes de Dreux, Guis li contes de Saint-Pol, Othelins li contes de Bourgoingne, li contes de Savoye, li dauphins ses frères, li dus de Lorraine, li contes de Bar et messire Pierres ses frères, li contes de Vendosme, li contes de Roussi, li contes de Joingni, li contes d'Ausseure, li contes de Bouloingne, li contes de Clermont, qui estoit fils saint Loys, et messire Loys ses fils, li contes de Sancerre, messire Gautiers de Chastillon, contes de Pontieu, qui estoit fais nouvel connestable de France, et tant d'autres haults hommes [2] qu'on ne les porroit nombrer. Tout chil seigneur s'en vinrent avoec le roy de France pour aler en Flandres.

Quant li Flamenc sceurent qui si grant ost venoit sur eux, moult s'en doubtèrent : si prinrent conseil d'envoyer au roy d'Engleterre qu'il leur aidast, car, s'il n'i mettoit remède, tout estoyent péri [3]. Quant li rois Édouwars l'entendi, si dit as messages : « Seigneur, se je puis, je vous aideray. » Ralés-vous-en. » Tantost li message se départirent, et li rois entra en la chambre de la royne, et moult sembloit estre courchiés. La royne, le voyant si pensif, vint à luy et lui dist : « Chier sire, pour Dieu, qu'avés- » vous? Il me samble que vous estes moult à malaise. » Tantost, li rois li respondi : « Certes, dame, ce n'est mie merveille. » — « Ha, sire, pour » Dieu, dist la royne, descouvrés-moy que vous avés [4]. » Et li rois, qui estoit sage, en fist un peu de dangier pour mieulx venir à s'entente, et puis luy dist : « Dame, je vous le diray, mais vous m'aurés en convent » que vous ne le dirés à nulluy. » Et la royne le luy ottroya. « Dame, dist » li rois, je le vous diray. Li rois de France vos frères se va perdre ou il » est jà perdus, car il va, à tout son grant ost, en Flandres ; et, quant il » sera dedens entré, il sera décheu, car si prinche l'ont vendu et le délivre- » ront as Flamens, et sera tous li royaumes en leurs mains. » Tantost que li roys ot ce dit, il manda ses chevaulx et dist qu'il se voloit aler esbatre as champs, et ce pendant pensoit bien que la royne ne s'en tairoit pas. Quant li rois fu partis, la royne, qui n'estoit mie aise de cuer, manda un

---

[1] Var. : pour aler avec li vengier celle honte.
[2] Var. : barons.
[3] Var. : en péril.
[4] Var. : descouvrés-vous à moy.

sien consellier et lui fist escripre unes lettres et les bailla à un messsage et luy dist qu'il ne cessast, ne jour, ne nuit, se venist en l'ost du roy de France et lui présentast ses lettres et qu'il les leust secrètement. Li messages vint au roy de France, qui estoit à conseil, pour aler lendemain assir la ville de Lille. Ce message entra en la tente et traist le roy d'une part et luy bailla ses lettres et luy dist que pour Dieu il les leust secrètement. Li rois se traist en sa garde-robe et ouvri les lettres, èsquelles estoit contenu qu'il n'alast plus avant, car pour certain il estoit vendus, et le devoient si propre chevalier livrer as Flamens. Quant li rois de France l'entendi, moult en fu esbahis, et tantost manda son conseil [1] et leur dist : « Seigneur, » face cascuns ce qu'il peut [2]; car je m'en veux raller en France. » Quant li baron l'entendirent, si se regardèrent l'un l'aultre et n'osèrent dire leur entente, fors li dus de Bourgoingne, qui dist : « Sire, se vous ne volés def- » fendre vostre terre, qui la deffendra? Ce ne seray-je mie. » Et li rois lui dist : « Duc de Bourgoingne, assés sera, qui la deffendra sans vous. » Atant se départi li rois, à tout son ost, ainsi que demy mort, et s'en ralèrent en France; et li Flamenc, qui les virent ainsi départir, les suywirent jusques à Hennin-Liétart et tuèrent assés de ses gens et boutèrent le feu en la ville, et puis s'en ralèrent en Flandres, sans nul empeschement et sans péril [3].

[1] Var. : ses consilliers.
[2] Var. : du miex qu'il scit.
[3] Quant li roys sot comment Flamens se démenoient, si assanla ses os, et fist tant li roys qu'il ot en se compaignie IIII contes. Il se mirent à voye et alèrent à Vitri; et avoit li roys de Franche Philippes le plus bel ost du monde. Et li Flamenc le firent savoir au roy d'Engleterre; mais il dist qu'il avoit le sereur du roy espousée et qu'il ne venroit point en l'aide des Flamens. Il souppèrent et puis alèrent couchier, et le royne demanda que ces IIII Flamens qui là estoient venu, voloient : « Dame, dist Édouars, pour nulle riens » je ne le vous diroie. » Et plus s'en escondissoit li roys, et plus en estoit engrans le royne : « Sire, » je vous prie par amours que vous me di- » siés pour quoy il sont chi venu. » — « Ha ! » dame, dist li roys, je ne le vous diray mie, » mais je le dirai à cel ymage que je voy là. » — « Ymage, dist li roys, je te jure par me loyaulté » que de LIII contes que il a aveecques le roy de » Franche, il y en a bien les xxv contes qui ont » en convent que il renderont le roy Phelippe » ès mains as Flamens. » Quant la dame entendi par sen seigneur le roy d'Engleterre comment ses frères li roys de Franche devoit estre trahis, si en fu moult à malaise. Elle se leva tantost et manda un escripvain et fist faire unes lettres et les envoia à sen frère à Vitri. Et lendemain au matin li roys Édouars fist faire unes autres lettres et les envoia as enfans de Namur. Li roys Philippes le Bel lut les lettres que se sereur le royne d'Engleterre lui envioit que tantost et sans délay il s'en alast, ces lettres veues, car il estoit trahis. « Hé ! Diex ! dist li roys de Franche, qui a pour- » cachiet ceste besongne ? » Ainsi que il pen-

Quant li rois fut retournés en France, si ordena, avoec ses barons, de faire establies sur les frontières de Flandres, et envoya à Saint-Omer un moult preux chevalier, tenant le lieu du connestable de France, qui fu appelés : messire Jaques de Bayonne, et un moult riche baron, qu'on appeloit : messire Bérard de Marteul, et les deux mareschaux messire Mile de Noyers et messire Foucart de Merle, avoec plenté d'autres bannières, et mirent à Calais messire Oudart de Maubuisson, et, à Lens, le bon chastelain de Lens, et à Béthune monseigneur Robert Brunel, seigneur de Saint-Venant [1].

soit à ceste cose, à tant esvous Robert sans Terre qui venoit en message au roy, et li dus de Bretaigne, li contes de Savoie, li contes de le Marche et grant plenté d'autres contes venoient avecques Robert sans Terre et li tenoient compaignie, et vinrent ainsi devant le roy, et n'y pensoient à nul mal. « Robert, ce dient li conte, » que pensent Flamenc ? Attenderont-il le roy » ou il s'en fuiront ? » Ensy parlant vinrent devant le roy, et li roys pensa tantost, quant il les vit, ad ce que se sereur li avoit mandé verité. Quant Robert sans Terre vint devant le roy, si dit : « Sire, je sui chi venus en message de par » ceulx de Flandres, liquel vous prient que vous » les rechevés à merchi et que vous y veuilliés » faire vo grâce. » Et li consaus du roy dit à Robert sans Terre : « Alés-vous ent, car vous » n'y arés ne paix, ne acord, tant que nous puis- » sons. » — « Et puisqu'ainsi est, dist Robert sans » Terre, que paix ne puent avoir, Guy de Namur » et Guilleme de Juliers vous mandent que vous » leur livrés terre, ou il le vous livreront pour » combatre contre vous. » Lors s'en ala Robert sans Terre sans plus dire, et li baron le convoièrent, et li roys de Franche pensa encore ad ce que ce sereur li avoit mandé. Et toute le nuit li roys y pensa, et dit que, se il demeure, il sçet

bien qu'il est trahis. Lendemain bien matin li roys se parti de l'ost et s'en ala à Arras. Ce ne fu mie le fait Philippe le Hardi son père ; car il avoit le plus bel ost du monde. Quant il vint à Arras, il s'en ala à Paris, et li dus de Bretaigne et li contes de Savoie, li contes de Boulongne et li contes de Saint-Pol et li contes de Clermont et autres qui bien seront nommé, parlementèrent par II fois as Flamens, puis s'en vinrent après le roy, et estoient tous esbahi pour quoy li roys s'en estoit ainsi alés. Quant il furent à Paris, li roys fist faire III cotes, et tenoient les caperons as cotes, et aucun demandèrent que on feroit de ces cotes, et li roys disoit que il les donroit à chiaux qui si bien l'avoient servi à Vitri et que trop bien estoient-il paré pour le servicbe que il eussent fait. Après il fu dit au roy que il laissast tel estat ; car, s'il en avoit demain à faire et il les moquoit ainsi, il ne les aroit mie à sa volenté ; et pour tant li roys s'en souffri (MS. 10432).

[1] Et puis il fu dit au roy de Franche que ce seroit boin que li passage fussent bien gardé, par quoy il n'i peust aler nul vivre, et ainsi on les porroit tous faire morir sans coup férir, et li roys de Franche dist : « Ce me semble boin conseil, » et il fu ainsi fait (MS. 10432).

Comment le duc Othes de Bourgoingne, messire Miles de Noyers, mareschaux de France, et les autres seigneurs establis sur les frontières de Flandres, desconfirent et tuèrent environ II^m Flamens ou mont de Balembert.

Endementiers que chil hault homme estoient venu as frontières de Flandres, ainsi que dessus est dit, Othes li contes de Bourgoingne, et madame Mahault, sa femme, estoient venu à Saint-Omer, et oyrent nouvelles que li Flamenc avoient batillie une église qu'on appeloit : Bonnescure, et faisoient souvent grandes courses sur la terre du conte d'Artois, tant que messire Jaques de Bayonne et li contes Othes de Bourgoingne et messire Miles de Noyers issirent un jour de la ville de Saint-Omer et alèrent assallir celle église; mais elle estoit si garnie que riens n'y pooient meffaire. Et puis passèrent oultre jusques au mont de Cassel et ardirent tout le pays, et à leur retourner encontrèrent un convers de Clervaulx. Li jovène bachelier vinrent à luy, poignant des espourons, et luy demandèrent s'il savoit nulles nouvelles des Flamens, et il leur dist : « Tantost les verrés venir » sur vous. » Quant li chevalier l'entendirent, il se trairent as chèvetaines des batailles et leur dirent leur aventure. Si se mirent tantost en arroy et alèrent, leurs batailles ordenées, sur un mont, que on appelle : Balembert¹. Quant il furent monté sur ce mont, si virent les Flamens, qui estoit rangiet en deux grosses batailles. Quant li contes Othes et li aultre hault homme les virent approchier, tantost férirent à eulx, chascuns criant son cry à haulte voix, et commença li estours moult cruelx et assés longuement dura. Mais une bataille de gent de piet enclosrent les Flamens par derrière si qu'il ne pooient plus endurer le fais, et se desconfirent, et en y ot bien tué, à celle bataille, deux mille, et n'en fust jà pièce² eschapés, se la nuit ne fust venue, qui les départi. Si firent li seigneur sonner leur retraite, et rentrèrent en la ville de Saint-Omer, dont il estoient issu.

Assés tost après se partit li contes Othes de sa terre d'Artois, et s'en ala en Bourgoingne. Quant il vint à une ville, que on appelle : Canteleu, là luy prinst maladie, et morut.

---

¹ Var. : Ravemberch.   ² Var. : pié.

En ce tamps morut li contes Jehans de Hainau, et vint sa terre à Guillemme, son fils, qui ot à femme l'aisnée fille de monseigneur Charle de France.

Comment le mareschal du Merle prist devant Tournay LIIII des plus grans bourgois de Lille.

En cel tamps estoit capitaine en la ville de Lille uns vaillans chevaliers, de par les Flamens, qui fu nommés : Courtrisiens. Chieulx, avoec ceulx de la ville de Lille, fist maintes courses devant la cité de Tournay, et les destraingnoit si fort que vivres, ne aultres biens n'y pooient venir sans grant meschief. Tantost envoyèrent à messire Jaque de Bayonne qui à Saint-Omer estoit, et luy monstrèrent les outrages, que chil de la ville de Lille leur faisoient, et tantost ordena que messire Foucaus du Merle, marescaulx de France, demoureroit à Tournay, et avoec luy IIII^c hommes d'armes [1].

Or vous dirons que li mariscaulx de France fist, quant il fu venus a Tournay. Chil de la ville de Lille ne se donnoient garde de sa venue, et assamblèrent une grant route de gent d'armes, pour faire une course devant la cité. Li mariscaulx [2] qui le sceut par ses espies, se traist tout bellement hors de le ville, à toute sa gent, et s'en ala embuschier entre les arbres. Li Flamenc vinrent courant devant la cité, à grant beubant; mais chil de Tournay leur coururent à l'encontre, et là commencha bonne meslée. Quant li mariscaulx les vit assambler, si se férit entre eulx à toute sa route, et en la fin li Flamenc se desconfirent et s'en fuirent, tant qu'il peurent férir des espourons, vers Lille; mais tout ne s'en ralèrent mie, ains laissèrent cinquante-quatre des plus grans bourgois de Lille ou mort ou pris. Puis rentrèrent li François en la ville de Tournay, et emmenèrent leurs prisonniers à grant joye; et demourèrent li mariscaulx et monseigneur Mahieu de Lingne, mariscaulx de Hainau, capitaines de Tournay.

[1] Var. : XIIII^c.   [2] Var. : li nobles mariscaulx.

GUI DE DAMPIERRE.

Comment les Flamens eurent victoire contre les Françoys au Pont-à-Vendin.

Messire Liébaus de Baufremont et messire Imbers de Biaugieu et li sires de Valcoulour[1] s'esmurent pour aler assallir l'église de la Bassée, qui estoit si fort batillie que merveilles. Quand il furent passé le Pont-à-Wendin, ainsi qu'il se traioient vers la Bassée, si virent venir les batailles des Flamens toutes ordenées. Quant li François les virent venir, si se trairent à eulx pour combatre. Li Flamenc, qui estoient en fort païs, se trairent à leur avantage, et li François les assallirent, et li Flamenc se deffendirent, et là commencha cruelle bataille; mais en la fin li Flamenc, qui savoient les adresses, de toutes pars les encloïrent, si qu'à peine pooient-il fuir. Et là furent mort li sires de Valcolour et li sires de Wendin, et li aultre chevalier se desconfirent; mais li Flamenc ne les chassèrent pas moult, car il n'osèrent passer le Pont-à-Wendin. Et messire Liébaus de Baufremont fu portés en la ville d'Arras, liquels moult estoit navrés[2], et là morut et fu enterrés as Cordeliers.

De la bataille qui fu le jeudi absolut l'an mil CCC. et II entre Arques et Saint-Omer.

Désormais vous dirons de Guillemme de Jullers, qui avoit voé qu'il venroit querre le corps son frère, qui gisoit as Cordeliers à Saint-Omer, et le feroit porter en Flandres, en despit de la chevalerie qui estoit dedens Saint-Omer, et de tous ceulx de la ville. Le jeudy devant la peneuse semaine, vint Guillemmes de Jullers à Cassel, et amena avoec luy le seigneur de Küc, monseigneur Henry d'Alenchy, monseigneur Thierry de Hondeschote, monseigneur Guillaume de Nivelle et plusieurs aultres haults hommes[3]. Ensement y vinrent chil du West-Franc, d'Ypre, de Poperinghe, de Dicquemue, de Furnes, de Berghes et de le chastelerie de Cassel. Tout

---

[1] Var. : Walcourt.
[2] Var. : malades.
[3] Var. : et tout plain d'aultres haults hommes.

chil estoient assamblé sur le mont, et murent le lundi de la peneuse semaine, et vinrent logier à un vivier, qu'on appelle : Scoudebrouc[1], qui est de l'abbéye de Clermarès. Le merquedi se deslogièrent, et vinrent, à batailles ordenées, jusques à une ville, que on appelle : Arques, et là se logièrent. Quant messire Jaques de Bayonne et li mareschaus les virent là logiet si priès d'eulx, si mandèrent toutes les establies[2], qui estoient de par le roy ès marches.

Lendemain estoit jour du blanc joeudi[3]. Si sonna-on la trompette en le ville, et cria-on à l'arme. Là peust-on veoir maint vaillant homme confesser et s'appariller comme pour morir; et estoient li prestre revestu à tous les carrefours de la ville et bailloient l'absolution à tous ceulx qui voloient aler combatre contre les anemis. La première bataille mena li mariscaulx de Noyers. La seconde conduist messire Jaques de Bayonne. La tierche mena monseigneur de Fiennes, avoec ceulx de la ville. La quarte li sires de Saint-Venant et messire Oudars de Maubuisson. Quant toutes ces bannières furent issues, elles ne se sceurent si haster, que la grosse bataille de ceulx d'Ypre, qui estoient tout en paremens rouges[4], ne fust jà passée oultre Arques vers Saint-Omer; et avoient pourprins les champs pour venir tolir et oster la place de leur anemis.

Quant li hault homme virent ce, il firent issir tout le remenant de la ville, et les ordenèrent en une grosse bataille, devant la Maladrerie; et puis passèrent les batailles oultre, et laissèrent la bataille d'Ypre à la main senestre, et alèrent à une ville, qu'on appelle : Blandecque, et de là se trairent amont vers les champs là où li Flamenc estoient logiet. Là encontrèrent une très-forte bataille de ceulx de Furnes et du Franc. Tantost nos gens les aprochièrent, et assambla li sires de Fiennes à eulx, de première venue. Là commencha une bataille crueuse, et li Flamenc se deffendirent, comme se chacuns eust esté Rolans[5], mais tant dura la bataille que li Flamenc se desconfirent. Là vint li maistres des arbalestriers, avoec sa gent de piet, et ala assambler à une aultre bataille, en laquelle estoient chil de Bruges et toute la basse Flandres. Chil gardoient le logement;

[1] Var. : Escoudebrucc.
[2] Var. : connestablies.
[3] Var. : du blanc diens.
[4] Var. : vermaulx.
[5] Var. : fust uns Rolans.

mais en la fin se desconfirent et s'en fuirent vers le Nuef-Fossé, mais les gens d'armes les suyvirent si que peu en escapèrent. Là se mirent les gens de piet tout au gaing, et se chargèrent d'armures et d'aultres choses, et s'en vinrent devers la ville. Mais chil d'Ypre, qui avoient oy les nouvelles de la desconfiture de leurs gens, se mirent au retour, et tous ceulx qu'il encontrèrent, mirent à mort. Quant il furent venu as logis, et li François[1] les orent apercheus, si férirent vers eulx, criant leurs cris[2] à haulte voix, et li Flamenc s'en fuirent en un bosquet, qui est devant le chastel de Ruhout, et là en tuèrent une grant quantité, et li aultres s'en fuirent. Tantost après fist messire Jaques de Bayonne sonner la retraite[3], et assembla ses gens et les ordena pour repairer vers Saint-Omer, pour sa chevalerie, qui moult estoit lassée, et li chevaux blechiés, car il s'estoient combatu de prime jusques à haulte nonne. Ainsi qu'il se devoient départir des champs, si virent issir hors d'une villete grant foison de bannières et une très-grosse bataille, laquelle contenoit bien jusques à sept mille hommes-d'armes, et avoient ordené leur bataille en la guise d'un escu, la pointe devant, et s'estoient entrelachiet li uns en l'aultre, afin qu'on ne les peust perchier[4], et vinrent le grant pas vers la bataille des Franchois. Quant messire Miles de Noyers les vit venir, si ordena ses batailles, et tout li aultre aussi. Si leur coururent sus, les glaives abaissies, mais il ne les peurent entamer, fors tant que à ce poindre fu gaingniés li chevaulx de Guillemme de Jullers. Quant messire Jaques de Bayonne vit qu'il ne les pooit entamer et que li jours aloit à déclin, si commanda à ses bannières que se retraisissent; et tantost les batailles se retrairent les unes après les aultres, ainsi qu'elles estoient ordenées, le petit pas. Tantost qu'il se retrairent[5], li Flamenc les suyvirent; et, tantost que messire Jaques de Bayonne les vit venir, si fist retourner les bannières les visages contre eulx, et tantost li Flamenc s'arrestèrent. Et, quant nos gens aloyent avant, li Flamenc les suyvoyent, et ainsi firent par cinq fois ou par six. Quant li Flamenc virent aux François faire telle retraite[6], si les escrièrent, et disoient : « Seigneur, où alés-vous? Assam-
» blés-vous à nous. Chy sont li gentil homme. Vous n'avés tué que povres

[1] Var. : li royal.
[2] Var. : leurs ensaingnes.
[3] Var. : la trompette.
[4] Var. : partier.
[5] Var. : tantost qu'il furent mu.
[6] Var. : celle belle retraite.

» vilains. » Et messire Jaques de Bayonne leur respondi : « Seigneur, » demain nous retournerons sur les champs ¹. » Puis se partirent li Franchois et laissèrent le champ as Flamens. Quant il furent revenus à Saint-Omer, là peust-on veoir grant joye de ceulx de la ville qui cuidoyent avoir perdu leurs amis, et il les virent venir sains et saufs et haitiés; et, quant il furent venu, si ordena-on le gait. Et li chevalier alèrent à conseil, comme pour combatre lendemain qui estoit li jours du bon devenres. Et envoyèrent lendemain, au point du jour, Aury ² l'Alemant, qui berruyers estoit, pour oïr le convine des Flamens; mais assés tost revint arrière et leur dist que tout s'en estoient fui et avoient laissiet leur tentes et grant partie de leur harnois. Tantost après montèrent li hault homme, et alèrent veoir les morts, qui gisoient ou camp, et estoient nombré à quinze mille, et, pour ce que li airs estoit corrompus, furent faites grandes fosses et gettèrent ens les mors, et orent de cascun millier cinquante livres. Si avint ceste chose l'an de grâce mille trois cens et deux.

Comment il y eut trièves jusques à la Magdalaine.

Quant li rois de France sceut la perte que li Flamenc avoyent faite, si fist semonre ses osts et vint à la quinzaine de Pasques à Piéronne. Li Flamenc s'estoient assemblé à une ville, que on appelle : Orchies. Mais monseigneur Charles de Valois et li contes de Savoye alèrent tenir parlement au conte de Namur et à monseigneur Philippe de Flandres, et accordèrent unes trièves jusques à la Magdalaine, par ainsi que li contes Guis et si dui fil seroient recreu, qui iroient en Flandres sur leur foy et mettroient peine que li Flamenc venissent à vraye obéissance devers le roy, et, s'il ne le faisoient, il revenroyent tenir prison, quinze jours devant les trièves faillies ³.

---

¹ Var. : Demain nous trouverés enmy les camps.
² Var. : Ourry.
³ Il ne demoura mie longuement que li Flamenc eurent si grant famine en Flandres que il ne pooient durer. Quant li contes de Namur et Guys ses frères et Guillemmes de Jullers li canonnes du Liége et Pierre Conins, li roys tisserans de linge, virent celle grant famine, si le firent savoir au duc de Bretaigne et au conte de Savoie par unes lettres, èsquelles il avoit escript que, pour Dieu et en tous guerredons et à desservir, il se vaus-

GUI DE DAMPIERRE.

Comment, li trièves durans, le roy Philippe le Beaulx se pourvei de grant foison de gens d'armes en la Langue-d'oc et ailleurs.

Quant li rois ot acordé les trièves, il ne dormit pas sur son affaire, ains appareillia son arroy et s'en ala vers la terre de Toulouse pour apaiser les guerres qui au pays estoient; et si tost qu'il fu venus au païs, il apaisa une sissent traveillier ad ce que on puest avoir trièves un an. Li dus de Bretaigne et li contes de Savoye lurent les lettres II fois ou III, tant que il les entendirent; et puis vinrent el palais et commenchèrent à parler d'assés de coses, et tant parlèrent que li contes de Savoie dist : « Se Flamenc » ne fussent, nous fussièmes à repos. » — « Tai- » siés-vous, dist li dus, ne parlés point des Fla- » mens, car il sont tout à aise et ont tant de » vitailles que il veulent, et no gent sont sur les » frontières, et ont tant d'or et d'argent que il » veulent et tout à leur volenté, et tout paye li » roys. Et, se j'estoie du roy, li soudoier s'en » revenroient et laisseroient les frontières, et » feroie faire unes lettres que Flamenc aroient » trièves un an; et, s'il ne venoient à merchi » ainchois que li ans fust passés, je assaneroie » tout mon pooir et iroye sur yaulx, ne jamais » jour je ne les déporteroie, ainchois metteroie » toute Flandres en feu et en carbon. » Adonques dit li roys Philippes li Biaux et li Débonnaires plus que mestier ne li fust, que chieux consaulx li sanloit boins et que ainsi seroit-il fait. Lors furent les lettres faites, et li respis fu donnés, et li saudoier s'en revinrent, et li dus de Bretaigne dit que c'estoit bien fait de ce que li saudoier estoient revenu, et, se li roys estoit bien advisés et il avoit à faire as Flamens, il abandonroit Flandres. Et li roys qui bien se tenoit apayés de ce que li dus de Bretaigne disoit, dist : « Je le ferai ainchois savoir au Saint-Père. » Lors fu envoiés li évesques d'Amiens qui estoit camus et estoit nommés : Guillemmes de Mascons. Et li dus de Bretaigne manda unes lettres, entre li et le conte de Savoie, èsquelles il avoit contenu tout l'estat du tamps passé, et comment il avoient les trièves, ainsi que li roys les avoit mandés, et comment li évesques Guillemmes s'en aloit à Romme en message, et comment li roys avoit juré le voiage à l'année : « Et si vous faisons savoir que » nous sommes appareillié du tout à faire vostre » volenté, et que toutes coses qui seront faites » par devers nous en l'ost du roy, vous les sarés » certainement, et de ce ne faites doubte. » Quant li Flamenc oyrent ces lettres et il sorrent que li évesques Guillemmes s'en aloit parler à Romme à Saint-Père, si dirent que ce seroit boin que on y alast tant pour parler au Saint-Père « comme pour aler querre Philippe vo » frère qui demeure à Thiette. » Chacuns de chieulx qui estoient ad ce conseil, dirent que c'estoit une boine voye et que on y portast assés d'avoir pour donner au Saint-Père et as cardinaulx. Il fu accordé et fu dit que uns cannones de Lille, que on appelloit : Guérart de Molenguien, yroit là et feroit le messsage, car il est sages et si est bien enlangaigiés. Li messages li fu carquiés, et il se mist à voie. Il parlèrent après de le grant obédience que ces deux riques hommes avoient monstré, et boin estoit que il fust bien desservi : « Car par euls sarons-nous tout le conseil du roy. » Adonques leur envoia-on maint florin d'or et mainte escarlate, qu'il firent envoyer en leurs pays. Et li Flamenc firent tant qu'il furent bien avitaillié. Et li message s'esploitèrent toudis, et tant ala li évesques Guillemmes

grant guerre, qui avoit esté entre le conte de Fois et le conte d'Erminac, et luy ottroyèrent li noble de la Langue-d'oc quatre mille hommes d'armes et douze cens de piet. Après vint li rois à Bediers; et là vinrent cheux de Melan, et s'enconvenanchièrent à luy en partie. Après fist assembler les prélas et la chevalerie de Narbonne, qui luy ottroyèrent grant aide. Et, quant il eut ainsi fait sa besongne en la terre d'Aubegois, si s'en revint en France, et ordena le connestable, messire Gautier de Chastillon, à grant foison de gens d'armes, pour venir à Saint-Omer; car bien avoit entendu que, si tost que les trièves seroient faillies, par là entreroient li anemi ou pays.

En ce temps estoit venus en Flandres messires Philippes li fiex au conte Guy, liquels estoit venus de Lombardie, et avoit prins à femme la contesse de Thiette; et moult firent li Flamenc grant feste de sa venue[1]. Et

que il vint à le court de Romme, et parla au Saint-Père et li dit que li roys franchois se recommandoit à lui et que pour Dieu il vausist mettre remède en le gent flamengue qui se démenoient trop ordement et comment il li avoient porté grant damage. Lors li conte le traysson de Bruges et le bataille de Courtray : « Et avecques tout ce, » quant on fait aucun acort, il sont coustumier » de mentir, ne point il ne se tiennent en leur » vérité. » Quant li Sains-Pères eut oy le requeste que li roys li faisoit, si dit al évesque : « Guillemme, sont-il tel gent que vous dittes? »
— « Oyl en me vérité, » dist li évesques. « Et je » vous enconvenenche, dit li Sains-Pères, puis- » qu'il sont tel gens que vous dittes, que de- » main je vous délivreray. » Celle nuit entra en le ville li canonnes Guérars de Molenguien et y just, et lendemain, ainchois que li cardinal fussent yssu de leurs hosteux, Guérars de Molenguien fist présenter une couppe d'or à chascun cardinal, et as officiers du palays donna-il de l'or et de l'argent bien larguement, et bien avoit fait dire as cardinauls que c'estoit de par les Flamens; et après il entra el palais où li papes se séoit, et là estoit li évesques Guillemmes qui atendoit le condempnation qui tantost devoit estre faite, se Guérars de Molenguien ne fust là venus. Quant Guérars de Molenguien fu là el palais, il se ala agenouillier devant le Saint-Père, et puis dist : « Nostre-Seigneur ait en se garde le Saint-Père » de par un de ses fiex : c'est Guyon de Dam- » pierre qui tant a esté en prison à malvaise » cause et III de ses fiex aussi, et si veult avoir » li roys de Franche toutes leurs terres et les » veult déshireter à tort, Sains-Pères. Si vous » supplient les barons de Flandres que, pour » Dieu et en pitié, que vous y mettés vo grâce. » Et là ot-il un cardinal ou II qui dirent que Flamens avoient boine cause. « Vraiement, sire, » font li autre cardinal, Flamene en ont le droit. » Ainsi parloit dant denier. « Vraiement, dist li » pappes, j'ay grant merveille; car il n'a pas » II jours qu'uns évesques me dist que Flamene » estoient tout traytre. » — « Vraiement, dist » dant denier, Flamenc ont droit en ceste cause. » — « En nom Dieu, dist li Sains-Pères, je les » voloie condempner, mais or soient asseuré » qu'il n'aront garde. » — « Sire, Dieux le vous » mire! » dist Guérars li canonnes (MS. 10452).

[1] Puis en ala li canonnes Guérars de Molenghien à Thiette et parla à Philippe le conte de Thiette. Et quant li contes vit Guérart de Molenguien, si le connut trop bien, et puis il li demanda dont il venoit et que il quéroit. Et Guérars li conta

li contes Guis et si enfant, qui estoient recreu sur leur foy, veirent qu'il ne pooient leur gens contraindre. Si revint en la prison du roy et dist que riens ne pooit faire, ne esploitier nullement par-devers ses gens.

En ce tamps Jehanne, la bonne royne de France, morut, dont ce fu grant damage, et pour ce fist li rois retarder sa semonse.

Comment le roy Philippe le Beaux de France, apriès les trièves fallies, envoia son connestable à Saint-Omer, et les Flamens assamblèrent très-grant host à Cassel et se vinrent logier ès plains desseure Arques, et envoya Guillemme de Jullers au connestable lettres pour avoir bataille, mais le connestable wida la ville de Saint-Omer, et y eut moult de gentiex hommes qui ne paièrent mie leurs hostes, et depuis tinrent les Flamens leur siége par xi *jours et y firent moult d'assaus sans riens gaingnier, et s'en allèrent vers Terevane.*

Au faillir des trièves vint li connestables à Saint-Omer, à quatre mille hommes d'armes, et grant foison de gens de piet. Li Flamenc firent lèur assamblée à Cassel. Là vint messire Philippes de Flandres et li contes de Namur messire Guis et messire Henris ses frères, Guillemmes de Jullers, li sires de Cuc et pluseurs autres chevaliers [1]. Là vinrent chil de la terre d'Alos et des Quatre-Mestiers, chil de Gand, chil de Douay, chil du Franc, chil de Courtray, chil de Bruges, chil d'Ypre, chil de Berghes, chil de

comment Flamenc estoient en grant estat, et li conta le mesquief de Bruges à leur honneur tout le fait, et après tout le fait de Courtray et que tout li homme vaillant de Franche y morurent, et après de Vitri le bel host que li rois avoit : « Et « si ne s'osa oncques combatre contre no gent, « ainchois s'en fuy sans coup férir, et si estoient » Franchois IIII contre un Flamenc, et si y avoit » IIII contes. Briefment Franchois sont desconfit, » et si savons tous les consaulx au roy de » Franche, car il y a VI contes par qui nous sa- » vons tout. Or vous mandent li Flamenc que » tantost et sans délay vous en venés en Flan- » dres. Si serés sires et maistres. » Il respondi que il iroit volentiers. Il fist son appareil et amena IIII^m hommes bien montés et bien armés à leur guise. Il erra tant que il vint à Bruges, et firent hommage à Philippe de Thiette. Et Jehans de Namur et Henris et Guys orent grant joye quant il virent Philippe leur aisné frère (MS. 10432).

[1] Var. : et tout plain d'aultres chevaliers.

Lille, de Furnes, de Bergues et de Cassel [1]. Et dist-on que onques si grant ost ne fut assamblé de Flamens, car on les nombroit bien à deux cens mille homme de piet et douze cents hommes d'armes, sans ceulx qui menoient le carroy.

Or vous dirons de Guillemme de Jullers, qui envoya unes lettres par deux cordeliers au connestable, contenant ceste fourme : « Guillemmes de Jullers, » nieps au conte de Flandres, au seigneur de Chastillon, lieutenant du roy » de France. En congnoissance de vérité qu'il soit ainsi que vous venés en » nostre pays pour ardoir les povres gens, en tant que nous n'y sommes » mie, si vous mandons, se vous volés les besongnes acourcier brief- » ment, que vous venés en nostre terre, et nous vous livrerons place, » ou nous irons en la vostre. » Quant li connestables ot receu les lettres, il fist les messages aller disner, et leur dist qu'il n'estoit mie avisés de faire reponse sur ce qu'il avoyent apporté, mais que chascuns fesist ce que Dieu luy enseigneroit. Quant li frère furent revenu à Cassel et il eurent recordé le response, tantost se deslogièrent li Flamenc, et trous- sèrent leur harnois, et se vinrent logier à un vivier, qui est à l'abbéye de Clermarais, emmy voye de Cassel et de Saint-Omer. Là demourèrent deux jours ; et au tierch jour se deslogièrent et passèrent le Nuef-Fossé, et toutes leurs batailles. Mais Aurys l'Alemant et Pertrissos et un chevalier qui fu chèvetaine des Berruyers de France et qu'on appeloit : messire Burgant [2], estoient issu de Saint-Omer et leur faisoient moult d'annoi en leur venue ; mais leur force n'eut durée, car chil de Gand les firent reculer jusques à la Maladrerie de Saint-Omer [3].

---

[1] Var. : et de tout le terroir de Cassel.
[2] Var. : Brugant.
[3] En ce tempore il estoit quaresmes, et li roys estoit à Paris, et fu à conseil, et il fu loé que il envoiast à Furnes, et li sires de Fiennes et Jaques de Bayonne et li sires de Renti et le seigneur de Cortisel furent là envoié ; et il y alèrent à tout xx^m hommes. Il se misrent à voie et allèrent à Saint-Omer, et Guillemmes de Jullers estoit à Furnes, et pour ce n'y alèrent-il mie. Et Guil- lemmes de Jullers, quant il sot que no gent estoient à Saint-Omer, si s'en vint logier assés près des fossés de Saint-Omer. Lendemain bien matin (ce fu l'an mil CCC III) Jaques de Bayonne les monstra au seigneur de Fiennes et au seigneur de Renti et au seigneur de Courtisel : « Signeurs, » dist Jaques, véés-là Guillemme de Jullers a- » tout L^m hommes ou plus ; et si est huy le joesdi » absolut. Se il vous plaist, nous isterons contre » yaux. » — « Et je vous en pri, dist Jaques, » que ce soit fait. » — « Tout à volenté, dist li » sires de Fiennes, vous serés nos quiefs, et nous » ouvrerons de vo conseil. » « Grant merchis à » tous, » ce dist Jaques. — « Vraiement, dist Jaques,

GUI DE DAMPIERRE.

Quant li nouvelle vinrent en la ville, que li Flamenc se logoyent ès plains dessus[1] Arques et que chil de Gand avoyent gaingniet le pas et venoient vers la ville, tantost fu sonnée la trompette, et cria-on à l'arme, par toute la ville. Li premiers, qui issi, fu messire Miles de Noyers et toute sa bataille et messire Pierres de Courtrisiaux, maistres des arbalestriers; et, si tost qu'il furent issu des fourbours, il apercheurent la bataille de ceulx de Gand, qui estoient rengiet dessoubs Arques. Tantost se traist li mareschaulx à eulx; et commencha une bataille moult dure[2]. Là n'avoit-on affaire[3] de nul couwart, car chascune partie se combati[4] hardiement. Mais en la fin li Flamenc se desconfirent et reculèrent jusques à la rivière, et cuidoient passer le pont; mais il leur fu trop estrois. Si les conviut tresbuchier en l'eaue[5], et là furent noyet ; et furent si entassé en la rivière qu'il convint l'eaue prendre son cours par aultre place[6]. Endementiers que on les tenoit à ce molin, qui là est, et s'en fuyoient tout desconfit, li maistres des arbalestriers et ses fieulx et uns aultres chevaliers férirent oultre le pont, et cuidoient que on les deust suywir. Quant li Flamenc[7] les apercheurent venir tout seul et virent que nuls ne les suywoit, si retournèrent vers eulx et du premier cop froissièrent la jambe du cheval du marescal ; et quant li chevaliers fu chéus à terre, si sallirent sus luy tout à un fais et le tuèrent, et son fils et son escuier. Tantost on envoya querre le corps à gens d'armes, et fu portés à Saint-Omer et fu enterrés dedens l'église[8] du Saint-Sépulchre. Et li Flamenc, qui estoient logiet dessoubs Arques, firent leurs courses lendemain devant la ville; mais messire Jaques de Bayonne issi hors, à toute sa bataille, et les fist retraire[9] jusques à la rivière ; et là tint le gait par jour, jusques à haulte nonne, et après, une aultre bataille[10]

» puisque je suis li quièvetains, nous isterons, et
» si les assaurons. Nous sommes xx^m, et il sont
» plus; mais li drois est nostres, et pour ce me
» suis-jou acordés à estre vos quiefs que j'avoie
» volenté d'issir contre eulx. Or yssons bien tost,
» et je vous en prie. » Il si firent et s'alèrent férir ès gens Guillemme de Jullers si radement que ce fu merveille, et li sires de Fiennes assanla tous li premiers, de quoi il ot grant los, car il loa l'issir hors (MS. 10432).

[1] Var. : dessoubs.

[2] Var. : la meslée moult fière.

[3] Var. : que faire.

[4] Var. : moult.

[5] Var. : Iluec furent si sourprins que par fine force il les convint saillir en l'yaue.

[6] Var. : lieu.

[7] Var. : qui s'en fuioient.

[8] Var. : dedens l'abhéye.

[9] Var. : les recacha.

[10] Var. : en son lieu.

jusques à la nuit, et puis revint en la ville. Le dimenche, à l'aube du jour, s'estoient li Flamenc rangiet au champ où il estoient logiet, et avoient fait trois batailles moult grandes. Quant li connestables le sceut, si fist sonner la trompette, et issirent les batailles ordenées de la ville de Saint-Omer; et mena la première bataille messire Miles de Noyers, la seconde messire Bérard de Marteul, la tierche messire Jaques de Bayonne, la quarte messire de Fiennes, la cinquiesme, le connestable de France (en laquelle estoient maint hault homme), la sixième, li sires de Saint-Venant, avoec les Artisiens et les Flamens qui devers le roy estoient, sans les Lombars qui vinrent de Térouenne. Quant il furent venu sur un mont, qui est dehors[1] Saint-Omer, moult furent grant gent à veoir, car on les estimoit[2] bien à cinq mil hommes d'armes et à trente mil hommes de piet, et avoient la rivière entre eulx et les Flamens. Là furent les uns contre les aultres, de prime jusques à haulte nonne, les batailles rangies, sans riens faire. Là vinrent les Lombars, de quoy Castruce estoit chèvetaine, qui puis fu grans maistres en Lombardie. Chieulx portoient glaves de trente-deux piés de long. Li connestable, qui vit que li Flamenc ne quéroient aultre chose que la bataille et de mettre tout pour tout, ne voloit mie les gens qu'il avoit, mettre en aventure, et vit que ce ne seroit mie bon[3], selon la perte que li rois avoit eue à Courtray ; et d'aultre part il veoit que, se il retournoit en la ville de Saint-Omer à toute sa gent, que les Flamens le venroient assir, et considéra que la ville n'avoit mie vivres pour tant de gens longuement soustenir. Si prit conseil de luy mettre à la voye, à tout son ost, et laissier le pays gaster; mais ne savoient li hault homme comment il peussent avoir leur harnois hors de la ville, pour les despens qu'il avoient fais. Si firent entendre qu'il s'aloyent logier entre Arques et Saint-Omer; et pour ce laissa-l-en trousser leur harnois et leurs tentes[4].

---

[1] Var.: deseure.
[2] Var.: on les esmoit.
[3] Var.: que ce n'estoit mie bon.
[4] Là ot-il trop fière bataille. Dieux ! que ceulx de Saint-Venant et cheux de Bailleux et Jehans li castelains de Lens, chiex de Vrevy et chiex de Cheppoi et chiex du Plaissis le firent bien ! Là fu li sires de Fiennes abattus, car il se veult embattre dedens yaulx; mais chiaux que j'ay chi nommés, le remontèrent. Après Flamens se commenchèrent à desclore, et Jaques de Bayonne dit : « Férons entr'eulx, et je preng sur « l'ame de my que il sont tout desconfit. » Qui doncques vist Jaque de Bayonne et cheli de Fiennes et tous les autres comment il enchauchoient, [en eust eu merveille], et tant s'enbati-

Quant li connestables vit que tous leur harnois fu issus hors de la ville, si commanda à toutes les gens d'armes que tout le suivissent, de par le roy. Là peust-on veoir maint hault homme courir parmy les champs, comme demy desconfis, et s'en alèrent sans arroi et ne savoient où. Si n'espargnèrent ne blés, ne garnisons, que tout ne défoullassent[1]. Mais li sires de Fiennes s'en rala en la ville, à toute sa bataille, et dit qu'il attendroit l'aventure. Quant messire de Marteul vit qu'ainsi li aultre s'en aloient, si appela messire Pierre de Baufremont qui moult estoit vaillans homs, et luy demanda conseil; et li chevaliers luy conseilla que mieux valoit qu'il rentrast en la ville et qu'il atendist l'aventure avoec ceulx de la ville, que de suyvre les autres, qui ainsi s'en aloient. Tantost fist retourner son carroy et s'en ala en la ville, à toute sa bataille; mais moult furent chil de la ville destourbé de ce que li aultre s'en estoient ainsi alé et avoient emporté tout ce qu'il leur devoient; mais le gouverneur de la ville les apaisa, si que dedens le vespre tout se tindrent bien pour content.

Quant li Flamenc virent que li François s'en aloyent sans bataille, moult furent esbahi[2]; car il veoyent que, s'il se venoient logier oultre la rivière et plus près de la ville, que li connestables qui dehors estoit, leur porroit tollir toute leur vitaille et faire sur eulx de fortes courses[3] et puis repairer

rent que Franchois en tuèrent xvi[m]. Et Flamenc avoient ad ce jour chars cuites qui estoient atournées pour le disner, et si trouva-on un en forgier ymages qui pourtrayoient à chiaux qui gardoient Saint-Omer; car il ouvroit de magique art. Ainsi se démenoit Guillemmes de Jullers cannonés du Liége. Quant le bataille fu faite, no gent perdirent leurs tours, et là avoit-il deux molins qui estanquièrent. Si se retrairent à Saint-Omer, et Jehans de Fiennes s'en ala à Mercq vers Calais. Et droit à le Rouge-Mote estoit li sires de Bailleul, et se combati li sires de Fiennes encontre li, et là ot-il bien vii[m] Flamens mis à mort de le gent Jehan le seigneur de Fiennes, et se combati Jehans de Fiennes corps à corps en sus de ses gens encontre le seigneur de Bailleul. De quoi li sires de Bailleul dit : « Sire de » Fiennes, je m'en voy moult dolans, car mes » gens sont tout desconfit, et li tien viennent » sur my. » Et trop malement il voloient grant mal l'un à l'autre. A tant féry le cheval des espérons : si s'en va. Et li sires de Fiennes s'en ala à Calais, et Jaques de Bayonne à Saint-Omer. Et Guillemmes de Jullers s'en ala à Bruges, et fist tant que il ot grant plenté de gent, et vint devant Saint-Omer, et Jaques de Bayonne yssi contre le volenté de ses gens. Non pourquant il yssirent, et là abati Jaques de Bayonne Jehan de Namur et fist merveilles de son corps, et le nuit les départi, et là dit Jaques de Bayonne à Guillemme de Jullers : « A demain au matin, se vous volés, arés » le bataille. » A tant s'en tournèrent d'une part et d'autre. Et quant Guillemmes vint as tentes, il dist que il n'en avoit trouvé nul si hardi qu'estoit Jaques de Bayonne. (MS. 10432.)

[1] Var. : ne despouillassent.
[2] Var. : abaubi.
[3] Var. : moult de courses.

à sauveté; et pour ce ne se murent de leur siége, mais souvent¹ envoyèrent de leurs coureurs jusques as bailles de Saint-Omer, et li archier de la ville issirent hors et coururent à l'encontre, si qu'à le fois y perdirent et à le fois y gaingnièrent.

Or vous orrés de la ville de Saint-Omer, comment elle fu ordenée. En la porte vers Bouloingne fu messire Thibaus de Cepoy, avoec une quantité de bourgois, et à la porte de Térouenne fu li sires de Piennes. En la porte devers Aire², fu uns chevaliers d'Auvergne, que on appeloit : messire Pons de Bisac; et à la porte de l'eaue, qui va à Gravelignes³, fu messire Jehans de Havesquerque, sires de Watènes, et estoient tous bannerets, et avoient grant foison de bourgois avoec eulx, et ès grosses tours d'entour la ville estoient certaines gardes, de par la ville. Li sires de Fiennes et li sires de Marteul et li grans bourgois de la ville aloient de lieu en aultre, pour visiter les gardes.

Un jour avint que li Flamenc, à toutes leurs batailles ordenées, vinrent devant la ville, et, quant chil de la ville les apercheurent venir, si issirent hors des portes et boutèrent le feu partout les fourbourgs de la ville, afin que les Flamens ne s'y logassent. Et tantost firent les Flamens arrester leurs grosses batailles, sans riens faire⁴, fors paleter l'un contre l'aultre, et ainsi furent jusques à vespre, sans faire nul assaut, et puis se trairent à leur logis; et ainsi furent deux jours⁵ sans riens faire. Quant li Flamenc orent tenu leur siége par neuf jours devant la ville, et ce vint à l'heure de menuit, si oyrent li gaite⁶ de la ville grant busquit⁷ en leur ost, et tantost le firent savoir as chèvetaines qui firent armer leur gent, et pensoient qu'il se deslogassent pour venir plus priès de la ville. Mais la chose ala aultrement; car tantost boutèrent le feu en leur logis et s'en alèrent vers Térouenne. Mais, pour ce qu'il doubtèrent que ceulx qui estoient en la ville de Saint-Omer, ne se frappassent⁸ en leur ost, il laissèrent une très-grant bataille sur le montagne, jusques à tant que leur carroy et leur harnois fust passé oultre. Quant il vinrent à Térouenne, si boutèrent le feu partout en la cité, et puis

---

¹ Var. : fortement.
² Var. : en la porte du Brulle.
³ Var. : et à la porte de Hault-Pont.
⁴ Var. : sans nul assaut faire.
⁵ Var. : sirent par deux jours.
⁶ Var. : les escharguètes.
⁷ Var. : busquement.
⁸ Var. : ne se férissent.

se traitent à Lilers et l'ardirent tout, et, puis se traitent au Pont-à-Wendin, et passèrent oultre et alèrent assir la cité de Tournay [1]. Là firent maint grant [2] assaut à ceulx de la ville, et chil de la ville se deffendirent moult bien. Un jour avint qu'il avoient fait un très-grant [3] assaut, si que par force de traire il avoient gaingniet la porte, et estoient les gardes desconfites du tout. Or vous dirons qu'il avint. Il y avoit en la ville un escuier de Flandres, qui se tenoit de la partie du roy, et l'appeloit-on : François d'Estaples, et avoit douze compaignons avec luy, et estoit alés boire en une taverne avec sa compaignie, et oy le cry. Si salli hors et vit que les gardes s'en fuyoyent et que li Flamenc les chaçoient enmy la rue. Tantost salli avant à tout ses compagnons, et s'ala combattre à eulx, et là par force les fist reculer hors de la porte, et tantost luy vint secours, par quoy la porte fu rescousse.

Comment les Flamens envoyèrent messire Guy de Namur en la mer contre l'amiraut de France, et comment il fu pris et emmenés en prison à Paris.

Endementiers que li Flamenc furent devant Tournay, leur vinrent nouvelles que li amiraulx de la mer, sire Renaus de Grimaude, qui adont gouvernoit le navie du roy de France, estoit arrivés en Zéelande, en une ville, qu'on appelle : Sierisée; et tantost li Flamenc y envoyèrent messire Guy de Namur, à grant plenté de gens d'armes [4].

[1] Lendemain bien matin li Flamenc se deslogèrent par le conseil Jehan de Namur et s'en alèrent, et ardirent à chelle voie Térouane, et pour le doubte de Jaque de Bayonne il s'en alèrent, et li Flamenc orent boin conseil; car tous cheulx qui gardoient les frontières, devoient estre entour Saint-Omer au VIIIe jour, pour quoy on leur remanda que nuls n'y venist. Et quant li Flamenc orrent ars Térouane, il ardirent après plus de XL villes. Et en che point monseigneur Charles de Valois estoit venus de Sézille nouvellement et de Gascongne, et nouvelles vinrent à court des oultrages que Flamenc faisoient et tout par l'enortement Guillemme de Jullers, cannone du Liége, flex de Guillemme de Jullers, qui avoit espousée le fille au conte de Flandres qui estoit en prison en Compiengne, liquel conte on nommoit : Guy de Dompierre (MS. 10452).

[2] Var. : fort.

[3] Var. : un si très-fort.

[4] Quant li roys Philippes li Bel oy nouvelles comment Flamenc se démenoient, il assanla grant plenté de ses barons et se conseilla, et li contes de Hainault dit : « Sire, se vous volés ouvrer
» de mon conseil, vous leur porterés trop grant
» damage. » — « Et comment ? » dist li roys.
« — Je le vous diray, dist li contes. Vous me
» baillerés XXm hommes de vos gens, et jou en

Quant li amiraulx le sceut, il se mist en mer à toute sa navie, et de l'aultre part messire Guis de Namur entra en mer à l'Escluse [1] et ala assembler à la navie du roy de France. Là commencha une bataille cruelle [2] et moult grande. Mais li amiraulx qui plus de la mer savoit que li aultre, les prinst à l'avantage; et ne peurent li Flamenc plus souffrir l'estour. Si se desconfirent, et là fu pris messire Guis de Namur, à toute sa gent, et fu amenés à Calais, et de là fu menés à Paris et tint prison au Louvre [3].

Comment li rois de France s'en vint, à tout son ost, vers Tournay pour lever le siége.

Desormais vous dirons du roy de France, qui avoit entendu que li Flamenc essilloyent son pays et avoient assis ses deux bonnes villes. Si

» aray des miens xx^m. Et puis si m'en iray en
» Hollande, et là entreray-jou en mer, et par là
» je les assaurai, et vous les assaurés par terre. »
Il fu acordé. Li contes s'en ala à Valenchiennes et ala de Valenchienes en Hollande. Ainsi que il y aloit, il prinst un chastel que on nomme............, et y firent II prisonniers, qui parlèrent laidement à li. Li uns estoit le seigneur de Morlenguien, et li autres estoit li bers d'Audenarde, et disoient au conte de Hainault que il n'avoient peur de luy et que il ne le cremoient en riens; et li contes de Hainault, quant il oy tels paroles, si leur fist à tous les II copper les testes, et puis si dist : « C'est en despit de tous les Flamens. » Quant li contes de Hainault ot fait copper les testes au ber d'Audenarde qui estoit ses cousins yssus de germains et autant à chiaux de Namur ; mais ce fu pour ce que li bers d'Audenarde dist au conte de Hainault qu'il ne li oseroit faire nul mal, et pour ce fist-il copper les testes à tous les II. Après, li contes de Hainault entra en mer, entre li et l'amiral de la mer, et portèrent grant damage sur les Flamens. Quant Guys de Namur oy les nouvelles de Wistace de Morlenguien et du ber d'Audenarde qui avoient les testes coppées en despit de li et de ses frères, et si oy parler du

damage que li contes de Hainault li faisoit, si dit que il yra veoir sen cousin (MS. 10432).

[1] Var. : Messires Guys qui point n'estoit parceeus, avoit fait amener toute la navie de l'Escluse et se mist dedans.

[2] Var. : moult crueuse.

[3] Guy de Namur appareilla sen oirre. Si se mist à voie et entra en mer. Il trouva le conte de Hainault et Regnier de Grumault l'amiral de le mer de tous les Génois. Il avoit aveecques Guy de Namur xl^m hommes, et aveecques le conte de Hainault xxx^m hommes. Quant li maistres de le nef Guy de Namur vit la trèsgrande desconfiture, si s'en va aval le vent, et Daniel li sires du Dourdrec en partie estoit en une très-boine nef et ala après. Et Regnier Grumault de Gennes estoit en une galie qui estoit bien ointe de sieu, laquelle estoit bien taillie pour tost aler, et s'avoit tref à volenté. Quant il vit que Guys de Namur s'en aloit ainsi,si va après et passa le nef Daniel et rataint le nef Guy de Namur, et se combati à li et à ses gens, et prist Guy de Namur et en fist présent au roy Philippe le Bel, et puis fu mis au Louvre en prison. Et ceste bataille fu une sepmaine avant le bataille de Mons-en-Pevle (MS. 10432).

assambla ses osts et s'en vint vers Tournay pour lever le siége. Mais li Flamenc, qui sceurent sa venue, ne l'attendirent pas, ains se deslogièrent et alèrent vers Mons-en-Peule [1].

La bataille de Mons-en-Peule lan le roy de France Philippe le Beaux eut très-noble victoire par la prouesse de son propre corps, et y eut Guillemme de Jullers la teste copée.

Quant li rois l'entendi, tantost les suyvi et ne fina, si vit leur logis, et estoient li Flamens logiet sur un pas, et li rois estoit logiet devers la mon-

---

[1] Vous savés bien, quant li contes de Hainault se fu partis de court, comment li roys Philippes devoit assaillir les Flamens par terre. Il vint au Monchel-Saint-Martin, et Flamenc estoient devant Tournay qui estoit bien fremée; mais li Flamene avoient un engien qui gettoit en le rue Saint-Martin et leur faisoit moult d'anuis. Mikieux de Ligne et Sansset de Bussoi et Foucart de Mierre et autres saudoiers jusques à ix et pluiseurs carpentiers yssirent de nuit de Tournay, et allèrent tant que il vinrent à l'engien et le coppèrent. Et on crioit : « Trahi! trahi! » et li autre crioient : « A l'arme! à l'arme! » Et si rentra messire Mikieux de Ligne et Sansset de Bussoy et toutes leurs gens à Tournay et n'y perdirent que ii hommes. Li roys de Franche qui estoit au Mont-Saint-Martin, oy nouvelles comment Flamenc estoient devant Tournay, et si n'y contoient chiaux de Tournay que bien peu. Il dist que il voloit aler à Tournay. Adonquesli dist li dus de Bretaigne : « Sire, n'y alés mie. Souvienge-vous » de le journée de Courtray. » — « Certes, dist » li roys, sire dus, il m'en souvient et souvenra » tant que j'arai la vie ou corps; et pour chou » yroic-jou volentiers. » — « Sire, je vous lo que » vous leur mandés qu'il se viengnent mettre en » vo merchi , car il ont près de ccc^m hommes, et » tant de gent pèvent moult porter de damage. » — « Certes, dist li roys, jou y envoieray volen- » tiers puisqu'il plaist à mes barons. » Lors y fu envoiés li quens de Savoie et le doffin de Vienne. Il vinrent as Flamens, et li contes de Savoie dist que Diex ouvroit bien pour les Flamens, quant il pooient ainsi venir à merchi. Il allèrent à conseil et dirent au conte de Savoie que il ne se partiroient de devant Tournay pour pooir que li roys eust, s'il ne ravoient leur père Guy de Dompierre le conte de Flandres. Li contes de Savoie print congié, et on li envoya x chevaux carquiés de boines escarlates pour le duc de Bretaigne et pour yaux ii. De quoi li contes de Soissons s'en tint à mal payés, et chiex de le Marche, li doffin de Vienne, chiex de Bion, li contes de Saint-Pol, chelli de Boulongne, li contes de Forest et Loys de Clermont tout chil-là se tinrent à mal payé du présent, je ne say pourquoy. Quant li contes de Savoie sot que il aroit se part de cel présent , si leur dist: « Seigneurs, vous savés bien que je suy » envoiés en message. Je veul aler parler à Jehan » de Namur et à Pierot Connin, le roy tisserant, » à Guillemme de Jullers et à Philippe le conte » de Thiette, que je deusse avoir devant » nommé. » Il se trairent à part, et li contes de Savoie dist : « Seigneurs, le roy ne ven- » roit chi pour nul avoir , mais monstrés boins » visages; et si vous souviengne comment li » roys retourna de Vitri, et si avoit plus bel » ost que il n'a maintenant. » A tant s'en parti

taigne. Ainsi que les osts estoient logiés les uns contre les aultres, li Flamenc, qui ne cessoient de querre et de prendre leur avantage, avoient li contes de Savoie, et revint par devers le roy, et li roys dist : « Contes de Savoie, que dient Fla» menc? Se partiront-il point du siége de devant » Tournay? » — « Nennil, dist li contes de » Savoie, ainchois vous demandent bataille, ou il » raront leur père le conte de Flandres. » — « Dont ne s'en partiront-il à pièche, dit li roys; » car vraiement il ne l'aront mie encore. » — « Or tost as armes! dist li roys; je veul aler » veoir les Flamens. » — « Ha! sire, pour Dieu, » souffrés-vous, dist li dus de Bourgongne; en» voiés-y encore une foys, et je vous ay en convent » que je say tel message que, se vous li envoiés » et le besongne puet estre faite par boin mes» sage, qu'elle sera bien faite par cesti. » — « Et où est li messages? » dist li roys. — « Au » Mongaillart, dist li dus. — « Comment a-il » nom? » dist li roys. — « Guillemme de Mor» taingne, dist li dus, et fu et est fiex au conte » Guy de Dompierre. » — « Il est Flamens » dist li roys. — « Et je le certifie à preudomme, « dist li dus. — Or l'envoiés querre, » dist li roys. « Volentiers. » dist li dus. On l'ala querre, et fu amenés au Monchel-Saint-Martin, et cuidoit bien que on li deust copper le teste. Quant il vint devant le roy, si li cria merchi, car il cuidoit bien morir, et li roys li dist que il n'avoit garde tant comme ad présent : « Mais il t'en convient aler » avec le duc de Bretaingne devant Tournay, et » là diras-tu à tes frères que il me laissent me » cambre et que il me viengnent amender ce » qu'il m'ont meffait. » — « Sire, dist Guil» lemmes, je suy tout près à faire vostre com» mandement. » Il se mirent à voie. Il vinrent as Flamens qui estoient devant Tournay, et entrèrent en le tente de Gant. Lors parla li dus de Bretaingne et dist : « Seigneurs, soiés certains que » li roys se tient à mal paiés de l'outrage que » vous li avés fait. » Et Guillemmes de Courtray parla à ses frères : « Seigneur, fait Guillemmes, » or m'entendés. Li fors roy de Franche vous » mande que vous laissiés le siége et ainsi vous » alés, et puis venés prier merchi au roy de » Franche, et je croy que il ara merchi de » vous. » Et Philippes de Thiette et li autre dient qu'il n'en feront riens, se ne ront leur père. « — Non, fait Guillemmes, très-orde ribaudaille. » se vous aviés souffert les angoisses que Guys » vos pères a souffert à Compiengne et jou à » Mont-Gaillart, et Robert de Béthune qui tant » en a souffert à Chinon, et ceste vostre sereur » qui est en une maison dont elle ne puet yssir. » Et quant jou fus mandés au chastel de Mont» gaillart pour chi estre envoiés, je cuidai bien » que on me deust copper le teste. Et vous avés » tant meffait au roy que vous poés en deussièmes » piècha estre mort. Et ne fu-che vo fais de le » trayson de Bruges? Je dis à chiaux de Bruges » et à vous tous : Ne mesistes-vous à mort tant » de bonne gent à Courtray? Et si savés bien que, » se li roys veult assaillir Flandres, vous serés » tantost essillié. Laissiés le siége de devant » Tournay, et je croy, se vous le laissiés, que » nous serons délivré hors de prison. » Il dirent que il n'en feroient riens, se il ne ravoient ainchois leur père et leurs frères. Et je vous dirai qui leur père estoit. On l'appelloit: Guy de Dompierre, et estoit contes de Flandres. Il espousa la fille l'avoué de Béthune et en eut un fiex : le premier Robert de Béthune, le second Guillemme de Crièveceur, l'autre Guillemme de Courtray ou de Mortaingne, et li quars estoit Philippe de Thiette. Tout li troy estoient en prison, et Philippes de Thiette n'estoit mie en prison. Guy de Dompierre estoit en prison à Compiengne, et Robert de Béthune à Chinon, Guillemmes de Courtray à Mont-Gaillart, et li autres Guillemmes à un autre chastel, et leur sereur estoit en l'ostel du roy. Et aucuns parlèrent malvaisement du roy Philippe et de li. Ces III enfans engenra Guy de Dompierre conte de Flandres en le fille l'avoué de Béthune. Le dame morut, et puis li contes de

fait armer leur gent, et vinrent chaudement, une bataille ordenée [1], courre sus au conte de Dreux et au conte d'Erminac, qui faisoient le gait celle journée, et il les recheurent moult baudement. Endementiers on cria à l'arme par tout l'ost du roy, et tout li hault homme s'armèrent et s'alèrent assambler as Flamens. Et là commencha uns estours si crueux qu'il convint les François reculer, et morut à celle bataille maint vaillant chevalier;

Flandres se remaria à Lusenborc, et de la dame ot-il III enfans: Jehan de Namur, Henri de Namur et Guy de Namur; et sont li VII enfant au conte de Flandres. Je revenray à me matère, mais je l'ai dit pour avoir ramenbranche des enfans. Guillemmes se parti d'yaulx, et s'en vint devant le roy et li dist : « Sire, j'ay chi esté en le com- » paignie du duc de Bretaigne. » — « Vraie- » ment, dist li dus à briefs mos, Flamenc ne » feront jà paix s'il ne ront leur père tout avant » le coup. — « Vraiement il ne le raront mie. — « Ha! sire, si ferés, font li baron; rendés » leur père ou aultrement vous n'arés point de » paix. » Li roys Philippes li Biaux leur dist que il ne voloit plus en oyr parler. Lors fist huequier Thiébaut de Cheppoi, et il y vint. « Thiébaut, dist li roys, prenés XX^m hommes, et » si alés prendre le pas. » Il y ala; mais il trouva Guillemme de Jullers au pont à Bouvines, et Thiébaut n'y fist riens et retourna sans riens faire. Quant li roys sot l'estat comment Thiébaut estoit retournés et que Guillemmes de Jullers estoit au passage, il y renvoia le seigneur de Genville, et fu envoiés au Pont-à-Wendin, et fu-il tués et plenté de le gent franchoise, et bien en y ot de mors III^m des Franchois. Li roys oy nouvelles du seigneur de Jenville et des autres qui estoient mort. Si en fu trop courchiés, et bien li fu dit que Guillemmes de Jullers li a fait che damage. Lors dist li roys Philippes li Biaux que il passeroit aveecques les premiers qui jamais y passeroient. Lors s'en passèrent par Condet, et tout li duc et li conte estoient tout esbahi de ce que li roys aloit si avant; ne pour duc, ne pour conte il ne s'en voloit cesser. Et là où il estoit, là il oy nouvelles de le bataille de

Hollande et de Guy de Namur qui avoit esté prins; et li évesqués de Dourdrec estoit prins de l'autre partie : de quoi on donna grant pris au conte de Hainault. Et à mains de demi an après messire Charles de Valois li donna se fille, car messire Charles estoit nouvellement revenus : si estoit trop courouchiés de l'anui que les Franchois avoient eu à Courtray, et de ce que li roys s'en estoit ainsi venus de Vitri sans riens faire, et il savoit boin gré à chiaux qui bien aidoient le roy Philippe sen frère, et pour le bien fait que li contes de Hainault fist devant Lille et pour le fait que il fist en le mer, quant li amiraux de Gennes Regnier de Grumaut print Guy de Namur, pour ces biens fais et pour chou que c'estoit uns des appers jones homs qui fust en le compaignie du roy Philippe, et pour toutes ces coses-chi, depuis li fu le fille monseigneur Charle de Valois donnée environ VIII mois après le bátaille de Mons-en-Pevle qui fu l'an mil CCC. V. Depuis ot espousée li contes de Hainault le fille monseigneur Charle, de lequelle fille li contes Guillemmes de Hainault ot V enfans : il y ot un fil Guillemme qui morut jones chevaliers, et estoit hardis et entreprenans, et morut en le Basse Frise l'an mil CCC XLV el mois de septembre, et demoura aveecques li sires d'Antoing et li sires de Walaincourt et chiex de Lingne et chiex de Maugny et messires d'Ainaux et grant plenté de ses gens de Hollande. Et si ot li dis contes III filles. L'aisnée fu marie au roy Édouart d'Engleterre, et le tierche fu marie au conte de Jullers, et le quarte damoisele Ysabel estoit à marier : ce fu l'an mil CCC XLVI le premier jour d'aoust (MS. 10432).

[1] Var.: courant vers l'ost d'une bataille ordenée.

et furent li François ainsi qu'à demy desconfit, et se commenchièrent à desaparillier et aler aval les champs. Tantòst li Flamenc se trairent vers la bataille le roy de France et luy coururent sus. Li nobles rois estoit montés sur un grant destrier, tous armés de ses armes royaux, et tenoit une mache de fer en sa main, et vit les Flamans qui jà avoient tué deux bourgois de Paris, qui à son frain estoient, et messire Gillebert de Chevreuse, qui gisoit mors devant luy, l'oliflamme [1] entre ses bras. Sy escria li nobles rois : « Mont-joye! Saint-Denis! » et se féri emmy l'estour, sa mache en sa main, et sachiés bien que ceulx qu'il attaingnoit, n'avoient que faire de mire. Là fist tant d'armes que par son propre corps, et non par aultre, furent li Flamenc desconfit. Quant li hault homme qui là estoient reculé, virent le propre corps du roy, qui s'estoit si avanchiés et qui tant faisoit d'armes, si se mirent tous à un fais sur les Flamans, et là commencha une bataille moult crueuse. Mais li Flamenc, qui tout le jour avoient combattu, ne se pooient plus soustenir [2]. Si se desconfirent; et en y ot tant de tués que tous les champs en estoient couvers [3].

---

[1] Var. : l'oliflambe.

[2] Var. : ne pooient plus souffrir.

[3] Je diray du roy de Franche Philippe le Bel qui ala toudis avant tant qu'il vint delés un moustier que on nommoit : Saint-Jehan-en-Pevle, et là dit-il que il voloit faire ses batailles. Il ordena ses batailles et en fist xv. Entreux que li rois ordenoit ses gens, Guillemmes de Jullers et Philippes li contes de Thiette et Jehans de Namur et Henris tout trois frères et toute leur gent se départirent de là où il estoient, et vinrent à mains de II lieues de Mons-en-Pevle. Et li roys Philippes avoit ordenées ses batailles, et il en avoit fait xv. Thiebaut de Cheppoi, Jaques de Bayonne et chelli de Chauvengny orent le première, et là ot-il bien xx^m hommes; et le seconde li contes de Foys et Gauthier de Castillon; le tierche li contes de Saint-Pol, li contes de Blois et Miles de Noiers; et le IIIIe bataille fu baillie au conte de Boulongne, au conte de Dampmartin et au seigneur de Fiennes; et le ve bataille au duc de Bourgongne, au conte d'Auchoire et au seigneur de Vregy; le vi^e bataille à monseigneur Charle de Valois et au conte de Poitiers et au conte de Roussi; le viie bataille au roy Phelippe le Bel, à messire Jehan de Chastillon, à Mouton de Blainville, à Foucaus du Melle et à Angueran de Fréville; le viiie bataille à Loys de Clermont, à chelli de Soissons et au conte de Couchi; le ixe au duc de Bretaigne, au conte de Monbrison et au conte de Valentinois; le xe au conte de Monfort, au conte de Sanssoire et au conte de Vendôme; le xie au conte de Savoie, au seigneur de Partenay et à Guillemme le seigneur de Vagor; le xiie au dauffin de Vienne, au dauffin d'Auvergne et au seigneur de Craon; le xiiie au conte de Forest, au seigneur de Rocefort et au seigneur de Combourc; le xiiiie au vicomte de Meleun, au vicomte de Touart et au seigneur de Partenay; et le xve au conte d'Arminac, au vicomte de Ventadour et au seigneur de Brion. Et en chascune bataille avoit bien xx^m hommes. Ainsi estoient ordenées les batailles du roy, et si estoient trestoutes prestes de mouvoir et pour combatre à gent ordenée. Et toudis aprochoient-il, et estoient si près qu'il n'y avoit que de férir. Et Philippes de Thiette si disoit as

Guillemmes de Jullers, qui s'estoit trais si parfond en l'ost et avoit jà tué grant foison de François, avoit entendu que ses gens aloient mal. Si cuida Flamens : « Seigneurs, or regardés comment li » roys Philippes nous démaine. Il tient no père » en prison et nos frères aussi, et si nous veult » encore désheriter et cachier hors de no pays. » Et vraiement j'ay plus chier à morir à honneur » que vivre à honte. » Et se il estoit se durs que achier, se le vooit-il courre sus, et les larmes li couloient des yex. Puis dist : « Seigneurs, je vous » pri pour Dieu. Qui a peur, si s'en voit. » Lors dirent tout d'une vois : « Nous avons boine vo- » lenté. Au roy! au roy! alons, alons à li tout » droit. » Lors chascuns d'yaux toursa, et li Franchois cuidoient que Flamens s'en deussent fuir, et Philippes de Thiette, Jehans de Namur et Henris de Namur avoient veu lettres du duc de Bretaingne envoyes en sen nom, séclées de vii seaulx, contenans ceste fourme : « Philippe de Thiette, Jehan de Namur, Henry » de Namur et vous Guillemme de Jullers, nous » vous mandons que nous ne poons retenir le » roy Philippe de Franche que il ne voist sur » vous, dont nous avons grant merveille, et nous » a dit à nous tous que nous ne soions si hardi » que nous li en disions le contraire, et il a fait » xv batailles. Et si vous faisons assavoir que » Guy de Namur vos frères est en prison au » Louvre et que il fu prins en le mer, huy a » viii jours, et furent vo gent desconfit; mais ne » vous desconfortés mie pour chou, mais sou- » viengne-vous de che que je vous di hier au » vespre: ce fu, aussi tost que vous verriés me » banière desployé et un penonchel encoste me » banière, ouquel penonchel il ara point un capel » de bonnet, que tantost vous courrés sus au » roy; et pour certain jou qui suy dus de Bre- » taigne et li contes de Savoie et li contes de le » Marche, li contes de Boulongne, li contes de » Forest, li dauffins de Vienne et li contes de » Soissons tous vi nous en fuirons, et ii autres » que je n'ose nommer, car il sont trop prochain » à le couronne. Faites bien hardiement ce que » vous avés à faire. » Philippes de Thiette, Henris et Jehans de Namur estoient moult courchié de Guy leur frère, et bien le savoient par devant; et Philippes de Thiette leur avoit bien monstré tout, et pour ce crioient-il : « Au roy! au » roy! » Et il avoient envoié ii frères meneurs au roy, qui li disoient: « Sire, pour Dieu, merchi aiés » et pité de ces povres gens. » Et ainsi le tenoient-il de plait. Et li dus de Bretaigne estoit assés près du roy, la banière toute desvolepée, car elle avoit esté loye, et li penonchiaux au capelet de bonnet estoit encoste le banière, et uns varlès l'ala dire as enfans de Namur. Quant li troi frère de Namur sorrent l'estat et comment li frère meneur tenoient le roy Phelippe le Bel de ruses, si dirent Flamens tout ensamble : « Au roy! au roy! tout » droit au roy! » Gosse de Gosencourt conduisoit leur route : il vint si avant que il vint férir le roy, et des v coups premiers que on donna, je croy que li roys en ot les iii; car il n'avoit mie en se compaignie lx hommes, je dis bien, près de li, quant Enguerans dou Fréville ala saisir le frain du roy, et il estoit moult sages chevaliers et moult avoit veu, et là dist Enguerans dou Fréville au roy de Franche : « Seigneurs, soions » seré, car il sont venu à desroy, et je preng sur » le teste copper que li camps est nostres. » Et il venoient si à desroy que il se desroutoient pour venir au roy. Et droit devant le roy fu tués Hues de Bouville et messires Jehans de Santré qui portoit d'argent à le croys de gueules à v costilles d'or; et là fu mort Anchel de Chevreuses qui portoit l'ensigne du roy Philippe, et bien une douzaine de boins chevaliers. Et là fu chou que li roys ala si avant que il ot de v coups les iii; mais li roys se tint si bien que il n'en perdi onques estrier. Ce fu l'an mil CCC III que le

retourner à toute sa bataille qui estoit si lasse de chaud et de soif, que plus n'en pooient; mais li contes de Bouloingne l'apercheut : si les avironna de toutes pars, et Guillemmes de Jullers se deschaussa tous nus piés, et grant partie de ses gens, et boutèrent les pommeaux de leurs espées en leurs bouches, pour leur soif estanquier, et ainsi attendirent le mort. Quant li contes de Bouloingne les vit à si grant meschief, si leur courut sus, et furent tout décoppés, et à Guillemme de Jullers coppa la teste [1].

bataille fu à Mons-en-Pevle, et li roys Philippes li Biaux se deffendoit trop bien. Et li contes de le Marche s'en ala droit à Valenchiennes, et Jehans de Chalons, li dauffins de Vienne, s'en ala au Viés-Wendin, et li quens de Soissons s'en ala à Valenchiennes, et li dus de Bretaigne et li contes de Savoie orent à faire ailleurs, et aultres avec en aultres besongnes. Il en y ot assés de bien faisans et d'autres qui firent malvaisement leur devoir, et je croy que li roys Philippe li Biaux fu li uns des mieux faisans de le journée. Il faisoit merveilles d'armes, et en celle journée ot-il tué III chevaliers par dessous li, et adont fu s'espée brisie ; et il avoit un bouchier enconste li, qui se combatoit bien apertement d'une hache, et li roys li a dit : « Biaux amis, donne-moy « chelle hache; je n'ay point d'espée. » — « Sire, » dist chiex, je le vous donrai volentiers ; si » en avoie-jou assés à faire. » Lors li baille le hache, et li roys en coppoit bras, testes et gambes. Et Jaques de Bayonne et Gaucher de Castillon et Enguerans de Fréville li amenèrent un cheval, et il y monta et se combati trop fort. Et messires Charles de Valois et Loys ses frères de chelle de Braibant se prouvèrent trop vigoureusement (MS. 10432).

[1] Guillemmes de Jullers qui portoit de Flandres à le fleur de lis d'argent en l'espaule du lion, nous faisoit grant damage. Quant li contes de Dampmartin le vit, si li corru sus, et li contes de Dampmartin avoit avecques li Regnault de Pinqueguy et Guérart et Ferri de Pinqueguy. Et là fu Guillemmes de Jullers bien au bas. Quant li contes Regnault de Boulongne li vit si bas, si en fu moult courouchiés. Lors dist à Guillemme : « Biaux cousins, bailliés-moy vostre espée. » — « Volentiers, biaux doulx cousins. » Lors li baille l'espée, de quoy ceulx de Pinquigny ne furent point courouchié. Et uns escuiers de Ternois alonge et fiert Guillemme de Jullers que il abat à terre, et li pietton li coppèrent le chief, et, se li pietton n'eussent esté, li escuiers eut esté mors par le conte de Bouloingne et par Regnault de Pinquigny. Et là fu mors Guilleme de Heule par Mahieu l'Oiselet de Trie ; et Jaques de Bayonne ochist uns des frères d'Alonwaigne, et Mouton de Blenville ochist l'autre. Et là fu mors li provos de Bruges d'Engueran de Marigny qui fu là nouviaux chevaliers ; et là le fist bien li contes de Sanssojrre, et assali de moult près Philippe de Flandres, que on dist : de Thiette. Et là vint li roys Philippes li Biaux et monseigneur Charles de Valois et li contes de Roussi et chiex de Joegny, li contes de Grantpré et li contes de Braine et Thiebaut de Cheppoi et Bérars de Marcueil. Tous ceulx-là vinrent d'une flote, et d'autres que je ne nomme pas. Et là fu estains li contes d'Auchoirre, et li vicontes de Touraine fu là ochis, et autres furent là ochis jusques à x banières, tous preudommes. Et là oy Philippes de Flandres, autrement dit de Thiette, nouvelles de Guillemme de Jullers que il estoit mors. Lors se mist à voie et s'en fuy tout droit vers Lille, et print une teste, et dist, quant il entra en Lille, que chou estoit le chief Charlon, et ainsi entra-il de nuit en le ville de Lille. Adoncques dist Guérars li Mors : « Flan-

Li très-nobles rois, qui avoit par sa grant proesse conquis celle grant victoire et avoit ses anemis cachiet jusques à la noire nuit, ainsi que li leus cache les brebis, s'en revint à grant joye en sa tente. Là vinrent aucun sergant, qui aportèrent la teste de Guillemme de Jullers sur une lanche et le présentèrent au roy; mais il tourna son chief d'autre part et n'en fist nul compte. Lendemain trouva-on l'oliflamme gisant emmy les champs, qui toute nuit y avoit geut. Si fut trouvée en deux lieux [1].

Ceste grant victoire ot li bons rois Philippe li Biaux à Mons-en-Peule l'an de grâce mil trois cens et quatre, ou mois de septembre.

Comment la paix fu faite entre le roy Philippe le Bel et les Flamens.

Quant li rois de France ot eue celle victoire, tantost remua son ost et alla assir la ville de Lille. Mais li contes Jehans de Namur, qui avoit esté desconfis, avoit ralié toutes ses gens, qui de la bataille estoient escappé, et s'en vint, au sixième jour après la bataille, logier à l'encontre du roy de France sur un pas près de Lille, et manda au roy qu'il voloit avoir bataille : de quoy moult de gens le tindrent à très-grant proesse [2]. Mais li contes de

---

« dres perdra huy toute honneur. » Après, Jehans de Namur wida le plache, et il commenchoit à avesprir, et Henris de Namur s'embati en Franchois et commencha à crier : « Monjoie! » et nous fist grant damage; mais il fu bien rechups et fu navrés, et puis s'en fuy à Douay. Briefment tout s'en fuirent et, se li nuis ne fust si tost venue, il n'en fust jà piés escapés vifs. Ne-pourquant il en morut assés ; mais le nuit destourna de mettre tout à mort.

[1] Quant le bataille fu finée, li roys retourna à torses. Lendemain revint li daufins de Vienne, et dist au roy qu'il venoit de prendre le Viés-Wendin. Et li contes de le Marche et li contes de Soissons et encore III autres s'en fuirent malvaisement, lesquels j'ay assés oy nommer ; mais je croy bien que ce soit bourde. Et li contes de Hainault n'estoit mie revenus de devers Hollande là où il fist très-bien sen devoir (MS. 10432).

[2] Li roys Philippes se parti de Mons-en-Peule et s'en vint devant Lille, et l'encloirent tout autour et de gens et d'engiens, et Philippes de Thiette manda au roy qu'il ne leur fesist riens jusques à xv jours, en telle manière que, se li dis Philippes de Flandres que on dist : de Thiette, n'en pooit lever le roy Philippe, il li lairoit Lille : « Mais » je envoieray II sergans à nos gens, qui feront » le message que j'ay à faire. » Et li roys Philippes dist : « Je l'acorde. » Et pour cest acort on print L hommes en hostages, et furent envoié en prison à Arras. Et entreux li roys Philippes envoia el bailliage de Vermandois et d'Amiennois que tout li venissent aidier ; et ouvrier remplissoient les fossés et embatoient les fosses et les rillons et faisoient tout ouny les quemins. Li Franchois vinrent ; et aussi fist le gent flamengue, et se logèrent vers Marquette (MS. 10432).

Savoye, qui estoit de lignage as deux parties, ala tant traitier d'un lés et d'aultre, qu'unes trièves furent prises de huit jours. Là fu acordé que, pour vingt mille livres de rente par an, que li Flamenc payeroyent au roi de France, il luy livreroyent Lille, Douay, le chastel de Cassel et la ville de Courtray, jusques à tant qu'il luy auroient trouvé autant de rente en lieu convenable. Item il luy livreroyent six cens hommes de Bruges qui iroient en pélerinage, où li rois les vouldroit envoyer à son rappel. Item il payeroient au roy trois cens mille livres, au cas que jamais se rebellassent contre luy, et encourroyent la sentence, qui jadis fu donnée par l'apostole Honnoré à la requeste de la contesse Jehanne et de Ferrand et de Thomas de Savoye ses barons; et par tant li rois délivreroit messire Robert de Flandres, conte de Nevers, et messire Guillemme, seigneur de Néelle, et messire Guy de Namur, son frère, et tous les aultres prisonniers de Flandres, par ainsi qu'il vouldroient tout jurer et tenir [1] celle paix [2].

Comment le conte Guy de Flandres morut en sa prison à Compiengne.

Quant ce fu fait, sy fu mors li contes Guis en la prison du roy de France à Compiengne [3].

---

[1] Var. : qu'il venroient tout jurer de tenir.

[2] Li roys fist lever l'ost de devant Lille et s'ala logier vers Marquette, et le plache estoit le plus belle du monde, et se cuidoit bien combatre as Flamens; mais il en y ot tels vi qui firent pluiseurs consaulx, et en le fin il fu dit que Philippes de Flandres, aultrement de Thiette, s'en yroit de Lille, ne jamais à Lille, ne à Douay, ne à cose qui fust dechà le Lis, Flamenc ne porroient jamais riens demander, car tout seroit à fleurs de lis; et si devoit-on abatre les forteresches, et pour le trayson de Bruges chiex de Bruges devoient abatre le castel de Bruges. Adoncques ala monseigneur Charles de Valois en Flandres, et fu jusques à Yppre, et porta moult grant damage as Flamens. Flamenc s'obligèrent à payer xii^m livres, ou tous chiaulx de Bruges venroient en se merchi, et de chiaulx qui morurent à Courtray, cascuns poroit emporter le corps ou les os de sen amy. Or n'en blasmés jamais le roy Philippe le Bel; car s'il eust esté creus, le bataille eust frappé, et li roys en avoit bien iii encontre vi Flamenc, sans les gens de cheval, et je croy que on ne les ora jamais si aise. Chascuns se parti de l'ost, quant li acors fu fais; et Guys de Namur li maisnés deust estre délivrés de se prison pour l'évesque de Dourdrec qui estoit oncles au conte Guillemme de Hainault (MS. 10432).

[3] Après le traictié avoec les Flamens, li roys Philippes ala à Boulongne paier une voie que il y devoit. Et assés tost après que il fu revenus, le royne Jehanne se femme morut, et il avoient iii fiex et une fille, qui puis furent roy de Franche tout iii, et furent de ceste Jehanne qui estoit

AUTRE RELATION.

Comment toute Flandres fu encontre le roy de Franche.

Apriès celle desconfiture qui fu à Courtray, chil dou castiel se rendirent as Flamens, et furent Jehans de Lens et Jehans de Vrevin envoyet en prison à Bruges. Adont vint Jehans de Namur, qui assambla chiaulx de le conté d'Alost et de le terre de Wast. Chiaux de Gand et d'Ippre relenquirent le roy et alèrent avoec chiaulx de Bruges. Dont se partirent ensamble et s'en alèrent à siége devant Lille. Chil de Lille prirent ung parlement as Flamens et requirent trieuwes ung mois de respit, et il envoyeroient au roy, et se il ne les secouroit dedens ce mois, qu'il se renderoyent as Flamens. Jehans de Namur et ses consauls s'i acordèrent, et chil de Douay envoyèrent as Flamens demander ung tel respit et par telle voye comme il avoyent

royne de Navare. Or vous nommerai-jou les iii enfans qui puis furent roy de Franche. Loys fu li aisnés et fu couronnés l'an mil CCC XV, et fu chiex qui ala en Flandres et qui s'en revint pour les grans pluies sans riens faire. Il fu roys de Franche et de Navare et régna comme roys an et demi. Et en che tamps valu blé à Paris iiii livres, et un florin de xx sous à ix sous. Chil roys Loys ot un fil et une fille, et li fieux que on nommoit : Jehan, quant il eust vescu au jour, il morut, et le fille fu marie à Philippe le conte d'Évreuses, et puis fu-elle royne de Navare. Après le mort le roy Loys fu roys Philippes li Lons, le Sage et le Borgne, et furent li alié de sen tamps, et par sen sens furent-il acordé à li. Il régna v ans et demi et morut à Lonchamps. Et Charles leur frère fu roys et régna v ans, et n'avint riens de sen tamps. Et si orent une sereur qui fu marie au roy d'Engleterre, laquelle ot un fil que on nommoit : Édouart, et le couronna-on, et porta grant damage au royaume. Ainsi furent mort li troi fil au roy Philippe le Bel, qui furent tout troy roy de Franche et roy de Navare. Li premiers fu li roys Loys; li secons fu Philippes li Sages, li contes de Poitiers ; et li tiers fu Charles li contes de le Marche, et tout troi morurent sans hoir, et après leur mort leur nièche fu royne de Navare. Or vechi le roy monseigneur Philippe qui fu fiex monseigneur Charle de Valois, liquels Charles fu frère au roy Philippe le Bel, et li royaumes li est esquiéus de ses trois cousins germains qui furent enfant à Philippe le Bel. Je revenray à me matère. Quant le royne fu morte, li roys fu trop courouchiés. Et en ce tempore morut Guy de Dompierre, conte de Flandres, liquels tenoit prison en le ville de Compiengne. Quant Guys de Dompierre fu mors, et li royne Jehenne de Navare fu morte, li roys en fist trop grant docul et en ploroit moult tenrement, car il fu trop débonnaires. Et quant on venoit à li pour faire l'acort des Flamens, li roys estoit trop obéissans (MS. 10432).

donné à ceulx de Lille, et on leur acorda briefment. Et envoyèrent ces
II villes pour avoir secours; mais li rois ne leur acorda mie, car li jours
estoit trop briefs. Adont s'en retournèrent, et tantost se rendirent as Fla-
mens. Adont fu toute Flandres encontre le roy de Franche.

Comment li rois de Franche fu devant Douay et comment il leva soudainement le siége.

En cel an meismes ala li rois seoir devant Douay environ le Saint-Rémy
à grant plentet de prinches et de gens, et Flamenc s'alèrent logier à une
lieue priés de l'ost du roy as fosses que on dist de Boulenriu. Jehans de
Namur conduisoit les Flamens, et Guis ses frères et li clers de Jullers, li
sires de Kuck et li sires d'Escornay, marissiauls de l'ost, et si y estoit Guil-
laumes de Bonem, uns hospitaliers du Temple, et Piettres li Rois, qui fu
fais chevaliers à le bataille de Courtray. Jehans de Namur envoya au roy
d'Engleterre IIII messagiers pour avoir secours pour les alianches qui
avoyent esté faites par-devant. Li messagier passèrent le mer et alèrent au
roy pour demander secours de par les Flamens. Li rois Édouwars avoit
espousé le soer du biau roy Phelippe. Si ne voloit mie guerroyer contre ly [1].
Non-pour-quant dist-il as Flamens qu'il leur pensoit briefment faire tel
secours que bien s'en percheveroyent. Le royne demanda au roy qui
estoyent chil mesagier, et li rois dist : « Ce sont mesagiers de Flandres, qui
» m'ont aporté ung mesage secret, dont je suy moult esbahis. » Le royne
savoit bien que li rois ses frères estoit à siége devant Douay contre les Fla-
mens : si fu en soupechon et fu moult désirans de savoir quelles nouvelles
ces chevaliers avoyent aportées, et moult pria le nuit au roy qu'il li volsist
dire, et li rois li dist soutieument : « Dame, dont me arés-vous en convent
» que ce sera celé ? car s'il estoit seu, j'en aroye grant déshonnour. » Le
royne li créanta que bien le cèleroit. « Dame, ce dist li rois, je suy moult
» esmervilliés pour quoy li rois de Franche vos frères se fait tant haïr de
» ses prinches, car je say vrayement par ces mesages que chil en qui il se
» fie, le doivent trahir et livrer as Flamens, et leur ont en convent que à

---

[1] Var. : si ne le voloit mie grever.

» l'assambler de le bataille, il se partiroient et lairoient le roy prendre de
» ses anemis, et pour ce ont-il envoyet par-deviers moy prier que je leur
» aidasse et que je leur volsisse prester aucune bonne forteresse dechà le
» mer pour le roy bien warder et tenir; car il se tiennent pour asseuré
» qu'il sera livrés en leurs mains. J'ay respondu as mesagiers que che ne
» feray-ge point; car, pour l'amour de vous, je ne volroye faire au roy
» nulle griefté, ne nul desplaisir. Mais che fait leur doy-jou celer sur me
» loyaultet; sy vous prye, dame, que vous wardés men honneur. » Et elle
dist que si feroit-elle, mais moult en tristèche fu pour son frère. Quant li
rois fu endormis, elle se leva et envoya querre ung clerc par sen cambre-
len et lui fist escripre unes lettres et les séella, et bailla la lettre à un mes-
sage et li commanda qu'il se hastast d'aler au siége devant Douay et que en
le propre main du roy sen frère il baillast celle lettre et non à aultre. Li
mesagiers prist le lettre, et se mist à voye et passa le mer, et ala tant qu'il
vint au siége et trouva le biau roy Phelippe et li bailla le brief. Ly rois
congnut le scel et ouvry le lettre et vit que se soer li mandoit qu'il devoit
estre trays et vendus et livrés as Flamens par les prinches de son royaume,
et ce savoit-elle de vray que s'il se combatoit, il seroit pris. Li rois fu
moult esbahis et se doubta moult, et ossi li prince furent moult esbahi
l'un pour l'aultre. Dont demanda li rois jour de parlement as Flamens, et
il l'acordèrent et envoyèrent pour yaux le clerc de Jullers, qui moult estoit
saiges, et li rois y envoya Loys d'Évreux sen frère pour savoir l'entente
des Flamens. Loys demanda que tout chil qui avoyent fait le trayson à
Bruges, fussent livrés au roy pour faire se volontet, et li Flamenc res-
pondirent qu'il n'en livreroient jà homme et qu'il se combateroyent au roy.
Dont falli li parlemens, et revint Loys conter au roy le response des Fla-
mens. Lors dist li rois : « Li Flamenc n'eussent jà si fièrement respondu,
» ne il n'osassent jà assambler contre mon pooir, s'il n'eussent alianches
» de mes prinches. » Et dist qu'il estoit trahis. Et le nuittie se parti li rois
devant le jour, et toute se gent, et se deslogièrent moult esbahi de che
que li rois se party ensy sans combatre as Flamens. Et che fu par le malice
doy roy Édouwart. Li Flamenc s'en alèrent en Flandres, et li rois s'en ala
en Franche et laissa pour warder le pas[1] et les forterèches Gautier de

---

[1] Var. : le pays.

Castillon, Mille de Noyers, Foucque du Merle et moult d'aultres. Ainsi demora li conté sans paix et sans tricuwes.

Comment li Flamenc passèrent à grant ost au pont d'Arques et furent desconfit.

Apriès avint en le fin de cel an mil III^c et II, par ung joedi de le sepmaine peneuse, que Flamenc passèrent au pont d'Arque bien xxx^m et entrèrent en Artois, et li chevalier que li rois y avoit laissiet pour le pas [1] warder et pluiseurs chevaliers dou pays meismement s'assamblèrent contre eulx. Là fu Gautiers de Castillon, Auris li Alemans, Jaques de Bayonne, Béraus du Marqueil, Aimeris de Noefville, Robers de Saint-Venant et pluiseurs aultres. Là ot grant bataille, et furent Flamenc desconfit, et en y ot mors bien xii^m, dont il en y ot grant plentet de noyés, car li pont d'Arques rompy desoubs euls en fuyant.

Comment li Flamenc prirent Lessines et asségièrent Tournay, et comment trièves furent données pour un an.

Assés tost apriès, en l'an mil III^c et III, alèrent à grant ost Flamenc devant Lessine qui estoit au conte de Haynnau, et estoit aloyés au roy de Franche.

En che tamps revint Charles de Valois dou pays de Gresse où il avoit guerroyet, et amena grant gent pour le roy son frère aidier. Et Phelippes de Thiette, fils au conte Guy, ala en Flandres pour che que si frère l'avoyent mandé pour estre quief de leur guerre et pour ce que c'estoit li aisnés, excepté ceulx qui estoient en prison.

Phelippes ala à Lessines, que Flamenc avoyent assis, et le prirent par force et l'essillièrent, et puis alèrent moult efforchiement asségier le citet de Tournay. Et li rois de Franche assambla ses hommes pour secourre Tournay, et ala jusques à Piéronne; mais li rois de Franche fist requerre trièves par le conte de Savoye, et elles furent données un an, par sy que

---

[1] Var. : pour le pays.

li contes Guys de Flandres fust ostés hors de prison, et se acors n'estoit fais dedens cel an, il devoit aler en prison arrière. Sy fu fais acors, et fu Tournay dességie, et li contes Guis s'en ala en Flandres ung an, puis s'en rala apriès en le prison du roy, pour chou que on ne pooit pais, ne acord trouver.

Comment li Flamenc entrèrent en Artois, et comment Othes de Bourgongne fu desconfis et navrés.

Quant les trieuwes furent fallies, Flamenc se rassemblèrent bien LX mil et entrèrent en Artois, et Othes de Bourgongne, li barons Mehault le contesse d'Artois, assambla ses gens avoec les chevaliers que li rois avoit commis pour le païs garder. Là ot grant bataille, mais li Franchois perdirent, et fu Othes de Bourgongne navrés si que oncques puis ne porta armes, ains moru moult tost apriès. Et les gens d'armes partirent dou camp et s'en alèrent arrière à Aire et à Arras, et les gens de piet à Saint-Omer; mais il en y ot mort bien II^m.

Comment li Flamenc brullèrent Thiérewane, et comment li rois de France assambla ses osts à Arras.

Li Flameng s'en alèrent à Thiérewane et prirent le ville, et fu arse l'église Nostre-Dame. Dont yssirent Flamenc, et fourèrent et exilièrent tout le pays jusques à Béthune et jusques à Lens, et puis passèrent le Pont-à-Wendin et s'en ralèrent en Flandres. Et li rois Phelippes assambla ses prinches et ses hommes de par tout son royaume et tous ses amis, et party de Franche pour aler en Flandres, et s'en ala à Arras pour attendre ses gens. Là li fu amenés Guis de Namur que Regniauls de Saboine ly amirauls de mer avoit prins devant Siresséc en Hollande, où il avoit par le forche des Flamens asségié Guillaume fil au conte de Haynnau. Ly rois fist envoyer Guyon à Paris en prison, et party d'Arras pour aler en Flandres; mais li clers de Jullers et li Flamenc wardèrent sy le pas que li rois, ne ses gens n'y pooient meffaire, et s'en alla à Valenchiennes et à Tournay, et de là il ala en Pevèle et devant le ville d'Orchies qui se rendi.

La grande et crueuse bataille de Mons-en-Pevèle.

Puis s'en ala li rois loghier à Faumont l'abéye, et li Flamenc partirent de Bouvines et s'en alèrent logier à Mons-en-Pevèle, si priès du roy qu'il les pooit bien veoir de son ost. Bien estoient Flamens ıı^c mil et plus, et toute commune gent, excepté les prinches et les chevaliers, que j'ay devant nommet. Et li rois avoit plus de c$^{m\,1}$ hommes, dont il avoit grant plentet de prinches et de chevaliers. Là ot grande bataille et mervilleuse, et furent Flamenc moult esbahi et grevé, et tant qu'il estoient sur le point de desconfire, quant il firent demander le conte de Savoye et li dirent qu'il envoyast au roy dire qu'il se metteroyent en se merchi, mais qu'il leur volsist pardonner leurs meffais, par ordonner cent capelles où on diroit messe pour les Franchois qu'il avoyent ochis à Bruges et ailleurs. Li contes envoya au roy dire ceste cose, mais li rois ne le volt mie faire, ne acorder. Entreus que chils parlemens se fist, s'eslarghirent et refroidirent li Franchois, et pluiseurs s'alèrent ombroyer desoubs les arbres et désarmer pour le cault, car bien cuydoyent avoir trieuwes ou paix; mais li Flamenc, apriès le response rendue, rendirent les trieuwes et se férirent moult asprement sur les Franchois qui estoient mal ordonnet, et li pluiseur désarmet pour le cault. Si furent souspris, et s'enfuirent pluiseurs et meismes li contes de Savoye et se bataille. Li nouvielle fu ditte au roy qui se reposoit en ses trefs, que se gent s'enfuyoient en pluiseurs parties. Adont monta et ala à toute se bataille férir sur les Flamens. Là ot crueuse bataille, et fu li rois desmontés, et ses chevauls ochis desoubs lui, et Guillaume Gentyens et ses frères Jehans, qui estoient à son frain, furent ochis, et l'oriflambe à terre versée, et Ansiauls de Chevreuse qui le porta ce jour, y fu mors de caut et de paine. Milles de Noyers releva l'oriflambe de Franche, et Charles de Valois, Loeys d'Évreux, Loeys de Bourbon et pluiseurs prinches se ralyèrent à le bataille du roy qui en se personne se combati che jour fort et poissamment. Ceste bataille fu au mois d'aoust le mardi apriès le Saint-Biétrémieu, en l'an de grâce mil III^c et quatre. Là furent Flamenc desconfit, et fu pris li clers de Jullers, qui requist qu'il fust menés au roy pour

---

^{1} Var. : LX^m.

raenchon avoir, mais Renauls de Dampmartin ne le volt acorder, ains l'ochist pour vengier son frère qui fu mors à le bataille de Courtray.

Au jour que ceste bataille fu à Mons-en-Peule, il ot mors plus de xx^m Flamens, et perdirent tentes, caroy et chevauls.

Comment li rois de France assiéga la ville de Lille, et comment paix fu faitte.

Apriès le desconfiture de Mons-en-Peule parti li rois, et ala prendre siége devant Lille, où Phelippes de Flandres et Jehans de Namur estoient venu; et Jehans de Namur s'en ala en Flandres et donna tel conseil as Flamens que il se rassamblèrent briefment et firent faire trefs et tentes de draps vermauls royés gaunes et de pluiseurs couleurs, et passèrent le Lis et se alèrent logier sur le rivière de le Deule, assés priès des Franchois.

En che temps estoit morte Phelippe le pucelle, pour qui le guerre estoit commenchie premièrement.

Li rois et li Franchois estoient esmervilliet[1] comment, apriès si grant desconfiture et si grant perte de gens et de harnois, li Flamenc estoient revenu prest de bataille dedens XL jours. En l'ost des Flamens estoit li dus de Braibant qui leur conseilla à requerre pais au roy, et il ala pour yauls faire le requeste et offry amende pour leurs meffais; et li amy du roy loèrent le paix, car moult doubtoient le cruaultet des Flamens, qui faysoyent guerre mortelle sans raenchon. Lors s'asambla li consauls du roy, et fu paix faitte par condition que tout prisonnier fussent délivré, et mirent li Flamenc en le main du roy Douay et Lille et les appendanches et casteleries de ces II villes, et les devoit li rois tenir jusques adônt qu'il aroient donnet autant de terre que ces II villes valent et les appendances, ou il bailleroient L mille livres (un viés gros tournois d'argent pour I denier). Lors furent les II villes livrées au roy, et il s'en rala en Franche.

---

[1] Var : grandement esmervilliet.

Comment li contes Guis de Flandres morut en le tour de Compiengne.

En che tamps morut li contes Guis de Flandres en le tour à Compiengne, et fu aportés en Flandres enterrer à l'abéye de Flines, que li contesse Margherite se mère avoit fait fonder.

XV.

ROBERT DE BÉTHUNE.

Comment furent délivré de prison messire Robers de Flandres et les autres prisonniers parmi très-grant paines et obligations et grans sommes de deniers.

Quant li acord traitié avoec li roy de France fut apporté à messire Robert et à son frère, tantost l'acordèrent et fu là la paix jurée et confermée ; et entra li rois à Lille et à Douay qui luy furent rendu, ainsi que devant dit est, et envoya ses gens à Cassel et à Courtray, en la manière dessus-dite. Puis départi li rois son ost, et s'en revint en France, et délivra ses prisonniers, en la manière devant dite.

Apriès vint messire Robers au roy, et luy requit qu'il le recheust en son hommage de la conté de Flandres ; et tantost li rois le recheut en son hommage de la conté de Flandres, parmy les convenences dessus-dites. Puis fist li contes Robers de Flandres prendre le corps du conte Guy son père, et le fist apparillier moult richement, et le fist mener enterrer en l'abbéye de Flines dalés la contesse Marguerite sa mère. Et puis ala en Flandres où il fut recheu moult honnorablement comme sires, et luy firent tout féalté et hommage, et fut le paix criée entre le roy et le conte et le païs de Flandres : laquelle paix ne dura mie longuement [1].

---

[1] Quant Robert de Béthune qui estoit en prison à Chinon, oy les nouvelles que li roys estoit assés diligens, si se advisa que il envoieroit par-devers li, et il si fist. Et vint uns évesques devant le roy Philippe et li dist : « Chiers syres, à vous supplie Robert de Béthune que pour pitié vous veul- liés faire vo grâce que il et si frère soient hors de prison fremée, car leurs pères est mors, et il seront toudis vo prison, et en yront à Bruges et à Dant et à Male, et vous garderont bien tout le pays. » (MS. 10432).

Comment les cardinaulx de Romme vinrent à Lions-sur-le-Rône tenir le siége et firent pape qui fu nommé Climent, et y ala le roy de France que le pape honnora moult, et comment le conte de Bretaigne fu mort, qui menoit le pape par le frain.

Désormais lairons à parler du conte de Flandres, et dirons du roy Philippe de France, qui ne dormoit mie sur ses besoingnes. Si fist tant à messire Jehan et à messire Jaques de la Coulombe, qui cardinaux estoient, qu'il atrairent tous les aultres cardinaux à venir tenir le siége de Romme ou royaume de France. Après la mort de Nicole [1], tout passèrent la mer et vinrent à Lyon-sur-le-Rosne. Quant tout furent assemblé à Lyon, li rois de France y envoya le duc Robert de Bourgoingne, pour eulx requerre qu'il voussissent faire pape à la requeste du roy; et li cardinalx s'y assentirent et firent consistoire et eslurent, par commun assent, un gentil homme de Gascoingne, qui fu archevesque de Bordiaux et estoit nommés : messire Bertrans du Got, et quant il fu consacrés, il fu appelés : pape Clémens.

En ce tamps avoit li rois Philippes de France traitié un mariage de Loys roy de Navarre, son aisné fils, et de damoiselle Jehanne de Bourgoingne, l'aisnée fille de la contesse Mehault d'Artois. Mais quant li dus Robers fu revenus de Lyon, il fist tant au roy que chieulx mariages fu deffais, et fu la damoiselle donnée à son aultre fils, le conte Philippe de Poitiers, et la fille du duc de Bourgoingne ot le roy de Navarre. Puis fist li rois de France son arroy, et prinst avoec luy tous ses hommes [2] et mut, à grant compaignie, pour aler à Lyon-sur-le-Rosne veir le pape. Quant il fu près de Lyon, si vindrent li cardinal contre luy, à grant multitude de gent, et entra tant de gent en la ville qu'on ne les savoit où hosteler, et li rois ala descendre au palais du pape, pour le saluer. Li papes estoit en consistoire, et li rois entra ens et l'enclina, et li papes le prist entre ses bras et le baisa en la bouche, et tout li hault homme luy baisièrent la main ; et puis prinst li rois congiet et ala à son hostel. Li papes, qui le roy [3] vouloit honnorer, luy dist qu'il voulsist disner avoec luy en un

---

[1] Nicolas Boccasin, pape sous le nom de Benoit XI.

[2] Var. : tous ses haults barons.

[3] Var. : qui le bon roy.

ROBERT DE BÉTHUNE.

sien palais qu'il avoit nouvellement fait faire; et li rois luy ottroya. Lendemain vint-il à toute sa gent, pour convoyer le pape, qui estoit montés sur un blanc palefroy, et alèrent tout les machiers entour luy, à piet et armé en pleines armes, et porta uns escuyers devant luy un pavillon de pourpre sur une estaque; et le mena par le frein, à un lés, messire Charles de Valois, frères du roy de France, et à l'autre lés li contes Pierres de Bretaingne; et derrière chevaucha li rois de France, à grant plenté de prélas et de princes. Et, ainsi qu'ils traversoient une rue, il y avoit un mur, où il avoit grant peuple de gens[1] sus monté, pour veoir le pape, et ensi qu'il passoient, le mur ala fondre tout à uns fais et chéi sur le conte de Bretaingne et le craventa tout en un mont, mais il n'en morut mie sur l'heure. Tantost li papes luy donna absolution de paine et de coulpe, et assés tost apriès morut. Quant li rois ot fait sa besoingne au pape, tantost prinst congiet et s'en revint en France.

Comment le roy Philippe le Beaux maria madame Ysabiel sa fille au roy d'Engleterre, et fu li mariages fais à Boulongne-sur-la-mer là où il eut moult de noblesses.

Quant li rois fu revenus en France, tantost vindrent à luy l'archevesque de Cantorbie, messire Aymars de Valence, li contes de Pennebourc et messire Robers de Clifort[2], mariscaux d'Engleterre, et aportèrent lettres du roy d'Engleterre, de créance. Quant li rois ot veu les lettres, si luy dirent : « Sire, li rois d'Engleterre nous envoye à vous et vous supplie » que vous luy veuilliés ottroyer vostre fille madame Ysabel à estre sa » moullier[3] et sa compagne et royne d'Engleterre. » Quant li rois de France oy ces nouvelles, il en parla à son conseil et vit que plus haultement ne la pooit marier en la crestienté. Si s'enclina à leur requeste. Apriès ordenèrent que li rois d'Engleterre venist par-dechà la mer, pour prendre sa femme et faire hommage au roy de France pour sa terre qu'il tenoit par-dechà la mer. Mais les messages requirent au roy qu'il ne voulsist mie faire

[1] Var. : grant multitude de gent.
[2] Var. : de Talefort.
[3] Var. : femme.

la feste trop avant ou royaume de France, pour les Escos, qui estoient rebelé[1] contre le roy d'Engleterre. Quant li rois l'entendi, sy ordenèrent par commun assent que li mariages fust fais à Bouloingne-sur-la-mer, et fu ordené à estre le jour de la Conversion Saint-Pol, ou mois de janvier, l'an de grâce mil trois cens et sept.

Li roys Philippes de France fist faire son appareil moult grant à Bouloingne, et manda tous les haults barons de son royaume et les haultes dames à si grant arroy qu'il peussent, pour l'honneur de sa fille. Si vous dirons les noms des haults hommes et des haultes dames, qui y furent. Premièrement y fu li rois de France, et ses fieulx li rois de Navarre, et la royne sa femme : li contes de Poitiers et li contes de la Marche, enfans du roy, et leurs femmes, qui furent filles la contesse d'Artois; et y fu li contes de Valois et li contes de Dreux, frère au roy de France, maistres Anthones Bec, patriarche de Jhérusalem, messire Pierres de Courtenay, archevesques de Rains, messire Loys de Clermont et sa femme, li dus de Bourgoingne, Hughes, Eudes et Robers ses frères, li contes de Flandres, li sixieme de frères, li dus Jehans de Brabant et sa femme qui estoit seur du roy d'Engleterre, li contes Guillemmes de Haynau et messire Jehans son frère, messire Robers d'Artois, qui fu fieulx le conte Othelin de Bourgoingne, et li enfant le conte de Valois, Philippes et Charles, et Robers d'Artois, qui fu fieulx messire Philippe, Jehans de Clermont, Loys, contes de Nevers, Guis li contes de Saint-Pol et li contes de Dreux, Raouls li contes d'Eu, li contes de Savoye et tant d'aultres haults hommes qu'à peine les pourroit-on nombrer, qui vindrent à la feste. De l'aultre part y fu Édouwars li rois d'Engleterre, li contes Mariscaulx, li contes de Quent son frère, la royne sa marastre, qui estoit seur au roy de France, li contes de Lenclastre, messire Jehans de Beaufort, messire Henris son frère, qui estoit oncle au roy d'Engleterre, et, avoec ce, tout li hault homme et baron d'Engleterre. Quant tout chil hault prinche furent assamblé à Bouloingne et la dame fu espousée, li rois s'en ala seoir à son hault dois, qui estoit li plus haus de tous. La peust-on veoir tant richement servir et tant de richesses que ce seroit merveilles à raconter. Et dura la feste six jours, et prinst li rois congiet à sa fille et s'en rala en France, et li rois d'Engleterre

---

[1] Var. : revelé.

mena sa femme avoec luy en Engleterre, où elle fut moult honorablement recueillie [1].

Comment le conte Henry de Lucembourc fu esleus roys d'Alemaigne et si fu emperères de Romme; et comment le roy Robert et les Coulombois tuèrent le frère à l'empereur en la cité de Romme, et aussi comment li emperères fu mort par ung Jacobin qui l'empoisonna de venin qu'il li donna avecques le vin de la perception apriès le corps Nostre-Signeur.

Or vous lairons à parler du roy de France et du roy d'Engleterre. Si vous dirons des Allemans qui longuement avoient esté sans roy. Si pourchassièrent tant li baron d'Alemaigne vers les esliseurs de l'empire, qu'il s'assamblèrent et esleurent à roy d'Alemaigne messire Henry de Lucembourc, de qui vous avés oy parler dessus, qui fu fils au conte de Lucembourc, qui morut à la bataille de Brabant, et avoit prins à femme, par paix faisant, la seur au duc de Brabant, et en avoit eu un fils et une fille, et ot puis li fieuls à femme la royne de Behaingne, et en fu rois, et la fille ot à mary le roy de France Charle. Quant messire Henris fut esleus roy d'Alemaigne, il s'en ala à Ais pour là tenir sa quarantaine. Là vinrent à luy li contes Robers de Flandres et li contes Jehans de Namur, qui si cousin germain estoient, et li contes Guillemmes de Hainaut, ses cousins germains, qui nouvellement avoit prins à femme la fille messire Charle de France. Et quant il ot là parfait son siége, tout li hault baron d'Allemaigne le menèrent en la chapelle d'Ais, et là le couronnèrent à roy d'Allemaigne.

Quant li vaillans Henris de Lucembourc eut porté couronne à Aix en la chapelle, li contes de Flandres et li contes de Hainau prinrent congiet de luy et luy offrirent leur service. Puis fist li rois son appareil moult grant pour aler à Romme. Quant il ot tout son arroy et il ot assamblé grant foison de chevaliers, si passa Allemaigne, et puis entra en la duchié de Quarantaine [2], et lui offrirent toute obéissance. Quant il ot passé les mons, si entra en Lombardie, et tantost chil de Pade se rendirent à luy, et là séjourna et attendi ses gens. Tantost que chil de Melan le sceurent, il luy

---

[1] Var. : recheuc.   [2] La Carinthie?

envoyèrent leurs ambassadeurs, en luy présentant la ville de Melan du tout à son commandement, lesquels il recheut bénignement en sa grâce. Puis se départirent, à grans dons qu'il leur donna, et leur commanda qu'il deissent à ceulx de Melan que de brief yroit là pour s'y couronner. Après assambla son ost, et fist messire Guy de Namur son marischal, et envoya ses messages devant pour faire son arroy à Melan. Quant chil de Melan sceurent sa venue, il issirent tout à piet et à cheval contre luy, et à grant joye le recheurent, et le menèrent en la ville. Et, après qu'il avoit là séjourné, il le menèrent à la souveraine église, et là le couronnèrent à roy de Lombardie et l'appelèrent : Auguste. Puis se départi de Melan, à tout son ost, et ala assir la cité de Cremoingne, et tant y fist qu'elle luy fu rendue. Apriès ala assir la cité de Bresse, qui moult estoit forte. Là fu une grant pièce de temps, et y fist-on maint assault, et à cel siége vinrent à luy chil de Pise, à tout leur pooir, en son aide; et, à la fin, chil de Bresse firent traitier à luy, et en ce traitiet morut li contes Guis de Namur, qui estoit ses mariscaulx, dont li emperères fu si desconfortés[1] qu'il ne les volt oncques rechevoir à merchy. Quant chil de la ville virent qu'autrement ne pooit estre, si se rendirent du tout à sa volenté, et luy aportèrent les clefs de la ville. Mais onques li emperères ne volt entrer par porte en la cité, ne tordre son chemin pour aler en son palais, ains fist emplir le fossé qui devant son tref estoit, et dépecier le mur à l'encontre; et puis fist abattre toutes les maisons, qui en sa voye estoient, jusques à son palais, et ainsi entra en la ville de Bresse. Quant il y ot une pièce séjourné, si prinst ostages d'eulx et les envoya à Pise, et prinst conseil avoec les Gibelins d'aler conquerre la cité de Romme; et avoit tant fait au pape Clément qu'il luy avoit envoyet un légat à Bouloingne-le-Crasse; et de là se traist vers Romme et mena le légat avoec luy, et en sa voye conquist moult de cités, de villes et de chastiaulx.

Or vous dirons du roy Robert, qui la venue de l'empereur savoit. Il envoya grant foison de gens d'armes en la cité de Romme, pour contrester contre l'empereur. Quant li emperères vint à Romme, si trouva les gens du roy Robert, avoec le lignage des Coulombois et des Orsiens, qui luy deffendirent l'entrée; mais par force de chevalerie le conquist, et entra

---

[1] Var. : si destourbés.

en la ville, et ala à Saint-Pierre. Mais une partie de ceulx de la cité s'estoient jà ahers à luy; et ne demoura gaires après, que, par le conseil des Guibelins, il se fist couronner à Saint-Pierre, pour ce que li anemi tenoient l'église de Latran et le Capitole, où on soloit jadis couronner les empereurs. Li prinche et li baron, qui de la partie de l'empereur estoient, avoient apparillié ung faudesteuf, couvert d'un drap d'or si riche qu'on le pooit concevoir[1]. Puis mena le légat l'empereur en l'église. Li baron luy ostèrent ses draps, et luy chaussèrent solers d'or qu'on appelle : sandales. Puis luy vestirent une cotte et ung mantel, fourré d'hermines, qui estoit de pourpre, et lui mirent en la main senestre une pomme de fin or et une croix dessus, en segnefiance que la pomme, qui estoit toute ronde, segnefie le monde, de quoy il estoit souverain gouverneur, et la croix qui deseure estoit, segnefioit que toudis il eust la passion de Nostre-Seigneur Jhésu-Crist en mémoire. Et en la main dextre tint une espée toute nue, segnefiant qu'il estoit l'espée matérielle, à quoy toutes les besoingnes et tout li besongneux devoyent aler à refuge, et de celle doit-il deffendre Sainte-Église. Puis alèrent assir l'empereur sur ung faudesteuf; et li légas, avoec tous les barons, luy mist le diadème en son chief, qui estoit fais en guise de couronne et puis couvert dessus en aguisant contre mont, et par-dessus siet une fleur plaine de pierres précieuses, en segnefiant que sa couronne sourmonte toutes les aultres; car, entre celles des aultres rois, elle est seule couverte par-deseure.

Quant li emperères ot fait le mistère de son couronnement, si s'ala assir à sa table qui moult estoit richement atournée[2]. Endementiers qu'il estoit au disner, les gens le roy Robert et le partie li Guelphe, qui à Romme estoient, avec les Coulombois, vinrent courre jusques au palais de l'empereur, glatissant et trayant jusques sur les tables.

Quant li frère l'empereur virent l'outrage que cil de Romme faisoient, tantost s'alèrent armer et issirent, à bannières desployées, contre leurs anemis, emmy la rue; et commencha là une bataille moult fière et périlleuse tant que par force les gens de l'empereur firent reculer les anemis jusques as bailles. Li frères de l'empereur, qui hardis estoit, les chassa si avant que li anemi l'encloïrent et le prinrent, puis le désarmèrent en son pourpoint,

---

[1] Var. : comme on le pooit avoir.   [2] Var. : aournée.

et le montèrent derrière un chevalier qui le devoit mener en prison au chastel Saint-Angèle; mais uns brigans, qui le vist passer, le féri d'une archegaye parmy le corps, et ainsi morut : dont ce fu grans damages.

Quant li emperères le sceut, si fist crier à l'arme; et là s'arma li emperères, le premìere fois qu'il fu armés puis qu'il fu roy d'Allemaigne, et fu montés sur un grant destrier, et avoit vestu un tournicle d'or à l'aigle noire, à deux mances lées, qui aloient jusques sus la main, et ce tournicle luy pendoit jusques à my-gambe, et avoit un bachinet sur le chief, couvert de blanc cuir; et un chevaliers chevauchoit devant luy, portant une lanche en un buhot de sa selle, et par dessus avoit un aigle d'or, qui les ailes avoit ouvertes, et il siéwy les bannières; mais, anchois qu'il peussent venir as anemis, il s'estoient remis en leur recet. Li emperères retourna en son palais, moult destourbés[1] de la mort son frère. Là se consillièrent et furent d'acord d'aler assir la cité de Florence; car, s'il le pooit avoir à son acord, legièrement auroit le remanant de Romme. Si vint à une ville, que on appelle : Bonconvent; et, pour ce qu'il estoit jour de Pentecouste, ne se voulut partir de là, ains se confessa à un Jacobin, qui estoit son confesseur, et puis fist la messe chanter, devant luy, moult solemnelle. Apriès la messe vint à l'autel pour rechevoir le corps de Nostre-Seigneur moult dévotement, et ce Jacobin le luy donna; et puis luy donna la perception[2], el calice, destrempée de très-fort venin. Tantost li Jacobins se départi et s'en ala à Naples par devers le roy Robert. Quant li emperères ot oy la messe, si s'en ala en son palais seoir à table; mais, avant qu'il fust servis du premier mets, luy défaillirent tout li membre, et fu portés en sa chambre. Tantost furent mandé li phisicien, qui entour luy estoient, et dirent tout, d'un commun acord, que bien le guériroient, s'il vouloit croire leur conseil; et fu leur conseil tel qu'on le pendroit par les piés pour jeter hors le venin, mais li emperères respondi que jà n'avenroit que, pour sa vie sauver, son créateur départesist de luy, combien qu'aucuns maistres en divinité luy disoient qu'on y mettroit bien remède. Mais oncques, pour chose qu'on luy dist, ne s'y voulut assentir. Et puis fist son ordonnance et moru comme bons cretiens, et fu son corps apparilliés moult richement, ainsi comme on doit faire corps d'empereur, et de là fu portés à Pise et enterrés en la maistresse église.

[1] Var. : courchiés.
[2] Var. : précopsion.

Comment les Templiers furent ars et leurs ordres desgradés.

En cel tamps avint une grant aventure au royaume de France; car li ordènes des Templiers fu accusés d'hérésie par-devers le pape Clément et le roy de France. Tantost fu ordené que tout fussent prins et de jour et de nuit amené à le court. Quant tout furent amené devers le roy, si recongnurent li aucun leur fait, sans paine faire, et congnurent que, quant il devoient faire ung nouvel frère, il le menoient en une chambre, loing de gens, et le faisoient devestir en sa chemise, et puis promettre sa foy que jamais ne diroit ce que faire li convenroit. Puis luy apportoyent un crucifix et le mettoient à terre, et luy faisoient oster ses brayes et seoir, à cul nu, sur la croix et puis cracher trois fois sus, et ainsi renoioient le fil à la Vierge Marie; et puis luy donnoient les draps de leur ordène et le rechevoient à profession de leur ordène. Tout ceulx, qui le firent et s'en confessèrent comme vrays repentans, li papes leur donna absolution et les rechut à la foy catholique par ainsi qu'il presissent autre ordène. Mais messire Loys de Biaugieu, qui estoit souverain maistre du Temple, et pluiseur aultre, pour ce qu'il ne voloient congnoistre leur meffait, furent mené en l'isle Nostre-Dame, et là fu ars et sa compaignie, combien qu'il fust compères au roy de France. Puis li papes deffist par sentence, à tous jours, l'ordène du Temple, et fu leur avoirs donné as Hospitaliers de Rhodes.

Comment li roys Philippes le Beaux de France fist ses III fils chevaliers, et puis se croisa pour aller outre mer, et les barons de France, excepté le duc de Bretaigne et le conte de Flandres.

Li rois de France fist, à ung jour de Pentecouste, une des plus grans festes qui oncques fust faite ou royaume de France, et y fist semonre tous ses haults barons, et fist à ce jour ses trois fils chevaliers, et furent toutes les rues de Paris encourtinées, et tout li hault homme en paremens vindrent à la feste, à grant route de chevaliers, et porta, à cel jour, li rois Philippes couronne, et sist couronnés à la table. Après celle grant feste, fu fait un eschaufaux devant Nostre-Dame, et là vint li rois de France et li cardinaulx Nicoles qui fu de l'ordène des Prescheurs et tant de prinches et de prélas, que ce fu merveilles, et prescha li cardinaulx sur le voyage d'oultre mer. Li premiers qui prinst la croix, fu li rois de France, et puis ses trois fils, et, après, messire de Valois et messire d'Évreux ses frères, et puis messire Loys de Clermont, et, apriès, tout [1] li hault prinche du royaume, fors le duc de Bretaingne et le conte de Flandres, qui dirent que jà ne se croiscroient s'il ne véoyent le voyage plus prest [2].

Comment le pape envoya un légat pour faire l'acort dentre le roy de France et les Flamens, et comment et assamblèrent grant host les uns contre l'autre sans riens faire, car il y eut trièves.

Li papes Clémens, qui sceut que li rois de France et li aultre baron avoient pris la croix, en fu moult liés, mais bien savoit que li contes de Flandres avoit laissiet à prendre la croix et à venir à la feste, pour ce que ses cuers n'estoit mie encores appaisiés de Lille et des aultres chastiaulx que li rois tenoit en Flandres, et pensa que, quant li rois seroit en son voyage, il feroit aucun anoy [3] au royaume; et pour ce y envoya li papes un légat, qui fu appelés : Gaucelines, et estoit évesque d'Albane. Et quant il vint à Paris, moult luy fist li rois grant honneur, et puis monstra li cardinaulx son pooir au roy et luy requit, de par le pape, qu'il peust traitier devers le conte de Flandres, afin que la paix fust seure entre eulx deux. Mais li rois respondi que tant avoit meffait que jà paix n'en seroit, s'il ne l'amendoit à sa volenté. Li cardinaulx ala à Arras, et là mist jour aux gens du roy et au conte de Flandres. Là vinrent, de par le roy, li archevesques de Nerbonne et messire Enguerans de Maringny, qui estoit moult familiers du roy, et messire Thomas de Morfontaine. D'aultre part y vint li contes de Flandres et cil de son pays et des bonnes villes de Flandres. Et là requirent les gens du roy au conte que, sus le serment qu'il avoit au roy et sur la sentence en quoy il estoit obligiés, il fist abatre toutes les forteresses

---

[1] Var. : presque tout.
[2] Var. : apparellié.
[3] Var. : ennuy.

de Flandres et délivrer au roy six cens hommes d'armes. Quant li contes oyt ce, moult en fut irés et dist que moult estoit li rois mal conseilliés, qui telle demande luy faisoit, et tantost se départi par mautalent, et les gens du roy ensement. Et li cardinaulx traita tant as gens de Flandres, que li procureur du conte et des bonnes villes vinrent par-devers le roi, pour savoir se aucune gràce porroient trouver ; mais onques li rois ne leur voult faire nulle grâce, ains fist assambler les pers de France, et fu li contes appelés à venir as drois du roi, en propre personne, et y ot assés gens qui se présentèrent pour luy, mais onques ne peurent estre recheus. Adont fu prononchiet, présent le roi et les procureurs de Flandres, par la bouche messire Guillemme Longaret, que toute la terre, que li contes de Flandres tenoit du royaume de France, seroit appliquée au roy et que tantost le alast saisir par force d'armes. Quant li procureur l'entendirent, tantost montèrent et s'en alèrent en Flandres, et contèrent au conte les nouvelles; et tantost li contes fist grant appareil pour deffendre sa terre et son pays.

Tantost après, li rois de France fist adjourner tous les haults hommes de son royaume, qu'il fussent à Paris en armes [1]. Quant tout furent assemblé, si ordena li roys trois osts : le premier que conduisoit messire Loys, ses aisnés fils, roys de Navarre, et li connestables de France; et vinrent à Douay. Le second ost mena messire Philippes, fils du rois et contes de Poitiers, et avoec luy li contes de Saint-Pol; et vindrent à Saint-Omer. Le tierch ost mena li contes Charles de la Marche, et avoec luy messire Loys de France ; et chil vindrent à Lille. Quant li rois ot ainsi ordenées ses frontières, si envoya à Saint-Omer l'archevesque de Rains et l'abbé de Saint-Denis, et assamblèrent tous les évesques et prélas du païs, qui estoient tous revestus en leurs aornemens d'église, et les processions estoient au marchiet, de tous les colléges de la ville; et si y estoit li contes de Poitiers, à tous ses barons. Et, tout le peuple présent, fu là sentence gettée sur le conte de Flandres et sur tous ses aidans. Mais li cardinaulx qui devers le roy estoit, fist tant par dencoste, que li ost ne se meurent, ne d'un lés, ne d'aultre. Puis furent faites unes asseurances, et ala li cardinaulx en Flandres, avoec un des consilliers du roy, et parlèrent tant au conte et à ceulx du païs, que trièves y furent mises jusques à la Saint-Jehan ; et puis se départi l'ost,

[1] Var. : et en chevaulx.

et ala cascuns en son lieu, et avoit li cardinaulx traitié une journée de paix que li Flamenc devoient venir devers le roy de France.

Comment, les trièves durans, le roy de France fu mort à Corbueil.

Apriès ce que li rois estoit à sejour à Corbeil, un jour luy prinst talent d'aler chacier; et, ainsi qu'il avoit levé un cherf, il vit venir le cherf vers luy. Si sacqua son espée et féri son cheval des espourons, et cuida férir le cherf, et son cheval le porta encontre un arbre de si grant radeur que li bons rois chéy à terre, et fu moult durement blechiés au cuer. Puis le prinrent ses gens, et fu portés à Corbeil. Là luy agreva sa maladie moult fort; et, quant il vit que morir luy convenoit, si fist son testament, et prinst ses derniers sacremens, et puis morut li biaulx roys[1] Philippes à Fontainebliaut. Quant li boins rois Philippes fu trespassés, si fu menés à Paris à Saint-Bernard: là fu fais un très-riches lis, et li corps du rois couchiés dessus, vestus de royaux vestemens[2], et avoit une riche couronne sus son chief et son sceptre en sa main ; et ainsi fu portés à Nostre-Dame Lendemain issirent toutes les processions de Paris, et fu portés parmy le grant rue à Saint-Denis, et cascuns des plus grans bourgois de Paris portoit une torche jusques à quatre cens, et fu ensevelis en l'église de Saint-Denis.

Comment messire Loys, roys de Navarre, ainsné fils du roy Philippe le Bel, fu couronnés à Rains comme roy de France, et comment il se maria à la royne Clémence de Hongrie.

Quant li rois Philippes fu enterrés à Saint-Denis dalés[3] son père qui morut en Arragon, messire Loys, ses fieulx, emprist le royaume et requist as barons qu'il voulsissent aler avoec luy à Rains à son couronnement, et tantost luy acordèrent le plus grant partie, et s'en ala à Rains, et

[1] Var. : le boin roy.
[2] Var. : vesteures.
[3] Var. : jouste.

fu là consacrés à roy, par la main de Pierre de Courtenay, archevesque de Rains. Puis s'en ala li rois à Paris, et trouva que madame sa femme, qui avoit esté emprisonnée au Chastel-Gaillart, estoit morte, et luy en estoit demourée une fille, qui estoit nommée : Jehanne, qui puis fu royne de Navarre, de par son père, et fu donnée à femme à messire Philippe, fils messire Loys de France, et fu roy de Navarre de par luy. Puis virent li baron que ce seroit bon que li rois de France fust mariés, et envoyèrent querre une très-noble dame, qui estoit fille le roy de Hongrie et estoit nommée Clémence; et, quant elle fu venue, li rois le prinst à femme, et porta couronne. Puis commenchièrent à venir grandes tribulations ou royaume de France, ainsi que vous orrés.

Comment messire Enguerrans de Marigny fu mort.

Il avint que li rois Philippes avoit un conseillier, par qui conseil il avoit moult ouvré, ainsi que vous avés oy ; car il estoit comme maistres du roy, si que tout couroit par luy[1]. Messire Charles de Valois qui tendoit toudis au royaume de France, le prinst moult en haine et proposa tant de fais contre luy, que li rois le fist pendre, et estoit nommés : Enguerrans de Marigny.

Comment les aliances se firent contre la contesse Mehaut d'Artoys, et comment le roy de France en fist l'acort qui ne tint point.

Or vous dirons de la contesse d'Artois, qui avoit ung conseillier qu'on appeloit : maistre Thierry de Hérichon, sur lequel li noble de la conté d'Artois commenchèrent à avoir grant envie. Si commenchèrent à faire unes alliances en disant que la contesse les menoit hors de leurs coustumes anciennes, et se trairent par-devers messire Charle de Valois, en luy requérant que pour Dieu il leur voulsist aidier à leur droit. A celle alliance ne furent mie seulement chil de la conté d'Artois, ains y furent tout cil de Vermandois,

[1] Var. : si maistres du roy qui tout couroit par li.

de Pontieu, de Corbiois et d'une partie de la Champaigne, et ce par l'enhortement d'aucuns nobles de la couronne. Et, comment qu'il fussent tout aliet et juré ensamble, si n'estoient-il mie tout d'une volenté ; car li aucun tendoient à ce que les mauvaises coustumes fussent ostées, que li grant seigneur avoient eslevées[1] en leur païs ; et li aucun tendoient à aidier leurs seigneurs pour venir à leur entente ; et li aultre tendoient à mettre les bonnes villes et le plat païs au bas ; si qu'il peussent[2] estre maistre d'eulx.

Or vous dirons les chièvetaines, qui estoient de celle alliance. Premièrement de Champagne y estoit sire Gérars de Nantueil[3] ; de Vermandois, li sires de Hangest et li sires de Raineval : de Cambrésis, li sires de Waulencourt ; de Corbiois, li sires de Helly et messires Jehans de Mailly ; d'Amiennois, li sires[4] de Picquigny, messires Gérars et messires Ferris ses frères ; de Ponthieu, messire Anceau de Cayeu et messire Arquery ; de la conté de Saint-Pol, li sires de Beauval et li sires de Souastre ; et d'Artois, li sires de Renty, li sires de Fiennes, li chastellains de Bergues, li sires de Haut-Pont[5] et li sires de Willerval. Tout chil s'assamblèrent à Béthune, et jurèrent tout, par foy et par serment, de maintenir leur aliance. Puis envoyèrent aux bonnes villes, en eulx amonnestant qu'il se voulsissent alier avoec eulx. Les aucuns s'y acordèrent secrètement ; et les autres ne s'y volurent acorder. Quant li rois entendi ceste chose, si les manda par-devers luy, et la contesse d'Artois aussy, et leur requist, présent messire Philippe de Poitiers, messire Charle de la Marche, messire Loys de France, messire Jehan de Clermont, messire Robert d'Artois, le conte de Savoye et plusieurs aultres, qu'il laissassent ceste chose, de haut et de bas, sur luy et sur son conseil. La contesse respondi que toudis elle avoit creu le roy son seigneur et ses amis, ne jà n'yroit contre leur conseil. Samblable requeste fist li rois as aliés, liquel respondirent que du tout se metroient sur luy. Tantost fist li rois Loys jurer bonne paix à la contesse d'Artois et à Robert son fils et à tous les aliés ; mais ceste paix ne dura point longuement, ainsi que vous orrés chi-après.

---

[1] Var. : alevées.
[2] Var. : par quoy il peussent.
[3] Var. : de Marteulg.
[4] Var. : li vidames.
[5] Var. : li sires de Haut-pont-lieu.

*Comment le roy Loys de France ala à tout son host en **Flandres** et s'en retourna sans riens faire pour les boues et pour les pluies.*

Or vous dirons du roy de France, qui vit que li tamps aprochoit que les trièves devoient faillir entre luy et le conte de Flandres. Si fist deux nouveaux mareschaux, pour messire de Noyers et pour messire Foucaut de Merle, c'est-assavoir : messire Jehan de Beaumont, dit de Frasne [1], et messire Jehan de Grés, et fist faire semonse que tout noble et non noble fussent armé et monté [2] dedens la my-aoust à Arras. Et li Flamenc, d'aultre part, faisoient leur semonse à Courtray.

Environ la my-aoust, li rois Loys avoit assamblé son ost, et s'en ala logier entre Lilers et Hennin-Lliétart. Là oy nouvelles que li Flamenc s'assambloient à Courtray et estoient jà passé le Lis. Puis se traist li rois vers Lille, et fist logier son ost à une ville, qu'on appelle : Bondues, et n'y avoit qu'une petite rivière entre luy et les Flamens. Endementiers que li rois estoit là logiet, si vint si grant pestilence de pluye, qu'oncques ne cessa de plouvoir, ne jour, ne nuit, tant que li rois y fu. Là peust-on veoir moult grant doleur ; car li grant destrier gisoient en l'eaue jusques aux jarrets, et li chevalier aloient en la boue jusques à my-gambe, et le carroy, qui amenoit les vitailles, ne se pooit tirer hors ; et, quant li hault homme cuidoient estre à repos; l'eaue dégoutoit parmy les tentes sur eulx. Là fu li rois et ses barons à grant destresse, et li Flamenc, qui le païs savoient, couroient chascun jour sur l'ost du roy ; mais li François ne se pooient aidier, car il ne pooient hors de nul lés. Li rois, qui moult estoit à malaise, prinst conseil avoec ses barons, et vit que ses gens moroient de faim. Si luy fu conseilliet qu'il se deslogast. Li rois se desloga, et troussèrent leur harnas à grant doleur et se départirent de là. Là peust-on veoir maint grant destrier effondrer et gésir en la boue, qui ne pooient hors ; et sachiés que chil qui estoient devant, n'attendoient pas ceulx qui estoient derrière. Et ainsi se départi li rois, à son grant damage, comment que ce ne fust mie par sa cause. Li Flamenc, qui apercheurent ceste retraite, se mirent oultre le pas, et là gaingnièrent tentes et pavillons et joyaux d'or et d'argent et

---

[1] Var. : dit de Lorraine.   [2] Var. : en armes et en chevaux.

tant de biaux harnas, que ce fu merveilles à penser. Et puis se retrairent arrière. Adont vint li cardinaulx devers le conte de Flandres, et rappela la sentence qui gettée estoit, et fist unes trièves entre le roy et le conte, jusques à la Magdalaine.

Comment le roy retourné en France oy nouvelles que le pape Clémens estoit mort.

Après ce que les trièves furent données, vinrent nouvelles au roy de France que li papes Clémens estoit mors. Tantost assambla li rois tout son conseil, et regardèrent que li cardinal estoient jà départi li uns de l'aultre, et estoit l'envie si grande entre eulx, que nulle convocation ne voloient faire et ne tendoient à faire pape de nul d'eulx, et li aucun s'estoient trais en leurs chastiaulx, et li aultre en abbéyes et là se déduisoient. Et pour ce ordena li rois de France d'envoyer son frère le conte de Poitiers avoec grant compaignie de gens d'armes, pour aler par-devers eulx, et luy commanda qu'il fist tant que chrestienté ne fust mie destruite par l'orguel des cardinaulx et qu'il les contraignist par amours, et se non par force [1], afin qu'il fesissent pape.

Comment li roys Loys envoya son frère devers les cardinauls à Lyon-sur-le-Rône pour faire pape, et pour ce qu'il ne vouloient estre à acort, les fist enfermer et y laissa le séneschal de Beaucaire, et il retourna à Paris pour le roy son frère qui estoit mort.

Li contes Philippes de Poitiers assambla moult belle compaingnie et se départi de Paris et ne fina, se vint à Lyon-sur-le-Rosne, et ala parler aux cardinaulx, qu'il trouva en la ville, et leur dist que li rois de France l'avoit là envoyet pour eulx prier qu'il ne laissassent mie périr Sainte-Église, ne Sainte-Crestienté, et qu'il voussissent, pour l'amour de Dieu, faire convocation ensamble. Mais il luy respondirent assés estrangement et dirent

---

[1] Var. : qu'il les contrainsist par force ou autrement.

qu'à eulx ne tenoit mie, et qu'il assemblast les autres, et il seroient apparilliet à faire la volenté du roy. Li contes de Poitiers alla partout as chastiaulx et as abbéyes, et fist tant qu'il les atraist tous à Lyon, et les assembla tous au capitle des Frères-Mineurs, et leur monstra que li leus couroit aval les champs et ravissoit les brebis par faute de pasteur, et leur pria que, pour Dieu et pour l'amour du roy de France, il voulsissent faire pape. Puis s'en issi li contes de Poitiers, et il furent là deux jours, mais onques ne peurent estre d'acort. Li contes de Poitiers ala d'hostel en hostel des cardinaulx, et chascuns luy promettoit trop bel ; mais, quant tout furent assamblé, chascuns luy failli de convenances, et estoit tout nient.

Or vous dirons du roy de France qui estoit en un sien manoir, qu'on appelle le bois de Vicennes, et là se déduisoit. Un jour avint qu'il avoit joué à la paume et avoit bien chaud. Si luy prinst talent de boire, et tantost ala en une bove bien froide et but d'un vin qui estoit aussi froid que glace sur la caleur qu'il avoit. Là fu sa graisse si refroidie qu'une fièvre le prinst, et tantost agreva sa maladie si qu'il en morut, et fu portés à Saint-Denis et ensevelis dalés son père. Ainsi morut li roys Loys, qui fu appelés : Hustins. Mais un petit fieulx luy demoura de la royne Clémence, qui avoit à nom : Jehans, et n'avoit encore que un mois.

Or revenons au conte de Poitiers, qui à Lyons estoit et attendoit là pour faire pape. Tantost luy vindrent nouvelles que li rois de France estoit mors ; mais n'en fist onques samblant, ains fist mettre as portes de Lyon bonnes gardes et ne souffrist que nuls messagiers entrast en la ville. Li cardinal, qui riens ne savoient de ceste chose, s'emerveilloyent que li contes vouloit toudis qu'il fesissent assamblée. Si fist tant qu'il luy orent en convent qu'il seroient lendemain à l'église des Jacobins et la feroient convocation ; et li contes leur disoit encores que li rois luy avoit envoyé lettres que moult s'esmerveilloit que si longuement mettoyent à faire élection. Lendemain s'assamblèrent en ladite église, et chascuns son chapelain avoec luy, ainsi qu'on soloit faire en élection de pape. Puis issi li contes hors, et fist fermer l'église de tous lés et fist machonner tous les huis, fors un ; et puis manda ses gens d'armes et fist widier toute la famille des cardinaulx hors des portes. Quant il orent là esté jusques à nonne et ne pooient estre d'acord, si vindrent s huis et cuidièrent issir, ainsi qu'il soloient, mais il les trouvèrent tous fourbarrés¹. Tantost alèrent au grant huis, lequel il virent ouvert, et cuidièrent issir par là; mais li contes estoit à l'huis, armés de ses plaines armes, et toute sa gent dalés luy², et jura que, par la couronne de France, il n'en issiroyent devant qu'il aroient fait pape. Qui adont eust oy ces cardinaulx braire, moult peust avoir grant joie. Après fist li contes l'huis fourbarrer³, fors un treu pour leur donner à mengier. Puis laissa li contes le séneschal de Beauquaire, à tout sept cens hommes d'armes, et luy commanda qu'il fesist descouvrir par-dessus eulx le couverture; et puis revint en France pour la mort du roy son frère. Quant li cardinal virent qu'il estoient à telle destresse, et virent qu'il ne pooient sortir avant, si se compromirent sur deux cardinaulx; et esleurent chil doy le cardinal d'Avignon à pape, liquels estoit né de la ville de Cahors et avoit à nom : messire Raimons Hosse⁴. Tantost crièrent : « Pape! » et on ala ouvrir l'huis, et le portèrent à l'église de Nostre-Dame, et là le consacrèrent à pape et le nommèrent : Jehan le vingt-deuxième.

Comment le conte de Poitiers, au retourner de Lyons-sur-le-Rône à Paris, encontra messire Charle de Valois qui voloit estre régent pour le jovène roy Jehan, et comment messire Charles de Valois avoit garny le palais de gens d'armes contre le conte de Poitiers; mais le conte de Poitiers y entra par force.

Li contes de Poitiers se mist au chemin pour aler vers France. Quant il vint en la conté de Chartres, si encontra son oncle le conte de Valois et son frère le conte de la Marche et le conte Guy de Saint-Pol. Tantost le traisrent à part et luy dirent : « Sire, vées-chy vostre oncle, le plus aisné de
» la couronne. Si vous loons que vous vous acordés à luy; car trop seroit
» li royaumes chargiés d'un enfant de si jeune eage, qui ne scet terre
» gouverner et qui est d'estrange païs de par sa mère. » Quant li contes l'entendit, si dist qu'il en prendroit avis⁵. Et, tantost qu'il vint en son hostel,

---

¹ Var. : fourbatus.
² Var. : dencoste luy.
³ Var. : fourbatre.

⁴ Jacques d'Euse, élu pape à Lyon, le 7 août 1316. Il prit le nom de Jean XXII.
⁵ Var. : qu'il s'en aviscroit.

si fist sachier ses chevaulx et s'en ala à Paris le plus tost qu'il pot. Tantost que messires Loys de France et li connestables messires Gautiers de Chastillon sceurent sa venue, si vinrent contre luy, à tout leur effort, et le menèrent au Louvre; et là oy nouvelles que monseigneur de Valois et li contes de la Marche avoient mis gens d'armes au palais pour desvéer l'entrée au conte de Poitiers. Tantost manda les bourgois de Paris, liquel incontinent jurèrent avoec luy. Tantost se traist li connestables vers le palais, avoec ses gens d'armes, et trouva la porte fermée contre luy. Si fist bucquier, et tantost sallirent avant gens d'armes, qui luy demandèrent qu'il voloit. Il respondit et dist qu'il voloit entrer, pour apparillier le palais contre la venue du régent de France. Et tantost respondirent que jà n'y entreroit, se ce n'estoit pas la volenté de ceulx qui les y avoient mis[1]. Quant li connestables les entendi, si fist mander des charettes pour rompre la porte, et dist que se il ne le rendoient, à tous feroit copper les testes. Quant chieulx, qui estoient garde du palais, l'entendirent, si parlèrent tant au connestable, qu'il luy rendirent le palais, et tantost entra ens. Après vint li contes de Poitiers, à grant foison de chevaliers, et ala au palais tenir son tinel et y fist office royal[2]. Puis manda tous les hauls hommes du royaume, pour luy faire féauté, au nom de son jovène nepveu, qui estoit drois rois de France.

Quant li contes de Valois et li contes de la Marche et li contes Guis de Saint-Pol sceurent qu'il s'estoit mis en fait pour estre gouverneur du royaume et avoit attrait une grant partie des barons du royaume à son acord, si vindrent querre paix à luy; et tantost il leur pardonna moult débonnairement. Et puis luy firent féauté, ainsi comme li aultre, et luy tindrent bonne loyaulté.

Comment le conte de Flandres voult guerroyer contre le régent.

Li contes de Flandres qui ne cuidoit mie que la chose eust ainsi alé, commencha à guerroyer le régent de France, et disoit qu'il ne luy tenoit mie convenance du chastel de Cassel et de Courtray, que rendre luy devoit

---

[1] Var. : du comandement de celuy qui les y avoit mis.

[2] Var. : offices royaux.

par une paix qui fu faite entre le roy Loys et luy. Tantost li régens sceut qu'il tendoit à la guerre, sur l'espéranche d'aucuns aliés, qui de sa partie estoient. Si envoya messire Loys son oncle et messire Béraut de Martueil, à tout grant foison de gens d'armes, à Saint-Omer, et leur commanda qu'il fesissent le pis qu'il poroient sur le païs de Flandres; et si firent-il, car il ne finèrent d'ardoir et essillier tout le païs de Cassel et d'environ.

La mort du jovène roy Jehan, et comment le conte de Poitiers, qui avoit esté régens, fu sacrés comme roy et envoya grant foison de gens d'armes à Saint-Omer en garnison.

Or avint en France que maladie prinst au jovène roy Jehan, et morut. Tantost li contes de Poitiers manda le conte de la Marche, son frère, et le conte de Valois, son oncle, et leur monstra qu'il estoit li plus drois hoirs du royaume, et leur requist qu'il luy voulsissent aidier le royaume [1] à maintenir et qu'il voulsissent estre à son sacre; et tout luy acordèrent, li un par amours, et li aultre par doubtance. Tantost se mist à le voie et ne fina, si vint à Rains, et la royne sa femme avoec luy, et fu couronnés et sacrés à roy de France. A cel sacre fu fait chevalier li dus Eudes de Bourgoingne et plusieurs aultres hauls hommes, et fu là chargiet au connestable de Chastillon et au duc de Bourgoingne et au conte de Comminges, qu'à tout leur effort il se traissent vers Saint-Omer, où li contes d'Évreux [2] estoit.

Comment li alié mandèrent à messire Robert d'Artois que il leur aidast contre la contesse d'Artois et il le feroient conte d'Artois, et y vint à grant host; mais assés tost s'en parti pour ce que le roy le manda, et li alié guerroioient toudis.

Or vous dirons des aliés, qui guerroyoyent moult fort la contesse d'Artois [3]. Il envoyèrent querre messire Robert d'Artois et luy mandèrent que, s'il

---

[1] Var.: son royaume.   [2] Var.: sur le conté d'Artois.
[3] Var.: de Miaulx.

voloit venir en la conté d'Artois, il le feroient conte et luy délivreroient la conté quite et délivre. Quant messire Robert l'entendi (qui nouvellement avoit prins à femme la fille messire de Valois), si assambla tant de gens qu'il peut avoir, et s'en vint vers Artois. Quant il vint à une ville, que on appelle : Dourlens, là vinrent li aliet contre luy et le recheurent à grant joye, et fist deux mariscaux de son ost, c'est-assavoir : messire de Beauval et le seigneur de Camponlieu. Puis fist desployer ses bannières et s'en vint à Hesdin; et chil de la ville firent un peu de contredit, mais en la fin il le recheurent et le menèrent au chastel, qui tantost luy fut délivrés, et entra ens, et là furent prins bel joyel, que la contesse y avoit. Puis fist commandement à tous les nobles de la terre d'Artois, que tout fussent armé et monté, et s'en issi hors de Hesdin, et s'en ala devant le chastel d'Avesnes-le-Conte, qui tantost luy fu rendus. Puis s'en ala vers Arras, où li connestables estoit, et tantost que chil de la ville oyrent les nouvelles de messire Robert d'Artois, si issirent à l'encontre de luy. Tantost messire Robert d'Artois fist desployer ses bannières et sonner ses trompettes, et le menèrent chil d'Arras en leur ville, à grant joye. Quant li connestables le sceut, il issi par l'aultre porte et l'ala segnefier[1] au roy.

Messire Robert d'Artois, qui ne dormoit mie sur ses besoingnes, s'en ala, à tout son ost, à Térouenne, et envoya deux chevaliers et deux escuyers à Saint-Omer et leur bailla lettres de créance, et il les baillèrent à ceulx de la ville et puis leur dirent que li contes leur mandoit qu'il fussent aparilliet pour venir à l'encontre de luy et de le rechevoir comme leur seigneur; et il leur prometoit à estre loyaulx sires et de tenir leurs libertés et de leurs priviléges maintenir. Puis ceulx de la ville demandèrent se li rois l'avoit recheu à conte, et il respondirent qu'il ne savoient. Adont dirent ceulx de le ville : « Beau seigneur, nous ne sommes mie faiseur de contes d'Ar-
» tois; mais, se li roys l'eust recheu à conte d'Artois, nous l'amissièmes
» autant qu'un aultre. » Et li message leur dirent: « Puisqu'il ne vous
» plaist aultre response faire, nous vous deffions de par luy. » Et puis s'en alèrent dire leur response. Lendemain au matin mut à tout son ost, et s'en vint à un chastel, qu'on appelle : Esquerdes, et là mist sa garnison, et puis s'en ala à le Montoire. Puis se traist vers Calais, mais chil de la ville

---

[1] Var. : dire.

fermèrent leurs portes contre luy. Adont vint à luy uns chevaliers, de par le roy, à grant haste, et luy aporta lettres que tantost et sans délay il venist vers luy. Puis li chevaliers s'en retourna. Tantost li contes Robers assambla les grans maistres de son aliance, et leur monstra que aler luy convenoit et qu'il n'osoit au roy désobéir. Quand li alié l'oïrent, moult furent esbahi[1]; puis luy dirent : « Ha, sire, que ferés-vous, puis que vous » partés de nous? » Et il leur respondit : « Seigneur, moult me poise quant il » m'en convient aller. » Puis prinst congiet à eulx et s'en ala au roy. Adont se départirent les aucuns des aliés qui virent bien que la chose n'estoit mie bonne, et li aultre demourèrent, guerroyant la ville de Saint-Omer, d'Aire et de Calais, et dura la guerre près de trois ans, si comme vous orrés ; car li rois de France les fist appeler à ses drois, asquels il ne daignèrent venir, et pour ce furent li aucun banni hors du royaume de France. Et prinst li rois toute la conté d'Artois en sa main, et y envoya un gouverneur de par luy, que on appeloit : messire Hugue de Esconflans, qui ne vesqui mie longuement. Et puis fu gouverneur li Borgnes des Barres. Adont envoya li rois le mareschal de Beaumont à Saint-Omer, à deux cens hommes d'armes, qui guerroya moult fort les aliés et les ardit et destruisit et mist à mort tous ceulx qu'il pooit trouver, mais li contes de Flandres les soustint ce qu'il pot à son pooir.

Comment la pais fu traitie dentre le roy de France et le conte de Flandres.

Or vous dirons du roy de France, qui vit que li tamps approchoit que les trièves devoient fallir en Flandres ; et estoit venus uns cardinaulx à Paris pour getter sentence sur le conte de Flandres et sur ses aidans. Et envoya li rois le connestable à grant foison de gens d'armes. Li contes de Flandres, d'aultre part, assambla ses grans osts sur le mont de Cassel, qui assés envis y vinrent pour le doubte de la sentence. Quant il les ot assamblés à Cassel, il fist estendre un drap sur un char, et puis monta sus et fist aporter un petit coffre de cuir. Puis prinst une petite clef, et l'ouvri

---

[1] Var. : esbaubi.

et en tira unes lettres séellées du séel le roi le Gros, parlant ainsi : que li contes Bauduins de Flandres avoit mis en gage la ville de Saint-Omer et Aire, à cent ans, pour une somme d'argent que li rois luy avoit prestée, quant il ala à Constantinoble. Ceste lettre monstra-il devant tous ceulx qui là estoient, en disant : « Seigneur, regardés se par bonne cause doy » aler conquerre la ville de Saint-Omer qui me doit appartenir; car les » cent ans sont passés. Si vous prie que vous me veuilliés aidier à sauver » men [1] héritage. » Li aucun s'acordèrent à sa requeste, et li aultre disoient que, par la paix qui avoit esté faite depuis, estoit la lettre quassée. Tant fu ainsi la chose menée que li contes de Nevers, avoec les trois villes de Flandres, vint à Aire, et traitèrent là au seigneur de Sully, par ainsi que li mariage seroit desfais, qui avoit esté traitiet entre Loys, fil du conte de Nevers, et la fille le conte de Valois. Et fu là ocordés li mariages dudit Loys et de Marguerite la plus jovène fille du roy de France, et sur ce fu li pais faite, et se départirent les hos, sauf ce que li contes de Flandres devoit venir à Paris devers le roy et mettre le devant-dit Loys en l'advesture [2] de la conté de Flandres, et ad ce se assenti Robers, li fils du conte de Flandres, et madame de Couchi sa seur, parmy le grant assenement qu'il en orent. Puis s'en ala li connestables au roy et laissa le mariscal de Beaumont à Saint-Omer, pour les aliés, qui ne cessoient de guerroyer la ville.

Comment Desrames de Biaumont, mareschaus de France, prist le chastel de Saint-Venant, et comment li sires de Fiennes qui estoit des alyés, promist au connestable qu'il venroit à merchi au roy de France, mais il n'en fist nient, pour quoy li connestables li fist depuis moult de damages de ses chasteaux qu'il fist abatre.

Desrames de Biaumont, li mareschaulx de France, vint une matinée, à toute sa gent, à Saint-Venant et trouva que chil du chastel estoient issu dedens la ville. Là les sourprinst, si que Guillemmes de Norem [3], qui estoit capitaines du chastel, entra dedens à grant peine, luy quatriesme, et tout li

---

[1] Var. : nostre. [3] Var. : Noyon.
[2] Var. : en vesture.

aultre furent prins. Tantost fist li mariscaulx assallir le chastel, et au quart jour le rendirent à sa volenté, et y mist novel chastelain de par le roy, et puis fist mener ses prisonniers à Saint-Omer là où il geurent long temps.

Li connestables qui vit les aliés moult mal meus, requist au seigneur de Fiennes qu'il voulsist venir à parlement à luy, et il luy ottroya, et mirent jour à Monstreul, et là se assamblèrent, et fu la chose tant menée que li sires de Fiennes ot en convent d'aler crier merchy au roy. Quant li connestables fu venus devers le roy, si luy dist que li sires de Fiennes devoit venir à son plaisir à merchy, et sur ce fist faire un parlement entre les aliés et la contesse d'Artois, à Choisy, et là fu la paix faite entre eulx; mais oncques li sires de Fiennes ne daigna venir à sa journée, ains fist faire pis après que devant. Quant li rois l'entendi, si dit au connestable que belle paix avoit faite entre luy et les aliés qui onques ne finèrent de rober et ardoir le païs. Et li marischaulx, qui ces nouvelles avoit dites au roy, s'en cuidoit revenir en Artois, quant maladie le prinst, et morut, et puis fu mariscaulx messire Mahieus de Trie, qui tantost ala à Saint-Omer et maintint la guerre an et demy et conquist sus les aliés le chastel de Renty et le fist tout abatre. Après ala assir le chastel de Seninghehem et y fist grans assaulx; mais chil du chastel issirent par nuit, et lendemain trouvèrent le chastel tout wide. Si entrèrent ens et ravirent tout, et puis le fist li mariscaulx abatre.

Li connestables, qui avoit moult le cuer enflé du despit que li sire de Fiennes luy avoit ainsi fait, assambla toute le gent qu'il pot avoir et s'en ala à Saint-Omer et ala assir un moult fort chastel qui estoit au seigneur de Fiennes, qu'on appelloit: Tingri, et y sist huit jours, et puis luy fu rendus, et puis fist tout le chastel abatre. De là mena son ost à Fiennes et le prit de la première venue et le fist tout raser jus. Puis revint à Saint-Omer, et cuidoit toudis que li aliet deussent venir à merchy, mais il n'en avoient talent [1].

Quant li connestables vit que li aliet ne voloient venir à merchy, si assambla moult grant ost de nouvel, où il y avoit grant plenté de hauls hommes et de puissans, tant de le Langhe-d'och comme de Franchois, et de ses parens, et alèrent assir un chastel, qui estoit au seigneur de Fiennes,

---

[1] Var : cure.

qu'on appeloit : Rumighem[1], et siet à trois lieues de Saint-Omer, et là furent par six jours, mais peu d'assauls y eut, et en la fin se rendirent, et fist li connestables abattre le chastel, et puis revint à Saint-Omer.

Comment la contesse d'Artoys vint en son pays à grant foison de gens d'armes.

Or vous dirons de la contesse d'Artois qui avoit congié du roy de repairier. Si amassa tant de gens qu'elle pot avoir, et fist tant qu'elle ot bien jusques à six cens hommes d'armes, et vint à Arras, et vinrent là li aucun des Artisiens à merchy à luy, et elle les recheut bénignement, comment qu'elle amenast maistre Thierry avoec luy, à qui il estoient moult contraire. Si vint à Aire, et là oy nouvelles que li aliet estoient à Cassel, mais onques pour ce ne laissa son chemin pour aler à Saint-Omer. Li connestables issit contre luy, jusques à my-voye d'Aire, bien à douze cens hommes d'armes.

Or oés comment elle vint ordenéement en la ville de Saint-Omer. Premièrement entra la bataille des Bourguignons, à douze[2] bannières desployes, et puis la contesse qui séoit sur un char[3], et par-devant luy treize bannières, et vint au conduit du connestable. Après, la bataille des mariscaulx à six bannières, et puis y estoit maistres Thiéris, au conduit de moult de chevaliers qui avoient se mort jurée. Puis la contesse ala par toute sa conté et fist baillis de par luy, et puis ala séjourner à Hesdin, et li sires de Fiennes fist traitier au mareschal, par le conte d'Eu et par le conte de Roussi, que, quant li contes de Flandres seroit revenus[4] au roy, adont seroit sa paix[5] faite.

De la feste du Saint-Sacrement.

En cel tamps establi li papes Jehans à célébrer le feste du Saint-Sacrement, laquelle avoit esté ordenée par long temps devant; mais chieulx

---

[1] Var. : Ramaguem.
[2] Var. : à sept.
[3] Var. : en son car.
[4] Var. : venus.
[5] Var. : li paix.

papes Jehans la fist publier et dénoncer pour une des plus haultes festes del an.

Comment le pais dentre le roy de France et le conte de Flandres fu faite et confremée par le mariage qui se fist dentre Loys le fils au conte de Nevers et Marguerite le mainsnée fille du roy de France.

Desormais vous dirons du conte Robert de Flandres, qui fist moult grant appareil pour aler devers le roy. Si mut de son païs, à grant plenté de chevaliers et de gens des bonnes villes; et, ainsi qu'il devoit entrer en Paris, luy vinrent nouvelles que li rois venoit, et tantost ala à l'encontre de luy, et toute sa gent, et, si tost qu'il vit le roy, moult humblement l'enclina, mais li roys ne luy fist onques response, ains tourna son chief d'aultre part. Lendemain ala li contes à court, et fu la paix confermée, et assés tost après fu li mariage parfais de Loys, fil au conte de Nevers, et de la fille au roy de France.

Comment li sires de Fiennes eut aussi sa pais.

Puis se traist li contes de Flandres devers le roy et luy supplia que pour Dieu il eust merchy du seigneur de Fiennes, son cousin; et li rois, qui tantost fu mus à pité, le recheut à merchy, par ainsi que du hault et du bas il se mesist en sa volenté. Tantost fu mandés et requist mercy au roy moult humblement, et li rois le recheut en sa grâce, sauf que tout chil, qui avoient esté en la partie du roy, fussent comprins en celle paix. Puis prinst li contes congiet du roy et s'en rala en son pays.

Comment messire Robert de Flandres cuida faire couper la teste à Loys fils au conte de Nevers par traïson et par envie de ce qu'il estoit ahiretés de la conté de Flandres au mariage faisant de ly et de la fille au roy de France.

Messire Robers, fils au conte de Flandres, moult avoit le cuer enflé par le conseil d'aucuns des aliés, qui n'avoient mie encore leur paix au roy, de ce que Loys, li fils de son frère, estoit héritier de la conté de Flandres; mais samblant n'en osa faire près [1] le père. Si vous dirons de la malice qu'il emprist [2].

Un jour estoit li contes Loys de Nevers alés à un parlement contre le duc de Brabant, et, ainsi qu'il devoit revenir en Flandres, avoit messire Robers de Flandre fait embuschier gens d'armes en un bosquet [3]. Tantost qu'il virent le conte venir, qui de riens ne se gardoit, si luy coururent sus et l'abatirent de son cheval, et assés le laidengièrent, et puis le menèrent en prison ou chastel de Viane. Maintenant vint messire Robers au conte son père, si luy dist : « Sire, vostre fils li contes de Nevers a esté à l'encontre
» de vous à un parlement en Brabant, et pour ce, sire, que je me doubtoye
» que vous n'en eussiés sçeu la vérité, je l'ai fait prendre. Si trouverés en
» luy comment la chose est alée. » Et li contes dist que bien avoit fait. Après fist messire Robers escripre unes lettres, de par le conte, sans son sceu [4], dont la teneur fut telle : « Robers, contes de Flandres, au chastelain de notre
» chastel de Viane. Nous vous mandons que, ces lettres veues, sans délay
» vous faciés copper la teste à Loys nostre fils, et, se tantost vous ne le faites,
» nous nous en prendrons à vous. » Puis vint à celuy qui tenoit le séel, et la luy commanda à séeller, mais il respondi qu'il ne le séelleroit point, se ce n'estoit du commandement du conte. Si prist le séel et le geta devant les piés de messire Robert; et il en fist séeller les lettres et les envoya au chastellain de Viane. Et quant li chastellains les ot leues, si ala au conte de Nevers et luy dist : « Sire, moult me poise de ce que faire me convient. Véés-chy
» ce que messires vos pères m'envoye. Lisiés. » Quant il les ot leues, si luy

---

[1] Var. : pour.
[2] Var. : qu'il avoit enpensé.
[3] Var. : bochel.
[4] Var. : sans ce qu'il en sceust riens.

dist : « Ha! pour Dieu, chastellains, ne vous hastés mie, car je ne croy mie
» que messire sache de ceste lettre. » Dont dist li chastellains : « Sire, pour
» l'amour de vous, je me mettray en advanture et iray savoir à vostre père
» s'il a acordé ceste lettre; et s'il est ainsi qu'il l'advoe, je bailleray le chastel
» à aucun gentil homme, et m'en iray, à tout mon avoir[1], hors de la terre. » Et
puis monta li chastellains, et ne fina, se vint à Male, où li pères estoit, et tantost luy monstra les lettres et luy dist : « Sire, j'ai fait vostre commande-
» ment, car je ne l'osay trespasser. » Tantost que li contes l'entendi,
commencha à crier : « Hélas, chastellains, est mes fils mors ? Certes oncques
» si grant dolour ne fu[2] ». Quant li chastellains le vit si grant dolour mener[3],
si luy dist : « Sire, pour Dieu, ayés vo pais[4]. Vostre fils est encores vivans[5]. »
Tantost fist li contes mander toutes ses bonnes villes et messire Robert son
fils, et leur monstra la grant trahison, que on voloit faire à Loys son fils;
mais cascuns s'en escusoit. Tantost fist li contes commander que ses fils
fust délivrés. Maintenant chil du pays alèrent au chastel et luy dirent que
bonne paix fust entre luy et messire Robert son frère et tous les conseilliers
du conte, et partant seroit délivré. Tantost il vit que aultrement ne pooit
estre, si l'acorda, et fu délivrés, et vint à son père et prinst congé de luy pour
aler en France. Tantost qu'il vint à Paris, maladie le prinst, et morut.

*De la mort au roy Philippe le Borgne de France, qui morut très-dévotement
l'an mil CCC et XXII, et du sacre du roy Charle.*

En cel tamps-chéy li rois Philippes en une grant langueur si que ses
biaux corps devint tout à nient, et ne luy voyoit-on fors la peau et les os, et
jut ainsy bien demy an, et tous les jours faisoit ouvrir tous les huis de sa
chambre et faisoit venir ens tous les passans et tous les varlets de son hostel, petis et grans, et se descouvroit et leur disoit : « Seigneur, véés-chy
» vostre roi, le plus povre de tout son royaume. Il n'est nul de vous, à qui
» il ne voulsist avoir changiet[6]. Pour Dieu mercy, enfant, mirés-vous à

[1] Var. : à tout mon mainage.
[2] Var. : n'avint.
[3] Var. : si grant duel démener.
[4] Var. : apaisiés-vous.
[5] Var. : encores en bonne vie.
[6] Var. : escangiet.

» vostre roy et ayés vo cuer à Dieu, car ainsi se joue-il des créatures du
» siècle. » Puis fist ses ordonnances et recheut ses sacremens, et tantost
rendi son esprit à Dieu. Ainsi morut li rois Philippes li Borgnes, l'an de
grâce mil trois cens et vingt-deux, et fu enterrés à Saint-Denis dalés son
père et son frère.

Quant li rois Philippes fu mors et enterrés, messires Charles, son frère,
qui fu conte de la Marche, se mist en possession du royaume de France, et
tantost fist adjourner tous les pers de France et tous les prinches et tous les
barons du royaume, par le conseil messire Robert d'Artois et messire Gau-
tier de Chastillon, et leur fist commander que tout fussent à Rains à son
sacre le dimenche devant les Brandons. Quant tout furent venu, si menè-
rent le roy en l'église Nostre-Dame, et là fu couronnés et sacrés par la main
de l'archevesque de Rains, Pierre de Courtenay, qui avoit en sa compain-
gnie l'archevesque de Nerbonne et l'archevesque de Sens et treize[1] évesques
et tant de chevaliers que ce fu merveilles, et jousta-on toute jour en la
cité de Rains, et puist se traist li rois à Paris où il fu recheu moult honno-
rablement.

Comment le conte Robert de Flandres fu mort.

Désormais vous dirons du conte Robert de Flandres, qui estoit à Cour-
tray, en son chastel. Une matinée estoit levés de son lit, et, ainsi qu'il cui-
doit paser[2], si entortilla ses piés en un tapis[3], qui estoit devant son lit, et
chéy à terre et rompi son pouch[4]. Tantost li chamberlenc le levèrent et le
mirent sur son lit[5] moult malade, et morut dedens les huit jours et fu
enterrés en l'église de Saint-Martin d'Ypre.

[1] Var. : quatorze.
[2] Var. : qu'il devoit passer.
[3] Var. : en un carpitre.
[4] Var. : pauch.
[5] Var. : en son lit.

AUTRE RELATION.

Comment Robers, fils du conte Gui, fu saisis de la contet de Flandres.

Apriès la mort du conte Gui de Flandres furent li prisonnier délivré, et s'en ala Robiers saisir le contet de Flandres.

Comment li papes Boniface fu assalis en son palais, et comment Clémens fu papes après lui et prist son siége à Lyon-sur-le-Rosne.

Phelippes li rois se complaingnoit souvent de ses nobles[1] qu'il avoit perdu en Flandres, et disoit que li papes Boniface l'avoit grevé[2]. Il y avoit ung chevalier en Franche, que on apelloit : Guillaume Longaret, qui hayoit le pape, et emprist le fait pour luy grever par l'acord du roy de Franche, qui lui bailla gens et deniers pour prendre saudoyers. Lors ala en Rommaigne et trouva le pape en le citet d'Avignon[3], et l'assali en son palais et ochist son frère, et fist desployer le banière de Franche et cryer : Monjoie! Et fu li papes grevés et empressés à l'entrée de se cambre, dont il fu moult yrés, et en celle yre il maudist le roy Phelippe et ses hoirs jusques en viie ligne et tous ceulx qui ce meffait li faisoient, et assés tost apriès il moru moult yriés et despaisiés. Apriès fu papes Bénédic ung an, et Célestins apriès, qui se démist et ala en ung hermitage; puis fu papes Clémens qui vint dechà les mons et prist son siége à Lion-sur-le-Rosne et de là il ala à Bourdiaux et puis à Poitiers. Li rois Phelippes y envoya Charle son frère et pluiseurs barons pour luy honnourer, et ainsy comme il aloyent parmy les rues à Poitiers, uns grans murs quéy, qui ocist le duc de Bretaigne et xxx chevaliers et iiii^{xx} personnes ou plus, et assés tost apriès ala li papes à Avignon et là demora et fist grâces.

[1] Var. : de ses prinches.   [2] Lisez : Anagni.
[3] Var. : en sa guerre.

Comment li fieuls au roy d'Engleterre espousa la fille au roy de Franche.

En cel an espousa li fieuls au biel[1] Édouwart Ysabiel fille au biau roy Phelippe de Franche, et furent les noches faites à Boulongne-sur-le-mer, et par ce mariage fu rendue à Édouwart le duché d'Acquitaine et le conté de Pontieu.

Comment li Templier furent pris et ars.

Assés tost apriès manda li papes Clémens au roy de Franches et as prinches de par tout le monde, que li Templier fussent pris et mis à mort, pour aucuns meffais dont il estoient acusé par-deviers ly. Adont furent pris et ars en l'an mil III^c et VII, et leurs maisons et possessions qu'il tenoient, furent mises ès mains des Hospitaliers; et puis avint que Guillaumes Longaret, qui estoit à le court du roy, moru et esraga le langhe traite moult hideusement, dont li roys fu moult esmervilliés et pluiseurs qui avoyent esté contre le pape Boniface.

Comment li rois de Franche fist ses trois fils chevaliers.

En ce temps fist li rois de Franche III fieuls qu'il avoit, chevaliers, et donna à Loeys l'aisné le royaume de Navare, et à Phelippe donna le conté de Poitiers, et à Charle le maisné le conté de le Marche; et fist moult noble fieste et larghe à euls adouber et fist chevaliers Phelippe et Charle, enffans Charle de Valois.

Comment li rois de France assambla ses hommes contre le conte de Flandres et comment il y ot trieuves par le pourcach d'Enguerran de Marigny.

A celle fieste que li rois fist, ne fu mie Robiers le conte de Flandres, dont li rois se plainst à ses amis de ce que bien avoit VIII ans qu'il estoit

---

[1] Var. : viel.

tenans de le contet de Flandres, et encore ne lui avoit fait hommage, ne venu à se court, et se l'avoit mandé par pluiseurs fois. Ly rois ot conseil que encore luy manderoit qu'il venist à se court sauf alant et sauf venant. Ainsi fu mandés Robiers, et il y ala moult richement. Li rois luy commanda qu'il lui fesist hommage de le conté de Flandres, et Robiers respondi que ains raroit Lille et Douay et que li denier qui estoyent accordé pour le paix, estoient largement¹ payet et que Engherrans de Marigny cambrelens du roy les avoit eus et rechus; et puis si dist Robiers que tout perderoit ou tout raroit, ains qu'il fesist hommage au roy. Par mautalent se party Robiers et s'en ala en Flandres, et assambla ses gens et ala à siége devant Lille. Et li rois assambla ses hommes et envoya en Flandres Loeys son aisné fil, que le gent nommoyent: Hustin, pour che que moult estoit désirans de combatre as Flamens. Et avoec le fil du roy ala Charles de Valois et Loeys d'Évreux, mais li rois y envoya Engherran de Marigny comme sen lieutenant.

Quant Robiers de Flandres seut que li Franchois venoyent si efforchiement sur luy, il se party et ses gens, et s'en alèrent logier oultre le Lis. Quant li Franchois eurent aprochiet Flandres, tant que Loeys estoit à Douay et que bien cuidoyent li pluiseur combatre as Flamens, Engherans de Marigny ala parlementer à eulx et leur donna trieuwes un an, et s'en retournèrent Franchois, dont Loeys de Navare et Charles de Valois firent grans plaintes au roy de Engheran de Marigny, qui teles trieuwes avoit données. Li rois le excusa, car moult l'amoit et doubtoit ².

Le mort du biau roy Philippe de Franche.

Apriés avint ou mois de septembre que li biaux rois ala cachier en le foriest de Bière ³, et eurent se gent eslevé un grant sengler et mervilleux. Ly rois le cacha tant qu'il passa ses gens par forche de cheval. Quant li senglers fu escauffés, il retourna et courut sus le roy, et li rois faly à luy férir de l'espiel. Li senglers féry le cheval en le gambe tellement qu'il se

---

¹ Var.: piècha.   ³ Var.: Bièvre.
² Var.: crémoit.

desréa ¹ moult et gieta le roy à terre, et demoura un de ses piés en l'estrier, et trayna le roy moult longhement parmy le bos, tant qu'il fu moult mésaisiés; et se gent qui le trouvèrent, le portèrent à Fontaine-Bliaut, et là morut en l'an mil IIIe et XVI, et fu enterrés en l'abéye de Barbel, et fu li L^e rois de Franche.

Comment li papes trespassa en la mesme sepmaine.

En celle sepmaine que li rois trespassa, li papes et li arcevesques de Rains trespassèrent, et pour tant li aisnés fieuls dou biel roy Phelippe détrya d'aler à sen sacre à Rains, jusques à tant qu'il y ot un pape, par qui li arcevesques fust ordonnés.

Le mort d'Enguerran de Marigny.

En ce temps fist li rois morir Engherran de Marigny pour le haynne des guerres de Flandres.

Comment li roys Loeys fu sacrés à Rains et mena son ost en Flandres, mais il n'y fist nient.

En l'an de grâce mil IIIe et XVI, fu Loeys sacrés à Rains, et tantost manda ses prinches et ses gens pour aler en Flandres. Et li contes Robiers de Flandres manda ses Flamens et ala faire siége devant Lille et gaster le pays; mais, quant il sceut que li rois venoit contre lui à si grant peule, il laissa le siége et mena ses gens oultre le Lis, et li rois s'ala logier sur le rivière du Lis à Bondues. Moult avoit li rois grant nombre de gent, mais en celle saison il pleut si mervilleusement fort et si longhement que, par forche du lait tamps, li rois se party de Flandres, et son host, sans bataille, et s'en rala en Franche.

¹ Var. : qu'il s'effréa.

Les femmes le roy Loeys de Franche.

Deux femmes ot chils rois Loeys, dont le première fu fille Mehaut le contesse d'Artois, et celle royne se meffist de son corps, pour quoy elle fu dou roy séparée, et fu emmurée au Castel-Gaillart; celle royne avoit une fille du roy, si comme elle disoit; mais par le meffait de se mère elle perdi se terre qui esquéir li debvoit ou royaume de Franche, c'est-assavoir le contet de Champaigne et le terre de Brye. Toutesfoys ot-elle le royaume de Navare, que ses pères li rois li donna, et fu mariée au conte d'Évreux, qui estoit cousins germains au roy. Et le II° femme au roy ot à nom : Climence et fu fille au roy de Hongherie.

Le mort du roy Loeys.

Chils roys Loeys ne régna que I an et fu empoisonnés, et ly royne Climenche demoura grosse de un fil. Et Phelippe, li frères du roy, demoura régens dou royaume. Apriès ce que le dame fu acouchie, li enffés fu appellés en baptesme : Jehans, et ne vesqui que x jours.

Comment Phelippes fu rois de Franche.

Apriès fu rois Phelippes, qui estoit régens. Se femme ot à nom : Jehanne, et fu fille Mehault contesse d'Artois. Encontre ce roy Phelippe et Mehault contesse d'Artois furent pluiseurs aloyés chevaliers de Franche, et meismes en fu Charle de le Marche, frères au roy Phelippe, et Phelippes, fieuls au conte de Valois.

De diverses incidenses qui advinrent ou royaume de Franche[1].

En l'an mil III° et XVIII avint en Franche que Dieux volt oster la pestilence de la famine et de la mortalité, qui avoit jà plus de II ans duré, si que

---

[1] Ce chapitre manque dans les meilleurs manuscrits. C'est probablement une interpolation.

entour le Pentecouste contre l'oppinion commune de toutes gens, le bled et le vin revinrent à si grant marchié, que ce ne pooit estre fait sans grant miracle de Dieu, dont un rimeur en dist une telle rime :

> L'an mil IIIe XIIII et quatre,
> Sans vendengier et sans bled batre,
> A fait Dieux le chier temps abatre.

Le sextier de bled à le mesure de Paris avoit esté, plus de II ans devant, vendus LI sous parisis, et lendemain il vint à XII sous, entour le Pentecouste, si comme dit est.

En l'an mil IIIe XX, ne say par quel esperit, ot en Franche si grant commotion de pastouriaux et d'autres menues gens, qui disoient qu'il voloyent aler oultre mer, que ce fu une grande merveille, et comme leur ost non potent crust de jour en jour, jusques à tant qu'il furent en la Langhe-d'och où il firent aucuns damages as Juis et en tuèrent pluiseurs ; et comme il volsissent aler oultre, soudainement il esvanuyrent comme fumée, et en ala chascuns où boin lui sembla.

En l'an mil IIIe et XXI, en Aquitaine et en une grant partie de Franche, tout li mésiel furent ars; car renommée estoit par tout le monde, je ne say dont elle vint premièrement, que il voloyent empuisonner toutes les fontaines et tous les puis dont les chrestiens usoyent, et firent conspiration ou que les aultres seroyent mésiauls ainssi comme il estoient ou qu'il morroyent; et estoit commune renommée qu'il avoyent divisé entre eulx les royaulmes et les provinces, et devoit estre l'un roy de Franche et l'aultre d'Engleterre, et les aultres aroyent signourie selon chou qu'il seroient. Sy fu longtemps que nuls n'osoit boire d'iauwe fors que de rivières courans, et aloit-on tous les jours, jusques à tant que les puis fussent curés et nettyés, querre en tonniauls en Sainne ou en aultres rivières l'iauwe dont la court le roy usoit, et aussi faisoient aultres gens. Les Juis, ce disoient, furent consentans as mésiauls de cel maléfice faire, pour laquelle cose il en y ot pluiseurs ars avoec les mésiauls, et faisoit le commun peulle celle justiche, sans apeller ne provost, ne bailliu, et quant il les avoyent enclos en leurs maisons et leurs biestes et garnisons ensamble, il boutoyent le feu dedens.

En celle année ot un maistre en divinité, que on apielloit: Jehan Poilli, qui tourbla fortement l'Église par une erreur que il sema en l'universitté de Paris en une détermynoison qu'il fist. L'erreur estoit telle : que ceulx qui se confessoient as frères religieux mendians, combien qu'il eussent privilége et auctorité du pape et d'évesque d'oïr confession et d'absolre, il convenoit, ce disoit-il, que ceulx qui s'estoient confessés à eulx qu'il se confessaissent de requief à leurs curés des meismes péchiés dont il s'estoient confesset as frères, et aultrement il ne poóyent estre absols; mais le pape Jehan le fist comparoir en sa présence et li demanda se le pape ou l'évesque pooit oïr la confession des paroissyens d'aucuns curés et s'il les pooit absolre si comme le curé; et convint que l'autre confessast qu'il estoit ensi, et puis que uns homs s'estoit confessés au pape ou à l'évesque, il ne convenoit point qu'il se confessast à son curé. Apriès le dit maistre fu convaincu que, se du congiet au curé et de son auctorité uns prebstres puet oïr les confessions de ses paroissyens, pour quoy ne les pora-il aussi bien oïr del auctorité le pappe ou l'évesque, ce que le dit maistre ne pot nyer que l'apostolle et l'évesque ont plus grant pooir sur les paroissyens des curés que n'ont les curés, et pueent absolre d'aucuns péchiés, desquels ne pueent les curés, se les évesques ne les commettent, et cheuls qui se sont confessés as penanchiers le pape ou à cheulx de l'évesque, c'est certain qu'il ne convient point qu'il se confessent à leurs curés, si que le pape destruit celle erreur, et commanda audit maistre qu'il se wardast et retournast à Paris et qu'il rapiellast en siermon publicque, et ainsi le fist. Sy détermina le pape du consentement des cardinaulx, ainsi qu'il appert par le bulle le pape, que ceulx qui se sont confessés as dis religieux, sont aussi bien absols de leurs péchiés comme s'il se estoient confessés à leurs curés, et escumenia le pape tout homme qui tenroient le contraire.

Comment li rois de Franche fist la guerre aux aliés.

En celui temps li rois manda Gautier de Chastillon, Mille de Noyers et pluiseurs aultres chevaliers fiables et de ses communes gens, et les envoya contre ses anemis si efforchiement que li pluiseur se partirent du royaume, et li aucun furent asségiet au castel de Tigris [1]; mais toutesfois escapèrent-il et s'en alèrent en Flandres. Li rois fist abatre pluiseurs castiauls qui estoient à ces aloyés, desquels fu li sires de Renti, li sires de Picquegny, li sires de Fiennes, li sires de Tigry et pluiseurs autres.

Le mort le roy Phelippe de Franche.

Chils rois Phelippes ot III filles, dont li une fu mariée au duc de Bretaigne, et li aultre au dauffin de Viane, et li tierche à Loeys de Flandres, fils Loey de Neviers, et fu accordé par ce mariage que chils enfès Loeys seroit, apriès le mort du conte Robiert, saisis de le contet de Flandres, et parmy ce fu pais entre Franchois et Flamens. Et régna chils rois Phelippes V ans, et fu li LIIe rois de France, liquels rois Phelipes trespassa par un grant flus de ventre, que on apelle : disenterie, qui li prist au commenchement d'aoust et li dura jusques au commenchement de janvier, et oncques pour remède que on li sceuist donner, il ne pot estre restrains jusques à la mort, laquelle il ot dévote et si sainte comme nuls homs puet avoir. Ainsi morut le roy Phelippe le Déboinaire, et le plainst tout le royaume de Franche et souverainement le pape Jehan.

Apriès la mort Phelippe régna sur les Franchois Charles son frère, qui fu contes de le Marche. Lors furent li aloyet rapellet en Franche.

[1] Var. : Tingris.

XVI.

LOUIS DE NEVERS.

Première partie.

(DEPUIS L'AVÉNEMENT DE LOUIS DE NEVERS JUSQU'A LA RETRAITE DE ROBERT D'ARTOIS EN BRABANT.)

Comment la conté de Flandres fu adjugie par sentence à messire Loys de Nevers, qui en plaida contre son oncle messire Robert de Flandres.

Quant Loys de Nevers sceut la mort le conte Robert de Flandres, il se se traist devers le roy, et calenga la conté de Flandres comme sienne, et dist qu'il en estoit hiretés par le mariage qui fu fait de la fille du roy Philippe et de luy. Puis vint messire Robers de Flandres et madame de Couchy et madame de Flourines, comme enfant du conte, qui le calengièrent, et demoura li plais assis devant le roy; mais en la fin fu la conté adjugie à Loys de Nevers, et tantost fist son appareil et vint à Lens en Artois. Là vinrent les bonnes villes de Flandres contre luy, et li gentil homme le menèrent à Gand où il fu recheus à grant joye, et de là à Bruges, et puis à Furnes, à Ypre et à Courtray. Puis recheut l'hommage du conte de Namur, du seigneur de Néele et de tous les hauls hommes de Flandres; et puis fist ses lois et ses baillieux par toute Flandres, et le tindrent à seigneur.

LOUIS DE NEVERS.

Comment ceulx de Bruges prirent le conte de Namur devant l'Escluse.

Or vous dirons de ceulx de Bruges, qui vindrent au conte de Namur, et luy dirent que ceulx de l'Escluse les voloient empescher[1] en aucunes droitures, lesquelles appartenoient à eulx[2]. Li contes leur respondi qu'il s'enquerroit des besongnes et qu'il leur feroit droit à tout. Quant il entendirent sa response, si s'en tinrent à mal content et raportèrent la response à Bruges. Tantost que chil de Bruges l'entendirent, il firent sonner leur cloche[3], et firent une grant bataille, et commandèrent qu'il alassent ardoir l'Escluse toute jus. Quant li contes de Namur sceut leur venue, si assambla ce qu'il peut avoir de gent, et issi hors de la ville à l'encontre d'eulx, et assambla à eulx à grant vertu, et là commencha une bataille moult fière. Mais li contes n'avoit mie gens pour contrester à eulx, et luy fallirent sa gent, si qu'il demoura luy sixiesme[4]. Mais en la fin luy coururent sus, tous à un fais, et le prinrent par force et le menèrent en prison ou belfroy de Bruges.

Comment la royne d'Engleterre s'en vint en France pour ce que le roy son mary le vouloit emprisonnier.

Li rois Édouwars d'Engleterre avoit en souspechon la royne sa femme, par l'enhortement d'un sien conseillier, que on appeloit : messire Hugues Despensier, et le créoit li rois de quanques il disoit, et pour ce souspechon fist-il prendre messire Rogier de Mortemer et le fist mettre en la tour à Londres. La royne qui en estoit moult doulente, ne se sçavoit à qui descouvrir, fors au conte de Quent, qui ses cousins germains estoit. Nouvelles vindrent à messire Rogier de Mortemer que li rois avoit commandé qu'on luy coppast la teste. Si fist tant à un maronnier de Londres, qu'une nuit il amena sa nef dessoubs la tour, et messire Rogier fist cordes de ses linges et s'avala par la fenestre en la nef. Tantost le maronnier leva ses voiles, et singla et arriva dedens le havène de Dunquerque. Quant li rois d'Engleterre sceut

---

[1] Var. : sans cause.
[2] Var. : qu'il devoient avoir.
[3] Var. : leur cloque.
[4] Var. : luy cinquiesme.

qu'il estoit ainsi escapés, si fu conseillés qu'il presist la royne. Tantost qu'elle le sceut, si prinst son fil Édouward, et se mist en un passagier, et emporta moult grant trésor, et emmena le conte de Quent en sa compaingnie, et passèrent le mer et arrivèrent à Boulongne. Et de là ala tant par ses journées qu'elle trouva le roy son frère à Fontaine-Bliaut, qui estoit nouvellement marié à la seur du roy de Behaingne. Maintenant ala la royne en la chambre du roy, et mena son fils par la main, et dist au roy : « Sire » frère, je me plaing à vous du roy, mon baron, qui, par le conseil d'un » traitour¹, m'a chacie mauvaisement hors de sa terre. » Li rois lui respondist : « Belle seur, vous demourerés en mon manoir, au bois de Vincennes, » jusques à tant que nous ayons ordonné qu'on fera de vous et de vos » besoingnes. »

Comment la contesse d'Artoys fist l'acort dentre le conte Loys de Flandres et messire Robert son oncle.

Li contes de Flandres n'estoit point encores accordés à messire Robert son oncle, et le contesse de Namur le poursuivoit pour la délivrance de son mary, mais elle n'en pooit venir à chief. Pour ce fist le noble contesse d'Artois requerre au conte de Flandres et à messire Robert qu'il voulsissent estre, à un jour nommé, à Saint-Omer, pour toutes ces choses devant-dites mettre à point, et trestout luy ottroyèrent sa requeste. Adont y vint li contes de Flandres et messire Robers ses oncles, à grant plenté de hauls hommes et poissans et des bonnes villes de Flandres. Là fu la paix faite et confermée du conte et de messire Robert, par le pourcach de la contesse d'Artois ; et, ainsi qu'il traitoient de la délivrance du conte de Namur, si vinrent nouvelles qu'il estoit escapés, ainsi comme vous orrés cy-après.

Comment le conte de Namur brisa sa prison à Bruges de nuyt.

Li contes de Namur avoit un amy en la ville de Bruges, à qui il avoit parlé de sa délivrance. Chieulx avoit fait mener trois chevaulx en un lieu

¹ Var. : d'un traitre.

de le ville, et avoit dit au conte que la nuit il esploitast de faire cheste chose, et il l'atendroit en la court où il avoit fait un trou, par où il devoit issir, et avoit une corde. Quant li garde furent couchiet et commenchièrent à dormir, si se traist secrètement en la garde-robe, et puis s'avala parmy le trou, et, quant il vint à la moyenne, chieulx qui estoit dessoubs, le sacha à luy parmy le fenestre; et, quant il furent hors, il se tapirent en une ruelle pour le guet, et au point du jour s'en alèrent où leur cheval estoient, et montèrent et s'en alèrent; et ainsi escapa li contes de Namur.

Quant les nouvelles vindrent à Saint-Omer, li lignage de Flandres menèrent grant joye, et chil de Bruges estoient en grant doubte, mais, pour ce qu'il estoient venu au conduit de la contesse d'Artois, elle les fist conduire à sauveté. Là fu déposés l'abbé de Saint-Mard de Soissons du conseil le conte de Flandres; et puis se départi li parlemens, qui huit jours avoit duré.

Comment Jourdain de Lille fu pendus, et comment messire Charles de Valois conquist la terre d'Agénoys et grant partie de Gascoingne, et comment la royne de France et le dit monseigneur Charles furent mort.

Or vous dirons des barons de la Langhe-d'och, qui se commenchièrent à rebeler[1] contre le roy de France, par l'enhortement messire Jourdain de l'Isle et pour le mariage du conte de Fois, qui print à femme le seur du conte de Comminges, contre la volenté du roy. Pour ce envoya li rois deux sergans d'armes pour eulx adjourner; mais, quant il vinrent devant Jourdain, tantost il les fist prendre et despouiller tous nus, et leur fist brunchier les testes à val, et puis leur bouta leurs maches ou fondement, et ainsi les fist mourir. Quant li rois le sceut, onques n'en fist samblant. Si vint Jourdains à Paris, et tantost li rois le fist prendre et le fist trainer et pendre au gibet. Après fist semonre ses hos, et envoya messire Charle, son oncle, en la terre d'Agénois, contre le seigneur de Labret et les autres Gascoins, qui s'estoient rebellé contre luy. Tantost que messire Charles vint en la terre d'Agénois, si ala assir le chastel de la ville d'Agen, qui tantost luy fu

---

[1] Var. : reveler.

rendus. Puis ala assambler tout le païs et le conquist à l'honneur de la couronne. De là s'en ala en Gascoingne et conquist une grant partie de la terre. Puis alla assir le chastel de la Riole et y fist moult de biaulx assaulx, et en la fin luy fu rendus. Quant il ot conquis toute la terre, li tamps d'yver aprochoit. Si se départist de là, et mist gardes aux chastiaulx, et puis revint, à tout son ost, en France.

A cel temps s'en devoit aler la royne de France à Montargis, et ainsi qu'elle estoit dedens son char, li fons chéy, et elle avoec, si qu'elle fu toute défroissie, et assés tost après morut, et fu enterrée as Cordeliers à Paris.

Ne demoura guères après que messires Charles de Valois, qui estoit oncles du roy, chéy en une fièvre continue, de quoy il morut, et fu enterrés as Frères Prescheurs à Paris.

Comment les Flamens se revelèrent et firent leur chief de Colin Zanequin.

Or vous dirons de ceulx de Flandres, qui se commenchièrent à mouvoir; car uns qu'on appeloit : Colin Zanequin, estoit eslus ou terroir de Furnes, et disoit que li gouverneur du pays ne le gouvernoient mie [1] as usages anciens, et avoit atrait grant partie du commun peuple à son acord, et commencha à mettre à mort les gouverneurs et baillieus du pays, et avoit jà ceulx de Bruges atrait à sa cordelle. Messire Robers qui estoit à Dunquerque, assambla les gens du pays pour contrester contre eulx, mais chil vinrent à si grant force contre luy, que les gens, qui estoient avoec luy, se desconfirent, et s'enfui se femme sur un ronchin, et messire Robers se traist en son chastel à Nieppe, qui estoit assés de l'accord à la meute, quel samblant qu'il fesist.

Quant Colin Zanequin vit qu'il avoit son ost assamblé et qu'il avoit toute basse Flandres de son acord, si se traist vers ceulx de Cassel et fist jurer avoec luy, puis s'en ala à Poperinghes, et manda à ceulx de Bruges que chil d'Ypre enforchoient leur ville contre luy et qu'il luy vinssent à secours, et il luy mandèrent que volentiers le feroient.

[1] Var. : ne le menoient mie.

LOUIS DE NEVERS.

Comment le conte de Flandres fu pris à Courtray et menés en prison à Bruges, et comment messire Robert de Flandres se alia avecques les Flamens contre son neveu.

Quant chil d'Ypre se virent avironné de toutes pars, il mandèrent le conte de Flandres qu'il venist à Ypre, et qu'il estoient assés fort, avec l'ayde de luy, pour contrester à leurs anemis; et li contes manda tantost tous ses gentieux hommes que tout venissent à luy à Ypre. Quant il furent tout assamblé, si prinst conseil d'aler assir la ville de Courtray, qui s'estoit jà rebellée contre luy. La matinée se départi d'Ypre : si vint à Courtray, et de première venue entra ès fourbours et y bouta le feu; et puis entra en la ville de Courtray par force. Quant chil de Courtray virent que li contes estoit entrés, et li feus jà espris[1] et commenchoit la ville à ardoir, si sallirent as armes, et commenchièrent fort à assallir le conte et se combattirent là, et en celle bataille fu trais li sire de Néelle, et li sires de Nivelle navrés à mort. Et cuida li contes escapper par une porte, mais il y trouva si grant deffense qu'il y perdi grant partie de sa gent, et il-mesmes fu prins, et grant partie de ses gentieux hommes, liquel furent mené lendemain devant le conte, et furent tout décoppé devant ses yeux. Tantost chil de Bruges sceurent ces affaires, si vinrent à Courtray, et prinrent le conte et le menèrent prisonnier à Bruges et le misrent au belefroy. Tantost que Colin Zanequin le sceut, si se traist vers Ypre, et chil qui estoient de la partie du conte, s'en fuirent, et li aultre alèrent à l'encontre de luy et le menèrent en la ville. Messire Robers s'en ala tantost à Bruges, et avint qu'il fist aliances avoec eulx. Puis ala assir la ville de Gand; mais il se tinrent si bien à cel siége que riens n'y gaingna. Si s'en départy.

[1] Var. : espars.

Comment la royne d'Engleterre fist le mariage d'Édouart son fils et de la fille au conte de Haynaut, et parmy ce messire Jehan de Haynaut ala en Engleterre avoec la royne et avoec Édouart qui avait espousé sa nièce, et conquirent en Engleterre, et firent couronner à roy le dit Édouart, et puis son père fu mort en prison, et messire Hues le Despensier fu pendus et puis fendus en quatre quartiers.

Or vous lairons du conte de Flandres, qui en prison est à Bruges. Si vous dirons de la royne d'Engleterre, qui estoit au boys de Vincennes. Toudis requéroit au roy, son frère, qu'il luy voulsist aydier; mais onques ne luy voult aydier, ne secourre. Et pour ce se départi de la court, et s'en ala droite voye au conte Guilliame de Hainau, qui le recheut, en luy présentant quanques il pooit faire. Et puis traitièrent ensamble la royne d'Engleterre, li contes de Quent et li sires de Mortemer et li contes de Hainau et messires Jehans ses frères, sur le mariage messire Édouward, le jovène fils du roy d'Engleterre, et de la fille le conte de Hainau. Et parmy ce, emprist messires Jehans de Hainau de aler avoec la royne, pour conquerre tout le royaume d'Engleterre, à l'honneur de messire Édouwart son fils. Puis fist li contes de Hainau mander toutes les nefs de son pays, et les fist charger d'armeures et de vitailles, et les fist mener à Dourdrecht. Là s'assamblèrent messires Jehans de Hainau et la royne d'Engleterre et tout li sien, et esquipèrent, et furent environ sept cens[1] hommes d'armes, et furent quatre jours sur mer, et le cinquième jour leur vint tempeste, si qu'il les convint passer oultre et arriver à un port d'Engleterre, que on appelle : Norvelle, à l'heure de nonne. Si mirent hors leurs chevaulx et leur harnas, à grant paine. Puis vindrent à terre, et fu bien mie-nuis avant qu'il eussent leurs nefs délivrées. Quant il vinrent à terre, il ne trouvèrent ne bos, ne maisons, où il se peussent herbergier, et si avoient si grant froid qu'aidier ne se pooient, et fist-on à la royne et à son fils un logis de quatre tapis[2], et estoit tout descouvert deseure, et y fist-on du feu des nefs, qui estoient brisiées, et les bonnes nefs, qui estoient deschargiées, s'en alèrent en leur pays, dont elles estoient venues.

[1] Var. : sept mille.   [2] Var. : capitres.

A grant malaise¹ furent celle nuit; mais lendemain, au point du jour, meurent de là, à bannières desployes, et vinrent à une petite ville campestre, où il trouvèrent des maisons bien garnies de vivres, et les gens s'en estoient fuis. Tantost envoyèrent leurs fourriers, qui prinrent et aportèrent ce qu'il trouvèrent, vers l'ost; et les gens, à qui on le prendoit, couroient après et s'en alèrent plaindre à la royne. Et quant la royne les vit par-devant elle, si leur fist demander combien les choses valoient, et les leur fist tantost payer en sec argent. Quant les gens du pays virent qu'elle payoit si bien, si amenèrent si grant foison de vivres que tout li os en fu remplis. Puis se partirent de là, et se trairent vers une ville, qu'on appelle: Oixefort, et y tient-on escole de théologie et de grammaire. Là vint toute l'université à procession contre luy, et le menèrent à grant joye en la ville. Et puis se départyrent de là, et, ainsi qu'il aloient leur chemin, si virent de loing bien soixante hommes d'armes. Tantost y alèrent li coureur, et apperchcurent que c'estoit uns chevaliers, qu'on appeloit: messire Robert de Watoneswille², et tantost envoya devers la royne, et fist traitier de sa paix, laquelle luy fu ottroyée, et puis vint en l'ost, et le retint la royne à toute sa gent. Tantost vint li contes de Lenclastre, à son pooir, et se rendi à la royne. Après vint li contes Mariscáulx et messire Thomas Waque, li contes de Gloucestre, li contes de Harefort et messires Édouwart de Vaux ses frères, et tout li hault baron d'Engleterre se rendirent à luy, et elle leur pardonna tout.

Quant la royne et messires Jehans de Hainau virent qu'il avoient si grant assamblée qu'il avoient bien deux mille³ hommes d'armes, il s'en alèrent toudis traversant le païs. Adont leur fu raporté par leurs espies que li rois d'Engleterre estoit en un sien chastel qu'on appeloit: Bruxton, et messire Hugues Le Despensier avoec luy. Tantost fist messire Jehans de Hainaut mouvoir celle part. Mais, quant li rois d'Engleterre sceut leur venue, si issi hors du chastel, et messire Hugues Le Despensier, le jovène, qui estoit quanques li rois pooit faire, et se trairent vers la mer, à toute leur compaingnie, et se mist dedens deux grosses nefs, luy et ses gens, mais ne eslonga pas tant le port que toudis il ne veist la terre, et onques messires Hugues Li

---

¹ Var.: mésaise. ² Var.: dix mille.
³ Var.: Wateneswille.

Despensiers, le vieux, ne volt issir du chastel et dist au roy qu'il atendroit l'aventure [1].

Ainsi que la royne aloir assir le chastel de Bruxton, luy fu amenés li contes d'Arondel, qui estoit de la partie du roy d'Engleterre, et fu atrappés ainsi qu'il cuidoit aler en Galles, et le fist la royne mettre en prison, et puis fist assir le chastel de tout lés, et, quant elle y ot esté bien huit jours, si luy fu rendu tout à sa volenté. Là furent trouvées les deux filles du roy, qui estoient moult povrement gardées, et aussi y estoit [2] messire Hugues Li Despensiers, et furent mandé li baron, et fu sire Hugues amenés par-devant eulx et fu jugiés à trainer et à pendre. Quant l'exécution fu faite, la royne vint au chastel, et tantost vindrent ses deux filles, et s'agenouil-lèrent devant luy, et, quant la royne les vit, si commencha à plorer et les prinst entre ses bras et les baisa moult de fois, puis les fist mener en une chambre et les fist vestir de robes, ainsi qu'il appartenoit à elles. Et quant Édouwars les vit, il ne les recongnut mie de première veue; mais, quant il les recongnut, il les acola et leur fist moult grant feste.

Li rois Édouwars estoit en mer et ne sçavoit que faire. Si luy survint un grant orage de temps si que par force luy convint ressortir à un port, qui estoit en le terre du conte de Lenclastre. Puis vint à terre et s'en fui en un moustier. Quant li contes de Lenclastre le sceut, si l'ala prendre en l'église et le mena en son chastel; et sires Hughes Li Despensiers, le jovène, s'en estoit fuy avoec deux machiers du roy, mais il fu tantost pris d'un cheva-lier du païs, et le mena en un sien manoir.

Quant la royne sceut que li rois estoit pris, si s'en vint au chastel, où il estoit prins, à tout son ost, et puis entra en la chambre, où li rois estoit, et s'agenouilla devant luy et luy requist que, pour Dieu, il voulsist refroidier son ire, mais onques il ne luy voulut faire response, ne le regarder. Adont le fist-elle mener vers le chastel du Cerf [3], et là le fist mettre en une forte prison, et puis envoya conquerre un chastel, qui estoit au conte d'Arondel, qui luy fut rendu, à tout grant trésor, qui dedens estoit, et fist au conte d'Arondel copper la teste.

Li chevaliers qui tenoit en prison messire Hugue Le Despensier et les

---

[1] Var. : qu'illec attendroit s'aventure.   [3] Corf.
[2] Var. : y fu trouvés.

LOUIS DE NEVERS.

deux machiers du roy, fist sçavoir à la royne, que, se elle luy voloit donner bons wages, il luy enseigneroit son anemy. Tantost elle luy envoya grant trésor, et puis il luy fu délivrés. Tantost la royne le fist mener devant les barons, et là fu jugiés, ainsi que vous orrés. Premièrement li escuyers fu attelés à la queue de deux fors chevaulx[1] par les piés, et avoit par derrière une soustenance, par quoy il ne pooit cheoir, et tenoit en sa main la bannière messire Hughe Le Despensier, le chief aval. Après fu messire Hughes Li Despensiers vestus d'un tornicle de ses armes; et ainsi furent mené au gibet, et fu li escuiers premièrement pendus. Après messire Hughes le fu par les aisselles, et sa bannière lés luy, et puis le fist-on avaler tout près de la terre, et puis on luy coppa la teste. Après fu-il escartelés en quatre pièces, et en pendi-on, as quatre bous d'Engleterre[2], un quartier. Puis se traist la royne vers Londres, à tout son host. Quant chil de Londres sceurent sa venue, si alèrent à l'encontre de luy et le menèrent en la ville à si grant beuban que mervelles. Puis menèrent Édouwart le jovène en l'église Saint-Pol à Londres, et là le couronnèrent tout li baron d'Engleterre, et luy promirent toute feauté et obéissance. Et li roys d'Engleterre qui en prison estoit, un jour estoit montés en une haulte loge, et chil qui le gardoient, le boutèrent la teste aval. Ne sçay par quel conseil il le firent, mais ainsi morut; et messires Jehans de Hainau, qui avoit aidiet à conquerre Engleterre, s'en revint par-dechà.

De Loys de Bavière et de l'antipape qui fu fais à Romme à sa requeste.

En ce tamps li esliseur d'Alemaigne s'assamblèrent pour faire empereur, mais il ne se peurent acorder; car l'une partie eslut le duc d'Ostriche, et l'aultre partie eslut Loys, frère du duc de Bavière, qui estoit son cousin germain. Quant li dus d'Ostriche sceut qu'il estoit eslus, si assambla ses hos et vint au siége à Ais. Loys de Bavière, qui estoit eslus contre luy, asssambla son host, et vint vers Ais pour lever le siége, et amena avoec luy le roy de Behaingne, le conte de Hainau et messire Jehan son frère. Quant

---

[1] Var.: roncins.   [2] Var.: à cascun bout d'Engleterre.

les deux hos furent assamblés, si commencha une bataille moult dure[1]; mais en la fin s'en fuirent les gens du dus d'Ostriche, et fu li dus prins et menés[2] à son cousin germain. Quant Loys ot conquis la ville d'Ais, si fu menés en la chappelle Nostre-Dame, et là fu couronnés par la main de l'archevesque de Couloingne, et après fu fais li mariages de luy et de l'aisnée fille le conte Guillemme de Hainau, et fist son appareil moult grant et se traist vers Lombardie, et envoya ses légas par-devers le pape pour avoir sa grâce; mais li rois de France, qui n'estoit mie lies de son couronnement, fist tant par-devers le pape qu'il refusa sa grâce. Mais onques pour ce ne laissa sa voye, jusques à tant qu'il vint à Melan: et chil de Melan vindrent contre luy à grant joye et le menèrent en la ville, et là fu couronnés de la deuxiesme couronne.

Après se traist li rois d'Alemaigne vers Romme, et tous li peuple vint à l'encontre de luy à grant joye, et le menèrent en la cité, sans contredit; mais il n'y trouva homme, de par le pape, qui couronner le voulsist, selon les estatus qui furent fais entre le pape et l'empereur Constantin, et pour ce fist-il assambler tout le peuple de Romme et leur monstra que li papes qui estoit par-deçà les mons, mesprenoit moult contre la cité de Romme, car il ne tenoit mie le siége, où sains Pierres l'avoit ordené. Et pour ce chil de Romme envoyèrent leurs ambassadeurs en Avignon au pape, et luy mandèrent qu'il venist tenir son siége à Romme, ou, se ce non, il feroient pape de eulx-mesmes. Quant il furent venu en Avignon, si alèrent en consistoire et monstrèrent au pape leurs lettres. Quant li papes les entendi, si leur deffendi que, sur paine d'excommeniement, il ne s'entremesissent du pape, et deffendi aussi à Loys de Bavière qu'il n'entrepresist riens sur l'empire, sans l'assent de luy.

Li message se départirent d'Avignon et vinrent à Romme, et puis dirent le response que li papes leur mandoit[3]. Quant Loys de Bavière et li citoien de Romme l'entendirent, si prinrent un conseil contre Sainte Église, par l'acord de deux clers de Romme, dont li uns fu frères-mineurs, et l'appeloit-on: Bonne-grâce[4], et li aultres fu appelés: maistre Jehan Gendin[5], et

---

[1] Var.: flère.
[2] Var.: livrés.
[3] Var.: que li papes leur avoit dit.
[4] Bonagratia, religieux de Bergame.
[5] Jean Jandun, docteur de l'Université de Paris.

estoit lorrains, et par l'engin de ces deux fu li peuples de Romme esmus, et disoient de commune voix. « Nous volons avoir pape! » et eslurent un frère-mineur, qui moult estoit simples homs, que on appeloit: frère Jehan de Corbaire, et le portèrent en la chaire saint Pierre, et luy vestirent le paillon et luy mirent le diadème sur son chief, et le nommèrent : Nicolas, et crièrent à haulte voix : « Vive le pape! » Puis fist six cardinaulx, et après mena Loys de Bavière à Saint-Jehan de Latran, et là fu couronnés à empereur. Mais ne dura gaires son règne papal; car chil qui l'avoient fait, le deffirent et le prinrent et l'envoyèrent au pape par-dechà les mons. Li papes excummenia tantost Loys de Bavière, et commanda que nuls ne l'appelast empereur, sur paine d'excommeniement; et puis wida la ville de Romme par pauvreté, et fist entendant à ceulx de la ville de Romme qu'il voloit aler assir Florence; mais quant il fu hors, il s'en vint droite voye en son pays et vint séjourner à une ville, que on appelle : Noremberc.

Comment le roy de France envoya le baillif d'Amiens par ses lettres querre le conte de Flandres qui estoit en prison à Bruges et adjourner messire Robert de Flandres et ceulx de Bruges, et comment l'acort fu fais à Arques.

Désormais vous dirons du roy Charle de France, qui avoit oy nouvelles que chil de Bruges avoient emprisonné leur conte, par le conseil messire Robert de Flandres. Si manda tout son conseil et escrivit unes lettres à messire Robert de Flandres et au commun de Flandres, dont la teneur fu telle :
« Charles, par la grâce de Dieu roy de France et de Navarre, au baillif
» d'Amiens, salut. Comme il soit venu à nostre congnoissance par com-
» mune renommée, laquelle par évidence de fait notoire est publique non
» pas tant seulement en nostre royaume, mais en pluiseurs autres lieux,
» que malfaiteur de la ville de Bruges, avoec autres, ont prins par force
» d'armes leur propre seigneur, c'est-assavoir nostre amé et féal nepveu,
» Loys, conte de Flandres et de Nevers, en la ville de Courtray, et en la
» fin l'ont mené à Bruges et livré[1] aux gouverneurs de ladite ville, liquel

---

[1] Var. : délivré.

» l'ont détenu longuement et encores le détiennent en prison fermée, en
» faisant chartre de leur propre seigneur, esquelles choses faire Robers
» de Flandres, oncle dudit conte, leur a donné hardement, aide, conseil,
» faveur et authorité, et par mandement et sous l'ombre de luy ont fait les
» choses dessusdites, lesquelles sont en grant grief, vitupère et damage à
» nostre nepveu et en l'offense de nostre majesté royal, comme il soit
» nostre homme sans moyen, per de France et autrement conjoint à nous
» par grant affinité : nous, qui ces choses dessusdites ne devons dissi-
» muler, vous mandons et commandons que vous ou personne ad ce conve-
» nable commandiés à ceulx de Bruges et audit Robert que, sur quanques
» il peuvent meffaire à nous, il le vous rendent et délivrent, sans nul délay,
» pour amener à nous, lequel nous aurons[1] à droit, pour accomplissement
» de justice et de raison, à tous ceulx qui de riens voudroient opposer.
» proposer ou dire contre luy, et nientmoins adjournés et faites adjourner
» ledit Robert et ceulx de Bruges, par devant nous, à Paris, as octaves de
» la Saint-Andrieu, pour respondre à nostre procureur, sus les choses
» dessus-dites, si comme raisons[2] sera, à laquelle journée nous les orrons
» volentiers en toutes leurs raisons et deffenses qu'il voudront proposer.
» Si leur faites intimation de par nous, que, se ils n'obéissent aux choses
» dessus-dites, nous procéderons contre eulx par voye convenable. Et de ce
» que fait en aurés et de leur response, nous rescripsiés. Donné au boys de
» Vincennes, le dix-neufiesme jour de septembre, l'an de grâce mil trois
» cens et vingt-cinq. »

Tantost que ce commandement fu fait à messire Robert, il assembla tout son conseil et le pays de Flandres, et ordonnèrent qu'il délivreroient le conte, au commandement du roy. Tantost fu li contes délivrés, et s'en ala vers le roy; mais pour ce ne demoura mie que li rois ne tenist sa journée contre ceulx de Flandres, liquel n'y daignèrent aler, ne envoyer, et pour ce envoya li rois, à force d'armes, à Saint-Omer monsigneur Aufour d'Espaigne, monsigneur Mile de Noyers et le mareschal de Trie. Madame de Couchi ala par-devers monsigneur Aufour à Saint-Omer et le requist qu'il voulsist souffrir que li pays de Flandres et messires Robers peussent avoir une journée pour traitier par-devers luy, et tantost luy respondi que sans

---

[1] Var. : orrons.   [2] Var. : de raison.

la volenté du roy ne l'oseroit faire, et pour ce envoya à la court. Et tantost que li rois l'eust entendu, si acorda le traitiet, par ainsi que li contes de Flandres et li contes de Namur y seroient appelés, as quels la chose touchoit. Et y envoya li rois, avoec ceulx qui à Saint-Omer estoient, messire Andrieu de Florence (qui puis fu évesque de Tournay) et messire Pierre de Congnières, et fu li parlemens à une ville, qui est bien près de Saint-Omer, laquelle on appelle : Arques. Là vint messire Robers de Flandres et ceulx des bonnes villes et des chastelleries, et commencha li parlemens le dimenche après les Brandons et dura jusques à lendemain de Pasques, et firent là une paix, qui peu dura; et vint messire Robers de Flandres, le jour de Pasques, en la ville de Saint-Omer et disna avoec messire Mile de Noyers, et fu la paix criée entre le roy et les Flamens.

Du mariage du roy de France et de la suer au roy de Navare, et puis fu mors l'an mil CCC. et XXVIII.

En cel tamps se maria li rois Charles, et prinst à femme la seur du roy de Navarre, et, assés tost après que li contes de Valoys fu mors, prinst au roy une maladie, et morut et fu enterrés à Saint-Denis. Chieulx rois fist peu de proèces en son tamps.

Comment le roy Philippe, fils messire Charle de Valois, fu esleus roys de France.

En l'an de grâce mille trois cens et vingt-huit, li royaumes de France estoit comme vaghes, et n'estoient mie li baron d'acord de faire roy; mais toutesfois, par le pourcach de messire Robert d'Artois, fu tant la chose démenée que messire Philippes, qui fu fieulx de messire Charle de France, conte de Valois, fu esleus à roy de France.

De la bataille de Cassel, qui fu la vigille Saint-Bertrémieu l'an mil. CCC. XXVIII.

En cel tamps s'estoient li Flamenc de rechief rebelé contre leur conte, et l'avoient chacié hors de sa terre, non-contrestant la paix qui à Arques fu faite. Maintenant fist li rois adjourner tous ses barons qu'il fussent à son sacre[1] à Rains, le jour de la Trinité, là où il fu sacrés avoec la royne sa femme, qui estoit seur au duc de Bourgoingne, par la main l'archevesque de Rains, qui fu nommés : Guillaume de Trie. Là fu fais chevaliers Loys li contes de Flandres, et requist au roy que pour Dieu il luy voulsist aidier et eust pité de luy; car ses gens ne luy voloient obéir. Tantost manda li rois tous ses barons qui là estoient, et leur requist que, par la foy qu'il luy devoient, il fussent tout en armes[2] à Arras, as octaves de la Magdalaine; car il avoit intention de mettre les Flamens en sa subjection. Et tantost luy acordèrent tout li baron, et puis se parti li rois de Rains, et la royne et tout li baron, et ala chascuns en son lieu, pour faire son appareil. Li rois vint à Paris, là où il y fu moult noblement recheus, et assés tost après envoya en la Langhe-d'och que tout fussent à son ban, as octaves de la Magdalaine, à Arras, et envoya tant de garnisons à Lille, à Tournay et à Saint-Omer que toutes les villes en furent remplies.

Li rois manda messire Robert de Flandres et le fist sermenter avoec luy, puis luy manda qu'il presist deux cens hommes d'armes et alast à Saint-Omer et là tenist frontière contre les Flamens, et commanda au conte de Flandres qu'il alast vers Lille et tinst le frontière entre le Lis et l'Escaut. Quant li Flamenc sceurent que li rois avoit fait sa semonse, si s'assamblèrent et virent qu'il n'avoient mie seigneur de qui il peussent faire chièvetaine; car tout li gentieulx homme du pays leur estoient failli, et ne sçavoient de quel lés li rois devoit venir. Et pour ce ordenèrent chil de Bruges et d'Ypre que tout chil du terroir de Furnes, de Dicquemue, de Berghes, de Cassel, de Poperinghes et du Franc tenroient le pays devers Tournay, et chil d'Ypre et de Courtray à l'encontre de Lille.

Li rois vint à Arras; mais il n'y séjourna mie longement; car il ot conseil

---

[1] Var. : à son couronnement. [2] Var. : et en chevaux.

qu'il se trairoit vers Saint-Omer et par là entreroit en Flandres, et ala à une ville qu'on appelle: Estrées, et là se loga, et sa chevalerie. Et puis se loga entre Aire et Saint-Omer. Là séjourna trois jours et attendi sa chevalerie. Par un samedy matin mut li rois de France, à tout son ost, et entra en la terre de Flandres entre Blaringhem et le Pont-Hasequin, parmy le Noef-Fossé, et s'alèrent logier dessoubs une forest, qui est au conte d'Artois, qu'on appelle: Ruhout, sur un vivier, qu'on appelle: Scoudebrouc, qui est de l'abbéye de Clermarès.

Chy orrés vous comment les batailles passèrent. La première bataille menèrent li doy mariscal et li maistres des arbalestriers, et avoient en leur route six bannières; et toutes les gens de piet suyvirent leur bataille, et tout li carroy. Quant li mariscal vinrent ou camp, si baillèrent place as fourriers pour leurs maistres. Après passa la bataille du conte d'Alençon, où il y avoit vingt-et-une bannières. Celle bataille prinst son tour jusques emprès le mont de Cassel, et là arresta jusques à ce que les tentes furent mises [1]. Après passa la tierche bataille, à trèze bannières, et la conduisoit li maistres des Hospitaliers de oultre mer et li sires de Biaugieu, et tout chil de la Langhe-d'och. La quarte bataille mena li connestables de France Gautiers de Chastillon, et avoit huit bannières. La cinquième bataille fu du roy, et y avoit trente-neuf [2] bannières, et estoit li rois armés de ses plaines armes; et estoient en sa bataille li rois de Navarre, li dus de Lorraine et li contes de Bar, et avoient une elle de six bannières, que messires Miles de Noyers conduisoit, qui portoit l'oliflambe. La sixième bataille conduisoit li dus de Bourgoingne, à dix-huit bannières. La septième bataille conduisoit li dauphins de Vianne, à douze bannières. La huitième bataille conduisoit li contes de Hainau, à dix-sept bannières, et avoit une elle de messire Jehan, son frère, qui menoit les gens du roy de Behaingne. La neufiesme bataille mena li dus de Bretaingne, à quinze bannières. Tout chil s'alèrent logier en la place que li mariscal leur avoient baillie, à deux lieues du mont de Cassel. Quant tout furent logié, si vint l'arrière-garde, qui estoit la dixiesme bataille, laquelle conduisoit messire Robers d'Artois à vingt-deux bannières, et se traist vers le mont de Cassel, et avironna tout l'ost, et passa par devant la tente du roy, et ala à une abbéye, assés

---

[1] Var.: drecies.   [2] Var.: vingt-neuf.

près de là, qu'on appelle : le Wastine, et là se loga. Puis lendemain vint li dus de Bourbon en l'ost, à toute sa bataille, à quatorze bannières.

Li Flamenc, qui sur le mont de Cassel estoient, virent le roy, à tout son pooir, qui estoit logiés à deux lieues près d'eulx. Oncques pour ce ne s'effraèrent, ains mirent leurs tentes hors de la ville, et s'alèrent logier sur le mont pour ce que li François les vissent [1]. Et ainsi furent li uns contre les aultres trois jours sans riens faire; et au quart jour se desloga li rois, et ala logier demy-lieue plus près, sur une petite rivière, qu'on appelle : le Pene. Adont vint Robers de Flandres en l'ost, à toute sa bataille, à cinq [2] bannières.

Li rois de France prinst conseil comment il porroit avoir les Flamens jus du mont; car sur le mont il n'avoit mie jeu parti. Pour ce envoya, par un mardi, veille de Saint-Bertelmieu, au point du jour, les deux mareschaux et messire Robert de Flandres par-devers le terroir de Berghes, et boutèrent le feu partout, et par ce cuidèrent traire les Flamens jus du mont. Mais onques n'en firent compte, ains vinrent tout le jour [3] au piet du mont paleter as gens du roy, et li chevalier montèrent sur leurs chevaulx souvent pour aler voir le paletis, et, quant il en veoient aucun blechiet, qui bien avoit fait la besoingne, il s'en rioient et moquoyent. Quant li mariscal furent venu de fourrer, si s'en alèrent aisier, car il avoyent le jour souffert grant paine. Onques en l'ost du roy ne fist-on gait, et li grant seigneur aloient d'une tente en l'aultre pour eulx déduire en leurs belles robes.

Or vous dirons des Flamens qui sur le mont estoient. Il s'avisèrent que li mariscal estoient moult lassé, et li chevalier s'esbatoient à jouer as dés et en déduits, et li rois estoit en sa tente avoec son conseil pour ordener les besoingnes de sa guerre. Si firent trois grosses batailles, et vindrent avalant le mont, le grant pas, devers l'ost du roy, et passèrent tout oultre, sans cry, ne noise, et fu à l'heure de vespres sonnans. Tantost que on les apercheut, si peust-on voir toutes manières de gens fuir de l'ost du roy vers Saint-Omer, et li Flamenc ne s'atargèrent mie, ains vindrent le grant pas pour sourprendre le roy en sa tente. Mais, ainsi que Dieu le

---

[1] Var. : les peussent veoir.
[2] Var. : à quinze ... à vingt-cinq.
[3] Var. : toute jour.

LOUIS DE NEVERS.

voult, li mariscal, qui n'estoient mie encores tout désarmé, tantost qu'il oïrent le cry, montèrent à cheval et vinrent férant des espourons vers leurs anemis. Quant li Flamenc les veirent venir, un peu s'arestèrent, mais quant il virent que si peu de gens avoient, si s'esmurent[1] pour aler avant, et tantost vint messire Robers de Flandres au secours des marescaux. Quant li Flamenc le virent, si s'arestèrent et se mirent en conroy, et avoient jà tant esploitiet qu'il estoient à deux trais d'arbaleste près du roi de France; mais par l'arest qu'il firent, furent tout li hault homme armé, et alèrent, à toutes leurs batailles, vers leurs anemis, et leur cururent sus et à grant paine les entamèrent; et moult navrèrent de haulx hommes avant qu'on les peust conquerre.

Or vous dirons du roy qui s'armoit en sa tente et n'avoit entour luy que deux Jacobins et ses chamberlens. Si vinrent chil qui estoient pour son corps, et le montèrent sur un destrier couvert de ses armes, et avoit un tornicle des armes de France et un bachinet couvert de blanc cuir, et à son dextre lés estoit messire Fastrés de Ligne, messire Guis de Beausay et messire Jehans de Chepoy. A son senestre lés estoit messire Trouillars du Sages et messire Jehan de Boussoy[2], et par derrière estoit li Borgnes de Séry, qui portoit son heaume atout une couronne et le fleur de lis dessus. Par-devant estoit messire Jehans de Biaumont, qui portoit son escu et sa lance, et messire Miles de Noyers, qui estoit montés sur un grant destrier couvert de haubergerie, et tenoit en sa main une lance, à quoy l'oliflambe estoit atachie, qui estoit d'un vermeil samit, à guise de gonfanon à trois queues, et avoit entour houppes de verde soye, et ainsi ala vers la bataille.

Quant li Flamenc virent tant de gens venir sur eulx, si ne peurent plus soustenir le fais: si se desconfirent. Et là peust-on voir maint hault homme tresbuschier et mettre à mort; et li nobles rois de France crioit[3]: « Montjoye! » Saint-Denis! » à haulte voix. Li contes de Hainaut ala vers le mont, et là trouva une grosse bataille de Flamens qui s'estoient trais en un enclos. Tantost courut sur eulx; mais tant s'estoyent bien entrelachiet que désassambler ne les pooit. Si descendi à piet, et toute sa chevalerie. Puis prinst

---

[1] Var. : murent.
[2] Var. : de Vousoy.
[3] Var. : Et li noble sanc de France crioient.

l'escu et la lance ou puing, et leur courut sus, criant à haulte voix : « Hainau! » Et li Flamenc se deffendirent vigoreusement; mais en la fin se desconfirent et furent là tout tué. Puis monta li contes de Hainau, et se traist vers le mont de Cassel, et tout quanques il trouva en sa voye, mist à mort. En celle bataille fu tués Colin Zannequin, qui estoit chèvetaine des Flamens. Les gens du roy, qui chaçoyent les Flamens, vinrent en la ville de Cassel et boutèrent le feu partout: de quoy tous li pays fu resjoys quant il virent le feu. Puis retourna li rois en sa tente[1], en loant Dieu de sa victoire, et li aucun qui s'en estoient fui, retournèrent arrière, faisant les bons varlets et disant qu'il avoient tout vaincu.

Or vous dirons les noms des haults hommes, qui furent mort en celle bataille. Premiers y morut uns chevaliers de Champaigne, à bannière, qui fu nommés: messire Renaud de Lor, et fu enterrés à Saint-Bertin. Item uns banerès de Berry, luy sixième de chevaliers, qui fu appelés: le visconte de Brosse, et tout furent enterrés as Cordeliers de Saint-Omer. Des navrés qui vinrent à Saint-Omer, il y fu: premiers li dus de Bretaigne, li contes de Bar et li contes de Bouloingne, qui furent malades de fièvres et d'autres maladies. Messires Loys de Savoye fu navrés en la main. Messire Bouchars de Montmorency fu navrés au piet. Messires Henris de Bourgoingne ot l'œil crevé, et y furent blechiet tout plain d'aultres haulx hommes, que nommer nous ne savons. Ceste bataille fu la veille de Saint-Bertrémieu, l'an mil trois cens et vingt-huit.

Li rois de France fu quatre jours ou camp, où la bataille fu faite, et attendi là le garison de ses gens, qui estoient malades et navré. Puis se parti, et passa Cassel à la main dextre, et tout chil de la basse Flandres se vinrent rendre à luy. Puis se traist vers Ypre et s'ala logier près de la ville, et tantost li habitant se vindrent rendre à luy par condition et luy baillèrent les malfaiteurs que li rois fist pendre. Et puis envoya en la ville le conte de Savoye et le connestable de France, à deux mille hommes d'armes, et commandèrent que tout apportassent leurs armures, et il le firent. Puis abatirent leur cloche, qui pendoit ou belefroy, et laissièrent capitaine en la ville un chevalier de Flandres, que on appeloit: messire Jehan de Bailleul. Adont vint li contes de Flandres devers le roy, et amena

---

[1] Var. : en ses tentes.

avoec luy ceulx de Bruges et du Franc, qui avoient entendu la desconfiture de Cassel, et pour ce se rendirent au conte. Et, pour ce que li rois vit que li tamps commenchoit à refroidier, si les recheut à merchy à sa volenté, lesquels il condampna, les uns à bannissement et les aultres à mort et les aultres à estre trois ans oultre la rivière de Somme; et restablit le conte en sa conté, et puis vint à Lille et départi son ost, et s'en revint en France.

Comment le roy d'Engleterre vint à Amiens pour faire hommage au roy de France de sa terre de deçà la mer.

Quant li rois fu revenus en France, si ot conseil, avoec ses barons, que bon seroit qu'il fussent alliet entre luy et le roy d'Engleterre, et qu'il venist par-dechà pour faire hommage au roy, de la terre qu'il tenoit par-dechà la mer, et pour ce envoya à luy l'abbé de Fescamps et messire Bouchard de Montmorency. Quant il furent venu en Engleterre, si firent leur requeste au roy, qui moult estoit jovènes[1], et, par l'aide du conte de Quent, fu tant la chose démenée que li rois ot en convent de venir devers le roy de France, et li parlemens des deux roys fu assis en la cité d'Amiens. Li rois d'Engleterre passa à Bouloingne-sur-la-mer et fist faire son appareil. Quant li rois de France sceut la venue du roy d'Engleterre, si vint contre luy, à grant foison de ses barons, à Amiens, et envoya, à l'encontre du roy d'Engleterre, des plus grans de son lignage, qui moult noblement l'amenèrent en la cité. Tantost que li doy roy s'entrevirent, si firent moult grant feste li uns à l'aultre. Puis fist li rois d'Engleterre hommage au roy de France, de la duché d'Aquitaine et de la conté de Ponthieu. Dont furent unes joustes commenchies moult belles et moult grandes, et fu là li rois d'Engleterre moult honnourés, et puis se départirent et prinrent congiet li uns à l'autre, et s'en rala cascuns en son royaume.

[1] Var.: joènes.

Comment messire Robiers d'Artois cuida avoir la conté d'Artois par unes fausses lettres, et comment il fu banis et ala en Brabant.

Quant li rois de France fu revenus à Paris, si assambla messires Robers d'Artois le conte d'Alençon, le duc de Bretaingne et plusieurs autres haults hommes de son lignage. Sy vint au roy et luy requist que droit luy fust fait de la conté d'Artois, qui devoit estre ses propres héritages. Tantost fist li rois adjourner la contesse d'Artois contre lny, à laquelle journée elle vint, et amena avec luy le duc Eude de Bourgoingne et le conte Loys de Flandres. Là monstra messires Robers d'Artois unes lettres séellées du conte Robert d'Artois, contenans que, quant li mariages du conte Philippe d'Artois, père messire Robert d'Artois, et de madame Blanche, fille du conte Pierre de Bretaingne, fu fais, li contes les mist en advesture de la conté d'Artois, si comme il estoit contenu ès dites lettres. Quant la contesse vit les lettres, si requist au roy que, pour Dieu, il en voulsist estre saisis; car elle entendoit à proposer à l'encontre. Tantost fu dit par arrest que les lettres demourcroient devers le roy, et fu remise une aultre journée, à laquelle la contesse debvoit respondre.

Or vous dirons comment ces lettres vindrent à messire Robert d'Artois. Il y avoit une damoiselle, gentil femme, qui fu fille du seigneur de Divion, de la chastellenie de Béthune. Celle damoiselle s'entremetoit des choses à venir et jugeoit à regarder les phisionomies des gens. A le fois disoit voir, et à le fois aultrement; et avoit tant fait, par aucuns familiers de messire Robert, que elle avoit empris une moult forte chose à faire, ainsi que vous orrés. Il y avoit un bourgois à Arras, qui avoit rente à vie sur la conté d'Artois et en avoit lettres séellées du séel le conte d'Artois. Quant il fu trespassés, la damoiselle fist tant qu'elle ot ceste lettre; puis fist escripre unes lettres de l'advesture de monseigneur Robert, ainsi comme vous avés oy. Puis prinst le séel de la vieille lettre et le dessevra du parchemin à un chaud fer, qui pour ce estoit fait, si que l'empreinte du séel demoura toute entière, puis le mist à la lettre nouvelle, et avoit une manière de chiment, qui atacha le séel à la lettre nouvelle, ainsi comme à l'autre. Puis vint à messire Robert et luy dist qu'une telle lettre avoit trouvée en sa maison, à Arras, en une vièse aumaire. Quant messire Robers vit les lettres, si en fut moult joyeus¹, et luy dist que jamais ne luy faudroit, et l'envoya demourer à Paris moult honnorablement.

La contesse d'Artois, qui estoit moult sage, fist tant qu'elle ot le clerc qui escripvit ces lettres. Si le mena par-devers le roy ; et là il recongnut que la damoiselle de Divion luy avoit fait escripre unes lettres, environ sept ans avoit. Puis luy furent monstrées; et lors il recongnut qu'il les avoit escriptes de sa main. Puis manda li rois messire Robert, et luy dist qu'il estoit informé que la lettre n'estoit mie vraye et qu'il se déportast de celle³ demande; et il respondi que, se aucuns voloit dire qu'elle³ ne fust bonne, il s'en voudroit combatre et que jà ne se déporteroit de celle demande. De quoy li rois se courrouça à luy⁴, si que à la journée il fist porter les lettres en présence du Parlement et les fist deschirer, et fist prendre la damoiselle de Divion et mettre en prison au Chastelet à Paris; et fu messire Robers fourjugiés de la conté d'Artois. Dont il dist du roy et de la royne si grosses paroles que li rois le fist appeler à ses drois; mais il n'y daigna onques venir, ne luy excuser. Et pour ce le fist li rois bannir hors de son royaume, à tous les quarfours de Paris, et fist mettre la damoiselle à gehenne⁵, laquelle recongneut tout le fait, et puis fu arse à Paris au Marchié as Pourcheaux. Mesire Robers fut moult irés de ce que li rois luy avoit fait; et disoit que par luy avoit-il esté rois de France, et par luy en seroit démis, s'il pooit. Puis fist mener tous ses destriers qu'il avoit moult bieaux et son trésor qu'il avoit moult grant, à Bourdeaux-sur-Gironde, et les mist en mer et les fist mener en Engleterre. Puis se traist vers le duc de Brabant, qui le recheut en son pays et le tint une pièce de tamps avoec luy.

Or vous dirons comment il se départi de luy. Il advint que li contes de Hainau avoit ses filles mariées, l'une au roy d'Alemaigne, l'aultre au roy d'Engleterre, et l'aultre au conte de Jullers. Li aultre, qui jovène estoit, estoit plevie à l'aisné fils du duc de Brabant. Quant li roys de France vit que li contes de Hainau, comment qu'il eust sa seur espousée, estoit si fors de tous lés, et qu'il avoit toute Alemaigne à sa partie, et que, se li rois d'Engleterre se mouvoit contre le couronne de France, trop seroit fors par ces aliances, pour ce manda il le roy de Behaingne, le conte de Guelres, le duc

---

¹ Var. : joyans.
² Var. : telle.
³ Var. : que ceste demande.
⁴ Var. : s'aïra.
⁵ Var. : à gehine.

de Brabant, l'évesque du Liége et messire Jehan de Hainau que tout fussent à luy à Compiengne, et là s'alia avoec eulx, et prinrent grant foison de ses deniers. Puis se départirent tout, fors li dus de Brabant, à qui on remonstra que trop seroit ses fils bas mariés à la fille du conte de Hainau et que plus grant honneur seroit qu'il presist la fille du roy de France. Tantost li dus s'y assenti, et fu aniantis [1] li mariages de devant. Si fu ordenée une moult grant feste à Paris, à laquelle li dus de Brabant mena son fils, et espousa la fille du roy, et fu là li dus de Normendie, fils du roy de France, fais chevalier. Pour quoy li contes de Hainau fu si destourbés que onques puis ne fina de contrarier à la couronne de France; et fist tant li rois de France au duc de Brabant qu'il luy eut en convent qu'il feroit widier messire Robert d'Artois hors de son pays. Adont ala messire Robers demourer au chastel de Namur, et lors prinst li contes de Guelres à femme la seur du roy d'Engleterre.

Comment paix fu faite entre les Englès et les Escos.

Or vous dirons du roy d'Engleterre, qui estoit sur les marches d'Escoce et avoit eu assés à faire contre les Escos. Mais tant fut la chose démenée que paix et acord fu fais entre les Escos et luy, par ainsi que David, li jovènes fieulx du roy d'Escoce, prenderoit à femme la seur du roy d'Engleterre et feroit hommage au roy d'Engleterre, de la terre qui est entre la mer d'Escoce et une rivière qu'on appelle : Werc, laquelle terre est appelée : Galewede [2].

De la mort de la contesse d'Artoys et de la royne Jehenne son aisnée fille, et comment la duchesse de Bourgotngne fu contesse d'Artoys.

Désormais vous dirons de la contesse d'Artois, qui estoit à Paris. Il luy prinst maladie, et disoit-on qu'elle fu enherbée, et après ce qu'elle ot receu son Sauveur et son dernier sacrement, trespassa de ce siècle et fu enterrée

---

[1] Var. : dépièciés.   [2] Var. : Gallewende.

à Maubuisson, dalés le conte Robert son père. Après luy eschéy la conté d'Artois à la royne Jehanne sa fille, qui avoit esté femme au roy Philippe le Borgne et estoit mère à la duchesse de Bourgoingne, à la dauphinesse de Viane et à la contesse de Flandres. Tantost qu'elle ot fait hommage au roy de la conté d'Artois, si fist son appareil moult grant pour venir en son pays; et, quant elle fu venue à Roye en Vermandois, où elle atendoit ses gens, si fu une nuit avoec ses dames en son déduit, et leur prinst talent de boire claré[1], et elle avoit un bouteillier, qu'on appeloit : Huppin, qui avoit esté avoec la contesse sa mère. Chieulx aporta claré en un pot d'argent, et porta un temproir pour la bouche de la royne; et là burent à aise, et puis alèrent couchier. Tantost que la royne fu en son lit, sy luy prinst la maladie de la mort; et assés tost après rendi son esprit, et luy coula le venin par les yeux, par la bouche, par le nés et par les oreilles, et devint ses corps tous tachés[2] de blanc et de noir, et fu de ly moult piteuse chose à voir. Puis fist-on son corps embaumer et apparillier et porter en terre as Cordeliers à Paris, et là fu enterrée.

Après la mort de la royne Jehanne, se présenta au roy la duchesse de Bourgoingne, comme hoirs de la conté d'Artois, et li rois le recheut en son hommage, et le duc, son baron, comme bail de luy. Puis vint en la conté d'Artois et fu recheue comme dame de la conté.

Comment le roy de France se croisa pour aler outre mer.

En cel temps vint en pourpos au roy Philippe de France d'aller oultre mer, et fist preschier as croix, et le prinst li premiers, et, après luy, plusieurs[3] de ses barons; et puis fist preschier par toutes les bonnes villes de son royaume, mais peu se croisièrent pour ce qu'il doubtoient le pié derrière et que li sermons avoit toudis la queue d'argent. Si envoya li rois en Engleterre le conte Raoul d'Eu, qui estoit connestable de France, et l'évesque de Beauvais. Quant il vinrent en Engleterre devant le roy, il luy requirent, de par le roy de France, qu'il voulsist emprendre de faire le

---

[1] Var. : clarey.
[2] Var. : taquelés.
[3] Var. : tout plain.

saint voyage avoec luy, et il luy promettoit de faire loyale et bonne compaignie[1].

Quant li rois d'Engleterre oyt ceste chose, si respondi que moult luy sambloit grant mervelle de faire le saint voyage, se li rois ne luy tenoit les convenences, qui furent acordées à Amiens, en quoy il estoit défaillans par-devers luy : « Si déclarés à vostre seigneur, que, quant il m'aura fait » ses convenences, je serai plus prest d'aler au saint voyage, qu'il ne sera. » Tantost prinrent congiet, et vinrent en France, et dirent leur response au roy de France.

La mort le pape Jehan.

En cel tamps morut li papes Jehans, et fu li siéges vaghes environ deux mois. Puis fu esleus à pape uns cardinaulx de l'ordre de Citeaux, qui estoit maistre en théologie, et l'appeloit-on : le cardinal blanc, et fu nés en la terre de Bierne en la conté de Fois, et le tenoit-on du roy d'Engleterre. Quant il fu esleus, il fu portés à Nostre-Dame-d'Avignon, et fu là consacrés du cardinal d'Ostie, qui estoit doyens des cardinaulx, et fu nommés : Bénédict.

Comment le roy d'Engleterre envoia à Paris pour traitier d'acort pour ce que le roy de France voloit mettre en l'acort avoecques li les Escos.

Li rois d'Engleterre ot conseil avoec ses barons, par l'enhortement du conte de Hainau et de messire Robert d'Artois, qu'il envoyeroyt devers le roy de France, pour savoir s'il voulroit entendre à aucun traitiet. Si envoya l'archevesque de Cantorbie, messire Philippe de Montagu et messire Godefroy Scrop. Quant il vinrent à Paris, il trouvèrent la court moult estrange ; mais en la fin leur fu livré li contes d'Eu et maistres Pierre Roger, archevesque de Rouen, et li marescaulx de Trie pour traitier à eulx. Tant fu la chose démenée qu'il vinrent devant le roy, et fu la paix confermée entre les deux rois de France et d'Engleterre et fiancée des deux parties. Quant la chose fu faite, les Englès vinrent hors de la

---

[1] Var. : et luy promettre de faire loyale et bonne compaignie.

chambre à grant joye, et furent convoyés de tous les consilliers du roy, et crioit-on la paix par toute la ville de Paris. Mais ne demoura mie longuement que la chose ala aultrement; car il ne furent mie à leurs hostex, quant li rois les remanda et leur dist que s'entente estoit que li rois David d'Escoce et tout li Escot fussent comprins en celle paix. Quant li Englès l'entendirent, si furent moult esbahi et dirent que des Escos ne fu onques faite mention, et qu'en nulle manière du monde il n'oseroient ceste chose acorder. Quant il virent que aultrement ne pooit estre, si se départirent et s'en ralèrent en Engleterre, et contèrent au roy et à son conseil comment la chose estoit alée. Dont jura li rois d'Engleterre que jamais ne fineroit, si auroit Escoce mise au-dessoubs.

La mort Jehan de Douglas, et de la guerre du roy d'Espaigne et du roy de Maroc.

Devant que ceste chose avenist, estoit mors uns hauls barons d'Escoce, que on appeloit : li contes de Momenie [1], et ne pensoient li Escot d'avoir nulle guerre au roy d'Engleterre, pour les aliances qui estoient faites. Si eslurent, de commun assent, monseigneur Jehan de Douglas, pour porter le cuer monseigneur Robert, roy d'Escoce, oultre mer, et luy baillèrent moult grant trésor, et fist son appareil et arriva à l'Escluse, et de là se traist vers la court de Romme, et là oït nouvelles que li rois Alfons d'Espaigne estoit en guerre contre le roy de Maroc; et vous dirons la cause. Li rois d'Espaigne, qui jovènes estoit, avoit prins à femme la fille à un hault baron d'Espaigne, qu'on appelloit : dan Jehan Manuel, mais il ne luy tint foy, ne loyauté; car il tenoit une damoiselle en soing, qui estoit fille à un chevalier que on appeloit : dan Jehan-Pierre Gosman, et si tenoit une juifve, qui moult estoit belle, et avoit la royne, sa femme, du tout déboutée. De quoy li pères avoit si grant duel qu'il donna congiet as Sarrasins de passer parmy sa terre. Quant messires Jehans de Douglas vint en Espaigne, si trouva la guerre toute ouverte entre les Espaignols et les Sarrasins. Là fu moult noblement recheus du roy, et fu mis jour de

[1] Thomas Randolph, comte de Moray, mort en 1331.

bataille, et au jour nommé alèrent les batailles toutes ordenées l'une contre l'aultre, et là commencha une bataille moult cruelle, et s'y prouva li rois d'Espaigne de si grant viertu qu'il ot à ce jour coppé un doy de sa main, et messire Jehans de Douglas fu férus d'une arcegaye parmy le corps, et quant il se senti féru à mort, il n'ot plus cure de vivre. Si se féri en la presse des Sarrasins, et là fu tués. Puis fist li rois d'Espaigne paix à dan Jehan Manuel qui requist ravoir sa fille par l'acord du pape. Puis prinst à femme li rois d'Espaigne la fille au roi de Portingal.

Comment le roy d'Engleterre ala en Escoce, et le roy de France y envoia messages qui ne peurent rien faire, et le roy David et sa femme s'en vint en France, et furent à Chastiau-Gallart.

Or vous dirons du roy d'Engleterre, qui vit que li Escot estoient moult affoibli. Si assambla ses osts et vint en Escoce à la requeste d'Édouward de Bailleul, et li Escot s'assamblèrent d'aultre part, et là commencha une bataille moult dure; mais en la fin[1] furent li Escot desconfit, et furent tout li hault homme d'Escoce tué. Après ala li rois assir Bervich, laquelle luy fu tantost rendue. Là vindrent li message du roy de France, c'est-assavoir messire Raymond Saquès, évesque de Térouenne, et messire Ferris de Picquigny; mais oncques ne peurent besoingner au roy d'Engleterre, ains s'en partirent sans riens faire.

Or avoit en Escoce un baron que on appeloit : Marteul le Flamenc, qui gardoit un chastel en Escoce, qui estoit moult fors (et estoit li plus fors de toute la terre), et gardoit là le jovène roi David et madame sa femme. Quant il vit que toute la terre d'Escoce estoit destruite par la mort des barons, si fist apparillier une belle nef et la fist garnir de ce que mestier luy fu, et puis y entra, et li jovènes rois et la royne, et tant nagièrent qu'il vinrent en Normendie. Puis alèrent au roy de France, qui moult débonnairement les recheut, et puis leur fist délivrer le Chastel-Gaillard, et là demourèrent, et leur fist livrer quanques mestiers leur fu.

[1] Var. : en la parfin.

AUTRE RELATION.

Comment chil de Bruges mirent le conte Jehan de Namur en prison.

A ce temps fu Loeys contes de Flandres, qui avoit espousé Marguerite fille du roy Phelippe. Sy avint que Jehans contes de Namur, qui estoit adont sires de l'Escluse, volt que li pois et li balanche fust à l'Escluse, que chil de Bruges leur avoyent osté. Quant chil de Bruges le sceurent, il s'armèrent et firent leur seigneur aler avoec yaulx contre sen oncle tout par forche, et alèrent bouter le feu à l'Escluse, et tuèrent le gent du conte de Namur, et l'amenèrent prisonnier et le mirent en le prison que on apielle : le Pierre. Il escapa par un privé lieu [1] et s'en ala en son pays. Quant chil de Bruges le seurent, il boutèrent hors de le ville le conte Loys, pour che qu'il n'avoit mie volut acorder que li contes Jehans ses oncles fust ochis.

Comment li contes de Flandres fu desconfis et pris à Courtray.

Apriès avint, en l'an mil III^c et XXIIII, que chil de Bruges et du Franc cachièrent les chevaliers et les nobles hommes et en ochirent pluiseurs et abatirent leurs castiaux, et firent leur quief de un Flamenc que on apielloit : Colin Sandekin [2], et alèrent asségier le ville d'Ardembourg, pour che que aucun chevalier qu'il avoyent décachiet, y avoyent esté hierbegiet et soubstenu par yaulx [3]. Par-devant Ardembourg sirent Flamenc VII sepmaines en temps d'ivier, et convint par forche que chil se rendesissent à yaulx. Et quant li contes Loys vit que chil de Bruges le voloyent ensi décachier, il assembla ses amis Jehan de Namur, Guy et Jehan de Flandres, seigneur de Néelle, et plusieurs chevaliers, et par conseil il envoya Guillaume de Gran-

---

[1] Var. : par le treu d'un privé lieu qui estoit sur l'yaue (MS. de Bruxelles 10434).
[2] Var. : Clay Sandequin (MS. 10434).
[3] Var. : pour estre de leur partie (MS. 10434).

son, évesque de Cambray, par les boines villes pour savoir liquel voloyent obéir à luy, et liquel non. Le ville de Gand, Ippre et Audenarde furent de le partie du conte, et les aultres villes et le plat pays que on apelle : le Franc, fu contre luy. Et quant li contes seut l'entente de ses hommes, il assambla ses amis et ses chevaliers, et s'en ala à Courtray à grande compaignie de gens d'armes, et entra en Courtray, et fist bouter le feu en le ville; mais li communs s'asambla et se combaty au conte et à se gent. En l'an mil IIIe et XXVI, le XXIIIe jour de juing, fu celle bataille à Courtray ; là fu li contes desconfis, et y fu ochis Jehans de Flandres, sires de Néelle, et XXIIII chevaliers, et li contes de Namur escapa et s'en fuy à Gant, et li contes de Flandres fu pris, et le menèrent à Bruges en le prison qu'on dist : le Pierre. Apriès ce fait, le petit commun de Flandres prirent à reveler contre les bourgois, et en cachièrent pluiseurs hors de le terre à Ippre et ailleurs [1] ; mais li grant bourgois de Gand furent adont maistre du commun et en ochirent pluiseurs, et si en banirent bien VI^m hors de le ville. Chil bany de Gand se aloyèrent avoec Colin Sandekin, qui grant gent avoit assemblé, et alèrent asségier le ville d'Audenarde qui ne voloit obéir à celluy Colin Sandekin. Ensy se esmut tous li pays, et se tenoyent leur seigneur en prison.

Comment li Flamenc furent escommeniet et ostèrent leur seigneur hors de prison.

Li parent au conte Loys alèrent au roy Charle monstrer le meffait que li Flamenc avoyent fait à leur seigneur, et li requirent que par luy fuissent pugny, et li contes desprisonnés. Adont envoya Charles li rois monstrer au pape le meffait et le désobéissanche des Flamens, et li papes jeta sentence d'esconmeniement sur yauls s'il ne s'amendoyent, et envoya un cardinal pour le sentence publyer, et li rois Charles envoya Aufour d'Espaigne, Mille de Noyers, le baillieu d'Amiens et grant plentet de gens d'armes, sur les frontières de Flandres, pour les Flamens destraindre ; mais pour ce ne cessèrent leur emprise.

---

[1] Var. : et és aultres villes... et à Lille.

Assés tost apriès vint li cardinauls à Tournay et là jetta sentence sur yaux. Li priestre cessèrent en Flandres¹ d'aministrer le sacrement de Sainte Église. Lors envoyèrent li Flamenc au cardinal qu'il laissast l'escommeniement et par tant qu'il osteroient leur seigneur hors de prison et dirent qu'il obéyroient à lui; mais en cel an mesmes se revela li communs contre leur seigneur et cachièrent² les chevaliers et les grans bourgois hors de Flandres, et li contes s'en ala en le conté de Neviers, et Colins Sandekins³ fu sires et maistres de toute Flandres.

Le mort le roy Charle de France.

Assés tost apriès, li rois Charles moru, liquels régna v ans et ot deux femmes en son vivant : la première fu suer au roy de Behaingne, et li seconde fu suer au roy de Navare conte d'Évreux.

Comment li royaumes de Franche esquéy à Phelippe conte de Valois.

Apriès le mort du roy Charle fu Phelippes, contes de Valois, régens du royaume de Franche, pour che que li royne demoura enchainte, mais elle apporta une fille. Pour tant esquéy ly royaumes à Phelippe qui estoit à Rains, par un jour de le Trinité, l'an mil III^c et XXVIII. Là furent li per de Franche et li contes de Flandres, qui fist hommage au roy et le servy de chaindre l'espée; et li rois li promist qu'il le feroit joïr de le contet de Flandres, dont se gent l'avoyent gietté hors.

Le bataille de Cassiel.

Apriès ce sacre vint li rois à Paris, et fist noble fieste, et assambla ses prinches et ses barons⁴ par son royaume, et manda saudoyers, et s'en ala en Flandres droit à Cassiel où il avoit moult de Flamens assamblés. Ly rois se

---

¹ Var. : de canter et.
² Var. : et houtèrent.
³ Var. : Clays Sandequins.
⁴ Var. : ses gens.

loga desoubs le mont de Cassiel, par un jour de Saint-Biétrémieu, en l'an mil III^c et XXVIII, et descendirent Flamenc du mont de Cassiel et entrèrent en l'ost du roy. Là ot grant bataille, et y ot ochis xi^m Flamens; et puis, apriès celle desconfiture, ala li rois à Ippre, et le ville se rendi, et vinrent Flamenc de toutes les villes de Flandres à mierchy au roy. Là remist li rois le conte de Flandres nommé : Loeys en se possession de le terre de Flandres, et puis s'en rala en Franche.

Comment li rois d'Engleterre fist hommage au roy de France et comment li vesques de Biauvais ala deffier le soudan.

En l'an apriès manda au roy d'Engleterre qu'il li venist faire hommage de le ducé d'Aquitaine et de le conté de Pontieu. Li rois Édouars vint à Amiens et ly fist hommage. Apriès envoya li rois Phelipes au pape requerre le croix, et li papes envoya deux cardinaulx en Franche, qui preschèrent et donnèrent le crois au roy de Franche et au roy de Navare et à pluiseurs prinches, chevaliers et aultres gens, et porta le deffianche li vesques de Biauvais oultre mer au soudan.

Comment li rois d'Engleterre maintenoit estre li plus prochains hoirs du royaume de Franche.

En ce temps que li rois Phelippes se pourvéoit [1] pour faire guerre as Sarrasins, Édouwars li rois d'Engleterre se pourvéoit et quéroit alianches pour guerroyer le roy Phelippe, et disoit estre li plus prochains hoirs du roy Charle, car il estoit fils de se soer; mais li royaumes ne descent point à le branche féminine. Non-pour-quant se pourvéoit-il de guerre faire par le conseil Robert d'Artois, qui estois banis à ce temps dou royaume de Franche pour meffait dont il fu accusés vers le roy Phelippe, et avoit fait li rois emprisonner ses enfans et se femme, suer au roy Phelippe, et li enfant estoyent si neveut; et Robiers ala au roy Édouward qui le retint et ouvra par son conseil [2].

[1] Var. : se penoit.
[2] Var. : qui le rechupt de son conseil et honnora.

Comment la guerre fu ouverte ou païs de Gascoingne.

En ce temps vint uns chevaliers au roy Phelippe, et estoit de Bayonne, qui requist droit du roy Édouward, duc d'Aquitaine, qui grant somme de deniers lui debvoit par lettres séellées de son seel et payer ne le voloit. Li rois Phelipes envoya sergans en Gascongne pour saisir le castiel de Pommeruel que li rois Édouwars avoit obligiet par sen séel pour payer le dicte debte au chevalier; mais li castelains ne volt obéir as sergans par le commandement du roy Édouward et les cacha hors du pays; et chil retournèrent au roy Phelippe et li contèrent le fait, et li fu dit que le pourvéanche que li rois Édouwars faisoit, n'estoit mie pour aler sur les payens, ains estoit pour le règne de Franche guerroyer [1]. Ly rois Phelipes demanda jugement à se court sur le terre dont li rois Édouwars li avoit fait hommage, et il fu jugiet que fourfaite l'avoit pour celle désobéissanche. Li rois Phelipes manda [2] grant plentet de gent d'armes pour le pays prendre à forche, et les menèrent Simons d'Erqueri, li Galois de le Baume et Raous de Rabesten; et li rois d'Engleterre y envoya Robert d'Artois et pluiseurs prinches, chevaliers et archiers d'Engleterre, pour les Gascoings secourre, mais peu assamblèrent à bataille à ce temps contre Franchois, ains se tinrent à Bourdiaux et en pluiseurs aultres forterèches. En l'ayuwe du roy de Franche Phelippe, furent, avec les Franchois, li contes d'Erminac, li contes de Fois, li sénescauls de Thoulouse et chieux de Carcassonne, et essillièrent le pays et prirent en ce temps par forche de siége et d'assault Blaves, Bourc, Penne et Pommeruel.

[1] Var. : pour luy guerrier.   [2] Var. : y envoia.

XVII.

LOUIS DE NEVERS.

Deuxième partie.

(DEPUIS L'ASSEMBLÉE DE VALENCIENNES JUSQU'A LA RÉCONCILIATION DE LOUIS DE NEVERS ET DES COMMUNES DE FLANDRE.)

Comment l'aliance se fist du roy d'Engleterre, du duc de Brabant, du conte de Haynaut, de Loys de Bavière et des autres pluiseurs seigneurs à Valenciennes; et la contesse de Haynaut et messire Jehans de Haynau alèrent devers le roy de France pour traitier d'acort et n'y firent nient, et de la mort du conte de Haynaut qui comman da à son fils qu'il tenist l'aliance.

Li contes de Hainau n'avoit mie encore son cueur appaisiet devers le roy de France, comment que la fille du roy fust morte et que li jovènes dus de Brabant eust requis à femme sa fille. Si avoit tant fait as princes d'Alemaigne, qu'il devoient estre, à quinzaine après Pasques, à Valenciennes. Là vint, de par le roy d'Engleterre, li évesques de Lincole, messire Guilliames de Montagu, messire Guilliames Troussel, messire Guilliames de Chambehaing[1] et messire Gautiers de Mauny ; et y furent d'Alemaigne li contes de Guelre; et li sires de Kuc, de par le duc de Brabant; et y fu li

[1] Var. : de Cambrehaing. Le chroniqueur a voulu désigner ici le sire de Cobham.

LOUIS DE NEVERS.

contes de Mons; et, de par l'empereur Loys de Bavière y fu li contes de Jullers; et et si y fu li contes de Hainaut, Guilliames ses fiex et messires Jehans ses frères; et y ot deux chevaliers pour l'archevesque de Couloingne, et si y fu li contes de Clèves, li contes de Los et li sires de Fauquemont, et un chevalier pour le conte de Namur. Là entrejurèrent leur aliance, par foy et par serment, sur Saintes-Évangiles, et dirent bien que, s'il n'estoient fort aliet[1] li uns à l'aultre, que li rois de France les atrairoit tous, l'un après l'aultre, par ses deniers, et pour ce s'entrefiancèrent que jamais ne départiroient li un de l'aultre.

Quant la contesse de Hainau sceut ceste chose, si requist que pour Dieu elle parlast au roy de France son frère, et aucun d'eulx avoec luy, pour savoir se elle pourroit aucun acord faire. Tantost luy acordèrent, et luy baillèrent messire Jehan de Hainau pour aler avoec luy; et, quant il vinrent là, si se trairent vers le court, mais il ne trouvèrent personne qui les bienveignast, ains leur tournèrent tout li grant seigneur l'espaulle. Mais en la fin firent tant parler devers le roy qu'il leur ottroya de venir devant luy. Quant il furent devant luy, si luy requirent moult humblement qu'il voulsist envoyer de ses gens devers le roy d'Engleterre. Li rois respondi : « Comment, Jehan de Hainau, me cuidés-vous, vous et vostre frère, » chacier hors de mon royaume? Si Dieux me gard, vous n'en avés[2] » pooir. » Messires Jehans s'excusa le plus bel qu'il peut; et li rois leur dist adont que jà acord n'en feroit. Quant il virent ce, il prinrent congiet et s'en alèrent à leurs hosteux; mais, ainsi qu'il s'en aloient, envoya li rois à messire Jehan un moult bel faucon. Quant il furent revenu à Valenciennes et il orent dit leur response, si parfirent leur aliance; et li contes de Hainau, qui gisoit malade au lit de la mort, appela son fils et luy fist créanter, par la foy du corps, comme fieulx à père, qu'il tenroit celle aliance jusques à la fin; et il li créanta. Ne demoura mie longuement après qu'il fu agrevés de maladie et morut, et fu son corps moult richement apparilliés, et fu portés enterrer à Mons en Hainau, et puis fu messire Guilliames, ses fils, contes de Hainau.

[1] Var. : fort loyel en leur aloyance.   [2] Var. : vous n'en aurés.

Comment li contes de Flandres fist couper la teste de un chevalier de Flandres nommé : Courtrisien, par le commandement du roy de France.

Désormais vous dirons du roy d'Engleterre, qui avoit envoyé en Gascoingne messire Bérard de Labret pour commenchier la guerre, et avoit envoyé en Flandres pour faire amis et aliances, car il voyoit bien qu'à chief ne pooit venir de sa guerre, se il n'avoit Flandres de sa partie.

Or fist li contes de Flandres faire un parlement à Bruges; mais, quant li parlemens fu départis, si fist prendre un chevalier de Flandres, que on appeloit: Courtrisien. De quoy ceulx de Gand se courrouchièrent si qu'il dirent que jamais n'entreroient en parlement, se li chevaliers ne leur estoit rendus. Mais li contes, qui ceste chose avoit faite par le commandement du roy de France, luy fist copper la teste pour ce que on luy mettoit sus qu'il avoit receu les deniers du roy d'Engleterre.

Quant chil de Gand sceurent qu'on luy avoit coppé la teste, si envoyèrent à ceulx de Bruges qu'il leur vousissent aidier contre le conte. Li aucun le leur eurent en convent, et li aucun[1] non. Quant li contes sceut qu'il y avoit de ceulx de Bruges avoec ceulx de Gand, si ala à Bruges, et chil de Bruges s'armèrent contre luy et vinrent au marchiet; et li contes et messire Moreaux de Fiennes y vinrent, à banières desployes, contre eulx, et là commencha une forte bataille, mais en la fin convint le conte reculer en son hostel, et de là s'en ala à Male.

Comment li Flamenc furent desconfit par les Englès au combat de Cagant.

Li rois d'Engleterre envoya en Flandres messire Gautier de Mauny, en la fiance d'aucuns amis qu'il avoit en Flandres, et envoya avoec luy grant foison d'archiers, et arrivèrent à une isle, qu'on appelle : Cagant, qui est au conte de Flandres. Quant li contes le sceut, si assembla ses gen-

---
[1] Var. : et li autre.

tieux hommes pour aler à l'encontre. Li Englès prinrent port et entrèrent en l'isle, et boutèrent le feu partout; mais li Flamenc, qui en l'isle estoient, vinrent à l'encontre et se combatirent à eulx. En la fin li Flamenc furent desconfit; et y fu mors messire Jehans de Rodes et pluiseur aultre hault homme de Flandres; et y fu li bastars de Flandres, Guis, frères au conte de Flandres, prins. Puis se retrairent li Englès en leur païs.

Quant li rois de France entendi que li Flamenc estoient esmeus sur les Englès, si les fist requerre qu'il se voulsissent alier avoec luy, et il leur quitteroit tous les loyens en quoy il estoient loyet à luy et à ses successeurs, excepté la sentence.

Comment Jaques d'Artevelle fu esleus gouverneur de Flandres, et comment le roy d'Engleterre eut l'acord des Flamens contre le roy de France, et falut que le conte leur acordast qu'il seroit de leur aliance, mais il wida depuis bien sagement.

Li rois d'Engleterre envoya as villes de Gand, de Bruges et d'Ypre, et fist traitier as maistres de ces trois villes tant que par dons et promesses il les acorda avoec luy. Et, pour ce que ceste chose ne pooit mie estre démenée par tous ceulx qui de la partie du roy d'Engleterre estoient, si fisrent eslever un homme en la ville de Gand, de moult cler engien, que on appeloit: Jaques de Hartevelle. Chieulx avoit esté, avoec le conte de Valois, oultre les mons et en l'isle de Rodes, et puis fu varlès de la fruiterie messire Loys de France. Et puis s'en rala à Gand, dont il fu nés, et y prinst à femme une brasseresse de miel. Quant il fu eslevés, si fist assambler le commune de Gand et leur monstra que sans le roy d'Engleterre il ne pooient vivre, car toute Flandres est fondée sur draperie, et sans laine on ne peut draper; et pour ce looit qu'on tenist le roy d'Engleterre à amy, et il dirent que bien le vouloient. Quant Jaques de Hartevelle vit qu'il avoit l'assent de ceulx de Gand, si assambla, errant, ses gens, et vint à Bruges; et ceulx de la ville de Bruges le recheurent à grant joye. Puis vint à Ypre, à Berghes, à Cassel et à Furnes; et tout luy firent obéissance. Quant li message du roy d'Engleterre virent ce, si firent assambler les trois villes à Gand, et là monstrèrent que li rois d'Engleterre estoit li plus poissans homs des Crestiens, et que, se les trois villes de Flandres ne s'alioient ensamble et qu'il ne empresissent le gouvernement du païs de Flandres par leur force, li contes de Flandres, qui devers le roy de France estoit, ne leur lairoit mie faire leur volenté. Tantost firent là leur aliance si forte, par foy et par serment, présent le conte de Guelre, que les gens du conte de Flandres n'y avoyent pooir. Puis vinrent vers le comte de Guelre, et luy requirent que tout chil, qui estoient banni pour conspiration ou autre mauvaistié, fussent rappelés; et li contes l'ottroya as trois villes. Puis envoyèrent, par toutes les bonnes villes et chastellenies de Flandres, chèvetaines de par eulx, qui le païs gouverneroient avoec les bannis qui rentré y estoient. Mais, pour ce qu'il se doubtoient que li gentieux homme ne peussent contrester à leurs rebellions faire, si les prinrent en ostages, et mandèrent par toutes les chastellenies que, sur leur vie, il vinssent tenir prison à Gand. Tantost il vinrent, car il n'osèrent désobéir. Quant les gens du roy d'Engleterre virent qu'il estoient asseuré du païs de Flandres, si s'en alèrent et le dirent au roy d'Engleterre, et tantost envoya des laines à grant foison en Flandres [1].

[1] Nous plaçons sous les yeux du lecteur le texte qui correspond dans les MSS. 20363 et 2799 de la Bibliothèque Nationale de Paris :

Le roy d'Engleterre envoia en la ville de Gand et de Bruges et fist traittier aux maistres qui gouvernoient les villes, par dons et promesses, adfin qu'ils fussent de son ayde, mais pour ce que ceste chose ne povoit estre démenée par tous ceuls qui de la partie du roy estoient, ils eslevèrent en la ville de Gand ung homme de moult cler engin, que on appelloit : Jacques de Hartevelle. Il avoit esté avec le conte de Vallois oultre les mons et en l'isle de Rodes et fut valet à monseigneur Loys de France. Quant cestui Jacques fut eslevé, il fist assambler la commune de Gand et illec leur monstra que sans le roy d'Engleterre ils ne povoient vivre; car toute Flandre estoit fondée sur drapperie, et sans laines ils ne pooient et en estoient en si grant destresche que jà ils n'en povoient nulles recouvrer; mais par le moien de Jacques d'Artevelle ils en eurent à plenté.

Jaques d'Artevelle voyant qu'il avoit l'assent de ceuls de Gand, il assambla ses gens et s'en vint à Bruges qui le recheurent à grant joye, puis vint à Yppre, à Berghes, à Gassel et à Furnes qui tous luy firent obéissance; puis envoya par toutes les villes de Flandres capitaines de par le roy d'Engleterre; mais pour ce qu'ils se doubtoient des gentils hommes du païs qu'ils ne les peussent contrester à leur rebellion, ils les prindrent en hostaige et leur mandèrent par toutes les chastelleries que sur leurs vies venissent tenir prison à Gand. Tantost y vindrent ceuls qui n'osèrent désobéir.

Quant les gens du roy d'Engleterre veirent qu'ils estoient asseuré du païs de Flandres, ils l'allèrent dire au roy : pour lesquelles nouvelles il leur envoia des lainsnes à grant foison (Ms. 20363.)

Quant le roy d'Engleterre et son conseil veirent que la division estoit jà grande par toute Flandres

Li contes de Flandres vint à Gand, pour savoir s'il les pourroit traire hors de leur erreur; mais, quant il fu avoec eux, il le tinrent bien fort. Et, quant il vit qu'il ne pooit escaper, si feigni qu'il vouloit estre de leur partie; et il le vestirent de leurs paremens, lesquels il porta un jour, et pria les dames de Gand à disner avoec luy, et avoit apparillié un moult riche disner; et, quant il ot oy sa messe, si dist qu'il vouloit aler voler; puis monta et s'en ala sans revenir, et ainsi failli la feste [1].

des seigneurs et des bonnes villes, il envoya grans messages aux villes de Gand, de Bruges et d'Yppre et fist tellement traittier aux gouverneurs de ces trois principales villes que par dons et prommesses il les accorda aveuc luy, et pour tant que ceste matière ne povoit mie estre démenée partout par ceulx de la partie du roy d'Angleterre, si firent eslever ung homme, en la ville de Gand, qui estoit de moult cler engien et soubtil, qui estoit appellé : Jaques de Artevelle. Cellui Jaques avoit jà pièça esté aveuc le conte de Vallois oultre les mons et en l'isle de Roddes, et puis fut vallet de la fruiterie de monseigneur Loys fils du roy de France. Depuis s'en retourna à Gand, dont il estoit natif, et prist à femme une vesve qui faisoit brasser cervoise. Et quant il fut mis sus et eslevé, il fist ung jour assembler la commune de Gand et bien leur remonstra que sans le roy d'Angleterre bonnement ils ne povoient, car tout Flandres estoit fondée sur drapperie, et sans layne l'on ne povoit draper, et pour tant louoit que l'en tenist le roy d'Angleterre en amour. Et la communaulté respondi que bien le vouloient.

Quant Jaques d'Artevelle entendi que il avoit l'adveu de ceulx de Gand, il assembla incontinent ses gens et s'en vint à Bruges où il fut par ceulx de la ville recheu à très-grant joye. Après vint à Yppre, à Berghes, à Cassel et à Furnes, et luy firent tous obéissance.

Si tost que les messages du roy d'Angleterre veirent ce, ils firent assembler les trois villes à Gand et illec remonstrèrent comment le roy d'Angleterre estoit le plus puissant prinche de toute chrestienté et que si les trois principalles villes de Flandres ne s'alioient ensemble et que ils n'empreissent le gouvernement de tout le pays de Flandres par leurs forces, le conte Loys de Flandres qui en France estoit devers le roy, ne leur souffriroit point de faire leurs voulentés. Incontinent firent leurs aliances tant fort par foy et par serment, le conte de Gheldres présent, que les gens du conte de Flandres, officiers et autres, n'y avoient point plus de povoir. Ce fait, ils vindrent au conte de Gueldres et luy prièrent que tous ceuls qui estoient bannys pour conspiration ou pour aultre mallefice, qu'ils feussent rappelés. Et ledit conte le ottroia aux trois bonnes villes. Après envoyèrent par toutes les villes et chastelleries de Flandres cappitaines de par euls qui le pays gouvernoient aveucques les bannys qui rentrés y estoient; mais pour tant que ils doubtoient que les nobles du pays les pourroient contrester en leurs rébellions faisant, ils les prindrent tous en hostage et les mandèrent par toutes les chastelleries que sur leurs vies ils venissent tenir prison à Gand, et ils y vindrent à toute dilligence, car ils n'osèrent désobéir.

Quant les gens du roy d'Angleterre veirent qu'ils estoient bien asseurés du pays de Flandres, ils retournèrent en Angleterre et racontèrent au roy leur seigneur comment ils avoient exploittié, de quoy il fut tout joieulx. Alors le roy Édouard fist chargier en bateaulx mainte sarpillière de fine layne et les envoya distribuer en Flandres, dont tout le pays fist grant feste (Ms. 2799).

[1] Le conte de Flandres vint à Gand pour veoir s'il les pourroit attraire hors de leur erreur,

Comment le pape envoya II cardinaulx pour traitier de la pais dentre les deux roys de Franche et d'Engleterre.

Li papes de Romme, qui savoit le débat qui estoit entre les deux roys, fist conseil avoec ses cardinaulx, et fu ordonné que li papes envoyeroit légas cardinaulx as roys de France et d'Engleterre pour traitier de la paix; et fu li uns des légats espaignol, et fu prestres cardinaulx sur le tiltre de saint Nérée; et li aultres fu cardinaulx diacres et fu fils au seigneur de Montfavier en Gascoingne, intitulés sur Nostre-Dame-en-Aquaire. Chil deux vinrent à Paris vers le roy et luy dirent qu'il venoient pour traitier de le paix entre luy et le roy d'Engleterre, car moult desplaisoit li discors au Saint-Père. Li roys respondi que bien luy plaisoit, mais peu en fist de compte. Puis se trairent vers Amiens, et de là alèrent à Saint-Omer, et là séjournèrent une pièce pour attendre leur conduit, qui d'Engleterre devoit venir.

Endementiers li rois de France avoit envoyé à Bouloingne le roy de Navarre et le conte d'Alençon, à grant foison de gens d'armes, et disoit-on que li rois d'Engleterre devoit là arriver; et quant il virent que tout fu bourde, si s'en ralèrent en France.

Or vous dirons des cardinaulx, qui à Saint-Omer estoient. Quant leur conduit fu venu, si passèrent la mer et alèrent devers le roy d'Engleterre et traitièrent de la paix entre le roy de France et luy; mais assés plus pen-

mais quant ils eurent le conte, il le tindrent bien fort. Quant le conte vit qu'il ne povoit eschapper, il faindit qu'il vouloit estre de leur partie, et le vestirent de leurs parures, lesquelles il porta bien vııı jours. Et à ung jour pria les dames de Gand au disner avec luy et avoit appareilliet un moult riche disner. Et quant le conte eut disné, il dist qu'il vouloit aller voller, puis monta et s'en alla sans revenir. Et ainsi failli la feste (Ms. 20365).

En ce tandis vint le conte Loys à moult bel estat ung jour à Gand et s'en ala logier à la Posterne. Et ce fist-il pour veoir s'il pourroit par doulce voie retourner les habitans de leur erreur.

Et quant ils sceurent comment il estoit venu à Gand, ils firent grant guet sur luy tellement que sans leur congié partir ne povoit de Gand. Adont luy qui assés soubtil estoit, faindi qu'il vouloit estre et demourer avenc euls. Lors le vestirent de leurs paremens, lesquels il porta tout ung jour; et le lendemain il pria les dames de Gand pour disner aveuc luy. Si avoit fait appareillier ung moult riche disner. Et quant il eut oy sa messe bien matin, il dist qu'il vouloit aler voller. Il monta à cheval et ses gens; il parti hors dè Gand et s'en ala sans revenir, et ainsi fina la feste, dont Gantois furent tous esmerveilliés (Ms. 2799).

sèrent de leur besoigne que de la paix, et séjournèrent là de la Saint-Martin d'iver jusques à la Saint-Jehan en esté.

Comment les gentils hommes du terroir de Bergues, de Furnes et de Diquemue coururent sus as capitaines qui gouvernoient le païs de Flandres, et vint li contes à euls à Diquemue, mais il fu trays de ceulx de la ville qui avoient mandé à ceulx de Bruges qu'il leur livreroient le conte et tous ses gentis hommes, mais le conte en fu avisé : si wida par force de la ville.

Or vous dirons des chèvetaines¹ et des bannis, qui gouvernoient le païs de Flandres. Il malmenèrent fort les gentieulx hommes et les bonnes gens du païs de Flandres; car, aussi tost que aucuns leur refusoit aucune chose, il le menoient ² en ostaige à Gand ³.

---

¹ Var. : des capitaines.
² Var. : il l'envoyoient.
³ On lit ici dans la Chronique de Flandre, n° 2799, le passage suivant qui est tiré de Froissart :

Combien que orendroit vous ait esté parlé de Jaques de Artevelle, si vous diray en passant oultre comment il ot l'administration de Flandres et quel terme il régna. Et cy après pourrés oyr de sa mort. — En ce temps que l'on comptoit mil ccc. xxxvi, avoit grant discension dentre le conte Loys de Flandres et les Flamens; car ils ne vouloient point obéyr à lui, et ne s'osoit bonnement tenir en Flandres, fors toujours en doubte et péril. Et se tenoit adont cil Jaques d'Artevelle, duquel est jà parlé, en Gand. Si estoit entré en si grant fortune et en si grant grâce à tous les Flamens que c'estoit tout fait et bien fait tout ce qu'il vouloit ordonner et deviser et commander par toute Flandres de l'un des bous jusques à l'aultre. Et n'y avoit nuls homs, combien grant que il feust, qui de rien ousast trespasser son commandement, ne contredire. Il avoit tousjours après lui alant parmi la ville de Gand soixante ou quatre-vings varlets armés, entre lesquels il y en avoit deux ou trois qui savoient de ses secrets. Et quant il encontroit ung homme qu'il hayoit ou qu'il avoit en souspechon, cellui estoit tantost tué, car il avoit commandé à ses secrets varlets et dit ainsi : « Incontinent que je encontreray ung » homme et je fay ung tel signe, si le tués sans » desport, com grant, ne com hault qu'il soit, » sans attendre quelque autre parole. » Ainsi advenoit souvent, et fist par telle manière plusieurs grans maistres tuer, par quoy il estoit si doubté que nul n'osoit parler contre chose qu'il voulsist faire, ne à peine penser de lui contredire. Et quant ces lx compaignons l'avoient raconduit à son hostel, chascun aloit disner à sa maison, et tantost après disner ils revenoient devant son hostel et béoient en la rue jusques adont qu'il vouloit aler aval la ville jouer et esbatre; et ainsi le conduisoient jusques à souper. Et sachiés que chascuns d'iceuls souldoiers avoit

Or avoit aucuns gentieulx hommes au terroir de Furnes et de Bergues, qui ceste chose ne povoient souffrir. Si s'assamblèrent en la ville de Bergues contre les chèvetaines du terroir et les bannis, qui y estoient de par Jaque de Hartevelle, et leur coururent sus. Et commencha là une bataille moult bonne, emmy le marchiet de Bergues; et tant dura la bataille que chil qui y estoient de par les trois villes, furent desconfit, et en tuèrent jusques à vingt-cinq, et li aultre s'en fuirent. Puis mandèrent tous cheulx qui bien leur vouloient, qu'il venissent vers eulx; car bien voyoient que, s'il ne hastoient leur besoingne, mal auroient esploitiet. Quant il eurent assamblé tous ceulx qui de la partie du conte de Flandres estoient, si se trairent vers Furnes. Tantost chil de Furnes se trairent avoec eux, et s'en alèrent à Dicquemue; et chil de le ville se rendirent avoec eux. Puis mandèrent le conte qui estoit à Tournay[1] que tantost sans délay il venist à eulx; car il avoient toute la basse Flandres à leur volenté. Li contes fist tantost son appareil et manda à tous chevaliers qui bien luy vouloient, qu'il venissent avoec luy à Dicquemue. Quant li contes vint à Dicquemue, moult luy firent grant joye; mais chil de la ville pensoient tout aultre chose, car il avoient mandé à Bruges que tantost sans délay il venissent

chascun jour quatre gros de Flandres pour ses frais et pour ses gaiges. Si les faisoit moult bien payer de septmaine en septmaine, sans point faillir. Et aussi avoit-il par toutes les villes et les chastelleries de Flandres sergens et souldoiers à ses gaiges, que il faisoit payer des deniers qu'il levoit sur le lieu, pour faire tous ses commandemens et espier et savoir se il avoit quelque part personne qui fust rebelle à luy ou qui desist ou informast aultruy contre sa volenté. Et tantost qu'il savoit aulcuns en une ville, il ne cessoit jamais si les eust bannys ou tués sans déport, jà si bien ne s'en sceust garder. Et meismement tous les plus puissans de Flandres, chevalliers et escuiers et bourgois de bonnes villes, s'il pensoit que au conte ils feussent favourables en quelque manière, il les bannissoit de Flandres et levoit la moittié de leurs revenues et laissoit l'aultre moittié pour le douaire et le gouvernement de leurs femmes et enfans. Et ceuls qui ainsi estoient bannis, desquels il estoit grant foison, se tenoient à Saint-Omer le plus; et les appelloit-on les *Avolés* et les *Oultre-avolés*. Pour abrégier, il ne ot oncques, en Flandres, n'en gaires d'autres pays, conte, duc, prince, ne aultre qui peust avoir si ung pays à sa voulenté, comme celluy d'Artevelle eust. Il faisoit lever les rentes, les tonlieux, les vynages, les droittures et toutes les revenues que le conte debvoit prendre et qui à lui appartenoient, quelque part que ce fust en Flandres, et toutes les maletoltes : si les despendoit à sa voulenté et en donnoit sans rendre nul compte. Et quant il vouloit dire que argent lui failloit, en estoit creu, et croire l'en convenoit, car nul ne osoit dire encontre. Et lorsqu'il vouloit emprunter à aulcuns bourgois sur ses paiemens, il n'estoit nuls qui lui osast escondire à prester.

[1] Var. : à Courtray.

vers eulx et il leur livreroient la ville et le conte de Flandres o toute sa gent. Tantost chil de Bruges se vindrent logier à une ville, qu'on appelle : Berst, assés près de Dicquemue; et ceulx de Dicquemue avoient traitiet à eulx que la nuit, quant li contes et ses gens seroient endormi, il ouvriroient la porte et laisseroient ceulx de Bruges entrer. Mais aucuns amis, que li contes y avoit, le luy firent savoir, avant qu'il s'alast couchier. Tantost fist savoir à tous ses hostels que toutes ses gens s'armassent; mais il ne se sceut tant haster qu'il ne trouvast la porte fermée contre luy. Tantost saillirent ses gens avant et rompirent le verroul [1] de la porte; et chil qui dessus estoient, gettoient pierres sur eulx et se deffendirent à force. Mais en la fin fu la porte ouverte, et issi li contes à grant partie de ses gens; et à l'aultre lés entroient chil de Bruges en la ville, et ceulx qu'il peurent trouver [2], mirent à mort. Là fu prins messire Mahieus de Bours et messire Enguerrans Hauel; et tous ceulx qui avoec le conte estoient, s'en alèrent desconfis et laissièrent femmes et enfans derrière eulx. Li contes, qui vit la chose perdue, s'en ala à Saint-Omer, et avoit avoec luy environ cent hommes d'armes. Quant il fu là venu, si acheta des draps; car il n'avoit aporté fors ses armures, et avoit laissé tout son harnas et son séel. Tantost après s'en ala au roy de France et luy conta comment la chose estoit alée. Quant li rois l'entendi, si en fu moult destourbés. Et après, Jaques de Hartevelle envoya gens d'armes sur toutes les frontières de Flandres, et puis fist bouter le feu par tous les manoirs de ceulx qui estoient alé oultre avoec le conte de Flandres [3].

---

[1] Var. : le fayel.
[2] Var. : aconsuivre.
[3] Or vous dirons des capitaines qui gouvernoient le païs de Flandres et le gouvernèrent moult malement et les gentils et les gentilles bourgoises et les bonnes gens du pays; car aussi tost que aucun leur refusoit aulcune chose, ils le envoioient en hostaige à Gand. Or y avoit-il aucuns gentils hommes ou terroir de Furnes et Berghes à l'encontre des capitaines qui y estoient de par Jacques d'Arthevelle et de par les trois villes de Flandres. Illec leur coururent seure, et commença la bataille sur le marchiet de Berghes, et fut la bataille si dure que ils en tuèrent XXV, et les aultres s'en fuirent. Et puis mandèrent tous ceuls qui bien leur vouloient, qu'ils venissent vers eulx; car bien veoient que s'ils ne hastoient leur besongne que mal aroient exploittié. — Quant ils eurent assemblé tous ceuls qui estoient de la partie du conte, ils se traîrent vers Furnes. Si se mirent ceuls de la ville aveeques euls, et s'en alèrent à Disquemue, et ceulx de la ville se mirent aveecques eulx. Puis mandèrent le conte qui à Courtray estoit, que tantost et sans délay il venist vers euls; car ils avoient toute la basse Flandres à leur voulenté. Le conte fist son

Comment le roy de France asambla moult grant host et séjourna à Amiens environ XV jours et puis s'en revint en France.

Or vous dirons du roy de France qui estoit moult courrouchiés des Flamens qui si subget devoient estre et qui s'estoient alié contre luy avoec

appareil et manda tous ceuls qui bien lui vouloient, qu'il venissent à luy à Disquemue. — Quant le conte vint à Disquemue, moult eurent ceuls de la ville grant joye de sa venue, mais pluiseurs en y avoit, qui pensoient tout autrement, combien que par dissimulation faisoient feste comme les autres; car ils avoient mandé à Bruges que tantost et sans délay venissent vers euls et ils leur livreroient la ville et le conte dedens et tous ses gens. Tantost ceuls de Bruges s'en vindrent logier assés près de Disquemue, et aucuns de la ville avoient traittié à euls que la nuittie que le conte et ses gens seroient endormis, ils ouvriroient la porte et laisseroient ceuls de Bruges entrer; mais aucuns amis que le conte avoit en la ville, lui firent assavoir, Mais onques le conte ne se sceust si haster qu'il ne trouvast la porte fermée. Et adont saillirent avant les gens du conte et rompirent la porte par force, et ceuls qui deseure estoient, jettoient pierres sur euls; mais en la pardefin fut la porte ouverte, et yssi le conte et grant partie de ses gens. Et à l'aultre lés entroient ceuls de Bruges en la ville. Illec fut prins Mahieu de Bours et messire Enguerran Hauwel, et tous ceuls qui aveecques le conte estoient, s'en allèrent tous desconfis et laissèrent femmes et enfans derrière euls. Et le conte qui vit la chose ainsi venue, s'en vint sans arrester en la ville de Saint-Omer et amena avec lui environ V^e hommes d'armes. Quant il fut illec venu, il acheta des draps, car il n'avoit apporté aveecques lui que ses armures et avoit laissié derrière lui tout son harnas et son séel. Après s'en ala devers le roy de France pour monstrer la chose comment elle estoit advenue. Quant le roy l'entendi, il en fut

moult destourbés. Et Jacques d'Arthevelle et les trois villes de Flandres envoièrent gens d'armes sur toutes les frontières de Flandres, et puis firent bouter le feu en toutes les maisons de ceuls qui s'en estoient allés avec le conte (Ms. 20365).

Or vous dirons des chèvetaines et des bannis qui gouvernoient le pays de Flandres et mal menoient les nobles hommes et les bonnes gens du plat pays; car incontinent que quelque personne leur reffusoit aulcune chose oultre leur gré, ils les menoient en hostage à Gand.

Or avoit lors aulcuns gentils hommes ou terroir de Berghes et de Furnes, qui tant de oultrages ne povoient bonnement endurer, ainchois coururent sus à ceuls qui se tenoient oudit terroir, si tost que ils furent venus sur le marchié de Berghes. Et tant dura la bataille que les bannys et ceuls qui là estoient de par les trois villes, furent desconfis, et là en demoura des mors jusques à xxx, et les autres se salvèrent çà et là.

Quant ces gentils hommes se veirent au-dessus de ces gloutons, ils mandèrent tous ceuls qui bien leur vouloient, et si tost qu'ils furent assemblés, se retrairent vers Furnes. Lors ceuls de Furnes se boutèrent aveecques euls, puis alèrent jusques à Disquemue; si se joindirent ceuls de la ville et boutèrent en leur compagnie. Et quant ils se veirent une bonne brigade, ils mandèrent au conte Loys leur droitturier seigneur qui se tenoit à Tournay, que il se povoit venir joindre avec euls s'il lui plaisoit et que ils avoient toute la basse Flandres pour luy.

Le conte Loys qui fut moult joieus de ces nouvelles, fist incontinent son appareil. Si manda en Flandres et en Haynnau tous les chevalliers et

ses anemis et faisoient à son païs le pis qu'il pooient. Si fist faire semonse que tout li noble de son royaume fussent à Amiens, et y assambla un moult grant ost, et y furent bien quinze jours, et puis se départi sans riens faire, et s'en ala li rois en France ¹.

Comment li rois d'Engleterre passa la mer et ala à Anvers.

Li cardinal qui en Engleterre estoient, parlèrent tant au roy qu'il commist, à passer avoec eux, l'archevesque de Cantorbie et l'évesque de

aultres nobles qui bien lui vouloient, que ils venissent devers lui à Disquemue, le mieulx en point qu'il leur seroit possible. Et quant le conte Loys fut venu à tout ce qu'il povoit avoir de gens en Disquemue, moult lui firent ceuls de la ville et tous aultres grant chière, combien que ceuls de Disquemue avoient secrètement mandé à ceuls de Bruges que ils venissent illec et que ils lui livreroient le conte, lorsque de nuyt ils seroient entrés en leur ville; mais aulcuns amis du conte qui en furent advertis, lui firent savoir, pour quoy le conte et ses gens se missent en armes. Toutes voies ils ne se sceurent tant haster que ainsi qu'ils s'en cuidoient aler, qu'ils ne trouvassent la porte close et fermée. Adont le conte fist rompre les verrouls et fermetés de la porte, et les gens de la ville qui en hault estoient sur le planchier, leur jettoient pierres en bas à grant plenté. Mais en la fin yssirent aux champs le conte et une partie de ses gens, et d'aultre costé entrèrent ceuls de Bruges en la ville à main armée et occirent de ceuls de la partie du conte autant que ils en peurent trouver, et plusieurs en prindrent. Illec furent prins messire Mahieu de Bours et messire Enguerran Hauel. Et ceuls qui avoec le conte s'estoient saulvés, laissièrent leurs femmes et enfans derrière. Et quant le conte percheut que le pays se rebelloit ainsi contre luy et qu'il n'y avoit point de recouvrier, il prist son chemin tout droit à Saint-Omer où il

fut le bien venu, et avoit en sa compaignie entour cens hommes d'armes. Illec achata des draps pour luy habillier; car de Disquemue il n'avoit apporté que des armures et avoit habandonné tout son charroy, toutes ses bagues et meismes son seel.

Quant Jaques d'Artevelte entendy comment le conte Lòys s'estoit retrait à Saint-Omer, il n'en fut mie courrouchié. Si envoya gens d'armes sur toutes les frontières de Flandres et fist bouter le feus par tous les manoirs de ceuls qui estoient alés avecques le conte de Flandres.

¹ Or vous dirons du roy de France qui moult estoit courrouchié de ce que les Flamens qui ses subgets devoient estre, s'estoient alliés à l'encontre de lui avec ses ennemis. Si fist faire son mandement adfin que tous les nobles de son royaume fussent à Amiens, et assembla illec si grant ost que merveilles, et jurent illec bien xv jours, et après se départirent sans riens faire, et le roy s'en ralla en France (Ms. 20363).

D'aultre part le roy de France qui moult estoit courrouchié sur les Flamens à cause que ils ne vouloient aultrement obéir au conte leur seigneur, fist semondre ung grant ost à Amiens; mais, quant il y ot séjourné quinze jours, il s'en retourna en France sans aler plus avant, car il fut bien adverty que les Flamens estoient tous en armes fort esmeus (MS. 2799).

Duresme : si vindrent au roi de France et luy requirent qu'il voulsist acorder un parlement entre luy et le roy d'Engleterre, et fu acordé à Arras. Mais, si tost que li cardinal furent départi d'Engleterre, li rois Édouwars ordena messire Édouard de Bailleul à garder la marche d'Escoce, et fist garde de son païs d'Engleterre messire Henry de Persy, et avoit baillé à monseigneur Robert d'Artois un des meilleurs chasteaux d'Engleterre, qu'on appeloit : Netinguen, et laissa son fils en garde à monseigneur Henry de Beaumont. Puis se mist en mer, et la royne sa femme et ses deux filles, à grant foison de chevaliers, et arriva à une ville, qu'on appelle : Middelbourc et est au conte de Hainau, et de là se traist à Anvers. Là vint li dus de Brabant, qui ses cousins germains estoit, et luy présenta toute sa terre et tout son pooir. Puis fist li rois déchargier toutes ses nefs, et fist ses archiers donner lieu pour demourer (dont il y avoit grant foison), et puis renvoya ses nefs en Engleterre.

Comment le roy de France mist garnison à Cambray.

Li rois de France envoya le Galois de la Baume à Cambray, pour garder la ville ; car li contes de Hainau ne cherchoit aultre chose que la ville de Cambray avoir, et avoit fait garnir trois chasteaux, qui près de là estoient, de quoy on appeloit l'un : Escaudeuvre, le second : Tun-l'Évesque, et le tiers : Bouchain.

Comment les cardinaulx firent assambler un parlement à Arras pour traitier d'acort, où on ne fist rien.

Li rois de France envoya au parlement à Arras, avoec les cardinaux, l'archevesque de Rouen, l'évesque de Langres, l'évesque de Beauvais et l'évesque de Tournay; et de par le roy d'Engleterre y fu li archevesques de Cantorbie, li évesques de Duresme, li évesques de Lincole, li contes de Hainau et messires Guilliames de Montagu, et là traitièrent de moult de choses, et alèrent et vinrent à leurs seigneurs, et en la fin fu tout nient, et s'en alèrent li cardinal sans riens faire.

Le mistère comment Loys de Bavière fist le roy d'Engleterre vicaire de l'empire.

Li rois d'Engleterre, qui estoit en Brabant, avoit là assemblés tous les amis de sa partie, et fu là li sermens renouvelés; puis y vinrent les trois villes, qui ensement jurèrent avoec eulx.

Après, li rois d'Engleterre fu mandés de l'empereur qu'il venist à luy, et tout li aliet. Si murent de Bruxelles et ne targièrent[1], si vinrent où li emperères estoit, à une ville que on appelle: Franquevorde. Mais, anchois qu'il mussent, avoit li dus de Brabant deffié le roy de France par deux chevaliers, et li contes de Guelre et messires Jehans de Hainau avoient renvoyé leur hommage au roy de France.

Quant si hault homme furent venu à Franquevorde, si trouvèrent l'empereur Loys de Bavière, qui fist moult grant feste au roy d'Engleterre et à tous les aultres barons, et avoit là moult de prélas et de chevaliers assamblés. Puis ordena li Baviers le confermer le roy d'Engleterre vicaire de l'empereur, et à faire le conte de Guelre duc, et le marquis de Jullers conte, et vous dirons la manière du faire. On avoit fait en la sale un siège, pour le Bavier, moult riche et noble, et là l'assist-on vestu de draps de pourpre, et avoit ses piés en solers d'or, et avoit le diadème en la teste. Et à un bout[2] de sa cayère[3] fu li dus de Brabant, tenant une espée toute nue en sa main, et à l'autre lés fu li dus de Guelre, tout en telle manière. Li archevesques de Couloingne et tout li évesque de la province vinrent tout revestu et amenèrent le roy d'Engleterre, en une cote de drap d'or moult riche, et avoit bien avoec luy trois cens chevaliers qui tout le convoyoient. Puis le menèrent devant le Bavier, qui se faisoit empereur, et luy bailla une verge d'or en sa main, et là fu affermés vicaire[4] de l'empire. Quant toutes les solempnités furent faites, si print congiet le roy d'Engleterre au Bavier, et s'en vint à Couloingne, en priant tous les chevaliers que tous venissent vers luy, et puis s'en vint en Brabant.

---

[1] Var. : et ne tardèrent.
[2] Var. : et à un coron.
[3] Var. : de se caire.
[4] Var. : confermés à vicaire.

De l'ost de Buironfosse là où on fist XIIe chevaliers au cours d'un lièvre, et comment le roy d'Engleterre se loga et ordena ses batailles à demie lieue priès du roy de France, et puis le roy départi ses hos.

Li rois de France, qui avoit semons ses hos à Saint-Quentin, prolonga tant se semonse que à peu n'en fu déceus, et vous dirons comment. Li rois d'Engleterre fist courre parolles qu'il estoit si povres qu'il n'avoit de quoy soustenir son fait [1], et fist entendre au roy de France qu'il faisoit son appareil tout quoyement pour raler en Engleterre. Et pour ce ne hasta point li rois de France sa semonse, ainsi qu'il deust avoir fait. Mais li rois d'Engleterre avoit assamblé ses aliés, bien jusques à sept mille hommes d'armes, et avoit si grant plenté d'archiers que tous li pays en estoit couvers. Si s'en vint, droite voye, à Bouchain en Hainau, et de là se traist vers Cambray, et passa oultre en la terre du royaume, et ardit Beauvoir en Cambrésis, la ville et le chastel. Puis ala vers Péronne, ardant et essillant tout le pays, et vindrent ses gens jusques au Mont-Saint-Quentin [2]. Li rois de France, qui à Saint-Quentin estoit et avoit ses hos assamblés, fist ses gens aller, par grosses journées, vers Péronne. Quant il vint à Nesle [3] en Vermandois, il vit les fumées des feux que li rois d'Engleterre faisoit en sa terre; et couroit [4] li rois d'Engleterre, cascun jour, jusques aux portes de Péronne; mais oncques homs ne issi hors de la ville contre eulx, comment qu'il fussent bien deux mille hommes d'armes dedens la ville.

Li rois de France assambla tout son ost à un lés de la rivière de Somme; et li rois d'Engleterre estoit logiés à l'aultre lés. Mais, si tost qu'il sot que li rois de France devoit passer la rivière de Somme et que son host passoit, tantost se desloga et se traist vers l'abbéye de Vaucelles, et là séjourna trois jours; et li rois de France fist mouvoir son host et le suyvi. Puis se trairent li Englès à Origny et ardirent toute la ville et l'abbéye de Sainte-Benoite. Puis alèrent ardoir Ribemont et se trairent vers Guise et mirent tout le pays en feu et en flamme, si que li host des François ne trouvoient nul vivre.

[1] Var. : soy soustenir.
[2] Var. : jusques au Moncel-Saint-Quentin.
[3] Var. : Vers Nesle.
[4] Var. : féroit.

Un jour avint que li os du roy de France passoit par une ville, qu'on appelle: Buronfosse, que li os du roy d'Engleterre avoit toute essiliée. Ainsi que les batailles aloient toutes ordennées parmy les champs, si sailli uns lièvres devant eulx, et tantost fist-on une huée[1] après, et chil derrière cuidèrent qu'on criast à l'arme, et vindrent avant les batailles à grans routes. Là fist-on bien douze cens chevaliers nouveaux; mais, quant tout fu fait, si ne fu-ce que uns lièvres. Puis passa li rois d'Engleterre Guise, et ala si secrètement que on ne savoit qu'il estoit devenus; et li rois de France aloit toudis, ses batailles ordenées, poursuyvant l'ost des Englès, et li rois de Navarre chevauchoit le bacinet en la teste. Si luy dist li rois de France: « Bieaus cousins, vous povés bien oster vostre bacinet, car je tiens que nos » annemis sont jà bien sept lieues loing de nous. » Dont fist li rois logier son ost. Lendemain, ainsi que li rois estoit à sa messe, un peu devant midi, vindrent li Berruyer à luy et luy dirent : « Sire, nous avons veu nos » anemis et le roy d'Engleterre qui s'est rangiés, ses batailles ordenées, » sur un tertre, à demy lieue près de chi. » Quant li rois l'entendi, si fu moult destourbés, et manda son conseil, et monstra comment on luy avoit fait faux entendre. Puis commanda-on aux marescaulx qu'il alassent veoir se c'estoit vray. Li mariscal y alèrent et virent comment les batailles estoient ordenées et en quel lieu; puis revinrent au roy et luy dirent : « Sire, » nous avons veu les batailles du roy englès, qui sont moult bien orde- » nées, et ont un pas devant eulx, qui moult est parfons, là où vous, ne » vos gens ne poriés passer. » Là estoit uns chevaliers du pays, qui dist au roy : « Sire, coupés-moy la teste, se je ne mène quarante homme de front » parmy le pas. » Tantost fu rouvés de se taire de par le diable, et dist-on au roy qu'il estoit traitre; mais lendemain, au point du jour, on le congnut seur[2]. Li rois d'Engleterre qui avoit là esté depuis tierce jusques à nonne, quant il vit que nuls venoit avant, si se retraist arrière et s'ala reposer. Puis fist tantost deslogier son ost et trousser son harnas, et s'en ala vers Valenchiennes. Lendemain fist li rois de France armer ses gens, et alèrent au lieu où li Englès avoient esté ; mais n'y trouvèrent nulluy et virent le pas qu'on n'y aloit mie jusques à my-gambe, et leur dist-on pour certain que li rois d'Engleterre estoit bien huit[3] lieues loing. Li rois de

---

[1] Var. : le huc.
[2] Var. : qu'il estoit tard, mais lendemain au point du jour on leur courroit seure.
[3] Var. : sept.

France attendi là deux jours tout quoy, puis retourna à Saint-Quentin et là départi son ost, et leur pria que tousjours fussent aparilliet.

Comment le roy d'Engleterre départi ses hos et vint demourer à Gand, et la teneur des lettres qu'il envoia à ceulx de Saint-Omer.

Or vous dirons du roy d'Engleterre, qui vint en Hainau, et là departit ses osts, et fist crier unes joustes à Brusselles, où il y ot maint haut homme. Quant li rois ot là jousté, et grant foison des hauls prinches d'Alemaigne, si se départi et s'en ala à Anvers. Puis fist faire ses garnisons à Saint-Bavon à Gand pour là demourer, et fist là venir la royne qui estoit enceinte, et après y ala en sa personne ; et chil de Gand alèrent contre luy et le recheurent à grant joye. Puis y vinrent chil des bonnes villes et des chastellenies de Flandres pour le saluer[1], et luy aportèrent de grans présens et renouvelèrent leurs sermens, et ordenèrent, sur le vie, que nuls ne fust tant hardis qu'il appelast le roy de France, fors que Philippe de Valois[2] ; et ordennèrent à envoyer unes lettres à ceux de Saint-Omer, dont la teneur fu telle :

---

[1] Var. : pour le bienvingnier.

[2] Or vous dirons du roy Édouard d'Engleterre qui en Brabant estoit et avoit illec assamblé tous les amis de sa partie. Et fut le serment renouvellé. Puis vindrent les trois villes de Flandres qui ainsi jurèrent. Apriès fut mandés de l'empereur qu'il venist à lui et tous les aliés...

Il nous convient retourner au roy d'Engleterre qui vint en Haynnau, et là départi son ost et fist crier unes joustes en la ville de Brusselles où il assembla maint hault homme. Quant les joustes furent faittes, il s'en vint à Anvers, puis fist faire ses garnisons à Saint-Bavon à Gand pour illec demourer, et la royne qui estoit enchainte, fist illec venir, et ceulx de Gand allèrent à l'encontre du roy et de la royne, puis y vindrent ceuls des bonnes villes de Flandres et des chastelleries et vindrent bienviengnier le roy et luy firent grant sermens. Et là fut deffendu sur la mort que nul n'appelast le roy de France que Phelippe de Vallois (Ms. 20,363).

Si retourna le roy d'Angleterre à Valenciennes et départy son ost et ala tenir son estat à Saint Bavon en Gand ; car illec avoit-il fait ordonner et assembler ses pourvéances pour illec demourer ung temps, et y fist venir la royne sa compaigne, qui estoit toute enchainte. Adont ceulx de Gand recheurent ledit roy et la royne à grant joye, et puis y vinrent ceuls des bonnes villes et des chastelleries de Flandres pour luy bienveignier, et lui apportèrent et à la royne des beauls présens. Si renouvellèrent en la présence du roy leurs sermens. Adont fut commandé très-expressément et sur la vye que nuls ne fust tant hardi que il appelast le roy de France fors que Phelippe de Vallois (Ms. 2799).

« Édouwars, par la grâce de Dieu, rois d'Engleterre et sires d'Irlande,
» as baillif, eschevins, conservateurs et communauté de la ville de Saint-
» Omer, congnoissance de vérité. Pour ce que notoire chose est que messire
» Charles, de bonne mémoire, nagaires rois de France, morut saisis héri-
» tablement du royaume, et que nous sommes fils à la suer germaine du-
» dit seigneur Charle, après quel mort li dis royaumes nous est escheus et
» notoirement par droit héritage dévolus, et que sire Philippe de Valois,
» fils à l'oncle dudit sire Charle, assis à plus loingtième degré que nous ne
» fusmes, s'est embatus, contre Dieu et droiture, audit royaume, par tant
» que nous estièmes de moindre eage, et le détient ainsi tortueusement, si
» avons par loisir, à grant délibération, sur la fiance de Dieu et des
» bonnes gens, empris le nom et le gouvernement dudit royaume, comme
» nous devons; et si sommes en ferme pourpos de faire gracieusement à
» ceulx qui vendroient vers nous faire leur devoir; et n'est mie nostre en-
» tention[1] de vous tollir vos jurisdictions et droitures, mais pensons de
» faire droit à tous, et de reprendre[2] les bonnes loix et coustumes, qui
» furent ou tamps nostre prédécesseur saint Loys; et aussy n'est mie nostre
» entente de querre nostre gaing en vostre damage par escanges[3] et muta-
» tions de monnoyes, par taxations ou maletotes; car, la Dieu mercy, assés
» en avons pour nostre estat et honneur maintenir, ains volons nos subgès
» et les libertés de l'Église deffendre espécialment et maintenir à no pooir.
» Et si volons toutefois ès besoingnes du royaume riens soudainement ou
» volentairement faire ou commettre[4]; et disons acertes que nous désirons
» souverainement que Dieux ait part au travail de nous et des bonnes gens,
» et mettre paix et amour en Crestienté, afin que une armée de Crestiens se
» puisse faire en haste devers la Terre-Sainte pour la délivrer des mains
» des mescréans : laquelle chose à l'aide de Dieu nous espérons. Et vous fai-
» sons entendre que nous avons tousjours offert[5] audit sire Philippe plu-
» sieurs raisonnables voyes de paix; mais il n'a volu assentir à nulle telle

[1] Var. : nostre entente.
[2] Var. : réparer.
[3] Var. : changes.
[4] Var. : tendu.
[5] Ce passage est ainsi rendu dans le MS. 20365 :
« Ainsi volons les libertés, préviléges de Sainte-
» Église et autres maintenir à nostre povoir, et
» si volons ès besongnes du royaulme avoir et en-
» sicuvir le bon conseil des pers, prélats, nobles
» et aultres saiges nos féaulx dudit royaulme,
» sans rien soudainement ou voulentement faire
» ou commettre. »

» voye, ains nous a guerroyet et nos terres, et s'efforce outréement de nous
» défaire¹ à son pooir, et ains sommes contrains² par nécessité de nous
» deffendre et nostre droiture pourcachier. Mais vrayement nous ne qué-
» rons mie mortalité, n'apovrissement de peuple, ains désirons que culx
» et leurs biens soient sauvés. Pour quoy nous volons et gréons de nostre
» grâce et débonnaireté que, se vous volés vous arester à nous, comme
» nos loyaux et fiables³ amis les bonnes gens du païs de Flandres
» ont fait, en regard de Dieu et de droit, et nous recongnoistre à vostre
» droit roy, et à faire à nous vostre devoir entre chy et la feste de Pasques
» prochain à venir, que vous soyés recheu à nostre paix et à nostre pro-
» tection et espéciale deffense, et que vous jouissiés plainement de vos
» possessions, meubles et non meubles, sans riens perdre, ne estre gre-
» vés pour cose faite contre nous ou temps passé; et vous volons sauver
» et maintenir par toutes les voyes que nous porons, comme par raison
» faire devons⁴. Donné à Gand le huitième jour de février, l'an de nostre
» règnement en France premier et d'Engleterre quatorzième⁵. »

Et estoit celle lettre séellée d'un moult grant séel pendant, de jaune cire, où il y avoit, à un lés, un roy séant en un faudesteuf, tenant en une main un sceptre et en l'aultre main une fleur de lis, et à l'aultre lés du séel avoit un chevalier en couvertures escartelées des armes de France et d'Engleterre, et avoit un timbre couronné d'un luppart⁶ séant sur son heaume.

Tantost que chil de Saint-Omer orent les lettres recheues, si les envoyèrent au rois de France, tout batant⁷, et une aultre lettre, qui vint des trois villes, laquelle estoit close.

---

¹ Var. : entièrement.
² Var. : cachié.
³ Var. : nos chiers et féaulx (MS. 20365).
⁴ Var. : Et vous voulons maintenir par toutes les voies que nous pourons en vos droits, comme par raison faire devons.
⁵ Le texte de cette lettre est reproduit dans le recueil de Rymer.
⁶ Var. : d'un lupart couronné.
⁷ Var. : férant, batant.

Comment Hues Quiérès, admiraut de la mer, et Barbevaire alèrent en Engleterre là où il conquirent grant avoir.

Endementiers que li rois d'Engleterre estoit à Gand, avoit fait messire Hues Quiérès, qui estoit admiraux de la mer, une armée, et prinst avoec luy Barbevaire, avoec quatre galées, et puis se traist vers Engleterre, et prinst port à une ville, que on appelle : Hantonue, et trouva ceulx de la ville, qui se mirent à deffense contre luy; mais li Genevois saillirent avant et se combatirent tant à ceulx de la ville que par force il gaingnièrent la porte. Adont vinrent les gens de l'admiral au secours, et gaingnièrent la ville, et là trouvèrent grant avoir, qu'il firent porter à leurs nefs; et, quant il virent que ceulx d'Engleterre se murent pour venir à eulx, il boutèrent le feu en la ville, et se retrairent en leurs nefs, et puis alèrent conquerre une ville, qui est au roy d'Engleterre, que on appelle : Guernesy. Si l'ardirent toute, et puis s'en revinrent avoec leur grant gaing.

Quant li rois d'Engleterre entendi que on essilloit ainsi son pays, si dist à Jaques de Hartevelle qu'il presist garde au pays de Flandres, de par luy, et qu'il laissoit la royne et ses enfans en la garde de ceulx de Flandres et des aliés. Puis s'en vint à l'Escluse, et entra en ses nefs, et passa, à vingt-six nefs, en Engleterre [1], et moult firent li Englès grant joye de sa venue. Tantost fist semondre un grant parlement de ses barons à Londres, et fist apparellier toute sa navie pour entrer en mer quant il voulroit.

Comment le conte de Salebières fu pris devant Lille et menés à Paris.

Or vous lairons ester du roy d'Engleterre. Si vous dirons de la royne, qui gisoit d'enfant à Saint-Bavon à Gand, et estoient demouré, avoec elle, li

---

[1] Quant le roy d'Engleterre qui estoit à Gand entendit que on exilloit ainsi son païs, il parla à Jacques de Arthevelle et lui dist qu'il prensist garde au pays de Flandres de par lui; et laissa la royne et ses enffans en leur garde; puis s'en vint à l'Escluse et entra en ses nefs, desquelles il avoit xxvi, et passa jusques en Engleterre (MS. 20565).

Quant le roy Édouard d'Angleterre qui se tenoit à Gand, et la royne, à grant estat, fut adverty que l'on traveilloit ainsi son roiaulme, il charga à Jacques d'Artevelle qu'il presist bien garde du pays de Flandres pour et ou nom de lui. Ce

évesques de Lincole et messires Guilliames de Montagu. Quant la royne fut relevée, si vint messires Guilliames de Montagu à Ypre, et tantost luy requirent chil d'Ypre que pour Dieu il leur voulsist aidier à oster un nid de Genevois, qui près d'eulx estoient en une ville, que on appelle : Armentières; et il leur dist que moult volentiers il iroit avoec eulx, mais il n'avoit mie moult de gens. Et il respondirent qu'assés de gens luy livreroient. Puis apparillièrent leurs batailles, et passèrent outre le Lis, et vinrent à Armentières et gaingnièrent la ville sur les Genevois, et boutèrent le feu partout[1]. Puis se mirent au chemin, et alèrent, vers Lille, à une abbéye, que on appelle : Marquette, et là ordenèrent leurs batailles; et messires Guilliames de Montagu ala avoec sa gent devant Lille pour veir de quel lés on les porroit plus grever. Ainsi qu'il estoient là, issirent chil de la ville et uns chevaliers appelés : li sires de Roubais, qui les conduisoit, et encloirent le conte de Salesbirs entre la ville et eulx. Quant li Englès se virent enclos, si se mirent en conroy, et li sires de Roubais leur courut sus, et là commencha une très-bonne bataille, et en la fin furent li Flamenc desconfit, et tout li Englès, et fu messire Guillames de Montagu prins, et là fu tués un moult riche homme d'Engleterre et moult preux, qui fu nommés : messire Guilliame de Quilain. Quant chil d'Ypre apperchcurent que chil de Lille estoient issu hors de leur ville, il laissièrent leur chèvetaine et s'en fuirent vers Ypre, et li contes de Salesbirs fu menés au roy de France à Paris, et le fist li rois mettre en Chastelet[2].

fait, il fist appareillier ses nefs, et montèrent lui et la royne et leur estat en grant compagnie de gens d'armes et à xxxvi gros navires armés, et retourna en Angleterre (MS. 2799).

[1] Quant le roi Édouard d'Angleterre party du pays de Flandres pour retourner en son pays, ils demourèrent à Gand pour assister en Flandres l'évesque de Lincole et messire Guillemme de Montagu. Incontinent que ils eurent besoigné à Gand, par le conseil Jaques d'Artevelle messire Guillemme de Montagu party de Gand. Si vint à Yppre où ceulx de la ville le recheuprent à grant honneur. Après, luy prièrent que il leur voulsist aidier à estre au-dessus de ung nyd de Jennevois qui trop près de eulx se tenoient à une petite ville nommée : Armentières (MS. 2799).

[2] Or lairons à parler du roy d'Engleterre. Si vous dirons de la royne qui gisoit d'enffant à Saint-Bavon à Gand. Et estoit demouré avec elle l'évesque de Nicolle, monseigneur Guillame de Montagu et pluiseurs autres chevaliers. Quant la royne fut relevée, messire Guillame vint à Yppre, et tantost lui requirent ceuls d'Ippre que pour Dieu il les voulsist aidier à deslogier ung nist de Genevois qui près d'eux estoit à une ville qui se nomme : Armentières, et messire Guillame leur dist que voulentiers yroit avec euls, mais il n'avoit pas là assés de gens d'armes. Adont lui dirent que assés de gens lui livreroient, puis apparillèrent leurs batailles, et s'en vindrent à

Comment le duc de Normandie vint à grant host à Cambray et ala asségier le chastel d'Escauduevre, mais ainchois envoia lettres le sire de Fauquemont au connestable et aux mareschaux de France, et puis vint le roy de France devant Escauduevre, et li fu rendus, et puis prinst Thun-l'Évesque.

Messires Jehans de France, duc de Normandie, assambla un grant ost à Saint-Quentin en Vermendois, et s'en ala à Cambray où il trouva le connestable de France et le marescal Bertram et le marescal de Trie. Li sires de Fauquemont envoya unes lettres au connestable et as mareschaulx sur ceste forme : « A vous seigneurs, connestable de France et marescaux, qui
» estes à Tournay, ou à vos lieuxtenans de par le roy en laditte ville. Nous
» Thiéris, sires de Montjoye, de Fauquemont et de Bourne, et viscontes
» de Zelant, et Jehans, sire de Bridanbacq et de Verguen, nostre frère, fai-
» sons savoir à tous, pour nous et pour nos chevaliers et pour nos gens,
» qui avons recheu lettres du roy de France, que, pour le grant tort qu'il
» a fait et fait à nostre très-chier seigneur le roy d'Engleterre, à qui nous
» sommes povres cousins, que nous luy voulons¹ aidier à sa guerre main-
» tenir contre vostre roy et les siens, et, parmy ces lettres, nous volons
» garder, encontre vostre roy et les siens, nostre honneur. En tesmoing de
» nostre séel. Donné à Ville-Sauvage², as octaves de Pasques. »

Quant li connestables ot recheu ces lettres, si les envoya au roy de France.

Messire Jehans de France, qui à Cambray estoit, avoit mandé toutes les

Armentières et incontinent gaignèrent la ville sur les Genevois et boutèrent le feu partout. Après, prindrent leur chemin vers Lille et se trairent à Marquette. Là ordonnèrent leurs batailles. Et ainsi que monseigneur Guillame devoit aller veoir de quel lés on pourroit plus grever la ville, issirent ceuls de la ville avec ung chevalier nommé le seigneur de Robbais, et se mirent en conroy, et le seigneur de Robbais leur courut seure. Illec commença moult bonne battaille, mais en la pardefin furent les Anglois desconfis, et fut messire Guillame de Montagu prins, et fut illec tués ung moult hault homme d'Engleterre nommé : messire Guillame de Quelan. Quant ce veirent ceuls d'Ippre, ils laissèrent leur capitaine et s'en fuirent vers Yppre. Et fut en celle bataille prins le conte de Sallebières, lequel le seigneur de Robbais mena au roy à Paris (MS. 20363).

¹ Var. : venrons.
² Var. : Ville-Sonane.

connestablies qui estoient sur les frontières, qu'il venissent devers luy; et, quant tout y furent venu, si ala assir un chastel qu'on appelle : Escaudeuvre, et fist drechier engiens et getter ens de jour et de nuit, et n'avoit mie esté quinze jours devant le chastel, quant li rois de France vint au siége.

Quant li rois de France fu là venus, tout li hault homme du royaume le suyvirent, et assambla là un si grant ost que ce fu mervelles; et, au chief de trois semaines, se rendirent chil du chastel, sauve leurs vies et tout leur avoir qu'il emportèrent, et puis livrèrent le chastel. Quant les gens du roy furent entré ens, si le firent tout abattre. Et après ala assir un chastel que on appelle: Thun-l'Évesque, qui estoit à l'évesque de Cambray, et séoit sur la rivière de l'Escaut. Li rois de France assist le chastel et y fist getter de pierrès et de mangonneaux; mais chil de dedens se deffendirent si bien que onques riens n'y gaingnièrent sur eulx.

Or avoit assés près de là un chastel, qui estoit au conte de Hainau, que on appeloit: Bouchain, duquel la garnison qui estoit dedens, fist mainte course sur l'ost du roy de France, et ne demoura mie granment[1] que li dus de Brabant et li contes de Guelre et tous li pays de Flandres vindrent pour lever le siége de devant Thun. Et estoit li rois à l'un lés de la rivière, et li dus de Brabant à l'aultre lés, mais à le fois venoient courre les uns as aultres, parmy pons qu'il avoient fais; et là ot moult de bons poingnis. Quant li chastellains du chastel vit qu'il estoit si froissiés qu'il ne se savoit mais où tapir, adont se mist en une nef, et tous ses biens et tous ses gens, et les fist mener tout oultre; et puis bouta le feu ou chastel et s'en ala, par eaue, en l'ost des anemis du roy de France[2]. Quant li rois de France vit le chastel ardoir, si fist tantost ses gens entrer ens par eschielles, et lendemain, un peu devant le jour, se parti l'ost des Alemans et des Flamens, et s'en alèrent en leurs pays.

Tantost envoya li rois de France le duc de Bourgoingne et monseigneur le duc de Normendie, son fils, pour essillier la terre de Hainau. Et alèrent au Quesnoy et ardirent tous les fourbours de la ville, puis mirent tout le pays, par où il passèrent, en feu et en flamme, et passèrent à une lieue près de Valenciennes et firent leurs coureurs courre devant la ville, et quant

---

[1] Var. : longuement.   [2] Var. : des Alemans.

il orent arse toute celle partie de Haynau, si s'en revindrent en l'ost du roy de France. Lors prinst li rois conseil de assir le chastel de Bouchain ou de départir ses os ; mais son conseil luy loa, pour ce qu'il avoit entendu que li rois d'Engleterre devoit venir à l'Escluse, qu'il fesist ses trais sur les frontières des bonnes villes, et qu'il alast en France pour faire haster sa navie qu'elle fust au-devant du roy d'Engleterre ; et ainsi le fist.

Comment le roy d'Engleterre desconfist toute la navie du roy de France devant l'Escluse, et y furent mors messires Hues Quiérès et Bahucès, et fu à la Saint-Jehan-Baptiste l'an mil. CCC. et XL.

Messire Hughes Quiérès, messire Nicoles Bahuchès et Barbevaire avoient assemblé une moult grant armée bien de quatre cens nefs et mirent ens leurs gens. Mais nous vous dirons comment leur navie fu destruite par la convoitise des trésoriers du roy; car chieulx Bahucès en estoit uns, et ne voult onques souffrir gentil homme ou bon sergant, pour ce qu'il luy sambloit qu'il voloient avoir trop grans gaiges, et, pour le bon marchiet, prist povres poissonniers et povres maronniers, et de tels gens fist son armée. Puis murent et passèrent devant Calais, et se trairent devant l'Escluse là où il se tindrent tout quoi, par si que nuls n'y pooit entrer, ne issir.

Li rois d'Engleterre sceut, par ses espies, que la navie du roy de France estoit passée vers Flandres. Tantost se mist en mer, et messire Robers d'Artois avoec luy, et moult grant foison de gentieulx hommes d'Engleterre et grant plenté d'archiers. Quant il furent tout apparilliet, si sachièrent leurs voiles en hault, et alèrent grant aleure vers l'Escluse et ne tardèrent gaires[1], parmi le bon vent qu'il orent, tant qu'il approchièrent la navie du roy de France. Tantost se mirent li François en conroy. Quant Barbevaire les apercheut (qui estoit en ses galées), il dist à l'admiral et à Nicole Bahucet : « Seigneur, veés-chy le roy d'Engleterre, à toute sa navie, qui vient sur » nous. Si vous créés mon conseil, vous vous trairés en haulte mer; car, » se vous demourés chy, parmi ce qu'il ont le vent et le soleil et le flot de

---

[1] Var. : et n'atargèrent gaires.

» l'eaue d'avantage, il vous tendront si court que vous ne vous porrés
» aidier. » Adont dist Nicoles Bahucès, qui mieux se savoit mesler d'un
compte faire que de guerroyer en mer : « Dehait ait qui se partira de chy.
» Si les attendray [1], et prenderons nostre aventure. » Tantost dist Barbe-
vaire : « Seigneur, puisque vous ne volés croire mon conseil, je ne me voel
» mie perdre. Je me trairay o mes quatre galées hors de ce trou. » Et
tantost se mist hors du havène à toutes ses galées. Et virent venir la grant
flote du roy d'Engleterre, et une nef vint devant, qui estoit garnie d'es-
cuiers qui devoient estre chevaliers, et ala celle nef assambler à une nef,
que on appeloit : le Riche de Leure. Mais li Englès n'orent durée à celle
grande nef. Si furent tantost desconfit, et leur nef toute acravantée, et tout
chil qui dedens estoient, mis à mort. Mais tantost après vint li rois
d'Engleterre assambler à eulx, à toute sa navie, et commencha là la bataille
moult cruelle. Mais, quant il se furent combatu de prime jusques à nonne,
si ne pot la navie du roi de France plus endurer; car il estoient si entassé
l'un en l'aultre, qu'il ne se pooient aidier, et si n'osoient venir vers
terre, pour les Flamens qui les guettoyent, et si n'estoient mie si duit
d'armes, que li Englès estoient, qui tout estoient gentil homme. Là avoit
tant de gens tués que la mer en estoit toute ensanglantée à cel lés, et esti-
moit-on bien les mors à trente mille hommes; et là fu mors li amiraulx et
Nicoles Bahucès. Et, quant Barbevaire vit que la chose estoit perdue, il se
traist à garant; et furent toutes les nefs du roy de France perdues, fors
aucunes petites qui escapèrent par aventures.

Quant li rois d'Engleterre ot eu celle grant victoire (liquels fut navrés
en la cuisse), onques ne voult issir de sa nef; mais messire Robers d'Artois
et li aultre baron d'Engleterre prirent terre à l'Escluse et se reposèrent là.

Celle bataille fu à la Nativité Saint-Jehan-Baptiste, l'an mil trois cens et
quarante.

Comment le roy d'Engleterre ala à Bruges et de là à Gant.

Quant la royne d'Engleterre, qui à Gand estoit, sceut que li rois, ses
maris, estoit arrivé à l'Escluse, tantost se mist à la voye vers l'Escluse, et li

---

[1] Var. : les attendrons.

rois d'Engleterre estoit tous quoys en sa nef et tenoit son parlement avoec ses barons sur le fait de sa guerre. Quant li consaulx fu départis, si se mist la royne en un batel, et vint à la nef du roy, et Jaques de Hartevelle avoec luy. Quant la royne vit le roy, si en ot grant joie, et, quant il orent parlé ensamble, si se départi la royne et s'en rala vers Gand.

Li rois se mist à terre, et s'en ala à piet en pèlerinage à Nostre-Dame d'Ardembourc, et envoya ses gens d'armes, son harnas, ses chevaulx et ses archiers à Gand. Quant il ot fait son pèlerinage, si s'en vint à Bruges, et puis prinst avoec luy les mestiers de la ville, et s'en ala à Gand, et là fu recheu à moult grant joye.

Comment le roy d'Engleterre ordena II hos et ala vers Tournay, et messire Robers d'Artois qui avoit grant foison de Flamens avecques li, mena l'autre host vers Saint-Omer; et le roy de Franc d'autre part assembla très-grant host.

Li rois d'Engleterre fist mander tous les Alemans, qui de son aliance estoient, qu'il venissent à luy, pour avoir conseil avoec eulx qu'il avoient à faire. Là fu ordené que li rois d'Engleterre feroit deux osts, de quoy il en auroit un avoec ceulx de Gand et de la terre d'Alos et les prinches d'Allemaigne, et s'en iroit devant Tournay; et l'aultre ost menroit avoec luy messire Robers d'Artois, qui avoit avoec luy grant foison d'archiers d'Engleterre, et si aroit avoec luy ceulx de la ville de Bruges, ceulx du Franc, de Dicquemue, d'Ypre, de la chastelenie de Poperinghes, de Cassel et de Bailleul, et ceulx du terroir de Furnes, de Bourbourc et de Bergues. Tout chil vinrent avoec messire Robert d'Artois vers la ville de Saint-Omer et s'arrestèrent à Cassel, et là assamblèrent leur gent. Li rois d'Engleterre se parti de Gand et s'en ala loger au pont d'Espire, à deux lieues de Tournay; mais son corps jut à Elcin, une maison qui est à l'évesque de Tournay.

Quant li rois de France entendi que li rois d'Engleterre avoit ainsi ordené ses osts, comme pour venir assir les deux clefs de son royaume tout à un coup, si assambla ses osts à grant haste, et envoya le connestable de France, le conte de Fois et le marescal Bertram en la ville de Tournay, à trois mille hommes d'armes, et si envoya à Saint-Omer le duc de Bourgoingne et le conte d'Erminac, à quarante-deux bannières, lesquelles nous nommerons pour la raison de la bataille. Il y fu : li dus de Bourgoingne et messire Philippes ses fils, li sires de Vergy, messire Guilliames ses oncles, messire Jehans de Fiellay, li sires de Pesmes [1] et ses oncles, li conte de Montbliart et monseigneur de Ray ses compains. De Flandres y fu : li sires de Ghistelle, li sires de Saint-Venant, li chastellains de Berghes et li chastellains de Dicquemue. De la conté d'Artois y fu : messire Jehans de Chastillon, messire Moreaux de Fiennes, li sires de Wavrin, li sires de Willerval, li sires de Hamelaincourt, li sires de Querqui et li sires de Fosseux. Li contes d'Erminac avoit quinze bannières en sa bataille. Et li rois de France assembla son ost, qui moult estoit grant, entre Lens et Arras; mais encore n'estoit-il mie avisés de quelle part il voudroit tourner.

Comment le duc de Bourgoingne et le conte d'Erminac eurent près de Saint-Omer forte bataille contre messire Robert d'Artois, lendemain Saint-Jaque, ou mois de juignet, l'an mil. CCC. et XL.

Or vous lairrons à parler des deux roys : si vous dirons de messire Robert d'Artois, qui à Cassel assembla son ost pour venir à Saint-Omer. Mais chil de Bergues et de Furnes, qui moult estoient grant gent et bon combateur, estoient issu de leur ost [2] et estoient venu à une ville près de Cassel, que on appelle : Bambeque, et dirent qu'il n'iroient plus avant; car aultre fois les avoit-on menés vers Saint-Omer, mais onques biens ne leur en vint [3]. Quant messire Robert d'Artois les entendi, si prinst conseil à ses chevaliers et avoec ceulx de Bruges, et puis ala à Bambecque et parla à ceulx de Furnes et de Bergues et leur dist que hardiment il alassent avant; car il estoit tout asseur de la ville de Saint-Omer, et en avoit jà recheu deux paires de lettres, et que, si tost qu'il venroient devant la porte, chil de la ville les lairoient entrer et luy livreroient le duc de Bourgoingne, et de ce estoit-il tout asseurés. Li meschéant gent le creurent. Si firent que fol et alèrent avant; mais il dirent qu'il ne passeroient point le Noef-Fossé s'il

[1] Var. : de Pennes.
[2] Var. : de leur pays.
[3] Var. : ne leur en prinst.

n'estoient mieux asseuré. Quant messire Robers d'Artois vit qu'il les avoit menés avant par ceste voye, si en fu tout liés [1], et fist tantost ses archiers courre par la terre d'Artois et bouter le feu. Quant li dus de Bourgoingne vit le feu en sa terre, tantost fist sonner sa trompette et issi de la ville, ses batailles ordenées. Et, quant li archier sceurent qu'il venoit, si s'en cuidèrent raler; mais les gens du duc de Bourgoingne les rattaindirent et en tuèrent bien soixante [2], droit sur un pas, que on appelle : le Pont-Hasekin. Li dus de Bourgoingne se tint as camps une pièce, et, quant il vit que nuls ne venoit, si s'en rala en la ville de Saint-Omer.

Messire Robers d'Artois fist deslogier son ost et trousser ses tentes, et s'en vint vers Saint-Omer. Ceulx de Bruges, qui avoient la première bataille et conduisoient le carroy, s'en vinrent à une ville près de Saint-Omer, que on appelle : Arques. Mais chil de Furnes ne voloient passer le Noef-Fossé, ainsi qu'il avoient dit. Quant messire Robers d'Artois, vit qu'il ne voloient aler avant, si fist courre à eulx unes nouvelles que ceulx de Bruges se combatoient et que pour Dieu il les voulsissent secourre. Quant il entendirent ces nouvelles, si laissèrent leur pourpos et s'en vindrent le grant pas vers la ville d'Arques, et, quant il vinrent à Arques, si trouvèrent ceulx de Bruges, qui se logeoient. Endementiers qu'il se logeoient, si vinrent li archier courre jusques à la porte de Saint-Omer, et portoient une bannière des armes de messire Robert d'Artois, et traioient si dru vers le porte que mervelles estoit. Quant chil qui à le porte estoient, les virent ainsi traire, si issirent hors tout à un fais, et coururent à eulx; mais il ne les attendirent mie, ains s'en fuirent, et chil de Saint-Omer les chacièrent jusques à la Maladerie. Et ainsi paletoit-on toute jour, mais onques li dus, ne hommes d'armes ne se murent, et tant paletèrent que li Flamenc furent tout logiet; et, quant il furent logiet, si boutèrent le feu en la ville d'Arques et l'ardirent toute. Celle mesme journée vint li conte d'Erminac en la ville à tout son ost.

Li rois de France, qui avoit son ost assamblé pour aler vers Tournay, fist son ost mouvoir pour aler vers Saint-Omer, en grant haste. Li Flamenc qui estoient dessus Arques, aloient chascun jour paleter jusques aux fourbours de Saint-Omer, et faisoient par nuit si grant lumière en leur ost qu'elle resplendissoit jusques à Saint-Omer; et faisoyent chascun jour

---

[1] Var. : aise.   [2] Var. : quarante.

grans assaus à un petit chastelet, qui est au conte d'Artois[1], que on : appelle Ruhout, mais onques, pour assaut qu'il fesissent, ne le porent destruire, ne gaingnier.

Quant messire Robers d'Artois sceut que li rois de France venoit vers luy et qu'il avoit laissiet Tournay, si hasta moult sa besoingne. Par un merquedi matin manda tous les chèvetaines[2] de son ost et leur dist : « Seigneur, j'ai oy nouvelles que je voise vers la ville de Saint-Omer et » que tantost me sera rendue. » Tantost se coururent armer, et disoient l'un à l'aultre : « Or tost, compains. Nous buverons encores anuit de ces » bons vins[3] de Saint-Omer. » Quant les batailles furent ordenées, si avalèrent leurs tentes et vindrent le grant chemin parmi Arques vers la ville de Saint-Omer; et au premier front vint messire Robers, avoec luy deux bannières d'Engleterre et tous ceulx de Bruges et li archier, et ne s'arrestèrent onques, si vinrent au trait d'une arbaleste près de la Maladerie, et là s'arrestèrent, et avoient fossés, des deux lés, devant eulx, si que on ne pooit venir à eulx, et avoient par-devant eux mis bretesques qui avoient grandes broches de fer et estoient couvertes de toile, par quoy on ne les apercheust. En l'autre bataille après, qui moult estoit grande, estoient ceulx du Franc. A l'aultre lés, sur le mont dalés la maison de Saint-Bertin, qui est au bout d'Arques vers Saint-Omer[4], estoient rangiet ceulx d'Ypre, qui moult furent grant gent. Entre ces deux batailles s'estoient rangiet chil de Furnes et de Bergues et leurs chastellenies. Et, pour garder leurs tentes estoient demouré chil de Poperinghes et toute la chastellenie de Cassel et de Bailleul. Or y avoit-il une fosse traversant, qui s'estendoit de la bataille d'Ypre, qui estoit sur le mont, jusques à la bataille de messire Robert d'Artois.

Quant li chevalerie, qui à Saint-Omer estoient, virent les Flamens rangiés au bout des fourbours de la ville, par routes sans conroy, adont issirent tout li banneret[5], à toutes leurs batailles, fors li dus de Bourgoingne et li

---

[1] Var. : au duc de Bourgoingne.
[2] Var. : capitaines.
[3] Var. : des vins.
[4] Var. : sus le mont de la court d'Arques.
[5] Tel est le texte du MS. de Paris 8644. On trouve une rédaction toute différente dans l'excellent manuscrit de Bruxelles 14910 : Quant li chevalerie qui à Saint-Omer estoient, virent les Flamens arrengiés au bout des fourbours de la ville, sy issirent hors par routes sans conroy, et furent jà issu tout li banerès, etc.

contes d'Erminac ; et n'issit point li dus, pour ce que li rois luy avoit mandé qu'il ne s'alast point combatre sans luy. Quant li chevalier furent venus ès plains où li Flamenc estoient rangiet, moult firent de courses sur eulx ; mais onques ne les porent entamer, et ainsi furent de midi jusques à complie. Quant li dus de Bourgoingne vit que li annemi estoient si près de luy, si appela le conte d'Erminac et son conseil et leur dist : « Seigneur, que » me loés-vous? Je ne puis veoir que je ne soye aujourd'huy déshonnorés » ou que je ne désobéisse au roy. » Adont dist li contes d'Erminac : « Sire, » à l'aide de Dieu et de vos bons amis, à la paix du roy viendrés-vous bien. » Tantost dist li dus : « Or alons doncques nous armer, de par Dieu et de » par saint George. » Quant il fu armés, si issi de la ville, et n'avoit mie plus de cinquante hommes d'armes avoec luy, et n'arresta oncques, si vint à la Maladerie. Là trouva à l'encontre de luy la bataille de messire Robert d'Artois. Après issi li contes d'Erminac, qui avoit bien huit cens hommes d'armes, de quoy il y en avoit bien trois cens couvers que de haubergerie, que de flanchières ; et celle bataille se traist vers dextre où chil d'Ypre estoient. Quant li Bourguignon virent leur duc as champs, si se trairent vers luy; mais li Artisien et li Flamenc, qui devers le roy estoient, se tinrent tout quoi en la campaigne; et la grant bataille de Bergues, de Furnes et du Franc vindrent le grant pas, traversant les champs, courre sur les Artisiens. Et tantost li Artisien et li loyal Flamenc se tournèrent[1] sur eulx ; mais, quant il vinrent au fossé qui traversoit les champs, si ne porent passer oultre. Tantost retournèrent leurs bannières, et au retourner peust-on veoir maint haut homme desconfit, qui s'en fuioient de tous costés, et laissièrent leur seigneur, emmy les champs, ès mains des ennemis, se la grâce de Dieu ne l'eust sauvé. Tantost que li Flamenc virent les bannières retraire, si sallirent outre le fossé à grans routes, si coururent après, et les cuidèrent avoir desconfis. Mais, quant li Artisien les virent oultre le fossé, si retournèrent leurs bannières et leur coururent sus par grant aïr. Et là commencha bonne bataille, tant que en la fin furent li Flamenc desconfit. Et li conte d'Erminac aloit vers ceulx d'Ypre. Tantost qu'il le virent venir, si s'en fuirent, si que on ne sceut onques qu'il devinrent ; et li contes se traist vers ceulx qui chaçoient les fuyans. Là peust-on veoir gens abatre

[1] Var. : coururent.

et tuer, et tant faire d'armes que ce seroit très-grant mervelles à raconter[1].

Endementiers que li Artisien et li contes d'Erminac se combatoyent et chaçoient les Flamenc vers Arques, messire Robers d'Artois, o toute sa bataille, vit le duc de Bourgoingne ester devant la Maladerie, si fist bouter ses engiens arrière et vint, à tout sa grant bataille[2], vers la ville. Quant les gens du duc de Bourgoingne le virent venir, si se trairent hors du chemin vers les champs; et messire Robers d'Artois les cuida avoir souspris emmy la rue des fourbours, car les gens d'armes se pooient là peu aidier contre ceux de piet; mais il falli à son entente. Tantost se traist, o toute sa bataille, vers la porte de le ville, et la cuida ensement encore avoir souzprise; mais, ainsi que Dieu le voult, chil qui estoient à la porte, recongnurent ses bannières, et tantost commenchièrent à traire et à geter vers eulx; mais l'entrée de la ville fu si pressée de gens que nuls n'en pooit issir, ne entrer, de ceulx qui s'en fuioient vers le ville. Quant messire Robers et ses gens virent qu'il avoient failli à leur entente, si attendirent[3] aucuns chevaliers qui acouroyent vers la ville, et là les tuèrent devant la porte. Là fu tués li sires de Hamelincourt, messire Froissars de Biaufort et uns chevaliers d'Espaigne, que on appeloit : le seigneur de Saint-Vérain, et uns chevaliers de Bourgoingne, que on appeloit : le seigneur de Branges. Là fu aussi tués uns chevaliers d'Engleterre, qui portoit eschiqueté d'argent et de gueules, et fu traist tout parmy la cervelle. Puis ordena Robers d'Artois ses batailles, et se retrairent vers Arques; mais, quant il furent issu hors des fourbours, li dus de Bourgoingne, qui ralioit ses gens et les attendoit, leur vouloit courre sus; mais pour ce qu'il estoit nuit, ne le voulurent ses gens souffrir. Puis passa la bataille de messire Robert d'Artois le chemin, toute ordenée, criant à haulte voix : « Saint George! » Li contes d'Erminac et li Artisien, qui avoient chaciet les desconfis et ne savoient rien de ce qui avoit esté fait devant la ville, encontrèrent messire Robers d'Artois, o toute sa bataille; mais ne le congnurent mie pour ce qu'il estoit trop tard, et en y ot aucuns souspris en eulx, qui furent tué. Là fu prins uns chevaliers de Bourgoingne, que on appeloit : messire Guilliames[4] de Jully. A ce jour

---

[1] Var. : que mervelles seroit à dire.
[2] Var. : à tout un grant hu.
[3] Var. : rattaindirent.
[4] Var. : Gilles.

leva bannière li contes de Montlison, qui fu au conte d'Erminac et fu ce jour nouviaulx chevaliers. Ensement leva bannière li sires de Sainte-Croix, et uns chevaliers d'Artois, que on appeloit : le sires de Rely. En celle bataille ot maint nouvel chevalier fait.

Li dus de Bourgoingne, quant il ot ralié ses gens, si s'en revint vers la ville de Saint-Omer, à grant joye, et chil de la ville issirent contre luy et le mènèrent, à torches alumées, en la ville. Là peust-on oïr maint cri de chevalier, et entrèrent à si grant noise en la ville qu'à paine peust-on oïr Dieu tonner[1]. Puis fist-on les chevaliers aporter, qui gisoient mors dehors la ville, et furent lendemain enterrés à grans plours.

Cette bataille fu lendemain du jour Saint-Jaque, ou mois de juillet, l'an de grâce mil trois cens et quarante.

Quant messire Robers d'Artois fu revenus à ses tentes, la lumière estoit jà toute alumée, mais n'y trouva nulluy; car tous s'en estoient fui, et avoient laissiet tentes et harnas et quanques il avoient, derrière eux, et estoient si desconfit que jamais ne cuidièrent venir à temps à Cassel, et en morut grant foison en la voye, qui tout estoient trait et navré. L'ost de Flandres, qui estoit avoec messire Robert d'Artois, fu par connestablies et fu nombré à cinquante-cinq mille, sans les caretons; et li mort furent nombré à quatre mille[2]. Quant messire Robers d'Artois vit que ses gens s'en estoient ainsi fui, si monta tantost et ne tarda[3] onques, si vint à Cassel sur le mont, et cuida là bien estre tués de ses gens, ne onques ne fu à seureté, si vint à Ypre.

Or vous dirons du duc de Bourgoingne, qui estoit entré en sa ville de Saint-Omer, et se reposèrent toutes ses gens d'armes. Toute la nuit coururent li grant destrier par les champs; et pluiseurs gens[4] ne savoient où aler. Mais deux chevaliers, qui estoient à l'évesque de Térouenne et faisoient le gait et ne savoient riens de la bataille, vinrent courant jusques bien près des tentes des Flamens et n'y virent nulluy; et, quant ce vint à l'aube du jour, si virent que tout s'en estoient fui[5], et tantost entrèrent ès tentes et prinrent du plus bel et du meilleur qu'il trouvèrent tant qu'il

---

[1] Var. : Dieu tonnant.
[2] Var. : à trois mille.
[3] Var. : ne targa.
[4] Var. : les gens.
[5] Var. : s'en estoient alé.

furent tout chargiet. Et lendemain, quant on sceut en la ville qu'il s'en estoient tout fui en voye, là peust-on veoir maint homme à piet et à cheval courre au gaing, et ne fina-on toute jour d'amener en la ville, à chars et à charettes et en brouettes, tentes et pavillons et autres pluiseurs manières d'estoffes de guerre, et gaingnièrent ceulx de la ville si très-grant avoir qu'on ne le porroit raconter[1]; et là morut bien douze cens chevaux, lesquels on fist ardoir pour la punaisie, et fist-on getter les mors en grans charniers. Et messire Robers d'Artois qui à Ypre estoit, n'y osa plus demourer, ains se retraist, le plus tost qu'il peut, en l'ost du roy d'Engleterre, qui estoit devant la ville de Tournay. Et fu tous li pays de Flandres si desconfit, que mille hommes d'armes eussent bien conquis tout le païs jusques à Bruges.

Quant li rois d'Engleterre sceut la desconfiture qui avoit esté faite devant Saint-Omer, si en fu moult esbahis, et fist toute sa gent passer l'Escaut et assir[2] la ville de Tournay tout entour.

Les lettres que le roy d'Engleterre qui estoit devant Tournay, envoya au roy de France qui estoit emprès Aire, et la responsse que le roy de France envoia au dit roy d'Engleterre.

Li rois de France, qui avoit assamblé un si très-grant ost que onques ne fu si grant assamblé au royaume de France, s'estoit venus logier à Aire, lendemain de la bataille, à un prioré qui est entre Aire et Térouenne, que on appelle : Saint-Andrieu; et là sceut la nouvelle comment la chose estoit alée, et là luy aporta-on unes lettres, de par le roy d'Engleterre, dont la teneur fu telle :

« De par Édouwart, roi de France et d'Engleterre et seigneur d'Irlande.
» Sire Philippe de Valois, par long temps vous avons poursieuvi par mes-
» sages et en plusieurs aultres manières afin que vous fesissiés raison à
» nous et que vous nous rendissiés nostre droit héritage du royaume de
» France, lequel vous avés par long temps occupé à grant tort. Et, pour
» ce que nous véons bien que vous entendés de persévérer en vostre inju-

---

[1] Var. : que une merveille.   [2] Var. : et asségier.

» rieuse détenue et sans nous faire raison de nostre droiturière demande,
» sommes-nous entrés en la terre de Flandres, comme seigneur souverain
» d'icelle, et passé parmy le pays. Et vous segnefions que nous avons pris
» l'aide de Nostre-Seigneur Jhésu-Crist, et droit, avoec le povoir dudit païs
» et avoec nos gens aliés regardans le droit que nous avons à l'héritage
» que vous nous détenés à grant tort, nous nous traions¹ vers vous pour
» mettre briève fin sur nostre droiturière demande et calenge. Si vous
» voulons aprochier; et, pour ce que si grans povoirs de gens d'armes, qui
» viennent de vostre partie, ne se poroit mie tenir longuement ensamble,
» sans faire grant destruction au peuple et aus pays, laquelle chose chascuns
» bons crestiens doit eschiever, et espécialement princes et aultres, qui se
» tiennent pour gouverneurs de gens, si désirons moult que en brief jour
» soient prins², et pour eschiever mortalité de peuple, ainsi que la que-
» relle est aparissans à nous et à vous, que la destruction et conclusion
» de nostre calenge se face entre nous deux : laquelle chose nous vous
» offrons, pour les choses dessusdites, comment que nous pensions bien la
» grant noblesse de vostre corps et vostre sens et avisement. Et, ou cas que
» vous ne voudrés ceste voye, qu'adont soyt mise nostre calenge à fin par
» bataille de vous-mesme avoec cent personnes de plus souffisans de vos-
» tre part, et nous-mesmes à autretant, et, se vous ne volés l'une voye ou
» l'aultre, que vous nous segnefiés certain jour, devant la cité de Tournay,
» pour combatre povoir contre povoir, dedens dix³ jours après la date de ces
» lettres. Et les choses dessusdites volons estre cogneues par tout le monde,
» et que en ce est nostre désirier, non mie par orguel, ne par oultrecuidance,
» mais afin que Nostre-Signeur mette repos de plus en plus entre Crestiens
» et que les anemis de Dieu soyent repoussé³ et Crestienté exauchie. Et le
» voye, que sur ce voudriés élire des offres dessusdites, escripvés-nous,
» par le porteur de ces lettres, en lui faisant hastive délivrance. Donné sous
» nostre grant séel, à Elchin delés l'Escaut près de Tournay, en l'an de
» grâce mil trois cens et quarante, le vingt-septième jour de juingnet. »

Quant li rois de France et ses consaulx orent veu ces lettres, tantost envoya response au roy d'Engleterre sur ceste forme :

¹ Var. : nous nous trairons.
² Var. : que en brief jours se presissent.
³ Var. : quinze.

« Philippes, par la grâce de Dieu rois de France, à Édouward, roy
» d'Engleterre. Nous avons veu unes lettres, apportées à nostre court,
» envoyes à Philippe de Valois, esquelles lettres estoient contenues au-
» cunes requestes. Et, pour ce que les lettres n'estoient pas à nous addre-
» cées[1], lesdictes requestes aussi n'estoient mie faites à nous, ainsi qu'il
» apert par le teneur des lettres; et pour tant nous ne vous en faisons
» point de response. Nientmains, pour ce que nous avons entendu par les
» dites lettres, et aultrement que vous vous estes embatus en nostre
» royaume de France, en portant grant damage à nous et à nostre royaume
» et à nostre peuple, meus de voulonté et sans riens[2] de raison, non
» regardant à ce que homs liges doit garder à son droit seigneur[3] (car vous
» estes entrés en nostre hommage, en nous recongnoissant, si comme
» raisons est, de féalté[4] et promis obéissance telle qu'on le doit promettre
» à son seigneur liege, si comme il appert par vos lettres patentes séellées
» de vostre grant séel, lesquelles nous avons par-devers nous), nostre
» entente est, quant bon samblera, de vous chachier hors de nostre
» royaume, à l'honneur de nous et de nostre majesté royale et au proufit
» de nostre peuple; et en ce faire nous avons ferme espérance en Jhésu-
» Crist, dont tous biens nous viennent; car, par vostre emprise, qui est de
» volenté et non raisonnable, a esté empeschiés li sains voyages d'oultre
» mer, et grant quantité de Crestiens mis à mort, et li services de Dieu
» empeschiés[5], et Sainte-Église aourée à mains de révérence. Et de ce
» qu'avis vous est d'avoir l'aide des Flamens, nous cuidons estre certains
» que les bonnes gens et les communes du pays se porteront en telle
» manière envers nostre cousin le conte de Flandres, leur seigneur, qu'il
» garderont leur honneur et leur loyaulté; et ce qu'il ont mesprins jusques
» à ores, a esté par mal conseil de gens, qui ne regardoient pas au proufit
» commun, mais au proufit d'eulx tant seulement. Donné sur les champs,
» au prioré Saint-André delés Aire, sous le séel de nostre secré, en
» l'absence de nostre grant séel, le trentième jour de juillet, l'an de grâce
» mil trois cens et quarante. »

[1] Var. : ne venoient mie à nous.
[2] Var. : sans nient.
[3] Var. : regarder.
[4] Var. : roy de France.
[5] Var. : apetissiés.

Comment ceulx de Tournay envoyèrent au roy de France que il les secourust, car il ne pooient avoir vivres pour l'ost des Englès qui estoient devant Tournay, et le roy y envoya grant foison de gens d'armes.

Endementiers que li rois de France estoit à Saint-Andrieu et qu'il recheut lettres du roy d'Engleterre, ainsi comme vous avés oy, là envoyèrent chil de Tournay à luy que pour Dieu il les voulsist secourre, car leurs anemis les avoient si avironnés que nuls vivres n'y pooient entrer. Et tantost y envoya li rois le duc d'Athènes, le visconte de Touart, le visconte d'Aunay, le seigneur Pierre de Fauquigny, le conte d'Auchoire, le seigneur de Craon et son frère, messire Guy Dauphin, le seigneur de Chastillon en Touraine, le fil au conte de Roussi, le dauphin d'Auvergne, le seigneur de Clichon, le seigneur de Baillart, le seigneur de Biaugieu, le seigneur de Saint-Venant, le frère de l'évesque de Mès et Ourry Thibaut. Tout chil-là estoient à bannière, et avoient bien avoec eux deux mille hommes d'armes, et s'en alèrent droit à Cassel; mais li Flamenc avoient jà pourpris le mont et estoient au-devant. Quant il virent ce, si boutèrent le feu ens, et cuida-on par le feu et les fumées faire lever le siége de Tournay. Puis vindrent à Saint-Omer. Lendemain murent à l'heure de prime et s'en alèrent par toute la terre au conte de Bar, ardant et essillant, et ensi s'en revindrent en l'ost du roy.

Li rois de France tint grant conseil à savoir s'il entreroit en la terre de Flandres ou s'il iroit vers Tournay; mais à cel conseil avoit li contes de Flandres amis qui virent bien que, se li rois fust entrés en Flandres, que tous li païs eust esté essilliés, et pour ce luy loèrent à aler vers Tournay. Quant li rois ot là séjourné huit jours à tout son ost, si ne fina onques, si vint, à trois lieues de Tournay, à une villette[1], qu'on appelle : Bouvines, et là se loga assés priès de ses anemis.

[1] Var. : à une ville.

Les noms des haus hommes qui estoient en l'ost du roy de France, et des haus hommes qui estoient en l'ost du roy d'Engleterre.

Or vous dirons les haulx princes, qui estoient en l'ost du roy de France : premiers le roy de Behaingne, le roy de Navarre, le duc de Normandie, le duc de Bourbon, le duc de Bretaigne, le duc de Bourgongne, le duc de Lorraine, le duc d'Athènes, le conte d'Alenchon, le conte de Flandres, le conte de Savoye, le conte d'Erminac, le conte de Boulongne, le conte de Bar, l'évesque du Liége, le conte de Dreux, le conte d'Aubemarle, le conte de Blois, le conte de Sanssoire, le conte d'Auchoire, le conte de Joingny, le conte de Roussy et maint aultre hault homme, de quoy l'istoire seroit trop longue.

Or vous dirons des hauls hommes, qui de la partie estoient du roy d'Engleterre : premiers messire Robert d'Artois, le conte de Herefort, le conte de Norantonne, le conte de Warvi [1], le conte de Hantonne, le conte d'Arondel, le baron d'Estaffort, le conte de Hainau, messire Jehan son oncle, le duc de Brabant, le duc de Guelre, le marchis de Julliers, le conte des Mons, le conte de Chigny, le seigneur de Fauquemont, Jaques de Hartevelle et toute le commune de Flandres. Tout chil avoient assis la ville de Tournay, mais n'y firent onques assault, fors que de geter pierres, se ce ne fu un jour que je sçay [2], quant sergans d'armes du roy issirent hors de la ville avoec le connestable et vindrent emmy la rue des foubours et encontrèrent une route d'Alemans et d'Englès, si qu'il convint les François retraire. Ce fu tout li fait d'armes qui fu fait durant le siége de Tournay.

De la contesse de Hainau qui pourcacha unes trièves dentre les II roys jusques à la Saint-Jehan l'an XLI, et les traitiés sur quoy trièves furent acordées, et se départirent les hos des deux roys.

Or vous dirons de la contesse de Hainau, qui tant pourcacha devers le roy de France, son frère, et devers le roy d'Engleterre, qui avoit sa fille,

---

[1] Var. : le conte de Herby.   [2] Var. : que je ne sçay.

avoec le roy de Behaingne, qu'un jour de parlement fut prins entre les deux roys. Mais Jaques de Hartevelle vint devant le roy d'Engleterre et devant les barons de l'ost et leur dist : « Seigneur, prenés garde quelle paix » vous faites ; car, se nous n'y sommes comprins, et tout no article par- » donné, jà ne nous partirons de chy, ne ne vous quiterons du ser- » ment que vous avés fait à nous [1]. » Dont dist la contesse de Hainau : « Ha, Sire Dieux en ait pité, quant, pour le dit d'un vilain, tous li nobles » sang de la crestiente sera respandus [2]. » Tant fu la chose démenée que Jaques de Hartevelle s'acorda au traitiet, ainsi comme vous orés. Li baron de par le roy de France furent li rois de Behaingne, li contes d'Erminac, li contes de Savoye, messires Loys de Savoye et li sires de Noyers ; et de par le roy d'Engleterre y fu messire Guillaumes de Clintonne, li évesques de Lincole, messires Geoffrois Scrop, messires Jehans de Hainau, li sires de Kuc et messires Henris d'Antoing [3]. Et fu li parlemens traitiés sur ceste

[1] Var. : que vous avés à nous.
[2] Var. : espandus.
[3] La mère du conte de Haynnau sachant que les deux roys s'approuchoient l'un de l'autre encoragiés de courre seure l'un sur l'autre, eut grant dolleur au cœur ; car bien sçavoit, s'il venoient jusques au férir, qu'il y aroit grande occision d'un costé et d'autre. Et pour contendre d'y trouver aucun accord, vint en l'ost, et tant pourchassa devers le roy son frère et vers le roy d'Engleterre qui avoit sa fille espousée, avec le roy de Bouhaingne, que ung jour de parlement fut prins entre les deux roys ; mais Jacques de Hartevelle vint devant le roy d'Engleterre et devant tous les barons et leur dist : « Seigneurs, prendés garde quelle » paix vous faittes ; car, se nous n'y sommes com- » prins et tous nos articles pardonnés, nous ne nous » partirons pas de cy et ne vous quitterons pas du » serment que vous nous avés fait. » Adont dit la contesse de Haynnault : « Ha! Sire Dieu en ait pitié » quant pour le dit d'un villain tout le noble sang » de Crestienneté sera espandu. » Tant fut la chose démenée que Jacques de Harthevelle se assentit au traitié ainsi comme vous orés. Les barons qui le parlement tindrent de par le roy de France, furent le roy de Bohaingne, le conte d'Erminac, le conte de Savoie et le seigneur de Noyers. De par le roy d'Engleterre y fut monseigneur Guillame de Clitonne, l'évesque de Nicolle, messire Geffroy Scrop, monseigneur Jehan de Haynnau et monseigneur Henri d'Antoing (MS. 20365).

Or, vous raconterons de la comtesse de Haynnau qui moult sage et de grant fachon estoit, laquelle tant pourchassa par-devers le roy de France son frère et devers le roy d'Angleterre qui avoit sa fille Phelippe à femme, que ung jour de parlement fut prins entre les deux roys. Mais quant Jaques d'Artevelde entendi ce que dit est et considéra comment tout ce qu'il avoit cousté au pays de Flandres estoit argent perdu, il fut desplaisant à merveilles. Toutesvoies vint-il devant le roy d'Angleterre et les barons de l'ost. Si leur dist : « Seigneurs, prendés garde et bien » advisés quel traittié et appointement vous » ferés ; car, se nous n'y sommes comprins et » tous nos articles pardonnés, jà ne nous parti- » rons de ce siège, ne jà ne vous quitterons du » serment que vous avés à nous. »

Quant la contesse de Haynnau qui l'appointement des deux roys pourchassoit, entendi com-

fourme : premiers que li rois de France rendra au roy d'Engleterre, par mariage de leurs enfans, toute la terre de Gascoingne et d'Aquitaine et le conté de Ponthieu, aussi avant que li rois Édouwars ses tayons les tint, par ainsi que nuls sergans du roy ne puisse serganter au païs. Après, de tant qu'il touche au païs de Flandres, que grans, moyens et petis soient menés as lois qu'il tinrent du temps le conte Guy. Item que toutes obligations, en quoy il sont obligiet devers le roy de France, en quelconques manières, ne de quelconques temps que ce soit, soient tout quitié, tant de voyages que de sommes d'argent ou de paines en quoy il sont escheu. Item que de tous excommuniemens et enterdis où il peuvent estre encouru, il soyent absols, et que toutes les forces et obligations, par lesquelles il porroient avoir encouru lesdites sentences, leur soient rendues et mises par-devers eux. Item que toutes les mauvaises volentés, où il peuvent estre encouru, pour cause de rébellion ou désobéissance envers le roy ou le conte de Flandres, leur soyent toutes[1] pardonnées, en telle manière que jamais aucuns d'eulx n'en doive recevoir damage en corps, ne en biens. Et, s'il avenoit qu'il fesissent aucune chose en temps advenir, par quoy il deussent estre puni, que pour choses passées n'en ayent pis, ains soient démenés par les loix et coustumes du lieu, où il sont demourant. Et, pour tous ces traitiés de paix faire et acorder à plus grande délibération, encores requist la contesse de Hainau unes trèves jusques à la Saint-Jehan-Baptiste, as quelles trèves certaines personnes seroient envoyées en un certain lieu, et seroient les sentences relachiées et suspendues, et feroit-on par toute Flandres le service de Dieu[2].

ment Jaques d'Artevelle ne quéroit mie que traittié s'y trouvast, elle dist en playne audience : « Ha! a! beau Sire Dieu, veulliés cy ouvrer tellement que pour les dis de ung villain tout ou la pluspart du sang de la chrestienté ne soit espandu. » Et tant fut l'appointement démené que Jaques d'Artevelle se accorda au traittié dentre les deux roys en la forme et manière que cy-après s'ensieult. Dont les barons qui furent commis à traittier cet appointement de par le roy de France d'une part, furent premièrement le roy de Behaigne, le conte d'Armeignac, le conte de Savoie, messire Loys de Sancerre et le seigneur de Noiers ; et de la partie du roy d'Angleterre y furent commis messire Guillemme de Clitonne, l'évesque de Lincolle, messire Gieffroy Scrop, messire Jehan de Haynnau, le seigneur de Cuc et messire Henry d'Anthoing (MS. 2799).

[1] Var. : du tout.
[2] Et fu le parlement traittiés sur ceste forme : premièrement que le roy de France renderoit au roy d'Engleterre par mariages de leurs enffans la terre de Gascoingne et d'Acquitaine et la conté de Ponticu, ainsi que le roy Édouard son tayon

Quant ces choses furent ainsi ordenées, li rois de France départi son ost et s'en ala en France; et li rois d'Engleterre départi le sien et s'en ala à Gand. Là vint li contes de Flandres à luy, et festièrent li uns l'autre de grans mengiers et de biaux dons; mais onques ne le pot li rois d'Engleterre atraire qu'il venist à son serment, comment qu'il en fust assés requis [1].

Comment le roy d'Engleterre, quant il vint en Engleterre, acusa de traïson ceulx qui avoient gouverné son royaume, pour ce qu'il ne li avoient assés envoyet d'argent.

Li rois d'Engleterre fist son appareil [2] et print congiet as aliés, et pour ce que aucun grant maistre, qui estoient en Engleterre demouré, avoient esté négligent d'envoyer au roy d'Engleterre deniers, et luy convint par nécessité laissier le siége, comment qu'il eussent recheu les deniers de par le roy, ne voulut point messire Robers d'Artois passer avoec le roy pour ce qu'il pensoit bien qu'il en feroit correction, quant il vendroit en

le tenoit, par ainsi que nuls sergans du roy ne peussent serganter audit pays. Après, de tant qu'il touche au pays de Flandres, que grans, moyens et petis soient menés aux loys qu'ils tindrent du temps du conte Gui; item que toutes obligations où ils sont obligiés envers le roy de France de quelconque manière et de quelque temps que ce soit, soient tout quitté, soit de voyages ou de sommes d'argent ou de paines où ils seroient escheus. Item, que de toutes excommunications et entredis où ils pouroient estre, soient absouls et de toutes obligations par lesquelles ils pouroient avoir encouru les dittes sentences; item que toutes malles voulentés où ils pouroient estre escheus pour cause de rébellion ou désobéissance envers le roy de France ou le conte de Flandres, leur seroient du tout pardonnées, ne que jamais ils, ne aucuns d'eux n'en doivent recepvoir, en corps, n'en biens, aucun dommaige, et s'il advenoit qu'ils feissent aulcune chose de quoy ils deussent estre pugnis, que pour choses passées jà pis n'en aront, ains soient démenés par les loix ou coustumes du lieu où ils seront demourans. Et pour tous ces traittiés de paix faire et accorder par plus grant délibération, illec requist madame de Haynnau dessusdite unes trèves jusques à la Saint-Jehan Baptiste, ausquelles trèves certaines personnes seront envoyes en ung certain jour, et furent les sentences relasquies, et fist-on parmy le pays de Flandres le service divin (MS. 20365).

[1] Quant ces choses furent ainsi ordonnées, le roy de France départi son ost s'en alla en France, et pareillement fist le roy d'Engleterre et s'en vint à Gand. Là vint le conte de Flandres à lui, et festoièrent moult l'autre de grans mengiers et de beaulx dons, mais onques ne le peust attraire qu'il venist à son serment, combien qu'il en fust assés requis (MS. 20365).

[2] Var.: fist appareillier sa navie.

Engleterre, et il n'en vouloit point avoir le mal gré. Li rois d'Engleterre laissa le duc de Guelre en plège pour luy à Gand, et puis s'en ala, luy et la royne, en Engleterre [1]. Quant il fu venu en son païs, il fist prendre grant partie des gouverneurs de son royaume, et fist cachier pour prendre l'archevesque de Cantorbie; mais il se tint si fort garnis en son église, qu'il ne le porent avoir. Puis assembla un parlement de ses barons et leur imposa [2] que trahi l'avoient et que par leur défaute il luy convint laissier le siége de Tournay et son emprise, pour quoy il condampna les uns en corps et en avoir, et les aultres [3] en prison.

Quant messire Robers d'Artois ot jousté à une grant feste à le Veure en Brabant, si s'en ala en Engleterre, et fist la paix de l'archevesque de Cantorbie, et as autres fist pardonner leurs vies; mais leur héritage furent tout fourfait, et les départi li rois à ses chevaliers, qui bien l'avoient servi en sa guerre.

Or avint que li contes de Flandres, qui estoit demourés en son païs, pour ce qu'on luy fist peu d'obéissance, s'en départi par mal-talent et s'en ala vers le roy de France [4].

De la victoire que le roy d'Espaigne et le roy de Portingal eurent contre le roy Garbus et contre les Sarrazins en Garnade là où il eut bien tué IIm de Sarrasins la veille de la Saint-Jehan l'an XL, et y fu tués Pitaze le fils au roy de Bellemarine.

Désormais vous dirons du roy d'Espaigne, qui tint grant guerre as Sarrasins, ainsi que vous orrés. Nouvelles vindrent au cardinal d'Espaigne que li roys Garbus avoit assemblé un moult grant ost et estoit venus en la terre de Grenade. Là vindrent li rois d'Espaigne et li rois de Portingal à l'en-

---

[1] Quant le roy d'Angleterre party de Flandres, il laissa le duc de Guerles pour luy en plesge à Gand, puis s'en ala, luy et la royne, en Angleterre (MS. 2799).

[2] Var. : opposa.

[3] Var. : les aultres tint.

[4] Or advint que le conte de Flandres qui estoit demouré en son pays après le traittié de Tournay, mais pour tant que l'en ne luy faisoit comme riens de révérence, ne de obéissance, il se party de Flandres par mal talent et s'en retourna devers le roy de France qui le rechupt doulcement et lyement (MS. 2799).

contre, le veille Saint-Jehan, l'an quarante, devant un chastel moult noble, qu'on appelle : Gibaltar. Là s'assamblèrent les batailles, mais de première venue li rois d'Espaigne perdi assés de sa gent, et puis reprirent vigeur en eulx, et se férirent emmy les Sarrasins, et se combatirent de si grant pooir que li Sarrasin se desconfirent; et dura li occisions trois jours et deux¹ nuis que onques ne finèrent d'espandre le sang des mescréans, et dist-on qu'il en morut bien à celle bataille deux cens mille, et là fu occis Pitase, li fiels au roy de Bellemarine, qui estoit moult bons² chevaliers.

Comment le roy Garbus, sa femme, ses enffans et grant foison de Sarrasins furent pris, ainsy qu'il s'en cuidoient fuir d'une cité qu'on appelle : Garsie, et fu trouvée en la nef du roy Garbus une lettre que le Caliphe de Baudas li avoit envoyée.

Adont³ li rois Garbus s'en fuy à toute sa gent qui demourée luy estoit, en une cité, qu'on appelle : la Garsie⁴, et li roy crestien, qui virent ce, s'aparillièrent pour aler assir la cité. Quant li rois Garbus les appercheut, si fist nombrer ses gens d'armes, et trouva-on qu'il en y avoit bien vingt mille à cheval et grant multitude de gens de piet; et si n'avoit mie vivres en la cité pour seize⁵ jours. Si manda toute sa gent et leur dist que mieux leur valoit combatre que là estre affamés, et furent d'acord de issir contre les Crestiens, et issirent une lieue loing. Quant li Crestien virent ce, si s'arrestèrent et ordenèrent leurs batailles, et, si tost qu'il assamblèrent ensamble, li rois Garbus s'en fui tantost en la cité, et ses gens aussi, et, pour ce qu'il doubta le siége, pensa de luy en fuir par mer. En la cité avoit une rivière portant navie, et y avoit trois galées et une sagitaire. Si entra ens à minuit, et sa femme et ses enfans, avoec grant trésor, et, ainsi que Dieux le voult, la navie du roy d'Arragon fu à celle heure arrivée, et vindrent ces gallées, toutes trois, entre eulx, et là se combatirent jusques au grant jour, mais li Sarrasin n'orent pooir. Si furent prinses les trois galées

---

¹ Var. : trois.
² Var. : hauls.
³ Var. : quant li roys Garbus fu ainsy desconfis.
⁴ Var. : Gersic.
⁵ Var. : dix-sept.

et la sagitaire, avoec grant trésor, et là fu prins li rois Garbus et si deux fils [1], et li fils du roy de Thunes, à vingt-cinq galées des Sarrasins, et la femme du roy Garbus et moult d'autres femmes sarrasines avoec luy.

Quant li papes sceut ces nouvelles, si fist grans processions pour la victoire.

En la nef du roy Garbus fu trouvés uns coffres, où il y avoit unes lettres, que li grans Caliphes luy avoit envoyées, dont la teneur fu telle :

« Caliphes de Baudas, qui suy une seule loy, et suy sains et du lignage de
» saint Mahommet, grans soudans, sires poissans, sages et fors, souverains
» de la sainte maison du corps saint Mahommet, qui suy poissans et croy
» en sa hautesse et en sa sainte vertu, qui fais justice et confons ceulx qui
» veulent confondre ceulx du royaume de Turquie et de Perse, et qui pos-
» sède les terres de la grant Erménie, sires memillères [2] dureurs de la mer [3],
» juges sur les bons et loyaulx qui croyent la sainte loy Mahommet, et la
» forte espée Hélie et David, qui tua et décola ceulx de la cité d'Acre et
» destruist et mist à nient, sires du royaume de tout le monde dessoubs le
» Créateur, sires des parties d'Asie, d'Afrique et d'Europe [4] : à toy, roy de
» Bellemarine et de Maroc, salut, avoec crémeur de ma forte espée. Nous
» te segnefions que nos sages Mores nous ont donné à entendre [comment
» a esté tués [5]] ton fils Pitase, enfès honnorables et très-fors chevaliers en la
» loy de Mahommet, comme Amali et Malefaichon, qui furent eslu pour
» garder la sainte loy Mahommet, contre la loy maudite des crestiens,
» malheurée et privée de sens; car ceulx qui vivent en celle loy, ne savent
» en quoy il vivent, car il croyent en leur Alcoran, qu'il appellent : pape,
» et cuident qu'il leur peut pardonner tous leurs péchiés, et ainsi sont
» déceu, pour la mauvaise foy qu'il tiennent. Et, pour ce que Alphons, roy
» de Castille, qui deust estre ton vassal, et que tout li aultre roy du
» monde, qui croyent en la loy crestienne, te devroient servir et obéir, et
» nientmains il sont venu à l'encontre de nos Mores, qui sont li plus noble

---

[1] Var. : et II siens fielx.

[2] Var. : memilleurs.

[3] Dans des manuscrits plus modernes, cette phrase peu intelligible se trouve ainsi transformée : sires merveilleux du cours de la mer.

[4] Quelques MSS. ajoutent : vainqueur des batailles de tous les roys crestiens du monde.

[5] Ces mots manquent dans les MSS. que j'ai sous les yeux : on les trouve dans l'édition de Denis Sauvage, mais à un endroit de la phrase où ils dénaturent le sens.

» du monde et croyent en la sainte loy Mahommet, et ont mis à mort si
» sainte créature comme estoit Pitase ton fils, qui si nobles estoit qu'il ne
» peust avoir esté tués en bataille, se ce ne fust par les fraudes que li
» Crestien seurent faire [1], par lesquelles il ont occis ledit enfant ; et croy
» vrayment que, par la créance qu'il avoit en Mahommet, il est en paradis
» avoec luy, et l'acole bienheureusement, et là mange lait et beurre, et est
» ressuscités, et est si sainte créature que il aura soixante [2] femmes vierges
» en nostre paradis : pour quoy nous te mandons, sur le crémeur de nostre
» espée, que tu y voises à tout le pooir dechà la mer et delà la mer et
» avoec tout le pooir de la terre des Sarrasins, de la terre de Caphaudes,
» de la terre de Bellemarine, de la terre des Rossiens, de la terre des Pré-
» viléges, de la terre des Tartres, de la terre de Trifuges et de la terre de
» Monclins [3], et tresperce [4] la terre des Crestiens par terre et par mer. Et
» te commandons, sur le pooir de nostre loy, que tu ne larges ces besoin-
» gnes et ne retournes jusques à tant que la terre des Crestiens soit des-
» truite. Et avoec ce nous ottroyons à tous nos religieux Alphages qu'il
» puissent preschier et donner pardon ou nom de nous ; et tous ceulx,
» qui contre les Crestiens iront, auront pardon de leurs péchiés, cascuns
» pour luy et pour onze personnes de son lignage, quels qu'il voudra eslire.
» Si en liève ma main au ciel et jure nostre sainte loy que chil qui là seront
» mort, ressusciteront au troisième jour et demoureront permanablement
» avoec leurs femmes et avoec Mahommet et là mangeront beurre, miel et
» lait, et cascuns aura sept vierges femmes, et en ceste foy seront sauvés ;
» et ceulx, qui seront trouvés fermes en ceste foy et qui contre les Crestiens
» ne poront aler en propre personne, il doneront de leurs biens à ceulx
» qui voudront passer [5], et auront le plain pardon, aussi avant comme li
» combatant. Et recommande à toy, honnorables et poissans, les herbes
» paissans et beuvans les yaues de la mer, que tantost te lièves sans délay,
» avoec le pooir dessusdit ; et va à Gibaltar, nostre honnorable chastel, et
» là passe la mer, et te combat au roy de Castille, et sans miséricorde met
» tout à l'espée, en telle manière que de leurs églises faces estables pour tes

[1] Var. : savent faire.
[2] Var. : quarante.
[3] Var. : de Monclers.
[4] Var. : trespasse.
[5] Var. : qui passer devront.

» chevaulx, et leurs croix soient estaques pour tes tentes, et fay les petits
» enfants escerveler, et les femmes grosses fay ouvrir, et de toutes les
» aultres fay coupper les testes en despit de la loy crestienne, et fay tant
» que tes mains ne cessent d'espandre sang, devant ce que Crestienté soit
» destruite et que toutes terres soient mises à nostre seigneurie. Adont
» auras-tu la grâce de Mahommet, d'Amali et de Malefaichon, qui furent
» saint prophète, et te feront aide, quant tu les réclameras; car, en ce fai-
» sant, onques ne furent si saint homme comme tu seras en nostre loy. »

Comment li rois de Bellemarine et de Maroc vint en la terre d'Espaigne à grant host de Sarrasins là où le roy d'Espaigne et le roy de Portingal eurent belle victoire, et y eut bien tué XXX^m Sarrasins de cheval et L^m de piet la nuit de la Toussains l'an XLI.

Li rois de Bellemarine et de Maroc assembla grant foison de Sarrasins et vint en la terre d'Espaingne, en grant volenté de venger [1] Pitase, son fils.

Quant li rois Alphons d'Espaigne et li rois de Portingal l'entendirent, de rechief assamblèrent leur ost et vindrent à l'encontre des Sarrasins, le nuit de la Toussains, l'an quarante-et-un, et là commencha une bataille moult dure [2]; mais en la fin li Sarrasin se desconfirent, et y ot bien trente mille [3] mors à cheval et cinquante mille à piet; et s'en fui li rois de Maroc devers la mer. Là trouva une galée où il entra, et ainsi s'en fui [4], et dit-on que mauvaisement se porra recouvrer de sa perte [5].

---

[1] Var.: ayans grande pité de.
[2] Var.: moult forte.
[3] Var.: vingt-cinq mille.
[4] Var.: Si ne fina de nagier tant qu'il vint en son païs.
[5] Var.: porra recouvrer sa perte.

Comment le conte de Montfort se mist de fait en saisine de la duché de Bretaigne, quant le duc Jehan fu mors, et Charles de Blois, qui en devoit estre duc, requist au roy de France qu'il li vousist aidier, et il y envoya le duc de Normendie, et prist le conte de Montfort, et fu amenés en prison au Louvre à Paris.

Dessus avés oy comment les trèves furent données entre les deux roys, par le pourcach de la contesse de Hainau. Ne targa gaires, après que li dus Jehans de Bretaingne estoit venus en son païs, que maladie le prist, et morut. Il avoit une fille de son frère, qu'il avoit donnée en mariage à Charles, le plus jovène fils au conte de Blois, et luy avoit ottroyée, après sa mort, toute la duché de Bretaigne. Mais li contes de Montfort, qui ses frères estoit de par son père et avoit à femme le seur le conte Loys de Flandres, se mist tantost en la duché, comme sires, et ravi les trésors qui moult estoient grans, et mist garnisons par tout les chastiaulx et bonnes villes de Bretaigne.

Quant Charles de Blois l'entendi, si se traist devers le roy de France son oncle et luy requist que à droit le tenist contre le conte de Montfort, qui la duché de Bretaigne avoit saisie, qui à luy appertenoit. Tantost fist li rois appeler le conte de Montfort à Paris, liquels y vint à tout grant conseil [1]. Adont luy requist li rois qu'il aportast les trésors et que, du surplus, il le laissast sur luy. Mais li contes de Montfort luy respondi que Bretaigne estoit partie de France et que déshiretés ne pooit estre, se n'estoit par-devant les pers et que volentiers le lairoit sur les pers de France, pour l'honneur du roy. De celle response fu li rois moult irés [2], et luy remist journée à lendemain. Mais aucun des amis le conte de Montfort luy firent sçavoir qu'il s'en alast tantost ou que li rois le feroit prendre. Tantost monta et ne fina, si vint en Bretaigne. Lendemain, quant li rois sceut qu'ainsi s'en estoit alés et qu'il n'avoit mie atendu sa journée, si juga Charle de Blois à duc de Bretaigne.

Charles, li dus de Bretaigne, requist au roy qu'aidier li voulsist, et li

---

[1] Var. : à tout grant effort de conseil.   [2] Var. : aïrés.

rois dist que volentiers le feroit. Tantost fist li rois semondre tout son ost[1] et entrer en la terre de Bretaigne, et envoya le duc de Normendie et le duc de Bourgongne assir un moult fort chastel, qu'on appelle : Chatoncel, et avoit cil chastel apendant à li un bourg moult fort, que li seigneur alèrent assallir de première venue. Mais li chastelains qui vit que ceulx de la ville estoient en moult grant destresse, issi hors de son chastel, et toute sa garnison, pour eulx aidier, mais li Genevois, qui à l'autre lés du chastel estoient, s'estoient mis en petis batiaulx et firent tant qu'il vindrent au pont et jetèrent eschielles de cordes amont et montèrent, puis avalèrent le pont et firent gens venir jusques à la porte. Puis jettièrent les eschielles jusques au mur, et montèrent ou chastel et n'y trouvèrent que trois hommes, lesquels il tuèrent, et puis ouvrirent les portes et laissièrent leurs gens entrer. Quant li chastelains vit qu'il avoit son chastel perdu, si rendi luy et la ville en la volenté du duc de Normendie. Quant li dus ot gaingnié le chastel, si se traist vers la cité de Nantes, où li contes de Montfort estoit, et l'assit. Mais en assés peu de temps li fu rendue, et se rendi li contes de Montfort à sa volenté et fu menés au chastel du Louvre à Paris; mais li duc de Normendie laissa là sa femme, dont il fist folie. Puis départit ses os, pour le temps d'yvier, et s'en revint en France et laissa à Charle de Blois sa conqueste.

De la mort du pape Bénédic et du sacre maistre Pierre Rogier nommé : pape Clément VIe, qui envoia deux cardinaulx pour traitier de la pais d'entre les deux roys.

En l'an de grâce mil trois cens et quarante-deux, le merquedi de Pasques, morut li papes Benois, qui moult fu de la partie du roy d'Engleterre. Tantost après s'assamblèrent li cardinal pour faire pape, et eslurent, par le conseil le cardinal de Rodes, maistre Pierre Rogier, qui fu nommés : li cardinaulx de Rouen. Chieulx papes fu moult de la partie le roy de France, et pour ce envoya li rois, par-devers luy, le duc de Normendie et le duc Eude de Bourgoingne. Quant il furent venu en Avignon, si menèrent le pape à son sacre, et fu consacrés par la main du cardinal d'Ostie, et le

---

[1] Var. : ses os.

nommèrent : Clément le sixième. Chieulx papes envoya, pour traitier de le paix dentre les deux rois de France et d'Engleterre, deux cardinaulx, dont li uns fu évesques de Préneste et li aultres fu nommés : Hannibal, et fu évesque de Tosquane. Tant alèrent[1] par leurs journées qu'il vindrent en France, et furent recheu à moult grant solempnité.

Comment le roy de France envoya vers Calais le duc de Bourbon et autres gens d'armes, qui s'en revindrent sans riens faire, et comment l'archevesque de Reins et le seigneur de Noyers vinrent devers la contesse de Haynaut pour parlementer, mais nuls n'y vint de par les Englès.

Li rois d'Engleterre avoit fait apparillier une grant estore[2] de nefs à un sien port qu'on appelle : Sandwic; et pour ce envoya li rois de France, vers Calais, le duc de Bourbon, messire Loys de Blois et le connestable de France, à tout grant chevalerie, et li Flamenc, d'aultre part, envoyèrent un moult grant ost à Gravelines-sur-la-mer, et estoit la rivière entre deux. Quant li François virent que li rois d'Engleterre targoit à venir, si se départirent et laissèrent le garde à ceulx du païs, et s'en alèrent vers Saint-Quentin. Là trouvèrent l'archevesque de Reins et le seigneur de Noyers, qui venu estoient à la contesse de Hainaut, à sa requeste, pour tenir parlement en l'abbéye de Vaucelles, à l'encontre des aliés[3]. Mais, quant il y furent venu,

---

[1] Var. : errèrent.

[2] Var. : estoire.

[3] Quant le roy Édouard ot pugny ses gouverneurs en Angleterre et que le conte Loys de Flandres fut retourné en France devers le roy, comme dit est, le roy d'Angleterre qui en fut infourmé par aulcuns ses amis, dont il avoit plusieurs en Flandres et par espécial à Gand, n'en fut mie desplaisant. Si fist incontinent assembler ung grant nombre de nefs et aultres vaisseaulx à ung sien port en Angleterre, nommé : Zandewich. Et tantost que le roy Phelippe de France en fut adverty, il envoia par terre de Paris vers les mètes de Calais le duc de Bourbon et monseigneur Loys de Vallois, son frère, à belle compaignie de bonnes gens d'armes et six cens arbalestriers jennevois. Après ce ne demoura gaires quant il envoia son connestable de France à tout grant chevallerie. Les Flamens d'aultre part envoièrent très-grant multitude de communes à Gravelinghes emprès la mer. Si avoient la rivière entre deux. Mais, quant les capitaines de France qui emprès Gravelinghes estoient, eurent illec tenu les champs à petit d'exploit plus de trois septmaines et que le roy d'Angleterre tardoit moult à venir descendre en Flandres et qu'ils ne pouvoient courir en Flandres pour les communes qui au-devant leur estoient en grant nombre, ils

onques nuls des aliés n'y daigna venir, et pour ce envoyèrent le conte de Bouloingne et plusieurs aultres à Saint-Omer à grant chevalerie.

Comment le conte de Haynaut s'en fu devant le chastiel de Hérichon, qu'il cuidoit embler, et comment le duc de Bourbon et le connestable boutèrent le feu en la conté de Haynaut, mais il se cessèrent par le mandement des cardinaulx.

Guilliames, li contes de Hainau, vint une matinée, à trois cens hommes d'armes, pour embler un chastel, qu'on appelloit : Hérichon ; et, quant li chastelains les apercheut, si fist ouvrir la porte et vint, à toute sa gent, sur le pont contre le conte de Hainau, et là ot moult bon poingnis, et convint le conte[1] reculer. Quant il vit qu'il avoit son temps perdu, si s'en ala vers Valenchiennes, et trouva là les deux cardinaulx, asquels il fist moult grant honneur.

Li dus de Bourbon et Raouls d'Eu, connestables de France, murent de Saint-Quentin et alèrent bouter le feu en la conté de Hainau ; mais, par le mandement des cardinaulx, il se cessèrent de leur emprise et s'en revindrent à Arras.

Comment messire Robers d'Artois se parti d'Engleterre atout grant foison de gens d'armes et ala en Bretaigne pour aidier à la contesse de Montfort contre messire Charle de Blois, et y furent pris, de la partie messire Charle de Blois, messire Hervée de Lyon et messire Geffroy de Chargny, et tantost fu mors messire Robers d'Artois.

Messire Robers d'Artois, qui avoit entendu que messire Charles de Blois essilloit la terre du conte de Montfort, tantost se départi d'Engleterre, à

deslogièrent et recommandèrent la contrée en la garde de ceulx de Saint-Omer et du pays à l'environ. Si se misrent à la voye devers Saint-Quentin en Vermendois, où ils trouvèrent l'archevesque de Rains et le seigneur de Noyers qui là estoient venus par-devers la contesse de Haynnau, suer du roy de France, pour tenir ung parlement en l'abbaye de Vaucelles, ainsi que par avant avoit esté accordé au siége devant Tournay, en la présence du conseil du roy de France et de celluy du roy d'Angleterre et des alyés (MS. 2799).

[1] Var. : les Hennuyers.

grant foison de chevalerie et d'archiers, et arriva en Bretaigne devant un chastel qu'on appelle : Brest. Là trouva la contesse de Montfort, qui avoit assemblé tout plain de barons de Bretaingne, qui de sa partie estoient, et avoient à chèvetaine un chevalier qu'on appeloit : messire Tanguy du Chastel. Quant il virent messire Robert d'Artois, moult en furent liet, et dirent que moult bien se tenroient contre messire Charle de Blois liquels avoit assemblé son ost à un chastel qu'on appelle : le Roche-Dirien. Mais messire Hervis de Léon, qui de sa partie estoit, s'estoit trais, pour séjourner, en une maison de l'évesque de saint Pol. Là vindrent messire Tanguis du Chastel et messire Gautiers de Manny, et le prinrent par force et le menèrent en Engleterre prisonnier en la tour de Londres.

Messire Robers d'Artois s'ala logier as champs, à trois lieues près de ses anemis, et avoit fait un embusquement d'archiers en un pas d'un bosquet, et puis conrurent li routier par-devant l'ost des François. Messire Geoffrois de Charny ne se pot plus tenir². Si les suyvi trop avant tant qu'il l'embusquèrent et encloirent, et là fu pris.

Adont prinst maladie à messire Roberts d'Artois, par quoy ses gens furent desconfit, et s'en fuirent tout sans coup férir, et se maladie s'agreva si qu'il en morut.

Comment le conte de Flandres, par biau parler aux Flamens qui vouloient essillier le conté d'Artois, les fist retraire en leurs villes.

Li rois de France avoit entendu que li Flamenc s'estoient logiet sur le port de Gravelines et que là attendoyent le roy d'Engleterre pour essillier le conté d'Artois. Adont fist tant par-devers le conte de Flandres qu'il mist son corps en aventure, et entra en Flandres entre ses anemis, où il oy moult de dures paroles. Toutesfois il fist tant, par eulx blandir, qu'il les fist retraire en leurs villes³.

---

[1] Var. : de son ost.
[2] Var. : souffrir.
[3] En ce temps que l'on comptoit l'an de Nostre-Seigneur mil. CCC. quarante et deux, le roy Phelippe de France qui estoit adverty comment les Flamens estoient logiés en grant nombre sur le port de Gravelinghes et que là attendoient la venue du roy d'Angleterre pour aler avecq luy exillier par feu et par glayve la conté d'Artois, fist tant par-devers le conte Loys de Flandres qu'il

Comment le roy d'Engleterre ariva en Bretaigne à IIIIe nefs et commencha à conquerre le païs, et le roy de France, d'autre part, environ la Toussains l'an XLII amassa sés hos pour aler en Bretaigne contre les Englès, et comment les cardinauls y alèrent, mais les Englès ne vouldrent souffrir qu'il entrassent en leur host [1].

Le roi d'Engleterre mut du port de Santwic o III^c nefs, et en assés peu de temps arriva en Bretaigne et commencha à conquerre toute la terre, et entra en la ville de Dinan et de Quimper-Corentin, et puis ala assiégier une cité qu'on appelle : Vannes, en lequelle estoit messire Loys de Poitiers en garnison.

En l'an de grâce mill. CCC. XLII, environ la Toussains, assambla li roys de France ses os et entra en la terre de Bretaigne à l'encontre du roy d'Engleterre; mais li cardinauls qui ceste chose apperçurent, ne finèrent de chevauchier par grans journées contre leur coustume, si vindrent en Bretaigne, mais onques li roys d'Engleterre ne voult souffrir que en son ost entrassent.

exposa sa personne en adventure et en assés gracieux estas sans le faire savoir à nuls de ses amis ou pays, dont il avoit plusieurs, nobles et aultres. Si se bouta en Flandres entre les communes, dont la plus grant partie ne l'amoient guaires, car il rechupt de euls moult de reproches et d'aultres dures paroles, et il respondoit tousjours moult gracieusement; mais ses gens eurent plusieurs fois si grant paour qu'ils n'en savoient que penser. Toutesvoies fist le conte Loys tant par son beau parler et par ses remonstrances que tous furent content de euls partir du port de Gravelinghes et euls retraire paisiblement, chascuns en leur ville.

Et l'en dit bien ce qui est :

Tout vray beau parler fraint grant yre ;
Lait parler félon cœur empire.

De ceste attente furent les Flamens lourdement abusés, car en celle saison le roy Édouard d'Angleterre party du port de Zandewich à cccc. nefs armées, et en très-pou de temps il arriva en Bretaigne, dont le pays fut moult traveillié (MS. 2799).

[1] Ce chapitre qui est une interpolation et qui n'offre que la répétition de ce qu'on lit ailleurs, est donné par le MS. 14910 de Bruxelles; il en forme la fin.

AUTRE RELATION.

Comment li Franchois assalirent l'ille de Grenesis.

En ce temps que celle guerre fu ou pays de Gascongne, s'asamblèrent Franchois ou pays de Normendie et entrèrent en mer, et les mena li contes de Ghisnes et Robiers Biertrans, et estoient bien vi^m hommes de Franche et de Normendie. Chil assalirent l'ille de Grenesis et eurent grant bataille contre Englès et les desconfirent. Là fu pris li contes de Clèves, Aymars de Valenche et xii^m Englès mors, et conquirent li Franchois l'ille et le castiel.

Le combat de Cagant.

Quant li rois Édouwars seut le desconfiture de ses hommes, il envoya l'évesque de Nicolle, Gautier de Mauny et mil hommes, et entrèrent en mer et arrivèrent à Cagant où il avoit grant plentet de nobles hommes de Flandres à saudées; et se combatirent fort contre les Englès, mais il furent desconfit, et y fu pris Guis li bastars de Flandres, frères Loys, et là fu mors li Ducres de Haluwin, Jehans de Mequerque[1], Jehans de Wisrode[2], Ernous de Brughedant et tout li habitant en l'ille, et fu en ce jour arse et destruitte.

Comment li Flamenc eslurent Jaque d'Artevelle leur chief.

Apriès la desconfiture de Gagant se prirent li Flamenc fort à tourbler l'un contre l'autre, et emprirent moult à haïr leur seigneur pour le mort de un chevalier nommé: Sohier le Courtrisien, que li rois de Franche avoit fait morir pour trayson dont li contes Loys l'avoit acusé; mais li Flamenc disoient que c'estoit à tort, et se revelèrent pluiseurs et firent leur kief d'un

---

[1] Var. : Meudenkerque.   [2] Var. : Meserode... Viscerode.

bourgois de Gand, qui avoit esté brassères de miés, et estoit apellés : Jaques d'Artevelle. Lors furent li baillieus et li officyers cachiet hors de Gand, et mena Jaques avec luy vii^c Flamens tous armés et à ensengnes de blans caperons, et s'en ala à Bruges où il fu bien rechus du commun peuple de la ville ; et quant Loys li contes le sceut, il se party et s'en ala au roy Phelippe conter le desroy de ses hommes. Dont pensa li rois que li Flamenc se voloyent aloyer au roy Édouwart, et envoya gens d'armes en pluiseurs lieux warder les pors de mer par son royaume.

Comment li rois d'Engleterre ariva en Anviers et fu créés vicaire de l'empire.

Apriès ce temps assambla li rois Édouwars ses hommes en Engleterre, et entra en mer moult efforchiement et ala ariver en Anviers ou pays de Braibant, pour che qu'il avoit l'aliance du duc de Braibant, du duc de Guerles, du conte de Jullers, du conte de Haynnau, sen serourge, de Loys de Bavière, roy de Alemaigne, qui avoit espousé la suer de se femme [1], et furent ces ii dames filles de le suer du roy Phelippe. Loys de Bavière envoya le marchis de Blanquebourc sen fil en l'ayuwe du roy Édouart à x^m hommes, et fist le roy vicaire de l'empire, et manda li rois au vesque de Cambray Guillaume d'Ausonne et as bourgois de le citet qu'il le rechussent comme son vicaire; mais li vesques et li bourgois de le citet ne volrent obéir, car Loys de Bavière estoit à ce temps escumenyés par le Chrestiennetet, pour ce qu'il s'estoit fais couronner comme emperères contre le volenté du pape et de Sainte-Église. Par l'élection du vesque Guillaume et du peuple de le citet, Jehans dus de Normendie, fieulx du roy Phelippe, fu bauls et gouvernères de Cambrésis, et y envoya le conte d'Erminac à v^c [2] hommes pour le cité warder, et estoyent venus du pays de Gascongne.

---

[1] Quelques manuscrits citent parmi les alliés d'Édouard III, non pas l'empereur Louis de Bavière, mais son fils le marquis de Brandebourg.

[2] Var. : à vi^c.

*Comment li rois d'Engleterre prist son chemin parmy Cambrésis
et Terraisse.*

En ce tamps allèrent à Anviers li aloyet du roy Éduwart, qui parti de Braibant et entra en Haynnau. Guillaumes de Haynnau et Jehans de Biaumont conduisirent sen ost jusques à Cambray et firent siége devant le citet en l'an mil III^c XXXVIII.

Assés priès de Cambray avoit un castiel qui estoit au vesque Guillaume, et estoit nommés : Thun-l'Évesque. Li castelains le vendi as Englès et les mist ens, dont chil de le citet furent grevet. Et priès de là estoit li castiaux d'Escaudeuvre qui estoit au conte Guillaume de Haynnau, et li castiaux de Relenghes. Pluiseurs assauls fist li rois faire en le citet, mais riens n'y fist. Adont se party du siége et s'en alla logier à l'abéye de Vauchelles, et de là au Mont-Saint-Martin, et fist le pays essillier et faire pluiseurs assauls as castiaux dou païs, si comme à Oisi, à Hennecourt, à Crièvecuer et à Bouchain[1] et à pluiseurs aultres, mais riens n'y fist.

En ce temps assembla li rois Phelippes ses princes et ses hommes moult efforchiement, et ala contre le roy Édouwart qui adont se retraist et prist sen quemin parmy Terraisse et le fist essillier et ardoir; et li rois Phelipes le sieuwy jusques à Buronfosse, et là cuida avoir bataille, mais l'ost des Englès se desloga par nuit, et s'en ala Édouwars, parmy le pays de Haynnau, droit à Anviers. Là donna congiet à ses aloyés, et demora là toute le saison jusques au nouviel tamps, et estoient avoec lui le royne se femme et ses fieuls.

*Comment li contes de Flandres se parti dou pays et comment l'alianche fu
faite du roy d'Engleterre et des Flamens.*

Li rois Phelippes s'en rala en Franche, et assés tost apriès li mandèrent Flamenc, par le conseil Jacque d'Artevelle leur chief, qu'il leur rendesist Lille et Douay, et que li denier qui furent acordet à baillier pour les

---

[1] Var. : à Bohain.

ii villes, estoient payet, et s'il ne leur rendoit les ii villes, il mouveroyent guerre contre luy et les reconquerroient. Quant li rois oy ces nouvelles, il envoya le conte Loys en Flandres et li pria qu'il tenist ses gens paisibles à son pooir, pour quoy il ne meuissent gurre contre luy. Li contes ala en Flandres et y fu rechus comme sires, mais il ne peut ses hommes tourner à l'acord du roy de Franche, ains le vouloient par forche traire à l'acord du roy Édouwart; et quant il vit le desroy, il se parti dou pays le plus tost qu'il peut, et le plus secrètement, et s'en ala au roy Phelipe sen seigneur.

Quant li Flamenc seurent le départie du conte Loys, il mandèrent le roy Édouward à Anviers, et il y ala et y mena se femme et ses deux fieuls, dont li uns avoit esté nés en cel an en Anviers. A Gand à l'abéye de Saint-Bavon fu faite l'alianche dou roy Édouwart et des Flamens, pour le roy Phelippe grever et guerroyer, par le conseil Jaque d'Artevelle.

Adont laissa Édouwars à Gand se femme et ses enffans, avoec le conte de Salbrin et le conte de Suffolc[1] et grant plentet de ses hommes, et ala par mer en Engleterre pour faire grant assamblée de gens. Et quant li rois Phelipes le sceut, il fist Hue Quiéret, Nicolle Bahuchet et Barbevaire, à xxx^m Normens et Genevois, entrer en mer, et alèrent vers l'isle de Cagant pour warder le pays, par quoy li rois Édouwars ne peuist entrer en Flandres et que marchandise ne peuist arriver.

Comment li contes de Hainau se aloya as Flamens.

En ce temps yssirent de Cambray saudoyers genevois et alèrent asalir le castiel d'Escaudeuvre, mais riens n'y firent. Lors entrèrent en Haynau et robèrent et ardirent le ville de Haspre et pluiseurs aultres. Quant li contes Guillaumes de Haynau le sceut, il ala à Gand se aloyer as Flamens avoec le duc de Brabant, le conte de Guerles, le conte de Jullers et pluiseurs aultres, pour guerroyer le roy Phelippe avoec le roy Édouwart.

[1] Var. : avoec la contesse de Sallebrin, la contesse de Suffolc.

Comment li contes de Salbrin et li contes de Suffoc furent desconfis et pris.

En ce temps assambla Godemars du Fay XIIe hommes d'armes et party de Tournay, dont il estoit capitaine, et alèrent essilier et ardoir le pays de Flandres jusques à Audenarde, et ochirent Flamens et prirent prisonniers, et puis s'en repairièrent[1]. Quant Jaques d'Artevelle sceut ce fait, il assambla ses Flamens plus de xl mille et s'en ala à siége devant Tournay ; et li contes de Salbrin et li contes de Suffoc assamblèrent leurs gens et pluiseurs Flamens, et s'en alèrent vers Lille pour le pays fourer[2]. Et li saudoyer et li bourgois de Lille yssirent contre euls à bataille. Là furent Englès et Flamenc desconfit, et fu pris li contes de Salbrin et li contes de Suffoc. Ce fu fait en l'an mil IIIe et XXXIX, et furent li doy conte mené comme prisonnier au roy Phelippe

Comment li dus de Normendie fist assalir Thun, Relenghes et Escaudeuvre.

Apriès ala li dus Jehans, fils au roy Phelippe, asségier le castiel d'Escaudeuvre et de Thun, dalés Cambray, et mena grande compaignie de prinches et de barons, saudoyers et communes gens ; et meismes li rois ses pères fu ses saudoyers pour che que li castiauls séoit sur le fief de l'empire. Li dus Jehans, bauls de Cambrésis, ala ardoir et essillier le pays de Haynnau jusques à Valenchiennes, et puis ala asségier le castiel devant dit[3]. Assés tost fu rendus li castiauls d'Escaudeuvre, mais li castiauls de Thun et chils de Relenghes se tinrent fort et moult endurèrent de fors assauls et mervilleux. Guillaumes de Haynnau manda les Flamens et tous ses aloyés pour ses castiaux et son pays secourre. Adont y alla Jaques d'Artevelle et mena xl mille hommes flamens, et li dus de Brabant, li contes de Jullers, li contes de Guerles, li marchis de Blanquebourc, Renauls de Fauquemont,

---

[1] Var. : retournèrent.   [3] Var. : les castiaux devant dits.
[2] Var. : et essilier.

Jehans de Biaumont et pluiseurs aultres seigneurs se logièrent priès du castiel de Thun et d'Escaudeuvre sur le rivière d'Escault à un lés, et li Franchois furent à l'aultre, et fist li dus Jehans drechier pluiseurs engiens, dont il fist le castiel moult damagier.

Comment li Franchois essilièrent les terres de Jehan de Haynnau et comment li rois d'Engleterre desconfit les Franchois devant l'Escluse.

Au temps de ce siége alèrent li Franchois ardoir et essillier le pays de Jehan de Haynnau, entour Chimay et Biaumont, et Jehans ala ardoir Aubenton et pluiseurs villes ou pays de Terraisse. Et atendoient Flamenc et Hannuyer le roy Édouwart, qui en ce temps estoit entrés en mer à grant plentet de gens, et assembla à bataille contre Franchois qui wardoyent le pas en mer à l'Escluse, en l'an mil III^c et XL, ou mois de juing; et fu celle bataille grande et mervilleuse, et perdirent li Englès moult au commenchement, mais il furent rescous par les Flamens[1], et furent Franchois desconfit. Là fu mors Hues Quiérès et Nicoles Bahucès, et y ot mors plus de xx^m Normans et Genevois. Barbavaire escapa; et y ot mors bien x^m Englès et xII dames d'Engleterre, que Édouwars amenoit à Gand pour le royne se femme compaignier[2]. Apriès celle bataille arriva li rois Édouwars au port de l'Escluse, et puis ala à Gand à toute son ost, et manda le fait de se bataille à Jaque d'Artevelle et as prinches qui estoient assamblés contre Franchois. Li fais de le bataille qui fu en mer, fu mandés au roy Phelippe qui fu en l'ost de son fil, dont il et si homme furent moult dolant, et ce sceurent bien leur anemy, et mandèrent bataille au duc Jehan, liquels par le conseil de son père ordena ses batailles le jour devant qu'il se debvoient combatre; mais leur anemy se deslogièrent et s'en alèrent, et meismes li saudoyer des castiaux boutèrent le feu en leurs lieux et s'en alèrent avoec leur ost. Dont fist li rois Phelippes arraser le castiel de Thun et celui de Relenghes et celui d'Escaudeuvre, qui leur avoient esté rendus. Puis s'en ala à Arras à toute son ost, mais il envoya le duc d'Athaines et

---

[1] Ils furent rescous aux aydes des Flamens (MS. 10432).
[2] Var. : acompaignier.. servir.

le visconte de Thouwart à IIII^m [1] hommes fuster et ardoir le pays de Haynnau. Chil y allèrent et ardirent Bavay et le pays entour jusques à Maubuege, et puis s'en repairièrent; car li rois les remanda par le pryère de se suer, qui mère estoit au conte de Haynnau, et s'estoit le dame rendue nonne apriès le mort de son baron, et estoit abbesse de Fontenelles.

Quant li rois fu à Arras, il envoya pluiseurs de ses hommes à Tournay, à Lille et à Saint-Omer pour warder le pays. Et li prinche qui alèrent au roy Édouwart à Gand, prirent conseil d'asségier Tournay. Dont s'en ralèrent li prinche en leurs pays et firent leurs hommes aparillier.

Comment Robers d'Artois fu desconfis devant Saint-Omer.

En ce tamps que li prinches s'aparelloyent, mena Robers d'Artois XL mille hommes de Flamens devant Saint-Omer. En Saint-Omer estoit li dus Eudes de Bourgongne, contes d'Artois, et Phelippes ses fieuls, contes de Boulongne, li contes d'Erminac, li contes de Fauquemberghe et pluiseurs barons jusques au nombre de II^m hommes d'armes et XL^m hommes à piet, et assamblèrent à bataille contre Robert d'Artois et les Flamens, en l'an mil III^c et XL, le jour Saint-Jaquème et Saint-Christophle, entre Saint-Omer et Arques. Là furent Flamenc desconfit, et en y ot bien mors III^m [2], et perdirent tout leur caroy et leur harnas.

Comment li rois d'Engleterre se tenoit devant Tournay, et comment par pluiseurs fois les François et les saudoyers au roi Édouard s'assamblèrent à bataille.

Robers d'Artois recueilla à Yppre des Flamens ce qu'il en peut avoir et les mena au siége devant Tournay, où li rois Édouwars estoit, li dus de Braibant, li contes de Haynnau et Jaques d'Artevelle; et chascuns de ces prinches ot avec lui tant de gens comme il en pot mener, tant nobles conme communne gent, et si y avoit maint prinche et maint baron d'Ale-

---

[1] Var. : à III^m. [2] Var. : IIII^m.

maigne; et leur gent, qui estoient as saudées, estoit nombrés bien à IIIe mille hommes, et firent pluiseurs grans assauls et mervilleux faire à le citet de Tournay, mais riens n'y firent.

A Tournay estoient, de par le roy Phelippe, li contes de Blois, li contes d'Eu, connestables de Franche, li viscontes de Nerbonne, li contes de Pieregot, Loeys de Poitiers, Savary de Viane, Godemars du Fay, Robiers Biertrans, et avoyent chil avoec yauls bien VI^m hommes combatans.

En ché tamps ala li rois Phelippes logier dalés le pont de Bouvines à III lieues petites de ses anemis, et moult souvent s'entrecontrèrent li fourier des II os, et assamblèrent à bataille li un à l'aultre.

Un jour avint que Regnauls de Fauquemont et Jehans de Haynnau alèrent fourrer deviers Mons-en-Peule, et li vesques de Liége, saudoyers au roy Phelippe, les encontra, et assamblèrent à bataille l'un contre l'autre. Là furent Englès et Haynuyer desconfit, et en y ot mors bien IIII^c et bien XL prisonniers.

En l'aultre sepmaine apriès alla li marchis de Jullers, saudoyers au roy Édouwart, viers Mons-en-Peule à V^c hommes d'armes, et encontra Charles de Monmorency, sen frère, et Villebaut de Trie, et assamblèrent à bataille. Là furent Franchois desconfit, et y ot mors bien VIII^{xx} Franchois, et fu pris Villebaus, Charles et ses frères.

Apriès avint en le darraine sepmaine d'aoust, en cel an mil III^c et XL que chils siéges fu, que li sénescauls de Londres, Regnauls de Faucquemont, Jehans de Haynnau et Gautiers de Mauny chevauchièrent vers l'ost du roy de Franche à X^m hommes et trouvèrent l'évesque de Liége à demye lieuwe priès de l'ost du roy de Franche et assamblèrent contre lui à bataille. Là furent Liégois desconfit, et y ot mors plus de XL[1] Liégois, et fu pris li vesques Englebers; mais li contes de Savoye et ses frères le secoururent et le desprisonnèrent, et furent Englès et Haynuyer desconffit. Là fu mors li sénescauls de Londres et plus de IIII^c hommes.

Devant Tournay sist Édouwars et si aloyet XI sepmaines, et faisoient moult fort jetter par leurs engiens as portes et as murs de Tournay; et chil de le citet les grevoyent moult d'engiens et de trait.

---

[1] Var. : plus de LX.

Comment respis fu pris pour trois ans.

En che tamps avoit mandé li rois Phelippes au pape le désobéyssanche des Flamens, qui devoyent estre si homme, qui le guerroioient maugret leur seigneur. Dont fu sur yaux jettée le sentence du pape; et furent maudit s'il ne s'amendoyent, et leur fu renvoyet le nouvielle[1] devant Tournay.

Assés tost apriès fu pris parlemens des II rois et de leurs aloyés, et y fu li consauls des II parties, mais ne peurent trouver paix; mais toutesfois fu pris respis III ans par si que Flamenc fussent rassouls du Saint-Père. Adont party li rois Édouwars dou siége, et li rois Phelippes rala à Paris. Là estoit li contes de Salbrin prisonniers et li contes de Suffoc et Guillaumes de Montagu, qui furent renvoyet, par si que Charles de Monmorensy, sen frère et Villebaut de Trie fussent délivret.

[1] Var. : et fu le sentence renvoye et le nouvelle.

SUPPLÉMENT.

CHRONIQUE ANONYME

CONSERVÉE DANS LA

BIBLIOTHÈQUE DE LA VILLE DE BERNE.

(EXTRAITS.)

PROLOGUS AUCTORIS.

Considerans historiae regum Francorum prolixitatem, nec non multorum in istam Sancti Dionisii Ariopagitae ecclesiam (in qua regum Francorum jacet maxima pars humata) venientium voluntatem avidam cognoscendi ipsorum regum originem, scilicet a quibus et unde processerunt, temptavi seriem cunctarum historiarum de ipsis loquentium sub quadam arboris formula redigere, adjungens ipsorum actus et victorias, quo id fastidientibus prolixitatem propter subgectam oculis formam sit oblectatio et a studiosis facile possint prae oculis habita memoriae commendari. In quo quidem secundum datam formam studui facere ut nichil propter brevitatem de utilitate historiae detruncarem. Incipiens a Priamo qui (quantum potuerunt altius invenire historiographi) tempore primi Valentiniani imperatoris principabatur super Francos in Sicambria, usque ad sanctum Ludovicum, qui fuit sanctae memoriae rex et mirabilis elector justitiae......

De fundatione monasterii Nivellensis ubi fuit ordinata prima abbatissa sancta Gertrudis.

Pipini uxor nomine Itta, soror sancti Rodoaldi archiepiscopi Treverensis, post decessum ejus, instinctu sancti Amandi, se et sua Deo devovens, monasterium Nivellense fundavit, eique filiam suam Gertrudam Deo dignam virginem praefecit. Altera vero ejus filia, soror praefatae sanctae Gertrudi et Grimoaldi, scilicet sancta Begua nupsit....

Exordium comitatus Flandriae, et de primo comite et successoribus ejus.

Carolo Calvo regnante, comitatus Flandrensis sumpsit exordium. Non enim Flandria tunc erat tanti nominis et opulentiae sicut nunc cernitur, sed a regum Francorum forestariis regebatur. Quorum Lidricus, Ingerannus ac Audracus, sub Pipino et Karolo Magno et sub Ludovico Pio, prorectores Flandriae fuerunt, nec tamen comites vocati sunt.

Porro Lidricus terram illam Flandriam vocavit a nomine uxoris suae, quae Flandrina vocabatur : haec ab Almannia extitit oriunda.

Ingeranus vero eorum filius tantae fortitudinis fuit quod nemo eum superare potuit.

Audracus filius ejus multum auxit Flandriam. Jacet in ecclesia de Harlebecq, juxta patrem suum inhumatus.

Balduinus, filius Audraei, rapuit Judith filiam Caroli Calvi. Propter hoc ab omni Ecclesia, consensu episcoporum, excommunicatus est et praecepto Karoli. Dehinc, episcoporum suorum consilio, reconciliatus Karolus Balduino et Judith, dedit eis Flandriam in comitatu proprio possidendam ipsis et heredibus suis.

De hoc quidem comite legitur quod, dum semel transiret per fluvium Scaldis, diabolus ei apparens extra aquam exiliit, et praefatus comes gladium suum evaginans contra ipsum pugnavit, et ab hoc dictus est à vulgo : Balduinus Brachium Ferreum. Hic jacet in monasterio Sancti Bertini tumulatus.

Hic Balduinus cognomento Ferreus fuit primus comes Flandrensium, genuitque Balduinum cognomento Calvum. Balduinus autem Calvus genuit Arnulphum Magnum, qui monasterium Sancti Petri apud Gandavum fundavit et apud Pinchonium super Somenam fluvium Guillermum secundum ducem Normanniae in dolo occidi fecit. Arnulphus vero Magnus genuit Balduinum Tertium. Balduinus Tertius genuit Arnulphum Juniorem. Arnulphus Junior genuit Balduinum Barbatum. Balduinus vero Barbatus genuit Balduinum Insulanum. Vocatus est : Insulanus, eo quod oppidum Insulense fundavit. Balduinus Insulanus genuit Balduinum Hasnonensem. Cognominatus est :

Hasnoniensis quia Richelendem comitissam Hasnoniensium habuit uxorem. Balduinus
Hasnoniensis genuit Arnulphum filium Richelendis. Huic successit Robertus Friso,
avunculus ejus, frater videlicet Balduini patris sui. Robertus cognomento Friso genuit
Robertum Secundum. Huic successit Balduinus filius ejus. Quo absque liberis mortuo,
successit Karolus nepos ejus, Kanuti regis Danorum filius. Et isto quidem similiter
sine liberis mortuo, eidem successit Guillermus Normannus, nepos ejus, Roberti Jhe-
rosolimitani, quondam ducis Normannorum, filius. Cui successit Theodericus, nepos
ejus, Theoderici ducis Alsaciae filius : cui successit Philippus filius ejus, quo absque
liberis mortuo, successit Balduinus comes Hasnoniensis, nepos ejus. Hic, imperator
Constantinopolitanus effectus, occisus est a Graecis et Cumanis, sicut infra dicetur.

De comitibus Hasnoniae.

Porro de comitibus Hasnoniensibus est notandum quod, antequam praememorati
Balduinus comes Flandriae, cognominatus Hasnoniensis, et Richelendis comitissa
Montensis convenirent, haec alterum virum habuit nomine Hermannum. Quorum du-
rante conjugio, accidit quod comes de Valentianis absque liberis decessit, et tunc prae-
fati conjuges a suis heredibus hereditarie emerunt comitatum ejus. Deinde, mortuo
Hermanno comite et de praefata uxore sua filium et filiam relinquente, ipsa ejus relicta
dictum Balduinum comitem, ut dictum est, desponsavit, et de eodem duos filios habuit :
Arnulphum et Balduinum. Hi enim ut hereditaliter sibi succederent, quos magis
aliis amore viri sui diligebat, filium quem de Hermanno primo marito suo habebat,
litterarum studiis traditum, totundit, et ipse clericus factus, deinde presbiter ordinatus,
postremum Cathalanensis episcopus precatione victrici sui consecratus est; filia vero
sanctimonialis effecta est. Decedente vero praefato Balduino comite, filio Balduini Insu-
lensis, successit in comitatu Hannoniensi Tertius Balduinus, filius ejusdem Balduini,
filius Richelendis. Cui successit Balduinus filius ejus ex Ida imperatrice filia Lamberti
Lovaniensis. Cui successit Balduinus, filius ejus et filius Yolendis: cui successit Bal-
duinus filius ejus et filius Hermesendis. Balduinus iste duxit uxorem Margaretam,
sororem Philippi tunc comitis Flandriae. Cui successit Balduinus filius ejus. Huic, post
mortem ejusdem Philippi Flandriae comitis avunculi sui qui sine herede ultra mare,
sicut infra dicetur, obiit, jure hereditario comitatus Flandrensis obvenit. Hic est enim
ille Balduinus comes Flandriae et Hannoniae, de quo a quibusdam refertur, licet falsum
simile, sibi accidisse quod narrat Helinandus libro IV° de *Milite ad Cignum* et recitat
Vincentius in Speculo Naturali cap. LXXVI et in capitulo CXXVII de Angelis tenebrosis,
persequendo narrationem ejusdem Helinandi, in hunc modum : « In Lingonensi provin-
cia, etc., » et adhuc durat eorum progenies, ut infra dicetur de *Milite ad Cignum*. In

vita quoque sancti Lamberti legitur quod in urbe Nampnetensi daemon incubus mulierem quamdam, etc. Qui revera Balduinus ex Maria conjuge sua, filia Theobaldi Campaniae comitis, duas filias habuit, Johannam videlicet et Margaretam, quae ambae in utroque comitatu dominaverunt successione. Haec est genealogia Flandrensium comitum atque Hasnoniensium ex progenie Balduini Ferrei descendentium.......

De Normannorum debacchatione.

Godefridus et Sigefridus, reges Northmannorum, cum inestimabili multitudine Mosam juxta in loco Haslon consedentes, Leodium, Trajectum, Tungris, Coloniam Aggripinam, Bunniam cum adjacentibus castellis comburunt, Aquisgrani in palatio equos stabulantes.......

De rebellione Balduini comitis Flandriae contra regem Franciae.

Contra Odonem regem et post contra Karolum cognomento Simplicem, Balduinus Calvus comes Flandriae occasione castri Sancti Vedasti Attrebatensis rebellavit. Pro qua re a Walmero, senescallo Flandriae, Fulco Remensium archiepiscopus occisus est, eo quod apud regem nocuerat praenominato comiti Balduino. Post hunc Balduinum Calvum, Arnulphus, filius ejus primogenitus, comitatum Flandrensium obtinuit, et Adulphus frater ejus a patre suscepit Boloniae Teruanensisque comitatum.....

De occisione ducis Normanniae.

Per idem tempus, Arnulphus comes Flandrensis cuidam comiti Herluino vocato Monsteriolum castrum fraude abstulit. Confugit ad Willelmum ducem Normanniae, precatur et impetrat auxilium. Obsidet dux Monsteriolum et capit, redditque Herluino. Dolet Arnulphus de castello sibi ablato, tentat cum multis de nece ducis, conspirant ad ejus mortem et se colligant. Mandat Arnulphus duci Willelmo sub dolo velle secum loqui, pacemque et amicitias firmare. Herluino quoque permittit pro ejus amore offensam indulgere, petitque locum colloquii ubi convenirent. Determinatur locus apud Pinchonium, ubi ad colloquium occurrant. Conveniunt Flandrenses et Normanni super Somenam fluvium. Sedent hinc isti, inde illi in media insula quam undique fluvius ambiebat. Ambo duces consident, oscula libant, de pace loquuntur, jurant amicitias, sic diem consumunt. Cum autem ab invicem discessissent, duxque cum alveum navi transisset, mittuntur III^{or} perfidi Baldo, Henricus, Robertus et Riulphus, et revocant ducem, meliora consilia clamantes omissa. Jubet dux navem retorqueri, applicansque terrae a perfidis illis illico obtruncatur.

Alibi tamen legitur quod a Bassone cognomento Turto, loco et modo praedictis, occisus est.

Vident Normanni et nequeunt duci suo succurrere propter vadum intransibile. Clamantes igitur et ululantes referunt corpus domini sui, devestientesque illud, inveniunt clavem argenteam in zona ejus dependentem, quam ad scrinium deportantes, inveniunt staminam et cucullam, indumenta monachalia quae semper inter bella meditabatur se gestaturum apud Gemmetiam, quem locum a tempore Hastingi desertum, ad hunc statum qui modo est, devexerat. Sepultum est corpus ejus apud Rothomagum. Audiens autem rex pergit festinus Rothomagum, quasi consulturus de terrae gubernatione. Jubet sibi praesentari Richardum puerum : praesentatur. Mandat rex ut in palatio suo cum pueris coaetaneis nutriatur. Currit fama per omnes velle regem puerum rapere. Irruunt mixtim et tumultuatim super regem ut eum perimant. Territus rex, consilio Bernardi, puerum in ulnis amplectitur, simulans ejus amicitiam. Sic evadit, sedatque tumultum. Concedit puero coram omnibus paternam hereditatem, et in sua fide eum suscipiens sub dolo pollicetur puerum eis reddendum latinis disciplinis imbutum. Ita rex, ferens aegre dedecus suum, in Franciam regreditur. Arnulphus autem Flandrensis comes, timens ne a rege proditionis argueretur, mittit ad eum legatos cum decem libris auri. Excusat se de ducis interfectione, suadetque ut Richardum puerum poplitibus adurat, tamdiu Northmannos affligat ut redeant Danemarchiam. Sic rex excitatus est. Cum apud Laudunum moraretur, quadam die conviciatus est Richardo puero, vocans eum filium meretricis et viri ultro rapientis, comminatusque poplitibus cauteriatim uri. Deputatis autem aliis custodibus, servari cum magna cautela jubetur. Hoc intelligens Osmundus procurator pueri jubet puero ut simulet aegritudinem. Mox lecto decubat et ita custodes eludit, qui, eo relicto atque neglecto, huc illucque divertuntur. Osmundus autem in fasciculo herbae puerum involutum humeris imponit, quasi pabulum equo laturus, et ita muros urbis egreditur et festinus contendit Couchiacum cum puero.........

De Lothario quinto filio Ludovici regis.

..... Hiis diebus, comes Flandriae Arnulphus, cum magno exercitu Hanoniam intrans, contra Raginerum et Lambertum, filiosque Ragineri cognomento Longi Colli, comitatum Montensem saisivit et castrum de Bussuto funditus evertit, dictisque fratribus tantam inquietudinem intulit quod ad implorandum auxilium Francorum adire coegit. Lambertus enim Gerbergam filiam Karoli fratris regis Lotharii, consobrinam regis

Ludovici habebat uxorem, quam postea duxit Henricus Vetulus comes Bruxellensis. Et Raginerus habebat uxorem filiam Hugonis Chappet ducis Francorum et comitis Parisiensis, etiam consobrinam praefati regis Ludovici ex parte matris. Hujus enim causa, annuentibus praefatis rege et optimatibus ejus, collegerunt in Francia loricatorum tantam multitudinem quod totam terram suam, expulsis Flandrensibus, statim recuperarunt, et non multum post idem Flandriae comes Arnulphus longo senio confectus decessit......

De Hugone Chappet rege Franciae.

...... Hermengardis domicella..... nupta fuit Ansberto comiti Namurcii, de cujus progenie processit Balduinus comes Hanoniae, cujus filiam Ysabellam Philippus cognomento Conquestor Francorum rex ... duxit in uxorem.

Balduinus comes Hanoniae genuit Ysabellam uxorem Philippi regis, unde natus fuit Ludovicus rex, pater sancti regis Ludovici.....

De Gerberto.

...... Gerbertus substituitur archiepiscopus. Sed, quibusdam causam ventilantibus non potuisse degradari Arnulphum absque sententia et auctoritate papae romani, depositus Gerbertus ad Othonem III^{um} imperatorem se contulit, quem imperator receptum, primo eum Ravennae archiepiscopum et post eum constituit papam romanum. Unde est illud ejus monosticum : Transit ab R. Gerbertus ad R., fit papa ingens R.

Postea rex Franciae eum archiepiscopum, ut dictum est, fecit Remensem, ubi ipse Gerbertus fecit arte mechanica horologium et organa ydro-naturalia nimirum in modum. Per aquae calefactae violentiam, implet ventus emergens concavitatem barbiti, et per multiforatiles tractus aere fistulae modulatos clamores emittunt. Vergebat autem ipse Gerbertus fortunas suas fautore diabolo ut nichil quod semel excogitasset, imperfectum relinqueret. Thesauros olim a gentibus arte defossatos nigromancia inventos cupiditatibus suis implicabat. Hic Gerbertus fuit in nigromancia multum peritus qui, cognoscens mortem suam, advocatis cardinalibus, diu facinora sua coram eis deploravit. Quibus stupentibus et nichil referre valentibus, insaniens ille minutatim se dilianari et membratim foras projici jussit : « Habeat, inquiens, membrorum officium, qui eorum quae-
» sivit hominium : numquid enim animus meus illud amavit sacramentum, ymo sacri-
» legium? »

ARNULPHUS

De donis per Hugonem Capucii Edowardo regi Anglorum missis.

Princeps hujus legationis fuit Arnulphus filius Balduini comitis Flandrensis ex filia regis Edowardi Ethelmunda sorore Ethelphstani ipsius ex patre. Verumptamen hic Arnulphus comes Flandriae solus de baronibus regni regi Hugoni resistebat; sed rex, ipsum subjicere volens, cum maximo exercitu terram ejus intravit et Atrebatas cum castellis adjacentibus, fortalitia atque castella quae super flumen Lisiae comes habebat, totum abstulit. Tandem, mediante Richardo duce Northmanniae, ad invicem pacificantur, datis sacramentis cum muneribus, et quod sibi ablatum fuerat, totum ei redditur.....

De Roberto rege, filio Hugonis Chappet.

..... Composuit et quosdam cantus, scilicet de Spiritu Sancto prosam seu sequentiam pulcherrimam : *Sancti Spiritus assit nobis gratia*, et responsorium istud de Nativitate Domini : *O Juda et Jherusalem*. Sed et hoc alterum fertur fecisse : *Eripe me de inimicis meis, Deus meus, et ab insurgentibus in me libera me....* et responsorium : *Cornelius centurio*. Cum autem Constantia regina videret eum in hiis intentum, dixit ei quadam die per jocum ut faceret de ipsa quemdam cantum. Rex autem libenter annuit et scripsit responsorium : *O constantia*, etc., in honore sancti Dionisii et ceterorum martyrum.

De bello in Hannonia.

Dux Godefridus, hiis diebus, comitatum Montensem depopulatur, quem Raginerus cum patruo suo Lamberto Lovaniensi insecutus, apud Florinas pugnam conseruit II° idus septembris anno Domini millesimo XV°, ubi plus quam quadringenti viri occisi sunt, et ipse Lambertus occubuit, ubi res mira contigit, cum Lambertus spem victoriae non haberet. Habebat quoque philaterium a collo usque ad pectus pendens, sanctorum reliquiis refertum, quorum patrocinio se in periculis tutum esse credebat. Instante ei termino vitae, philaterium illud a collo ejus exiliens super tumulum campi exilivit, et mox comes antea invictus perimitur. Quidam militum philatherium accipiens in caliga abscondit, sed, coxa ejus cum crure intumescente, rem prodidit et philaterium suum Etheloni fratri ducis dedit.

BALDUINUS PIUS.

De bello in Frisia.

Anno Domini M° et XVIII°, bellum in Frisia inter Godefridum ducem et Theodericum comitem. Nam, Theoderico comite, filio Arnulphi Gandavensis, debellante Frisones in vindictam patris sui ab eis occisi, Godefridus dux ad eum debellandum ab imperatore Henrico Secundo mittitur et conserto praelio, voce nescitur unde emissa « Fugite! » cunctis fugientibus, a paucis Frisonibus perimuntur, dux vero capitur....

De bello in Flandria.

Rex Franciae, Balduinum comitem Flandrensem, filium Arnulphi comitis, similiter sibi rebellantem, humiliavit, ejusque fortiora castella obsedit, cepit et destruxit.

De Balduino comite Flandriae.

Guillelmus dux Normanniae a praefato rege Francorum militiae insignia accipiens, duxit uxorem Matildam filiam Balduini comitis Flandrensis. Qui quidem Balduinus Flandrensis, cum filio suo Balduino circa idem tempus invaso Hanoniensium comitatu, contra Henricum Tertium imperatorem rebellavit. Deinde Balduinus junior Tudium incendit. Balduinus major cum juniore Hoium vastant et incendunt utrique. Imperator Balduinum totis viribus depopulatur, Tornacum capit. Sed non multum post Victor papa in Galliis veniens gloriose ab imperatore suscipitur, et eo praesente statim post imperator moritur. Cui successit in imperium Henricus Quartus filius ejus. Deinde, Coloniae generali conventu habito, ipse Balduinus et Godefridus, mediante papa Victore et eo praesente, ad gratiam imperatoris in pacem reducuntur.

De Philippo rege Francorum.

Iste Philippus filius Henrici post eum regnat in Francia annis XLIX. Hic vivente patre in regem unctus coronatus est. Qui duxit uxorem Bertham Florentii comitis Hollandiae filiam, sororem Roberti comitis Flandriae, filii Roberti Frisonis, et genuit ex ea Ludovicum qui dictus est Grossus et filiam quam postea desponsavit Boamundus de principatu Tharentesi, princeps Anthiochiae, filius praenominati Roberti Guischardi.

ROBERTUS FRISO.

De Roberto dicto Frisone comite Flandriae.

Anno Domini M° LXIX° obiit Balduinus Hasnoniensis, et sequenti anno Godefridus dux obiit. Filius ejus patris aequivocus succedit. Postea vero anno Domini M° LXXII°, Robertus Friso, filius Balduini comitis Flandrensis, contra Arnulphum nepotem suum ad bellum processit. In quo bello multi de parte Arnulphi corruentes a Flandrensibus sunt perempti et multi sunt capti. Et Arnulphus, suis corruentibus, vix adhuc aptus militiae hostibus congressus, ad ultimum est occisus, sicque Robertus Flandrensem invasit comitatum.

Verum est quod praefatus Balduinus Insulensis, comes Flandriae, sic cognominatus eo quod castrum Insulense fundavit, de uxore sua Aalaide comitissa, Roberti regis Francorum filia, sororeque Henrici regis memorati, duos filios habuit, Balduinum videlicet et Robertum, ac Mathildem quam Guillelmus Nothus qui Angliam acquisivit, habuit uxorem. Hic, ad finem vitae veniens, dedit suum comitatum Flandrensem Balduino filio suo primogenito, et Roberto altero filio suo juniori tantum de pecunia ac aliis facultatibus suis dedit quod sibi sufficere posse aestimabat pro portione sibi contingente, ipsum astringens juramento in praesentia optimatum ejus quod amplius in tota vita sua nichil peteret in dicto comitatu nisi sui fratris voluntate et consensu. Quo facto et eo decedente, comitatum Flandrensem optinuit Balduinus filius ejus, qui duxit uxorem Richelendam comitissam Hanoniae, et sic longa contentio finita est. Hic dictus est : Balduinus Hasnonensis. Robertus vero in Frisiam secedens multo tempore apud comitem Florentium mansit. Deinde Florentius obiit, et Robertus comitissam Frisiae uxorem ejus desponsavit.......

Interim Philippus Francorum rex qui de hoc multum doluit, tum quia ipsum novum militem (Arnulphum) fecerat, tum quia cum eo foedus inierat, apud Monsterolum supra mare maximum exercitum congregat et apud Sanctum Audomarum contra Flandristas illico properat, suburbia incendit et villam potenter obsedit. Qua obsidione durante, Fulco vel Gefridus Parisiensis episcopus, frater Eustachii Boloniae comitis, mandavit Roberto Frisoni quod si vellet sibi dare forestam d'Esprelecque, ipse faceret regem Franciae dislocare de obsidione et in Franciam remeare. Et continuo Robertus comes ei libentissime annuit. Tunc episcopus privatim regi mandavit per litteras quod ipse erat proditus, nisi visis litteris in Franciam rediret quantocius. Rex autem, qui vere sic esse credebat et quod pro bono hoc faceret episcopus, illico cum suis de obsidione recessit et in Franciam rediit. Et hac occasione episcopus eamdem forestam de Esprelecque in Bolonesio habuit, quam post mortem suam dedit fratri suo comiti Boloniensi perpetuo possidendam. Interim Richelendis comitissa et filius ejus Balduinus confoederationem fecerunt cum Theodolo Leodiensi episcopo et de ipso jurejurando in homagium receperunt Hanoniam. Cujus episcopi auxilio congregaverunt iterum magnos exercitas, et plures conflictus cum dicto comite Roberto habuerunt, et diu guerra duravit ad dampnum utriusque partis. Et inter alios unum habuerunt conflictum versus Brocroyam ubi Robertus occidit multos homines, et adhuc locus nominatur : *Mortuarium*. Postea Robertus magna fecit fortalitia apud Wauvrechin super Scaldum, quae omnia comitissa Richelendis et filius ejus Balduinus demoliri ac dirui fecerunt, et multi fuerunt occisi de illis quos ibidem Robertus in garnisionem posuerat. Denique pax fuit taliter facta quod Balduinus comes Hanoniae accipere in conjugium debuit neptem comitis Roberti Frisonis supradicti, et ad hoc tenendum faciendumque in vadium posuit villam de Duaco, quae tota erat de Ostrevanto et de Hanonia. Sed ipse domicellam vidit tam deformem quod dixit quod nunquam desponsaret eam. Hac de causa Duacum retinuit dictus comes Robertus, nec de ea postmodum comes Hanoniae fuit saisitus.

Quomodo abbatia Aquicinctensis fuit fundata.

Ea tempestate erat quidam miles in Atrebatensi territorio nomine Soherius qui dominus erat de Loos et de Courcellis juxta Duacum, et habebat gravem guerram contra Galterum dominum de Montigneyo in Ostrevanto militem. Quadam die, de domo sua exivit idem Soherius pro quibusdam suis agendis. Servitores ejus equitantes praecedebant eum, et ipse cogitans equitabat retro. Quaedam vero pruina elevans se deviavit eum, et in quodam nemore intravit et equitavit tantum quod venit ad quemdam locum qui dicitur : Custodia Sancti Remigii. Et ipse ibi vidit luminare ignis, et versus illam partem tantum abiit quod venit ad portam cujusdam domus, et requisivit portarium quod ipse intus intromitteret eum. Portarius autem portam aperiens nuntiavit domino suo quod quidam miles solus venerat ad portam. Illico dominus duos famulos misit ad eum ut unus videlicet acciperet equum suum et ut alter adduceret eum in aulam ejusdem domus. Et ipse erat Galterus de Montigneyo qui habebat guerram contra dictum Soherium qui per pruinam descenderat in domum suam. Quando Galterus vidit Soherium qui ejus erat inimicus, exiliit ipse, dicendo sibi : « Veniatis. » Deinde alter alterum advisavit, et ambo multum fuerunt hebetati. Et Galterus dixit : « Domine, vos estis huc in
» hospitio meo, et ego vos salutavi. Noveritis quod ibi vos hac nocte nihil mali per me
» vel per alium habebitis, et in crastino extra terram meam salve conducere vos faciam,
» et postea de me vos custodiatis. » Post, per manum accepit eum Galterus, et consederunt pariter ad mensam, alter juxta alterum, et ibi narravit ei Soherius qualiter deviaverat se, et ad invicem confabulaverunt de multis. Et cum epulati fuerunt, abierunt cubitum. De mane vero surgentes, Galterus interrogavit Soherium quomodo illa nocte dormierat, et Soherius respondit : « Certe, domine, ego habui magnam inquietudinem sompnii. »

Quia ipse sompniaverat quod erat in quodam bruilleto satis prope ubi erat, et unus cervus albus sibi extrahebat bodellos extra corpus et ipsos trahebat totum per circuitum illius bruilleti. Et mox quum ambo ibi venerunt, repererunt unum album cervum qui ibat in giro ipsius bruilleti sive insululae. Tunc dixit Soherius ad Galterum : « Domine, » nos in guerra diu pariter fuimus, unde multi de amicis nostris sunt occisi. Mihi vide- » tur quod Dominus nos ammonet quod inde poenitentiam faciamus ibi in hac insulula » vel bruilleto. Et si ibi vultis demorari, ego vobis tenebo bonam societatem. » Galterus vero ad hoc libenter consensum suum praebuit. Deinde ambo milites reversi sunt pariter, et confestim mandaverunt de amicis suis et pacem fecerunt. Quidam vero de illis quibus mens erat sanior, remanserunt cum eis et constituerunt unam religionem, abbatiamque construendo, unum abbatem, assensu Gerardi Cameracensis episcopi, in abbatia de Hanon, Alardum nomine sibi assumpserunt. Soherius dedit monasterio in perpetuum Loos et Courcellas, et Galterus de Montigneyo villam de Peskencourt. Et postea se totunderunt cum eis in monachos plures milites et generosi homines qui huic loco dederunt terras in bona quantitate et luculenta praedia, et vocaverunt istam abbatiam : Aquiscinctum. In fundatione autem cujus abbatiae, una cum aliis fuit supremus adjutor bonus Anselmus Ribodimontensis comes, qui postea cum Godefrido de Bullone, Hugone Magno et comitibus Flandriae et Normanniae ac aliis, in prima crucesignatione, in Jherusalem eundo, decessit. Tali modo primo incepit Aquiscinctensis abbatia, anno Domini M° septuagesimo VIII°

De Balduino comite Hanoniae et liberis ejus.

Post hoc, Balduinus comes Hanoniae memoratus, filius dictae Richelendis comitissae, uxorem duxit filiam Lamberti comitis de Lowanio, de qua duos filios, Balduinum scilicet et Arnulphum, et tres filias habuit. In Hanonia autem ubi Richelendis cum dicto Balduino filio suo degebat, in magna sanctitate vixit usque ad finem vitae, et sepulta quiescit in ecclesia monasterii Sancti Dionisii martiris in Brocroya, quam ipsa cum dicto filio suo fundaverunt et illam villam dederunt cum pluribus aliis tenementis.

De prima origine comitum Hanoniae sive comitatus.

Reperitur in cronicis quod sanctus Wabertus qui apud Sorram juxta Bellomontem in Hanonia jacet intumulatus, fuit dux Lotaringiae, et durabat dominatio ejus in Cameracesio, Hanonia, Brabantia et Hasbanio, in Arduenna et usque ad Renum. Uxor ejus Bertilla dicebatur, et erat domina bona et sancta, quae genuit dicto Waberto duas filias. Senior dicebatur : Waudrusa, et junior : Aldegundis. Waldrusa unum magnum dominum desponsavit nomine : Waldegar, qui post modum dictus est : Vincentius ; et ista Waldrusa fuit comitissa Castrimontis, quod modo nuncupatur : Mons in Hanonia, et ibi fundavit unam abbatiam monialium, ubi posuit canonicas ad procurandum negotia Ecclesiae. Aldegundis vero soror comitissae Waldrusae aedificavit ac construxit ecclesiam de Malbodio, et se ibi reddiderunt Vincentius et Waldrusa, caelibem vitam ducentes. Vincentius apud Soingnies unam fundavit abbatiam in qua posuit religiosos, sed postea Huni destruxerunt eam. Sed postmodum, decurso tempore non parvo, abbatia reficitur, et ibi canonici instituuntur. Dux itaque Vincentius tantum ad uxorem suam fecit quod cum ejus licentia religionem intravit et se totundit in Altimontensi monasterio juxta Malbodium, et ibi tam sanctam vitam duxit quod post mortem suam sanctus et per summum pontificem canonisatus et in feretro apud Soingnies reconditus extitit. Et uxor ejus Waldrusa comitissa se reddidit in abbatiam Castrimontis, quam ipsa fundaverat, dimisitque cuidam cognatae suae nomine Ayae terram suam, quae desponsavit quemdam Ydulphum nomine, qui post mortem suam in abbatia Lobiensi sepultus est. Praefata vero Aya ducissa dedit ecclesiae de Castromonte Cuemnes, Nymi et Braynam-Wihotam. Et tunc erat abbatiosa Castrimontis, quae nunc dicitur Sanctae Waldrusae, quam domicellae eligebant et imperatori Almanniae ad confirmandum suam electionem praesentabant; sed postea, peracto magno tempore, fuit in Hanonia quidam comes qui cum quodam imperatore fuit tam familiaris quod sibi praesentationem dominae abbatissae concessit. Unde accidit quod, abbatissa quae tunc erat, mortua, comes Hanoniae nullam abbatissam praesentare voluit et dixit quod abhinc in perpetuum non esset ibi abbatissa, sed ipsemet foret abbas et optime eas defenderet. Ipsae vero tolerare nequiverunt, sed magno tempore contra eum litigantes, nihil eis finaliter valuit, sed remanserunt in subjectione comitis et ad suum beneplacitum voluntatis. Alii vero comites qui eidem successerunt, etiam ut abbates ecclesiae remanserunt. Sic et tali occasione abbatissae in ecclesia de Montibus defecerunt, et comites, cum aliquae domicellarum moriebantur, praebendas earum aliis dederunt, tenueruntque eas pro canonicis, ratione praebendarum quas donabant. Plures autem comites ibi fuerunt usque ad quemdam comitem nomine Hermanum, qui desponsavit comitissam Richelendam, de quibus dictum est supra tempore Karoli Calvi ubi loquitur de genealogia comitum Flandrensium et Hanoniensium.....

De prima crucesignatione pro Sanctae Terrae promissionis recuperatione.

Urbanus papa... celebravit concilium valde celeberrimum... apud Clarum Montem anno Domini M° nononagesimo quinto... Post hoc sermonem habuit ad populum, exhortans eos ad crucem sumendam et ut in remissionem peccatorum viam arripiant transmarinam pro succursu Terrae Sanctae quam, proh dolor! infideles et inimici christiani nominis atrociter invaserant, securi de immarcessibili gloria regni coelorum, omnesque diversae aetatis ac potentiae seu domesticae facultatis homines in illo concilio generali et per illum sermonem quem idem papa Urbanus urbano sermone in eodem peroravit, cruces susceperunt et viam sancti sepulchri stipulaverunt. Hinc divulgatum est ubique terrarum illud concilium venerabile, et ad aures regum ac principum pervenit concilii constitutum honorabile. Placuit omnibus, et plusquam trecenta milia mente iter concipiunt et adimplere satagunt, prout unicuique posse contulit Dominus. Excessit enim medicina morbum, quia plusquam debuit, in quibusdam voluntas eundi Jherosolimam subrepsit; nam et multi heremitae et reclusi et monachi, domiciliis non satis sapienter relictis, in viam perrexerunt. Quidam tamen, crucesignationis gratia, abbatibus accepta licentia, profecti sunt, plures tamen fugiendo se subdiviserunt. Multi enim de gente plebeia crucem sibi innactam jactitando ostentabant, quod idem de mulierculis praesumpserunt, quod omne falsum esse deprehensum est. Alii vero ferrum calidum instar crucis sibi adhibuerunt vel peste jactantiae vel bonae voluntatis ostentatione.

Anno sequenti, occidentales populi dolentes loca sancta Jherosolimorum prophanari et Turcos etiam terminos Christianorum jam multa ex parte invasisse innumerabiles, una inspiratione moti et multis signis sibi ostensis aliis ab aliis, duces et comites, potentes et nobiles ac ignobiles, divites, pauperes, liberi et servi, episcopi, clerici, monachi, senes et juvenes, pueri et puellae, omnes uno animo, nullum ullo angariante, undique concurrunt ab Hispania, a Provincia, ab Acquitania, a Britannia, a Scotia, ab Anglia, a Normannia, a Francia, a Lotharingia, a Burgundia, a Germania, a Longobardia, ab Appulia et ab aliis regnis. Virtute et signo crucis signati et armati, ultum ire parant injurias Dei in hostes Christiani nominis, et quanto quisque hactenus ad exercendam mundi malitiam erat pronior, tanto nunc ad exercendam ultro Dei militiam promptior, firmissima pace interim ubique composita, et primo Judaeos in urbibus in quibus erant, aggressi, eos ad credendum in Christum compellunt, credere nolentes bonis privant, trucidant, urbibus eliminant. Aliqui Judaeorum, zelo tenendae patriae legis ducti, se mutuo cruciant. Alii, ad tempus se credere simulantes, post ad Judaismum revolvuntur. Eminebant in hoc Dei hostico dux Lotharingiae Godefridus et fratres ejus Eustachius et Balduinus, Anselmus de Ribodimonte, Balduinus comes Montensis, id est: Haynonensis, Robertus comes Flandrensis, Stephanus comes Blesensis et Carnotensis, Hugo Magnus, frater Philippi regis Francorum, Robertus dux Normannorum, frater Guillelmi regis Anglorum, Raymundus comes Sancti Ægidii, id est: Provincialis seu Tholosanensis, Boamundus princeps Tharentensis et Tanchredus nepos ejus. Horum omnium curam virtute apostolica suscepit vir eximius Hamarus Podiensis episcopus, ejusque consilio et doctrina usque ad captam Anthiochiam plurimum proficuus fuit. Nunquam tot gentes in unam coire sententiam. Opinionem hominum vincebat numerus, quamvis aestimaretur septies centum milia, qui omnes Jherosolymam pergebant. Sed quia de illo sermone praefati Urbani papae secundi in practecto Claromontensi concilio facto et quare hunc protulit, pauca libavimus, priusquam ad alia transeamus, prohemium cujusdam libelli qui haec breviter continet et qui intitulatur : *Gesta Francorum Jherosolymam expugnantium*, non cum eodem libello qui ad manus nostras devenit, propter prolixitatem vitandam, solum hoc inserere decrevimus : « Anno igitur praenotato, imperantibus, etc..... »

.... Nunc igitur ad principium nostrae narrationis accedamus... Si quid ultra inde scire quis affectet, legat libellum quod scripsit frater Carnotensis, ut oculis vidit aut facta ab eisdem qui fecerunt narrata memoriter recollexit.....

De Godefrido duce, primo rege latino Jherosolymita.

Hic autem Godefridus filius fuit Eustachii comitis Boloniensis, qui per maternum genus ad magni Karoli spectabat lineam, per Gerbergam filiam Karoli ducis Lotharingiae, qui fuit filius regis Ludovici fratris regis Lotharii et patruus regis Ludovici qui sine herede decessit. De qua exiit Henricus Vetulus comes Bruxellensis, qui genuit Henricum, Lambertum et Matildam, quam desponsavit comes Eustachius de Bolonia, in qua genuit duos filios, Eustachium videlicet et Lambertum. Hic Eustachius pater fuit hujus Godefridi de Bullone de quo nobis sermo, Balduini et Eustachii. Mater ejus Yda, haec soror Godefridi cognomento gallice : *Boche* ducis Lotharingiae fuit. Qui quia sine liberis obiit, totam terram suam ducatumque Lotharingiae praefato nepoti suo Godefrido sui aequivoco dedit et concessit.

Godefridus Ydae filius imperatori Henrico quarto militavit contra papam Hildebranum, et in oppugnando Romam partem muri quae sibi obtigerat, irrupit. Postea, nimio labore et nimia siti nimium hauriens, febrem quartanam nactus est. Audita autem fame viae Jherosolymitanae, illuc se iturum vovit si Deus ei redderet sanitatem. Quo voto emisso, mox vires ejus penitus refloruerunt. Cum vero iter arripere deberet, castrum suum principale quod erat quasi caput totius honoris ducatus Lotharingiae, quod Bullonum dicitur, in elemosynam dedit Deo et ecclesiae Leodiensi in perpetuo possidendum ; situm est in Arduenna, et usque in hodiernum diem ad episcopum Leodiensem pertinet. Ab hoc, inquam, castro suo dictus est Godefridus de Bullone.

De epitaphio ejus.

..... Sub loco redemptionis nostrae, loco videlicet Golgotha .... fuit sepultus.

> Francorum gentis Syon sacra loca petentis,
> Mirificum sidus, dux hic recubat Godefridus,
> Egipti terror, Arabum fuga, Persidis orror,
> Rex licet electus, rex noluit intitulari,
> Nec diademari, sed sub Christo famulari,
> Cujus erat cura Syon sua reddere jura
> Catholiceque sequi pia dogmata juris et aequi
> Totum scisma teri circa se, jusque foveri :
> Sic et cum superis potuit diadema mereri,
> Militiae speculum, populi vigor, anchora cleri.

ROBERTUS JHEROSOLIMITANUS.

De bello Roberti comitis adversus imperatores.

Anno vero Domini millesimo centesimo secundo, Roberto Frisone, Flandrensium comite, a Jherosolymis reverso, inquietante urbem Cameracum, imperator Henricus quartus venit hostiliter super eum et cepit munitiones Selusam et Bouchain, et depopulatus est totum Ostrevantum igne, et asperitate instantis hiemis redire compellitur, et postea, quatuor annis elapsis, moritur. Quo mortuo et cum aliis regibus sepulto Spirae, hic versus in Henrici epitaphio habetur : « *Filius hic, pater hic, avus hic, proavus jacet istic.* » Huic successit Henricus Quintus...

Anno M° C° VII° qui fuit annus primus Henrici imperatoris quinti, idem Henricus contra Robertum Flandrensem comitem Duacum obsidet, sed nil proficit...

De comite Roberto filio Roberti Frisonis.

Roberto, qui dictus est Friso, comite Flandrensi mortuo et in ecclesia Sancti Petri Casletensis quam ipse fundaverat, sepulto, sibi successit praefatus filius ejus. Robertus tres sorores habuit sibi germanas. Quarum primam nupsit Canus Danemarchine rex, ex qua habuit Karolum postea comitem Flandrensem; secundam nupsit Henricus comes Bruxellensis; sed, eo absque liberis mortuo, Theodericus Alsaciae dux eam in matrimonium duxit et ex ea genuit Theodericum postea comitem Flandrensem; tertia vero monialium de Messines abbatissa fuit. Igitur hic Robertus comes Flandrensis ex Clementia uxore sua, filia videlicet Guillermi Burgundiae ducis, cognomento gallice : *Teste hardie*, tres filios suscepit, Balduinum cognomento gallice : *Haspieule*, qui ei in comitatu successit, et duos alios qui in pueritia decesserunt. Hic Robertus Robertum patrem suum imitatus ad crucesignationes Hyerosolymam abiit, et inde revertens brachium sancti Georgii martiris gloriosissimi secum attulit, quod ecclesiae Aquiscinctensi devotissime donavit. Deinde vero in exercitu Ludovici Francorum regis, nepotis sui, ante castrum Dompni Martini existens, dum quadam die ante portam ejusdem castri pugnaret, casu ab equo corruit in terram, et equus super eum similiter cadens taliter ipsum oppressit quod nimium gravatus paulo post decessit.

De Balduino comite Flandriae.

Roberto mortuo et de mandato regis apud Attrebatum delato et in ecclesiae monasterii Sancti Vedasti tumulato, sibi successit Balduinus filius ejus. Verumptamen cum per aliquod temporis spatium, post utriusque partis non modicam dampnificationem, praedicta guerra inter Ludovicum regem et Theobaldum comitem durasset, cernens rex Angliae Henricus quod Theobaldus nepos ejus suorum Normannorum fultus auxilio, contra hunc regem Ludovicum parum proficeret, ejusdem Ludovici strenuitati invidens, contra ipsum aperte guerram iniit et versus partes comitatus Carnotensis et Normanniae terram praefati regis domini sui vastare fecit igne et caede, praemisitque una cum dicto nepote suo alium nepotem suum fratrem ejus, scilicet Stephanum, comitem Monsteroli in Brya ad custodiendam terram et resistentiam faciendam regi. Rex autem animose se defendit, convocatisque Balduino comite Flandrensi, filio praenominati Jherosolimitani Roberti Flandrensis comitis, et Fulcone Andegavensi comite, aliisque baronibus suis, Normanniam intravit, praedasque tulit et magnam partem destruxit.

De morte Henrici imperatoris.

Hoc tempore Henricus imperator apud Ultrajectum moritur. Corpus ejus, ejectis intestinis, sale sparsum, Spirae relatum est. Quidam dicunt quod hic Henricus imperator uxorem duxit Ydam sororem ducis Lovaniensis, filiam videlicet Lamberti comitis Lovaniensis, relictam Balduini comitis Montensis, qui perditus est in redeundo ab Antiochia cum Hugone Magno, ut dictum est supra.... Et potuit esse quod, Matilda dimissa, superduxit Idam, vel, antequam Matildam duxit, Ydam habuerat uxorem....

De fuga Balduini regis Jherusalem.

Circa annum Domini M. C. et XIIII, Balduinus rex Jherusalem cum Rogero principe Antiochiae contra Turcos vadit, sed, Rogerio cum exercitu suo juxta quemdam fluvium residente, rex cum suis processit ut adventum Turcorum exploraret. Turci vero montem quemdam occupantes, insidias per IIII^{or} loca collocaverant, singulis insidiis IIII^{or} milia equitum deputatis, a quibus ex insperato rex undique interceptus, mille suorum interfectis, miserabili fuga est liberatus. Turci coenobium in Monte Thabor situm funditus evertunt, monachos interficiunt et omnia sibi diripiunt.

De fundatione coenobii Claraevallensis.

Hiis diebus, scilicet anno Domini, M° C° XV° coenobium Claraevallis fundatur sub primo abbate sancto Bernardo; sed monasterium Pontigniacense fundatum erat a Masticonensi Hugone qui postea fuit Autisiodorensis episcopus....

BALDUINUS HASPIEULE.

De morte Balduini regis Jherusalem.

Eo siquidem tempore, videlicet anno Domini M° C° XVIII°, obiit rex Jherosolimitarum Balduinus hujus nominis primus, frater Godefridi ducis Lotharingiae, altero fratre eorum Eustachio, comite Boloniensi, cum uxore sua Maria, filia regis Scotiae, ex paterna hereditate contento, quam, Jherusalem capta et glorioso Domini sepulchro adorato, voluit revisere, in Franciam existente. Qui Godefridus princeps nobilissimus, cum in regem constitutus fuisset, nunquam in ea civitate in qua Dominus spinis coronatus est, dyadema portare consensit. Praefatus autem Balduinus decessit summo regi militans inter manus Francorum, tempore secundi episcopi Ramatensis seu Ramulensis Rogerii, haud longe a Nilo, in finibus Philistinis, ante urbem Pharamin, quam in adventum ejus fugientes incolae solam relinquerant, ex qua et pro velle suo partem exmurans deleverat; translatus inde Jherosolymam per portam orientalem intromissus die qua conclamatum fuit a pueris Hebraeorum : « *Osanna filio David qui venit in nomine Domini.* » Rex Israel praesentatus in domo Domini, Christi pauperibus oblatus in hospitali, planctu communi et ejulatu delatus, et ante sepulchrum Jhesu, juxta fratrem suum, sub totius orbis et regni venerabili conquaestu incomparabilique dolore, fere sub desolatione et desperatione, a domino Everiano Caesariensi metropolitano, sacrae religionis antistite, Dominici ligni vexillo consignatus, anno regni ejus XVII°, mensibus tribus, tumulatus ideo quiescit. Cui, Godefrido fratre suo gratia Summi Dispositoris disponente, tamen habita electione, totiusque cleri et militiae et populi communi pio velle, successit primus comes Edessanus, impiger ille Leo, rugitu cujus, eo regnante, siluit Philistinus et Ægyptus, cui Ascalon, Tyrus et Damascus tributa solvebant, cujus indomitae probitatis Mare Rubrum atque Nilus senserunt praesentiam, etc....

De morte Alexii imperatoris Constantinopolitani.

Anno praenotato, scilicet, M° C° XVIII°, obiit etiam ille subdolus imperator Constantinopolitanus Alexius cognomento Coninus, qui magis Latinis diligebat Turcos. Quamdiu vixit, omnia mala quae potuit, Latinis clandestine fieri procuravit. Cui successit Johannes filius ejus. Hic fuit militiae peritus et magnificentia clarus, qui propter nigredinem faciei et capillorum cognominatus est Maurus. Hic non sicut pater ejus Latinos odio habuit, sed eo magis illos dilexit.

CAROLUS BONUS.

De Carolo comite Flandriae.

Circa idem tempus Karolus erat comes Flandriae, Danorum regis filius de amita regis Ludovici Grossi, qui jure consanguinitatis successerat comiti Balduino, Jherosolimitani Roberti filio, qui sine liberis obiit. Quem Buchardus Brugis praepositus in ecclesia Sancti Donati martiris orantem sub proditione interfecit; sed horrenda animadversione vindicatus est. Nam Buchardum Francorum rex Ludovicus interfectum in vilem cloacam projici fecit, Bertoldum socium suum vivum cum cane suspendit, Ysaac vero tertium socium daemoniacum similiter suspendit. Et vix de aliis traditoribus et eorum complicibus aliquo evadente omnes perierunt. Quibus peractis rex ipse Ludovicus contra voluntatem Henrici Anglorum regis in comitatum Flandriae praefecit Guillelmum filium Roberti Jherosolimitani quondam ducis Normanniae et nepotem ejusdem Anglorum regis tamquam de genere Karoli propinquiorem. Hunc Balduinus cognomento Haspieule, Flandrensium comes supramemoratus, nutriverat, militemque fecerat, et ut contra patruum suum praedictum Henricum regem Angliae rebelaret, exhortaverat et eidem principi in Normannia guerram fecerat. Verum est quod cum Karolus iste regis Danorum filius ab Jherosolimis ubi gloriosum Domini sepulchrum adoraverat et in exercitu Dei militariter se habuerat, pro suis consanguineis visitandis ac videndis videlicet Ludovico Francorum rege et Balduino Flandrensium comite per Galliam rediret ad propria, tandem valefacto rege a quo in multis eucheniis est non modicum honoratus, a Balduino Flandrensium comite praecipuae dilectionis gratia ad commorandum secum est retentus. Cum ipse secum fuisset aliquantulum temporis, ipsum in specialem et praecipuum consiliatorem suscepit et urbem Ambianensem cum patria subjacenti et castrum de Encra ad regendum tradidit, uxoremque dedit Margharetam filiam Reginaldi comitis Clarimontis, sororem Rodulphi comitis Viromandensis. Cum autem ad finem vitae veniens absque liberis, morti appropinquaret, idem comes Balduinus per testamentum suae extremae voluntatis declaravit ac ordinavit praefatum Karolum cognatum suum in comitatu Flandrensium sui esse successorem; sed, eo mortuo, Clementia comitissa mater ejus mox in ejus comitatu praeficere voluit Guillelmum de Yppra qui neptem suam habebat uxorem. Porro haec comitissa nupsit ducem Lovaniensium et fregit pacem, quam idem filius ejus Balduinus dudum fecerat inter dictum maritum suum et praefatum comitem Karolum, volens eumdem Karolum fugare de decem castris Flandriae auxilio regis Franciae, cui consanguineus erat, et Hugonis cognomento Campus Avenae comitis Sancti Pauli. Hic comes Sancti Pauli Flandriam intravit et igne et caede cuncta vastavit. Tandem praefata comitissa Clementia cum praedicto comite Karolo in concordiam rediit per iiij^{or} castra, scilicet Disquemue, Casletense, Arriam et Sanctum Venantium, quae sibi reddidit. Exin duo monialium monasteria, unum apud Vennes et alterum apud Bourbourg aedificavit et construxit. Deinde omnes alii cum praefato Karolo pacem fecerunt absque humani sanguinis effusione, excepto comite Sancti Pauli qui semper in sua crudelitate permansit, habebat nempe complicem Galterum de Hisduino comitem qui Karolum comitem Flandriae bello lacessere non cessabat; sed Karolus contra praenominatum Hugonem Campdavenne mox undique viribus contractis castrum ejus potenter obsedit et expugnavit ac solo terrae funditus evertit. Galterum quoque cepit et de suo comitatu ipsum perpetuo exhereditavit. Deinde Balduinem comitem Montensem filium Ydae imperatricis de Balduino comite Montensi seu Hasnoniensi et Thomam de Couchiaco, qui consuetudinarie rapinis ac depraedationibus Flandriam inquietabant, repressit atque humiliavit. Ad ultimum vero pro zelo justitiae quibusdam suis exosus, impia praeditione, sicut dictum est supra, Brugis interfectus est.

De Hugone comite Sancti-Pauli.

De praenominato Hugone cognomento Campus Avenae, Sancti Pauli comite, refertur quod cum propter maliciosam combustionem villae ac monasterii Sancti Richarii in Pontivo diu sub anathemate mansisset, tandem concedente papa Innocentio, meruit ut poenitentiam in terra sua ageret et de suis possessionibus abbatiam quamdam construeret. Ecclesiam itaque Cistertiensis ordinis quae de Caricampo dicitur, circa annum Domini M^m C^m XXXVII^m, cum suis complicibus constituit et de monasterio Pontigniaci in Autisiodorosio ejusdem ordinis dampnum Jordanum abbatem et conventum in eamdem adduxit. Hic ad finem vitae veniens, quatuor filios reliquit, Ingerannum videlicet et Anselmum, Guidonem atque Radulphum. Ingerannus quidem quia major natu erat, patri in comitatu successit; sed, quia sine liberis obiit, comitatus ejus Anselmo fratri suo jure propinquitatis obvenit. Hic duos filios habuit, Ingerannum videlicet qui minor natu erat et Hugonem primogenitum qui post ipsum comitatum ejus habuit, quique apud Constantinopolim obiit. Hujus ossa in praedictum monasterium de Caricampo fuerunt reportata et ibidem juxta patrem avumque suum tumulata.

Anno siquidem Domini M° C° XX° Praemonstratensis ordo incepit in diocesi Laudunensi, cujus videlicet loci et ordinis fundator vir Dei Norbertus extitit.

De Theodorico comite.

Porro Theodericus, filius Theoderici Alsatiae ducis, comitatum Flandrensem contra comitem Guillelmum cognatum suum hortatu regis Anglorum Henrici ejusdem Guilelmi comitis patrui et quorumdam Flandrensium auxilio in forti manu invasit; sed, ut comperit, copiis contractis, protinus contra eum bellum iniit in quo ipsum cum suis turpiter vicit, sed fuga elapsus in castro de Alost quantotius se recepit. Guillelmus autem celeriter ipsum persequens, castrum potenter obsedit et erectis petrariis ac aliis ingeniis multis diebus impugnare non cessavit. Qui dum quadam die fortiter ipsum impugnaret et assillire faceret cum balistariis, quidam ex improviso karellum transmittens vulnus ei letale inflixit et post paucos dies mortuus apud Sanctum Bertinum in Sancto Audomaro sepultus quiescit; sed interim, soluta obsidione, Theodericum ad se vocans, pacem cum eo fecit, et ipsum, quia liberos non habebat, protinus Flandrensium comitem instituit.

De Anselmo episcopo Tornacensi.

Ecclesia Tornacensis qui per annos circiter sexcentos a tempore beati Medardi sub episcopo Noviomensi sine proprio fuerat sacerdote, hoc anno proprium cepit episcopum habere, Anselmum scilicet, abbatem Sancti Vincentii Laudunensis ab Eugenio papa consecratum et eidem urbi in episcopum destinatum.

De Philippo comite.

Theodericus namque Flandrensium comes ad finem vitae veniens de Sibilia uxore sua, filia videlicet Fulconis quondam Jherosolimitarum regis, tres filios relinquit, Philippum videlicet, Matheum et Petrum, et duas filias : Marghareta quae data fuit conjux Balduino comiti Hasnoniensi et altera comiti Moriennensi nupsit. Philippo, defuncto patre, propter progenituram comitatus ejusdem obvenit, et Matheus comitatum Boloniensem possedit ratione uxoris suae reginae Matildae relictae regis Anglorum Stephani, comitissae Boloniensis hereditariae, vel filiae, ut quidam dicunt, quae duas filias habuit. Hic est Matheus comes Boloniae qui postmodum, durante guerra inter regem Ludovicum et generum ejus Henricum juvenem regem, ex una parte, et patrem ejusdem Henrici regem Angliam Henricum, ex altera, in obsidione Novi Castri in pago Calcensi, letali vulnere accepto, miserabili fine obiit. Petrus vero clericus effectus episcopatum Cameracensem, eo non existente in sacris, tenuit. Quem postea relinquens, comitissam Nivernensem marito relictam desponsavit. Hic Philippus uxorem duxit Ysabellam filiam primogenitam Radulphi comitis Viromandensis, ratione cujus comitatum Viromandensem possedit. Qua mortua, Matildae relictae regis Portugaliae matri Ferrandi de quo infra dicetur, nupsit......

MARGARETA.

De Waltero de Avesnis.

Dominus Walterus de Avesnis, uxor et filia ejus jacent inhumati in claustro monachorum de Boheriis Cisterciensis ordinis prope Guisam.

De obsessione civitatis Rothomagi.

Eo tempore Henricus filius hujus regis Angliae Henrici contra patrem vastat Northmanniam. Postmodum civitas Rothomagi obsessa est ac impugnata a Ludovico rege Francorum et genero ejus praenominato Henrico nono regi Anglorum et Philippo comite Flandrensium, sed non expugnata.

De Margareta Flandriae, Hannoniaeque comitissa, quae, Johanna sorore sua comitissa mortua, eidem in suis praefatis comitatibus successit, et de duobus filiis ejus et Bouchardi de Avesnis, et de duobus aliis filiis suis et Guillelmi de Dampnapetra mariti sui.

Porro Johanna Flandriae, Hanoniaeque comitissa absque liberis mortua et in monasterio monialium de Marqueta, ordinis Cisterciensis, quod ipsa fundaverat, sepulta, hereditas ejus Margaretae sorori suae obvenit. Haec cum sua portione hereditatis ad educandum et custodiendum dudum tradita fuerat fratri domini de Avesnis, scilicet Bouchardo de Avesnis cognato suo, qui erat clericus et praepositus ecclesiae Sancti Petri Insulensis et, ut quidam dicunt, archidiaconus Laudunensis. Qui quidem, praecedente tempore, tam lascive et carnaliter interim cum ipsa se habuerat quod in ea duos filios genuerat, Johannem et Balduinum qui cognominati sunt de Avesnis ex parte patris, qui postea legitimati fuerunt apostolica auctoritate.

Tunc amici dictae Margaretae, eo quod sic se habuerat cum eadem, indignantes, procuraverunt quod ipsa matrimonium contraxit cum Guillelmo de Dampnapetra, milite strenuo, fratre Erchembaldi de Burbonio et cognato regis Ludovici. Quo contracto, ambo Parisius fecerunt homagium praefato regi Ludovico de terra Flandriae, sicut solet fieri regibus Franciae. Hic est Guillelmus comes Flandriae et Hanoniae ratione uxoris suae qui, anno Domini M° CC° XLVIII°, signo crucis accepto cum rege Ludovico, applicuit ad portum Nimotii in Chipro, ut infra dicetur. Hic de praefata uxore sua Margareta comitissa duos filios habuit Guillelmum scilicet et Guidonem. Guillelmus primogenitus, habuit in uxorem Beatricem filiam ducis Brabantiae, sororem Matildis comitissae Atrebatensis, quam terra Curtraci dotavit ita quod a pluribus dicebatur comitissa Curtraci. Et Guido frater ejus desponsavit filiam advocati de Betunia, quae fuit Tenremundae domina. Praeterea Guilelmus, qui major natu erat, strenuus fuit in armis et assidue frequentabat loca ubi actus armorum exercebantur. Unde accidit quod, quadam die, anno Domini M° CC° Ll°, apud Trazegnies in Hanonia, fiebant hastiludia ubi praefatus Guillelmus aderat, et ibi inter hastiludienses de valentioribus reputatus, postremum invidiose occisus est ibidem ab illis de parte vel a fautoribus partis filiorum Buchardi de Avesnis qui, ut dicebatur, nunquam se invicem dilexerunt, non obstante quod Ludovicus rex et barones in curia regia Parisius concordaverant eos, videlicet filios utriusque Bouchardi de Avesnis et Guillelmi de Dampnapetra, sic quod filii Bouchardi post decessum matris suae haberent comitatum Hanoniae cum suis dependentiis, filii vero dicti Guillelmi Flandriam et sua pertinentia. Sed multa quidem inconvenientia occasione dictarum deppendentiarum orta sunt. Qui filii Buchardi dicebant quod castellaniae de Alost, de Audenarde, Grandimontis et Quatuor Artificiorum de Wais pertinebant ad comitatum Hanoniae. Alii vero, sustinentes oppositum, praedictas semper possidebant. Praeterea, mortuo Guillelmo absque liberis, Guido, frater ejus, heres Flandriae remansit, qui de praefata uxore sua quatuor filios et tres filias habuit. Primogenitus fuit Robertus, qui duxit uxorem filiam Karoli comitis Andegavensis : qua mortua, desponsavit comitissam Nivernensem. Secundus fuit Johannes episcopus Leodiensis ; tertius, nomine Guillelmus, habuit filiam domini de Nigella in uxorem; quartus vero, nomine Philippus, desponsavit comitissam de Thyeta in Apulia. Major filiarum data est Johanni duci Brabantiae; secunda comiti Juliacensi; tertia vero Florentio Hollandiae comiti, ut infra dicetur. Porro Johannes de Avesnis, primogenitus dictorum Bouchardi et Margaretae comitissae, uxorem duxit filiam Willequini regis Alemanniae, comitisque Hollandiae, praedicti Florentii sororem, in qua genuit Johannem, comitem Hanoniae, et filiam quae data fuit uxor Henrico primogenito Henrici comitis Luxemburgensis. Balduinus vero, frater ejus, habuit filiam ejusdem comitis Luxemburgensis.....

Qualiter comes Andegavensis, consentiente et volente comitissa, Hannonienses sibi subjecit.

Eodem anno, videlicet millesimo CC° LV°, Karolus, comes Andegavensis sibi Hannonienses subjecit, consentiente et volente comitissa Margareta. Quae profecto Margharita, Flandriae Hanoniaeque comitissa, rege Francorum ultra mare existente, ad reginam Blancham, matrem ejusdem regis, parum ante dictae reginae decessum, personaliter accessit et, genu flexo, humiliter petendo ejus consilium atque auxilium, conquesta est de duobus filiis suis, videlicet Johanne de Avesnes et Balduino fratre suo qui, non solum super eam comitatum suum Hannoniae saisierant, sed munierant castrum de

MARGARETA.

Rippamunda quod sibi abstulerant contra appunctuamentum factum in curia Franciae, coram Ludovico rege et eo praesente, quod filii de Avesnis haberent Hannoniam post decessum ejus et filii de Dampnapetra Flandriam. Cui regina respondens ait : — « Vadatis ad comites Pictaviae et Andegaviae cognatos vestros et petatis consilium ab » ipsis. » — Statimque comitissa apud Sanctum Germanum in Laya se transtulit, ubi erant dicti comites, quibus negotium suum verbotenus explicavit. Videns quoque comitissa quae sagax erat, eorum animum, traxit comitem Andegaviae ad partem et promisit ei comitatem Hanoniae, dummodo deffenderet eam contra praefatos filios suos qui eam sic volebant exhereditare. Tunc respondit comes : — « Ego, inquit, vos indempnem » custodiam et faciam quod deperdita vobis restituentur si tamen promissa tenueritis. » — Et spopondit ac juramenti interpositione firmavit. Verumptamen praefatus Johannes de Avesnis multum dilegebatur a baronibus et omnibus fere militibus Hanoniae. Propterea juvabant eum ad manutenendum guerram suam, et magis acquisierat Hanoniam amore quam fortitudine. Comes enim Andegavensis congregavit magnum exercitum et cum comitissa Margareta venit ante castrum Rippaemundae, quod statim ei traditum est. Deinde venit ad Valencianas, cujus portas firmatas invenerunt. Tunc comitissa mandavit illis de villa quod aperirent ei portas. Qui quidem responderunt quod nec clauserant, nec claudere volebant contra eam; apertisque portis, dicta comitissa et comes Andegaviae cum totali exercitu intraverunt villam. Comitissa vero vocavit ad se burgenses de villa et imperavit illis ut facerent homagium comiti Andegaviae tamquam proprio domino. Videntes ergo burgenses quod non valebant resistere, licet inviti, fecerunt homagium praedicto comiti. In crastino vero comes mandavit illis de Montibus quod redderent ei villam. Illi vero responderunt quod pro illo, nec pro comitissa redderent villam. Quapropter cum exercitu comes perrexit ad Montem et obsedit atque cepit eam vi armorum. Deinde totalis Hanonia fecit ei homagium, praeter castellum de Bouchain ubi erat uxor praedicti Johannis de Avesnis quae noviter pepererat; ideo illic noluit ire, et praeter dominium d'Enghien, comes, acquisito comitatu Hanoniae, regressus est in Franciam.

De Johanne de Avesnis qui, ad sibi sucurrendum cum magno exercitu, adduxit regem Almanniae prope Valentianas, et qualiter comes Andegaviae venit in forti manu apud Duacum contra eum; qualiter recessit idem rex et qualiter trucidatus est a Frisonibus; et de comite Andegaviae quem de sua obsidione castri d'Enghien Ludovicus rex evocavit ad se Parisius; et de morte Johannis de Avesnis praenotati.

Interim Johannes de Avesnis perrexerat ad regem Almaniae scilicet Guillermum de Holandia sororium suum, devote implorans ejus auxilium. Cujus precibus acquiescens rex Alemaniae congregavit magnum exercitum Alemannorum et venit ad sex leucas prope Valentianas. Quod ut comperit comes Andegavensis, statim congregato exercitu, venit Duacum; cumque esset ibi, noluit ultra transire quousque sciret intentionem regis Almaniae. Sic vero steterunt ambo, quilibet cum exercitu, multis diebus. Interim venerunt nova ad regem Alemaniae, quod Frisones et Dani non habebant dominum. Tunc profectus est illic cum exercitu suo, eos, eorumque patriam sibi subjicere volens. Contra quos dum incaute equitat, in fossatum quod iidem Frisones inter hostem suum et exercitum ejus fecerant, cunctis de exercitu videntibus et sibi succurrere non valentibus, lapsus trucidatur. Porro, ab Hanonia praedicto rege Alemanniae sic recedente, comes Andegaviae mandavit domino d'Enghien ut ad ipsum personaliter accederet et sibi homagium faceret. Sed quia ille hoc facere contumaciter renuit, praefatus comes indignans cum exercitu suo apud Enghien perrexit et castrum obsidens fortiter impugnavit. Qua obsidione durante, amici ejusdem domini d'Enghien erga regem Francorum Ludovicum tantum laboraverunnt quod praefato comiti Andegavensi scripsit quatenus, omnibus postpositis, ad se cum omni festinatione veniret. Unde comes, non parum contristatus, sed nichilominus mandato regis obediens, quantocius recessit, obsidione soluta, et ad ipsum regem dominum et fratrem suum accessit. Johannes vero de Avesnis, Bellimontis et Crevicordis dominus, tam propter ruborem confusionis, quam de amissione comitatus Hanoniensis patiebatur et habebat, quam propter subitam ac miserandam necem praefati Alemanniae regis sororii sui, nimis indoluit, et ex animi dolore languescens post breves dies decessit atque in ecclesia Lobiensi tumulatus extitit.

Qualiter Balduinus frater ejus veniam petiit et obtinuit comitissae matri suae, et qualiter rex Franciae fecit restitui eidem comitissae comitatum suum Hanoniae praeter expensas fratris sui, quas taxatas eadem comitissa praefato comiti Andegaviae solvit.

Johanne siquidem memorato mortuo, Balduinus frater ejus proposuit petere veniam comitissae matri suae. Cum ergo id Balduinus peteret, mater ejus respondit quod nimis tarde fatebatur culpam suam. Audiens autem hujusmodi responsum Balduinus : « Heu! inquit, mater, non mihi sed fratri meo defuncto haec culpa dumtaxat imputanda » est. Amodo certe vobis obedire profiteor. » Haec audiens mater, commota sunt viscera ejus super filio suo, et astantes milites, aliique nobiles et ignobiles, dominae ac domicellae omnes procidebant se ad pedes comitissae, eam flagitantes quatenus filium exaudire dignaretur. Quae protinus eidem omnia indulsit, et sic ad pacem suam praefatus filius ejus Balduinus reductus est. Interea Ludovicus, Francorum rex, sciens qualiter comes Andegavensis, frater suus, possidebat comitatum Hanoniae, absque hoc quod inde faceret homagium domino cui feodaliter pertinebat, mandavit pro comitissa Flandriae, eique restituit comitatum suum Hanoniae. Taxatae vero fuerunt expensae comitis Andegavensis, quas dicta comitissa debuit solvere praedicto comiti infra terminum quinque annorum immediate secutorum.

Qualiter Guido de Dampnapetra hostiliter cum exercitu Holandiam intravit contra comitem Florentium; sed Guido in congressu victus et captus est et postmodum multa pecunia redemptus.

Hiis diebus, Guido de Dampnapetra cum magno exercitu intravit Holandiam contra comitem Florentium, volens Holandiam eodem comiti Florentio eripere, tum quia eidem petebat quasdam redevantias, tum quia auxilium, consilium et juvamen exhibuit Johanni et Balduino de Avesnis fratribus in guerra quam ipsi diu fecerant sibi, fratri et matri ejus. Comes autem Florentius dimisit cum sic ulterius transire quod, cum voluit inde reverti, non potuit. Hunc comes Florentius viriliter aggressus est, cum vidit eum tali necessitate compressum. In quo congressu Guido, cum suis victus, captus est a Florentio et carceri mancipatus. Holandii vero pepercerunt Flamingis, quos in sua potestate habebant, sed, eis ereptis spoliis quibuscunque, nudos remiserunt in Flandriam. Post hoc autem tractatum fuit de pace inter eos, et reversus est idem Guido ad propria tali pacto quod quamdam filiam suam praefato comiti Florentio tradidit uxorem, eidemque solvit magnam pecuniae sommam pro sua redemptione [1].

De rege Philippo, Pulchro cognomento, et de illius temporis quibusdam accidentibus.

Mortuo rege Philippo et in monasterio nostro Sancti Dionisii, ut dictum est, regaliter tumulato, regnavit pro eo filius ejus. Iste Philippus, cognomento Pulcher, hujus nominis quintus, unctus fuit et coronatus Remis, per manus Petri de Cortenaco, archiepiscopi

---

[1] J'omets ici un chapitre qui n'offre aucun rapport avec cette publication, mais je crois devoir le signaler à raison d'une citation qui s'y trouve insérée. Il s'agit de Pierre d'Aragon et de son fils qui, bien que son père détestât le nom de Louis à cause des Français, fut appelé ainsi parce qu'une pythonisse avait annoncé que s'il en était autrement, il ne vivrait point. Or, le nombre du nom de la bête de l'Apocalypse étant 666, on trouvait ce chiffre dans LVDOVICVS, et l'on devait s'attendre à ce que Louis d'Aragon devînt l'Ante-Christ. Notre chroniqueur ajoute :

Haec sumpta sunt de libello prophetiae non abreviatae fratris Johannis de Rupescissa, ordinis fratrum minorum, qui postmodum circa annum Domini M^m CCC^m L^m decessit in Avenione, tempore Clementis papae VI^{ti}, qui in papam fuit assumptus anno M° CCC° XLII°, adhuc eodem Ludovico Siculo supradicto regnante, quem idem frater Johannes tenebat pro Antichristo.

Remensis, die Epiphaniae, anno praenotato, videlicet M° CC° octogesimo septimo. Quo anno, ut dictum est, Petrus de Arragonia obiit, et etiam Jheronimus, sacrosanctae romanae Ecclesiae cardinalis, ordinis fratrum minorum, in summum pontificem est assumptus et alterato nomine Nicholaus hujus nominis quartus est vocatus.....

De duce Brabantiae qui triumphum victoriae habuit in pugna confecta inter Juliacum et Coloniam contra Henricum comitem Luxemburgensem et fratres suos ac alios.

.... Johannes dux Brabantiae cum Godefrido fratro suo, accersitis duobus consobrinis suis, videlicet Guidone comite Sancti Pauli et Jacobo fratre ejus, mox congregavit homines armorum quotquot habere potuit et traxit exercitum suum juxta quamdam villam nomine Euronam [1], inter Juliacum et Coloniam sitam........

De morte praefati ducis Brabantiae.

.... Comes Barrensis fecit denunciari hastiludia in Barro Ducis villa sua. Et hastiludiavit ibi praefatus dux Brabantiae contra quemdam militem strenuissimum nomine Petrum de Bauffremonte. Qui miles sua secunda lancea penetravit brachium ducis in crasso ita ut nervi eum lancea extraherentur. Praeterea dux ad hospitium delatus est, ubi septem diebus jacuit in lecto, accersirique fecit militem a quo fuerat laesus et indulsit ei quod sibi fecerat, in crastinumque obiit.

De homagio facto praefato Philippo Pulchro, de ducatu Acquitaniae et comitatu Pontivii, per Edowardum regem Angliae, et de ejusdem Edowardi prodigalitate.

Anno Domini M° CC° octogesimo VIII°, Edouardus, Anglorum rex, in Franciam transfretans, a Philippo rege Francorum Parisius fuit honorifice receptus; indeque, praefato regi Philippo de ducatu Acquitaniae et comitatu Pontivii homagio facto, Acquitaniam perrexit. Dein Parisius rediit, ubi cum praefato rege Philippo et duabus reginis, Maria videlicet matertera, et Johanna uxore ejusdem Philippi, parvo tempore facto, magnam militiam congregavit, torneamenta ac hastiludia frequentavit etiam, militariter se habens, largiter expendendo, ab omnibus fere militibus Flandriae, Brabantiae, Hanoniae, aliarumque terrarum adjacentium gratiam bonae famae obtinuit et postmodum in Angliam rediit.

[1] Woeringen.

DE DAMPNAPETRA.

Quomodo guerra incepit inter Edowardum, regem Anglorum, et Philippum Pulchrum, regem Francorum.

Anno sequenti, siquidem Domini M° CC° nonagesimo, quidam mercatores de Flandria, a portu Scluzae recedentes, transfretaverunt in Ruppellam, ubi invenerunt quosdam mercatores de Bayonna, cum quibus cujusdam occasionis titulo rixam habentes, accidit quod unus Flamingorum desmentatus fuit a quodam Bayonensi, qui mox iracundia motus, extracto cultello, Bayonnensem percussit et occidit. Quo facto, statim Flamingi a Rupella recedentes, naves suas intraverunt et, velis expansis, ventus eos appulit in portum Sancti Mathei quem dicunt gallice : *de Posterne*. Bayonnenses vero, cum pluribus Anglicis etiam mare intrantes, ad eumdem portum vento tracti similiter applicuerunt. Ibi quoque, Flamingis inventis, confestim bellum asperum in invicem commiserunt, in quo ab utraque parte gladio multi corruerunt; sed auxilio Normannorum Francorumque et Picardorum, qui Flamingis opem tulerunt, Bayonnenses et Anglici victi, plurimis occisis, terga verterunt. Pauci namque qui a mortis discrimine evaserunt, turpiter fugientes in Angliam transfretaverunt. Hii vero non multum post consilio illorum de quinque portibus Angliae inde querimoniam suam Edouardo regi Angliae ostendentes, ut eis provideret, de remedio suplicaverunt. Qui concessit eis quod cum tempus opportunum haberent, se secundum posse suum de et super Flamingis, Francis, Normannis, Picardisque et quibuscumque aliis, a quibus sic dampnificati ac injuriati erant, vindicarent. Sicque tali occasione per mare guerra incepit anno praenotato videlicet M° CC° nonagesimo, unde plura dampna atque incommoda personis regni Franciae postea acciderunt. Praeterea vero Edouardus, Anglorum rex, videns quod in regno Francorum de terris quas avus ejus Johannes, quondam Anglorum rex, perdiderat, aliquid sibi acquirere et Philippo regi vi armorum eripere non poterat, quod, ut dicebatur, optabat, nisi auxilio quorumdam baronum Gallicorum, propterea episcopum Linconiensem et comitem de Garenis cum litteris credentiae misit in Flandriam ad Guidonem, comitem Flandriae, ipsum rogans affectanter quatenus filiam suam, nomine Philippam, Philippi regis Francorum filiolam, sibi daret in uxorem et quod per praefatos embassatores suos in Angliam sibi mitteret desponsandam et in reginam Angliae coronandam. Mortua enim erat uxor ejus, videlicet filia regis Hispaniae, mater Edouardi, ducissae Brabantiae et comitissae Barri. Quod ut audivit Guido comes Flandrensis, gaudio magno repletus, statim, parentibus convocatis, filiam suam praedictam praefato regi concessit, et quod eam sibi in Angliam duceret seu transmitteret desponsandam, fide media promisit. Tunc embassadores jam dicti fidem puellae acceperunt et sic laeti apud dictum regem suum in Angliam reversi sunt. Interea vero, delatis querimoniis Philippo regi Francorum ab omni parte suorum de Edouardo rege Anglorum et suis, et super hiis habito optimatum praelatorumque consilio, praedictus rex Phi-

lippus per episcopos Belvacensem scilicet et Noviomensem, pares regni Francorum, quos
in Angliam destinavit, adjornari fecit comparem suum Edouardum, regem Anglorum, in
castro suo de Windesore, ubi cum invenerunt, ad comparendum coram eo xi° die post
adjornamentum factum contra suum procuratorem generalem in parlamento Parisius
quod justum fuerit responsurum. Et quia die et loco per dictos compares suos sibi
assignatis nec venit, nec pro se misit praefatus rex Edouardus, idem rex Philippus super
omnes terras ejus quas in regno suo tenebat, manum suam regiam apponi jussit.
Propter quod Karolum fratrem suum, comitem Valesii, cum magna militum comitiva in
Acquitaniam misit. Quod ut audivit Edouardus, statim Edmundum fratrem suum, co-
mitem Lincastriae, qui matrem Johannae Franciae reginae habebat uxorem, misit in Fran-
ciam ad tractandum cum dicto rege Philippo. Et quamquam fuerit ibidem honorabiliter
receptus, tamen nullum pactum facere potuit quod placeret duobus regibus : quare in
Angliam est reversus. Cumque Anglici percepissent quod Edmundus, frater regis, absque
pacis quolibet pacto, rediisset in patriam, acrius guerram fecerunt et tulerunt quibusdam
mercatoribus de regno Galliae octoginta naves diversis mercimoniis onustas. Et statim
post, praefatus rex Edouardus, remittendo hommagium suum, diffidavit Philippum
regem Francorum.

*De Philippo rege Franciae, qui comitem Flandriae Guidonem et filiam ejus, ejusdem
regis filiolam, penes se arrestavit, ne maritaretur praefato Anglorum regi.*

Porro illud matrimonium quod contrahere volebat cum Guidonis comitis Flandriae
filia, diu non latuit Philippum regem Francorum. Qui, ut periculis, antequam cresce-
rent, obviaret, dicere fecit dicto comiti Flandrensi quasi non ex parte sui per quemdam
ejusdem comitis consiliatorem, quod idem rex Philippus contra ipsum iracundia mo-
veretur si filia sua sine ejus et consortis suae reginae licentia ultra mare in Angliam
duceretur. Qui mox huic consilio acquiescens, accepit filiam suam et cum magno comi-
tatu ac nobili apparatu ipsam ducit in Franciam ad dictos regem Philippum et reginam
uxorem ejus, quos apud Corbolium invenit. Acceptaque sua filia, coram rege stetit,
dicens : « Domine mi rex, ecce filia mea cognata vestra atque filiola, quae cum Edouardo
» rege Angliae matrimonium contrahit et non vult a regno vestro discedere absque
» vestra licentia atque voluntate. » Ad quem rex : « Domine comes, non ita se habebit
» res. Vos cum inimico meo confoederationem fecistis, me ignorante : quare vos cum
» filia vestra remanebit penes me. »

Tum rex Philippus fecit ipsos ducere Parisius et in castro de Lupara imprisionari,
anno Domini M° CC° nonagesimo quarto. Verum Anglorum rex Edouardus, ut audivit
quod comes Flandriae et filia ejus Parisius in castro de Lupara in captione regis erant

detenti, magno furore repletus, statim totum navigium suum congregavit, illisque qui intus erant, praecepit quod super regnum Franciae omne malum facerent quod breviter facere possent, misitque in Acquitaniam dominis Johanni de Aubreto et Johanni de Sancto Johanne ut terram regis Francorum graviter devastarent. Porro Guido comes Flandriae, auxilio quorumdam amicorum suorum mediante, a captione regis liberatus est, ibidem filia sua remanente, tali obligatione quod si amplius rebellaret seu elevaret se contra regem Franciae, ipse, filii ejus et omnes auxiliatores ejus seu fautores partis ejus sententiam excommunicationis incurrerent apostolica auctoritate, etc., et sic inde litteris obligatoriis confectis et quodam alio juramento per eum praestito, etc., in Flandriam reversus est. Filia vero ejus, quae in regis captione remanserat, cum videret quod tam excellentissimum honorem quod esse regina Angliae amiserat, tantum induluit quod infirmitate correpta postea in eadem decessit. Rex vero, cum de morte ejus audisset, jussit corpus honorabiliter tractari et in ecclesia Cordigerarum Parisius inhumari.

De ortu Ludovici, filii regis Franciae primogeniti, de Radulpho, rege Almanniae, qui de Hannonia ubi advenerat, scripsit litteras Philippo regi Franciae, subscriptum tenorem continentes, et de electione Celestini papae V[i] et ejus resignatione ad profectum Bonefacii papae VIII[i].

Tunc de Johanna regina Franciae natus est Ludovicus filius regis primogenitus.

Anno praenotato, scilicet M° CC° nonagesimo IIII°, Radulphus rex Almanniae, in pago Hannoniensi existens, motivo quorumdam principum Almanorum, misit litteras Philippo regi Franciae...

« ..... Datum Malbodio II° kal. novembris anno Domini M° CC° nonagesimo quarto [1]. »

.... Nil tamen repertum est in litteris Philippi regis nisi tantummodo : *Trouc Alemant*..... Postmodum vero, ut dicunt, quidam embassatores ex utraque parte tractaverunt de pace...

De bello in Vasconia.

Rex Angliae Edouardus fratrem suum et cum eo comitem Lincolniensem, dominum de Mortuomari et quamplures alios barones regni sui in maxima militum, armatorumque comitiva, navigio suo ordinato, transfretare fecit in Acquitaniam. Et de navibus

[1] Dans le texte des Chroniques de Saint-Denis, la lettre du roi d'Allemagne est datée de Nuremberg.

egressi, mox suo aptato exercitu, obsederunt quoddam castrum regis Franciae nomine Sanctum Makarium....

... Philippus... Robertum comitem Arthesii cum mille hominibus armatorum contra illos in Vasconiam misit. Qui castrum Riolle obsedit, exploratoresque sui dixerunt ei qualiter hostes ejus juraverant quod ferrent victualia apud Sodoyam, Bellamcustodiam et ad Sanctum Quitiarium... Hac de causa... venit apud Orthois in Byerna... Misit ad castrum de Tilliaco, quod distabat a duabus leucis, castellanum de Berghes et dominum Jacobum de Laire cum centum quinquaginta hominibus armorum; nam inter duo castra oportebat transire cunctum exercitum, videbaturque a longe per unam leucam. Deinde vigilia Candelariae anni M^i CC^i nonagesimi sexti, dum praefatus Robertus, comes Arthesii, missam audisset et in consilio esset, repente supervenit nuncius ex parte Jacobi de Laire, dicens quod inimici veniebant versus Tilliacum. Tunc comes, dispositis aciebus, exivit cum vii^e hominibus armorum et totidem peditum, obviavitque inimicis ad unam leucam prope Bellamcustodiam et iverunt ad Sodoyam, et prope quoddam nemus diviserunt exercitum in tres partes et erant quasi octingenti homines armorum et quinque milia peditum, et erant ibi comes de Lincolnia, Johannes de Britannia, dominus Johannes de Sancto Johanne et dominus Aymarus de Arbreto. Erant autem vexilla Anglicorum numero xx^{ti} ii^{orum} et Vasconum novem. Comes vero Arthesii ordinavit acies suas. In prima acie praeerat comes Fuxi qui mane venerat; secunda acie praeerat idem comes Arthesii, quae quidem acies habuit duas alas, una erat comiti Boloniae, altera vero comiti de Sacro Caesare; tertiam aciem conduxit Theobaldus de Chepoy et dominus Pontius de Mollavis. Dominus Wale-Paielle portavit vexillum comitis Arthesii et habuit ob hoc quinquaginta libras hereditarie annuatim; et dominus Symon de Tincormes tulit aliud vexillum et habuit durante vita sua LX^a libras annuatim. Hostes vero ordinaverunt primam aciem inter nemus et quemdam passum, taliter quod comes Fuxi non valebat eis appropinquare. Statimque comes Arthesii cum sua acie appropinquans vociferavit : Monjoie! et taliter animavit suos ita ut timidi audacter incederent, et irruerunt in Vascones et fugaverunt eos. Deinde secundam aciem extinxerunt. Tertiam vero aciem in qua erant comes de Lincolnia et dominus Johannes de Britannia, post magnam resistentiam confutaverunt. Et fuerunt ibi capti Johannes de Sancto Johanne, Guillermus de Mortuomari, junior, et quasi centum nobiles de Anglicis. De Vasconibus fuerunt capti vicecomes de Malo-Repastu, dum fugeret. Duravit autem hoc bellum fere per spatium duarum horarum in nocte. Porro comes Arthesii supradictus de inimicis triumphans retrogressus est ad Orthois, et in crastinum cum suis venit in campum belli, sed nullus hostium apparuit. Numerus mortuorum erat septingentorum. Praefatus vero comes Arthesii venit Burdegalam, et statim civitas cum tota Vasconia restituta est sibi loco regis Franciae.

DE DAMPNAPETRA.

Qualiter et quare Guido comes Flandriae iniit foedus manifeste cum Edouardo rege Angliae, et remisit Parisius per suas litteras fidem et hommagium Philippo regi Franciae.

Guido itaque comes Flandrensis, sicut dictum est supra, sub fortissima cautione exivit de prisionibus regis Franciae Philippi. Nam in sententia excommunicationis se obligaverat, in qua comes Thomas de Sabaudia et comitissa Johanna olim in curia romana se obligaverant, scilicet quod si amodo rebellarent vel successores eorum regi Francorum seu ejus successoribus regibus Francorum, sententia excommunicationis ferirentur, et nichillominus tota terra sua sub interdicto poneretur. Et quoniam sedes romana nimis distabat a regno, Honorius papa statuit executores ad cognoscendum super hujusmodi rebellionibus Flandrensium, archiepiscopum Remensem et episcopum Silvanetensem, et etiam una cum hoc juravit dictus Guido comes quod amodo nullam confoederacionem faceret cum Edouardo rege Angliae, neque cum aliis quibuscunque inimicis regum Franciae. Eo igitur in terram suam reverso, multas requestas per plures principes et praelatos fecit Philippo regi Francorum quatenus redderet ei filiam suam Philippam, et si quid forefecerit, paratus erat emendare secundum judicium parium Franciae. Sed idem rex habito consilio nullum responsum dedit. Tunc comes misit procuratores suos Romam ad papam Bonefacium VIII^m et appellaverunt contra regem Philippum. Idcirco papa misit in Franciam quemdam legatum, scilicet cardinalem de Mediolano vulgariter dictum, ad ipsum regem Philippum qui injunxit ei auctoritate apostolica ut redderet praefato comiti Flandrensi Philippam filiam suam quam maritare volebat : quod si facere renueret, mitteret ad curiam romanam, ubi appellatus erat. Cui respondens rex ait : « Papa non debet se interponere de dominiis nostris terrenis ; nos habemus curiam » juris ad judicandum homines nostros. » — Videns autem legatus quod aliter proficere nequibat, regressus est Romam. Porro hoc videns praefatus comes Flandriae iniit foedus manifeste cum Edouardo rege Angliae, quam confoederationem fecit ad Hayam in Holandia, praesentibus nonnullis baronibus Almaniae sibi jam confoederatis. Deinde expulsit terra sua Flandriae omnes qui favebant Philippo regi Franciae. Qui mox, ut hoc audivit idem rex, ostendit paribus regni sui injuriam quam sibi fecerat praedictus comes Flandriae, qui decreverunt ut idem comes citaretur personnaliter, vocatique sunt praepositus Monsteroli nomine Symon Monnequin et quidam cliens regis in praepositura de Belloquercu nomine Johannes de Bours...

Comes fecit conduci clientes usque ad Novum Fossatum. Deinde videns qualiter rex procedebat contra eum, per abbates monasteriorum Gemblacensis et Seneffiensis, Leodiensis diocesis, remisit sibi Parisius fidem et hommagium per suas patentes litteras, suo parvo sigillo munitas, scriptas apud Malam prope Brugias, anno Domini M° CC° nonagesimo IV°, die mercurii post Epiphaniam Domini.

Qualiter rex Philippus misit ambassatores suos ad comitem Flandriae ad sciendum utrum assentiret litteris per abbates sibi delatis, qui superbe affirmavit quod sic; et qualiter rex, habito comitis responso et habito super hoc consilio, congregavit exercitum copiosum ut iret super Flamingos; et comes ex adverso mandavit omnes suos alligatos.

Post complementum legationis abbatum et eorum reversum de curia regis Francorum, misit rex in Flandriam archiepiscopum Narbonnensem et episcopum Silvanectensem consiliarios suos. Qui accedentes per conductum ad praefatum Guidonem comitem interrogaverunt eum an ipse assentiret litteris per abbates regi delatis. Quibus affirmative respondit comes, verbo tenus annectendo : « Si, inquit, rex velit aliquid, accedat ad « butum terrae meae, et illic sibi respondebo. »—Reversi sunt ergo episcopi ad regem, comitis ferox responsum referentes. Idcirco mandavit rex barones ad habendum consilium super hoc, qui omnes consuluerunt ei ut manum ad pastam apponeret. Rex itaque, huic consilio acquiescens, illico congregavit exercitum copiosum ut iret super Flamingos. Quod cum sciret comes Flandriae, confestim, mandatis suis alligatis seu sibi confoederatis, scilicet rege Almanniae, ducibus Austriae et Brabantiae cum aliis quampluribus baronibus Almanniae, precatus est regem Angliae ut sibi juxta promissam subveniret. Quo audito, rex Angliae statim disposuit arma, naves et exercitum ut in Flandriam transfretaret. Porro idem comes Flandrensis, inter alias munitiones suas, optime munivit villas de Insulis et de Duaco victualibus et armis ydoneis ad resistendum, Insulisque sine mora destinavit Robertum de Bethunia, filium suum primogenitum, cum viginti et octo strenuis militibus et magna comitiva hominum armorum pro custodia villae. Apud Duacum vero misit Guillelmum, alterum filium suum post primum natum, cum plerisque militibus et aliorum armatorum multitudine glomerosa.

De obsidione Insularum.

Nec multum tardavit rex Franciae et venit obsessum Insulis circumquaque, comite Flandriae, qui congregaverat multos de Almannia et de patria sua, in Yppra existente et ibidem fortuitum expectante. Regina quoque Johanna, quae una cum regno Navarrae erat comitissa Campaniae et Palatina Briae hereditario jure, ex alio latere collecto magno exercitu in quo erant dux Lotharingiae, comes Roussiaci, vicecomes Narbonensis et alii quamplures magni viri, in Campaniam secessit ad resistendum comiti Barrensi qui erat Guidoni comiti Flandriae confoederatus et eamdem terram vastabat. Qui mox ut audivit in tam potenti manu prope se reginam accessisse, timens ne terra sua de Barresio in brevi praedaretur penitus et destrueretur, venit ad reginam, humiliter veniam petendo de offensis, ejusque voluntati totaliter se submisit. Regina autem, castris ac fortalitiis totius praefatae terrae suae Campaniae suorum gentium armorum garnitis, praenominatum comitem Parisius misit, ubi in captione sui regisque et mariti sui diu eum detinuit. Dehinc in Flandriam tendens cum suo reliquo exercitu, ad Philippum maritum suum, Insulis existentem, accessit. Tunc erant cum praefato rege xxx^{ta}ij^o comites cum tribus ducibus, de Burgundia scilicet, Britannia et Lotharingia, qui omnes cum eodem Insulis obsidebant. Verumtamen eodem rege de Attrebato Insulis equitante, cum quaedam pars suorum, quos Guido de Nigella, marescallus Franciae, conducebat, incenderent villam de Raisse, Eustachius de Mellenghien, miles strenuus sed antiquus, et cum eo quamplures alii milites exierunt de Duaco et audacter irruerunt in Francos, probiterque se habuerunt, ex parte Flamingorum, praefatus Eustachius, Famelicus du Rues, et Henricus de Nanseyo; sed, superveniente Francorum multitudine, coacti sunt in Duacum ressortire. In quo retractu intraverunt secum in Duacum quidam milites et domicelli de Francis putantes Duacum captam esse; nam propter magnum pulverem quem equi sui faciebant, amiserunt visum suorum vexillorum. Ibi Odo dominus de Cortenaco cum alio quodam milite et eorum scutiferis, quaerendo et vocando praenominatum marescallum Franciae quem putabant in villam intrasse, perempti sunt. Et quia idem Odo valde nobilis homo et de genere regum Francorum propinquus erat, de morte ejus Guillelmus Flandrensis multum indoluit, cujus corpus cum aliis in claustro fratrum praedicatorum fecit inhumari. Tunc quoque Philippus comes de Bellomonte Rogerii, unicus filius Roberti comitis Arthesii, qui de Gasconia de praefato patre suo nuper redierat, de exercitu regis cum magna multitudine armatorum recessit et de consensu regis ad castrum de Bethunia perrexit. Habitatores autem Bethuniae, qui Roberto filio primogenito comitis Flandriae, qui Insulis erat, erant subjecti jure hereditario, absque hoc quod sibi magnam resistentiam facerent, permiserunt eum intrare villam, et se cum villa reddiderunt regi. Qui mox ut villam intravit, a praedictis habitatoribus juramentum fidelitatis nomine regis accepit. Deinde in eadem garnisionem gentium armorum posuit, et sic ad ipsum regem in exercitu rediit. Dum vero idem rex esset in hac obsidione Insulis et ingenia sua nocte dieque lapides contra muros emitterent, venit praenominatus comes Arthesii de Gasconia, dimisso loco sui Roberto Brunelli domino Sancti Venandi, accessitque ad regem in obsidione, a quo receptus est gaudenter et honorifice. Et quia omnem patriam ipso regi Francorum subjugaverat praeter Riollam, quae adhuc pro parte regis Anglorum stabat, propterque multiplicia suae merita probitatis, totam advocatiam Bethuniae, quae fuerat praedicto Roberto primogenito comitis Flandriae ex advouarissa Bethuniae matre sua, sibi suisque successoribus dedit perpetuo possidendam. Deinde sciens idem comes Arthesii quod comes Nivernensis praefatus Robertus de Bethunia esset in villa, rogavit regem ut posset loqui illi si forte vellet reddere villam. Cui rex petitionem annuit. Statimque comes inermis ascendit palefridum et perrexit versus portam, signum praebens de capucio. Tum vero portam observantes interrogaverunt eum quid quaereret : « Comiti, inquit, Nivernensi loqui deposco. » Cum hoc denuntiaretur comiti Nivernensi, illico egressus est de villa, et collocuti sunt ambo comites multum diu, sed finaliter concordari nequiverunt. Regressus est ergo comes Nivernensis villám; comes vero Arthesii reversus est ad regem. Hic itaque Robertus, comitis Flandriae primogenitus, comes Nivernensis vocabatur propter comitissam Nivernensem, filiam ducis Burgundiae, quam dudum habuerat uxorem. In ea quippe comitissa duos filios genuit, Ludovicum scilicet et Robertum. Ludovicus vero primogenitus, quando haec guerra incepit inter Philippum regem et Guidonem comitem, consilio patris, de comitatibus Nivernensi et Regiatesste qui ex decessu matris sibi obvenerant, praefato regi homagium fecit, et sic de guerra aliqualiter se non intromisit. Robertus vero qui junior natu erat, longo tempore dictus est Robertus sine terra, sed tandem postea fuit dominus de Cassello et de tota castellania. Hic heredem habuit Yolendam filiam suam, quam postmodum desponsavit Edouardus comes Barrensis, ex Alienorde filia regis Angliae, filius comitis Barrensis nuper a regina capti et Parisius in captione regis detenti.

De bello Furnensi.

Audiens Robertus comes Arthesii quod Flamingi et Allemanni de terra ejus frequenter praedas ducebant et homines suos omnimodis infestabant, petiit regi partem exercitus ut irrueret super inimicos. Qua petitione concessa, cepit secum Philippum filium suum, Othonem comitem Burgundiae, generum suum, Jacobum de Sancto Paulo, dominum de Leuza, fratrem suum, Ludovicum de Claromonte, consobrinum suum, comitem de Sacrocaesare, Symonem de Meleduno, marescallum Franciae, cum multis aliis; et erat manus hominum armorum qui sequebatur eum, quasi duorum milia, veneruntque ad Sanctum Audomarum ubi jocundanter recepti sunt. Die vero crastina, hora prima, egressi sunt de villa, vexillis extensis. Erant autem in exercitu totali tres partiales exercitus : primum exercitum conducebat dominus Symo de Meleduno, marescallus Franciae; secundum conducebat idem comes Arthesii; tertium vero Philippus filius ejus et comes Boloniae, et venerunt usque ad Cassellum. Illi vero de Cassello reddiderunt se comiti. In crastinumque venerunt ad monasterium Watenense ad duas leucas prope Sanctum Audomarum. Ibi venerunt illi de Berghes et de Bourbourg et submiserunt se comiti. Movitque comes exercitum et perrexit ad Berghes. Jam autem audierat quod Guillelmus, heres Juliacensis, quem avus ejus Guido comes Flandriae nuper novum militem fecerat, comites Clevensis, de Castellione in Boa et de Spanehain, dominus Albimontis, Johannes de Gavra qui in magno torneamento apud Compendium conquisierat

DE DAMPNAPETRA.

arma Rollandi, una simul convenerant Furnis. Tunc vero comes Arthesii misit ad Sanctum Audomarum ut praeberent sibi auxilium; statimque illi de villa, audito mandato, transmiserunt ei centum homines armorum, nonaginta arbalistarios et bis sex centos homines pedites. Venerunt autem nova ad comitem Arthesii qualiter hostes de die in diem augebantur in Furnis. Idcirco comes movit exercitum totum ut iret contra inimicos. In itinere vero repperit quamdam ecclesiam hominibus armorum munitam. Quam quidem ceperunt et quos repperierunt intus, necaverunt. Deinde comes venit ad unam domum, nomine Bullescamps, quae erat castellano de Berghes. Interim vero cum ibidem pranderet, venerunt ad eum nova quod hostes jam venerant usque ad homines suos, subitoque misit comes equitatores suos, qui quidem ab hostibus vi refugati sunt. Haec ergo videns marescallus Franciae, irruit super partem hostium quorum Ghiselinus Boodequen [1] erat capitaneus, ubi mortui sunt fere duodecim. Dum vero marescallus fortiter dimicaret contra inimicos, multitudo copiosa hominum armorum exivit de Furnis. Quos a longe prospiciens marescallus retraxit se de pugna et misit festinanter ad comitem Arthesii quaesitum juvamen. Interim vero Philippus, filius ejusdem comitis, cum acie sua venit subito ut succurreret marescallo. Tuncque inceptum est atrox bellum. Interea quoque Philippus, dum fortiter pugnaret, ab hostibus conclusus et captus est. Porro comes Arthesii qui veniebat ad bellum, audiens filium suum esse captum, festinavit pontem transire. Multi vero de exercitu suo eum velociter sequentes ceciderunt in aquam, et, veniente comite ad bellum, atrocitas belli quamplurimum aucta est. Dum autem comes contra inimicos vigorose praeliaret, quidam de exercitu suo cernentes quosdam de inimicis terga venientes, insecuti sunt eos caute, rapueruntque Philippum de Arthesio quem inermem secum ducebant hostes ad villam et reduxerunt eum. Quod cum sciret comes pater ejus, incepit fortiter clamare : « Monjoie! » et virilius pugnare quam antea, taliter ut inimici ferre non valerent. Et fugati sunt hostes usque ad abbatiam de Dunis, ordinis Cisterciensis, ubi captus est Guillelmus heres Juliacensis, dominus Albimontis, Wibertus de Colonia, cum quibusdam aliis. Alii vero Alemanni fugerunt versus Yppram. Postea comes Arthesii intravit villam de Furnis inimicos persequendo. Ibi resistebat Joannes de Gavra, qui nimia strenuitate sua, ut dictum est, sibi arma Rollandi conquisiverat, sed finaliter a quibusdam per retro occisus est. Post complementum ejusdem victoriae, comes Arthesii locavit se Furnis. In crastinum autem fecit villam incendi et exivit de villa cum captivis suis, quos quidem misit ad castellum Sancti-Audomari, ubi, paucis elapsis diebus, praefatus heres Juliacensis Guillelmus qui in bello fuerat graviter vulneratus, decessit. Reliqui vero non multum post multa pecunia fuerunt redempti a Guidone comite Flandrensi. Praeterea comes Arthesii, remissis illis de Sancto-Audomaro, fecit Philippum filium suum, qui erat tam graviter anxiatus quod amplius arma

---

[1] Notre texte français (p. 215) porte : Guillaume Broquette.

ferre non valuit, in lectica poni et sic ad propria duci, ubi non multum post obiit, relinquens de Blancha uxore sua, filia ducis Britanniae, unicum filium nomine Robertum et ɪɪɪ^or filias. Prima fuit uxor Ludovico comiti Ebroicensi, fratri Philippi regis et Karoli comitis Valesii, in qua genuit Philippum postea regem Navarrae ratione uxoris suae, sicut infra dicetur, ducissam Brabantiae et comitissam Burgundiae; secunda data fuit uxor comiti Fuxi; tertia comiti de Namurcio, et quartam nomine Katarinam comes Abbemallae duxit uxorem. Robertus vero hujus Philippi de Arthesio filius, patri successit in comitatu Bellimontis Rogerii. Hic est Robertus de Arthesio qui uxorem duxit filiam Karoli comitis Valesii, qui bona quidem initia habuit, sed malo omine complevit.

Hanc itaque victoriam habuit comes Arthesii die mercurii post festum Sancti Laurentii, anni millesimi CC^mi nonagesimi septimi. Deinde perrexit ad regem in obsidione Insulis adhuc existentem.

De redditione Insularum.

Qualiter vero obsessi durante praedicta obsessione defensivis impugnationibus ac crebris assultibus de villa exeuntes obviarunt obsessoribus, praetermittitur causa brevitatis. De quibus quidem assultibus et invasionibus praetermissis, rex Franciae tristis et dolens, convocato consilio, petivit de modo guerrae suae atque dixit quod rex Angliae veniebat cum multis principibus Alemanniae ut juvaret comitem Flandriae et quod Radulphus, rex Alemanniae, causa hujus debebat venire. Tunc respondit Johannes, comes Hanoniae, nepos comitis Flandriae, quem Robertus Flandrensis dictus de Bethunia multum gravaverat in guerra quam cum comite Flandrensi patre suo sicut et pater ejus dudum habuerat, qui causa hujus se junxerat regi Francorum Philippo, quod rex Almanniae erat multum cupidus et quod pro donatione pecuniarum statim se retraheret a guerra. Tunc rex Franciae misit ei quatuor sommarios denariorum per Jacobum de Sancto Paulo. Qui abiens repperit Radulphum regem in Colonia, quem praemissa salutatione ex parte regis Franciae rogavit nomine ejusdem quod non se jungeret inimicis ejus ad gravandum eum, quoniam ipse in coronatione sua juraverat quod nihil raperet in regno Franciae, et pari modo regis Franciae juramentum ad hoc hucusque inviolatum permanserat, ita suum inviolabile et stabile servaret. Quibus dictis et oblatis muneribus rex Radulphus, dictis donis alacriter receptis, spopondit se neutris quovismodo juncturum, licet dona quamplurima recepit ab utrisque. Et sicut quidam dicunt, hic est titulus necis ejus a parentibus comitis Flandriae de quo inferius tangetur. Dictus autem Jacobus remeans ad regem Franciae adhuc obsidentem Insulas narravit ei Radulphi responsum et propositum ejus ruptum. Quo audito, rex securius continuavit obsidionem.

DE DAMPNAPETRA.

Rex Angliae per portum Scluzae Flandriam intravit cum suis Anglicis.

Eo tempore, Edowardus, rex Anglorum, dispositis armis et navibus, cum magno exercitu per portum Scluzae Flandriam intrans, Gandavum venit, ubi magnifice receptus est a Guidone comite Flandrensi et liberis ejus atque Gandavensibus.

Villa de Insulis regi Francorum redditur.

Postquam autem praefatus rex Philippus obsidionem hanc diu continuasset, victualibus minuentibus in villa, multi laudabant reddere villam. Quadam vero die, dum Robertus Flandrensis pranderet in aula Insulis, comes Hanoniensis fecit jeci unum grossum lapidem maximi ingenii totius exercitus super dictam aulam, qui directus ad aulam, penetrato ejus tecto, cecidit coram dicto Roberto et occidit ibidem duos milites. Unde idem Robertus multum doluit, et videns quod villa non valeret plus resistere, fecit eam reddi per burgenses, sic quod ipse cum hominibus suis et omnibus quae habebant, exiret. Deinde rex et regina uxor ejus, undecim ebdomadibus elapsis a prima die obsidionis, mense septembri anni M^i CC^i nonagesimi septimi, intraverunt villam cum exercitibus suis. Robertus Flandrensis cum suis secessit apud Gandavum.

Quomodo rex Franciae intravit Flandriam.

Rex, expletis tribus diebus in villa, quarta die recessit, ibidem garnisione sua dimissa, et tradidit Karolo comiti de Valesio fratri suo magnam copiam armatorum quem transmisit apud Yppram. Et rex abiens versus Curtracum, cum ibidem esset, statim ei castrum redditum est. Indeque abiens apud Anglimonasterium, ibidem moram traxit expectans praefatum Karolum fratrem suum qui, ut dictum, abierat versus Yppram. Qui quidem cum illuc abiret, exierunt contra eum Almanni quasi quatuor milia, inter quos erant comes de Montibus, dominus Albimontis, qui captus fuerat Furnis et postea redemptus, et comes de Marka. Tunc Almanis cum Flamingis obviantibus Francis in quadam parva villa nomine Commines ac se invicem aggredientibus, Flamingi et Almanni victi sunt ac comes de Montibus captus est, ceterique fugati usque in Yppram. Deinde Karolus de Valesio, combustis suburbiis Ypprae, nemine contra eum existente, regressus est ad exercitum regis apud Anglimonasterium. Illa vero die venerunt Brugenses ad regem praesentantes ei claves de Brugis ex parte totius communitatis.

Rex quoque, eisdem susceptis, misit praefatum Karolum fratrem suum cum magna armatorum multitudine, qui ex parte ejus suscepit homagia, salvis eorum legalibus consuetudinibus. Postea idem Karolus perrexit in Dan ubi reperire credebat navigium regis Angliae, quod quidem Anglici reduxerant in mare. Et nichilominus villa sibi reddita, posuit ibidem trecentos soldarios ad custodiendum villam et reversus est ad regem. Rex itaque Angliae et comes Flandriae scientes quod Brugias et Dan se reddidissent, miserunt ducem Austriae et principem Waliae cum magno exercitu in Dan, quam confestim aggredientes vi armorum ipsam ceperunt et occiderunt omnes soldarios quos comes Karolus ibidem posuerat ac redierunt Gandavum, ubi Robertus Flandrensis venerat de Insulis.

De minis quas dux Austriae fecit contra regem Almanniae, de treugis duorum annorum factis inter regem Franciae et Guidonem comitem Flandriae et de nuntiis transmarinis qui venerunt in Flandriam ad duos reges Franciae et Angliae, eisdem supplicantes ut succurrerentur contra Saracenos.

Porro comes Gueldriae dixit comiti Flandriae quod rex Radulphus nullomodo se disponeret ad guerram et quod rex Franciae eum corruperat muneribus transmissis per Jacobum de Sancto Paulo. Tunc dux Austriae juravit quod, hac guerra finita, commoveret guerram contra regem Almanniae. Tunc percusserunt foedus cum eo dux Brabantiae, Henricus de Luceburgo, comes Gueldriae, dominus Albimontis, Walerandus de Falcomonte, dominus cognomento Russus et plures alii qui tunc omnes erant cum Guidone comite Flandrensi.

Deinde rex Angliae et comes Flandriae, habito consilio, viderunt quod periculosum esset eis inire bellum contra regem Franciae, propter immensam multitudinem armorum quem habebat in exercitu suo, idcirco requisierunt treugas quas obtenuerunt pro spatio duorum annorum. Initae vero ac confirmatae fuerunt ab utraque parte mense octobri anni M^{mi} CC^{mi} nonagesimi VII^{mi} usque ad instans festum Omnium Sanctorum et a praefato festo Omnium Sanctorum ejusdem anni usque ad festum Omnium Sanctorum anni M^i CC^i nonagesimi noni. Ad tantum namque fuit res deducta per amicos utrorumque, qui se intromittebant de praedictis treugis tractandis, quod sic captum fuit apunctuamentum quod omnes captivi utriusque partis redderentur, nec non et comes Barri qui erat Parisius in castelleto regis detentus, et de totali residuo eorum totius discordiae uterque rex et comes Flandriae se submitterent ordinationi domini papae Bonefacii, sub ista conditione quod, treugis durantibus, rex Philippus haberet possessionem Insulis, Brugis, Curtraco et omnibus per eum in Flandria conquisitis. Tunc recesserunt exercitus utriusque partis, et reversi sunt Parisius rex Philippus ac regina uxor ejus, et cum eis magnus prior Templariorum, magister hospitalariorum ac nuntii regis Tarsis qui ad praedictas treugas impertiendas et confirmandas multum laboraverunt et multum profecerunt. Venerant enim in Flandriam ad saepe nominatos reges et principes ex parte summi pontificis Bonefacii nuntiare qualiter Christianitas ultramarina erat destructa et quod Sarraceni, jam diu erat, non solum ceperant omnes civitates, castraque et munitiones quae et quas Christiani tenere solebant in regno Jherosolimitano, sed et civitatem Aconensem ultimo ceperant, quae erat totius terrae promissionis clavis et ostium. Et ex alio latere Turci infestabant et destruebant regnum Tharsis, scilicet regnum Armeniae minoris. Hii nuntii supplicabant ambobus regibus quod amore Dei succurrerent ultramarinae Christianitati quae maxime molestabatur a Sarracenis. De quibus quidem precibus nullum inde ortum est remedium. Porro dicti supplicantes, firmatis treugis, reversi sunt, ut dictum est, cum Philippo rege et regina uxore sua Parisius.

De debato quod fuit in Gandavo de Anglicis et Walensibus contra Gandavenses.

Flamingi remanserunt in Flandria male contenti de Edowardo rege Anglorum qui cum suis, ut eis videbatur, nimis lente se habuerat contra Francos, adhuc etiam per Anglicos pejora committendo. Ipsi cum Walensibus videntes quod rex Angliae et principes Waliae vellent in Angliam remeare et quod nullam praedam reportaturi essent de partibus citra marinis, habito inter se consilio de depraedando villam, posuerunt ignem in pluribus locis de villa ut, Gandavensibus intendentibus igni, facilius villam depraedarent. Cumque domus comburerentur et homines de villa essent ad ignem intendentes eum extinguere, Anglici et Walenses intrabant magnas domos et capiebant pannos, divitias et omnia quae ibi erant. Quod percipientes Flamingi, demisso igne, clamaverunt ad arma, irrueruntque super eos et occiderunt ex eis fere iiij^{or} milia. Et adhuc super alios parimodo irruissent, nisi comes Flandrensis et pueri ejus eos cum maxima poena retraxissent. Posthaec autem rex Angliae et princeps Waliae qui multos de suis amiserant, mare intrantes, transmearunt in Angliam.

Dicunt vero quidam quod cum Edowardus rex Angliae et Guido comes Flandriae cum multis principibus Almanniae essent in Gandavo, venit comes Sabaudiae ex parte regis Franciae ad regem Angliae ad habendam breves treugas. Quibus concessis, rex Franciae cupiens dividere amicitiam quae erat inter regem Angliae et comitem Flandriae, tractavit per eumdem comitem Sabaudiae apud praefatum regem Angliae quatenus acciperet in uxorem Margaretam sororem suam et quod amodo inter eos esset pax firma. Rex igitur Angliae, videns quod altius non poterat maritari, annuit regi Franciae quod petebat, dummodo ante omnia faceret eum absolvere a papa. Dicunt etiam quod cum idem rex Angliae moram traheret in Gandavo, motum est jurgium inter Anglos, Walenses et Gandavenses, ita ut utraque pars se armaret contra aliam, inceperuntque acriter pugnare, et fugati sunt Anglici usque ad hospitium regis. Haec vero cernens rex sumpsit arma et ascendit super dextrarium armis velatum, exivitque, vexillo extenso, Acquitaniam vociferando, et ingressus est cum pugnantibus. Comes ergo Flandriae, hiis cognitis, protenus eques accessit divisitque bellantes et reduxit regem ad hospitium suum. In illo praelio multi Anglici necati sunt, rexque Angliae cepit licentiam a comite Flandrensi praetactum matrimonium adhuc ignorante et intravit mare apud Mildebourc ac in Anglia regressus est. Deinde transmissa est ei praedicta domina et desponsavit eam et genuit in ea duos filios : primus vocatus est comes Marescallus, et alter comes de Quento.

Quomodo in arbitrio regis Angliae consensu partium pendidit regis Scotiae constitutio, et constituit dominum Johannem de Bailleolo militem regem Scotiae ratione uxoris suae, et quomodo Scotos pro majore parte subjecit.

Hic est Edowardus Angliae rex qui assumpserat in se judicium de constitutione regis Scotiae; nam, post mortem regis Scotiae, dominus Johannes de Bailleolo, ex pago Vimesii Ambianensis dioecesis oriundus, praesentavit se tamquam heres ratione uxoris suae filiae videlicet unicae praedicti regis Alexandri. Accessit etiam Robertus de Brus se praesentans ut heres de linea masculina ; ipse enim erat filius Guillelmi domini du Glas fratris ejusdem regis. Porro Edowardus rex, cernens utriusque contentionem propter regnum, requisivit eos quatenus se consentirent conclusioni inferendae ex deliberatione consilii ejus et baronum Scotiae.

Quibus dictis, ambo principes consenserunt. Rex quoque Angliae, videns quod in ejus arbitrio pendebat regis constitutio, Robertum de Brus comitem Querichi regno privavit, quoniam nolebat ei facere homagium de regno, et constituit regem Johannem dominum de Bailleolo. Deinde idem rex Angliae perrexit ad Scotiam et, subjectis Scotis pro majori parte, comprehendit omnes nobiles Scotiae et transmisit eos ad Sanctum Audomarum per magistrum Antonium Bet episcopum Dunelmensem. Haec autem sunt nomina eorum : Robertus de Brus, comes Querichi, comes d'Asselles, dominus Johannes Conin et frater ejus senescallus Scotiae, dominus Thomas Radoulf, dominus Henricus de Sancto Clero, dominus Johannes de Saubes, dominus Guilelmus Le Galois, et alii plures. Hii, postquam spatio unius anni morati sunt citra mare, fecerunt tractari apud regem Angliae de reditu suo ad Scotiam et quod ei omnes homagium facerent, nec amodo suae majestati pro quocunque objicerent, quodque fecerunt, et sic omnes ad propria redierunt.

Qualiter Robertus de Brus coronatus fuit in regem Scotiae, Johanne de Bailleolo praedictum Robertum fugiente.

Porro Robertus de Brus qui multum dolebat de amissione regni, videns quod amodo recuperare non poterat nisi auxilium haberet, a domino Johanne Conin qui erat potentior totius Scotiae, rogavit eum quatenus ipse una cum baronibus Scotiae veniret ad eum quadam die praefixa in Jacobitis villae Pertuensis. Quibus ibidem congregatis, Robertus de Brus caute intravit cum multis hominibus armorum. Deinde idem Robertus declaravit praefato domino Johanni Conin qualiter tota Scotia serviebat regi Angliae et quod amore Dei ipse tanquam potentior patriae apponeret remedium; spopondit ei corpore, posse et pecuniis ipsum juvare in omnibus, aut, si sic nolet, quod saltem ipsum juvaret et ipsemet factum arriperet. Cui dominus Johannes Conin concordari noluit, volens observare quod promiserat regi Angliae. Quo audito, Robertus de Brus exemit gladium et occidit eum. Quoniam ergo miles occisus ex magna progenie erat, dictus Robertus fugit in Irlandiam ad comitem de Houlenestier, cujus filiam habebat, ubi moratus est quamdiu sibi attraxit multos barones de Scotia. Deinde venit Scotiam et latitabat in silvis, quando apparens cum iiij^{or} hominibus, quando cum decem. De die autem se occultabat, de nocte currens super iminicos suos, et hoc multum clandestine, quoniam ex parte regis Angliae jugiter insidiabatur. Finaliter vero tantum laboravit quod traxit ad se majorem partem baronum Scotiae qui cum eo venerunt ad abbatiam de Scoing ubi solent coronari reges, et ibi coronaverunt eum in regem. Deinde conquisivit omnia castra Scotiae et ea penitus prostravit. Porro rex Johannes de Bailleolo praedictum Robertum fugiens apud Espardawe ubi aufugerat cum regina uxore sua et filio admodum parvulo nomine Edowardo, aliisque paucis, sumptis thesauris suis quos ibidem secum attulerat, mare intravit, Pontivum applicans ad Bailleolum villam suam Ambianensis dyoccesis, ubi ipse et regina uxor ejus cursum vitae complentes jacent tumulati.

Quomodo, missis pro rege Franciae ex una parte, et pro rege Angliae comiteque Flandriae ex altera nuntiis, papa contra regem Franciae sententiavit, et sancta bulla in Parisius allata ibidem combusta est.

Igitur, praefatis treugis firmatis, missi sunt nuntii Romam, videlicet Jacobus de Sancto Paulo pro Philippo rege Franciae, episcopus Dunelmensis pro Edowardo rege Angliae, et pro Guidone comite Flandriae Robertus filius ejus primogenitus. Cum autem venissent coram papa, cujuslibet rationibus explicatis in pleno consistorio, papa decrevit quod rex

Francorum redderet comiti Flandriae filiam et omnem terram quam conquisierat super eum, nec non et regi Angliae restitueret terram quam saisierat sibi in Gasconia. Super quod, confectis litteris apostolicis, Robertus Flandrensis reversus est in Flandriam, et dictus episcopus cum Jacobo de Sancto Paulo Parisius ad regem Franciae, atque praesentibus Karolo de Valesio et Ludovico Ebroicensi comitibus fratribus ejus narraverunt ei decretum papae. Aderat etiam comes Arthesii qui requisivit videre bullam. Quam, cum dictus episcopus ivisset quaesitum et vellet ostendere regi, idem comes Arthesii extraxit eam de manibus ejus et, ea dilaniata, projecit in ignem qui erat in camera regis. Quapropter aliqui eum increpaverunt, aliqui vero non. Et rex etiam dixit quod nichil teneret de ordinatione papae, sed, treugis finitis, mitteret homines armorum super inimicos suos.

De pugna confecta inter regem Alemanniae et ducem Austriae et, post utriusque partis magnam stragem et regis Alemanniae interfectionem, dux Austriae triumphans Aquisgrani profectus est, ubi principes Alemanniae congregati ipsum in regem elegerunt et coronaverunt.

Interea, secundum opinionem quorumdam praetacta occasione moti sunt animo barones Alemanniae contra regem Alemanniae. Et dux Austriae, coepta guerra contra eum tanquam caput, ostendit ei qualiter traditorie egerat. Cui rex Radulphus respondit quod non sic erat et quod se bene deffenderet. Tuncque assignaverunt diem qua bellum iniret, et eadem die praefixa venerunt unus contra alterum prope Renum ubi locum elegerant. Erant autem cum duce Austriae Johannes dux Brabantiae, Henricus comes Lucemburgensis, comitesque Gueldriae et de Marka ac plures alii. Et etiam rex Angliae miserat sibi plures Anglicos et Walenses. Habebat autem idem dux Austriae quasi decem et septem milia equitum armatorum in exercitu suo, de quo quidem ordinavit III^{or} acies. Ex alia vero parte venit Radulphus rex Alemanniae secum habens regem Bohemiae, Frisones, Grisant de Hongaria et Ludovicum ducem Bavariae odio habentem ducem Austriae, cum multis aliis, quorum numerus aestimabatur xxx milium armatorum. Fecitque idem Radulphus armari xII^{cim} de baronibus suis talibus armis qualibus armatus erat et eorum singulos equitare equos nigros. Cumque rex armatus esset ut alii et ascendisset super fortissimum dextrarium, ordinatis III^{or} aciebus, utraque pars aggressa est alteram; et licet rex Radulphus illa die vigorose se haberet, in fine tamen quidam Walensis saliit super equum suum retro et conabatur sibi guttur abscindere, cumque hoc facere nequiret, armis objicientibus, prostravit eum in terram, qui statim captus est a duce Brabantiae. Dux quoque Austriae, ipso viso, illico jussit caput ejus amputari per quemdam armigerum suum. Et post maximam utriusque partis stragem, qui potuerunt fugere de parte dicti regis, evaserunt. Dux itaque Austriae post victoriae triumphum cum magna praeda profectus est Aquisgrani, ubi principes Alemanniae congregati ipsum in regem elegerunt et coronaverunt.

Quomodo regis Almanniae filius, cui pater ducatum Austriae dederat, Blancham sororem regis Franciae desponsavit, et per sic cum Flamingis pater et filius non fuerunt amplius.

Quo coronato, principes Alemanniae conquesti sunt apud eum de rege Franciae ut emendaret ea quae forefecerat super imperium. Nuntiis autem honorabiliter receptis a rege Franciae, concordatus est eis idem rex fieri unum parlamentum inter Vallemcoloris et Tullum, ubi ipse et Albertus rex Alemanniae, id est Romanorum, convenientes et ad invicem paciscentes ibi fecerunt matrimonium de duce Austriae filio ejusdem regis Alemanniae, cui jam pater ducatum dederat, et Blancha sorore dicti regis Franciae, et sic ab invicem secesserunt. Et hac de causa praefatus Almanniae rex nullomodo extitit in posterum contrarius regi Franciae cum Flamingis......

De canonizatione sancti Ludovici regis per papam Bonefacium octavum.

Eo tempore, scilicet anno Domini M° CC° nonagesimo VIII°, treugis durantibus, rex Philippus misit Romam episcopum Ambianensem, abbatesque monasteriorum Cluniaci et Sancti Dionisii in Franciam ad praefatum papam Bonefacium pro canonizatione avi sui, sanctae memoriae, Ludovici regis, de quo dictum est supra. Quem papa plus instantia cardinalium quam spontanea voluntate, cathalogo sanctorum ascripsit, festumque ejus die obitus sui, id est viii° kal. septembris, sollempniter celebrandum instituit. Reversi sunt itaque dicti nuntii Parisius ad regem, et in adventu eorum rex jocundus effectus est ob eorum prosperam negotiationem. Elevatum est ergo corpus beati Ludovici anno praenotato in ecclesia monasterii sancti Dyonisii ac festum ejus celebratum est praenotato die quo ad Dominum migravit, scilicet in crastinum Sancti Bartholomei apostoli.

Qualiter Robertus comes Arthesii abiit in Vasconiam cum exercitu, et Karolus de Valesio, quem idem rex Philippus inde revocavit Parisius et etiam cum exercitu misit in Flandriam.

Treugis quoque finitis, scilicet in festo Omnium Sanctorum anni M^i CC^i nonagesimi noni, Philippus Francorum rex statim post misit comitem Arthesii in Gasconiam et

Karolum fratrem suum in Flandriam. Audierat nempe ex parte capitanei quem in
Gasconia dudum dimiserat praefatus comes Arthesii, quod Gobertus de Spinacia, miles
regis Angliae, cum magno exercitu erat in Riola et quod in circuitu potenter patriam
conquestabat, quique viribus erat Anglicis non modicum inferior, copiam armatorum
a praedicto rege Francorum sibi mitti quantocius flagitabat. Et hujus causa rex misit
praefatum comitem Arthesii in Gasconiam cum exercitu non modico in quo erant
Robertus comes Boloniensis et plures alii viri nominatissimi. Ambo quidem comites
de Valesio scilicet et Arthesio recesserunt de Parisius die Circoncisionis Domini anni
praenotati. Venitque ad castrum Lentium idem comes Valesii cùm magno exercitu in
quo erant comes Sancti Pauli cum Jacobo fratre ejus et Godefrido de Brabantia et
comites de Foresta, Albaemalae, de Tancardivilla, Suessionensis, Dampnimartini, Vin-
docinensis, filius videlicet illius qui occisus est in obsidione Insulis, necnon domini de
Bellojoco, de Haricuria, de Nigella scilicet Radulphus, conestabularius Franciae, et
Guido, frater ejus Franciae marescallus, cum aliis magnis viris.

*Qualiter illi de Duaco se reddiderunt pro rege praefato Karolo, et qualiter Insulae et
Curtracum se reddiderunt comiti de Valesio.*

In quo quidem castro existente praefato comite de Valesio, venerunt Duacenses et
reddiderunt se et villam suam regi, salvis villae libertatibus, usibus et francisiis. Quibus
receptis, praefatus comes Karolus abiit Duacum, ubi magnifice receptus est, receptisque
ibi pro rege Philippo fratre suo homagiis et juramentis fidelitatis, cum omni exer-
citu suo abiit Insulis, inde Curtracum, qui jam se reddiderant regi, ut praetactum
est supra.

De redditione Ipprae.

Deinde juxta flumen Lisiae comes Carolus viam carpens Yppram perrexit. Bur-
genses autem Ypprae valde eum dubitantes illico se et villam suam reddiderunt ei. Et
sic villam intrans cum omni suo exercitu ab Yprensibus, qui eum multum honorifice
receperunt, pro memorato rege Philippo homagia et fidelitatis juramenta suscepit. Quod
ut audivit Guido comes Flandrensis, qui in Gandavo tunc erat, quae remediare nequi-
bat, corde non modicum indoluit.

DE DAMPNAPETRA.

De redditione de Brugis, de Dam, de Scluza et Ardenburgo, et qualiter Donza vi armorum capta est a Karolo.

Karolus autem cum suis de Ypra recedens Brugis accessit ubi jocundanter receptus est; nam, ut tactum est superius, jam se reddiderat regi. Dehinc per totam Flandriam pergens cepit Dan, Scluzam et Ardenburgum. Ad Donzam autem veniens, ubi Rufus de Falcomonte erat, magnam resistentiam invenit: quam fortiter impugnans tandem expugnavit et cepit, non sine Flamingorum magna effusione sanguinis.

Qualiter Guido comes Flandrensis Karolum accersit et cum Gandavo et duobus filiis suis eidem sub certis conditionibus se reddidit.

Haec videns praefatus comes Flandrensis et quod plures confoederatorum suorum jam ab eo recesserant, ac in Gandavensibus non plene se credebat, propter sui impotentiam ad desperationem deductus, in Donza praenominatum Karolum cum omni suo exercitu accersit, eique mox Gandavum tradens, etiam se cum filiis suis, scilicet Roberto et Guillelmo, sub certis conditionibus reddidit, confestimque villam recipiens a Gandavensibus pro Philippo rege Francorum homagia ac fidelitatis juramenta suscepit.

Qualiter de tota Flandria rex integraliter dominium habuit, et comitissa in Namurcium secessit, Philippo Flandrensi in Ytaliam pergente.

Tunc, scilicet anno Domini M° CCC°, praefatus Philippus rex de tota Flandria integraliter ac immediate dominium habuit, factique sunt officiarii et statuta per omnes villas Flandriae ex parte regis Franciae. Tunc etiam comitissa Margareta uxor dicti comitis Flandriae non sine praecordiorum singultibus ac lacrimosis suspiriis de praefato domino ac marito suo discessit, et cum tribus filiis suis, quos ex ipso habuit, Johanne videlicet, Henrico et Guidone cognomento de Namurcio, in comitatum suum Namurcii secessit. Philippus vero alter filius praefati comitis Flandrensis se reddere noluit; sed, valefactis patre et fratribus, a Flandria recedens in Ytaliam perrexit.

*Quomodo Karolus dominum de Nigella, conestabularium Franciae, ex parte regis
totius Flandriae gubernatorem constituit et perrexit Parisius ad regem, ducens
secum comitem Flandriae et duos filios ejus cum maxima militum Flandriae comitiva.*

Karolus comes supradictus Radulphum dominum de Nigella, Franciae conestabularium, ex parte regis Franciae toti Flandriae praefecit, sic quod cum suis recedens praedictos comitem Flandriae et duos filios suos Parisius, ubi rex et regina erant, adduxit cum magna suorum militum Flandriae comitiva, inter quos erant domini de Ghistella, de Hondescote, de Havesquerka, de Nivella, de Sotinghen et dominus Gerardus Le Mor cum pluribus aliis; confidenter namque venerant cum eodem Karolo quia eis fideliter promiserat quod, si infra annum concordari cum rege fratre suo nequirent, ipse eos in Flandriam unde recesserant, anno lapso, liberos infallibiliter reduceret. Tali etenim pacto se reddiderant ei. Regina quoque sciens introitum eorum in civitate prospexit eos per fenestram. Comes autem et Robertus filius ejus, defixis in terram aspectibus, transierunt absque hoc quod aspicerent reginam; Guillelmus vero, ablato capucio, salutavit eam. Venerunt itaque ad regem et flexis poplitibus submiserunt se ei. Multum vero respexit eos rex nichil dicens, et deinde ipsos exire praecipiens jussit eos incarcerari et nullam aliam gratiam voluit eis impartiri. Unde praefatus comes Karolus fuit non modicum contristatus quia juxta promissa libenter eos adjuvasset; sed nec ipse, nec Ludovicus comes Ebroicensis frater ejus, nec alius quisquam qui pro eis regi supplicasset, exaudiri potuerunt.

*Qualiter comes Flandrensis jussu regis ductus est in Compendium et ibidem incarceratus,
filius ejus Robertus ad Chinonem in Turonia ductus et imprisionatus est; Wilelmus
autem alter filius ejus apud Montem-Leheriacum incarcerandus ductus est.*

Comes Flandriae jussu dicti regis ductus est ad Compendium ubi positus est in turri lignea sic quod videretur ab omnibus, et Robertus filius ejus ductus est ad castrum de Chinone in Turonia. Guillelmus vero alter filius ejus ductus est ad Montem-Leheriacum. Multi etiam de militibus Flandriae qui in sui comitis comitatu, ut dictum est, advenerant, ducti sunt in Alvernia ad castrum de Nonneta.

Hac vero de causa praefatus comes Karolus tantam ac talem discordiam cum praedicto rege fratre suo habuit quod statim post, congregata magna militia in Cenomannica urbe sua, a regno discedens, in Appuliam abiit, ubi tunc, scilicet anno Domini M° CCC° primo, quo idem comes Karolus in Appuliam advenit, eo mediante facta est pax inter Karolum dictum Claudum Siciliae regem et Federicum ac Johannem de Arragonia, filios Petri quondam regis Arragoniae, de quo dictum est supra.

De castris de Riolla, Sancto-Makario et quibusdam aliis, quae reddidit Gobertus de Spinacia comiti Attrebatensi, et de reversu ejusdem comitis ad regem in Franciam, et de matrimonio contracto per regem de praefato comite Arthesii et filia Johannis comitis Hannoniae.

Robertus comes Arthesii supra dictus cum suo exercitu in Vasconiam veniens obsedit castrum de Riola, in quo castro erat castellanus supra memoratus Gobertus de Spinacia, cui comes, sibi dando magnam pecuniae summam, promisit unum castrum quandoque vellet habere in Flandria si redderet ei castrum ubi erat, Sanctum-Makarium et alia loca fortia quae habebat in custodiam. Quibus quidem redditis, causa dictae promissae ac pecuniae datae, dimisso loco sui Aurric Alemanni milite strenuo et quingentis hominibus armorum, reversus est idem comes ad regem in Francia ac retulit ei de captione seu redditione castrorum et de dono quod promiserat dicto Goberto quem secum adduxerat, quod a rege concessum est. Rex autem qui eumdem comitem Arthesii hilariter recepit; eo quod filius ejus mortuus esset, nec liberos haberet praeter Matildem uxorem Othonis comitis Burgundiae, fecit matrimonium de eodem comite Arthesii et de Margareta filia Johannis comitis Hannoniae, de qua postmodum non habuit liberos.

De pace facta inter reges Francorum videlicet et Anglorum, et quomodo in Bolonia supra mare factae sunt nuptiae de sorore regis Franciae et de rege Angliae.

Eo tempore facta est pax inter Philippum regem Francorum et Edouardum regem Anglorum per matrimonium quod contraxit idem Edouardus cum Johanna sorore regis Philippi, et sic regnum in pace remansit. In Bolonia enim supra mare, praesentibus nobilioribus utriusque regni principibus, dominabusque, praelatis ac aliis quamplurimis, celebratae sunt nuptiae inter eos, reddiditque Philippus socero suo Edouardo omnem terram Vasconiae et Aequitaniae quam conquisiverat super eum, et sic Edouardus cum suis laetus in Angliam remeans ibidem coronavit uxorem suam quam secum duxerat, sollempniter in reginam.

Quomodo rex Franciae abiit in Flandriam, et, deposito Radulpho de Nigella a regimine comitatus Flandriae per regem, idem rex instituit gubernatorem Flandriae Jacobum de Sancto Paulo.

Philippus cum regina uxore sua, filiisque et fratribus ac aliis quampluribus in maximo comitatu abiit in Flandriam ad visitandum patriam, ubi a Flandrensibus fuit cum maximo gaudio receptus ac cum magnis enceniis quamplurimum honoratus; cumque ibidem esset dictus Gobertus de Spinnacia qui pecunia corruptus reddiderat omnia castra quae habebat in custodiam praeter Burdegalam, petivit castrum de Mala quod est prope Brugias, quod rex annuit ei. Confirmatisque per regem statutis ac legibus de bonis villis Flandriae ordinavit veteres usus, libertates et consuetudines Flamingorum manutenere et observare. Tunc statim Jacobum de Sancto Paulo avunculum reginae uxoris suae ordinavit gubernatorem Flandriae, deposito Radulpho domino de Nigella connestabulario suo, cui cum Godefrido de Bolonia reliquit mille et ducentos homines armorum. Dein, parva morula facta in Flandria, per Insulas et Duacum ubi nuptiae celebratae sunt inter praedictos comitem Arthesii et Margaretam filiam comitis Hannoniae, remeavit in Franciam.

Qualiter rex Francorum Philippus Romam misit gentes suas ad manifestandum ibidem quod papa Bonefacius erat haereticus, et qualiter papa Bonefacius per gentes regis Franciae fuit oppressus, unde mortuus est.

Cum autem rex guerrarum turbinibus nullatenus se premi conspiceret, recordatus est qualiter Bonefacius obviaverat canonizationi corporis sancti Ludovici. Nam, ut supra tactum est, sibi confoederaverat seu alligaverat dominum Petrum de Columpna cardinalem cum omnibus Collumpnensibus urbis Romae. Etiam fecit quod dominus Petrus Flote dixit universitati Parisius quod papa erat haereticus, eo quod multa sustineret contra fidem. Unde misit Romam dictum dominum Petrum Flote consiliarium suum et magistrum Guillelmum de Longaret ut haeresim contra papam manifestarent Columpnensibus. Papa vero percipiens adventum eorum ab urbe fugit in civititatem Anagniae. Quod scientes homines regis et Columpnenses cum magna multitudine hominum armatorum exierunt de urbe pergentes ad Anagniam ubi erat papa, in qua civitate porta vi fracta intraverunt. Papa vero cernens eorum ferocitatem induit se armis pontificalibus, imposuitque diadema papale multum pretiosum capiti suo, et extendens manus in modum crucis, contra parietem introeuntibus violenter inimicis jam ipsum prementibus, coepit alta voce clamare: — « Ego expecto mortem quemadmodum dominus » Jhesus Christus. » Porro hostes extraxerunt diadema de capite ejus, ipsum graviter opprimentes. Deinde, papa semivivo relicto, cuncti hostes recesserunt. Postremum vero papa cum sua oppressione tactus dolore cordis intrinsecus, mortuus est.

DE DAMPNAPETRA.

De promotione cujusdam Fratrum Praedicatorum qui alterato nomine vocatus est Benedictus papa XI^{us}.

Quo mortuo, homines regis Franciae fecerunt congregari cardinales et elegerunt quemdam de ordine Fratrum Praedicatorum qui alterato nomine vocatus est Benedictus hujus nominis papa XI^{us}; sed, ut rei gestae series plenius pandatur, a superiori parumper exordium capiatur. Verum est quod inter omnia scismata quae fuerunt in Ecclesia romana propter electionem vel repulsionem romanorum pontificum hoc dicitur fuisse xxii^{um} scisma, quod fuit circa annum Domini M^{um} CC^{um} octogesimum VI^{um}, quo tempore, postquam Celestinus papa quintus papatui renunciavit et factus esset papa Bonefacius VIII^{us}, cum ipse Bonefacius processus faceret contra dominos Jacobum et Petrum de Columpna patruum et nepotem, cardinales ipsi videntes contra se motum papam, contra ipsum libellum famosum erigunt, quem ad multas partes dirigunt, asserentes in eodem ipsum non esse papam, sed solummodo Celestinum, cujus renunciationem et Bonefacii electionem dicebant juridice non tenere, quod etiam multum aggravare voluit rex Franciae Philippus, contra quem idem papa facere volebat processus. Unde convocatis omnibus praelatis et baronibus sui regni, petens ab eis auxilium et consilium contra papam praedictum, objecit crimen haeresis et quod vivente suo praedecessore habuerat ingressum illegitimum ad papatum et quod ei non erat parendum, fitque contra ipsum papam provocatio ad concilium generale. Quae tamen omnia indecisa remanserunt, quae magis fervore odii quam justitiae procedere videbantur. Super hoc enim idem papa duas promulgavit decretales, unam quae est tit. *de renunciatione*, li. vi°, in qua est declaratum summum pontificem renunciari posse et renunciationem dicti Celestini tenuisse, aliam quae est tit. *de Scismate*, eod. li. qualiter videlicet dicti duo cardinales tanquam scismatici fuerant a cardinalatu et omni honore et bonis depositi et privati. In tantum etiam fuerunt dicta odia aggravata quod dictus rex Franciae, faventibus sibi dictis duobus cardinalibus et eorum amicis, eumdem Bonefacium in Anagnia, loco originis suae, ubi magis tutum esse credebat, capi fecit et captum teneri, qui, die dictae captionis xxxv^{a}, prae magna tristitia et dolore, migravit, videlicet in urbe. Post quem frater Nicolaus ordinis Fratrum Praedicatorum a fratribus in papam est assumptus et Benedictus XI^{us} est vocatus, ut dictum est supra.

De fundatione castelli de Insulis et constructione, et de aliorum castellorum reparatione.

Flandria quidem subacta ac in manu regis immediate quasi spatio duorum annorum pacifice permanente,—interim Jacobus de Sancto Paulo supremus gubernator Flandriae taliter et in tali loco quod rex sibi dixerat, castellum Insulensem fundavit et construxit, reparavitque plura castella seu fortalitia sicut Cassellum, Winendalam, Pethenghien, Dossemer et quaedam alia pro quorum missiis, custibus et expensis fecit taillias supra communem populum, sua propria voluntate volens elevare seu inducere impositiones et multas alias malas consuetudines, patriam extrahendo a modo antiquo, consilio quorumdam burgensium quarumdam bonarum villarum, qui inde lucrum habere sperabant.

De murmuratione Flamingorum contra Jacobum de Sancto Paulo propter impositiones et malas consuetudines quas induxit super eos.

Idcirco Flamingi inceperunt murmurare et maxime Brugenses quibus rex annuerat, quoniam se reddiderant ei, quod non solverent impositiones, neque quascunque exactiones, nisi solum hoc quod solvere solebant tempore quo Guido comes Flandrensis Flandriam possidebat; et quod aperte erat contra cartas, privilegia ac litteras libertatum, legum et franchisiarum suarum quas nuper rex eis confirmaverat, iracundia moti contra Francos validius ad invicem murmurabant, suum comitem Guidonem ardentius repetendo.

De morte Roberti de Spinacia et suorum.

Accidit insuper quod Gobertus de Spinacia venderet vinum apud Malam castrum suum et multi de Brugensibus venirent saepe ibidem ad potandum. Inter eos quidam carnifex nomine: Johannes Bredele, iratus est contra famulum qui trahebat vinum et occidit eum. Ob quam necem vindicandam, Gobertus armavit se contra Brugenses qui contra eum se viriliter deffenderunt; cumque hoc sciretur Brugis, quasi septingenti homines de communitate villae exeuntes cucurrerunt ad Malam et occiderunt dictum Gobertum cum suis.

Qualiter Brugenses elevaverunt super se in dòminum Petrum Conin textrinarium.

Tunc Brugenses, eligentes quemdam textrinarium pannorum nomine Petrum cognomento: Regis, ipsum super se elevaverunt in dominum. Qui mox veniens Brugis ante communitatem Brugensium qui eum ducem suum fecerant, ostendit eis gladium quem in manu sua dextra tenebat et unam cordam in sinistra, alta voce dicens: « Domini,

» hanc significationem vobis ostendo ut sciatis quod vel per gladium oportet vos uxores
» vestras et liberos vestros truncari vel furcâ suspendi, aut nos omnes deffendamus. »
Tunc tota communitas clamavit magna voce quod se fortiter ac vigorose deffenderent,
dicens ei : « Tu eris dux noster, et praeibis ante faciem nostram ac praecipies nobis,
» et nos omnes sequemur te et auxiliemur ac obediemus tibi, nec a quoquam, tam sit
» fortis vel potens, sinemus te capi, nec de nobis seu aliquo nostrum eris improperatus.
» Haec omnia jurejurando servare ac tenere tibi bona fide promittimus. »

Qualiter Jacobus de Sancto Paulo in forti manu venit Curtracum.

Hoc diu non latuit Jacobum de Sancto Paulo qui confestim nuntiavit regi Philippo, praecepto cujus festinanter congregans undequaque excreitum cum mille et ducentis equitibus armatorum venit Curtracum. Quod ut audierunt Brugenses, communi assensu omnium statuum, ibidem miserunt ad ipsum, humiliter eidem supplicantes quatinus ad misericordiam reciperentur, salvis eorum corporibus et bonis, et ipsi expellerent a Brugis et bannirent omnes qui de tota communitate sua interfuerunt conspirationi de Petro cognomento : Regis, faciendo capitaneum seu ducem vel dominum ejusdem civitatis. Quod Jacobus annuit eis, et sic illi supradicti fuerunt omnes a Brugis expulsi et banniti.

Qualiter venit Brugis Jacobus supra dictus.

Quo facto, praefatus Jacobus cum suis omnibus venit Brugis. Quidam vero dicunt quod, Jacobo de Sancto Paulo exeunte apud Winendalam, Brugenses miserunt ad ipsum quatinus amore Dei veniret Brugis quia communitas jam incipiebat conspirare. Qui quidem, assumpto secum Godefrido de Bolonia, venit Brugis.

De traditoria et improvisa morte Gallicorum Brugis a Brugensibus facta.

Cum ergo sero esset in hospitio suo, quidam sibi faventes de villa nuntiaverunt ei propositum illorum de villa, scilicet quod proposuerant latenter occidere omnes milites soldarios ex parte regis et quod miserant quosdam de suis apud Dan. Quapropter Jacobus de Sancto Paulo, exiens latenter de villa, misit qui diceret nobilioribus ad hospitia eorum quatinus se salvarent melius quam possent. Illi vero qui banniti perrexerant apud Dan, venerunt illa nocte Brugis, quibus statim ad sonitum pelvis mota est communia villae usque ad numerum xiii^m hominum armorum, cucurreruntque per hospitia soldariorum, ipsos occidentes et spoliantes; nam ex eis quidam evaserunt, ceteri vero occisi vel capti sunt. Numerus vero occisorum fuit circiter trium millium et captivorum LX[a]. Acta fuerunt haec Brugis anno Domini M° CCC° secundo.

Quomodo Jacobus de Sancto Paulo Curtracum perrexit et castellum munivit.

Godefridus vero de Bolonia et castellanus de Lensio qui evaserant, licet multum tristes de amissione suorum, collegerunt quotquot habere potuerunt de suis et antecesserunt versus Curtracum, non longe a villa, ubi totam reliquam noctis partem quietis gratia peregerunt. Die namque elucescente apparuit in oculis eorum vexillorum congeries. Quibus visis, dicit castellanus de Lensio Godefrido de Bolonia : « Inimicos » nostros a longe prospiciatis contra nos venientes; oportet quod nos lucremur contra » ipsos vel quod moriamur. » Cui singulis concordatis, cuncti se aptaverunt ad pugnam. Dum vero pergerent contra illos quos dubitabant, cognoverunt quod esset Jacobus de Sancto Paulo qui illa nocte versus Curtracum similiter cum suis aufugerat. Et congregati sunt simul de sui repertione gaudentes, quamquam dolerent de militia illa nocte Brugis extincta. Dein profecti sunt apud Curtracum. Intus castello destinavit Jacobus de Sancto Paulo castellanum Lensii et cum eo dominum de Vrevino, Ægidium de Nedoncel et Balduinum d'Anequin et quosdam alios usque ad numerum XIII° militum; posuit etiam ibidem scutiferos et balistarios prout opus erat. Deinde garnisiones villae, scilicet victualia et ea quae ad deffensionem pertinent, transtulit in castrum. Quo quidem munito lapidibus et aliis deffensae competentibus, ipse Jacobus perrexit ad regem, cui patenter expressit quae fecerant Flamingi.

Rex hoc audito convocavit consilium ad sciendum quid super hoc esset acturus. In quo consilio determinatum est quod omnes nobiles disponerent se ad guerram.

De clerico de Juliaco dicto Guilelmo, fratre Guilelmi de Juliaco capti in bello, mandato a Flamingis, et de tribus avunculis suis de Namurcio Johanne, Guidone et Henrico.

Porro Flamingi perpendentes quae male fecerant, consilio capitanei sui Petri Conin alias Regis, Johannis Bredle et quorumdum aliorum, miserunt et rogaverunt Guilelmum de Juliaco fratrem Guilelmi capti in bello Furnensi ad manutenendum guerram pro liberatione comitis Flandriae avunculi sui incarcerati, et promiserunt ei aurum et argentum ac donaria multa. Hic erat in ordine clericali constitutus et ecclesiae cathedralis Leodiensis canonicus ac, ut quidam dicunt, in nigromantia aliqualiter peritus et in sacris ordinibus jam promotus. Qui quidem milites ac soldarios undequaque congregans, Flandriam intravit et cum magno exercitu Brugis accessit. Cujus consilio miserunt apud Namurcum, et rogaverunt similiter avunculos suos, scilicet Johannem, Guidonem et Henricum fratres, filios Guidonis praedicti comitis Flandrensis incarcerati et Margaretae comitisae de Namurcio uxoris ejus, qui similiter ad Flandriam sponte accesserunt.

Qualiter praefatus Guillelmus de Juliaco cum exercitu venit Furnis, Disquemue et ad Ypram quae reddiderunt se ei; deinde lucratus est idem Guillelmus Berghes, Borburgum, Pauperingha, et obsedit Cassellum.

Porro Guillelmus de Juliaco, sumpto secum exercitu et multis Brugensibus, venit ad Disquemue, ad Yppram et Furnis, qui omnes se sibi reddiderunt. Deinde idem Guilelmus venit versus Berghes cum papilionibus et tentoriis. Interim quoque Walo cognomento Paielle, ibi existens ex parte comitis Arthesii, videns quod illi de villa jam ibant obviam Flamingis ut jungerent se cum eis, fecit suos armari, et exiens de villa venit apud Cassellum ubi nullus pro tunc habitabat. Idcirco posuit ibidem ex parte regis Johannem de Havesquerka et Ægidium fratrem suum, Alardum de Sancta Aldegunda, milites, cum pluribus soldariis. Et munito castro victualibus et ceteris quibus opus erat, venit ad Sanctum Audomarum cum residuo virorum suorum ut custodirent villam. Porro Guillelmus de Juliaco, postquam lucratus est Berghes cum Bourbourgo, Pauperinga et Bailleolo, venit ad Cassellum et obsedit castrum undequaque, necnon bellicosis assultibus coepit impugnare, resistentibus intra, qui commissi erant ex parte regis.

Quomodo comes Namurcii et duo fratres ejus in forti manu obsederunt Curtracum.

Dum vero Guillelmus obsideret Cassellum, Johannes comes Namurcii cum comitibus de Marka et de Spanehem, domino de Cuko et multis aliis militibus junxit se Gandavensibus et illis de Franco et de III^{or} Mestariis. Quibus quidem assumptis, ivit apud Curtracum et obsedit castrum ejus.

Quomodo rex Franciae mandavit comitem Arthesii ut guerram loco sui contra Flamingos assumeret.

Interea vero Philippus rex Franciae miserat ad Sanctum Audomarum Radulphum de Nigella connestabularium suum cum mille et quingentis hominibus armorum ut Cassellum obsidentes impeteret et obsessis succurreret. Cui Radulpho apud Sanctum Audomarum relatum est quod paucos viros habebat ad solvendam obsidionem, ideo misit ad regem, qui insinuaret ei quod longe minor ei erat armatorum copia. Rex ergo mandavit Robertum comitem Arthesii et rogavit eum ut guerram loco sui contra Flamingos assumeret et quod traderet ei tot homines quot indigebat. Qui quidem comes audacter promptum se obtulit et, sumpto secum flore militiae totius regni, venit Attrebatum ut inde iret ad Sanctum Audomarum. Venerunt autem nuntii ex parte castellani Lensii rogantes comitem quatinus succurreret domino suo. Comes vero qui diligebat castellanum praedictum et milites qui erant secum apud Curtracum, mutavit consilium suum et ivit cum exercitu versus Insulis, mandavitque connestabulario Franciae ut veniret ad se. Porro Guillelmus de Juliaco, cum scivit propositum comitis Arthesii, adduxit secum exercitum apud Curtracum. Id circo conestabularius perrexit apud Cassellum. Qui cum veniret, Johannes de Havesquerka exivit de castro, nolens plus ibidem morari : ideo conestabularius novum instituit castellanum seu capitaneum ex parte regis.

De bello Curtracensi.

Interim Robertus comes Arthesii qui erat Insulis, una cum exercitu perrexit ad duas leucas prope Curtracum ubi moratus est duobus diebus. Deinde misit duos marescallos Franciae cum aciebus suis ante Curtracum ad capiendum locum. Postea ivit comes ante villam. Flamingi vero jam parati erant ad praeliandum, sed comes Arthesii non fuit consultus eos debellare illa die eo quod volebat prius suos homines locare. Porro Flamingi hoc videntes retraxerunt se ultra fluvium Lisiae. Franci quoque existimabant quod fugerent Flamingi; nam in aurora diei sequentis marescalli sumptis armis profecti sunt post Flamingos ad videndum modum eorum. Viderunt enim acies eorum ordinatas extra villam super unum fossatum non multum profundum, versus eos satis altum, non multum latum, sed erat in fundo valde lutosum. Erat enim acies eorum super cacumen fossati. Ordinati namque fuerant per quemdam militem de Zelandia nomine Johannem de Renessa, quem ad sibi auxiliandum evocaverant et Henricum de Nansceio. Hos milites Johannes comes Hanoniae, cum nuper per mortem nepotis sui comitatus Holandiae, Zelandiae, Holandiae et quaedam aliae terrae obvenerant, de hiisdem terris bannivit et generaliter de omni loco potestatis suae fugavit. Ambo enim erant hanssarii et in armis multum experti; nam de Flamingis fecerant unam aciem quam ordinaverant, ut quidam dicunt, in modum scuti, punctum versus Francos : quos quidem quid acturi essent sapienter edocentes, qualiter debeant et invadere et resistere edicunt. Ibi etenim per Guidonem de Namurcio fuerunt novi milites facti nepos ejus Guilelmus de Juliaco cum quibusdam aliis nobilibus, et Petrus cognomento Coninx alias Regis cum quibusdam aliis burgensibus. Flamingi vero erant pedites, et omnes nobiles qui cum eis erant, sic se posuerant absque equis, vel vitam vel mortem una simul expectantes, exceptis illis duobus de Renessa et de Nansceyo qui eos ordinaverant et quibusdam cum eis. Quorum maneriam prospicientes marescalli retulerunt quae viderant. In cordibus vero nonnullorum Francorum male sedebat quod nullum equorum hinnitum in toto exercitu suo in quo erant plus quam XL^m equorum, jam lapsi erant decem dies, audierant, unde stupebant et admirabantur multi. Comes ergo, postquam audivit missam, convocavit consilium in quo multi consuluerunt ne tunc bellarent. Sed major pars proposito consentiit, ita ut ex praecepto comitis, buccina insonante, cuncti se disponerent ad bellum. Tunc igitur comes egressus est in campum super dextrarium coopertus suis plenis armis, et similiter erant cuncti nobiles Franciae qui secum erant, properantes ad pugnam contra hostes suos. Videns autem comes dispositionem Flamingorum acrius in ira exarsit. Jam sex acies ordinaverat absque retrogardia in qua erant plusquam tria milia equitum. Porro hii duo milites praedicti de Renessa videlicet et de Nansceyo fecerunt Flamingos divertere ad unam partem ac eos taliter conglobari et ad invicem jungi ne aliquis inter eos posset ingredi, injungendo ipsis strictissime quod nullo modo incederent ad praedam, sed tantummodo ad sui deffensionem.

Verum balistarii Francorum de prima acie jam multum sagittaverant contra Flamingos antequam se traherent ad unam partem. Tunc affuerunt magnates egregii qui erant ad pugnam ferventissimi, existimantes quod Flamingi fugerent, dicentes praefato comiti Arthesii : — « Pedites nostri transibunt ultra ad acquirendam victoriam, et nos nullum » honorem in hoc habebimus; amore Dei, vexilliferi transeant ante et irruamus in » eos. » — Quibus assentiens comes jussit ut vexilla praecederent et irruerent in Flamingis. Illi vero qui praecedebant currendo celeriter super equos volitantes simul ceciderunt in fossatum unus super alterum cum equis suis ita impetuose quod fere omnes mortui aut suffocati sunt. Quos taliter corruentes Flamingi prospicientes una simul cum hastis, machiis et ensibus subito aggressi sunt, eos absque remedio cunctos occidentes. Illic de interfectis cadaveribus Francorum fit permaxima strages. Illic Franci a Flamingis intercepti, crudeliter trucidati, vitam exhalant; magna et innumerabilis in introitu caedes committitur nobilium, quae tota die usque ad noctis tenebras perduravit. Haec, inquam, dies fuit dies mercurii ante translationem beati Benedicti anni praenotati millesimi scilicet CCC^i secundi.

Porro comes Arthesii qui confligebat contra machecrarios de Brugis, resupinatus est super spina dorsi equi sui, statimque percussus est a quodam de una machia in transverso vultus sui, et dum comes inciperet clamare : — « Accipe, accipe comitem Ar-» thesii! » — quidam accessit et abscindit brachium ejus. Deinde corpus ejus lanceis perforaverunt et occiderunt eum.

Interim vero Johannes de Renessa qui habebat secum quasi quadringentos Hollandistas pro auxilio Flamingorum, ivit ad tentoria Francorum. Fugerunt autem qui in tentoriis erant, credentes evadere, quos quidem insecuti sunt Hollandi et necaverunt eos. Porro Ludovicus de Claromonte et comites Boloniensis et Sancti Pauli, Robertus scilicet et Guido, qui retrogardiae praeerant, videntes Flamingos praevalere, fugerunt et evaserunt. Radulphus vero dominus de Nigella, Franciae connestabularius, ferocissime pugnabat contra Flamingos. Erat autem contra Gandavenses qui libenter liberassent eum si voluisset. Ipse quoque sic dicebat : — « Nolo plus vivere quia video » tantos viros qui flos erant militiae christianitatis, mortem subire. » — Qui ergo se reddere noluit, sed totus excandescens in iram eos quasi furibundus invadit, multos feriens et indifferenter occidens, a multitudine captus, percussusque et ab equo in terram prostratus occisus est. Nusquam enim legitur exercitum aliquem tanta infelicitate ac tanto discrimine corruisse; sed sunt qui dicunt quod propter superbiam suam mortui sunt et quod Flamingi eis erant non parum numero pauciores et pro nichillo reputabant eos et quod etiam Flamingi obtulerant sive promiserant comiti Arthesii pro singulis quos Brugis necaverant, fundare unam capellaniam ac reddere omnes quos in prisione tenebant, necnon mittere quingentos homines de Brugis ultra mare sine spe reversionis atque solvere expensas suas et suorum a tempore quo de Parisius recesserat. Comes vero Arthesii respondit quod nichil faceret nisi omnes de Brugis se submitterent suae beneplacito voluntatis.

Haec vero sunt nomina virorum nobilium qui in praedicto bello apud Curtracum mortui sunt. Primo Robertus comes Arthesii et Jacobus de Sancto Paulo frater ejus; comes Augi, quidam vero dicunt Drocharum, et comites Albemalle, Suessionensis, Grandisprati, Dompnimartini, Johannes cognomento sine pietate, primogenitus comitis Hanoniae, Wilelmus primogenitus ducis Britaniae; Godefridus frater ducis Brabantiae et Johannes filius ejus; Godefridus frater comitis Boloniae; Henricus, dominus de Lyneyo in Barresio, connestabularius Franciae, et Guido frater ejus, ac Simo de Melduno, duo marescalli Franciae; chambellanus de Tanchardivilla ac vice-comites Blossevillae et Bellimontis, vice-dominus Cathalanensis, Johannes de Versone, Johannes de Brulas, capitaneus peditum, Petrus Flote, Ragnerius de Tria, Ferrandus de Arenis, Guido de Pratulis, Johannes de Sancto Martino, Jordanus de Lindeboeuf, Radulphus Flaviens, Gerardus de Sorello, dominique Ranevallis, de Merloto, Asprimontis, du Rues, de Wasemale, de Bautrizen, castellanus de Duaco et plures alii usque ad

DE DAMPNAPETRA.

quinquagenta duos nobiles vexillorum insignibus congaudentes. Quidam vero dicunt quod Flamingi qui belli campum everterunt, invenerunt mortuos prostratos ix comites, sex primogenitos filios comitum, LX^a nobiles vexillorum insignibus congaudentes et mille ac centum unius scuti omnes milites, absque aliis innumeris, quorum numerum Deus scit. Comites quidem Sancti Pauli et Boloniensis ac Ludovicus de Claromonte qui retrogardiae praerant, sicut dictum est, per fugam salvati sunt. Fugiit etiam e praelio Reginaldus filius comitis Dompnimartini graviter vulneratus et quidam alii cum eo qui abierunt et nuntiaverunt regi. Postremum vero Flamingi triumphantes, spoliis Francorum et armis, equis et mulis, auro et argento ac tentoriis, aliisque rebus sumptis, intraverunt Curtracum et pependerunt vexilla nobilium Franciae ante castrum ad immittendum timorem observantibus castrum. In crastinum autem venit quidam cordiger de Sancto Audomaro ad Johannem de Namurcio, rogans ipsum quod amore Dei permitteret quod corpus cômitis Arthesii sepeliretur. Cui comes respondit : « — De morte comitis Arthesii multum doleo; nam requestam vestram
» exaudire mihi non pertinet, sed Guilelmo de Juliaco et cuidam textori de Brugis
» qui vocatur Petrus Regis et effectus est novus miles. » — Hoc audito, dictus frater abiit ad Guillelmum de Juliaco, sibi offerens pristinam requestam. Cui idem Guillelmus respondit : — « Frater mi, sicut fecit fratri meo, sic faciam sibi. » — Interim vero supervenit praefatus comes Namurcii et Guido frater ejus qui tantum fecerunt quod dictus Guillelmus annuit Cordigero quod sepeliret corpus comitis Arthesii et duo alia juxta velle suum. Dein dictus frater duxit secum duos de camerariis dicti comitis et tantum quaesierunt inter cadavera occisorum quod invenerunt corpus, cujus brachium erat amputatum. Statim vero quod camerarii viderunt corpus domini sui, amplexantes cum et lacrimantes affluenter, posuerunt illud super currum cum corporibus comitum Albemalle et Augi tantummodo et duxerunt ad quamdam abbatiam monialium juxta Curtracum nomine Groninghes, ordinis Cisterciensis, ubi sepelierunt corpora in tribus tumulis plumbeis coram altare ejusdem ecclesiae anno supra dicto.

Quomodo Flamingi castrum Cortraci et villas Insularum et Doaci obtinuerunt et quomodo Flandria vice versa fuit contra regem Franciae.

Interea vero obsidentes castellum Curtraci tertia die in deditionem receperunt illud. Castellanus autem Lencii et qui adeo intus erant, exeuntes, omnes conducti sunt salubriter citra flumen Lisiae, et iterum Flamingi castellum intrantes ipsum gentibus suis, victualibus et armis optime munierunt; moxque Guillelmus de Juliaco, assumpto exercitu, venit obsessum Insulis. Illi vero de villa resistentes fecerunt tractari quatinus possent reddere villam, salvis corporibus suis; statimque Flamingi ingressi sunt villam, ponentes vexilla sua super portas. Deinde abierunt apud Duacum, quibus illico venerunt Duacenses obviam, reddentes eis villam.

Quidam vero dicunt quod Insulenses, ut viderunt se obsessos a tanto exercitu Flamingorum, consilio comitis Sacrocaesariensis qui castellum ejusdem villae ex parte regis custodiebat, parlamentum habuerunt cum Flamingis a quibus obtinuerunt inducias unius mensis, tali pacto quod si infra illum mensem a rege Francorum succursum non haberent, redderent villam eis. Duacenses vero hoc audientes confestim miserunt et petierunt a Flamingis tales inducias tali conditione ut Insulenses, quod eis annuerunt Flamingi. Postmodum vero conditione cessante quod rex ad quem miserant, non misit eis succursum, eo quod non potuit propter induciarum brevitatem, utrique se dederunt Flamingis, fidelitatem eis legitimam facientes. Deinde Flamingi abierunt Cassellum ad expugnandum castrum quod quidem vacuum invenerunt, et in eodem garnisionem suam posuerunt. Audito quidem rumore de bello Curtraci in quo flos militiae totius regni Francorum, ut tunc dicebatur, gladio corruit, Franci qui intus erant ex parte regis sui, castrum reliquerunt vacuum et quantocius de bonis suis onerati in Artesium successerunt. Illi vero de villa, mox ut audierunt quod socii eorum Flamingi erant cum Guillermo Juliacensi et illis de Namurcio et suis apud Curtracum et quod exercitus Francorum valde appropinquabat eos, nocte bellum praecedente, ut adjuvarent recesserunt, gressus suos dirigentes versus Cortracum ubi tandem pervenientes a ceteris Flamingis scilicet Ypprensibus, Gandavensibus et aliis qui se conjunxerant Brugensibus, cum gaudio recepti sunt. Tunc tota Flandria vice versa fuit contra Philippum regem Francorum, et tali occasione Flandrenses terras suas obtinuerunt. Postremum autem Flamingi hostem suum diviserunt, et singuli ad propria reversi sunt.

De expeditione Philippi regis Franciae ad eundum in Flandriam et ipse de Vitriaco in Arthesio absque nihil facere reversus est in Franciam.

Cum rex Franciae necem nobilium apud Curtracum agnosceret, propter occisionem eorum non modicum anxiatus, convocavit ad se cunctos nobiles et ignobiles ad faciendam vindictam de inimicis suis. Tunc venerunt ad eum multi nobiles, scilicet tres duces, Burgundiae scilicet, Britanniae, et Lotharingiae, pluresque comites et dominus Galtherus de Castellione comes Porciani qui erat noviter conestabularius Franciae et duo novi marescalli Franciae, scilicet Milo de Noieriis et Fulcaldus de Merla. Hii omnes venerunt ad regem causa debellandi Flandriam. Qui quidem rex circa festum Sancti Remigii anni praenotati, scilicet M^i CCC^i secundi, assumpto secum Ludovico filio suo primogenito, comite Ebroicensi fratre suo et Ludovico de Claromonte cognato suo, a Parisiis recedens, venit Attrebatum cum praefatis omnibus et copioso exercitu. Flamingi vero scientes tantos exercitus adversum se congregatos, multum dubitaverunt et consilio domini de Scorneyo, qui erat marescallus eorum, Guillermi de Bonen, militis Hospitalis Sancti Johannis Yerosolimitani, et Petri Conin alias Regis, qui nuper in bello Curtraci militiae insignia susceperat, Johanne de Namurcio consentiente et laudante, miserunt Londoniis ad regem Angliae propter foedus quod dudum cum eo pepigerant, quatinus eos dignaret juvare. Quibus nuntiis respondit quod contra regem Franciae propter sororem quam duxerat uxorem, nolebat guerram movere.

Porro rex Franciae ordinaverat Johanni comiti Hanoniae, qui de morte filii sui primogeniti in bello Curtraci nuper occisi erat maximo dolore pressus, ut iret in Zelandiam, tradita sibi parte exercitus sui cum hominibus ejus et per illam partem intraret Flandriam ac repente irrueret in Flamingos, eodem rege cum omni exercitu suo in Bourlanrivo exeunte. Quod fecit praefatus comes Hanoniae; abiit in Zelandiam cum multitudine magna militum et aliorum hominum armatorum, et rex de Bourlanrivo ubi de Attrebato venerat, castrametatus est apud Vitriacum in Arthesio. Hoc audientes Flamingi exercitum suum moventes obviam ei venerunt usque ad Pontem-Raissiae, ubi novum pontem fecerunt tam amplum quod I^{a} homines de fronte poterant super ipsum transire, ut ad exercitum Francorum facilius et melius, cum vellent, possent incursiones suas facere. Ibi namque relatum est ad regem quod Flamingi qui remanserant in Flandria, contra comitem Hanoniae taliter se deffenderant quod nichil amiserant et quod idem comes quamplurimum dampnificatus multos amiserat de suis hominibus. Unde rex turbatus clandestine fecit ut parlamentum haberet cum Flamingis ad sciendum intentionem eorum, qui, die et loco ad colloquium praefixis, misit pro parte sui Ludovicum fratrem suum comitem Ebroicensem, e converso Flamingi miserunt pro ipsis Guillermum de Juliaco. Ludovicus vero petiit quod illi qui illam nequam proditionem Brugis fecerant, regi traderentur ad faciendam voluntatem suam, et quantum est de illis qui ultimo mortui erant in bello Curtraci, rex tacebat.

Flamingi vero ad praefatum Ludovicum responderunt quod nichil inde facerent, nec unum solum hominem sibi traderent, sed contra eum et omne posse suum breviter pugnarent. Tunc finitum est parlamentum, et uterque reversus est ad exercitum suum; statimque rex vocavit consiliarios suos et dixit : « Ego sum advisatus super aliqua; redeat » quilibet et faciat melius quam poterit. » Quod audientes singuli principes unus alterum multum mirantes, nec ullus ausus est proferre verbum ad inquirendam intentionem regis praeter comitem Britanniae qui venit in medium et dixit : « Domine mi rex, si » nolitis defendere terram vestram, quis pugnabit pro ea? non ego. » Cui respondit rex : « Comes Britanniae, satis erit qui deffendet eam praeter vos. » Deinde rex et omnis exercitus confusi redierunt Franciam, rege totam terram suam in tali discrimine absque induciis vel treugis relinquente. Porro Flamingi, videntes eos sic reverti, secuti sunt eos usque ad Hennin-Lietart, necaveruntque multos eorum. Deinde succenderunt

Hennin-Lietart et omnem provinciam in circuitu igne et caede vastaverunt ac reversi sunt in Flandriam absque ullo impedimento.

De rege Franciae qui statuit garnisiones in confinibus Flandriae.

Rex cum venisset in Franciam, statuit ut fierent garnisiones in confinibus Flandriae, misitque ad Sanctum Audomarum quemdam strenuum militem qui vocabatur Jacobus de Bayonna, loco conestabularii, et quemdam baronem Franciae nomine Beraudum de Maurueil, duosque marescallos scilicet Milonem de Noieriis et Fulcaudum de Merla, cum pluribus aliis. Et ad Calesium misit Oudardum de Malodunio, ad Lencium castellanum ejusdem loci et Betuniae Robertum Turmel dominum Sancti Bernardi.

Cum rex existeret Parisius, venerunt ad eum multae dominae viduae de regno ejus, quarum mariti in bello Curtraci nuper fuerant occisi, conquerentes de Flamingis, de eis vindictam requirendo, inter quas Mathildis de Arthesio, comitissa Burgundiae, specialiter dolebat pro morte patris et fratris ejus. Et rex promittens eis quod eas vindicaret, ut melius potuit eas pacificavit, confirmavitque eidem Mathildi donum quod dudum fecerat patri suo de terra et advocatia Bethuniae; et mox Otho comes Burgundiae maritus ejusdem Mathildis in praesentia baronum qui ibi aderant, cecidit ad pedes regis et nomine praefatae uxoris suae inde fecit sibi homagium, et sic ex tunc tota terra et advocatia Bethuniae comitatui Arthesii conjuncta est et unita.

Rex Franciae remandat comitem Valesii in Franciam de Appulia.

Deinde rex misit Ludovicum comitem Ebroicensem in Apuliam et mandavit Karolum comitem Valesii fratrem suum qui apud Barletam ordinabat de facto suo ut iret apud Constantinopolim quatinus, dimissis omnibus, reverteretur in Franciam ut in hac guerra contra Flamingos ejus consilio et auxilio frueretur. Hic post mortem primae uxoris suae filiae videlicet Karoli Claudi quondam regis Siciliae, nomine cujus comitatum Andegaviae possederat, imperatricem Constantinopolitanam princessam Achaiae, quae nunc Morea sive Mauritania dicitur, desponsaverat, causa cujus undecunque contractis viribus se praeparabat ad invadendum imperium Constantinopolitanum et illam urbem regiam Constantinopolim, tam inclitam in regnis et famosam, a Graecis, qui eam anno M° CC° LXI°, ut supra dictum est, recuperaverant, si posset, eripiendam, eaque sibi nomine dictae uxoris suae ex genere Balduini Flandrensis imperatoris Constantinopolitani descendentis pertinebat hereditario jure.

DE DAMPNAPETRA.

Johannes de Namurcio et fratres ejus revocant de Lombardia Philippum de Flandria fratrem suum.

Similiter Johannes de Namurcio et fratres ejus ex alio latere in Lombardiam miserunt et mandaverunt Philippum de Flandria fratrem suum qui ibidem comitissam de Thietam uxorem duxerat, ut eis in eorum guerra auxilium ferret contra regem Francorum.

De pugna satis aspera ante Sanctum Audomarum.

Interim venit Otho de Burgundia et Mathildis uxor ejus ad Sanctum Audomarum : quibus relatum est quod Flamingi vi armorum ceperant quamdam ecclesiam nomine Renescure et quod saepe currebant in Arthesio. Idcirco Jacobus de Bayonna, praefatusque comes Burgundiae et Milo de Noieriis exierunt de villa et perrexerunt ad dictam ecclesiam quam capere nequiverunt eo quod optime esset munita. Transierunt ergo ultra montem Casselli et combusserunt totam patriam undequaque. Deinde ipsis revertentibus obviaverunt cuidam converso de Claremarisco, ad quem statim cucurrerunt quidam, ad eum petentes si sciret nova de Flamingis : « Certe, inquit conversus, » ecce statim videbitis eos venientes. » Qui illico reversi sunt ad capitaneos, referentes eis quae audierant. Deinde aptaverunt acies suas super unum monticulum nomine Balemberc. Ipsis quoque ibidem ordinatis, perspexerunt a longe Flamingos cum duobus magnis aciebus venientes contra eos magnis passibus vexilla ferentes in altum. Porro comes Burgundiae et ceteri, Flamingis appropinquantibus, irruerunt in eos, clamantes singuli alta voce. Interim vero cum fortiter pugnarent, venit cohors peditum retro Flamingos et incluserunt eos. Et occisi sunt ex Flamingis fere duo milia, nec aliquis eorum evasisset nisi nox superveniens eos dimisisset. Postmodum quoque Franci reversi sunt ad Sanctum Audomarum. Deinde comes Burgundiae recessit de Arthesio et ibat in Burgundiam, et cum esset in villa nomine Cantuslupi aegrotavit ibidem et obiit, relinquens de Mathilda comitissa Arthesii uxore sua Robertum qui sibi in comitatu suo Burgundiae successit et duas filias, quarum primam desponsavit Philippus comes Pictavensis, et alteram Karolus comes Marchiae frater ejus, qui ambo in Francia postea regnaverunt successione.

Quomodo Flamingi in fugam versi sunt ante Tornacum.

De Courtrisione vero quodam milite, capitaneo de Insulis ex parte Flamingorum, urbem Tornacum saepissime taliter inquietante quod cives ejusdem urbis vix poterant

habere victualia, tandem auxilio domini Jacobi de Bayona et domini Fulcardi de
Merla marescali Franciae, quos de Sancto Audomaro cum quadringentis suis hominibus
armorum ad resistendum Tornacenses evocaverunt, illis de Insulis ignorantibus. Dum
quadam die adunati venerunt more solito ante Tornacum, marescalus hoc praesciens
caute exiit cum gentibus suis de civitate et aggressus est eos; commissoque bello ex
utraque parte durissimo, finaliter Flamingi terga verterunt versus Insulis properantes.
Remanserunt itaque LIII^{or} de majoribus burgensibus qui essent Insulis, qui omnes vel
mortui vel capti sunt.

Quomodo Guido de Namurcio in Hollandiam applicuit.

Guido de Namurcio cum multis hominibus armorum et xxx^m Flamingorum mare
intravit in portu dicto Bresle et in Hollandiam applicuit ante villam Scirescii quam
obsedit ac patriam vastavit. Wilelmum de Hanonia qui fuerat canonicus ecclesiae Came-
racensis, quem comes pater ejus ibidem miserat cum pluribus hominibus armorum,
qui cum suis hominibus et cum tota communia ejusdem villae egressus erat, idem
expugnavit et vicit atque eos terga dare ac villam intrare coegit, et non solum villam
Bresle sed omnem provinciam, demptis Sciresca et Dourdreco, quae Guillelmus de
Hanonia et sui defenderant, obtinuerunt Flamingi, et ibidem per totam hiemen anni
praenotati M^l CCC^l tertii se hiemaverunt.

Quomodo Henricus de Namurcio de Duaco exiit.

Henricus de Namurcio minimus natu filiorum Guidonis comitis Flandriae, quem pro
custodia Johannes frater ejus in Duaco dictaverat cum multis militibus et aliis soldariis,
de Duaco quadam die exeuntes ad Byacum perrexerunt et fortitudine sua everterunt
ostaculum aquae vel retentionem quod vel quam in aqua Franci fecerant et custodiebant
ne aqua cursu suo Duacum pergeret, ne molendini molerent et Duacenses illam usibus
suis haberent. Indeque per Vitriacum transeuntes Tordam-Caudam ceperunt et Cassel-
lum combusserunt et ad Duacum reversi sunt, sed prius ab illa parte omnia vastaverunt.
Ab altera vero totum Austrevantum more locustarum abraserunt, Bouchain ceperunt
atque per aliquot temporis spatium illud tenuerunt, et, quum recesserunt, turrim et
totum fortalitium igne succenderunt, et ultra tendentes Allodium in Pabulo aggressi
sunt, et quamvis diversis assultibus impugnaverunt et per ignem graecum quem intus
trajecerunt, omnia combusserunt, tamen propter soldarios regis qui castrum observa-
bant, illud non expugnaverunt. Interim domini Liebaldus de Boffremonte, Ymbertus de

DE DAMPNAPETRA.

Bellojoco et dominus Vallicoloris abierunt ad expugnandum ecclesiam de Bassea optime munitam pro deffendendo; cumque iter agerent, transacto ponte Wendini, viderunt Flamingos venientes ad praeliandum aptatos et accesserunt ad eos. Porro Flamingi qui erant in loco aspero, elegerunt sibi locum aptiorem. Gallici accesserunt ad eos et inceperunt pugnare. Interim vero Flamingi scientes loca circumquaque partim aggressi sunt per retro et incluserunt Gallicos. Mortui sunt autem ibidem domini Vallicoloris et de Wendino; alii vero fugerunt. Flamingi vero non multum persecuti sunt eos dubitantes transire pontem Wendini. Praeterea dominus Liebaldus de Bauffremonte letaliter vulneratus allatus est Attrebatum, ubi mortuus est ac Cordigeris sepultus. Haec omnia supradicta sub brevitate transcurramus ut de majoribus pluribus longius loqui valeamus.

Quomodo Guillelmus de Juliaco venit ante Sanctum Audomarum, et de bello atroci et cruento prope hanc villam.

Guillelmus de Juliaco nepos comitis Flandriae qui juraverat quod iret quaesitum corpus fratris sui apud Sanctum Audomarum in Cordigeris ejusdem villae in conspectu totius militiae et omnium ibidem existentium, venit die jovis ante septimanam sanctam apud Cassellum, secum adducens dominum de Cuko, Henricum de Lonchiaco, Teodericum de Hondescote, Guillelmum de Nivella et plures alios nobiles. Venerunt etiam ad eum illi de West-Franco, de Yppra, de Pauperingha, de Disquemue, de Furnis, de Berghes et de territorio Casselli. Omnes isti pariter in monte congregati moti sunt inde die lunae septimanae sanctae et venerunt prope quoddam stagnum quod vocatur: Escoudebreue, pertinens abbatiae Clarismarici, ordinis Cisterciensis, et inde venerunt die mercurii usque Archas, ubi se locaverunt. Quod cum scirent Jacobus de Bayonna et marescalus de Noieriis, revocaverunt ad se omnes qui erant soldarii regis in confinibus Flandriae. Die quoque jovis sancta, omnes qui erant in villa, se armaverunt, et confitebantur singuli tanquam pro certo mortem expectantes; nam presbiteri erant in quadriviis villae dantes absolutionem cunctis certare volentibus. Porro illi qui erant in villa, iiii^{or} acies ordinaverunt, cujus primae marescalus de Noieriis erat caput, secundae Jacobus de Bayonna, tertiae dominus de Fiennes cum illis de villa, quartae vero dominus Sancti Venandi cum Oudardo de Maloduno. Exierunt ergo de villa et viderunt illos de Ippra jam multitudine occupantes campos inter Arkas et Sanctum Audomarum ne Gallici possent sibi locum eligere. Quod videntes capitanei Francorum ex hiis qui remanserant in villa, fecerunt unam grossam aciem. Deinde transierunt ultra dimitentes aciem de Yppra a sinistris et venerunt ad quamdam villam nomine Blandeque et inde descenderunt versus campum ubi Flamingi locati erant. Repperierunt autem ibidem quamdam aciem robustissimam illorum, scilicet de Furnis et de Franco. Tunc ergo dominus de Fiennes primo aggressus est eos. Porro Flamingi fortissime pugnabant et finaliter confutati fugerunt. Interim magister balistariorum cum peditibus advenit, repertaque acie illorum de Brugis et de Bassa-Flandria custodientium arma et alia negotia Flamingorum, continuo invasit eos. Hii quidem victi fugerunt versus Novum Fossatum, paucique evaserunt manus persequentium. Porro pedites cucurrerunt ad praedam, se pro posse onerantes et ad villam gradientes. Illi vero de Yppra scientes interitum aliorum diverterunt versus tentoria ceterorum Flamingorum, necantes singulos quibus obviabant. Quos cum prospicerent Gallici, cucurrerunt contra eos, clamorem suum alta voce clamantes. Flamingi quoque illico fugerunt et ingressi sunt quoddam parvum nemus quod est contra castellum de Ruhout ubi quamplurimi a Gallicis occisi sunt; reliqui vero fugerunt. Denique dominus Jacobus de Bayonna sono buccinae fecit congregari omnes ut redirent versus Sanctum Audomarum, qui erant multum fessi et plures equorum laesi eo quod pugnassent a prima usque ad nonam. Cumque regressuri essent de campo, viderunt magnam multitudinem vexillorum exire de quadam parva villa ubi erant quasi septem milia hominum armorum: qui quidem in modum scuti se ordinaverunt atque acumine primo insimul, fortiter serrati ac illaqueati ne penetrarentur, venerunt contra Gallicos. Milo quoque de Noieriis ordinavit aciem suam, ipseque et sui aggressi sunt eos. Videns autem Jacobus de Bayonna quod non poterat eos separare, eo quod dies occumbebat, fecit retrahi vexilla sua. Cumque paululum regressi essent Flamingi, secuti sunt eos, quos videns dominus Jacobus praecepit ut sui verterent vultus contra Flamingos. Porro Flamingi ipsos videntes regrediebantur. Gallicis itaque revertentibus, Flamingi secuti sunt eos ut prius usque sexies. Flamingi itaque videntes Gallicos sic recedere, clamaverunt post eos: « Quo tenditis? Congregamini et venite » quum hic sunt nobiles homines; non enim occidistis nisi rusticos. » — Quibus dominus Jacobus respondit: « Crastina die nos habebitis supra campos. » — Sic autem reversi sunt ad Sanctum Audomarum et dimiserunt Flamingos. Illi vero de villa gavisi sunt quamplurimum in adventu eorum, quum amicos suos quos vivere desperabant, incolumes recipiebant. Deinde ordinatis custodibus pro nocte, milites fecerunt consilium an irent die crastina scilicet in Parasceve ad bellum. Verum tamen in ortu diei miserunt Auricum Almanni ad videndum dispositionem Flamingorum, qui sine longa mora reversus narravit quod fugerant et reliquerant tentoria et alia multa. Postmodum exierunt majores ut viderent mortuos et repperierunt numerum quindecim milium. Ordinaverunt autem quod fierent magnae foveae ubi ponerentur mortui propter corruptionem aeris. Haec itaque acciderunt anno Domini millesimo trecentesimo trio.

DE DAMPNAPETRA. 487

De induciis inter Flamingos et regem, et de comite Flandrensi et duobus filiis ejus Roberto et Guillermo, qualiter reversi sunt in Flandriam.

Porro rex Franciae sciens dampnum Flamingorum congregavit omnes exercitus suos et venit Peronam. Flamingi vero erant aggregati in quadam villa nomine Crohier [1]. Interim quoque dominus Ludovicus do Ebroyca frater regis et comes Flandriae abierunt, ubi Philippus de Flandria et Johannes comes Namurci erant, ibique firmaverunt inducias usque ad proximum festum Madalenae anni M^i CCC^i quarti sub ista conditione quod comes Flandriae et duo filii ejus Robertus et Guillelmus venirent in Flandriam ad ponendum Flamingos in obedientia regis, praemisso tamen in primis quod si non possent eos concordare et se etiam cum rege pacificare, iterum reverterentur unde exierant, quindecim dies ante finem induciarum. Sic itaque comes Flandriae cum duobus filiis suis primogenitis Flandriam adivit, concurrentibus illis à Namurcis Margareta comitissa uxore sua et ab aliis locis aliis filiis suis et amicis. Ibique omnis illa nobilis generosaque prosapia tanto ad invicem contemplationis jubilo affecta est ut in omni eorum vita vix aliquod gaudii laetitiae huic aequiparari posset.

De reditu Philippi comitis de Thieta et de obsidione Tornaci.

Quidam vero dicunt quod tempore quo marescallus de Merla a Sancto Audomaro recedens ac per Hanoniam iter faciens Tornacum intraverat, Johannes de Namurcio in glomerosa militum et innumerabili multitudine Flamingorum obsidebat Lessinas in Hanonia : quam per longum temporis spatium obsedit et parum profecit. Qua obsidione durante, ibi supervenit veniens de Lombardia filius Guidonis comitis Flandriae, scilicet Philippus Flandrensis, comes de Thieta ratione uxoris suae, quem Flamingi ad eum mittentes vocaverant, ut dictum est supra. De cujus adventu magnum gaudimonium facientes, ipsum in festivitatibus pro viribus festivaverunt. Et quod major natu erat Johanne de Namurcio, factus est caput seu capitaneus hujus obsidionis. Quo regimine suscepto, statim crebris assultibus villam quae nimium fortis erat, fortiter fecit assilire in tantum quod vi assultuum capta est. Indeque rebus sublatis, virisque ac mulieribus et parvulis qui intus erant necatis, villam totaliter igne combusserunt. Deinde idem Philippus, Johannes de Namurcio frater ejus et eorum militia atque Flamingi quos ducebant, recedentes ac per totam patriam de Tornacesio devachantes, Tornacum potenter obsederunt. Quibus civitati appropinquantibus praenomi-

---

[1] Le texte français (voyez plus haut p. 264) porte : Orchies.

natus marescallus cum suis hominibus armorum et maxima multitudine civium armatorum insimul obviam pergentes contra eos audacter pugnaverunt; sed, superveniente innumerabili multitudine Flamigorum, Flamingi cum suis aciebus in Tornacenses impetum facientes ipsos a campo repellunt, sicque necessario retrocedere coacti ad civitatem accelerant et in illam intrantes portas munierunt firmis repagulis et clausuris. Flamingi vero statim distribuentes se per turmas et per diversas partes in circuitu se locantes ingenia sua bellica et petrarias suas erexerunt ante muros. Quod ut comperit rex Francorum Philippus, et etiam ad ejus notitiam pervenit quod quia nimium populosa erat, magnam famis angustiam patiebantur in eadem propter Flamingos qui sic vallo circumdederunt eam quod penitus ab ulla parte ad eam victualia nequibant pervenire, magno furore repletus, mox ut praefatam obsidionem solveret et Flamingos cum omnibus auxiliatoribus expugnaret, venit Perronam. Sed propter hoc, ut credebatur, apud Perronam veniente, visum est mutatum fuisse consilium ejus; nam misit comitem Sabaudiac ante Tornacum in obsidione Flamingorum ad habendum treugas cum eis. Qui tam tractavit cum eis quod concesserunt treugas per modum qui supra scriptus est. Quibus firmatis, ab obsidione recesserunt, et sic quilibet de nobilibus ad custodiam suam, videlicet Insulis, Duacum et in aliis bonis villis Flandriae, redierunt, et quaelibet communiae similiter ad propria reversae sunt. Et hujusmodi fuit causa accessionis istius regis Philippi apud Perronam ista vice, sicut quidam dicunt. Alii vero credunt quod quia civitas Tornacensis ex tunc erat debiliter murata, praepositus ejusdem pro habendis induciis dedit Flamingis magnam pecuniae summam, cujus causa iidem allecti confestim ab obsidione recesserunt et praefatas inducias concesserunt. Quibus habitis et inde litteris confectis, Tornacenses quamtocius villam suam muris et turribus tam fortiter et tam nobiliter firmaverunt quod non est civitas in toto regno Francorum quae pulcritudine et fortitudine murorum et turrium eidem valeat aequiparari. Et profecto utrumque esse potuit et de missione ex parte regis ad Flamingos et de pecunia Tornacensium eisdem tradita pro induciis et eorum obsidionis celeriori recessu.

De itinere regis Francorum ad terram Tholosanam.

Porro, cum rex Francorum concordasset dictas inducias, disposuit omnia sua et abiit in terram Tholosanam ad pacificandum guerras quae erant in patria; nam, cum venisset, extinxit guerram quae erat inter comitem Fuxi et comitem Armaniaci. Nobiles quoque de lingua occitana concesserunt regi iiii^{or} milia hominum armatorum et bis sexcentos pedites. Deinde venit rex Bitheris, et ibi accesserunt illi de Mediolano et in parte confoederati sunt ei. Postea fecit congregari praelatos et nobiles Narbonensium qui et concesserunt ei magnum consilium. Hiis quoque pactis in terra Albigensium, reversus est in Franciam et ordinavit quod Galcherus de Castellione, comes de Portiano, conestabularius Franciae, veniret cum magno exercitu ad Sanctum Audomarum, quum audierat quod inimici per ibidem treugis finitis intraturi essent patriam suam.

Qualiter comes Flandriae et duo filii ejus reversi sunt in prisionibus regis.

Praeterea comes Flandriae et duo filii ejus, Robertus scilicet et Guillermus cognomento Paternoster, juxta promissam reversi sunt in Franciam in prisionibus regis, referens idem comes qualiter non poterat attrahere Flamingos ad obedientiam regis.

De morte reginae Franciae Johannae.

Eo tempore mortua Johanna regina Franciae, idcirco rex tardavit convocare exercitus suos. In fine vero treugarum venit conestabularius ad Sanctum Audomarum cum IIII^{or} millibus hominum armorum et magna multitudine peditum. Praeterea, in crastino diei treugarum summi, mane Henricus de Namurcio qui in Duaco cum quibusdam strenuis militibus ad custodiam erat deputatus, eos cum quibusdam electis villae burgensibus pro guerra incipienda fecit exire ut patriam igne et caede vastarent; sed taliter provincia tunc erat vastata omnino et destructa quod nichil repererunt in ea ad comburendum donec venirent ad Bailleolum ubi necatis habitatoribus et rebus eorum sublatis totam villam igne combusserunt, cujus ignis de Atrebato et de Lencio videbatur plene. Milo vero de Noieriis, ut de Atrebato ubi tunc advenerat, hunc vidit, statim suos fecit armari et cum Atrebatensibus ascensis equis properantes persecutus est eos donec venirent in barrerias villae suae. Et quia eos cursu assequi non potuit, iratus cum suis ocius Atrebatum rediit.

Quomodo Flamingi, magno exercitu adunato, pugnaverunt contra Francos.

Porro conestabulario Franciae cum suis, ut dictum est, apud Sanctum Audomarum adveniente, Flamingi se coadunaverunt apud Cassellum. Fuit autem ibi Philippus de Flandria, Johannes comes Namurci et Guido et Henricus fratres sui, Guillermus Juliacensis, dominus de Cuko et plures alii milites. Venerunt insuper illi de terra d'Alos, de IIII^{or} Mestariis, de Gandavo, de Yppra, de Brugis, de Franco, de Curtraco, de Furnis, de territorio Casselli, de Insulis et de Duaco. Ipsis quoque simul adunatis, aestimabatur numerus eorum quasi ducentorum miliorum peditum et bis sexcentorum hominum armorum absque eis qui ducebant currus eorum. Porro Flamingi se disponentes venerunt juxta quoddam stagnum pertinens abbatiae Clarimarisci, ubi duobus diebus morati sunt. Tertia vero die profecti sunt ad Novum Fossatum. Aurricus quoque Almanni et Petrisot et quidam miles nomine Burgandus capitaneus cujusdam turmae quae gallice dicebatur : *des berruières*, faciebant Flamingis multa impedimenta; sed in fine a Gandavensibus refugati sunt usque prope Sanctum Audomarum. Verumptamen illi qui erant in villa Sancti Audomari, scientes adventum Flamingorum, omnes pariter se armaverunt, et exivit primo marescallus Milo de Noieriis cum sua acie et dominus Petrus de Courtriziaux magiter balistariorum Franciae. Statim vero ut exierunt suburbia villae, viderunt aciem Gandavensium ordinatam subtus Archas. Marescallus quoque agressus est eos, commissumque est praelium ab utraque parte atrocissimum. Finaliter vero Flamingi repulsi sunt usque ad fluvium. Quidam vero eorum fugientes inceperunt transire pontem, et subito alii secuti sunt cum tanta multitudine quod, propter numerum copiosum cadentium per latera pontis, fluvius in tantum auctus est quod diffundebat se per ripas in planis utrobique. In quo quidem fluvio multi Flamingi submersi sunt, necnon internecati sunt gladiis Gallicorum. Interim quoque quod sic occidebantur, juxta quoddam molendinum magister balistariorum et filius ejus cum uno scutigero gerente vexillum ejus transierunt pontem, credentes quod alii sequerentur eos. Flamingi autem ipsos solos prospicientes aggressi sunt eos et occiderunt. Corpus vero dicti militis allatum est ad Sanctum Audomarum et honorifice in ecclesia Sancti Sepulcri sepultum. Praeterea Flamingi qui erant in planis supra Archas, in crastinum cucurrerunt ante villam, contra quos exiit dominus Jacobus de Bayonna cum suo exercitu, et repulsit Flamingos usque ad fluvium et custodivit passus usque ad horam nonam, et tunc reversus est eo quod loco sui venit alius exercitus ibidem existens usque ad vesperum qui secundo reversus est in villam. Dominica autem in aurora diei Flamingi se ordinaverunt in campo ubi erant locatae tres grossae acies. Quod cum sciret conestabularius, ordinavit ut omnes exercitus exirent ad bellum. Ordinaverat enim plures acies, quarum primam ducebat marescallus de Noieriis, secundam dominus Bernardus de Marcucil, tertiam dominus Jacobus de Bayonna, quartam dominus de Fiennes, quintam conestabularius Franciae cum quo erant multi nobiles, sextam vero ducebat dominus Sancti Venandi cum Arthisiensibus et Flamingis se tenentibus de parte regis. Affuerunt insuper Lombardi qui venerant de Taruenna. Cum ergo omnes essent in monte supra Sanctum Audomarum et omnes viderentur, aestimabatur numerus eorum quasi quinque millium hominum armorum et triginta milium peditum. Erat enim inter eos et Flamingos fluvius medius; fuerunt itaque contra se invicem aciebus dispositis absque certamine usque ad horam nonam. Interim venerunt Lombardi quorum Castruce erat capitaneus, qui postea fuit magnus dominus in Lombardia, qui habebant lanceas triginta duorum pedalium in longitudine. Porro conestabularius, videns quod Flamingi volebant pugnare non formidantes mortem, noluit suos perire, considerans dictam amissionem regis apud Cur tracum, et etiam si reverteretur ad villam Sancti Audomari, quod villa non sufficeret tantae multitudini cibos amministrare, sed maluit patriam permittere vastari. Porro nobiles nescientes qualiter possent habere res suas quae erant in dicta villa propter expensas suas, finxerunt se velle locari inter Archas et Sanctum Audomarum, et sic res eorum dimissae sunt. Conestabularius itaque, habitis omnibus suis et suorum, praecepit omnibus ex parte regis quatinus eum sequerentur. Et sequebantur eum singuli currentes post eum inordinate super blada et alia bona terrae, exceptis domino de Fiennes, domino Beraudo de Mareueil et domino Petro de Bauffremonte, qui sumptis quae habebant, cum hominibus suis reversi sunt ad Sanctum Audomarum. Quibus quidem duriores fuerunt illi de Sancto Audomaro ob deceptionem aliorum, sed ante solis occasum pacificati et contenti sunt de illis. Interea Flamingi cernentes Gallicos sic incomposite recedere, valde mirabantur, nec ausi fuerunt transire fluvium ad se locandum prope villam, haesitantes ne conestabularius qui erat extra, tolleret victualia eorum et curreret super eos; sed tantummodo miserunt homines armorum qui currerent ante villam, contra quos exierunt plures sagitarii de villa, qui quidem quinque amiserunt, quinque lucrati sunt. Praeterea in singulis portis villae erant milites destinati. Nam in porta quae respicit ad Boloniam, fuit ordinatus dominus Theobaldus de Chepoy cum certo numero burgensium: ad portam versus Taruennam, dominus de Pene: ad portam du Bruile versus Arriam quidam miles arvernicus nomine Pontius de Bysac: ad portam vero aqueam versus Graveninghas quae vocatur aqua alti pontis, dominus Johannes de Havesquerka. Similiter et in singulis turribus destinati erant certi custodes. Et domini de Fiennes et de Mareueil ac aliqui burgenses de majoribus villae circuibant muros ad visitandum custodes. Accidit autem quadam die quod Flamingi aciebus dispositis venerunt ante villam. Interim vero exierunt quidam de villa et succenderunt suburbia villae ne forte Flamingi locarentur ibidem. Porro Flamingi arrestaverunt se ante villam, remanseruntque usque ad vesperum absque hoc quod impugnarent villam aliqualiter, et sic sero reversi sunt. Sic autem fecerunt duobus diebus. Cum vero novem diebus obsedissent intempeste, noctis silentio immediate sequentis custodes villae audierunt magnum tumultum in castris exercitus eorum. Custodes ergo notum hoc fecerunt capitaneis qui quidem armari fecerunt eos, existimantes Flamingos se aptare ut venirent ad locandum se magis prope de villa, quamvis aliter esset; nam Flamingi, combustis locamentis suis, profecti sunt versus urbem Taruennam, dimittentes retro copiosam multitudinem armatorum quousque currus et cetera quae habebant, elongassent Sanctum Audomarum.

Hic comburitur a Flamingis civitas Morinensis, et non solum Lilers sed et totam provinciam combusserunt atque Bethuniam aggressi sunt, sed non eam expugnaverunt; Gohella tota combusta; Calcheiam Lentii similiter combusserunt.

Flamingi venientes ad dictam civitatem tunc muris non munitam, fugientibus soldariis quos ibidem episcopus posuerat, et ipsam praedantes, combusserunt eam igne; ultroque transeuntes similiter fecerunt cuidam villae nomine Lilers. Indeque totam patriam igne et caede vastantes Bethuniae perrexerunt. Ibi namque erat ex parte regis Hugo de Papignies miles et dominus qui habitatores villae ut audacter se deffenderent quamplurimum animavit, quamquam a Flamingis crebris ac fortibus assultibus aggressi sunt. Sed quia audiverant Flamingi quod Philippus Francorum rex cum maximo exercitu in Arthesium descenderat ad debellandum eos, illico dimittentes assultum, recesserunt de Bethunia pergentes per Gohellam ubi arserunt fere xxx^a villas campestres usque ad Lentium in Arthesio ubi parum ante duo marescalli Franciae advenerant. Qui mox ut audierunt quod Flamingi appropinquabant Lentium, quia eis erant longe viribus impares, dimiserunt ibidem castellanum ejusdem loci et in Atrebatum secesserunt. Nondum enim longe erant a Lentio cum Flamingi ibidem advenerunt et fortiter ac diversimode castrum impugnaverunt. Et quia fortalitium habere nequiverunt, calcheiam ubi bona suburbia erant, totaliter combusserunt.

Flamingi Tornacum obsident et fortiter impugnant, unam portam capiunt, urbem intrant, sed vi repelluntur extra.

Deinde Flamingi transierunt per pontem Wendini et abierunt obsessum Tornacum quam fortissimis assultibus multoties impugnaverunt, et quamvis intra existentes fortiter resisterent, Flamingi tandem praevaluerunt in tantum ut caperent unam de portis civitatis. Interim autem quidam armiger de Flandria se tenens de parte regis qui cognominabatur gallice : d'Estamples, cum duodecim sociis potabat in quadam taverna, qui audiens clamores illico exiit cum sociis suis. Cum vero cernerent Tornacenses terga vertere Flamingis eos persequentibus, in vico agressi sunt Flamingos viriliter, aminoseque debellaverunt eos ut vi oppressi exirent de porta. Cumque ita certarent, advenerunt homines de civitate, qui succurrerunt eis.

DE DAMPNAPETRA.

*Guido vero de Namurcio, filius comitis Flandriae, captus est in Zelandia et per mare
ductus ad Calesium, Parisius est incarceratus.*

Durante dicta obsidione venerunt nuntii ad Flamingos, dicentes quod dominus Renaldus de Gremaude admiraldus maris ex parte regis Franciae venerat ad quamdam villam nomine Scrissey in Zelandia in auxilium Hanonistarum. Statim ergo miserunt dominum Guidonem de Namurcio cum magna copia hominum armorum qui quidem intraverunt mare per Scluzam. Quod audiens admiraldus regis intravit naves suas. Venerunt autem Flamingi adversus Gallicos et inceperunt acriter pugnare. Porro admiraldus prae aliis doctus in bellis navalibus elegit sibi avantagium ita ut Flamingi eum cum suis ferre non possent. Captus est ergo ibidem praefatus Guido de Namurcio cum hominibus suis, Johanne de Renessa et Guillermo de Bonen in nave ejusdem Guidonis primitus interemptis; ductusque est ad Calesium et inde ductus est Parisius ad regem et imprisionatus est in Lupara. De hujus vero Guidonis captione et amissione suorum non modicum laetatus est Guillermus de Hanonia qui in praenominata villa erat cum suis militibus, videlicet Mikaele de Ligne et Frastrato fratre suo, Sansseto de Buxeto, Othone de Strazegnies, Nicholao de Bailleolo, Galthero de Thupigneyo et pluribus aliis.

*De expeditione regis Franciae ad eundum in Flandriam, quam non potuit adire
nisi per Hanoniam.*

Praeterea Philippus rex Francorum sciens qualiter patria sua devastabatur a Flamingis et quomodo obsederant duas de bonis villis suis, undequaque congregavit magnum exercitum ut veniret apud Tornacum ad solvendam obsidionem eorum, praemisitque Attrebatum cum magna parte sui exercitus Karolum fratrem suum, comitem Valesii, quem mittens de Appulia revocaverat. Ipse vero, oratione facta in ecclesia monasterii Sancti Dionisii et vexillo ejusdem beati Dionisii accepto ac tradito Anselmo de Caprosia majori domus suae regiae, mox cum Ludovico altero fratre suo et reliquo exercitu praefatum fratrem suum Karolum insequens venit Attrebatum. Deinde misit conestabularium suum et Fulconem de Merla marescallum cum copiosa multitudine militum et aliorum armatorum ad Wendinum, ut accepto ponte per hunc cum omni suo exercitu posset Flandriam intrare; sed hiis ad pontem accedentibus restiterunt Flamingi qui jam pontem occupaverant, et sic retrocedentes confusi ad regem reversi sunt. Unde rex iratus Ludovicum de Claromonte consobrinum suum, Milonem de Noieriis, alterum marescallum, et Anselmum de Caprosia cum magna militia misit ad Archas prope Sanctum Audomarum ad anticipandum pontem ut per hunc Flandriam intraret. Quibus ad Archas

venientibus, obviam habuerunt Guillermum de Juliaco cum innumerabili multitudine
Flamingorum qui jam pontem non solum saisierant, sed et omnes alios aditus de
Arthesio in Flandriam occupaverant. Et sic Gallici praedictis dorsa vertentes et in
Attrebatum redeuntes haec omnia regi Philippo dixerunt. Qui non modicum admiratus
statim post de Attrebato recedens cum omni exercitu suo ad Fampontem perrexit. Deinde
ad Vitriacum accessit, indeque ad Boularivum mittens, ibi inventi sunt Flamingi qui jam
passum saisierant. Denique misit idem rex ad Raissiam, sed Flamingi jam pontem occu-
paverant. Postremum vero habito rex consilio misit ad Johannem comitem Hanoniae ut
cum omni suo hoste transiret ad pergendum in Tornacesium et ab hinc in Flandriam
posset per Hanoniam transire. Comes autem Hanoniae in lecto suo mortali decumbens
senio ac infirmitate gravatus libens petitionem regis annuit se totaliter offerendo eidem
et totam terram suam. Tunc rex a Vitriaco recedens apud Fierin se transtulit et inde ad
monasterium monalium de Denaing castrametatus est. Deinde cum omni suo exercitu
per extra Valentianas pergens abiit ad Condetum super Scaldum ubi et castrametatus est,
ibinamque Guillermus de Hanonia cum Johanne fratre suo, plerisque militibus et ar-
matis missis a patre suo qui, ut dictum est, lectulo morbo decumbebat, ut servitium regi
impenderet venit ad regem. Ipse enim Guillermus, Hollandia in fidelitate sui ac patris
ejus subacta, venerat ad praefatum patrem suum quem viam universae carnis ingres-
surum sperabat, Zelandia pro tunc ad conquestandum dimissa. Eo quoque benigniter
a rege suscepto, idem rex cum omni exercitu suo a Condeto recedens abiit Tornacum
ubi castrametatus est; indeque conestabularium, duosque mariscallos suos, Theobal-
dum de Cheppoy et Anselmum de Caprosia milites cum maxima bellatorum copia misit
ad Bovinas pro capiendo ponte ut per hunc posset Flandriam intrare; sed tarde venerunt
quia jam ibidem advenerant Philippus Flandrensis et Johannes de Namurcio frater
ejus et duo nepotes eorum, videlicet Guillermus de Juliaco et Robertus Nivernensis
cognominatus sine terra, filius minor natu Roberti de Bethunia in captione regis
detenti. Hic vero Robertus Nivernensis dictus sine terra a fratre suo Ludovico comite
Nivernensi parum ante recesserat et in Flandriam venerat ut cum suo sanguine in bello
contra Gallicos pariter viveret seu moreretur. Cum hiis quidem erant comites de Marka
et d'Espanehen et dominus de Cuko cum plerisque Allemannis et cum omnibus legio-
nibus communiarum totius Flandriae et d'Alos qui omnes erant locati inter pontem et
flumen in tentoriis et papilionibus suis. Cum vero conestabularius et hii qui cum eo erant,
horum exercitum conspexissent, quantocius ad regem reversi sunt, eidem narrantes per
ordinem quae viderant, et quia tunc in exercitu ejus Franci magnam famis penuriam
sustinebant propter currus qui victualia ferebant, quique propter metum Duacensium
qui de Flandrensibus erant, per nimis longum orbem in exercitum veniebant, ipse rex
per multum indoluit; sed, habito consilio, a Tornaco recessit, exercitum suum trahens
versus *le Carembaut*, et in villa de Orchies qui se reddidit ei, castrametatus est.

DE DAMPNAPETRA.

Atrox et letale bellum commissum apud Montem in Pabula inter regem Franciae et Flamingos.

Deinde intravit rex in Pabulum et se fecit locari apud Falmontem domum cujusdam abbatiae situatam subtus montem in Pabulo ad unam leucam. Ibique nimia pressura fame et siti detenti fuerunt in exercitu, fluvius namque de Buvri non sufficiebat ad tantum talemque populum quia erat gens innumerabilis, equos et animalia sustinendum. Afferebatur itaque aqua quantum duravit in fluvio in doliis, utribusque et aliis vasellis et cara vendebatur inter eos. Porro Flamingi qui erant ad pugnam ferventissimi, eadem nocte se moventes Bouvinas transierunt et per totam noctem usque in aurora diei venerunt et ascenderunt cacumen montis in Pabulo et in circuitu multum prope regem tentoria sua figentes se locaverunt, videntibus rege et omnibus exercitibus suis. Illo tamen die bellatum non fuit propter comitem Sabaudiae qui utrique, regi videlicet et comiti Flandriae, erat consanguineus, qui de rege ad Flamingos et de Flamingis ad regem saepe ut ad invicem concordarent perrexit, sed in vanum laboravit. In crastino vero summo diluculo die videlicet martis post Assumptionem beatae Virginis anni suprascripti millesimi CCC[i] quarti, mensis augusti, rex qui nullomodo cum Flamingis hesterna die concordari voluit, buccinnis crebro sonantibus totum exercitum jussit armari. Quo ordinato, xii[m] acies ordinavit et cuilibet aciei unum vel duos de principibus seu baronibus suis praefecit; tertiam decimam vero aciem in qua erant omnes legiones communiarum suarum, sibi assignavit. Sic enim fecit propter bellum Curtraci. Tunc idem rex cohortatus est Francos ut optime ferirent et pro capitibus pugnarent. Interim vero Philippus Flandrensis et Johannes de Namurcio frater ejus ex opposito similiter fecerunt Flamingos armari ex quibus solum iii[or] acies statuerunt, ipsos breviter commonentes ut fortiter pugnarent, posueruntque ad dorsum eorum et in utroque latere omnes currus eorum exercitus quos oneraverant de tentoriis et papilionibus suis quos distenderant, ne quis ibi, nec per ante inter eos posset intrare. Deinde hora quasi prima Gallicis atque Flamingis sibi invicem appropinquantibus buccinisque clangentibus, durum et letale bellum commiserunt inter eos. Ad istud quidem bellum asperrimum quod continebat spatium fere duarum leucarum, de Duaco per pontem Raissiae venit Henricus de Namurcio cum sexcentis equitibus et septingentis peditibus et per fortissimos ac velocissimos equos, vivacique vigore armorum, quamvis de suis amisit hominibus, pugnando, prosternendo et occidendo transivit per acies Gallicorum usquedum pervenerit ad fratres suos. Dicunt vero quidam quod primo Flamingi irruerunt super comitem Drocharum et comitem Armaniaci, eorumquo cuneos qui audacter receperunt eos; factaque est pugna mirabilis ab utraque parte, quae cum ferventissima jam diu durasset, praevaluerunt Flamingi ita fortiter et animose quod Gallici jam se retrahebant et per campos dividebantur quasi semivicti. Deinde Flamingi accesserunt ad aciem regis. Rex vero nobiliter indutus suis armis regalibus et sedens super dextrarium suum, tenensque machiam ferream in manibus suis, cum vidit duos burgenses de Parisius scilicet Guillermum Gentien et Johannem fratrem ejus occisos ad frenum equi sui et dominum Anselmum de Caprosia jacentem coram se mortuum et habentem vexillum regale, id est gallice *l'Oliflambe*, inter brachia, incepit signum regium clamare, scilicet : « Mont- » joie Saint-Denis! » et tanquam leo ferocissimus intravit medium belli percutiens hinc et inde et prosternens quoscunque attingebat de machia; nam ita valide tunc se habuit quod propria strenuitate corporis sui et non alterius Flamingi refutati sunt. Porro Milo de Noieriis, ut vidit vexillum regale in terram jacere, confestim illud arripuit et altius quam potuit erigendo potenter toto illo die in hoc bello portavit, unde virtutum ejus gloria quamplurimum ab omnibus aucta fuit. Interim nobiles qui se retraxerant, cernentes regem ante omnes ita strenue inimicos debellantem, uno impetu irruerunt in Flamingos, et tunc bellum acrius duriusque instauratur quam ante. Flamingi vero qui longa certatione fessi deficiebant in viribus suis, Gallicos recenter eos assultantes tolerare nequiverunt : idcirco in tanto numero ceciderunt ut campi suis cadaveribus tegerentur. Praeterea a quibusdam aciebus Francorum et eorum peditibus Flamingi per retro fuerunt aggressi in tantum quod currus eorum vertentes tentoria ac omnia quae super posuerant, abstulerunt et asportaverunt. Interea Guillermus Juliacensis qui cum acie sua erat multum ante in exercitu regis, videns quod evadere non valebat, nimium constrictus calore et siti, discalciavit pedes suos; qui quidem et qui cum eo erant, sumptis mucronibus suis ponebant pomalia in oribus suis ad extinguendum sitim, sic mortem expectantes. Porro comes Boloniae qui prius perceperat quod evadere vellent et ob hoc viam qua possent fugere clauserat, percipiens eorum dolorem, aggressus est eos, absciniditque caput praefati Guillermi comitis Juliacensis : ceteri vero gladiis interierunt. Philippus vero rex, quamquam multos de suis amisisset, tamen potitus est victoria cum dies declinasset prope ad solis occasum, Philippo Flandrensi, Johanne de Namurcio et Henrico fratre ejus, Roberto sine terrae nepote eorum ac eorum militia cum Alemannis et pluribus aliis e praelio fugae subsidio se mittentibus salvari; et cum fugam facerent diversis agminibus, rex et sui longe ac diu eos insequi propter noctis caecitatem nimis obscuram nequiverunt, idcirco eorum acies in sonantibus tubis ad locum certaminis cum gaudio remearunt, ubi nocte illa transacta ut moris est victoribus, sub luce aurora rex Deo gratias agendo Francis praemia voce preconiaria ut spolia peremptorum acciperent, concessit. Tunc ruina patuit utribusque occisorum. De nobilibus suis amisit rex comites Sacrocaesariensis et de Joingneyo, Hugonem de Bouvilla, Ferandum de Bullecurte, Aimerum de Novavilla, Guillermum de Mautas, Gobertum de Monte-Chablone et quosdam alios. De legionibus vero communiarum Flandriae circiter viginti milia Gallicorum gladiis interempti fuerunt. De nobilibus autem, comes Julicensis Guillermus qui comiter clericus de Juliaco nuncupabatur, Egidius de Hallwino, dominus de Meulon et quidam alii similiter gladiis interierunt. Tunc venerunt ad regem quidam clientes deferentes caput praenominati Guillermi Juliacensis super unam lanceam et praesentaverunt illud regi, quod quidem verso capite non curavit respicere. Tunc etiam, ut a quibusdam refertur, inventum est signum regale quod gallice dicitur : *l'Oliflambe,* in campis in duobus frustis. Equus, et sic dicunt quidam, tunc inventus est insellatus, herbam pascens inter duos dumos, super quem sedebat in sella more equitantis ymago sancti Georgii de fusto carpentata armisque munita, ac coram rege Francorum Philippo adducta et sibi praesentata. Cui pro certo dictum est quod Petrus Conin alias Regis qui in bello Curtraci novus miles fuerat effectus et qui dudum Brugis a Brugensibus eorum capitaneus fuerat electus, ipse et sui sic illam ymaginem fecerant, ornaverant et super equum infourcaverant in memoriam ejusdem sancti Georgii et in praesenti bello adduxerant ut ejus pia apud Deum intercessione tuerentur.

De alia internecione Flamingorum prope mare.

Eo tempore dominus de Fiennes et dominus Renaldus de Gremaude, capitaneus Januensium, exierunt de Sancto Audomaro, et pergentes apud Graveninghas, ibi invenerunt illos de Berghes, de Bourburgo et de basso territorio Flandriae existentes supra quemdam rotundum monticulum prope mare. Verum dominus de Fiennes cum exercitu suo irruit in eos; Flamingi quoque fortiter resistebant, qui locum aptum ad resistendum habebant. Januenses vero balistarii nocuerunt eis valde, et finaliter pedites ipsos lapidibus obruerunt sic quod finaliter extincti et mortui sunt supra dictum monticulum.

De obsidione villae de Insulis rursum facta.

Igitur Philippus rex Francorum, habito celebri triumpho de Flamingis, cum exercitu suo montem in Pabula transiens, omnem patriam igne et caede vastando ad villam de Insulis venit et obsedit eam. Erectis itaque petrariis et ceteris machinis bellicis, coepit illam fortiter expugnare, et obsessi non minus strenue se deffendere. Et quia currus quibus victualia vehebantur et hii qui merchatum frumenti, vini, carnis et ordei ad exercitum regis deferebant, secure per Pontem Wendini poterant transire, eo quod Flamingi qui sic alias in partibus illis praedictum pontem observabant, in momento quo de bello hoc rumorem audierunt, pelli suae timentes, recesserunt, maxima ubertas tunc erat in illa expeditione.

De Philippo Flandrensi qui recuperavit exercitum longe majorem quam habuerat apud montem in Pabula, et ad se locandum venit prope exercitum regis, volens rursum habere bellum, de quo multi mirati sunt.

Porro, cum rex esset in illa obsidione, Philippus Flandrensis et comes Namurci frater ejus qui a bello nuper fugerant, congregaverunt omnes qui evaserant et fixerunt tentoria satis prope Insulis. Et ut factum legentibus clarius inniteseat, sciendum est quod, cum tandem belli pondus in Flamingos versum esset et fugae praesidium quaererent qui de bello evadere potuerunt, Philippus Flandrensis, Johannes et Henricus fratres ejus, et nepos eorum Robertus sine terra, cum quibusdam aliis nobilibus, se traxerunt versus quamdam villam quae vocatur in gallico : Seniquemont, unde, ut dicitur, Rollandus, Cenommanensium dux, Karoli Magni regis et imperatoris de sorore nepos, olim extitit oriundus. Ibique Philippus insonuit tuba quam portabat, ut ad ejus vocem Flamingi qui fugiebant, redirent ad eum, ut illa nocte improvise irrueret super Francos; sed ejus fuit voto frustratus quia quibus fugere licuit, non fuit alia causa subsidii quam lapsu fugac ad bonarum villarum suarum seu castrorum munitiones pervenire. Johannes vero et sui, cum vidissent se in hoc nichil proficere, dolentes ascenderunt montem et in basilica Sancti Johannis Montis in Pabula una simul ad consulendum intrantes, concluserunt quod festinanter descenderent ubi erant pedites, utpote qui omnia quae habere videbantur, amiserant; Philippus ad Insulam castrum accederet ad custodiendum illud, et alii duo fratres ejus cum Roberto nepote suo pergerent in Flandriam ad congregandum animandumque Flamingos et ad ducendum contra Francos : quod et fecerunt. Nam tentoriis ac papilionibus de pannis diversorum colorum prae carentia telarum celeriter fecerunt, armisque undequaque exquisitis, Flamingi in multitudine gravi ad adjuvandum Philippum de Flandria et illos de Insulis contra regem Francorum exierunt de Flandria, Johanne de Namurcio cum Henrico fratre et Roberto nepote suis praesente; transeuntesque flumen Lisiae venerunt et castrametati sunt super fluvium dictum : le Deule. Cum eis etiam erat, cum pluribus Zelandistis, Florentius de Borsla qui tunc Zelandiam adhuc tenebat contra Hanonienses; necnon dux Brabantiae Henricus comes Luxemburgensis in brevi imperator futurus, comes Gueldriae cum maxima armatorum copia, quos cognationis causa praefati de Namurcio mandaverunt, supervenerunt in eorum exercitum. Verum, cum transissent omnes de eorum exercitu qui multum major fuit illo de Monte in Pabulo, Flamingi submiserunt naves, pontes et plancas fregerunt ne quis eorum posset effugere et ad eos locandum exercitum regis appropinquaverunt propius quam potuerunt; fixisque eorum tentoriis, mox Philippus Flandrensis mandavit regi Philippo quod volebat habere bellum, de quo multi mirati sunt. Mirabantur etenim rex et sui quomodo tam cito post tantum

DE DAMPNAPETRA. 499

tamque cruentum bellum peractum recuperaverant se tentoriis, armis et gentibus. Unde idem rex, habito cum principibus suis consilio, voce praeconiaria per exercitum praecepit ne quis exiret a castris causa fourrendi donec videret fortitudinem Flamingorum ut sciret quid esset acturus.

De induciis viij dierum, quibus pendentibus facta est pax inter regem Franciae et Flamingos.

Sic fuerunt valde prope alter alterius uterque exercitus fere duobus diebus. Quaelibet pars congredi timebat; sed interim comes Sabaudiae qui, ut dictum est, erat de progenie utriusque, tantum fecit quod induciae octo dierum firmatae sunt. Quibus durantibus, concordatum est quod Flamingi solverent regi annuatim redditum xx^a milium librarum; ordinatumque est quod rex haberet villam de Insulis, Duacum, castrum de Cassello et Curtracum donec Flamingi assignassent locum congruum ad colligendum dictos redditus; item Flamingi traderent regi sexcentos homines de Brugis ut abirent ad peregrinandum quocunque rex vellet eos transmittere; item quod omnia firma loca Flandriae seu munitiones penitus in terram prosternerentur; item quod Flamingi se obligarent ad solvendum regi trecentum mille libras in casu quo amplius rebellarent adversus eum et quod incurrerent sententiam antea datam per papam Honorium ad requestam Johannae comitissae Flandriae et Ferrandi et Thomae ultimi mariti sui; et sic rex dimitteret Guidonem comitem Flandriae et filios ejus Robertum de Bethunia, Guillermum de Nigella ratione uxoris suae, Guidonem de Namurcio et ceteros prisionarios de Flandria, dum tamen promitterent sub juramento quod tenerent dictam concordiam. Ad quod tractandum ex parte Flamingorum dux Brabantiae multum laboravit et multum profuit.

Dum pax confirmaretur apud Marquetam, Guido comes Flandriae decessit in carceribus regis.

Dum in Marqueta juxta Insulas dicta pax firmaretur, Guido de Dampnapetra, comes Flandriae, mortuus est apud Compendium. Praeterea Robertus et frater ejus hoc scientes dictam pacem sponte concesserunt ei. Porro rex venit Insulis, deinde Duacum quae tradita est ei modo praedicto. Misit etiam de hominibus suis ad Casellum et ad Curtracum ut eas reciperent juxta praedicta. Deinde Flamingis recedentibus et ad propria revertentibus, rex simili modo dimisit exercitus suos et venit Franciam, liberavitque prisionarios suos secundum modum qui superscriptus est. Venit itaque Robertus de Bethunia supranominatus ad regem, requirens quod reciperetur faciendo sibi homagium de comitatu Flandriae, quem rex benigniter suscepit, praemissis promissionibus praetactis. Postmodum vero idem Robertus comes Flandriae cum fratribus suis cepit corpus patris sui et fecit illud deferri ad quamdam abbatiam monialium, ordinis Cisterciensis, nomine Felines, quam comitissa Margareta mater ejus fundaverat, ubi sepultum est juxta corpus ejusdem matris suae.

Robertus recipitur tanquam comes Flandriae.

Denique intravit Flandriam praefatus comes Robertus et receptus est ab omnibus tanquam dominus Flandriae, feceruntque ei omnes homagium. Postremum vero dicta pax divulgata est per totum regnum Franciae et universam Flandriam, quae non longo tempore postea duravit, sicut infra dicetur.

Corpus comitis Arthesii defossatur et ad monasterium Malumdumum defertur.

Hiis diebus Mathildis comitissa Arthesii, relicta Othonis comitis Burgundiae, magistrum Theodericum praepositum ecclesiae Sancti Petri Arriensis, postmodum episcopum Attrebatensem, cum quibusdam aliis, misit ad monasterium monialium de Gronninches et fecit ibidem defossari locullum plumbeum patris sui Roberti comitis Arthesii, qui vulgariter cognominatur : *la Paterne-Dieu*, et cum magna honorificentia in lectica positum in Franciam ad regale monasterium situm juxta Pontisaram, quod dicitur Malumdumum, deferri et ibidem celebratis obsequiis ejus reverenter tumulari.

Mors Johannis comitis Hanoniae.

Eo tempore obiit Johannes comes Hanoniae, nepos Guidonis de Dampnapetra quondam comitis Flandriae, qui de comitissa uxore sua germana, scilicet Margareta comitissa Flandriae et Namurci, duos filios reliquit, Guillermum videlicet qui post ipsum comitatum Hanoniae, Hollandiae et Zelandiae tenuit, cui praenominatus rex Philippus Johannam neptem suam, filiam Karoli comitis Valesii fratris sui in uxorem dedit, et Johannem, qui castrum Bellimontis cum pertinentiis pro quinto comitatus Hanoniae et quasdam alias terras in Hollandia et Zelandia habuit, cui et idem rex Philippus in matrimonium comitissam Suessionnensem hereditariam dominam de Chimacho dedit.

DE BETHUNIA.

De fame quae fuit in Francia.

Occasione vero hujusmodi turbinum, guerrarum et mortalitatum earumdem in anno sequenti scilicet M° CCC° quinto facta est fames magna in Francia, Flandria et Hanonia et in regionibus circumvicinis. Valebat enim sextarius bladi ad mensuram Sancti Walerici vi libras Parisienses. Et tunc valebat Namptesius duos denarios.

De rege Franciae qui atraxit Ecclesiam Romanam in regno Franciae.

Praeterea Philippus rex Francorum tantum fecit apud dominos Johannem et Jacobum de Columpna cardinales, quod ipsi atraxerunt ceteros cardinales ut venirent ad tenendum sedem apostolicam in regno Franciae. Mortuo ergo papa Nicholao, omnes intrantes mare applicuerunt Massilliam, et inde per Rodanum venerunt Lugdunum civitatem Galliae. Ad quos ibidem congregatos idem rex Franciae misit Robertum ducem Burgundiae ut ibidem eligerent papam: qui in conclave congregati elegerunt unanimi consensu quemdam nobilem de Vasconia, archiepiscopum Burdegalensem, qui vocabatur dominus Bartholomeus de Got, qui in sui consecratione nominatus est Clemens hujus nominis quintus.

De morte Edouardi regis Angliae atque inhumatione, et de coronatione Edouardi filii ejus atque successoris. De constructione novi palatii Parisius et demolitione alterius.

. . . .
. . . .

Eo siquidem tempore, cum praedicta pax facta esset cum Flamingis, Philippus Francorum rex, considerans antiquitatem sui palatii regalis Parisiensis ac ejus vetustatem, illud fecit dirui funditus et solo terrae coaequari, et aliud novum ibidem admirandi operis construi ac per gnaros artifices et doctissimos operarios undecunque exquisitos cum omnibus aedificiis sibi pertinentibus notabiliter aedificari, ymaginemque sui cum ymaginibus omnium regum Franciae praedecessorum suorum introrsum ejusdem parietibus affigi. Tanti namque et tam excellentissimi operis est constructum quod pulcritudo ejus superat ac excedit omnia alia palatia regalia quorumcunque regum seu regnorum fere totius christianitatis.

Des loédiex.

Praeterea, eisdem temporibus multa miranda in regno Franciae acciderunt. Venit enim in eodem secta quorumdam hominum hostiatim mendicantium, qui dicebantur gallice : *loédieu*. Hii etenim de burello erant vestiti, longa vestimenta usque ad terram trahentes et subter corragiis de corio cum pilis erant cincti; habebant quoque capucia ita magna et profunda quod vix in eis facies eorum apparere poterat. Et aliter elemosinas non petebant hii kaymanni [1] nisi laudando Deum, ideo gallice : *loédieu* dicti sunt. Hii populum decipiendo dicebant se esse nobiles homines qui sic per septennium poenitentiam facerent amore Dei qui eos eripuerat de letali bello Curtraci, unde multi dictis eorum fidem credulam adhibuerunt. Erant etiam in praefata eorum secta plures clerici in nigromancia experti qui hujus artis maleficio se posuerant ad instar plurimorum dominorum qui in praetacto bello Curtraci decesserunt. Hii quidem veniebant ad hospitia dominarum relictarum illorum dominorum; intromissi recipiebantur et ab ipsis et eorum servitoribus in magno honore habebantur. Quidam enim, ut dicitur, se esse comes Augi asseruit, alter Johannes de Versone, unde per magnum temporis spatium terras et dominas ad libitum habuerunt; sed finaliter inopinate capti fuerunt et destructi quia fraus eorum detecta est. Alii, fugientes cum divitiis multis, auro et argento, alias regiones petierunt et amplius non redierunt.

Judaei expelluntur a regno.

Anno Domini M° CCC° VI° exiit edictum a rege Philippo ut omnes Judaei in regno ejus caperentur et de eodem expellerentur, quod et factum est.

Philippus comes Pictaviae ducit in uxorem Johannam de Burgundia, et Ludovicus rex Navarrae desponsat filiam ducis Burgundiae.

Circa idem tempus praefatus rex Philippus tractavit quod domina Johanna de Burgundia, primogenita Mathildis comitissae Arthesii relictae Othonis comitis Burgundiae, matrimonio daretur Ludovico regi Navarrae filio suo primogenito. Robertus autem dux Burgundiae in hoc posuit impedimentum post ejus reversum de Lugduno, tantumque

---

[1] Kaymanni, mendiants. C'est de là qu'est venu le mot français : quémandeur.

fecit apud regem quod Philippus comes Pictaviae alter filius regis dictam dominam Johannam habuit in uxorem et quod Ludovicus rex Navarrae primogenitus regis desponsavit filiam ejusdem ducis Burgundiae.

Rex apud Lugdunum visitat papam.

Postmodum vero rex convocavit ad se multos de baronibus et nobilibus regni sui et abiit Lugdunum ad videndum papam. Cum jam appropinquaret civitati, cardinales venerunt obviam ei cum magna societate, et intraverunt cum rege in civitatem.

Rex Angliae petit a rege Franciae Elisabeth filiam suam sibi dari in uxorem, et rex Franciae annuit ei. Nuptiae fiunt in Bolonia supra mare.

. . . .

De destructione ordinis Templariorum.

Anno quidem praenotato, videlicet M°CCC° VII° feria vi° quae fuit xiii° die mensis octobris, scilicet iii° idus ejusdem, una et eadem hora, videlicet circa solis ortum, auctoritate domini Clementis papae quinti, per vim et manum regiam subito capti et incarcerati fuerunt, omnibusque bonis suis temporalibus spoliati per universum regnum Franciae omnes fratres militiae Templi, qui dicebantur Templarii. Dicebatur vero, et sic recognoverunt ipsi Templarii coram innumeris fide dignis, quod iidem in ipsa professione sua quam in prima die qua ipsum ordinem intrabant, remota occursione omnimoda, anno comprobationis penitus intermisso, in loco abdito faciebant, Deum primitus abnegabant, tali modo coacti quod in ipso, ut praedicitur, loco abdito, allata ostensaque sibi a magistro illius loci cruce eum depicta in eadem cruce ymagine Salvatoris et ipso magistro dicente eumdem Salvatorem fuisse quemdam falsum prophetam, ter super ipsam crucem et ymaginem conspuebant. Quod si quis facere renueret, statim in ipso abdito vel alibi paulo post trucidabatur seu capite plectebatur aut ad locum remotissimum mittebatur cum litteris interclusis, secum deferens mortem suam. Qui autem abnegato Salvatore profitebatur, magistrum loci illius suis vestibus spoliatum osculabatur primo in summitate spinae dorsi ejus juxta foramen naturae, deinde in umbilico et postremo in ore. Ad ultimum vero ipse profitens una cum magistro suis vestibus reinduto exiens de illo abdito omnes fratres propter hoc congregatos in ore per ordinem deosculabatur. Dicebatur etiam, et sic recognoverunt, quod unusquisque de fratre suo pro suo libito vice uxoris sodomite utebatur. Postmodum autem, id est anno M° CCC° X°, mense mayo, primo Parisius in insula Nostrae Dominae per archiepiscopum Senonensem quinquaginta novem de ipsis Templariis, inter quos erat magister et prior totius ordinis eorum, scilicet dominus Ludovicus de Bello-Joco, compater regis Philippi; secundo, mense eodem, Silvanecti concilio per Remensem archiepiscum Robertum, secum adsistentibus totius ejusdem provinciae episcopis et abbatibus, celebrato, novem combusti sunt sollempniter ad ipsorum sectam enormem et memoriam perempniter detestandam, aliis pluribus de ipsis poenitentibus usque ad mortem in cathenis, compedibus et carceribus reservatis. Tandem vero post multas inquisitiones, auditiones et confessiones ipsorum Templariorum de mandato dicti domini Clementis papae V^i factas et auditas per praelatos regni Franciae cum magistris in theologia multotiens Parisius congregatos, praesentibus etiam ipsius domini papae notariis et nuntiis dictas inquisitiones, auditiones et confessiones ad dictum dominum papam referentibus, ipse dominus papa, dictos Templarios et ordinem eorum sive sectam enormiter detestando in concilio Viennae celebrato anno gratiae M° CCC° XII° in crastino Pascae, quae dies vi° kalend. aprilis fuit, tertia scilicet a festo Annuntiationis Dominicae, voce propria palam et publice penitus condempnavit, sicut diffusius infra dicemus, ipsos quidem et omnes sibi adhaerentes, sustinentes eos et partem ipsorum quocunque modo foventes, omnes ipsorum possessiones in regno Franciae existentes Hospitalariis conferendo ab ipsis perpetuo possidendas et ab eisdem per ipsorum praesentiam corporalem in subsidium Terrae Sanctae perenniter convertendas et competenter expendendas.

De pugna confecta inter duos reges Angliae videlicet et Scotiae, et victoriam habuit inde rex Scotiae, et, multis Anglicorum captis et interfectis, rex eorum Edouardus per fugam salvatur.

. . . .
. . . .

Qualiter Henricus comes de Luxemburgo fuit in regem Almanniae electus et per papam approbatus et confirmatus.

. . . .
. . . .

DE BETHUNIA

Qualiter rex Henricus per Alemanniam intravit Lombardiam, ubi nuntium papae invenit, cui renovavit juramentum quod per suos ambassatores juraverat papae, et Mediolanum adveniens inde Romam perrexit cum duobus cardinalibus qui ex parte papae ac vice ejus eum in imperatorem romanum unxerunt, consecrarunt et coronaverunt.

. . . .
. . . .

Qualiter rex Siciliae Robertus Henrico imperatori obicem se posuit.

. . . .
. . . .

Qualiter imperator Henricus virtute bellica Romam intrans se coronari fecit non magno discrimine suorum.

Quidam etiam de urbe sibi caute foederati sunt, scilicet omnes Guibelini; nec diu tardavit quod consilio Ghibelinorum abiit ad ecclesiam Beati Petri ubi se coronari fecit. Hostes quoque sui tenebant ecclesiam de Lateranno et Capitolium ubi antiquitus solebant imperatores coronari. In qua quidem ecclesia Sancti Petri ante majus altare postmodum imperator episcopum Leodiensem ibidem occisum qui tunc pro parte sua strenuissime pugnavit, jussit inhumari, etc.

De tribus coronis quibus coronatur imperator, de quibus metallis et a quibus praelatis.

. . . .
. . . .

Qualiter Romani aggressi sunt palatium ubi imperator prandebat.

. . . .
. . . .

Qualiter imperator sumendo Eucharistiam veneno infectus decessit, de morte etiam imperatricis uxoris ejus.

. . . .
. . . .

Qualiter multi Italici rebellaverunt, etc.

. . . .
. . . .

Iterum de fratribus militiae Templi Jerosolimitani, de eorum erroribus et discredentia, unde multi non sufficiunt satis ammirari.

. . . .
. . . .

Regina Navarrae, uxor primogeniti filii regis Franciae, adulterii accusata, capitur et incarceratur.

Anno vero sequenti, scilicet M° CCC° XIII°, regina Navarrae, filia Roberti ducis Burgundiae, uxor videlicet Ludovici regis Navarrae, primogeniti Philippi regis Franciae, adulterii accusata capitur et in Castro Gaillardi propter hoc diro carceri mancipata est, Philippusque et Gualterus de Alneyo fratres non multum post propter hoc apud Pontisaram vivi scorticantur et deinde in patibulo suspenduntur.

De quodam magno festo quod fecit Parisius rex Philippus, ubi assumpsit crucem transmarinam cum tribus filiis suis et aliis.

In fine vero factum est unum magnum spectaculum ante fores ecclesiae Beatae Mariae, in quo rex et cardinalis Nicholaus de ordine Praedicatorum, multique principes et praelati ascenderunt. Praedicavit autem ibi dictus cardinalis de via transmarina, quo adhortante rex assumpsit crucis signum cum tribus filiis suis, scilicet Ludovico rege

Navarrae, Philippo comite Pictaviae et Karolo comite Marchiae, duobusque fratribus, scilicet Karolo comite Valesii et Ludovico comite Ebroycensi, deinde Ludovicus de Claromonte consobrinus regis et fere omnes principes regni, praeter ducem Britaniae et comitem Flandriae qui dicebant se nolle cruce signari donec viderent paratam dispositionem pro viagio transmarino.

De Apostolicae Sedis legato qui non potuit pacem ponere inter comitem Flandriae et regem Franciae.

Summus itaque pontifex sciens quod praefatus rex et barones crucem assumpserant transmarinam, multum laetatus est. Sciens vero quod comes Flandriae non fuerat in festo et quod nollet crucis sumere signaculum, aestimabat quod ipse nundum erat pacificatus ex eo quod rex tenebat Insulas et multa alia castra in Flandria et quod post recessum regis forte noceret regno. Quapropter misit Parisiis ad regem unum cardinalem legatum nomine Gossealmum episcopum Albanensem ut poneret concordiam inter ipsum et comitem Flandriae Robertum. Qui dum causam sui adventus regi enarrasset, hujusmodi responsum habuit a rege : — « Comes Flandriae ultramodum » forefecit nobis; nunquam nobiscum habebit pacem donec emendaverit ad voluntatem » nostram. » — Cardinalis autem venit Attrebatum ubi assignavit diem hominibus regis et comiti Flandriae. Venerunt igitur ibidem ex parte regis archiepiscopus Narbonensis, Ingerannus de Marigniaco, cambellanus regis et sibi nimium familiaris, et Thomas de Morfontane, milites. Ex alia vero parte venit Robertus comes Flandriae cum multis de bonis villis suis. Cum autem simul essent ad colloquium aggregati, homines regis dixerunt comiti Flandriae quod, sub poena frangendi juramentum quod juraverat regi et incurrendi sententiam sub qua se obligaverat, praestaret omnia firma loca Flandriae et quod traderet regi sexcentos homines armorum. Quibus iratus comes respondit : — « Rex non habuit sanum consilium hanc petitionem injustam facere. » — Sic ergo divisi sunt ab invicem cum verbis rixosis. Gossealmus vero cardinalis Albanensis, Apostolicae Sedis legatus, contentionem eorum videns, tantum fecit apud Flamingos quod procurator comitis cum quibusdam de bonis villis Flandriae venirent ad regem ad videndum si aliquam gratiam possent invenire in conspectu ejus. Qui cum venissent ad regem, nullam ab eo gratiam attrahere potuerunt; sed rex, congregatis paribus sui regni Franciae, fecit adjornari praefatum comitem Flandriae ad jura regis personaliter veniendum. Multi enim fuerunt se praesentantes pro praefato comite, sed neminem rex voluit acceptare.

De sententia data a praefato rege contra comitem Flandriae.

Tandem vero pronunciatum fuit, praesentibus rege et procuratoribus Flandriae, per dominum Guillermum de Longareto quod omnis terra quam idem comes Flandriae tenebat in regno Franciae, perpetuo applicaretur regi, dicendo regi quod confestim in eadem se transferret et ipsam vi armorum occuparet vel saisiret.

Quod audientes procuratores Flandriae statim secesserunt in Flandriam, quae facta sunt comiti pandentes. Qui quidem mox magnum apparatum fecit ad resistentiam faciendam regi. Robertus vero filius ejus, protinus de Warneston a patre recedens, Brugis perrexit ubi, IIII^{or} mestarios cum toto communi congregans, dixit eis quod multo melius erat Flamingis in bello praevenire Gallicos quam a Gallicis Flamingos praeveniri : — « Nos, inquit, ad meliorem finem inde veniemus. » — Flamingi vero cito dictis suis concordantes statim de III^{or} mestariis de Brugis et quibusdam aliis villis congregati sunt fere XL^m pugnatorum. Quibus adunatis, praefatus Robertus eorum capitaneus eos adduxit apud Minorem Villam [1] quam praedaverunt et in valle Casselli quidquid sub rege erat tam mediate quam immediate, transeuntesque aquam inter Arriam et Sanctum Audomarum omnem terram breviter praedati sunt.

Bellum Flamingorum contra illos de Teruana et de Sancto Audomaro.

Tunc in Teruana cum episcopo ejusdem loci erant multi nobiles, videlicet domini de Fiennes, de Blequino, de Longavalle, advocatus Teruanae et plures alii cum magna copia armatorum, qui omnes cum Teruanensibus exierunt de civitate usque ad numerum decem milium hominum armatorum, et invenerunt Flamingos quos quaerebant, in quadam valle quae vocatur : Helfaut, statimque, ut sese ad invicem conspexerunt, statuerunt agmina sua in utraque parte, comminusque accedentes acerrime pugnaverunt.

Dum vero Teruanenses contra multitudinem tantam et tam fortem pro posse strenue dimicarent, supervenerunt in eorum succursu III^{or} milia hominum armatorum de villa Sancti Audomari, quos adducebant David de Sancta Aldegunda et dominus Baldo de Arria, qui acerrime hostes invadere coeperunt. Itaque, praelio revirescente, Flamingi breviter retrocedere sunt coacti taliter quod praedam suam amittentes cum maximo rerum et personarum discrimine remearunt ultra flumen Lisiae ubi pontes frangerunt, et quantocius in Flandria sunt reversi. Unde Robertus fuit confusione et verecundia pressus.

[1] Merville.

Teruanenses vero triumphantes cum praeda quam hostibus eripuerant et copia non parva captivorum ad Teruanam urbem suam gaudenter remearunt et illi de Sancto Audomaro ad Sanctum Audomarum villam suam similiter cum gaudio revertunt.

Rex Franciae mandatum suum facit permaximum ad eundum in Flandriam.

Rex ergo Franciae, habita hujusmodi sententia contra comitem Flandriae, protinus citare fecit omnes barones regni sui ut venirent Parisiis cum armis et equis. Quibus adunatis, rex ordinavit tres exercitus. Primi exercitus erant capitanei Ludovicus rex Navarrae primogenitus regis qui a Francis vulgariter vocabatur : Hustin, eo quod semper desiderabat toto affectu congressum habere cum Flamingis, et Galtherus de Castellione, comes Porciani, connestabularius Franciae, qui missi sunt apud Duacum. Secundo exercitui praefuit Philippus comes Pictavensis, alter filius regis, cum Guidone comite Sancti Pauli, qui venerunt ad Sanctum Audomarum. Tertium vero duxit Karolus, comes Marchiae, minor natu filius regis, cum Ludovico comite Ebroycensi patruo suo, qui venerunt Insulis. Cumque vero dicti exercitus essent in confinibus Flandriae, rex misit ad Sanctum Audomarum archiepiscopum Remensem et abbatem Sancti Dionisii, qui cum venissent ibidem, congregatis praelatis patriae indutis sacris vestibus cum collegiis et processionibus in foro ejusdem villae, praesentibus comite Pictaviae et baronibus cum populo de villa, fulminaverunt sententiam super Robertum comitem Flandriae et sibi faventes.

De treuga composita inter regem Franciae et comitem Flandriae et Flamingos.

Porro praenominatus cardinalis tantum fecit apud regem quod exercitus non sunt moti contra Flamingos. Deinde, factis quibusdam assecurationibus, idem cardinalis abiit in Flandriam cum uno de consiliariis regis, scilicet Ingeranno de Marigniaco qui posse regis habebat, locutique sunt cum Flamingis et composuerunt inducias durantes usque ad proximum festum Sancti Johannis Baptistae. Idcirco exercitus recesserunt, et abiit quisque in terram suam. Ingeranus autem de Marigniaco, tum quia ibidem et alibi fuerat locum tenens regis, tum pro dictis treugis quia libenter filii regis et maxime primogenitur scilicet Ludovicus rex Navarrae pugnassent cum Flamingis, tum quibusdam aliis causis, omnes in sui odium incitavit. Unde, cum Karolus comes Valesii, germanus regis, qui majore contra eum invidia motus erat, redisset ad regem, dixit ei quod non erat necesse aliquem ire in Flandriam ad imperium ejus praeter solum Ingerannum camerarium suum qui, ipse inquit, facit pacem, facit et guerram ad suae libitum voluntatis, hoc addendo quod proposuit amodo propter hoc non vestiri lorica. Rege semper eumdem Ingerannum quem valde diligebat, supportante et acriter excusante, sic ergo continuatum est odium quamdiu rex vixit.

De morte Philippi regis cognomento Pulchri.

Non multum post, cum praefatus rex Philippus esset apud Corbolium, quadam die circa festum Sancti Michaelis ejusdem anni, scilicet M^i CCC^i XIIII^i, appetiit venari; cumque vero videret cervum contra se venientem et pungens equum, trahensque ensem, niteretur percutere eum, ductu equi repentino pulsus est a quadam arbore sibi obvia in terram, indeque dolor violentissimus manavit. Ceperunt ergo eum homines sui et portaverunt eum apud Corbolium. Porro, dolore suo nimium crescente, sumptis sacramentis ultimis, mortuus est apud Fontem-Bliaudi ubi fecerat se transferri. Quo mortuo, allatum est corpus ejus Parisiis in collegio studii Sancti Bernardi Parisiensis ubi factus est lectus pulcherrimus, super quem positus est idem rex defunctus regalibus indumentis vestitus, positaque est corona in capite ejus, et sceptrum in manu ejus, ac inde perlatus est ad cathedralem ecclesiam Beatae Mariae ubi gloriosae exequiae eidem exibitae sunt, praesentibus et astantibus tribus filiis suis, duobusque fratribus ejus, multisque magnis viris et praelatis ac aliis personis tam secularibus quam ecclesiasticis, quorum numerus soli Deo cognitus est. Die vero crastina processionibus praeviis ductus est ad ecclesiam monasterii Sancti Dionisii, concomitantibus eum quadringentis burgensibus taedas ferentibus, ubi honorifice et regaliter juxta patrem suum fuit intumulatus. . .

. . . .

De conjuratione facta contra comitissam Arthesii.

Comitissa Arthesii habebat quemdam consiliarium sibi nimium familiarem, scilicet magnum Theodoricum ex praeposito de Aria episcopum Atrebatensem, cui invidere ceperunt nobiliores ejusdem comitatus proponentes comitissam ritus antiquos sui comitatus demoliri. Unde quidam eorum abierunt ad praefatum comitem Valesii, deposcentes quatenus eos juvaret in jure suo. Facta est autem confoederatio non solum nobilium de Arthesio, sed et de Viromandia, de Pontivo et de Corbiacensio cum pluribus de Campania, et hoc hortamento quorumdam de regali prosapia, qui licet in eodem foedere sub juramento convenissent, omnimoda tamen convenientia eorum opiniones non uniebantur. Nam aliqui conabantur consuetudines malas et innovatas quas principes statuerant, penitus abolere; aliqui autem volebant juvare dominos suos ut pervenirent ad suam intentionem. Reliqui vero nitebantur subjugare bonas villas et patriam ut possent totaliter dominari. Hujus autem foederationis nomina capitaneorum sunt haec : primo de Campania erat Gerardus miles dominus de Nantueil; de Viromandesio, domini de Hangesto et Ranevallis; de Cameracesio, dominus de Walaincourt; de Corbiacesio, domini de Helliaco et de Mailliaco; de Ambianesio, Renaldus vice-dominus de Pinkonio, Gerardus et Fredericus fratres ejus; de Pontivo, Anselmus miles et dominus de Kaieu et dominus de Boubercho; de comitatu Sancti Pauli, domini Bellevallis, de Souastre et de Kerkiaco; de Arthesio, domini de Fiennes et de Renti, castellanus de Berghes ac domini de Haultpontlieu et de Willervalle. Hi omnes in Bethunia congregati sub juramento promiserunt dictam foederationem manutenere. Deinde miserunt ad bonas villas ut foedus inirent cum eis, quarum quaedam secrete consenserunt, aliae vero renuerunt. Praeterea rex sciens quod fiebat, mandavit eos et comitissam Arthesii. Quibus ante regem existentibus, praesentibus Philippo et Karolo comitibus Pictaviae et Marchiae, fratribus suis, patruoque suo Ludovico comite Ebroicensi, Johanne de Claromonte, Roberto de Arthesio, comitibusque Sabaudiae, Fuxi et Boloniae, ac dominis de Marcueil, de Noieriis, Sulliaci et pluribus aliis, rex monuit eos quatenus dimitterent negotium in deliberatione consilii sui. Comitissa igitur et aliis concordantibus, rex fecit eos omnes jurare pacem, scilicet comitissam et Robertum filium suum cum foederatis, quae non diu permansit, secundum quod postea dicetur.

Rex Ludovicus alias Hustinus magnam expeditionem movet in Flandriam.

Porro Ludovicus rex, providens finem induciarum inter se et comitem Flandriae, statuit duos novos marescallos loco domini de Noieriis et domini Foucaudi de Merla, scilicet dominum Johannem de Bellomonte alias Desrame et dominum Johannem de Grés, statuitque ut cuncti nobiles et ignobiles essent in armis apud Atrebatum circa festum Assumptionis Beatae Mariae Virginis. Dixerunt enim quidam hunc regem vovisse quod non cessaret donec, Flandria subacta et destructa, Flamingos omnino sibi submitteret et occideret seu alicubi in exilium dirigeret : unde, ut dicitur, Dominum ad iracundiam provocavit. Nam, eodem anno, scilicet M° CCC° XV°, a medio mensis aprilis intemperies incepit, quae duravit usque ad Nativitatem Domini ejusdem anni. Tanta vero fuit inundatio pluviarum illo in tempore ut pernimia humectatione in campis seminata omnia deperirent, et inde nichil omnino homines colligere potuerunt. Deinde secuta est fames et mortalitas vehementissima. Verumtamen propter inclementiam aeris rex a proposito non cessavit, sed circa festum praenominatum venit in Flandriam cum exercitu suo. Cum autem esset inter castrum Lencii et villam de Hennin-Liétart, dictum est ei quod Flamingi in armis congregati veniebant sibi obviam et jam transierant fluvium

Lisiae. Idcirco abiit versus Insulas ad quamdam villam nomine : Bondues, parvusque fluvius dividebat exercitus ejus et Flamingorum. Interim autem, cum rex esset ibi, tanta pluviarum habundantia, ut dictum est, fluxit de nubibus, tamdiu quamdiu rex fuit ibi, die nocteque, quod milites et magni dextrarii erant in aqua usque ad medium tibiarum. Quadrigae et currus similiter ducentes victualia nullomodo vehi poterant. Flamingi vero scientes patriam saepe nocebant eis. Porro rex ultramodum dolens, habito consilio super hoc, movit castra ut reverterentur in Franciam eo quod nichil posset ibidem expedire, dicendo quod Deus erat totus pro parte Flamingorum. Flamingi quoque sequentes eos multa de rebus eorum lucrati sunt. Deinde abiit cardinalis ad comitem Flandriae et procuravit inducias usque ad Magdalenam immediate sequentem. Quibus firmatis, venerunt nova ad praefatum regem Franciae quod papa Clemens V^{us} obierat. . . .

De bona diligentia quam fecit comes Pictavensis ad accelerandum electionem Summi Pontificis.

. . . .
. . . .

De obitu regis Ludovici.

. . . .
. . . .

De promotione summi pontificis Johannis XXII.

. . . .
. . . .

Quomodo difficulter comes Pictavensis optinuit regentiam Franciae.

.... Deinde comites Valesii, Marchiae et Sancti Pauli, scientes quod comes Pictaviae acceperat regimen regni et quod habebat majorem partem baronum Franciae, venerunt ad eum causa pacis impetrandae, eique benigne ipsis indulgenti fecerunt homagium ut caeteri.

DE BETHUNIA.

De comite Flandriae qui volebat guerram facere.

.... Praeterea comes Flandriae ignorans quae gesta fuerant, incepit levare guerram contra regentem Franciae sub spe quorumdam foederatorum, dicto regenti Francorum proponens quod dictus regens non tenebat pactionem de castris Casselli et Curtraci, quae facta fuerat quodam foedere inter ipsum et regem Ludovicum inito. Sciens itaque regens quod dictus comes occasionaliter peteret guerram, misit avunculum suum Ludovicum comitem Ebroicensem et dominum Beraudum de Marcueil ad Sanctum Audomarum cum magna comitiva hominum armatorum, injungens eis quod devastarent patriam Flandriae juxta posse suum. Qui pergentes vastaverunt et combusserunt terram Casselli vicinam. . . .

Bassa Flandria comburitur.

.... Cum comes Ebroicensis vigilia Assumptionis exisset de Sancto Audomaro cum suo exercitu et inde combussisset Bassam Flandriam usque juxta Berghes, venerunt ad eum praefatus dux Burgundiae et conestabularius cum aciebus'suis, inveneruntque inimicos super unum fortissimum passum, et videntes quod eis nocere non valerent, reversi sunt ad Sanctum Audomarum, deferentes octoginta quatuor vexilla displicata. Erat siquidem cum eis juvenis Robertus de Arthesio, filius Othonis comitis Burgundiae et comitissae Arthesii. Crastina vero die venerunt ad eos nova quod Robertus cognomento sine Terra, filius comitis Flandriae, congregaverat magnum exercitum apud Pauperinghas.

De treugis initis inter regem et comitem Flandrensem.

Postquam autem sic sine aliqua expeditione dies xv^{im} complevissent, Ludovicus, comes Nivernensis, filius primogenitus comitis Flandriae, qui venerat ad comitem Valesii ad procurandum quod Ludovicus filius suus desponsaret filiam dictam comitis Valesii, hoc medio tantum fecit quod induciae prolocutae sunt et confirmatae ab utraque parte usque ad Penthecosten, sub ista conditione quod rex et comes Flandriae mitterent ad papam et quod deliberationi papae se submitterent omnino. Hac ergo causa Ludovicus comes Ebroicensis supradictus de Sancto Audomaro recessit et Parisius ad regem rediit.

De morte comitis Sancti Pauli.

Circa idem tempus, anno videlicet Domini M° CCC° XVI°, obiit Guido, comes Sancti Pauli, vir probus et prudens, qui baillivum comitatus Blesensis, terrarumque Guisiae in Terascha et de Avesnis in Hanonia pro Guidone nepote suo, filio Hugonis fratris sui primogeniti, in minoribus constituto, per magnum temporis spatium habuit. . . .

Robertus filius comitis Flandriae venit ad curiam papae et reversus est ad Flandriam.

Philippus itaque rex Francorum et Navarrae misit ad curiam Summi Pontificis dominum Henricum de Sulliaco et magistrum Petrum de Campis contra dominum Robertum sine Terra, filium comitis Flandriae, et alios de bonis villis Flandriae, qui, cum venissent ad curiam, papa sedit in consistorio diebus multis, praesentibus dictis partibus; sed nulla concordia inde facta est, quum Gallici dicebant quod omnino se submiserant sententiae papali. Flamingi vero dicebant quod tantummodo venerant ad advisandum se super sententiam vel consilio papae; nam dictus Robertus sine Terra dubitabat quin papa esset plus affectatus et pronior complacendi regi quam Flamingis. Quapropter, absque hoc quod caperet licentiam a papa, reversus est in Flandriam ad patrem suum, enarrans ei quid fecerat.

De prosternatione integra castellorum Casselli et Curtraci.

Comes Flandriae, hoc audito, misit statim homines armorum qui obsiderent castella Casselli et Curtraci, quorum castellorum custodes taliter fuerunt fame districti quod victus eorum deficiebant. Quod audiens rex misit quemdam consiliarium suum nomine Bertrandum de Requinegate ad comitem Flandriae, qui fuerunt concordes hoc mediante scilicet quod omnes garnisiones sagitariorum et balistariorum, springaliorumque et aliorum quorumcunque qui erant Casselli, ducerentur ad Sanctum Audomarum, et quae erant Curtraci, ad Insulas portarentur, et quod dicta castella funditus in terra prosternerentur. Quod factum est anno Domini M° CCC° XIX°.

De Roberto de Arthesio cui volebant confoederati tradere comitatum Arthesii.

Praeterea confoederati manutenentes guerram contra comitissam Arthesii mandaverunt domino Roberto de Arthesio, comiti Bellomontis Rogerii, nepoti dictae comitissae,

DE BETHUNIA.

quod si vellet habere comitatum Arthesii, veniret ad eos et quod traderent eum sibi. Robertus autem qui noviter desponsaverat filiam comitis Valesii, haec audiens, adunatis multis hominibus armorum, venit in praedictum comitatum ; cumque jam esset in villa Doullendii, venerunt illuc statim foederati et receperunt eum alacriter, eidem magnum festum facientes. Qui postmodum fecit duos marescallos pro exercitu, videlicet dominum Bellaevallis et dominum de Campiloco. Deinde, vexillis expansis, abiit Hesdinum, cujus inhabitantes, quamquam paululum contradicerent, finaliter tamen receperunt eum et tradiderunt ei castellum; cepitque omnia pulchra jocalia quae ibi habebat comitissa. Deinde convocans omnes nobiles comitatus abiit ante castellum de Avesnis Comitis quod statim ei traditum est; et inde abiit versus Attrebatum ubi erat conestabularius Franciae. Cives autem ejus adventum cognoscentes exierunt obviam ei et cum magna exultatione introduxerunt eum in civitatem. Quod percipiens conestabularius illico exiit per aliam portam, perrexitque ad regem, hoc sibi significatum. Porro Robertus inde abiens, cum esset Taruennae, misit ad Sanctum Audomarum duos milites, duosque domicellos portantes litteras credentiae illis de villa ex parte ejus. Qui ostensis litteris suis dixerunt eis quod essent in crastinum parati ad veniendum obviam domino Roberto supra memorato pro recipiendo eum sicut dominum, qui promittebat eis suas libertates et privilegia prorsus observare. Interrogaverunt autem illi de villa si rex recepisset eum in comitem. Aliis vero fatentibus hoc se ignorare, dixerunt : « — Non sumus factores comitem » Arthesii; si tamen rex susceperit eum in comitem, tum diligerimus eum sicut aliquem » alterum. » — Reversi sunt ergo nuntii ad dominum suum, recitantes responsum illorum de Sancto Audomaro. In crastinum autem Robertus de Arthesio cum exercitu venit ad unum castellum quod vocatur: Esquerdes, ubi posita garnisione sua accessit ad Esperleeq; deinde ad Montoriam et inde Calesium abiit. Illi vero de Calesio clauserunt portas contra eum. Porro quidam miles cum magna festinatione venit ad eum, portans ei literas ex parte regis continentes quod ipse omnibus relictis abiret Parisius ad regem. Congregatis ergo suis foederatis ostendit eis qualiter oportebat cum Parisius ire ad regem. Deinde, relinquens eos multum stupefactos propter sui recessum, abiit ad regem. Quidam autem ipsorum foederatorum, videntes guerram non expedientem, dimiserunt alios ; caeteri vero impugnabant bonas villas scilicet Sanctum Audomarum, Arriam et Calesium, duravitque guerra fere tribus annis, ut inferius dicetur. Eapropter multi eorum exulati sunt de regno Franciae, cepitque rex comitatum Artesii in manu sua et misit unum gubernatorem militem ex parte sui, qui nominabatur : Hugo d'Esconflans, qui non diu postea vixit. Post quem extitit gubernator Strabo de Barris. Misit insuper rex marescallum de Bellomonte ad Sanctum Audomarum cum ducentis viris armorum, qui dictorum foederatorum quotquot repperiit, occidit, possessionibus eorum incensis et destructis. Comes itaque Flandriae pro posse sustentabat eos.

Bellum renovatur in Flandria.

Rex itaque considerans finem induciarum quae erant inter se et comitem Flandriae, cum venisset Parisius quidam cardinalis ad fulminandam sententiam super comitem Flandriae et ejus adjutores, misit apud Sanctum Audomarum conestabularium et dominum Sulliaci cum magno exercitu, et aliquos de lingua occitana apud Arriam. Comes etiam Flandriae ex adverso venit ad montem Casselli cum magna comitiva hominum armorum qui multum inviti venerunt propter sententiam papae; cumque ibidem congregasset eos, fecit extendi pannum super currum, deinde afferri unum parvum scrinum de corio, quod quidem aperiens, cunctis videntibus, extraxit quasdam literas sigillo Philippi quondam regis Franciae sigillatas, tangentes quod Balduinus quondam comes Flandriae et Hanoniae invadiaverat Sanctum Audomarum et Arriam pro spatio centum annorum pro una summa argenti quam rex sibi accomodaverat pro suo voiagio Constantinopolitano. Has litteras ostendens dicebat : — « Videte qualiter » bonam causam habeo ad acquirendum villas Sancti Audomari et Arriae, quae mihi » pertinent ex quo illi centum anni completi sunt. Quare vobis supplico juvetis me » ad recuperandum hereditatem meam. » — Cui multis concordantibus, alii dixerunt quod hoc pace postmodum firmata cassatum est.

Mediante matrimonio Margharetae filiae regis Franciae et Ludovici filii comitis Nivernensis facta est pax inter dictum regem Franciae, comitemque Flandriae et Flamingos.

Tamdiu vero continuatum est in discordia quod comes Nivernensis, filius ejusdem comitis primogenitus, cum tribus villis Flandriae venit Arriam et tractavit cum domino Sulliaci quod matrimonium de Ludovico filio suo et filia comitis Valesii cassatum esset et quod idem Ludovicus desponsaret juniorem filiam regis Franciae nomine Margaretam; et tali pacto pax fuit confirmata, et recesserunt uterque exercitus, proviso tamen quod comes Flandriae debebat ire Parisius ad regem ad assecurandum dictum Ludovicum de comitatu Flandriae. Et ad hoc consenserunt etiam Robertus sine Terra, alter filius ejus, et domina Couciachi, soror ejus, mediante assecuramento quod inde habituri erant.

Contra foederatos castellum Sancti Venantii capitur per marescallum Franciae.

Conestabularius autem reversus est ad regem, dimisso marescallo Bellimontis in Sancto Audomaro propter praedictos foederatos qui villam infestare non cessabant.

Porro idem Desrames de Bellomonte, marescallus Franciae, quodam mane exiens de Sancto Audomaro, abiit ad Sanctum Venantium, ac repente ingrediens villam repperiit quod custodes castelli exierant causa spatiandi ita ut ipsis fugientibus Guillermus de Norem capitaneus dumtaxat quaternarius regrederetur castellum, caeterique caperentur. Cum autem quatuor diebus marescallus impugnaret castellum, ipso die quarto illi de castello submiserunt se voluntati ejus, ubi posito novo capitaneo ex parte regis, cum soldariis duxit suos prisoniarios ad Sanctum Audomarum ubi multo tempore morati sunt.

Pax confirmatur inter comitissam Arthesii et foederatos, sed non tenuit.

Conestabularius videns foederatos male tractatos requisivit domino de Fiennes per internuntium quod possent habere collationem insimul. Quo concesso assignata est dies ad Monsterolum supra mare, ubi cum convenissent, dominus de Fiennes spopondit conestabulario quod iret ad petendum veniam regi. Conestabularius enim promiserat ei quod veniam obtineret, assignataque est dies qua iret ad regem. Conestabularius vero pergens ad regem dixit ei quod dominus de Fiennes erat paratus ad sibi complacendum. Super quo assignatum est unum parlamentum apud Coisiacum prope Compendium inter comitissam Arthesii ex una parte et foederatos ex altera, ubi pax inter eos confirmata est. Dominus autem de Fiennes non dignatus est venire ad dietam suam, unde fecit pejus quam ante.

Castellum Rentiaci capitur et prosternitur; castellum de Sennigehem similiter capitur et prostratur; castellum Tingeriaci etiam capitur et prosternitur; castellum de Riminghehen etiam est eversum.

Quod cum audisset rex, dixit conestabulario quod malam pacem fecerat inter comitissam Arthesii et foederatos qui non desinebant comburere et depraedare patriam. Marescallus autem qui haec retulit regi, dum putaret reverti, quadam infirmitate correptus est, de qua decessit. In cujus loco positus est dominus Matheus de Tria, qui statim abiens ad Sanctum Audomarum manutenuit ibidem guerram per annum cum dimidio, conquisivitque super Alligatos castellum Rentiaci quod prostravit in terram. Deinde obsedit castellum de Sennigehem quod observabat dominus Edmondus de Bouber. Cum vero idem marescallus pluries impugnasset hoc castrum, illi de infra per noctem ita latenter exierunt quod alii non perceperunt eos. Marescallus itaque castrum ingrediens, sumptis bonis quae erant ibi, fecit totum prosterni in terram. Praeterea conestabularius, multum iratus contra dominum de Fiennes ratione jam dicta, congre-

gato exercitu magno de lingua occitana et de Francia ac de parentibus suis, venit ad
Sanctum Audomarum et inde abiit obsessum unum castrum pertinens domino de
Fiennes nomine Tingeriacum. Quo obsesso diebus octo, traditum est sibi. Ibique captus
est Robertus de Fiennes et Matildis soror ejus qui traditi sunt comitissae Boloniae.
Postmodum autem castello prostrato et desolato, conestabularius duxit exercitum suum
ad Fiennes prima facie et cepit castrum. Quo etiam omnino prostrato, reversus est ad
Sanctum Audomarum, aestimans quod dicti foederati venirent ad postulandam veniam,
qui tamen hoc facere non intendebant. Conestabularius ergo audiens praedictorum
foederatorum obstinationem, adunato noviter exercitu copioso, in quo erant plures
magni viri, videlicet duo filii ejus, Galtherus et Johannes ac comites Augi, Albemalle,
Rossiaci, dominus Couchiaci et Ingeramnus frater ejus, duo marescalli Franciae,
scilicet Matheus de Tria et Strabo de Barris, Hugo de Sancto Paulo, dominus de Leuza et
de Condeto super Scaldim, dominus de Linea, marescallus Hanoniae, et etiam de lingua
occitana Petrus de Gaillardo et comites de Strato et de Milezon et Reginaldus de Ponti-
bus cum aliis multis nobilibus, exiens de Sancto Audomaro ivit obsessum quodam cas-
tellum pertinens domino de Fiennes tribus leucis distans a Sancto Audomaro nomine :
Rimigchen. Quod castellum diebus sex obsessum, quamquam paucis assultibus impugna-
tum, finaliter redditum est sibi. Quod quidem everti jubens conestabularius rediit ad
Sanctum Audomarum.

De comitissa Arthesii quae venit in Arthesium.

Interea comitissa Arthesii consensu regis venit Atrebatum cum multis baronibus
scilicet Hugone de Cabilone, patre Johannis, Aymardo de Pictavia, Thoma de
Sabaudia, et alii plures usque ad numerum sex centorum hominum armorum. Ibique
venerunt ad eam principales Arthesianorum de offensis veniam petentes. Quibus beni-
gniter susceptis, quamvis haberet secum magnum Theodoricum quem odio nimis
habebant, perrexit apud Arriam, ubi relatum est ei quod foederati essent apud Cassel-
lum cum magna potestate armorum ad resistendum ei, sed ob hoc non distulit quin
recto tramite pergeret ad Sanctum Audomarum : cui statim venit obviam conestabula-
rius usque ad medium itineris cum bis sexcentis hominibus armorum. Modus autem
quo intravit villam fuit iste : primo acies Burgundorum cum duodecim vexillis expan-
sis; post quod sequebatur comitissa sedens in curru suo eam praeviantibus tredecim
vexillis, quam conducebat idem conestabularius. Tertia vero acies erat marescallorum
cum sex vexillis. Deinde dictus magnus Theodoricus, in conductu militum qui juvera-
rant eum morti tradere. Postea vero abiens per totum comitatum suum stabilivit offi-
ciarios nomine sui, venitque Hesdinum ubi morata est. Porro dominus de Fiennes

tractavit erga marescallum per comites Augi et Russiaci quod, cum comes Flandriae
fuerit in praesentia regis, tunc pax ejus fieret.

De institutione festi Sacramenti Altaris.

Eo siquidem tempore papa Johannes fecit pronuntiari festum Sacramenti Altaris quod
prius institutum erat, unum de sollempnioribus festis totius anni.

*Comes Flandriae abiit Parisius ad regem et de offensis veniam humiliter postu-
lavit et obtinuit, et facta pace et peracto festo nuptiarum de filia regis et filio
comitis Nivernensis, facta est pax de domino de Fiennes.*

Comes itaque Flandriae qui promiserat ire ad regem, ut praedictum est, cum magna
societate militum et hominum de bonis villis Flandriae abiit Parisius ubi dictum est
ei quod rex veniebat. Igitur dum pergeret ei obviam et esset in prospectu regis, eum
humiliter salutans, rex ejus verbis non respondens avertit faciem suam ab eo. In
crastinum autem comes abiit ad curiam regis, et tunc pax ejus confirmata est. Et
modicum post perfectum est matrimonium de Ludovico filio comitis Nivernensis et
Margareta filia regis, fecitque comes Flandriae festum nuptiarum in quo multi domini
et multae dominae fuerunt. Deinde supplicavit regi quod indulgeret domino de Fiennes
cognato suo offensas per eum commissas. Quod rex pietate motus illico annuit, dum-
modo dominus de Fiennes suae voluntati omnimodo se submitteret; statimque vocatus
est dominus de Fiennes, et cum venisset ad regem et veniam humiliter postulasset, rex
suscepit eum in gratia sua, supposito quod omnes de parte regis connumerarentur in
illa pace. Comes autem Flandriae, capta licentia a rege, remeavit in patriam suam.

Rex Franciae exercitum et conestabularium suum misit in Vasconiam.

. . . .
. . . .

*De Philippo de Valesio post modum rege venturo qui duxit X^m pastores et multos
homines armorum contra Ghibelinos et quosdam alios qui obsederant regem
Robertum in civitate Jannuensi.*

. . . .

Pastores erant induti strictis vestibus lineis qui gallice dicuntur : Sarros. . . . . .

Qualiter Philippus de Valesio rediit pauper in Franciam.

. . . .
. . . .

De facto nequissimo quod machinavit dominus Robertus sine Terra contra fratrem suum.

Porro dominus Robertus sine Terra, filius comitis Flandriae, cujus cor inflatum erat per consilium quorumdam foederatorum nondum habentium pacem cum rege, ex eo quod filius fratris sui esset heres comitatus Flandriae et quamquam fingeret se non curare propter timorem patris sui, machinatus est tandem in corde suo factum nequissimum. Nam, quadam die, dum Ludovicus comes Nivernensis ivisset ad quoddam parlamentum contra ducem Brabantiae et jam reverteretur, dominus Robertus posuerat insidias in quodam parvo nemore per ubi dictus Ludovicus transiturus erat. Cum autem idem Ludovicus de nullo haesitans ibidem transiret, qui erant in nemore, irruerunt super eum ac de equo prostraverunt, duxeruntque eum ad castellum Viane. Postea dominus Robertus venit ad patrem suum, dicens ei quod comes Nivernensis fuerat contra eum in dicto parlamento : — « Ego, inquit, dubitans ne veritas rei vobis cela-
» retur, cepi eum et posui in prisione. » — Cui comes credens dixit ei quod bene fecerat. Deinde Robertus fecit scribi quasdam literas ex parte comitis, comite ignorante, cujus tenor dignoscitur esse talis : « Robertus comes Flandriae, castellano nostri castri
» Viane. Mandamus vobis quod visis praesentibus indilate faciatis amputari caput
» Ludovici filii nostri. Quod si non cito feceritis, statim accipiemus ultionem in vobis. »
Et venit idem Robertus ad sigillatorem comitis et jussit ei quod sigillum comitis dictis literis imprimeret. Qui renuens hoc facere sine jussu comitis, projecit sigillum ad pedes dicti Roberti, qui capiens sigillum sigillavit literas et misit castellano. Castellanus autem visis literis abiit ad comitem Nivernensem et dixit ei : « Domine, multum
» me taedet de hoc quod mihi injunctum est. Videatis literas patris vestri mihi trans-
» missas. » Cui comes lectis litteris dixit : « Non sitis in hoc festinans , quum aestimo
» patrem meum hoc penitus ignorare. » Dixit ei castellanus : « Amore vestri, periculo
» me submittam et pergam ad patrem vestrum ad sciendum si sit concors hiis literis;
» quod si ita fuerit, ego reversus, sumptis quae hic habeo, hoc castro commisso alicui
» nobili, vadam in terram extraneam. » Deinde recedens castellanus venit apud Malam ubi erat comes Flandriae et ostendit ei literas, dicens : « Domine, jussionem vestram
» explevi, timens vestram indignationem incurrere. » Quod comes intelligens excla-

mavit et dixit: « Heu, castellane, est filius meus mortuus? Nunquam tantum dolorem » habui! » Castellanus autem videns comitem dolere et tristari, dixit ei : « Domine, » mitigetur dolor vester, quia filius vester adhuc vivit. » Deinde comes statim vocavit homines de bonis villis suis et Robertum filium suum qui erat ad Warnestum et ostendit eis nephas traditorium quod factum fuerat filio suo. Qui cum omnes se excusassent, comes jussit quod filius suus liberaretur. Porro quidam de patria pervenientes ad comitem Nivernensem dixerunt ei quod bona pacis concordia fieret inter eum et Robertum fratrem suum et omnes consiliatores comitis et quod statim liberaretur. Qui aestimans se aliter non posse liberari, concordatus est eis. Deinde veniens ad patrem suum, capta licentia proficiscendi in Franciam, abiit Parisius ubi invalescente quadam infirmitate mortuus est.

De morte Philippi Strabonis, regis Franciae et Navarrae.

Eo tempore, Philippus Franciae et Navarrae rex incidit in langorem maximum, unde formositas corporis sui ad nichilum redacta est. Nichil enim remansit in eo nisi pellis et ossa, et in hoc statu jacuit per dimidium annum. Unde singulis diebus faciebat aperiri ostia camerae suae, vocansque universos transeuntes, dicebat eis : « — Videte regem » vestrum pauperrimum inter homines regni sui. Nullus enim est vestrum cui ipse » nollet cambire. Habeatis ergo regem vestrum tanquam speculum ut Deum prae oculis » habeatis, quia nulla est creatura de qua Deus non faciat ad voluntatem suam. » — Deinde, suscepto ultimo sacramento, apud Longum-campum vitam finivit, tres filias relunquens de regina uxore sua, Johanna videlicet, filia Mathildis comitissae Arthesii et mariti sui Othonis Burgundiae comitis : quarum primam dux Burgundiae duxit in uxorem; secunda data est conjux Delphino Viennensi, et tertia Ludovico comiti Flandriae nupta est. Sic enim obiit praefatus rex Philippus dictus gallice *le Long* ou *le Saige* ou *le Borgne*, anno Domini M° CCC° XXII°, et in ecclesiam monasterii Beati Dyonisii delatus, ibidem prope patrem, fratremque suum ac nepotem, regaliter jacet tumulatus . . . .

De Carolo dicto Pulcro filio tertio Philippi regis cognomento Pulcri et de quibusdam sui temporis incidentibus.

Philippo sexto successit Karolus comes Marchiae et Bigorriensis, frater ejus, qui regnavit annis quinque. Hic mandavit omnibus principibus et baronibus regni sui per consilium Roberti de Arthesio, comitis Bellimontis Rogerii, et Galteri de Castellione conestabularii, familiarium ejus multum, quod venirent Remis ad unctionem sui dominica qua in Ecclesia Dei cantatur : *Esto mihi,* dominica scilicet ante primam dominicam quadragesimae . . . .

Tunc reliqui confoederatorum qui adhuc erant exulati a regno, revocati sunt, et terrae eorum jussu regis redditae sunt eis.

De morte Roberti comitis Flandriae et de litigio pro comitatu suo inter heredes suos.

Porro Robertus comes Flandriae, dum esset apud Curtracum, quodam mane surgens de lecto illaqueavit pedem, praesente camerario suo, et cecidit in terram et rupit tibiam suam. Positus est itaque a camerariis super lectum, ejusque infirmitate ingravescente post octo dies mors subsecuta est. Corpus ejus delatum est apud Yppram ac in ecclesia Sancti Martini ejusdem villae sepultum est. Quo decedente et filio suo domino Roberto dicto sine Terra domino de Cassello et ejus appenditiis remanente, Ludovicus comes Nivernensis abiit ad regem se praesentans tanquam heredem Flandriae per matrimonium sui et Margaretae filiae regis Philippi. Accesserunt insuper praedictus Robertus patruus et duae amitae ejus, scilicet domina Couchiaci et domina de Florinis uxor domini Mathei de Lotharingia pueri praefati comitis Roberti nuper defuncti; cumque diuturno placito eorum controversia fieret in curia regis, in fine tandem comitatus Flandriae judicio datus est Ludovico comiti Nivernensi supradicto.

Ludovicus statim apparatu disposito venit apud Lencium in Arthesio, ubi venerunt ad eum homines de bonis villis Flandriae una cum nobilibus provinciae, qui omnes duxerunt eum Gandavum ubi alacriter receptus est. Deinde, abiens Brugis, Yppram, Furnis et Curtracum, ubique receptus est tanquam dominus. Postmodum suscepit homagia comitis Namurcii Johannis de Flandria, scilicet domini de Nigella, filii Guillermi Flandrensis alias vulgariter dicti : *Patrenostre,* domini de Gavra et aliorum nobilium Flandriae, praeter praenominatum Robertum avunculum suum, qui finaliter fecit ei homagium ; necnon fecit baillivos et judices ac officiarios per totam terram suam.

De feroci pugna inter comitem Namurcii et Brugenses qui ceperunt comitem et villam suam Sclusae combusserunt.

Praeterea Brugenses venerunt ad comitem Namurcii, conquerentes apud eum quod illi de Scluza villa sua volebant eos impedire de aliquibus juridictionibus eorum. Quibus comes repondit quod super hoc faceret inquisitionem, qua facta redderet eos contentos.

Qui indignantes super hac responsione eam Brugis retulerunt. Porro illi de villa grossam campanam pulsantes congregati sunt in unum magnum exercitum ut irent combustum Sclusam. Porro comes Namurcii, hoc percipiens, congregatis quotquot potuit habere, exivit contra ipsos ac viriliter aggressus est eos. Feroci quoque pugna ibidem commissa, comes Namurcii habens nimis paucos homines ad resistendum taliter declinavit quod tantum modo sextenus in bello remansit, adhuc pro posse repugnans aliis. Tandem vero Brugenses uno impetu irruentes in eum, ipso capto, combusserunt Sclusam, et inde bonis omnibus sublatis, duxerunt eum Brugis in prisionem. Cum eo enim tunc erant in Seluza plures probi milites, videlicet duo nepotes ejus, Johannes dominus Crevicordii et Nigellae et Guido frater ejus, domini d'Enghien, de Nivella, de Thorote, de Gavre et de Bavegni, Henricus de Lespiere et ille hollandista Florentius de Renessa cum pluribus aliis et cum Scluzensibus qui omnes sibi persuadebant pugnam, quamquam essent Brugenses cum viribus impares, quia refertur quod in Brugensium exercitu erant xv^m equitum absque maxima multitudine peditum qui erant ad pugnam ferventissimi, a quibus, ut dictum est, idem comes et sui aut interfecti sunt aut capti aut fuga turpi Brugensibus insequentibus salvati.

De pugna feroci commissa ante Aquisgranum inter ducem Austriae et Ludovicum de Bavaria pro habendo regnum ac imperium Almaniae.

Praeterea quoque electores Almaniae, cum convenirent simul ad eligendum regem, nequiverunt concordari quia una pars elegit ducem Austriae, alia vero elegit Ludovicum consobrinum ejusdem. Porro dux Austriae sciens quod electus esset, venit statim cum maximo exercitu obsessum Aquisgranum. Ludovicus etiam de Bavaria, congregato exercitu, e converso venit ad tollendam obsidionem. Interim autem, cum Johannes rex Boemiae se disponeret in Lucenburgo pro veniendo ad nuptias sororis suae in Franciam, quam ibidem, scilicet Parisius de Lucenburgo, adduxerat ad regem Karolum patruus ejus Treverensis archiepiscopus cum pulcra baronum, dominarumque et militum societate, relatum est ei quod praefati Ludovicus de Bavaria et dux Austriae moverant bellum unus contra alterum propter regnum Almaniae obtinendum : quod multum doluit. Juravit ergo quod abiret inter ambos exercitus et ibidem se locaret cum gentibus suis et de principum praefatorum discordia juxta posse tractaret. Ideo, festinanter adunatis hominibus armorum usque ad numerum septingentorum, inter quos erant dominus Rodemachi, Jacobus d'Agimonte, Gerardus de Florainvilla, Theodericus d'Orgo, Gerardus de Hufaliza, G. de Bastonia et illo de Salmis, abiit et castrametatus est inter dictos duos exercitus, ubi affigi fecit suum vexillum. Misit autem Theodoricum d'Orgo ad Ludovicum de Bavaria qui rogaret eum quod causam suae intentionis committeret sibi, et fideliter juxta posse suum de sui concordia tractaret. Cui dictus Ludovicus consentiens dixit quod libenti animo se submitteret dicti regis ordinationi. Rex autem, habita responsione, pari modo misit dictum Theodoricum d'Orgo ad ducem Austriae ut eum rogaret ex parte ejus modo quo rogaverat Ludovicum de Bavaria. Sed dux Austriae superbe respondit quod nichil faceret, sed, si victoria potiretur contra dictum Ludovicum, eumdem regem guerris impugnaret et regnum ejus devastaret. Rex itaque, habita responsione, de loco in quo erat, secessit et ambos exercitus dimisit in se invicem irruere. Quibus irruentibus durum et letale bellum commiserunt inter eos. Deinde post multam occisionem quae praecipue commissa est in exercitu dicti Ludovici, rex Boemiae non multum distans, cernens Bavarios in viribus deficere, accessit in eorum auxilium vigorose et potenter adversarios impugnavit quousque bellica virtute eos confutavit. Praeter alios enim valide se habuit Jacobus de Agimonte in dicto bello. Captus est autem dux Austriae cum baronibus suis, cum tentoriis et aliis quae erant in exercitu ejus, ab hominibus dicti regis Boemiae et praefati Ludovici.

Ludovico de Bavaria cessit victoria.

Ludovicus autem post hanc cruentam victoriam, conquisita villa Aquisgrani, coronatus est in capella Nostrae Dominae ab archiepiscopo Coloniensi, ac postmodum desponsavit primogenitam filiam Guillermi comitis Hanoniae. Postea vero cum magno exercitu abiit in Lombardiam, misitque legatos ad Johannem summum pontificem ad habendam gratiam.

Rex Franciae non fuit propitius erga papam Ludovico Bavariensi [1].

. . . . , ...
. . . .

Unde orta est discordia inter regem Edouardum et uxorem suam sororem regis Franciae.

Praeter hoc autem Edouardus rex Angliae habebat suspicionem super reginam uxorem suam hortamine cujusdam militis consiliarii sui qui vocabatur dominus Hugo

---

[1] L'auteur mentionne dans ce chapitre la citation adressée par le pape à Jean de la Roche-Taillade qui avait assimilé Louis de Bavière à l'Antechrist.

Dispensatoris, cujus quidem dicta a rege prorsus credebantur et facta omnino placebant. Ob cujus suspicionem dominus Mortuimaris nomine Rogerus captus est et Londoniis incarceratus. Porro regina erat multum tristis, nec sciebat cui pandere mentem suam nisi tantum comiti de Quento consobrino suo. Praeterea nova venerunt ad eumdem dominum Rogerum de Mortuomari quod rex jusserat caput ejus abscindi. Qui, hoc audito, tantum fecit apud quemdam nautam marinum quod veniret una nocte cum navi subter turrem ubi clausus erat. Cumque ibidem nauta venisset, dictus Rogerus descendit per fenestram in navi per pannos lineos sibi invicem ligatos. Deinde nauta, expanso velo, transfretavit et appulit apud Dunquerquam in Flandria. Quod cum sciret rex Angliae, consultus est a praefato domino Hugone quod caperet reginam. Regina quoque hoc sciens, sumpto Edouardo filio suo et comite de Quento consobrino suo fratre dicti regis Edouardi, cum maximo thesauro transmeavit et venit ad Boloniam ac inde per Pontivum transiens abiit in Franciam, receptoque Karolo rege fratre suo ad Fontem Bliandi, qui noviter desponsaverat sororem regis Boemiae et comitis Luxemburgensis, intravit cameram ejus manu tenens filium suum et conquesta est ei de rege Angliae viro suo eo quod expulsisset eam injuste de terra propter cujusdam traditoris accusationem. Cui respondit rex : « Soror mea, maneatis in domo nostra in nemore » Vicenarum quousque ordinaverimus aliquid super hoc faciendum. »

Bona pax fuit facta inter Ludovicum comitem Flandriae et Robertum dominum Casselli, procurante comitissa Arthesii.

Comes itaque Flandriae nondum habebat bonam pacem cum Roberto patruo suo. Comitissa etiam Namurcii, soror Roberti de Arthesio comitis Bellimontis Rogerii, prosequebatur eum pro deliberatione mariti sui, quamquam nihil expediret. Eapropter Matildis comitissa Arthesii requisivit comiti Flandriae et dicto Roberto avunculo ejus quod una die nominata essent in Sancto Audomaro. Qui ad hoc consentientes venerunt die praefixa ad Sanctum Audomarum cum multis nobilibus et plurimis de bonis villis Flandriae. Et tunc facta est pax inter comitem Flandriae et avunculum suum, procurante comitissa Arthesii.

Modus qualiter comes Namurcii evasit de carcere Brugensium.

Cum autem postea tractarent de liberatione comitis Namurcii, nova venerunt quod idem comes Namurcii evaserat de carcere isto modo. Habebat namque in Brugis quemdam amicum cui prius locutus fuerat de liberatione sui. Ille quidem homo praeparaverat tres equos extra villam, dixitque comiti quod se expediret et quod expectaret eum in curia ubi debebat descendere per quodam foramen jam ad hoc aptatum. Cumque custodes de nocte dormirent, cepit cordam qua provisus erat et descendit per dictum foramen. Cum autem descenderet, qui expectabat eum, inferius traxit eum per fenestram extra. Exeuntesque intraverunt parvum vicum ne viderentur a custodia villae. Deinde diluculo pergentes ad equos suos nemine percipiente evaserunt. Cum haec nova venirent in Sancto Audomaro, quidam Flamingorum laetati sunt inde; Brugenses vero formidine percussi sunt, sed quia venerant ad requestam comitissae, ipsa concessit eis salvum regressum.

Ibidem depositus est abbas Sancti Medardi Suessionensis qui tunc erat de consilio comitis Flandriae, frater enim fuerat domini Willelmi Flote.

Postremum autem secessit parlamentum quod duravit octo diebus.

De rebellione quorumdam Vasconensium et pugnitione eorum.

. . . .
. . . .

De morte reginae Franciae sororis regis Boemiae.

Eo tempore, scilicet in anno quo torneamentum in Cameraco factum est, regina Franciae, soror regis Boemiae, pergens apud Montargias, cecidit in terram per fundum currus, de quo laesa est usque ad mortem. Corpus autem ejus sepultum est ad Cordigeras prope Parisius, Verum est quod postquam praefatus rex Boemiae, frater hujus reginae Franciae, dictum ducem Austriae prisionarium suum innumeris pecuniis pro sui redemptione condempnasset, fecit proclamari torneamentum in Cameraco amore regis et regiuae Franciae noviter desponsatorum. In quo quidem torneamento multa dona militibus, baronissis et domicellis donata sunt. Et eo siquidem anno, ut dictum est, mortua est haec regina dolore partus ut quidam volunt et laesione qua supra. De quo rex Franciae et rex Boemiae tristes quamplurimum effecti sunt.

Rex Franciae desponsat Johannam filiam comitis Ebroicensis.

Planctu finito non multum post Karolus rex Franciae et Navarrae desponsavit Johannam cognatam suam germanam, pulcram et decoram nimis, filiam avunculi sui bonae memoriae Ludovici quondam comitis Ebroicensis et sororem Philippi comitis Ebroicensis qui postmodum ratione uxoris suae rex Navarrae effectus est.

De morte Karoli comitis Valesii et de filiabus suis de ultima uxore ejus.

Post modicum tempus Karolus comes Valesii avunculus regis, quadam febre ipsum arripiente, mortuus est ac sepultus in collegio Praedicatorum Parisius . . . .

De commotione facta inter Flamingos, de qua Colinus Zandekin fuit auctor.

In anno vero M° CCC° XXIIII° vel circa, orta est quaedam commotio inter Flamingos; nam quidam nomine Colinus Zandekin sibi junxerat multos populares cum Brugensibus, dicebantque quod gubernatores patriae non regebant eos secundum usus antiquos. Porro dominus Robertus de Flandria qui erat ad Dunquerquam, videns populi motionem, congregavit subito homines armorum ad resistendum eis. Inimici vero venerunt cum tanto numero quod homines dicti Roberti victi sunt. Idcirco uxor ejus fugit super equum suum. Robertus fugit ad unum de castellis suis quod nominatur : Niepe. Ipse autem satis concors erat dictae motioni, quamquam non videretur ad extra. Porro Colinus Zandequin, habens pro se totam bassam Flandriam, veniens apud Cassellum et inde apud Pauperingham, mandavit Brugensibus quod illi de Yppra muniebant se contra eum et quod ideo venirent ad juvandum eum. At illi responderunt quod ita facerent. Cumque illi de Yppra se aspicerent ab inimicis circumdari, mandaverunt comiti Flandriae quod veniret cum eis et quod cum eo essent sufficientes resistentiae contra inimicos. Cum autem ibidem venisset, habuit consilium quod iret obsessum Curtracum.

De bello Curtraci in quo aggressus est comes Flandriae, consobrinus ejus trucidatus et dominus de Nivella letaliter vulneratus et maxima multitudo aliorum occisa.

Quodam igitur mane comes recedens de Yppra venit ad Curtracum, primaque facie combussit suburbia villae et postea cum violentia intravit villam. Porro illi de villa videntes quae fiebant, omnes armati aggressi sunt comitem. In illo bello quod fuit anno Domini M° CCC° XXVI°, mense junii xxiiiª die, trucidatus est consobrinus ejusdem comitis scilicet Johannes de Flandria, dominus Nigellae et Crepicordii, filius Guillelmi Flandrensis fratris comitis Roberti, et dominus de Nivella vulneratus usque ad mortem. Ibique, ut fertur, occisi fuerunt bis septingenti homines absque mulieribus et parvulis.

De comite Flandriae qui, in Curtraco a Brugensibus captus et ductus Brugis, ibidem est incarceratus.

Porro comes evadere tendens per unam portam repperiit ibi maximam repugnantiam in tantum ut multos de suis amitteret et ipse caperetur cum pluribus aliis nobilibus qui omnes ducti sunt in crastinum coram comite ac gladiis in partes divisi, ipso praesente. Brugenses autem hoc scientes illico venerunt Curtracum, captoque comite, duxerunt eum Brugis in prisionem vulgariter : Petra nominatam. Quod audiens Colinus Zandequin abiit apud Yppram atque faventibus comiti fugientibus, aliisque venientibus obviam ei, intravit villam. Porro dominus Robertus perrexit Brugis ubi multis foederatoribus contractis secessit et abiit obsessum Gandavum ; sed, Gandavensibus ita fortiter repugnantibus ut nichil expediret, recessit.

De regina Angliae quae a rege Franciae nichil impetrare potuit, ideo in Hanoniam venit et a comite honoranter recepta est.

Verumtamen regina Angliae existens in nemore Vicenarum continuis precibus pulsabat animum regis ; cumque rex nollet eam juvare, recessit et venit ad Guillelmum comitem Hanoniae, qui multum honorifice suscepit eam.

De matrimonio tractato de filio ejusdem reginae Edowardo et filia dicti comitis Hanoniae.

Porro eadem regina Angliae, comes de Quento, dominus Mortuimaris, comes Hanoniae et dominus Johannes de Hanonia, frater ejus, simul tractaverunt quod juvenis Edowardus filius regis Angliae desponsaret filiam comitis Hanoniae et quod Johannes de Hanonia abiret cum regina ad conquaerendum regnum Angliae ad honorem et profectum dicti juvenis Edowardi.

De regina Angliae quae in forti manu in Angliam tansfretavit ad se vindicandum de inimicis suis, quod et fecit.

Deinde comes Hanoniae misit praeparari omnes naves patriae suae Holandiae et eas onerari victualibus et annonis. Johannes autem de Hanonia cum regina et potestate sua intraverunt per Durdrecum circiter septingenti homines armorum. Die vero v^a quo erant supra mare, orta est in mari nimia tempestas quae impulsit eos ad quemdam portum Angliae nomine Norvelle, circiter in hora nona; et tunc usque ad mediam noctem exoneratis navibus descenderunt in terram et remiserunt eas in patriam suam propter metum Anglicorum, retinentes fractas ad calefaciendum quia pro tunc maximum frigus urgebat, et tamen nulli poterant alicubi locari nisi in campis, excepto quod fecerunt unum habitaculum reginae et filio suo. Cumque illam noctem pertransissent cum magna angustia, profecti sunt ad unam parvam villam quam habitatores dimiserant vacuam propter metum eorum, ubi necessaria pro equis suis largiflue reppererunt. In crastinum ultra proficiscentes invenerunt unam villam campestrem bene provisam victualibus, cujus similiter inhabitantes fugerunt. Cumque illi de exercitu currerent hinc inde per patriam et afferrent sibi necessaria versus castra, illi de patria venerunt ad reginam et conquesti sunt de ablatione bonorum suorum. Quibus regina jussit solvere omnia quae ablata eis fuerant. Porro illi de patria videntes quod regina bene solveret, adduxerunt magnam habundantiam victualium. Deinde recedentes abierunt ad civitatem Exoniensem ubi est studium theologiae et gramaticae. Quibus obviam venit universitas processionaliter, et introduxerunt eos in civitatem cum magna laetitia. Deinde regina et sui proficiscentes ultra viderunt a longe fere XL homines armorum; statimque incurrerunt ad eos quidam de exercitu et reppererunt quod erat dominus Robertus de Wantonesvilla, miles, qui, mittens ad reginam pro pace sua, postmodum susceptus est ab ea cum hominibus suis in exercitu. Postea vero comes Lencastriae, comes marescallus, dominus Thomas de Wasque, comes Claudiocestriae, comes Herfordenensis et dominus Edowardus de Baux, frater ejus, venerunt omnes ad reginam. Quorum pace confirmata, una cum potestate sua juncti sunt exercitui reginae; cumque vero essent circiter II^m homines armorum, relatum est eis ab insidiantibus quod rex Angliae esset in quodam castro nomine Bruxton et dominus Hugo Dispensatoris cum eo. Cum autem dominus Johannes de Hanonia verteret exercitum illuc, rex Angliae hoc sciens, sumpto secum domino Hugone Dispensatoris Juniore quem multum diligebat, exivit et intravit mare in duas naves sibi aptatas; nec tam elongavit portum quin semper posset videre terram. Porro dominus Hugo Dispensatoris Senior noluit exire de castro. Interim autem, cum regina cum toto exercitu suo abiret obsessum dictum castrum, adductus est ei comes de Arundello qui erat de parte regis et ibat in Waliam. Quo imprisionato, regina obsedit dictum castrum undequaque, quod, elapsis octo diebus, traditum est ad voluntatem suam. Et repperiit ibidem regina duas filias regis pauperrime ordinatas, adductusque est dominus Hugo coram regina et baronibus et ibi judicatus est vehi et suspendi. Executione autem facta, venerunt duae filiae reginae ad eam, flexis genibus eam salutantes. Quibus pluries osculatis et amplexatis cum lacrimis, regina fecit eas ingredi thalamum et eas vestiri indumentis eis congruentibus. Edouardus autem eas videns minime recognovit, sed, illis cognitis, magnum festum fecit eis.

De rege Angliae Edowardo qui captus est.

Porro, Edowardo rege existente in mari, orta est maxima tempestas quae ipsum vi appulit in quoddam portum in terra comitis Lencastriae; cumque rabie maris cogente descendisset in terra et se absconderet in quadam ecclesia, comes Lencastriae, hoc audito, venit illuc et, ipso capto ibidem, duxit eum prisionarium in unum castrum sibi pertinens. Dominus autem Hugo Dispensatoris Junior modicum post captus est a quodam milite, qui duxit eum prisionarium in domum suam.

De humiliatione reginae ergo regem dominum et maritum suum et de incarceratione ejusdem regis qui sodomitice vivebat.

Regina, sciens regem captum, cum suo exercitu venit ad eum; ingrediensque thalamum ubi erat rex, genu flexo requisivit ei quod amore Dei refrenaret iram suam. Cum autem rex nec respiceret eam, nec reponderet ei aliquod verbum, ipsa fecit eum duci ad castellum *du Couf* et ibidem imprisionari. Hic, relicta eadem propria conjuge ex qua inclitum juvenem Edowardum cum duabus filiis genuerat, sese sodomitanae immunditiae, ut sibi imponebatur, tradidit, innaturalem venerem naturali libidini praeferens.

De Hugone Dispensatoris Juniore, milite, qui decollatus et scartillatus est.

Deinde praefata regina misit exercitum suum ad conquaerendum quodam castrum comitis Arundelli. Quo quidem capto ac magno thesauro inde sublato, fecit abscindere caput dicti comitis. Porro miles qui tenebat dictum Hugonem Dispensatoris, misit ad reginam quod, si vellet ei dare bonam mercedem, ei traderet inimicum ejus. Misso ergo magno tesauro dicto militi per reginam, adductus est praefatus Hugo, et eidem reginae, praesentibus baronibus suis, praesentatus, judicatus est hoc modo. Primo enim scutifer fuit alligatus pedibus caudis duorum fortissimorum equorum, habens retro se quodam sustentamentum quod eum cadere non sinebat, tenebatque in manu vexillum domini Hugonis et erat capite deorsum. Deinde dominus Hugo indutus est turniculo suis armis depicto, et sic ducti sunt ad patibulum. Scutifer autem primo suspensus est, et postea Hugo per subtus brachia, vexillo suo juxta eum posito. Deinde atractus est super terram inferius, atque abscisum est caput ejus, corpusque ejus divisum est in quatuor partes quae positae sunt in III^{or} butis Angliae.

De coronatione regis Edowardi Juvenis.

Postea vero regina abiit versus Londoniis cum exercitu suo, et venerunt obviam ei cives ac introduxerunt eam infra cum magna laetitia. Deinde duxerunt juvenem Edowardum in cathedralem ecclesiam Sancti Pauli ejusdem civitatis et coronaverunt eum barones et praelati in regem Angliae ac promiserunt ei ut regi suo et domino fideliter obedire sibi faciendo jurejurando debitas fidelitates.

De occisione antiqui regis Edowardi.

Rex Angliae existens in carcere, dum quadam die ascendisset in quodam solario, custodes ejus projecerunt inferius capite deorsum et occisus est, quo vero consilio vel assensu fuerit, ignoratur.

Juvenis rex Edowardus uxorem duxit filiam comitis Hanoniae.

Dominus autem Johannes de Hanonia qui juverat reginam ad habendam terram Angliae, reversus est in terram suam. Attamen juvenis Edowardus rex, sicut tractatum extiterat, uxorem duxit filiam Guillelmi comitis Hanoniae post primam natam quam desponsaverat Ludovicus de Bavaria. Ex qua quinque filios et unicam filiam nomine Ysabellam habuit idem rex Edowardus, quam Ingerannus dominus Couchiaci postmodum desponsavit. Primogenitus vero filiorum fuit Edowardus, secundus Leo, tertius Johannes, quartus Edmundus et quintus Thomas, qui omnes postmodum duces effecti sunt, primus princeps Walliae, secundus dux Clarenciae, tertius dux Lencastriae, quartus dux Eboracencis, et quintus fuit dux Claudiocestrensis. De sororibus vero hujus regis Edowardi prima fuit data Reginaldo comiti Gueldriae, secunda David regi Scotiae.

Robertus de Flandria et Flamingi reddunt comitem Flandriae ad imperium regis.

Porro Karolus rex Franciae et Navarrae, sciens quod comes Flandriae captus in villa sua Curtraci et incarceratus esset Brugis, per consilium domini Roberti de Flandria avunculi ejus, deliberatione consilii sui scripsit literas suas patentes sigillo suo magno munitas de data xix die septembris anno Domini M° CCC° [vicesimo] sexto scriptas in nemore Vicenarum baillivo suo Ambianensi in substantia continentes quod se transferret ad personam dicti domini Roberti in villam de Brugis, et ex parte sui, praedictarum literarum vigore, eidem dicto domino Roberto ac Brugensibus juberet, sub poena maximae offensionis, quod indilate sibi tradant praefatum comitem Flandriae dominum suum, de quo faciebant carcerarium, ad adducendum sibi, quod in judicio suo volebat cum audire pro complemento rationalis justitiae exequendae contra eidem opponentes et contradicentes, et quod nichilominus adjornaret dictum dominum Robertum et Brugenses manu missa ut Parisius personaliter compareant coram ipso in octavis Sancti Andreae proxime venturis, suo procuratori generali super praemissis earumque circunstantiis et dependentiis responsuros, et insuper intimaret eis et cuilibet eorum quod, nisi obedierint ad supradicta, ipse procederet contra eos et eorum quemlibet, prout fuerit rationis, dicto baillivo suo praecipiendo quod rescriberet de dicto adjornamento et sibi remitteret fideliter sub sigillo ballivae ejus ad diem dicti adjornamenti. Expleto namque dicto mandato Robertus de Flandria et Flamingi habito consilio decreverunt reddere comitem ad imperium regis. Qui post sui liberationem abiit Parisius ad regem. Flamingi vero non abierunt ad dietam suam, nec miserunt. Quapropter rex misit ad Sanctum Audomarum dominos Alfonsum de Hispania, Milonem de Noieriis ac marescallum de Tria in magna comitiva hominum armorum.

De parlamento apud Archas.

Porro domina Couchiaci venit ad dominum Alfonsum apud Sanctum Audomarum et rogavit eum quod pateretur patriam Flandriae una cum domino Roberto habere unam diem ad tractandum suam pacem cum rege. Qui respondit ei quod non auderet facere sine voluntate regis. Domina ergo, misso nuntio ad curiam regis, consensit ejus petitioni dummodo comes Flandriae et comes Namurcii essent in tractatu. Et misit rex ad Sanctum Audomarum dominum Andream de Florencia qui post fuit episcopus Tornacensis et dominum Petrum de Cuignières ad faciendum parlamentum cum Flamingis. Affuerunt autem in illo parlamento apud Archas dominus Robertus de Flandria et homines de bonis villis et castris Flandriae, et duravit dictum parlamentum a secunda dominica quadragesimae usque ad diem crastinam Pascae. In quo quidem pax facta est, quae non multum duravit. Illo namque die Pascae domini Robertus de Flandria et Milo de Noieriis pransi sunt insimul. Quo tempore rex desponsavit praenominatam sororem Philippi comitis Ebroicensis cum dispensatione domini nostri papae Johannis.

Qualiter communiae Flandriae contra comitem rebellaverunt.

Eo quoque anno communiae Flandriae iterum contra principem dominum suum comitem Flandrensem Ludovicum praenominatum rebellaverunt, ipsum nobilesque suos et quosdam magnos burgenses bonarum villarum sibi domino suo fideles a Flandria expellentes omnes fugaverunt, pluraque castella et quamplures eorum domos, bonis inde sublatis, penitus ad terram prostraverunt. Sic itaque Colinus Zandequin, cum quibusdam tribus suis complicibus, scilicet Johanne Bredle, Guillelmo Decani et Johanne cognomento li Mor, magister et dominus Flandriae remansit. Porro comes Flandriae cum suis ad comitatum suum Nivernensem secessit. Alii vero nobiles in Franciam, Hanoniam et alibi causa manendi similiter abierunt. Burgenses vero sicut fuit Tonnelaires, Francebele et Johannes frater ejus et quidam alii magni burgenses, cum uxoribus et filiis, sumptis thesauris suis, a Brugis caute recedentes ad Insulam et Tornacum praedicta causa venerunt; Johannes de Columberiis, Jacobus Dintequerque, Johannes Pellink, Guilelmus Dulcis et quidam alii intempestae cujusdam noctis silentio de Yppra similiter recedentes causa jam dicta ad Teruanam et Duacum ac alibi, ut melius potuerunt, cum uxoribus, liberis et thesauris accesserunt. Flamingi autem hos burgenses fugitivos comparentes *ultravolantes* [1] vocaverunt.

De morte regis Caroli, cui successit Philippus comes Valesii.

Et non multum post, scilicet anno Domini M° CCC° XXVII°, quaedam infirmitas arripuit regem de qua mortuus est ac regaliter sepultus in ecclesia coenobii Sancti Dionisii martiris, cum aliis regibus suis praedecessoribus. Reginam quoque Johannam uxorem suam gravidam reliquit, propter quod usque ad tempus parturiendi ejus regnum vacavit. Et quia decurso congruo tempore filiam peperit, regnum Francorum Philippo comiti Valessi eo quod major natu erat consobrino suo Philippo comite Ebroicensi, jure ejusdem regni obvenit. Attamen uxor illius Philippi comitis Ebroicensis, Hustini quondam regis Franciae et Navarrae regis ex regina uxore sua quae in Castro Gaillardi incarcerata decessit, filia, ordinatione patris regnum Navarrae habuit. Terras vero comitatus Campaniae et Briae et quasdam alias terras in regno Franciae existentes quae sibi pertinebant ex decessu patris et Johannis filii ejus, amisit propter partem matris. Sic itaque Philippus comes Ebroicensis una cum uxore sua regio diademate insignitus est, ratione cujus ex tunc rex Navarrae vocatus est.

---

[1] Les *oultre-avollés* de Froissart.

De Philippo VII° dicto de Valesio.

Igitur anno Domini millesimo CCC° XXVIII°, cum Franci regem non haberent, nec adhuc concordarent de constituendo rege, motivo domini Roberti de Arthesio, comitis Bellimontis Rogerii, taliter res deducta est quod Philippus comes Valesii et Andegaviae successione matris suae, praenominatus, cujus sororem idem Robertus habebat uxorem, electus est in regem; statimque rex, convocatis baronibus regni sui, die Sanctae Trinitatis anni praenotati a Guillelmo de Tria, archiepiscopo Remensi, Remis unctus, coronatus est in regem, et uxor ejus, soror videlicet Odonis ducis Burgundiae, in reginam. Comes autem Flandriae Ludovicus ibidem factus est miles.

Quomodo rex Franciae ad requestam comitis Flandriae se disposuit ad impugnandum Flamingos.

Comes Flandriae, in cingendo ensem regi, humiliter supplicavit eidem quod sibi subveniret contra Flandriam patriam suam rebellantem et inobedientem a qua expulsus erat non obstante pace prius acta apud Archas. Idcirco rex, vocatis ad se baronibus suis, requisivit eis pro fidelitate qua sibi tenebantur, quatenus in octavam Magdalenae proximo sequentem essent in armis apud Attrebatum, quia intendebat Flamingos debellare et sibi omnino submittere. Quibus annuentibus, ipse cum regina a Remis recedens rediit Parisius ubi multum honorifice susceptus est. Post modicum vero tempus misit rex apud linguam occitanam quatenus venirent ad eum in octavis Magdalenae, necnon misit tot victualia apud Sanctum Audomarum, Insulas et Tornacum quod ipsae villae totaliter repletae sunt. Rex quoque Franciae mandavit dominum Robertum de Flandria. Quo adjurato, sibi praecepit quod caperet secum ducentos homines armorum et quod iret ad Sanctum Audomarum. Injunxit etiam comiti Flandriae quatenus abiret versus Insulam inter Lisiam et Scaldum. Porro Flamingi scientes regis propositum congregati sunt in unum, videntesque quod non haberent caput et quod cuncti nobiles de Flandria deessent, nec scirent qua rex venturus esset, ordinatum est ab illis de Brugis et de Yppra quod illi de territoriis Furnae, Disquemue, Bergues, Casselli et Pauperinghae traherent se supra montem Casselli, illi vero de Brugis et de Franco versus Tornacum, et illi de Yppra et de Curtraco versus Insulas. Rex autem Franciae veniens Attrebatum non diu remansit ibidem quia habuit consilium divertendi versus Sanctum Audomarum et per ibi Flandriam intrare. Exiens ergo abiit ad quamdam villam nomine : Esteres, ubi se locavit in papilionibus et suam militiam congregavit multitudine copiosam. Postea vero, abiens ultra, moram traxit per tres dies inter Arriam et

Sanctum Audomarum, suam militiam expectando. Deinde una die sabbati de mane cum totali exercitu intravit Flandriam inter Blaringhem et Pontem-Hazequin per Novum Fossatum, ac se locavit subtus quamdam silvam quae est comiti Arthesii, nomine : Ruhout, supra quodam stagnum pertinens abbatiae Clarimarisci.

 Qualiter transierat, subsequitur ordo : primo enim transiit acies duorum marescallorum et magistri balistariorum qui habebat in suo agmine sex vexilla, eosque sequebantur omnes pedites, quadrigaeque et currus exercitus. Postea transiit acies comitis Alectionensis fratris regis, in qua erant viginti et unum vexilla. Deinde transiit acies tertia in qua erant tresdecim vexilla, quam conduxit magister hospitalariorum et dominus Bellijoci, cum quibus erant illi de lingua occitana. Quartam aciem duxit conestabularius Franciae Galtherus de Castellione, in qua erant octo vexilla. Quinta vero acies erat regis in qua erant triginta novem vexilla. Erant autem cum rege rex Navarrae, dux Lotharingae et comes Barri et dominus Milo de Noieriis portans vexillum regale quod gallice vulgariter dicitur : *l'Oliflambe*. Sextam aciem conduxit dux Burgundiae cum decem et octo vexillis. Septimam aciem duxit delphinus Viennae, in qua erant duodecim vexilla. Octavam aciem conduxit comes Hanoniae cum septemdecim vexillis. Nonam aciem ducebat dux Britaniae cum quindecim vexillis. Hii omnes abierunt ad loca sibi tradita per marescallos ad duas leucas prope montem Casselli. Cumque omnes locati essent, supervenit retrogardia quae faciebat decimam aciem, quam ducebat dominus Robertus de Arthesio, in qua erant viginti duo vexilla. Haec acies versus montem Casselli progrediens, circumdedit totum exercitum et transiit per tentoria regis, abiitque ultra ad quamdam abbatiam nomine : Wastine. Supervenit etiam in crastinum dux Borboniae cum quatuordecim vexillis.

 Porro Flamingi qui erant super montem Casselli, videntes regem cum sua potestate locatum ad duas leucas prope se, nullo modo inde fremuerunt, sed exierunt de villa in montem, figentes ibi tentoria sua ut Gallici plenius eos prospicerent. Cum autem tribus diebus sic essent Gallici contra Flamingos sine aliqua motione, quarta die Gallici transierunt ultra per dimidiam leucam et locaverunt se super unam parvam ripariam quae vocatur : Penne; et tunc venit in exercitu dominus Robertus de Flandria cum quinque vexillis.

Bellum atrox et cruentissimum subtus montem Casselli.

 Porro rex Franciae cepit consilium qualiter posset Flamingos habere subtus montem, eo quod non possent expugnari supra montem. Idcirco quadam die martis vigilia Sancti Bartholomei in puncto diei misit duos marescallos et dominum Robertum de Flandria ad territorium de Berghes ut patriam illam igne et caede vastarent. Quod et fecerunt, sed Flamingi inde nichil curantes propter hoc non dimiserunt montem, sed mox ad pedem montis venientes toto illo die contra Francos paletaverunt. Marescalli autem revertentes de disponendis fourragiis abierunt ad repausandum se quia plurimum fessi erant. Custodia autem sive vigilia non est acta in exercitu regis, sed principes ibant per tentoria vestiti suis pulcherrimis vestimentis quaerentes spatiamenta. Flamingi autem considerantes marescallos qui curam exercitus regis habebant multum fatigatos, militesque ludentes ad taxillos et quod rex esset in tentorio suo cum ejus consilio ad ordinandum de guerra sua, ordinaverunt tres grossas acies et descenderunt de monte cum magnis passibus hora vesperarum absque clamore vel tumultu; cumque perciperentur a marescallis, ipsi cum hominibus suis nondum inermes ascendentes super equos concurrerunt contra inimicos, quos Flamingi prospicientes modicum steterunt, sed videntes eorum paucitatem ultra gradiebantur. Dominus quoque Robertus de Flandria statim venit cum marescallis. Quem videntes Flamingi omnes arrestaverunt et disposuerunt acies suas. Jam enim tantum fecerant quod erant ad duos tractus balistae prope regem; sed ob eorum stationem omnes nobiles Francorum armati sunt ac dispositis aciebus egressi sunt contra Flamingos ac irruerunt in eos. Vix autem potuerunt eos laedere quin prius multum vulnerarentur. Interim autem cum Flamingi venirent contra exercitum regis, rex non habebat secum nisi duos jacobitas et camerarios suos. Venerunt ergo ad eum sui armatores et posuerunt eum supra dextrarium suis armis velatum. Habebat namque rex turniculum armis Franciae depictum et unum bachinetum corio velatum. Ad dextram ejus erat Fastratus de Linghe, dominus Guido de Beaussay et dominus Johannes de Chepoy; ad sinistram ejus erat dominus Troullardus de Sages et Sanssetus de Boussoy; ac retro eorum erat Strabo de Seri qui gerebat galeam coronatam corona aurea habentem in sui summitate lilium aureum. Praecedebat autem dominus Johannes de Bellomonte qui ferebat scutum et lanceam, et dominus Milo de Noieriis existens supra unum dextrarium portans lanceam cui l'*Oliflambe* adhaerebat. Et sic rex ingressus est in praelium. Flamingi autem cernentes tantum robur armatorum irruere super se, defecerunt in viribus suis, Francis eos vi armorum vincentibus. Interim vero comes Hanoniae repperiit unam grossam aciem Flamingorum versus montem qui intraverant in quamdam clausuram. Cumque eos aggrederetur, nequibat eos oppugnare ob eorum inter se conjunctionem. Descendens ergo de equo cum sua militia, sumptis lancea et scuto, irruit in eos sonora voce proclamans : « Hainau ! » Deinde post vigorosam Flamingorum defensionem dictus comes Hanoniae ipsos exsuperans, caesis omnibus sibi repugnantibus cum Colino Zandequin eorum capitaneo, obtentoque victoriae triumpho, regressus est versus montem, omnes quos reperiebat Flamingos gravi morte perimens. Homines vero regis Flamingos persequentes intraverunt villam de Cassel et incenderunt illam igni, de cujus incendio patria per girum viso igne quamplurimum gavisa est. Rex quoque laudans Deum et magnificans de victoria sibi concessa retrogressus in tentoriis suis. Quidam autem de Gallicis qui fugerant, illico regressi sunt, fingentes se de hostium praeda venire. In dicto bello, quod fuit mense augusto vigilia Sancti Bartholomei apostoli anni praenotati, mortui sunt quidam miles de Campania scilicet Reginaldus de Lor qui fuit sepultus in Sancto Bertino Sancti Audomari, et vicecomes de Bresse cum sex aliis militibus qui sepulti sunt in Cordigeris ejusdem villae. Fuerunt etiam alii multi vulnerati, videlicet dux Britanniae, comes Barri, comes Boloniae. Ludovicus etiam de Sabaudia laesus fuit in manu, dominus Bouchardus de Montmorensi in pede; dominus Herricus de Burgundia habuit oculum erutum et plures alii. De Flamingis autem plusquam xii^m in eo praelio caesa sunt.

Flandrenses se reddunt regi Franciae.

Rex Franciae, postquam tribus diebus moram traxit in campo ubi fuerat dictum bellum expectando vulneratos et infirmos sui exercitus, pertransiit per Cassellum a parte dextra : ad quem tota bassa Flandria se submisit. Ultra vero transiens, cum esset ab una leuca prope Yppram, de ea villa venerunt habitatores ad eum se reddentes et tradendo sibi quosdam malefactores quos fecit suspendi. Deinde misit in villam comitem Sabaudiae et conestabularium Flandriae cum duobus milibus hominum armorum qui omnes forum villae intrantes injunxerunt eis afferre arma sua, qui ita fecerunt. Quo facto, campanam quae pendebat in turre, quae gallice dicitur : *Beffroy*, dejecerunt et dimiserunt dominum Johannem de Bailleolo ex parte regis capitaneum villae. Deinde comes Flandriae venit ad regem, adducens secum illos de Brugis et de Franco qui se reddiderant sibi, audita strage Flamingorum apud Cassellum. Rex autem recepit eos ad voluntatem suam, quorum quosdam condempnavit exilio, alios ad manendum tribus annis ultra Somenae fluvium, et alios morte.

Comite Flandriae in Flandriam restituto, rex remeavit in Franciam.

Postremum vero restituto comite Flandriae in suo comitatu, rex venit Insulis, ubi remisso exercitu remeavit in Franciam.

De homagio per regem Edouardum Ambianis facto regi Francorum Philippo.

Postquam autem rex reversus est Parisius, deliberavit per consilium suum facere amicitiam cum rege Angliae et quod idem rex Angliae veniret citra mare ad faciendum sibi homagium de terris quas citra mare tenebat. Misit ergo rex Franciae ad regem

Angliae abbatem de Fiscampo et dominum Bouchardum de Montmorensi. Qui pergentes ad regem Angliae, facta requesta sua regi qui tunc erat multum juvenis, per auxilium comitis de Quento taliter res deducta est quod habuerunt optatum responsum. Rex enim spopondit venire ad regem Franciae, fuitque assignatum amborum regum parlamentum in civitate Ambianis. Rex itaque Angliae, expleto navium et aliorum apparatu, pertransiit mare et venit Boloniam supra mare. Quo audito, rex Franciae venit sibi obviam apud Ambianis, praemittens ante de sibi genere propinquiores obviam regi praefato qui adduxerunt eum honorifice ad dictam civitatem, vigilia Pentecostes anno Domini Mº CCCº XXIXº. Locatus enim fuit in domo dictae civitatis quae vulgariter dicitur : Maladomus, rege Philippo in domo episcopali locato. Cum rege autem Philippo erant Karolus comes Alectionensis, frater ejus, regesque Boemiae et Navarrae, ac duces Burgundiae, Britanniae et Athenarum de quo infra dicetur, Guillelmus quoque comes Hanoniae et Robertus de Arthesio cum multis aliis principibus, praelatisque et aliis. Conestabularius quoque scilicet Galtherus de Castellione tunc in eadem civitate cepit et divisit hospitia. Porro cum rege Angliae erant antiquus princeps Walliae, dux Lineastriae, comes Herbicensis, comes Saresberiensis, episcopi Lincolniensis et Dunelmensis, Biro de Crafforti cum multis aliis. Cum autem dicti reges se mutuo viderent, salutantes se invicem, tractaverunt de negotiis. Deinque rex Angliae fecit homagium regi Franciae de ducatu Aquitaniae et de comitatu Pontivi, et postmodum facta sunt hastiludia ubi rex Angliae fuit multum honoratus. Deinde ambo reges mutuo sibi valefacientes reversi sunt uterque in patriam suam.

De Roberto de Arthesio comite qui habere volebat comitatum Arthesii, et de falsis litteris confectis a filia domini de Divione.

Post regressum regis Parisius, dominus Robertus de Arthesio, congregatis plurimis nobilibus scilicet comite Alectionensi fratre regis, duce Britanniae et pluribus aliis sui generis, venit ad regem deposcens comitatum Arthesii qui ad ipsum, ut asserebat, jure hereditario pertinebat. Ideo rex fecit adjornari comitissam Arthesii ut ipsa et dictus Robertus convenirent insimul. Comitissa ergo venit Parisius adducens secum Odonem ducem Burgundiae ac Ludovicum comitem Flandriae. Ostendit autem dictus Robertus quasdam litteras sigillo Roberti comitis Arthesii sigillatas, continentes quod quum matrimonium fuit factum de Philippo de Arthesio patre dicti Roberti et de domina Blancha filia Petri de Britannia, comes dedit eis dictum comitatum. Comitissa ergo, mox ut vidit et intellexit litteras, supplicavit regi quod saisiret eas quum ipsa intendebat proponere contra. Confestim decretum est per arrestum quod litterae remanerent apud regem. Assignata est dies altera in qua comitissa responsura esset. Modus autem quo dictae litterae venerunt ad Robertum de Arthesio fuit iste. Quaedam domicella filia domini de Divione, quae est de castellania Bethuniae, divinans super futura ac judicans de hominum conditione per phinosomiae intuitum, quandoque deficiens et quandoque non, quasimodo phitonica, scivit quod quidam burgensis de Atrebato habebat quemdam redditum ad vitam super comitatum Arthesii et super hoc habebat litteras sigillatas magno sigillo comitis Arthesii. Praefato quippe burgense defuncto, dicta domicella tantum fecit apud heredes quod dictam litteram habuit. Deinde fecit scribi de novo litteras continentes donationem praefati comitatus secundum quod prius tactum est. Postmodum quodam ferro ad hoc aptato scienter separans ceram a pergameno litterae antiquae, remanente integraliter sigilli impressione, cum quadam cementi materia dictam impressionem resolidavit novis litteris modo quo prioribus adhaeserat. Quo facto, venit ad Robertum de Arthesio, dicens ei quod dictas litteras invenerat in quodam veteri armario domus suae in Atrebato. Qui videns litteras, gavisus est valde ac dicit ei quod nunquam sibi deficeret. Hac igitur de causa misit eam ad morandum Parisius multum honorifice. Praeterea comitissa Arthesii quae valde prudens erat, taliter perquisivit quod habuit clericum qui praefatas litteras scripserat, quem duxit ad regem. Confessus est autem idem clericus quod domicella de Divione fecerat sibi scribi quasdam litteras tales quasi per unum annum ante. Ostensae sunt eidem litterae qui dixit eas se propria manu scripsisse. Mandavit itaque rex dominum Robertum de Arthesio ac dixit ei quod litterae suae secundum quod informatus erat, non essent bonae et quod cessaret a sua petitione. Ipse autem respondit quod si quis vellet dicere quod sua petitio non esset justa et vera, quod ipse se deffenderet per duellum et quod non cessaret a sua petitione.

De Roberto de Arthesio qui fuit fourjudicatus de comitatu Arthesii et qualiter exulatus fuit a regno.

Ideo rex indignatus est contra Robertum taliter quod ad diem ordinatam fecit deferri litteras in praesentia parlamenti et eas dilacerari atque dictam domicellam capi et duci in Castelletum Parisiense; Robertusque Arthesii fuit fourjudicatus a comitatu Arthesii. Quapropter idem Robertus de Arthesio dixit multa verba de rege et regina valde male sonantia. Quare rex fecit eum adjornari ad sua jura. Ipse autem Robertus renuit venire, nec dignatus est se apud regem excusare. Idcirco exulatus est a regno Franciae, ejusque exilium promulgatum est per omnia quadrivia civitatis Parisiensis. Et postea fecit rex domicellam in eculeo suspendi, quae confitens totum factum postmodum combusta est Parisius in foro porcorum. Itaque Robertus de Arthesio nimium tristabatur de hoc quod sibi rex fecerat et dixit de eo quod per eum habuerat et per eum amitteret regnum. Deinde fecit duci omnes dextrarios suos valde pulchros et thesaurum suum copiosum valde apud Burdegalam supra Girondam. Quibus ibidem positis, in mare fecit ea transvehi in Angliam, posteaque abiit ad ducem Brabantiae qui recepit eum in patria sua per aliquot tempus. Qualiter ab eo recesserit, dicendum est; nam accidit quod comes Hanoniae qui nupserat filias suas, unam regi Alemanniae, aliam regi Angliae, aliam comiti Juliacensi, juniorem promissit juniori filio ducis Brabantiae. Porro rex Franciae videns quod comes Hanoniae fortificaretur ab omni latere et qualiter majorem partem Alemanniae sibi atraxerat et Angliam, quod si casu accidente moveret guerram contra regnum Franciae, mediantibus foederatis validus et fortis esset, quamquam desponsasset sororem ejus, idcirco rex ipse mandavit regi Boemiae, comiti Ghelriae, duci Brabantiae, episcopo Leodiensi et domino Johanni de Hanonia ut omnes venirent ad eum apud Compendium, ubi, foedere inito cum eis, multis denariis eis concessis, recesserunt omnes praeter ducem Brabantiae, cui dictum est quod filius ejus nimis basse maritaretur filiae comitis Hanoniae et quod honorabilius esset sibi et nobilius desponsare filiam regis Franciae. Duce itaque consentiente adnullatum est praedictum matrimonium; deinde celebratum est magnum festum Parisius, ad quod dux Brabantiae duxit filium suum qui tunc regis filiam desponsavit. In quo festo effectus est miles Johannes dux Normanniae, filius regis. Hac de causa comes Hanoniae tantum indignatus est quod in posterum semper contrariebatur regno Franciae. Rex autem Franciae tantum fecit apud ducem Brabantiae quod expulsit Robertum de Arthesio de patria sua. Idcirco idem Robertus abiit ac mansit in castro Namurcii, unde soror ejus erat comitissa; sed, inde non multum post recedens et in Angliam transfretans, ad Edowardum regem cognatum suum perrexit. Tunc temporis comes Ghelriae desponsavit sororem regis Angliae.

De pace Anglorum et Scotorum.

Praeterea idem rex Angliae erat in confinibus Scotiae, multaque passus fuerat contra Scotos. Tandem vero res ita deducta est quod pax facta est inter eum et Scotos, sic quod David, juvenis filius regis Scotiae, acciperet in uxorem sororem regis Angliae, et per haec faceret sibi homagium de terra quae Gallewende dicitur, quam tenebat inter mare Scotiae et fluvium qui nominatur Were.

De morte Mathildis, comitissa Arthesii, cui successit Johanna regina quae fuerat uxor Philippi regis dicti Strabonis.

Porro comitissa Arthesii quae erat Parisius, arrepta est quadam infirmitate de qua mortua est, et a quibusdam dicebatur quod herbis infecta fuit. Fuit autem sepulta in quadam abbatia monialium ordinis Cisterciensis, quae Malusdumus dicitur, juxta comitem Robertum patrem suum. Filia quoque dictae comitissae, videlicet Johanna regina quae fuerat uxor Philippi regis dicti Strabonis et mater ducissae Burgundiae, delphinissae Viennensis, comitissae Flandriae et dominae Blanchae monialis Longicampi, habuit comitatum post eam, et facto homagio regi de comitatu Arthesii, magnoque apparatu disposito ad veniendum in dictum comitatum suum, dum esset apud Royam in Viromandia, ibidem una nocte morata est causa spatiandi seu complacendi cum suis militissis et domicellis; cumque appeterent bibere claretum, quidam buticularius dictae reginae nomine Hupinus qui comitissae suae matri servierat, attulit in uno poto argenteo claretum cum cifo aquario pro regina, cumque bibissent deliciose, abierunt ad requiescendum, confestimque ut regina fuit in lectum suum, aegritudine mortifera percussa est, de qua post paululum obiit. Porro venenum emanabat per os, oculos, nares et aures ejus, corpusque ejus in plerisque locis denigratum est et in quibusdam locis dealbatum est per partes, ita ut pium esset illud intueri, quod quidem more nobilium compositum delatum est Parisius et in ecclesia Fratrum Minorum inhumatum. Post cujus mortem ducissa Burgundiae se praesentavit regi tanquam heres Arthesii, quae suscepta est ab eo, posteaque veniens in comitatum suum Arthesii tanquam propria domina seu comitissa honorifice recepta est.

De cruce transmarina sumpta per regem Franciae papae auctoritate, misitque in Angliam ad regem Angliae ut ipse cum eo vellet crucem assumere transmarinam.

Eodem tempore, rex Franciae Philippus proposuit assumere crucem transmarinam. Ideo fecit praedicari auctoritate apostolica de eadem cruce transmarina per omnes villas bonas regni sui. Et quamvis ipse cum aliquibus baronibus et consobrino Philippo rege Navarrae in Prato Clericorum Parisius, ibidem magistro Petro Rogerii archiepiscopo Rothomagensi de eadem cruce praedicante, per manus cujusdam cardinalis a papa hujus causa instantia regis in Franciam missi se cruce signasset et praedicari faceret per regnum auctoritate qua supra, pauci tamen sibi crucis signum affixerunt, quia haesitabant de pede postero et videbatur eis sermonem crucis caudam gerere argenteam. Misit itaque rex Rodulphum comitem Augi qui conestabularius Franciae stabilitus fuerat post mortem conestabularii Galtheri de Castellione, et episcopum Belvacensem in Angliam : qui personaliter pergentes ad regem Angliae rogaverunt ex parte regis Franciae quatenus assumeret secum viagium transmarinum et quod fidelem societatem sibi per omnia teneret. Quibus rex Angliae respondit quod multum mirabile esset sibi dictum viagium facere juxta requestam regis Franciae, nisi ipse teneret concorditer promissa apud

Ambianis, in quibus jam defectuosus extiterat apud eum : — « Dicite, inquit, domino
» vestro regi, quod quum compleverit quae promisit mihi tenere, promptior inveniar ad
» dictum viagium faciendum quam ipse. » — Qui, audita responsione, valefacto rege,
remearunt ad regem in Franciam, referentes responsum praefati regis Angliae.

Praeterea vero accidit quod regina Franciae dies purgationis suae implevit de filio suo
juniore videlicet Philippo qui fuit dux Aurelianensis, unde rex prae nimio gaudio fecit
fieri unum magnum festum in nemore Vicenarum.

De Papa Benedicto XII°.

. . . . , ...
. . . .

Rex Angliae declarat jus quod habere se dicebat in regno Franciae et tractare facit cum rege Franciae, sed ruptus est tractatus.

Edowardus rex Angliae habuit consilium hortamento comitis Hanoniae et domini
Roberti de Arthesio quod mitteret ad Philippum regem Franciae ad sciendum si vellet
tractare. Dicebat enim quod post Karoli cognomento Pulchri, bonae memoriae, regis
Franciae, avunculi sui, decessum, ejusdem regni hereditas sibi jure propinquitatis
obvenerat et non praenominato Philippo consobrino praefati Karoli regis praedicti
regni invasori ac tortionariter in sui praejudicium detractori. Misit ergo archiepiscopum
Cantuariensem, dominum Philippum de Monte Acuto et dominum Gauffridum Scroup,
qui venientes Parisius invenerunt curiam multum extraneam. Tandem vero comes
Augi conestabularius, magister Petrus Rogeri archiepiscopus Rothomagensis et
marescallus de Tria ordinati sunt ad tractandum cum ipsis. Taliter res deducta est
quod ab utraque parte pace foederata venerunt ante regem, et tunc inter duos reges,
Franciae videlicet et Angliae, eadem pax confirmata est. Deinde exierunt Anglici de
camera regis multum jocundi, et eos conducebant omnes consiliarii regis, et clamabatur
pax per totam civitatem, sed non multum post aliud secutum est. . . . .

De guerra regis Hispaniae contra Marroci regem.

. . . .
. . . .

De pugna facta inter Hispanos et Sarracenos.

. . . .
. . . .

Quidam miles venit ad regem Franciae conquerens de rege Angliae qui nolebat ei solvere quod debebat, ostendendo litteras ejusdem regis Angliae obligatorias pro debito supradicto. Rex autem Franciae misit in Vasconiam saisire castrum de Piesnierolo, sed quia nullam obedientiam repperit, in Vasconia guerram incipit et alibi.

. . . .
. . . .

Pugna fortis et aspera inter Gallicos et Anglicos, ubi victi occisique sunt Anglici.

. . . .
. . . .

De domino de Bailleolo in Vimiaco qui factus est rex Scotiae ratione uxoris suae.

. . . .
. . . .

Gravissimum bellum inter Anglicos et Scotos.

. . . .
. . . .

De ambassatoribus regis Franciae ad regem Angliae, qui nihil negotiantes reversi sunt.

. . . .
. . . .

De David rege Scotiae qui cum uxore sua de Scotia aufugit in Franciam ad regem Franciae.

. . . .
. . . .

De colloquio tento apud Valencianas contra regem Franciae per comitem Hanoniae.

Comes autem Hanoniae quia nondum erat mitigatus versus regem Franciae, quamvis filia ejusdem regis mortua esset atque juvenis dux Brabantiae requisisset filiam ejus habere in uxorem, tractavit apud multos principes Allemanniae ut essent in Valencianas in quindenam post Pasca. Affuerunt autem ibi ex parte regis Angliae episcopus Lincolniensis et domini Guillelmus de Monte-Acuto, Guillelmus de Clintone, Guillelmus Trousselli, Guillelmus de Cobehan atque Hanonista Galterus de Magni, milites. Ex parte ducis Brabantiae fuit comes de Montibus; ex parte imperatoris Ludovici de Bavaria comes Juliacensis. Aderat etiam comes Hanoniae, et cum eo Guillelmus filius ejus et dominus Johannes frater ejus. Ex parte episcopi Coloniensis venerunt duo milites. Affuerunt insuper comes Clevensis, comes de Los, dominus de Falcomonte et alter miles pro comite Namurcii. Hii omnes pactum firmissimum fide et juramento pepigerunt tactis sacrosanctis Evangeliis, nec non memoriae reduxerunt quod nisi fortiter invicem alligarentur, rex Franciae ipsos seduceret seu attraheret unum post alium muneribus et promissis. Ideo ut hoc pactum solidius teneretur et firmius, fide praevia spoponderunt quod neuter eorum ab alio divideretur.

Comitissa Hanoniae et dominus Johannes de Hanonia Parisius abierunt ad regem, sed ad nullam concordiam quam volebant facere, voluit intendere.

Porro comitissa Hanoniae, hiis cognitis, requisivit eis quatenus ipsa loqueretur regi Franciae fratri suo cum quibusdam ipsorum ad sciendum si concordiam inter eos posset apponere. Quo ab omnibus concesso, annuerunt ei dominum Johannem de Hanonia. Qui venientes Parisius ad curiam regis Franciae, neminem invenerunt qui curaret de eis, ymo omnes domini vultus divertebant ab eis. Deinde tantum laboraverunt quod rex concessit eis venire coram se; cumque astarent coram eo, humiliter ei supplicaverunt ut mitteret aliquos de suis causa tractandi cum gentibus regis Angliae. Quibus rex dixit : — « Vos, Johannes de Hannonia et frater vester comes Hanoniae, creditis me
» expellere de regno meo? Deus hoc avertat a me : nondum posse sufficiens habetis. » —

Cui Johannes de Hanonia se excusavit melius quam potuit. Rex vero finaliter respondit quod nullam concordiam cum eis faceret. Qua responsione habita et valefacto rege, dum reverterentur ad hospitia sua, rex misit domino Johanni unum falconem pulchrum valde.

Perfecta est et conclusa praedicta confoederatio contra regem Franciae.

Cum vero reversi essent Valencianas et narrassent responsionem regis Franciae, perfecta est dicto confoederatio et conclusa. Comes autem Hanoniae, qui jacens multum infirmabatur, vocavit ad se Guillelmum suum filium et fecit eum jurare juramento fidelitatis quod dictam foederationem usque in finem inviolabiliter servaret, et filius sic promisit ei; nec multum post nuntii regis Angliae abierunt ad Ludovicum de Bavaria ad confirmandum dictam confoederationem.

Comes Hanoniae obiit. De liberis quos reliquit.

Comes Hanoniae sua infirmitate aggravatus obiit. Corpus cujus more nobilium dispositum apud Montem in Hanonia delatum est et inhumatum. Hic de uxore sua sorore regis Philippi praenominatum filium et iiii^{or} filias relinquit. Prima fuit data conjux Ludovico de Bavaria regi Alemannorum; secunda Edowardo regi Anglorum; tertiam comes Juliacensis duxit uxorem; quartam vero nomine Ysabellam desponsavit filius ducis Brabantiae, qui, antequam convenirent, decessit, et illa innupta permansit ac in monasterio monialium de Fontenella prope Valencianas ordinis Cisterciensis cursum vitae peregit.

De votis Ardeae factis in Anglia.

Interea Johannes de Hanonia, dominus Bellimontis, frater comitis Guillelmi, cum quibusdam militibus et pluribus aliis in Angliam transfretans, adivit Londoniam visum reginam Angliae, neptem suam, uxorem regis Edowardi, filiam videlicet comitis Guillelmi et de sorore neptem regis Philippi. Quae quidem cum Edowardo marito suo magnum vultum et honorificum fecit sibi. Et post plura verba Robertus de Arthesio illuc assistens interrogavit eum de uxore sua et filiis et qualiter rex Franciae eos tractabat. Qui respondit quod rex Franciae eos reclusos tenebat in quodam castro et quod pro vero tenebat eos pro nunc in Baro super Sequanam et depost aliquandiu ac etiam alibi. Quod cum audisset Robertus, multis suspiriis corde contritus et ultra modum attaediatus est. Rex quoque Angliae ad honorandum Johannem de Hanonia fecit fieri magnum festum apud Londoniam, ubi affuerunt principes, praelati, milites et militissae in magno numero. Die vero festi, de mane Robertus de Arthesio exiit de civitate ad capiendum aves de falconibus suis. Capta igitur ave quae ardea dicitur, regressus est Londoniis et eamdem avem regi Edowardo in sua mensa sedenti detulit, dicens quod timidiorem avem inter species avium minus audaci regi de mundo offerebat. « Nam, inquit, ut omni audacia carens non estis ausus requirere regnum Franciae » quod recta linea vobis pertinet. » Quibus verbis a singulis praesentibus auditis, rex post aliquantulam cogitationem cum risu respondit ei : « Si minime audacem me reputatis, hoc ratione et causa patente comprobatur quia maliciose deceptus fui, cum apud » Ambianis feci homagium Philippo de Valesio tanquam regi Franciae. Nunc autem » voveo Deo et huic avi quae natura timida est, ac uxori meae quod eam in reginam » Franciae elevabo antequam annus ab hac die labatur, et si Philippus de Valesio mihi » obviaverit, ipsum viriliter impugnabo, licet non haberem nisi unum Anglicum contra » sex Gallicos. » Et Robertus de Arthesio qui totis viribus conabatur taedium et gravamen Philippo regi procurare, audito rege Edowardo, ridere coepit, altissimaque voce singulos astantes principes persuadens ut votis consimilibus regi necterentur ad sui juramen et Francorum nocumentum seu gravamen, vocavitque unam domicellam in mensa sedentem, cui porrexit ardeam ut secum defferret, dicens se rememorari votorum Pavonis quae quondam Porus Indorum rex voverat et qualiter avis portabatur a domicella. De quibus quidem votis quamquam historia Alexandri quae de Poro loquitur, tacet, tamen gallice scripta habentur a multis proceribus; cumque adduxisset domicellam coram regina Angliae et comitibus Saresberiensi, Herbicensi, Suffocique et pluribus aliis ac episcopis Dunelmensi et Lincolniensi, Johanne de Forti, domino de Falcomonte, domino Waltero de Magniaco, omnes cum superbia magna voverunt diversimode nocere regno Franciae praeda, igne et caede et exhereditare Philippum regem atque sibi faventes destruere. Inter quos Johannes de Hanonia supradictus vovere coactus est. Et reginamet vovit per licentiam sui mariti Deo et avi quod si contigeret suum dominum et maritum transfretare in Franciam prout voverat, ipsamet sequeretur eum et sibi societatem teneret quamquam noviter concepisset. Insuper episcopus Dunelmensis vovit quod quocunque rex dominus suus pergeret et pro sui voti complemento intenderet, terram Scotiae custodiret et contra regem Scotiae eam deffenderet ita ut, si opus esset, ipsemet contra eum bellum committeret, nec de bello fugeret, sed potius cum suis hominibus ibidem moriretur aut regem Scotiae occideret aut vinctum Londonis adduceret ac in palatio regali eumdem regi domino suo traderet. Quod et ita fecit; nam rex Angliae detenuit eum postea decem annis in carcere prout infra patebit. Deinde vero instantia praenominati Roberti episcopus Lincolniensis vovit Deo et avi quod si placeret regi domino suo movere guerram contra regem Philippum, ipsemet litteras diffidentiae dicto Philippo quocunque esset, portaret nomine domini sui et taliter legationem suam faceret quod amodo nullus propter hoc eum increpare posset. Et Robertus de Arthesio tantum suasit Johanni de Hanonia quod post plures excusationes vovit quod fieret soldarius illius a quo majus lucrum haberet, cum autem deficeret in conventione, dummodo alter largius sibi solveret, eidem fideliter serviret: dicens quod gallo rostrum vertenti contra ventum assimilaretur eo quod cum illo se teneret a quo pecunias largius acciperet. Quibus dictis, Anglici astantes ridere coeperunt de hoc voto invicem confabulantes; cumque surrexissent a mensa et cameras ingressi essent, idem Johannes retentus est a rege Edowardo, qui assignans ei annuam pensionem statuit eum marescallum guerrae propositae.

De litteris diffidentiae regis Angliae propter coronam Franciae directis regi Philippo Parisius.

Postmodum vero litterae diffidentiae per consilium scriptae sunt et traditae episcopo Lincolniensi, qui libenter eas suscipiens pro sui voti complemento venit Doffras ubi mare intravit. Et inde navigans apud Sclusam recto tramite venit Parisius ubi locatus in quodam hospitio induit se modo praelati et cum suorum comitiva perrexit ad palatium ubi rex erat, quem multum taedebat causa impedimenti viagii transmarini ex guerra incepta inter ipsum et regem Angliae. Cum autem post prandium per palatium deambularet cum rege Navarrae, duce Borboniae et Milone de Noyeriis, cum pluribus aliis, dictus episcopus apparuit coram eo, ipsum salutans et praesentavit ei litteras diffidentiae nomine regis Angliae, dicens quod Edowardus Franciae et Angliae rex diffidebat eum causa regni Franciae quod sine causa substraxerat ab eo qui propinquior coronae erat quam ipse et quod praevaleret ei contentari de suo comitatu Valesii et dimittere regnum domino suo Edowardo quam inconvenientia futura super populum accidant, qui nisi hoc faciat, evenient in brevi. Cui rex benigniter respondit plura verba, inter quae dixit ei ordinationes antiquitus factas in Francia, quod videlicet mulier non posset succedere in regnum et quo tempore, quibus personis et qua ratione factae fuerunt et quod nisi hoc esset, bene sciebat quod rex Angliae consobrinus suus deberet esse rex Franciae eo quod esset nepos Karoli regis Franciae ultimate defuncti, et ipse tantum germanus cognatus ejus esset. Cui episcopus multum sagaciter respondit interrogando si huic ordinationi Deus consenserit : « Populus, inquit, qui tunc erat, hanc
» falsam ordinationem instituit, et omnes qui hoc fecerunt, mortui sunt. Insuper domi-
» nus meus Edowardus in hoc non praebuit assensum, nec domina Elizabeth mater
» ejus. » Tunc rex allegavit ei consuetudinem Allemanniae qualiter imperator non habet imperium nisi pro vita sua, et quod si decem filios haberet, nullus eorum imperio gauderet nisi armorum potentia et virtute: quod quidem antiquitus statutum est

et hucusque observatum videtur, perpetuoque tenebitur. Similiter ordinatio regni Franciae indelibiliter manebit, nec eam rex Angliae sua potestate annullare seu destruere valebit. Deinde post plura verba rex jussit quod episcopus locaretur et quod daretur ei potus, dicens quod nunquam meliorem nuntium viderat. Audiens autem episcopus regem de potu loquentem, alta voce dixit : « Absit a me quod fiam traditor » et potem vinum inimici mei quem cordialiter odio et nocere ac gravare intendo. » Quem rex audiens cum risu intravit cameram suam una cum rege Navarrae et aliis baronibus. Porro episcopus celeriter a Parisius recedens et per Brugias et Scluzam in Angliam rediens enarravit regi Angliae responsum regis Franciae, praesente Roberto de Arthesio et aliis baronibus, necnon hortabatur eos vota armorum explere, quemadmodum ipse fecerat et bene inceperat Dei gratia.

Philippus rex Franciae se garnivit contra regem Angliae.

Philippus autem rex Franciae habuit consilium contra regem Angliae, fecitque monetas regni cambiri ita ut florenus valeret multum, magnumque thesaurum congregavit pro soldariis solvendis. Misit etiam in mare multos Normannos et Baionenses, quibus tradidit capitaneos videlicet Nicholaum Bahucet, unum thesaurariorum ejus, et duos piratas, unum nomine Barbavaria et alterum Marauldum, cum suo admiraldo marino domino Johanne Kieret, ad insidiandum qua transirent Anglici.

Edowardus rex Angliae perpendit quod absque Flamingis bono modo non posset nocere praefato regi Franciae.

Ex alia parte rex Angliae habuit consilium quod nisi haberet Flamingos sibi foederatos, bono modo non posset nocere eidem regi Franciae. Ideo misit ad comitem Flandriae quatenus iniret cum eo foedus. Comes vero remandavit sibi quod nunquam hoc faceret, ymo potius eum gravaret toto posse suo, omnesque cum eo regis Franciae inimicos. De quo rex Angliae multum iratus jussit passagia maris versus Flandriam firmari ac inhibuit ne merchimoniae ducerentur in Flandria. Unde Flamingi multum stupefacti sunt, multique ex eis pauperes effecti sunt. Eo namque tempore victualia cara fuerunt valde causa supradicta.

De debato quod fuit inter comitem Flandriae et Gandavenses actum pro decollatione cujusdam militis.

Morabatur in Gandavo quidam miles Soherus nomine alias Courtrisianus. Hic accusatus est apud comitem crimine proditionis, quod scilicet pro rege Angliae privatim locutus fuerat Gandavensibus, ipsos attrahendo ad conformandum suae voluntati, dicens eis quod villa eorum destrueretur in brevi nisi alio modo providerent, insuper quod rex Angliae de jure deberet esse rex Franciae, quem qui juvaret ad dictum regnum acquirendum, magnam elemosynam faceret : quod quidem dixit ut sciret intentionem eorum erga regem Angliae. Et, ut referebatur, ipse mandaverat regi Angliae quod si bene vellet, quod Flamingos sibi concordaret. Comes itaque Flandriae qui tunc erat apud Malam, hiis informatus et quod rex Angliae miserat in Flandriam ad attrahendas amicitias cum Flamingis, fecit fieri unum parlamentum Brugis. Post cujus parlamenti finem mandavit dicto militi ut veniret ad eum. Qui cum venisset, statim positus est in carcere, comite sibi dicente haec fieri eo quod se interposuisset pro rege Angliae contra regem Franciae : unde miles valde pavefactus est. Mandaverunt autem Gandavenses comiti quatenus redderet eis suum comburgensem ad corrigendum si de aliquo vitio esset puniendus, dicentes quod nunquam irent ad aliquod parlamentum nisi redderetur eis. Qui renuens misit Soherum cognomento de Gandavo militem suum Parisius ad dicendum regi casum dicti militis. Et rex per dictum Soherum mandavit comiti quatenus dictum militem in carcere teneret quousque haberet ab eo nova. Ideo comes posuit eum in carcere apud Reninghe. Postea conestabularius Franciae venit Yppram, et inde cum comite Flandriae abierunt ad Reninghe ubi fecerunt amputari caput dicti militis. Gandavenses vero scientes quod dictus miles haberet caput abscissum, multum tristati sunt, dicentes quod comes fregerat legem eorum.

De bello in Brugis confecto inter comitem et Brugenses, et fugiit comes.

Idcirco Gandavenses odio habuerunt comitem valde et miserunt ad illos de Brugis ut juvarent eos contra comitem : quod quidem annuerunt quidam, alii vero non. Audiens autem comes quod aliqui de Brugis essent confoederati Gandavensibus, abiit Brugis; sed Brugenses venerunt contra eum in foro villae. Comes autem et dominus Morellus de Fiennes cognatus ejus etiam venerunt contra eos vexillis expansis. Pugnaverunt itaque atrociter ibidem, sed in fine comes et Morellus terga vertentes fugerunt ad hospitia sua et inde ad Malam abierunt.

Flamingi valde pauperes sunt effecti.

Eo tempore Flamingi in magna paupertate inciderunt ita ut multi exeuntes mendicarent insimul Tornaco et in aliis multis villis Franciae.

Comes Flandriae posuit soldarios in Scluza et in Danto propter metum Anglorum et misit bastardum fratrem suum in Kagant.

Comes autem super hiis dolens posuit soldarios in Scluza et in Danto propter Anglicos. Misit etiam Guidonem fratrem suum bastardum Flandriae apud Kaiant villam suam pro custodienda insula.

De bello in insula de Cagant confecto, cujus victoria cessit Anglicis, et villa capta ac praedata combusta est in oculis Flamingorum qui accurrebant ad succursum de Cagant.

Interim rex Angliae misit stolum in Flandriam, quem conducebant episcopus Lincolniensis, Walterus de Magni et alii milites, et applicuerunt ad insulam de Cagant. Flamingi vero qui littus occupaverant, nitentes deffendere terram, Anglicis appropinquantibus et exeuntibus de vasellis sagittas et tela fortiter jaciebant et cum gladiis feriebant; sed Anglici praevalentes intraverunt et occupaverunt terram, Flamingis repulsis in villam suam, eorum pluribus letaliter vulneratis et interfectis. Porro Guido bastardus Flandrensis et sui qui ibidem advenerant, scilicet Dukra de Hallwino, Johannes de Niedekequa, Ernoldus de Brugdant, Johannes de Roda, Johannes de Mesoreda et Hugo de Waltre-Veillet [1] cum suis hominibus et habitatoribus dictae villae de Cagant, exeuntes extra coram Anglicis, confestim cum ingenti impetu eos aggressi sunt. Resistunt Flamingi mutue vulneribus vulnera reddentes; cumque diei multum praeterisset, cessit victoria Anglicis, qui, capto praenominato Guidone bastardo Flandriae cum aliis septem, caeteris omnibus interfectis, villam praedantes totaliter igne combusserunt. Cujus ignis splendorem Brugenses de Brugis videntes multum stupefacti mox se armaverunt cum multis aliis, quae incontinenti vox inde cucurrit per totam Flandriam, et iverunt armati versus Scluzam; sed, Anglicis in navibus suis regressis et versus Angliam maris aequora sulcantibus, ipsi reversi sunt ad propria, navigio regis Franciae, passagium marinum observante, tunc versus Vasconiam existente.

[1] Hugues de Watervliet.

*Rex Franciae voluit sibi alligare Flamingos, sed non potuit; nam Flandria
se alligavit regi Angliae.*

Rex Franciae audiens quod Flamingi se tenerent cum rege Angliae causa supradicta, requisivit eis per episcopum Morinensem quod sibi alligarentur et quod quittaret eis omnia vincula quibus ipsi et tota Flandria ligati erant versus eum et successores suos, excepta sententia; sed nichil profecit. Porro rex Angliae ex opposito misit etiam ad bonas villas Flandriae, Brugis, Gandavum et Yppram, et fecit tractari magistris et gubernatoribus illarum villarum taliter quod donis et promissionibus concordavit eos sibi.

De Jacobo de Arthevella qualiter fuit elevatus.

Quum haec res deduci non poterat per omnes, de parte regis Angliae fecerunt elevari unum hominem in villa de Gandavo, clarum ingenio, nomine Jacobum de Arthevella. Hic fuerat cum comite Valesii ultra montes et in insulam Rodum, deinde fuit famulus fructuariae domini Ludovici de Francia comitis Ebroicensis, et post abiit Gandavum, unde erat oriundus, et cepit in uxorem unam mulierem brassatricem cujusdam potionis quae vulgariter dicitur : *Miés*. Iste cum elevatus esset, congregavit communitatem villae et ostendit eis quomodo sine rege Angliae non poterant vivere eo quod tota Flandria fundata esset in operatione pannorum, ac sine lanis non poterant facere pannos. Ideo laudabat eis tenere regem Angliae in sui dilectione et amore, omnesque responderunt quod bene placebat eis, sed rex Angliae deffenderat quod lanae non afferrentur in Flandriam. Quum ipse Jacobus de Arthevella vidit quod habebat assensum Gandavensium, congregatis suis, venit Brugis, quos Brugenses receperunt gaudenter. Postea iverunt ad Yppram, Berghes, Cassellum et Furnum, et omnes obedientiam promiserunt sibi. Nuntii vero regis Angliae hoc scientes fecerunt congregari tres villas in Gandavo et ibi ostenderunt eis qualiter rex Angliae erat potentior omnium christianorum et quod, nisi tres villae Flandriae alligarentur simul et caperent regimen Flandriae sua fortitudine, comes qui cum rege Francorum erat, non dimitteret eos facere voluntatem suam. Et fecerunt ibi pactum simul per fidem et juramentum, praesente comite Ghelriae; et taliter confoederati sunt quod gentes comitis Flandriae nichil poterant contra eos. Deinde venerunt versus comitem Flandriae et requisierunt quod omnes exulati per conspirationem aut alio modo revocarentur. Quod comes concessit tribus villis. Postea miserunt ad omnes bonas villas et castellanias Flandriae capitaneos ex parte ipsorum qui patriam gubernaverunt cum exulibus qui erant ibi. Qui dubitantes ne nobiles contrairent rebellionibus eorum, ceperunt eos in hostagiis et mandaverunt eis per omnes castellanias Flandriae quod sub poena mortis venirent et tenerent prisionem in Gandavo. Qui ita fecerunt, non audentes contradicere. Anglici vero videntes se securos de Flamingis redierunt in Angliam et narraverunt regi quod fecerant; statimque rex Angliae misit in Flandriam magnam copiam lanarum. Deinde jussit navigium aptari cum provisionibus pertinentibus; fecit etiam novos florenos aureos fieri, nobiles vulgariter nuncupatos, in quibus posuit scutum armis Franciae et Angliae quartillatum ; insuper se vocari regem Franciae et Angliae jussit.

Ferunt quidam exaltationem illius Jacobi de Artevella cepisse per alium modum, scilicet quod eodem tempore quo iiii^{or} artificia Flandriae cessabant ut dictum est, ipse dixit quibusdam de communitate villae Gandavensium quod si crederent ei, bene apponeret remedium quod mercimoniae, sicut prius, venirent in Flandriam et quod Flamingi mendicantes in terra aliena reverterentur in Flandriam et quod si vellent eum juvare, hoc in brevi ad effectum reduceret. Qui statim hoc audito rogitabant eum ut se expediret, promittentes ei auxilium pro viribus conferre. Audiens itaque baillivus villae dictam commotionem congregavit consilium villae. A quibus missus est unus cliens qui clamaret cunctis audientibus quod die crastina certa hora convenirent omnia hospitiorum capita sine armis et baculis ad laedendum aptis ad quemdam locum quod dicitur : *Biloque*. Cumque ita convenirent, inter quos erat Jacobus de Artevella, et cessaret murmur populi, baillivus exiens in fenestra turris declaravit eis qualiter essent subjecti comiti Flandriae et quod rex Franciae esset eorum dominus supremus. — « Nam, » inquit, si rex Angliae non permittit mercimonias huc advenire ut nos secum jurare pac- » tum compellat, hoc diu permanere non poterit. Firmi igitur et stabiles simus in fideli- » tate qua debemus incedere, ne in posterum redundet in detrimentum nostrum. » — Flamingi quoque hoc audito clamare coeperunt quod nichil possent lucrari, dicentes Jacobo de Arthevella quatenus eos adjuvaret. Videns autem baillivus eos obstinatos descendit et capere nisus est Jacobum de Arthevella. Flamingi vero deffenderunt eum ita ut baillivum et scabinos ad domos suos properare compellerent; Jacobusque de Arthevella exortatus est Flamingos quatenus se armarent ne baillivus et majores burgenses eum caperent. Interim vero baillivus cum multis burgensibus abierunt ad domum Jacobi, hostiisque fractis minime eum reppererunt. Et Jacobus advocans Flamingos duxit eos in forum ubi baillivus et burgenses erant congregati; et irruens in eos de hascia seu securi sua percussit unum et divisit ei caput usque ad dentes. Pugnaverunt itaque minores contra majores ita ut baillivus et qui secum potuerunt evadere, fugerent extra villam. Jacobus quoque de Arthevella cepit bona eorum mobilia et immobilia et possedit ea. Mandavit quoque exulatos a villa et ex eis elegit septingentos quibus septingenta capucia alba modo libratae tradidit, injungens eis quatenus semper eum comitarent ac bene observarent.

NIVERNENSIS.

Comes Flandriae Gandavum advenit, sed mox de Gandavo fugiit.

Porro comes Flandriae, hoc audiens, de Brugis venit Gandavum cum cognato suo Morello domino de Fiennes et suis militibus ac locatus est in suo castello. Et Jacobus de Arthevella sciens adventum ejus, cum suis septingentis congregatis Gandavensibus injunxit eis quatenus eum sequerentur eo quod iturus esset ad comitem ad sciendum voluntatem ejus. Et veniens ad comitem repperit eum cum suis militibus in mensa sedentem. Accedensque Jacobus dixit ei quod non dubitaret : — « Nam, inquit, Fla-
» mingi mirantur quid proponitis facere et quod per vos fame pereunt. » — Comes autem ei respondit quod super hoc multum dolebat. — « Si velletis, inquit Jacobus,
» de facili remedium apponeretis. Nam, si reges Angliae et Franciae, aeque bene
» unus sicut alter, liberum transitum haberent per Flandriam ad faciendum guerram
» unus alteri, cum Anglicis pacem haberemus, sicut prius, et mercimoniae, sine qui-
» bus Flamingi vivere non valent, iterum adducerentur in Flandriam. Nisi enim ita
» feceritis, patriam vestram amittetis. » — Cui comes indignatus ait : — « Amodo eritis
» supra me dominus Flandriae secundum verba vestra ! » — Senescallus quoque Flandriae qui prope comitem erat, dixit Jacobo quod iret ad conficiendum *miés* et quod motivo fatuitatis de hoc se interponebat. Moxque ad haec verba Jacobus, praesente comite, fecit amputari caput dicti senescalli. Tuncque accesserunt capucia alba habentes et vasa comitis acceperunt. Comes autem pavefactus et caeteri milites caute exierunt et fugerunt extra villam; cumque esset extra, familiae eorum duxerunt eis equos suos, ac inde recta via profecti sunt Parisius.

Rex Franciae misit episcopum Morinensem ad tres villas Flandriae ne alligarentur regi Angliae; sed Jacobus de Arthevella factus est dominus trium villarum, nec episcopus Morinensis aliquo modo potuit secum tractare.

Rex Franciae dubitans ne Flamingi pactum inirent cum rege Angliae, ordinavit magistrum Raymondum Sacheti episcopum Morinensem ut iret Gandavum, Brugis et Yppram ut requireret eis quod sibi alligarentur et quod quitaret eis omnia vincula quibus ipsi et tota Flandria ligati erant versus eum et successores suos, excepta sententia. Qui cum venissent in Flandriam, Flamingi assignaverunt diem ad Messynes ut responderent requestae regis. Jacobus autem de Arthevella cum suis albis capuciis abiit Brugis, pulsataque campana, Brugensibusque in falla congregatis, hortatus est eos suo fini contendere; omnesque juraverunt sibi obedire in omnibus, dummodo mercimoniae possent adduci in Flandriam. Receptis itaque juramentis et donis multis, rediit Gandavum et inde ad Berefliet supra mare qui erat fortis valde. Quum ergo illi de villa noluerunt sibi obedire, congregatis quindecim millibus viris de Gandavo et totidem de Brugis, adduxit eos ante villam. Et illi de villa exeuntes contra eos ad praelium omnes mortui vel capti sunt. Deinde Flamingi intraverunt villam ubi inventis ducentis soldariis ex parte comitis dimiserunt eos abire tantummodo cum camisiis suis, occideruntque illos de villa et, ea incendio vastata, redierunt omnes ad propria. Postmodum Jacobus de Arthevella misit ad Berghes fratrem suum cum multis Gandavensibus ad custodiendam villam. Haec villa pertinebat Edowardo comiti Barri causa uxoris suae dominae Casselli filiae videlicet Roberti domini de Cassel nuper defuncti, de quo supra dictum est. Qui Edowardus cum tanta potestate venit in villam quod omnes Gandavenses occidit, fratremque Jacobi de Arthevella decapitari fecit. Quo audito, Jacobus juravit quod eum debite vindicaret. Mandavit quoque illis de Yppra quatenus sibi ut Brugenses et Gandavenses obedirent. Illi vero mandaverunt ei quod hoc non facerent sine jussu comitis. Congregatis ergo xxx^m viris, Jacobus venit ante Yppram et obsedit eam. Ypprenses vero, cum ab eo impetrassent unam diem pro induciis, sic quod, si comes non veniret, redderent se sibi, videntes quod comes non veniret, nec aliquis pro eo, uniformiter congregati reddiderunt villam Jacobo de Arthevella. Sic igitur idem Jacobus factus est dominus trium villarum, nec episcopus Morinensis aliquo modo potuit secum tractare. Deinde illi de Franco et caeterae castellaniae reddiderunt se eidem ita ut totius Flandriae dominus fieret.

Jacobus de Arthevella mittit ad regem Angliae solempnes nuntios quod Flamingi parati sunt obedire ei et quod permittat mercimonias in Flandriam venire. Regi etiam intimavit Philippo quod si non permitteret mercimonias venire in Flandriam, Flamingi starent pro parte regis Angliae : uterque rex quod poscebant, annuit, et sic Flamingi sunt omnes ditati, et profugi ac mendicantes eorum ad propria sunt reversi.

Cum autem Jacobus de Arthevella esset reversus Gandavum, ex qualibet trium villarum elegit iiii^{or} burgenses quos transmisit Londoniam ad regem Angliae ad intimandum ei Flamingos esse paratos ad obediendum sibi et quod hujus causa permitteret mercimonias venire in Flandriam, more solito. Et rex Angliae, tanquam nil aliud gestiens, annuit quod poscebant.

Misit etiam Jacobus Parisius ad regem Franciae ut permitteret de regno suo mercimonias venire in Flandriam; quod si non faceret, cum rege Angliae essent contra eum. Rex quoque Philippus annuit eis requestam suam, unde postmodum deceptus est. Cumque mercimoniae affluenter ducerentur in Flandriam, Flamingi qui mendicabant extra patriam suam, confestim reversi sunt. Dicebatur enim protunc in Flandria de Jacobo de Arthevella quod ipse esset Deus qui descenderat ad salvandum eos. Sic itaque regnans idem Jacobus posuit in Flandriam scabinos et juratos ad facienda judicia : sic enim fertur a quibusdam, et quod rex Angliae, concordatus cum Flamingis, ut dictum est, tunc jussit navigium suum aptari.

Comes Flandriae Gandavum accessit, sed vix foras fugere valuit.

Porro comes Flandriae venit Gandavum ad videndum si posset Flamingos revocare ab errore suo; sed, cum venisset Gandavum, retentus est ibi a Flamingis. Videns quoque quod evadere non posset, finxit se esse de parte ipsorum. Ipsi autem induerunt eum suis paramentis quae portavit per unam diem. Rogavit quoque dominos de villa ut pranderent secum, nam paraverat magnum convivium; cumque audisset missam, dixit quod iret ad volandum cum avibus. Ascendens ergo super equum, exiit et non reversus est, et sic festum finitum est.

Papa legatos suos misit ad duos reges ad tractandum de pace inter eos, sed de pace nihil ad effectum perduxerunt.

Papa quoque sciens divisionem duorum regum Franciae scilicet et Angliae, celebrato cum cardinalibus consilio, ipse cum illis ordinaverunt quod mitterentur legati dictis regibus ad tractandum de pace. Quorum legatorum unus fuit hispanus et erat presbiter cardinalis tituli sancti Nerei; alter vero fuit diaconus cardinalis, filius domini Montis-Faverii in Vasconia, tituli sanctae Mariae in Aquiro. Hii duo venerunt Parisius ad regem Franciae et dixerunt ei quod venerant causa tractandi de pace inter ipsum et regem Angliae et quod multum displiceret papae discordia ipsorum. Quibus rex respondit quod bene placebat ei, licet modicum postea curaret. Deinde venerunt Ambianis et inde ad Sanctum Audomarum ubi aliquandiu expectaverunt eorum conductum qui de Anglia debebat venire.

Interim rex Franciae misit ad Boloniam supra mare regem Navarrae et comitem Alectionensem fratrem suum cum multis hominibus armorum, quia dicebatur quod rex Angliae per ibi veniret; sed videntes quod mendacium esset, reversi sunt in Franciam.

Tholosani Burdegalam obsident.

Eo quoque tempore Tholosani obsederunt Burdegalam ; sed, videntes quod poenam suam amitterent, dimiserunt obsidionem. Cum itaque venisset conductus cardinalium, ipsi cardinales transfretaverunt in Angliam ad regem causa tractandi de pace inter ipsum et regem Franciae; sed plus laboraverunt pro suis negotiis quam de dicta pace et remanserunt ibidem a festo sancti Martini Hyemalis usque ad festum Nativitatis sancti Johannis-Baptistae proxime sequentis.

De malo regimine capitaneorum exulum quos posuerat in Flandria Jacobus de Arthevella.

Praeterea capitanei exulum qui regebant patriam, maledicebant nobiles et ignobiles de patria; nam statim quod aliquis ipsorum refutabat eis quidquam, ducebant eos ad h tagia in Gandavo.

Captis Berghes et Disquemue ab hominibus comitis, ipsi ad Disquemue comitem evocant, qui de Curtraco accurrens de nocte compellitur fugere ne occideretur a Brugensibus supervenientibus, qui omnes quos repperiebant de parte comitis, gladio occidebant.

Erant quidam nobiles in territorio de Furnis et de Berghes, qui hoc tollerare non poterant, qui congregati sunt apud Berghes contra capitaneos et exules ordinatos a Jacobo de Artevella et a tribus villis Flandriae. Ibique commissum est bellum durum nimis inter eos, scilicet in foro villae, in quo devicti sunt qui ex parte trium villarum erant, et ex eis mortui xxv, ac caeteri fugerunt. Deinde mandaverunt omnes bene volentes sibi ut venirent cum eis quia, nisi festinarent, negotium male accideret eis. Congregatis autem illis qui ex parte comitis erant, abierunt apud Furnes qui statim se junxerunt sibi. Postea iverunt ad Disquemue qui similiter eisdem se reddiderunt. Deinde mandaverunt comiti qui erat Curtraci, quod sine mora veniret ad eos quia ad se attraxerant omnem bassam Flandriam. Comes ergo, omnibus dispositis et vocatis omnibus amicis suis seu sibi bene volentibus, venit ad Disquemue, ubi laetitia facta est de adventu sui, quamquam illi de villa aliud cogitarent. Nam mandaverunt Brugis quatenus venirent ad eos festinanter et quod traderent eis villam cum comite Flandriae et omnibus hominibus suis. Statim ergo Brugenses exierunt et venerunt ad unam villam nomine Berst prope Disquemue. Porro illi de Disquemue proposuerant quod dum comes et sui dormirent, portas villae aperirent et Brugenses introducerent; sed quidam amici comitis quos ibidem habebat, revelaverunt ei antequam deberet intrare lectum. Comes ergo misit sine mora ad singula hospitia ut omnes se armarent, nec se festinare tantum potuit quin portam contra eum clausam repperisset; et tunc exierunt homines comitis et ruperunt flagellum de porta cum violentia. Illi vero qui superius erant, projiciebant lapides inferius et fortiter se deffenderunt. Tandem enim, porta aperta, comes cum magna parte suorum exierunt. Per aliam vero portam intraverunt Brugenses, et omnes quos de parte comitis reperiebant, gladio caedebant. Capti sunt autem ibi dominus Matheus de Bours et dominus Ingerannus Hawelli. Omnes autem qui cum comite erant juncti, fugerunt, retro se relinquentes mulieres et pueros. Comes ergo videns quod totum amiserat, cum festinatione reversus est ad Sanctum Audomarum, et cum eo circiter centum homines armorum; ibique emit pannos quia nichil asportaverat nisi tantum arma sua, ac dimiserat sigillum suum et omnia quae habebat.

Comes Flandriae pergit ad regem Parisius, cui dixit omnia quae acciderant ei, qui inde multum perturbatus est.

Postea comes abiit ad regem Franciae et narravit ei omnia quae acciderant. Quod cum rex audisset, multum perturbatus est. Et Jacobus de Arthevella cum tribus villis miserunt multos homines armorum in partes extremas Flandriae ac comburi fecerunt omnes domus sibi adversantium qui cum comite erant.

Rex Franciae mandatum suum facit Ambianis ubi, sex hebdomadis exactis, nulla re acta, recessit inde et in Franciam reversus est.

Rex autem Franciae multum irascebatur contra Flamingos qui subjecti ejus esse debebant, eo quod inimicis ejus conjuncti essent et patriae suae juxta posse nocerent : fecit ergo mandatum quod omnes nobiles regni sui convenirent Ambianis prima die augusti anni M^i CCC^i XXX^i VII^i, ubi, congregato magno exercitu, fuerunt per sex ebdomadas vel circa, postea vero rex, nulla re acta, de Ambianis recedens, reversus est in Franciam.

De colloquio apud Attrebatum.

Porro cardinales qui erant in Anglia, tantum fecerunt apud regem Angliae quod misit cum eis archiepiscopum Cantuariensem et episcopum Dunelmensem, qui venientes ad

regem Franciae requisierunt ei quod concordaret fieri colloquium contra regem Angliae:
quod fieri concordatum est apud Attrebatum.

*Rex Angliae congregavit exercitum, et, classe sua parata, applicuit ad portum Meldeburgi
in Zelandia et inde petivit Anverpiam, ubi affuerunt cum rege Angliae dux Bra-
bantiae, consobrinus ejus, marchisus Juliacensis, dominus de Falcomonte, etc.*

    Statim vero quod cardinales egressi sunt de Anglia, missus est seu ordinatus Edowar-
dus de Bailleolo ad custodiendas partes extremas Angliae versus Scotiam; dimisitque
rex pro custodia regni sui dominum Henricum de Persiaco. Tradiderat enim domino
Roberto de Arthesio unum de melioribus castris Angliae, nomine Nettinghen, ac reli-
quit filium suum domino Henrico de Bellomonte in custodiam. Deinde cum regina
uxore sua et duabus filiabus suis, necnon duce Lincastriae, comitibus Saresberiensi,
Arondelli et Suffoci, episcopo Lincolniensi, pluribusque aliis viris magnis et magna
militia, intravit mare et applicuit ad quemdam portum Zelandiae, nomine Mildeburgum,
qui erat comiti Hanoniae. Hoc inde petivit Anverpiam anno praenotato. Et fuit ibi dux
Brabantiae, consobrinus suus, obviam ei ac praesentavit ei totam terram suam et posse
suum. Affuit etiam marquisius Juliacensis qui desponsaverat sororem reginae Angliae,
filiam videlicet comitis Hanoniensis, et dominus de Falcomonte, qui eos ibidem expecta-
bant, de quibus fuerunt gaudenter recepti et magnifice honorati. Postea rex fecit naves
exonerari et dare locum suis sagittariis qui multi erant, pro morando ac postmodum fecit
suas naves reduci in Angliam, eo cum suis in Anverpia remanente.

*Rex Franciae, cum recederet de Ambianis, statuit garnisiones suorum hominum armo-
rum in urbibus, castris et munitionibus maritimis circa Flandriam et Hanoniam.*

    Porro cum rex Franciae de Ambianis recederet cum exercitu suo in quo erant plus
quam ducenta milia equitum absque peditum inumerabili multitudine, ordinavit ac
statuit garnisiones suorum hominum armorum in urbibus, castris et munitionibus mari-
timis et circa Flandriam et Hanoniam, per ubi inimici ejus poterant in regnum suum
intrare, in modum qui sequitur. Et primo ad Tornacum missi sunt comes Augi, conesta-
bularius Franciae, et filius ejus comes Ghisnensis, dominus Bellijoci, Johannes de Cabi-
lione et Johannes de Kaieu cum pluribus aliis militibus tam de Normannia quam de
Ambianesio. Item ad Mauritaniam super Scaldum gubernator Tornacensis et ballivus
Insulensis, scilicet Godemarus de Fageto, extitit ordinatus, et ut una cum hoc deffenderet
castrum Scluzae, juxta Duacum, de Allodiis in Pabulo et de Cisiaco, traditi sunt sibi multi

homines armorum et soldariorum. Ad Cameracum vero, quam comes Hanoniae quaerebat habere (et ideo munierat tria castra propinqua sibi pertinentia, quorum primum erat Escaudeuvre, secundum Relenghes, et tertium Bouchain), missi sunt comites Armaniaci, Autisidiorensis, Ludovicus de Hispania, Galo de Bauma, magister balistariorum, et Enricus Theobaldi, cum magna multitudine militum et soldariorum. Et quum Cameracenses cum episcopo suo, nomine Guillelmo de Aussona, confoederaverunt se cum praefato rege Philippo, ipse concessit eis in regno suo Franciae multas francisias et libertates perpetuo duraturas, quas litteris suis regiis eisdem confirmavit, fecitque refici firmitatem villae suis propriis denariis et turres in circuitu quamplurimum emendavit, portas quoque, barbaquenas et pontes levaticos etiam fieri fecit. Ad Crevicordium vero castellum in Cameracesio et Bohandium similiter missi sunt soldarii. Ad Aubenton et Vervinum et ad alias munitiones Theraschae fuerunt ordinati comes Blesensis et dominus Couchiaci cum magna multitudine militum et aliorum armatorum. Ab altera vero parte versus Flandriam, ad portum Kalesii et Boloniam fuit ordinatus quidam miles de castellania Hisdinii, vocatus Balduinus de Ligniaco, cum multitudine glomerosa soldariorum. Ad Capam-Obscuram, Bellafontanam, Kamiers, Stappulas et Sanctum Judocum Januenses fuerunt stabiliti cum pluribus aliis soldariis. Item apud Crotoyum, Sanctum Walaricum, Ruam, Abbatisvillam, Sanctum Rikarium et per totum Pontivum ad custodiam ordinatus est quidam pirata, nomine Maraut, cum III^{or} milibus soldariis Tholosanis et Bayonnensibus, sed ad Kaieu garnisio defecit, unde postea male accidit. In Normannia vero, Britannia, Pictavia et Gasconia, omnibus portibus et passagiis garnisiones hominum armorum et soldariorum suis denariis idem rex stabilivit.

Ad parlamentum apud Attrebatum cum duobus cardinalibus rex Franciae misit ambassatores suos ex una parte, et ex altera similiter rex Angliae, et de pace nil actum est; sed treugae fuerunt datae inter partes et confirmatae.

Rex Franciae misit ad colloquium apud Attrebatum cum duobus cardinalibus archiepiscopum Rhotomagensem et episcopos Lingonensem, Belvacensem et Tornacensem. Ex parte vero regis Angliae affuerunt archiepiscopus Cantuariensis et episcopi Dunelmensis et Lincolniensis, comes Hanoniae et dominus Guillelmus de Monte-Acuto. Hii de multis negotiis tractaverunt, euntes pluries ad dominos suos et redeuntes. Finaliter vero nichil fecerunt, ita ut cardinales réverterentur sine aliqua expeditione, exceptis treugis confirmatis ab utraque parte a prima die octobris anni suprascripti usque ad aliam primam diem ejusdem mensis anni immediate sequentis M^i CCC^i XXXVIII^i.

Rex Angliae, renovata sua confoederatione, mandatus est ab imperatore cum omnibus sibi foederatis, qui una pariter abierunt ad ipsum in Francfordiam.

Rex autem Angliae, existens in Brabantia, congregavit omnes amicos et fautores suos, quo facto pristina confoederatio renovata est. Advenerunt etiam tres villae Flandriae pari modo jurantes cum eis. Imperator namque mandavit regem Angliae et omnes sibi foederatos, qui, exeuntes de Bruxellis, perrexerunt ad imperatorem qui tunc erat in Francfordia. Priusquam vero recederent, dux Brabantiae diffidavit regem Franciae per duos milites. Comes etiam Ghelriae et dominus Johannes de Hannonia remiserant regi Franciae homagia sua. Praeterea dicti nobiles, pervenientes in Francfordiam, invenerunt imperatorem Ludovicum de Bavaria qui magnum festum fecit regi Angliae et caeteris baronibus; ibique magna multitudo praelatorum et militum congregata erat.

De imperatore qui confirmavit regem Angliae in vicarium suum.

Tunc vero imperator confirmavit regem Angliae in vicarium suum; fecit etiam de comitibus Guelriae et Juliaci marchiones. Modus autem quo haec facta sunt, fuit iste: nam pro imperatore factum est solium eminens valde pretiosum et nobile, in quo positus est pannis purpureis vestitus ac socularibus aureis calciatus, dyademate capiti ejus imposito. Et erant ad latera suae sedis dux Brabantiae tenens ensem nudum in manu et dux Ghelriae pari modo. Interim archiepiscopus Coloniensis et omnes episcopi ejusdem provinciae induti sacris vestibus adduxerunt regem Angliae indutum veste aurea nobili et pretiosa valde, et habebat secum trecentos milites, ipsum conducentes ante dictum Ludovicum qui se imperatorem dicebat, qui dedit ei virgam auream in manu; fuitque ibi confirmatus vicarius imperatoris.

Rex Angliae mandatum suum fecit apud Lovanium.

Itaque perfecta sollempnitate, rex Angliae, valefacto Bavariensi, venit Coloniam, rogans omnes milites ut secum venirent, ac inde venit Brabantiam, ibique cum maxima multitudine pugnatorum convenerunt ad eum in Lovanio ubi mandatum suum fecerat, mense septembris die Exaltationis Sanctae Crucis allocati sui, scilicet marquisus Brandeburgensis, filius praefati Ludovici de Bavaria, quem sibi miserat idem Ludovicus, dux Brabantiae, comes Ghelriae, marquisus Juliacensis, comites de Montibus et Namurci, dominus de Falcomonte et Johannes de Hanonia quem marescallum suum statuerat.

Rex Franciae mandatum suum facit apud Noviomum et nimis prolongavit.

Rex vero Franciae, qui convocaverat exercitus suos ad essendum apud Noviomum et Sanctum Quintinum in Viromandia, tam diu prolongavit mandatum suum quod vix inde deceptus est. Nam rex Angliae semen verborum sparsit ubique quod ipse ita pauper esset quod non posset prosequi factum suum. Dedit etiam regi Franciae intelligere quod secrete se disponebat ad redeundum in Angliam, et hac de causa rex Franciae retardavit mandatum suum nimis.

Comes Herbicensis appulit ad portum Tresporti, qui portum et villam succendit et patriam in circuitu vastavit.

Porro Anglici se miserant in mare ut essent apud Lovanium ad praefatum regem suum dicta die. Et cum navigarent, una de aciebus eorum applicuit ad portum Tresporti. Hic fuit comes Herbicensis et dominus Bellicampi cum eo, qui, omnibus ibidem praedatis et occisis, non solum villam et portum succenderunt, sed omnem patriam in circuitu depopulati sunt. Per hoc enim ipse comes votum suum quod voverat, complevit, quia primus Anglicorum in regno Franciae hostiliter ignem immisit, caedibusque et praedis Francos afflixit. Comitissa vero Augi et quaedam filia ejus captae fuissent in turre Parqui, ubi trementes auffugerant, nisi earum tabellarius coegisset eas equos ascendere et summa cum festinatione ad Albammallam fugere. Unde Anglici fuerunt immodice contristati; nam confestim ad dictam turrim accurrerunt, ibidem eas invenire et capere putantes. Mox vero comitissa ad dominum suum comitem conestabularium per festinum nuntium apud Tornacum totam hujus facti seriem scripsit, qui protinus in glomerosa militum et aliorum armatorum comitiva celeri cursu ad Albammallam accurrit. A qua sine mora cum suis exiens, Anglos, eo quod in mare se retraxerant, assequi non potuit, et tristis et dolens de patria sua quam sic cernebat praeda, igne et caede vastatam, ad Albammallam rediit; indeque, comitissa uxore sua consolata, cum suis ad Tornacum remeavit.

Interim vero barones Angliae cum maxima multitudine hominum armorum et sagitariorum apud Anverpiam appulerant, et similiter die Exaltationis sanctae Crucis apud Lovanium ad regem suum accesserunt.

De mandatione facta per regem Angliae episcopo Cameracensi et scabinis Cameraci, et de responsione episcopi Cameracensis et scabinorum civitatis Cameraci.

Cum rex Angliae exercitum suum congregasset ad Cameracum, quae civitas est imperii, episcopo, scabinis, civibus et toti communitati ejusdem per embassatores suos litteraliter inter alia mandavit quod erat vicarius imperatoris ab eodem imperatore Ludovico de Bavaria per totum romanum imperium constitutus, quodque veniebat in villam suam et quod parati essent sibi tanquam vicario imperatoris in omnibus, ut tenebantur, obtemperare.

Episcopus vero Guillelmus de Ausona, audito hujusmodi mandato, communicato cum suis consilio, respondit quod non auderet obedire Ludovico de Bavaria quousque ab excommunicatione in qua erat, papa eum absolveret, et quod papa non coronaverat eum, nec ipsum tenebat pro imperatore, et consequenter ipse, nec alius christianus debebat eum pro imperatore tenere, quapropter pro eo aut pro ejus vicario aut alio per ipsum commisso, ipse, suique homines et subjecti de Cameraco nichil facerent omnino, sed dicerent praefato regi Angliae domino suo quod ex quo gravare volebat Francos, quibus civitas Cameraci erat vicina, et movere guerram contra regem Franciae, non curabant de eo, nec de ejus passagio, et quod contra eum et omnem potestatem ejus toto posse resistentiam facerent atque audacter se deffenderent. Audita vero ab episcopo hujusmodi responsione, nuntii corde turbati illico a Cameraco recesserunt et ad Bruxellam ad regem suum, qui ibidem de Lovanio cum exercitu suo advenerat, accedentes, retulerunt ei episcopi Cameracensis et suorum responsum. Unde rex, male contentus, quod ocius destrueret eorum urbem et perderet, interminatus est.

Qualiter rex Angliae consensu comitis Hanoniae de Brabantia cum universo exercitu suo Hanoniam intravit; et qualiter episcopus Lincolniensis et quidam barones ab exercitu recedentes ad Valencianas venerunt.

Quia juvenis comes Hanoniae Guillelmus eidem regi sororio suo transitum per comitatum suum Hanoniae annuerat, solvendo et nemini injuriam faciendo, de Bruxella cum omni exercitu suo idem rex Hanoniam intravit et, marescallo suo, scilicet Johanne de Hanonia praeeunte, castrametatus est apud villam de Montibus. In monasterio vero monialium, ordinis Cisterciensis, nuncupatum Espinleu, juxta praenominatam villam de Montibus, corpus suum locatum est. Episcopus autem Lincolniensis et quidam barones Angliae cum Waltero de Magni in maxima multitudine pugnatorum ab exercitu recedentes ad Valencianas venerunt.

Quomodo Walterus de Magni pro complemento voti sui intravit hostiliter Mauritaniam super Scaldum, quam praedavit, et omnes qui intro erant utriusque sexus, occidit et totum combussit ac recessit; quomodo Walterus de Magni a quodam traditore castellano de Thun Episcopi castellum emit, et, castellano cum suis soldariis recedente, Walterus castellum intrans Anglicis suis munivit, et Relenghes similiter obtinens Anglicis suis replevit.

Ab ipsis vero dictus Walterus recedens cum quinquaginta hominibus armorum ad Condetum super Scaldum et ab hinc ad Reulon pergens de sui voti complemento sollicitus ibidem illa nocte stetit. Et dum dilucesceret circa solis ortum, inde cum suis recedens venit ad portam Mortaniae super Scaldum, quam apertam inveniens, villam intravit et breviter ipsam praedavit. Cum autem habitatores qui adhuc in cubilibus erant, tanquam nichil horum timentes, perceperunt eos esse Anglicos, maximo tumultu facto, clamare, et Anglici ex alia parte eos gladiis occidere ac totum igne cremare, coeperunt. Fertur enim quod idem Walterus de Magni, ut votum quod dudum in Londonia voverat, percompleret, primus omnium ibidem sua propria manu ignem immisit. Et sic primus Anglicorum ipse in regno Francorum villam firmatam flammis succendit. Festinanter vero, propter metum hominum armorum qui in castello erant et praeparabant se ad veniendum contra eos, cum praeda capta recedens, venit Condetum, et dehinc ad Valencianas cum suis remeans, episcopo et aliis quod factum erat, narravit. A quibus quidem iterum indilate recedens de Valencianis cum suis et ducentis sagittariis, ad quodam castellum episcopi Cameracensis dictum Thun Episcopi venit. Ad castellanum vero qui cum soldariis suis supra muros erat assultum expectans, signum fecit quod volebat loqui illi. Colloquio cum eodem castellano, qui natione Flamingus erat, ad barreriam habito, minis et pecuniis tam fecit quod idem castellanus, episcopo Cameracensi qui castellum suum ad custodiendum sibi tradiderat inscio, eidem traditorie reddidit et cum soldariis et omnibus bonis suis discessit. Walterus autem castellum intrans illico Anglicis suis munivit, et inde ad alium castellum dictum Relenghes pergens, ipsum similiter Anglicis suis replevit.

Rex Angliae cum exercitu suo Cameracum obsedit.

Porro rex Angliae cum omni exercitu suo de Montibus ad Valencianas et dehinc per Haspram, vexillis expansis, venit ante Cameracum et obsedit eam, anno Domini M° CCC° XXXVIII°. Cum eo quidem tunc erat Guillelmus comes Hanoniensis, qui sibi ad nocendum Cameracum praestaverat castrum suum dictum Escaudœuvre, ubi garnisionem suam posuit, et etiam castrum de Relenghes supra dictum. Cum autem episcopus Cameracensis et principes qui cum eo ex parte regis Franciae in garnisione erant et cives illius civitatis viderent se ab exercitu tanto et tam forti obsessos, et qualiter munitiones in circuitu scilicet Thun, Relenghes, Escaudœuvre et Bouchain essent plenae Anglicis et Hanoniensibus, quamplurimum stupefacti inierunt consilium pro villa sua custodienda et fecerunt ordinationes ad vigilandum de nocte, miseruntque Parisius ad regem Franciae totum statum suum, et quod eis succurreret festinanter, humiliter supplicaverunt.

Dicebatur enim tunc quod rex Franciae putabat pro firmo quod praefatus rex Angliae adhuc esset in Anverpia et quod non deberet contra ipsum mandatum suum facere usque ad festum Sancti Remigii. Tunc quidem tota patria Cameracensis depopulata est. Interim vero Favrellus de Walaincurte, guerrarum thesaurarius, qui de obsidione hujus penitus ignorabat, veniebat Cameracum et conducebat super equos magnas summas denariorum ad solvendum regis soldariis. Et cum appropinquaret Cameracum, repente incidit in manus Anglicorum qui ceperunt cum et totum argentum cum omnibus qui secum erant, excepto solo clerico ejus qui per celerem fugam Anglicos evadens non cessavit donec venit Parisius et narravit regi eventum suum et qualiter magister suus thesaurarius esset captus et omnes alii societatis ejus et denarii perditi, et quod rex Angliae cum exercitu suo Cameracum obsidebat. Vix ille narrationem finierat, et ecce Sohierus de Gandavo miles supervenit, missus ad regem ex parte episcopi et baronum qui in Cameraco erant, qui nullum responsum de eodem rege receperat, dicens regi totum factum regis Angliae, quomodo Cameracenses pluries per nuntios suos sibi scripserant et nullum inde responsum habuerant, quare mirabantur valde ad quid cogitabat qui eis celeriter non succurrebat. Quo audito, respondit rex quod inde nichil sciebat et quod nunquam litteras eorum viderat, sed putabat quod idem rex Angliae moturus non esset ab Anverpia usque post festum Sancti Remigii, petens ab eodem milite qua transisset. Et ille dixit : « Per Hanoniam. » — Comes, inquit, » Hanoniae nepos vester est in obsidione ante Cameracum cum rege Angliae et plus- » quam alii dampnificat patriam. » — Tunc rex majore ira commotus militem citius remittens Cameracum, promisit quod in brevi regem Angliae faceret dislocari et quod fortiter se tenerent et in fidelitate sua permanerent; Cameracumque veniens retulit episcopo et aliis quae rex dixerat ei, unde non sufficiebant ammirari. Et tamen secundum quod mandaverat eis, multum erga ipsum fideles extiterunt et plures ac diversos ingeniorum petrariarumque atque sagittariorum assultus ab obsidentibus sustinuerunt. Et e diverso Heinricus Theobaldi et plures alii a villa exeuntes saepissime irruerunt in obsidentes, eis juxta posse omne dampnum quod poterant inferentes, et sic retortis humeris, cum a multitudine persequerentur, velociter se retrahebant in villam. Accidit autem quod in castello dicto de Selles, quod civitati inhaeret, erat quidam praepositus consobrinus Flamingo castellano venditori domino Waltero de Magni castelli de Thun Episcopi, qui prae confusione quam habebat de praefato consobrino suo qui ita male se habuerat, ut civitatem proderet Anglicis, diabolica suggestione, dictum castellum vendidit, pecunia mediante, domino de Falcomonte, et taliter quod quadam nocte quasi in primo galli cantu, uti promiserat, eidem domino ejusdem castelli levaticum pontem deposuit et portam aperuit, et sic Anglos expectabat ad intromittendum eos et inde per consequens in civitatem. Sed, per miraculum Beatae Virginis, in cujus honore cathedralis basilica est dedicata, eadem hora ejusdem campanae per se coeperunt pulsare tam valide quod villa commota est et quilibet versus castellum fugiit, et potissime episcopus qui ipsemet affuit, levaticum pontem levavit, praepositum cepit et in carcerem trusit, et sic civitas eo tunc meritis Beatae Virginis salvata est.

Rex Angliae obsidionem suam solvit, et comes Hanoniae a rege Angliae recedendi licentiam petit.

Itaque rex Angliae sciens quod rex Franciae faceret mandatum suum apud civitatem Noviomensem et quod civitatem Cameracensem non posset habere, movit exercitum suum in quo erant LX^m hominum armorum, ut veniret ad monasterium de Vaucellis, ordinis Cisterciensis. Tunc comes Hanoniae venit coram eo et capiens ab eo licentiam dixit ei : — « Ex quo vultis intrare regnum Franciae contra regem Philippum avunculum meum, » homines ejus caedere et patriam vastare, considerabo quod dominus meus est in » quantum teneo sub ipso terram Austrevanti ; nunc recedo a vobis et amodo inimicus » vester ero. » — Et quamquam rex Angliae multum de hoc doleret, et dominus Johannes de Hanonia, marescallus sui exercitus, nichilominus, tamen comes sine mora recessit et abiit ad Kaisnetum castrum suum ad congregandos homines armorum.

Comes Saresberiensis contendit complere votum suum, sed non potuit ; et de combustione Bellirevisus per comitem Saresberiensem.

Tunc comes Saresberiensis ab exercitu recedens cum mille hominibus armorum et quingentis sagittariis ut compleret votum suum, venit et obsedit castellum villae de Walaincurte ac fortiter invasit. Dominus autem ejusdem villae intus existens deffendit castellum suum cum suis hominibus ita ut comes confusus sine lucro rediret ad castra regis Angliae. Die sequenti de mane assultavit castellum Mansardi de Auxona qui taliter se defendit quod comes ut prius confusus regressus est. Deinde combussit Bellumrevisum villam et castellum.

Rex Angliae tendit ad Peronam.

Rex Angliae, audiens quod nimium homines armorum ex omni parte confluerent ad regem Franciae Noviomo et etiam ad Sanctum Quintinum, proposuit ire Peronam ad finem habendi bellum contra eum. Ac tunc castrum de Balpamis venditum est Anglicis, sed antequam venirent Anglici, praeventa est traditio castellani, cujus caput abscisum et suspensum est in summitate castelli.

De assultu villae Hunecurtis.

Cum rex Angliae cum exercitu suo equitarent per viam, dux Lincastriae repperit a casu comitem Guisnensem cum multis soldariis secrete propter metum Anglicorum pergentes Cameracum ad custodiendam seu deffendendam villam. Hii, videntes Anglicos, fugam aggressi sunt et citius intraverunt villam Hunecurtis, quae satis prope erat, Anglicis cursu celeri ipsos insequentibus. Porro duce Lincastriae cum acie sua et aliis villam assultibus impugnante, magna resistentia sibi facta est, ut multi occiderentur. Et adhuc plures occisi fuissent nisi rex Angliae superveniens inhibuisset eis assultum ut magis uniti et validiores essent, si rex Franciae eos debellaret.

Rex Angliae ad Moncellum Sancti Quintini castrametatus est.

Deinde venit rex Angliae patriam devastando ad Moncellum Sancti Quintini ubi castra sua metatus est...

De ortu et genere ducis Athenarum et qualiter venit en Franciam.

. . . .
. . . .

Rex Franciae venit Peronam, et ibi venit ad eum comes Hanoniae nepos ejus; rex Franciae comitem Hanoniae, nepotem suum, reputavit traditorem; etiam comes voluit se excusare, sed non profuit excusatio ejus quia licentiavit eum rex.

Rex vero Franciae, audiens quae facta sunt de rege Angliae, recessit de Noviomo cum sex ducibus, videlicet Normanniae, Britanniae, Burgundiae, Athenarum, Borboniae

et Lotharingiae, et regibus Navarrae et Boheiniae et aliis principibus et militibus quamplurimis, et venit Peronam. Et cum esset viam carpens versus Nigellam in Viromandia, fumos ignium prospexit a longe, quos Anglici accendebant in terra ejus : unde vehementer corde indoluit. Tandem venit Peronam. Illo tunc ambo reges Franciae et Angliae non distabant unus ab altero nisi per dimidiam leucam. Venit autem comes Hanoniae ad regem Philippum avunculum suum. Quem videns rex interrogavit eum si veniret ad tradendum eum, dicens quod reputabat eum traditorem quia permiserat Anglicos transire pacifice per terram suam et socius fuerat in obsidione Cameraci. Comes voluit se excusare, sed non profuit excusatio ejus. Rex quoque Navarrae traxit eum ad portam et, auditis rationibus ejus, dixit ad regem Franciae quod comes Hanoniae non habebat omnino malam causam : « Quoniam, inquit, si transire permiserat regem
» Angliae per terram suam, hoc non fuit sponte quia si ultro non permisisset, coactus
» permisisset. Quantum est quod fuit in obsidione Cameraci, fecit tantummodo quia
» odio habebat episcopum qui jura quae habebat in Cameraco, sibi abstulerat. Videns
» autem regem Angliae intrare regnum vestrum cepit licentiam et, eo diffidato, venit
» ad serviendum vobis titulo terrae Ostrevanti quam feodaliter tenet de vobis. » — Cui respondit rex Franciae quod fatuus esset qui in ipso confideret et quod praevaleret ipsum redire donec vocaretur. Tunc accessit comes Hanoniae coram rege et dixit quod si sibi placeret, vellet habere primum bellum in praelio. Et rex respondit quod super hoc advisaret.

Rex Angliae noluit pugnare contra regem Franciae, ideo retraxit se in Terascha et ibi est per regem Franciae insecutus.

Tunc juravit rex Franciae in secreto consilio suo quod in crastinum de mane pugnaret contra regem Angliae, fecitque jurare principes singulos quod hoc sub silentio tenerent. Nichilominus tamen hoc revelatum est regi Angliae qui statim consilio Johanis de Hanonia retraxit se in Terascha ut esset prope Brabantiam ad habendum refugium, si opus esset, in villis ipsius marescalli, Bellomonte scilicet et Chimaco, patriam collateralem Sancto Quintino depopulando. Accessit autem quidam miles ad regem Franciae sedentem in mensa atque bellum pro crastino secure expectantem et nuntiavit ei quod rex Angliae recesserat patriam comburendo de Viromandia. Tunc aspiciens rex principes suos cum furore magno prorupit in haec verba : — « Non possum ita silenter
» loqui in camera mea quin rex Angliae audiat ubicunque sit. Credo enim quod juxta
» me sit invisibiliter. » — Surgensque velociter de prandio equum ascendit ac exiit cum exercitu suo de Perona. Cum autem exiret in campos, qui praeibant, videntes leporem prosilire in campum, clamare coeperunt alta voce : ad quorum vocem caeteri com-

moti clamaverunt ad arma; factique sunt multi milites eo quod crederent bellum fieri debere, qui postmodum *milites leporis* nuncupati sunt. Et rex Franciae prosequendo regem Angliae venit ad Sanctum Quintinum in Viromandia, ubi expectavit residuum exercitus sui. Habebat namque in exercitu suo, prout dicebatur, quasi ducenta milium hominum armorum. Et rex Angliae jam transierat juxta Sanctum Quintinum, et inde transiens flumen Ysarae apud Aurigniacum quam sui combusserunt et abbatiam Sanctae Benedictae, venit rex Angliae ad abbatiam de Boheriis, ordinis Cisterciensis, super dictum flumen Ysarae sitam, in qua mansit per tres dies et Anglici undique.

Guisia obsidetur, impugnatur, sed non expugnatur.

Et inde Johannes de Hanonia, cum magno exercitu abiens, obsedit Guisiam in Therascha ubi erat filia ejus et heres, videlicet comitissa Blesensis et Suessionensis ex parte matris, quae jacebat de puerperio in castello suo. Combussit suburbia villae et villam multis insultibus impugnavit, sed intus talem deffensionem repperit quod villam capere non valuit.

Quomodo duo reges in Terascha castrametati sunt.

Audiens autem rex Angliae quod rex Franciae ipsum insequeretur et quod jam esset in Sancto Quintino, abiit de dicta abbatia, comburendo patriam, ad quamdam villam in Terascha, quae dicitur Flamengaria, quae convicina est Hanoniae. Et rex Franciae de Sancto Quintino venit ad Guisiam, et inde incedens cum aciebus ordinatis post eum, et rex Navarrae secum, qui equitabat cum bachineto super caput suum. Cui dixit rex Franciae : — « Cognate, bachinetum vestrum amovere potestis, quoniam, ut intellexi, » inimici nostri jam distant a nobis per septem leucas. » — Deinde castrametatus est ad quamdam villam, nomine Buironfossam, ad unam leucam prope regem Angliae. In crastino vero, dum rex Franciae audiret missam suam parum ante meridiem, ecce Biturarii sui accesserunt ad eum dicentes quod vidissent acies regis Angliae ad semileucam prope. Quo audito, rex magno stupore repletus vocavit consilium suum et monstravit eis quod falsum esset quod dictum erat ei. Jussit ergo marescallis ut irent visum si verum esset quod hostes essent ita prope : qui abeuntes et redeuntes retulerunt regi quod vidissent eos ad bellandum apparatos habentes ante se passum profundum quem ipse, nec sui possent transire. Aderat namque ibi quidam miles illius patriae, nomine Bachalarius de Proisies, qui ita dixit : — « Domine, amputetur mihi caput nisi ego cum » hominibus xl^a de fronte transeamus eumdem passum. » — Quo dicto, statim a quibusdam vocatus est traditor. Ipse autem dixit regi quod tarde esset. Et rex Angliae qui, ubi dictum est, steterat a tertia usque ad horam nonam, videns quod nullus accederet, retraxit se modicum ad quiescendum.

Rex Angliae ingressus Hanoniam properavit ad Fontem Episcopi et ibi dimisit exercitus suos et in Anverpiam secessit.

Deinde rex Angliae, oneratis et sumptis omnibus rebus suis, cum exercitu intravit Hanoniam et per Chimacum abiit ad Fontem Episcopi; et inde, remeatis foederatis suis ad partes suas, profectus Anverpiam, misit soldarios ad Thun Episcopi et ad Relenghes, ad gravandum illos de Cameraco.

Rex Franciae qui persequebatur regem Angliae, ivit usque ad introitum Hanoniae ad locum ubi fuerat, et ibi stetit per duos dies. Deinde recessit et remisit soldarios suos ad munitiones hostibus confines et inde Franciam remeavit.

Rex autem Franciae remansit in Buironfossa ubi exercitus ejus fame est afflictus, eo quod Anglici totam vastaverant patriam. Et in crastinum Franci jussu regis armati abierunt ad locum ubi rex Angliae fuerat, et videntes quod passus non haberet de profunditate plusquam mensuram dimidiae tibii, dictum est eis pro vero quod Anglici jam elongassent eos per septem leucas. Rex autem Franciae, cum ibidem expectasset per duos dies, reversus est ad Sanctum Quintinum, unde remisit soldarios suos ad munitiones hostibus confines, ac inde Franciam remeavit.

Rex Angliae recedit Anverpiam.

Rex Angliae existens in Hanonia ubi exercitum suum dimisit, pronuntiari fecit hastiludia apud Bruxellam, ubi multi nobiles affuerunt, cumque idem rex hastiludiasset et multi principes Almaniae, recessit et profectus est Anverpiam.

Flamingi murmurant contra regem Franciae eo quod, rege Angliae bello non excepto, ipsum sic cum praedis dimiserat a regno suo recedere.

Postquam vero regressus est rex Franciae Parisius, Flamingi qui cum eo erant, male contenti sunt de eo quod, rege Angliae bello non excepto, ipsum sic cum praedis dimiserat a regno suo recedere, a quo tam vastatum erat igne et caede. Inceperuntque murmurare adversus eum atque hortamento Jacobi de Arthevella voluerunt iterum habere Insulam et Duacum et appenditias ipsarum vel pecuniam quam dudum solverant, seu praedecessores eorum, regalibus prout asserebant, alioquin moverent guerram contra eum et dictas villas virtute armorum caperent. Et interrogavit eos rex sub quo Flamingi comitatum Flandriae tenerent : qui responderunt quod sub comite suo.

Rex Franciae misit in Flandriam comitem Flandriae ut regeret Flamingos pacifice et quiete.

Tunc rex praecepit comiti ibidem astanti quod abiret in Flandriam ac regeret Flamingos pacifice et doceret. Qui respondit quod hoc libenter faceret, dummodo posset intrare patriam modo decenti. At illi dixerunt ei quod secure posset intrare Flandriam et quod Flamingi nichil aliud in mundo desiderabant, quodque gratanti animo eum reciperent ut decebat. Rex autem in ejus recessu monuit eum tractare Flamingos pacifice ne moverent guerram contra ipsum. Tuncque comes abiit Malam ubi tenuit statum suum, totisque viribus conabatur verbis et doctrinis Flamingos in fidelitate manutenere.

Quomodo Cameracenses ceperunt dominum de Magni et funditus everterunt castellum de Relenghes.

Eo tempore, soldarii quos rex Angliae posuerat in Thuno Episcopi, in Relenghes et illi quos comes Hanoniae posuerat in Escaudœuvre et in Bouchain, multa mala fecerunt Cameracensibus, non permittentes victualia venire ad civitatem. Idcirco soldarii qui erant in Cameraco, scientes quod illi de Thuno quadam vice exivissent in patriam convicinam et eam devastarent, exeuntes de civitate aggressi sunt eos et ex eis multos occiderunt. De quibus captus dominus de Magni dictus Hustin, frater Walteri saepe nominati, cum intraret portas civitatis inter manus illius qui ceperant eum, occisus est a communitate civitatis.

Postea tempore hyemali Cameracenses per supra glacies oppugnantes castellum de Relenghes ceperunt et qui erant intus penitus occiderunt, turremque funditus evulserunt.

Soldarii Franciae terras domini Johannis de Hanonia combusserunt.

De ordinatione regis Philippi facta est congregatio apud Vervinum, in qua fuerunt comes Armaniaci qui custodiebat Cameracesium, Galesius de Bauma, magister balistariorum, comes Grandisprati, baillivus Vitriaci, vicedominus Cathalanensis, dominus de Vervino et multi alii. Hii quodam mane ingressi sunt Hanoniam et in terris de Chimaco et de Bellimonte pertinentibus Johanni de Hanonia viginti villas spoliati sunt et combusserunt et cum multis prisionariis redierunt quisque in munitionem suam. Porro Johannes de Hanonia, hiis auditis, illico congregavit magnam gentem, scilicet regem Angliae, ducem Brabantiae, comitem Hanoniae et marchionem de Juliaco cum catervis eorum, et insecutus est eos. Videns ergo quod non posset eos comprehendere, regratiatus est dictis dominis, cum magna tristitia conquerens de rege Franciae.

Comiti Flandriae nichil profuit amorose ac dulciter loqui Flandricis suis, quia constrixerunt eum invito ipso facere conventionem cum eis ac confortare et sustinere regem Angliae contra regem Franciae.

Postmodum regressi sunt Anverpiam ubi rex Angliae sollicite tractabat quod Flamingi stabili juramento sibi jungerentur contra regem Franciae. Ex alia vero parte Ludovicus comes Flandriae secundum posse suum Flamingos tenebat amorose ne cum Anglicis pactum aliquot inirent. Quod nichil profuit quoniam illi de bonis villis Flandriae, dum casu esset in Gandavo, venerunt illuc jam praedicati a Jacobo de Arthevella. Quem constrinxerunt invito ipso facere conventionem cum eis ac confortare et sustinere regem Angliae contra regem Franciae. Quo facto, Flamingi super hoc jocundi praeter solitum modum comitem honoraverunt.

Comes Flandriae, ab uxore sua comitissa mandatus, promittens cito reverti, exivit de Flandria et absque spe reversionis Parisius ad regem accessit quantocius.

Comes siquidem in se ipso meditans quod aliter facere non valeret, eis verba suavia et dulcia juxta posse eis offerebat. Pro suo quoque recessu meliori secrete scripsit uxori suae quae tunc erat apud Macerias super Mosam, statum suum et qualiter sibi acciderat, rogans quod ipsa scriberet ei quod in lecto mortali jaceret et quod amore Dei veniret ad visitandum eam. Quo completo, venerunt nuntii comitissae ad comitem in Gandavo existentem Flamingorum catherva constipatum, obtuleruntque sibi litteras comitissae quae lectae fuerunt coram omnibus, postulavitque comes Flamingis quod posset ire ad uxorem suam et statim reverti. Quo concesso, recto tramite profectus est Parisius ad regem Franciae et narravit ei quae sibi acciderant. Flamingi quoque, audito quod comes esset Parisius, dixerunt intra se quod falsus et nequam erat, qui eos sic reliquerat, et quod amodo non gauderet de comitatu.

Venit rex Angliae, et regina uxor ejus cum eo, in Flandriam a Flamingis mandatus et in Gandavum secessit moraturus.

Ideo Flamingi unanimiter mandaverunt regi Angliae apud Anverpiam ut sine mora veniret in Flandriam. Qui et uxor ejus quae pregnans erat, et duo filii ejus, dux Brabantiae, marchio Juliaci, comes Gheldriae et Johannes de Hanonia venerunt Gandavum, jam garnisionibus dicti regis Angliae jussu ejus factis in Sancto-Bavone Gandavensi pro sui mansione. Veniens itaque rex Gandavum receptus est ab illis de villa multum honorifice. Cumque rex locatus esset in Sancto-Bavone, Jacobus de Arthevella venit ad eum et salutavit eum. Cui rex Angliae multum regratiatus est eo quod Flamingos ad se convertisset, promittens sibi multa bona facere. Et Jacobus de Arthevella expressit ei statum cognationis suae et qualiter esset magister Flamingorum, qui et cujus conditionis Flamingi essent et quomodo vellent regi et qualiter ipsi irati essent contra comitem dominum suum propter supradicta, qui fugerat Parisius ad regem Franciae. — « Nichilominus, inquit, omnes de tribus villis et de comitatu Flandriae volunt vobis » subjici, dum tamen eis promittatis quod contra omnes ipsos deffendetis. Cum enim » facietis guerram, contra quemcunque vobis subsidium praestabunt, dum tamen » si pacem facietis cum aliquo, vobiscum eos includetis. »

Rex itaque, his auditis, gavisus est valde, et tanquam nil aliud desiderans benigniter concordatus est secum.

Illi de bonis villis Flandriae deferentes regi Angliae munera pretiosa renovaverunt invicem juramenta, prohibueruntque quod nullus vocaret regem Franciae nisi Philippum de Valesio.

Venerunt etiam ad regem Angliae illi de bonis villis et castellaniis Flandriae ad salutandum eum, deferentes ei munera pretiosa; renovatisque invicem juramentis et pactis suis, ordinaverunt sub poena mortis quod nullus vocaret regem Franciae nisi Philippum de Valesio.

Quidam vero dicunt quod facta conventione jurejurando cum Gandavensibus abiit

Brugis cum Artevella, et postea ad Yppram, cum quibus fecit juramentum sicut cum Gandavensibus.

De litteris regis Angliae missis ad illos de Sancto Audomaro.

Consequenter ordinaverat quod mitterentur litterae ad villam Sancti Audomari, formam quae sequitur, continentes:

« Edowardus Dei gratia rex Angliae et Franciae, dominus Hyberniae et dux Aquita-
» niae, baillivis et majoribus, scabinis, consulibus ac toti communitati villae Sancti
» Audomari notitiam subsequentium veritatis. Cum notorium sit quod Karolus bonae
» memoriae nuper rex Franciae obierit hereditarie saisitus de dicto regno Franciae et
» simus filius sororis germanae ejusdem Karoli ac post ejus decessum regni hereditas
» nobis ratione evidenti evenit, necnon Philippus de Valesio, filius avunculi dicti
» domini Karoli, qui ab eodem Karolo nobis distat gradu remotiori, fraudulenter dictum
» Franciae regnum manu violenta rapuerit, dum adhuc teneros infantiae annos agere-
» mus et hucusque injuste seu tortionarie tenuerit, matura deliberatione, Dei fiducia et
» bonorum hominum affixa, nomen et regiminis onus dicti regni assumpsimus et ad
» hoc tenemur, prout nos decet, firmum et stabile propositum habentes eos qui suum
» debitum erga nos direxerint, gratiose tractare. Nec enim est nostrae intentionis vestras
» juridictiones et jura adulterare seu in aliquo derogare, sed potius erga omnes juste
» operari, legesque et consuetudines hactenus observatas a tempore sancti Ludovici
» praedecessoris nostri reparare et illaesas conservare. Non et per hoc proprium
» lucrum ad vestri dampni illationem perquiremus cambiis sive monetarum mutatio-
» nibus aut taxationibus vel malis rapinis seu ablationibus, quoniam Dei gratia suffi-
» cientiam habemus ad nostrum statum et honorem manutenendum, imo ut nobis
» subjectos et libertates et privilegia Sanctae Ecclesiae speciali cura deffendere et juxta
» nostrum posse ad extremitatem manutenere atque negotia regni absque aliqua
» furibunda seu voluntaria actione pertractare (summa etenim affectione aspiramus
» ut Deus habeat partem in laboribus nostris et hominum nostrorum fidelium),
» necnon pacis et amoris fomentum inter christianos apponere ut cohors nexu fidei
» catholicae Christo unita facilius inter se adunetur ad Terram Sanctam bellicis
» armis recuperandam contra nostrae fidei christianae inimicos, quod ita fieri
» nutu divino speramus. Praesentibus insuper vobis notificare decrevimus quod
» pluribus viis rationabilibus conati sumus cum dicto Philippo pacem componere.
» Ipse autem hiis dissentiens et guerris excessivis terram nostram opprimere nitens
» ad nostri juris procurationem necessario deffendere nos compellit. Verumptamen
» populi mortalitatem nullo modo quaerimus, faventes potius ipsorum et bonorum

» saluti. Eapropter nostri benignitate et gratia placet nostrae regiae majestati quod, si
» firmiter nobis habeatis ut nostri fideles amici, quemadmodum probi homines de Flan-
» dria fecerunt, nosque recognoscatis vestrum regem de jure et erga nos vestrum
» debitum faciatis circa festum Pascae proxime venturum, in nostra pace, protectione
» speciali et deffensione vos suscipere, insuper quod plenarie gaudeatis quibuscunque
» possessionibus vestris mobilibus et immobilibus, nihil horum perdere haesitantes, nec
» aliquod gravamen inferendum super elapsi temporis aliquibus offensis quovismodo
» formidantes, quoniam vos protegere et manutenere volumus toto posse nostro, prout
» rationabiliter obligati sumus et tenemur. Datum apud Gandavum, octava die mensis
» februarii, anno regni nostri in Francia primo et in Anglia quatuordecimo. »

Hiis litteris pendebat sigillum valde magnum de cera crocea, in cujus una parte erat figuratus rex sedens in trono suo, tenens una manu sceptrum et altera lilium; in alia vero parte figuratus erat miles habens coopertures armis Franciae et Angliae quartillatas et habens leopardum coronatum super cassidem suam sedentem.

Illi vero de Sancto Audomaro, receptis litteris, eas miserunt regi Franciae cum quibusdam aliis clausis transmissis a tribus villis Flandriae.

Filius regis Angliae nascitur in Gandavo.

Mansit rex Angliae Gandavo per totam hiemem usque ad mensem martii. Porro cum reginae uxoris suae tempus pariendi advenit, ipsa peperit filium, quem Jacobus de Artevella de sacro fonte levans compar factus est regi Angliae.

Portus Hantoniae captus est a Francis et praedatus et villa combusta; deinde ad insulam de Grenesi Franci applicuerunt, ubi, si quid primum remanserat, more locustarum omnia abraserunt.

Iterum autem cum rex Angliae manebat in Gandavo, dominus Hugo Kieret admiraldus marinus regis Franciae congregavit homines armorum cum Barbavaria in iiii^{or} navibus et applicuit in portu Hantoniae ac invenerunt illos de villa fortiter resistentes; sed Januenses taliter aggressi sunt eos quod vi pugnandi lucrati sunt portum, subitoque homines admiraldi subvenerunt eis, et ceperunt villam. Repertis autem magnis thesauris attulerunt ad naves suas, et videntes quod Anglici moverentur contra ipsos, villam succenderunt igni et intraverunt naves suas et abierunt ad quamdam insulam quae est regi Angliae, nomine: Grenesi, ubi, si quid primum remanserat, more locustarum eraserunt, et sic reversi sunt cum magnis spoliis.

Rex Angliae hoc audiens, dimissa regina uxore in Gandavo, transfretavit in Angliam.

Rex autem Angliae qui tunc erat in Gandavo, audiens quod ejus patria devastaretur, dixit Jacobo de Arthevella quod pro eo custodiret Flandriam et quod dimittebat reginam uxorem suam sub custodia Flamingorum et foederatorum. Deinde veniens Scluzam, cum xxx^a sex navibus transfretavit in Angliam, ubi jocundanter a suis hominibus receptus est. Deinde, facto magno colloquio Londoniis cum baronibus suis, fecit navigium disponi ad intrandum mare quotienscunque vellet.

Franci soldarii, ad devastandum residuum patriae Johannis de Hanonia, versus Chimacum intendunt.

Praeterea hiis diebus cum soldariis de Terascha qui de terra Johannis de Hanonia saepe praedas ducebant, soldarii de Cameraco venerunt ad Vervinum, inter quos erant comites Armaniaci, Blesensis, Autisiodorensis, Grandisprati, dominus Couchiaci, Galesius de Bauma, magister balistariorum, dominus de Vervino, cum multis aliis militibus et magna quantitate soldariorum, qui abeuntes versus Chimacum ad devastandum residuum patriae dicti Johannis de Hanonia eidem mandaverunt bellum. Quo concesso, statim congregavit comitem Hanoniae, ducem Brabantiae, Rufum de Falcomonte, marchionem Juliaci. Etiam Jacobus de Arthevella cum multis Flamingis descendebat ad eum. Porro dictum est soldariis regis Franciae a quodam insidiante quod praefatus Johannes de Hanonia veniebat circiter cum sexaginta milibus hominum armorum. Quo audito, statim reversi sunt per nemora apud Vervinum et miserunt ad regem Franciae nuntios qui narrarent ei qualiter comes Hanoniae congregaverat gentem suam ad gravandum eum.

Rex Franciae mandavit soldariis de Cameraco quod incenderent Hanoniam.

Rex ergo hoc audiens mandavit soldariis de Cameraco quod incenderent Hanoniam. Et Galesius de Bauma hoc mandato gavisus intempestae noctis silentio, ne perciperetur a soldariis castrorum vicinorum, exiit cum Januensibus et abiit in Hanoniam, ubi, combussis Happra et pluribus aliis villis, cum magnis spoliis rediit Cameracum.

Comes Hanoniae jurat quod diffidebit regem Franciae; Brabantia, Hanonia, Flandria foedere junguntur.

Haec audiens comes Hanoniae tunc moram trahens apud Valencianas voluit persequi Francos cum communia villae; sed consilio quorumdam sapientium burgensium non exiit de villa. Sequenti vero die abiit in Brabantiam ad ducem patrem uxoris suae et enarravit illi qualiter Franci patriam suam combusserant. Qui obsoletus animo factus est ut eum celerius ad sui pactionem revocaret et cum rege Angliae pro regis Franciae nocumento firmo tenacique pacto conveniret. Denique super hiis habito inter se consilio similiter perrexerunt Gandavum atque Jacobo de Arthevella suaserunt ut imperpetuum terrae patriae, scilicet Brabantia, Flandria et Hanonia, stabili foedere unirentur ut, si quis faceret guerram contra unam, etiam haberet contra reliquas. In hoc igitur convenientes dictae patriae fortissimis juramentis se astringentes pacti sunt conventionem de qua dederunt litteras testificantes. Comes autem Hanoniae, praesente regina Angliae sorore sua, tribus filiis ejus et pluribus aliis, juravit quod diffideret regem Franciae et guerram contra eum moveret. Cui praesentes singuli promiserunt subsidium et juvamen.

Rex Franciae audiens de rebellione Flamingorum praecepit suis ut incenderent Flandriam.

Interim rex Franciae, audiens querelas comitis Flandriae de rebellione Flamingorum, misit conestabularium Franciae cum tribus milibus viris armorum ut incenderent Flandriam. Qui abeuntes Tornacum conducti sunt inde per Godemarum de Fageto et plures de civitate usque ad pontem de Rone. Et intrantes Flandriam, Biernes et plures alias villas incendio vastaverunt et magnum lucrum acquisierunt.

Illi vero de Audenarda audientes quod Gallici ignibus patriam ipsis convicinam ignibus resolverent, miserunt Gandavum qui dicerent Jacobo de Arthevella quae fecerant Gallici.

Porro illi de Audenarda, audientes quod Gallici ignibus patriam ipsis convicinam resolverent, mox fere decem milia armatorum exierunt ad debellandum contra Gallicos. Conestabularius quoque, habito consilio, regressus est Tornacum.

Flamingi ira succensi, etiam reversi Audenardam, miserunt Gandavum qui dicerent Jacobo de Arthevella quae fecerant Gallici. Qui, hoc audito, venit ad abbatiam Sancti Bavonis ubi erat regina Angliae, tres infantes ejus, comites Saresberiensis et Suffoci, dux Brabantiae, marchio Juliaci, Johannes de Hanonia et nepos ejus comes Hanoniae, cui talia verba protulit : « Nunc apparet quod proditionis causa huc advenistis, quoniam, » dum hic fuistis, Gallici combusserunt patriam Flandriae. » — Comes vero multum se excusavit de traditione.

Jacobus de Arthevella, in vindictam illius incendii, coadunatis ab omni parte Flamingis ad obsidendum Tornacum, venit ad Aspieram majorem et inde ad Chinum castrametatus est.

Conclusum est autem per Jacobum de Arthevella in quodam consilio super hoc habito quod quilibet eorum cum tota sua potestate in vindictam praedictorum veniret ad obsidendam civitatem Tornaci. Eapropter unusquisque eorum abiit ad partes suas ad congregandos homines armorum ratione praedicta. Et Jacobus de Arthevella in modico temporis spatio congregavit Flamingos usque ad numerum quinquaginta milium armatorum. Cum quibus Flamingis facto colloquio misit Tornacum duos Fratres Minores, per quos mandavit illis de civitate diffidentiam. Quo facto, Tornacenses mandaverunt Flamingis per duos Minores quod bene servarent villam suam contra potestatem ipsorum et quod, quandocunque rex Franciae vellet gravare inimicos suos, portas suas aperirent et cum Francis pergerent quocunque rex Franciae injungeret, et servirent ei tanquam domino suo naturali. Nuntiisque regressis, responsum Flamingis deferentibus, unde vehementer indignati sunt Flamingi, Tornacenses suburbia civitati adjacentia destruxerunt, murosque suos reparaverunt et optaverunt ad pugnandum et resistendum Flamingis. Et Jacobus de Arthevella, coadunatis ab omni parte Flamingis cum omnibus necessariis, venit ad Aspieram majorem, ubi Flamingi undequaque confluebant ad eum, et inde veniens ad Chinum castrametatus est ibi.

Villa Armenteriarum lucrata est a Flamingis et igne combusta.

Comites Saresberiensis et Suffoci cum multis Anglicis erant in castris illorum de Yppra apud Armenterias, Ypprenses enim requisierant eis quod eos adjuvarent ad extirpandum quoddam nidum Januensium qui erant in Armenteriis. Quibus annuentibus, transierunt flumen Lisiae et venerunt apud Armenterias ac lucrati fuerunt villam contra Januenses et combusserunt eam *igni*.

*Comes Saresberiensis et Suffoci affectaverunt videre castrum de Insulis cum Flamingis,
unde eis male accidit.*

Affectavit igitur comes Saresberiensis videre castrum de Insulis ad sciendum qua
parte posset facilius impugnari. Sumptis igitur secum comite Suffoci seu Guillelmo de
Monte-Acuto, sicut quidam dicunt, cum quindecim militibus ac totidem armigeris
duntaxat, rogavit balistariis de Yppra et aliis de exercitu ut eos expectarent usque ad
sui regressum; proficiscensque versus Insulis praemisit speculatorem in villam ad
videndum statum ejus et venit ad Marketam abbatiam monialium ordinis Cisterciensis ut
inde clarius aspiceret villam et castellum, quod ei multum placuit. Dum autem collo-
queretur de eodem castello suis consociis, videns hominem gerentem pisces, cucurrit ad
eum et quaesivit ab eo unde veniret. Quo respondente de Insulis, interrogavit eum
comes de statu villae. Qui dixit ordinatum fuisse in villa quod nullus eques egrederetur
sub poena perdendi equum suum. Haec audiens comes prorumpens in risu sic dixit
quod essent secure in patria. Et praefatus vir qui portabat pisces, existimans ipsos esse
Anglicos vel Flamingos aliquem traditionem facere gestientes, relictis illis, iter obliquum
arripiens, caute rediit Insulis. Dum vero rediret, invenit speculatorem dicti comitis qui
jam audierat edictum villae et ibat ut hoc domino suo illud referret, suspectus est in
seipso rei veritatem, advocansque eum dixit ei quod obviaverat dominis suis qui quasi
xxx^a erant in numero, quorum unus ipsum rogavit, si inveniret eum, quod ostende-
ret ei viam ducentem ad Bondue quo ipsi pergebant. Cumque ille abiret itinere sibi
ostenso, alter venit in villam ad Gillebertum, militem, dominum de Robais, Blanchar-
dum de Pratis et Boussardum de Lilio, quibus expressit mentem suam super hiis quae
viderat et audierat.

*Gallici aggressi sunt Anglicos et ambo comites voverant Londoniis quod fugae praesi-
dium non eligerent. Ideo praevalescentibus Francis praefati duo comites et quidam
alii se reddiderunt, caeteri vero mortui sunt, excepto Bastardo Flandriae qui fugam
velociter aggressus est.*

Dominus autem de Robais et Petrus de Roussillone, cum praeposito et castellano
de villa caeterisque soldariis, audita ejusdem viri relatione, sumptis armis, exierunt de
villa, ut comprehenderent Anglicos. Comes autem Saresberiensis aggregaverat ma-
gnam praedam de pecoribus versus Fiennes et regressus fuerat versus Marketam.
Soldarii vero et caeteri de villa pupugerunt equos et alta voce proclamaverunt Anglicos
ad mortem. Quo audito, comes monuit suos ad bene se habendum. Equitantes ergo

transierunt pontem et transeundo projecerunt asseres pontis ultra aquam. Quo viso, Gallici confestim arreptis ostiis et fenestris pontem reparaverunt atque cursu celeri consecuti sunt eos. Comes itaque Saresberiensis, aspectum dirigens versus Insulas ac metuens communitatem villae extensis vexillis eum consequentem, pavefactus personuit unum cornu quod gerebat, ad cujus sonum XL^a balistarii de Yppra non longe insidiantes venerunt ad eum, qui modicum auxilium eidem contulerunt quoniam in necessitate reliquerunt eum. Gallici vero impetu vehementi aggressi sunt eos. Et ambo milites reminiscentes eorum votorum quae voverant Londoniis, quod scilicet fugae praesidium non eligerent quacunque fortitudine in Gallicos praevalente, cum omnibus viris suis descenderunt omnes de equis praeter bastardum Flandriae ac viriliter resisterunt, quamquam pauci essent respectu Gallicorum. Ibi occisus est quidam Anglicus ditissimus et strenuus valde qui vocabatur dominus Johannes Guillain. Tandem vero dicti duo comites, Robertus de Suffoco, Perceval dou Brequin, Galterus du Pest, Johannes d'Aveniel, Rodulfus de Elmedale et Johannes de Behan se reddiderunt Gallicis. Caeteri vero mortui sunt, excepto bastardo Flandriae qui, videns Gallicos superare, fugam velociter aggressus est. Et etiam Henricus Lilus cernens comitem Saresberiensem dominum suum captum, pari via fugam eligens, venit ad Jacobum de Arthevella qui cum exercitu suo apud Chinum super Scaldum expectabat dictos Anglicos; et narrato infortunio ipsorum rogavit eum ex parte domini sui quod poneret in loco securo unum dolium strelingorum, tentorium ejus et caeteras res suas. Quo audito, Flamingi statim ruperunt dolium et argentum quod intus erat, penitus rapuerunt, nec inde aliquam restitutionem comiti fecerunt.

Jacobus de Arthevella, audito eorum principum infortunio, contristatus est valde, quare dixit Flamingis quod, considerata frigoris asperitate, bonum esset eis regredi in Flandriam et expectare regem Angliae qui post finem maii debebat venire istic ut unanimiter obsiderent Tornacum; et sic ad propria sunt reversi.

Jacobus de Arthevella praedictorum veritatem agnoscens tristatus est valde, advocansque Flamingos dixit eis quod sibi displiceret de casu dictorum principum et quod considerata frigoris asperitate bonum esset eis regredi in Flandriam et expectare regem Angliae qui post finem maii debebat venire, post cujus adventum eos in unum revocaret ad obsidendum Tornacum. Qui mox egressi reversi sunt in Flandriam unusquisque in domum suam.

Dicti prisionarii ducti sunt ad regem, qui jussit eos incarcerari in Castelletto Parisius.

Porro dominus de Robais, Petrus de Rossillone, Johannes de Curtraco, praepositus de Insulis, cum majoribus burgensibus duxerunt dictos captivos Parisius ad regem Franciae, qui jocunde suscipiens eos de manibus eorum jussit eos incarcerari in Castelleto, ac concessit eorum singulis dona quamplurima. Comes autem Allectionensis jussit abscidi caput Percheval dou Brequin eo quod libratam vestium suarum sumpserat, necnon commissus fuerat in munitionibus regis, ratione cujus solidos a rege acceperat, et tamen sine licentia secedens, servierat regi Angliae. Comites vero Saresberiensis et Suffoci cum caeteris positi sunt in Castelleto. Haec accederunt anno Domini M° CCC° XXXIX°.

Quia comes Hanoniae non habuit bellum contra soldarios regis Franciae, juravit ponere ignem in regno Franciae.

Eo tunc comes Hanoniae qui congregaverat multam gentem armorum ad obsidendum Tornacum cum Flamingis, ut promiserat, accessit ad Johannem de Hanonia patruum suum qui jam bellum, ut quidam ferunt, annuerat soldariis regis Franciae, de Terascha, scilicet duci Athenarum, comitibus Blesensi et Grandisprati, domino Couchiaci et aliis pluribus. Requisivit ergo idem Johannes nepoti suo quod sibi juvamen praestaret contra dictos soldarios. Exierunt itaque in campum die jovis ejusdem anni comes Hanoniae, dux Brabantiae, marchio Juliaci, Rufus de Falcomonte cum omni potestate sua ad debellandum dictos soldarios. Relatum est autem Gallicis quod inimici eorum in maxima multitudine congregati essent et quod non possent contra eos dimicare. Idcirco Gallici qui jam transierant nemora et ignem posuerant in terra dicti Johannis, confestim regressi sunt unusquisque in munitionem suam. Quo audito, comes Hanoniae indignatus de belli defectu juravit se nunquam reversurum donec posuerit ignem in Francia.

De captione et combustione villae et ecclesiae d'Aubentum in Terascha.

Deinde fecit comes Hanoniae suos regnum Franciae intrare et versus Aubentum cum acierum dispositione procedere. Eadem vero die qua idem comes cum exercitu suo venit ad Aubenton, baillivus Viterachi qui ibidem ad custodiam deputatus erat, perrexit apud Vrevinum ad mandatum domini Couchiaci. Dum autem exercitus appropinquaret villae, vicedominus Cathalanensis, filius suus, castellanusque Barri et fere vinginti viri armorum intraverunt villam ad prandendum, cumque hora meridiana pransi essent et super equos ascendissent, auditus est rumor quod hostes prope essent, necnon patriae inhabitantes occiderent atque patriam incenderent. Porro burgenses villae rogaverunt vicedominum quod remaneret cum eis. Qui hoc concesso erudivit eos qualiter se defenderent. Inimicis quoque venientibus et impugnantibus villam, vicedominus et castellanus cum habitatoribus villae fortiter resisterunt. Prae multitudine vero hostium qui intraverant villam, victi sunt; qui et ceperunt dictos vicedominum, filium suum et castellanum. Reliquos vero fugientes in ecclesiam finaliter ceperunt hostes et occiderunt, ecclesiam et villam strage et incendio devastantes. Et ut refertur, fere octingentae personae perierunt in dicta ecclesia; insuper Corpus Domini minime repertum est. Hiis factis, Hanonienses cum captivis et praeda copiosa redierunt ad Chimacum.

Comes Hanoniae avunculum suum regem Franciae diffidavit.

Incontinenter vero comes Hanoniae misit Parisius abbatem monasterii Crispiniensis magistrum in theologia ad diffidendum regem Franciae avunculum suum. Qui assistens regi praesentavit ei litteras, dicens quod comes dominus suus non amore regis Angliae sed pro suo facto proprio diffidebat eum atque reddebat ei terram Ostrevanti et homagia illius. Cui rex respondit : — « Rex Angliae et alii principes usque ad quindecim prae-
» ter Flamingos diffidaverunt nos. Comitem autem Hanoniae qui xvi^{us} et ultimus nos
» diffidavit, supra caeteros omnes poenitebit. » — Postmodum abbas, susceptis donis a rege, ipsoque valefacto, rediit ad comitem dominum suum ac retulit ei responsum regis.

De conflictu ad passum de Thuno super Scaldum et de assultu Mauritaniae.

Comes igitur fecit fortificari omnia castra sua confinia provinciarum de Terascha et de Cameracesio. Porro Tornacenses, audito quod comes Hanoniae diffidasset regem Franciae, armati exierunt de civitate sua atque ceperunt turrem de Braiella et bastardum Hanoniae, qui caecus effectus est, qui custodiebat eam, ibique pro majori quiete circumdantis patriae soldarios commiserunt. Johannes etiam de Vienna, miles, qui, quasi locum tenens Godemardi de Fageto, custodiebat castrum de Mauritania super Scaldum, mox ut hoc audivit, similiter Hanoniam intravit faciendo caesiones, combustiones et rapinas quamplurimas in eadem. Sed comes Hanoniae hoc diu tolerare nequivit; idcirco misit Henricum dominum de Anthoing cum magna societate qui venit ad passum de Thuno super Scaldum, ubi fluvius ille rapidissimo cursu fluctuat atque facit divisionem regni Franciae et imperii inter Mortaniam et Sanctum Amandum, ut ipsum passum lucraretur ad libere transeundum et redeundum. Gallici quoque de Mortania prius miserant decem robustos viros qui fenestrarum et ostiorum obstaculis se munientes dicto domino d'Antoing virtuali impugnantia passum impedierunt fere duarum horarum spatio. Quo assultu durante, comes Hanoniae cum exercitu suo impugnabat Mauritaniam, eisque viriliter resistebant soldarii regis Franciae qui ibidem multi erant. Duravit autem assultus ille a mane usque ad meridiem. Interim quoque soldarii, scientes insultum dictorum decem in passu fluvii, statim miserunt eis vinginti viros in auxilium qui optime pro passus custodia pugnaverunt. Circa vero meridianam horam, comes nullius lucri apparentiam intuens, cum suo exercitu secessit ad dictum passum, credens ipsum esse captum a suis hominibus ut per ibi transiret in regnum. Ex alia vero parte, de Sancto Amando, de Mauritania et aliis villis convicinis, audito conflictu saepedicti passus, illuc in numero grandi confluxerunt. Porro comes in ira fluctuans jussit passum acriter impugnari. Passus autem cum tali ac tanta Francorum resistentia servatus est ut comes, cum suis compatriotis, Brabantiis et Almannis, compulsus est cum amissione non modica secedere. Abiit enim ad Condetum et inde Valencianas, Francos fortiter comminando.

De duce Normanniae, quem cum magno exercitu misit rex in Cameracensium juvamentum ut incenderet Hanoniam.

Eo quidem anno, scilicet M° CCC° XL°, mense maii, Philippus rex Franciae congregavit Parisius multos principes, barones et praelatos, inter quos affuit episcopus Cameracensis qui diversimode conquestus est regi de comite Hanoniae qualiter soldarii castrorum ejus, videlicet Escaudoeuvre et de Bouchain, multa mala faciebant civitati de Cameraco et patriae per girum. Tunc igitur ordinatum est quod Johannes dux Normanniae filius ejus primogenitus pergeret in Hanoniam et eam incendio devastaret. Et episcopus Cameracensis ex suae patriae hominum consensu fecit eum principem, quod gallice dicitur: *baux,* totius provinciae Cameracesii et locum tenentem suum, atque super hoc testimonii litteras eidem porrexit. Dux autem, cum avunculo suo, comite Allectionensi, Milone de Noieriis, comitibus Fuxi, Monbliaudi, Sacrocesariensi, Sabaudiae et Dompnimartini, multaque baronum ac militum comitiva, profectus est ad Sanctum Quintinum in Viromandia. Ad quem illuc convenerunt de Cameraco magister balistariorum et comites Armaniaci et Autissiodorensis; de Duaco, Philippus Ebroicensis, rex Navarrae, cum duobus marescallis; de Tornaco etiam conestabularius cum multis aliis, ac de Sancto Audomaro Odo dux Burgundiae, avunculus ejus ex parte matris suae. Insuper ex alia parte ad eum ibidem accesserunt de Terascha dux Athenarum et consobrinus ejus comes Blesensis, comes Grandisprati, dominus Couchiaci et multi alii.

Litterae domini de Falcomonte et fratris ejus.

Porro dominus de Falcomonte scripsit has litteras : « Conestabulario et marescallis
» Franciae, qui apud Tornacum estis aut vobis locumtenentibus ex parte regis : Nos
» Theodoricus dominus de Montoria, de Falcomonte, de Voirne et viccecomes de Zelant,
» et Johannes dominus de Bridainbaco et de Berghen, fratres, notum facimus pro
» militibus et hominibus nostris, qui recepimus bona a rege Franciae, quod propter
» injuriam quam fecit et facit carissimo domino nostro regi Angliae, cujus cognati
» sumus, licet pauperes et modici, volumus eumdem juvare ad manutenendam guer-
» ram suam contra dictum regem Franciae et sibi faventes. Et mediantibus hiis litteris
» volumus observare honorem nostrum. In testimonio sigillorum nostrorum, datum
» apud villam Souanam in octavis Paschae. »
Conestabularius itaque, receptis litteris, transmisit eas regi.

De impugnatione Girardi de Werchin apud Montay.

Dux autem Normanniae cum exercitu suo, in quo erant quasi xxv^a milia hominum armorum, atque semper augebat, abiit ad villam Castelli in Cameracesio, ubi castrametatus est. Castra enim se extendebant usque ad quamdam villam nomine Montay, in qua villa erant locati duo milites de Normannia, scilicet Petrus de Bailleux et Guillelmus de le Braante et quasi centum, tam milites quam alii. Quorum hospes, ut traderet eos, cucurrit ad Valencianas ad Girardum de Wercino senescallum Hanoniae et promisit ei praedictos offerre dormientes si vellet venire ad Montay. Qui acquiescens cum multis hominibus armorum statim venit cum dicto hospite, domumque ejus intrantes summo diluculo invenerunt dictos duos milites qui sero multum vinum potaverant cum hominibus suis, fortiter dormientes, quos omnes praeter dictos milites interemerunt. Evigilitatis quoque duobus militibus ligaverunt eos et duxerunt secum. Cumque exercitus Francorum commoveretur et eos insequeretur, Hanonienses, eos percipientes, utrumque militem gladio quindecies percusserunt in corpore ac eos mortuos dimiserunt, quos afferentes Gallici sepelierunt eos in Castello Cameracesii.

Dux Normanniae venit Cameracum, vastando totam patriam circumvicinam.

Dux autem Normanniae de hoc multum tristatus et qui cum eo erant, intrantes Hanoniam, magno animo coeperunt Hanonienses occidere, patriam spoliis nudare atque incendio devastare. Eo namque die dux metatus est castra sua apud Fontenellam, ad Main et in pratis prope Valencianas. Et tunc comes Hanoniae in Gandavo erat procurans a Flamingis et ab aliis succursum et juvamen contra Francos, et in Valencianis commiserat ex parte sui Henricum dominum de Anthoing qui non permisit communitatem villae exire contra Francos, imo ne exirent tenuit portas clausas et firmatas firmis repagulis, unde Valencianenses contristati sunt valde eo quod jam armati vellent exire ad debellandum ducem. Die sequenti dux, cum suo exercitu instantia precum avitae suae recedens, totam patriam devastando venit versus Cameracesium. Dum autem esset inter Happram et Cameracum, magna fames orta est in exercitu suo quoniam illi de Thuno Episcopi, d'Escaudœuvre et de Bouchain exierant et rapuerant victualia quae ferebantur in exercitu, captusque est Gerardus de Stratis miles et qui cum eo erant occisi, qui conducebant vina exercitus, a Gerardo de Sapegnies capitaneo d'Escaudœuvre et soldariis qui cum eo erant, qui tunc fecerunt provisionem sufficientem pro duobus annis vel amplius. Itaque, cum equitaret dux, ostensa sunt ei castra illa de quibus querimonias episcopus Cameracensis eo praesente fecerat regi patri suo. Et veniens prope castrum de Thuno Episcopi vidit quinque vexilla erecta : primum erat regis Angliae, secundum Richardi de Lemovicino capitanei, tertium Guillelmi de Monte-Acuto, quartum Theodorici de Magniaco, quintum bastardi Rufi domini de Falcomonte. Dux quoque intuens illud castrum et Escaudœuvre juravit quod nunquam recederet de Cameracesio donec illa subjicerentur sibi. Ingrediensque Cameracum honorifice susceptus est a clero et burgensibus civitatis, qui omnes conquerebantur de castris supradictis.

De obsidione et redditione castelli d'Escaudœuvre.

Deinde dux Normanniae exiens abiit obsessum Escaudœuvre, erexitque ingenia contra et lapides jecit die ac nocte, eamdem obsidionem continuans diebus quamplurimis. Cujus obsidionis diebus quindecim elapsis, rex Philippus venit illic cum maximo exercitu ut esset soldarius ejus, sicut quidam ferunt, eo quod illud castrum situatum esset in feodis Imperii. Multos lapides per dies plurimos jecerunt contra muros castri, sed minime eos laeserunt. Gubernator vero Tornacensis et baillivus Insulensis, scilicet Godemardus de Fageto, miles, ut agnovit quod Gerardus de Sapegnies esset castellanus castelli, qui socius ejus pluries in armis fuerat, tantum fecit quod locutus est ei, et post plura verba persuasit ei reddere castellum duci et daretur sibi decem milia florinensium et quod pro sui honore requireret octo dies induciarum causa petendi succursum a comite Hanoniae et quod veniret ad solvendum obsidionem; quod si non faceret, ipse et caeteri soldarii finitis induciis exirent et redderent castellum duci. Tandem vero mutuo proviserunt sibi respondere habito consilio super hoc; cumque uterque suam partem sibi attraxisset et rursus convenirent, sigillatis litteris induciarum octo dierum, modo quo supra, castellanus, dimisso domino de Scaillone, in hostiagio abiit ad comitem Hanoniae qui tunc erat in castro suo de Montibus et dixit ei quod plus non valeret tolerare multitudinem Francorum quae quotidie augebatur et quod hujus causa duci promiserant reddere castellum, nisi ipse infra octo dies tolleret obsidionem. Quo audito, comes, furore repletus magno, dixit ei quod, considerata fortitudine castelli et provisionibus ad superhabundantiam atque paucis assultibus, si castellum redderet, quandocunque teneret eum, faceret in patibulo suspendi. Et Gerardus regressus est Valencianas et inde ad Escaudœuvre. Deinde finitis octo diebus tradidit castellum duci ac recepit decem milia florenorum cum pretio provisionum ibidem existentium, et cum aliis soldariis, cum omnibus quae habebat, liber exiit, tribus septimanis hujus obsidionis transactis. Gallici autem intraverunt castellum atque jussu ducis ipsum totaliter destruxerunt et usque ad fundamenta solo terrae coaequaverunt. Quidam autem soldariorum castelli recesserunt per Ostrevantum elongando Hanoniam. Gerardus vero praedictus abiit ad Condetum supra Scaldum, ubi captus est a baillivo villae qui jam sciebat quod castellum reddiderat. Ad videndum quoque si hoc fecerat de consensu comitis, miserunt eum sibi apud villam de Montibus, qui sine mora fecit eum in patibulo suspendi.

De obsidione et combustione castelli de Thuno Episcopi.

Dux itaque post castelli destructionem ordinatione regis abiit et obsedit castellum de Thuno Episcopi, quod non multum distat. Et quamquam castellum d'Escaudœuvre fuisset multo fortius illo, tamen diutius resisterunt qui erant infra ac fideliter se habuerunt erga regem Angliae dominum suum et occiderunt jactibus ingeniorum suorum Conrardum magistrum Januensium. Dux vero jussit ingenia contra castellum erigi et projici lapides nocte dieque, quibus moenia fracta sunt, domorumque tecta prorsus in terra dejecta. Dum autem illi de castello ob sui castelli fractionem multum expavescerent, quamvis fortiter resisterent contra illos de exercitu, comes Hanoniae, congregatis in sua patria multis de Flandria, Brabantia, Almania, Gheldria, Juliaco et de Falcomonte, decessit versus Thunum Episcopi ad succurrendum illis de castello, castraque metatus est ita prope Francos quod nichil erat inter illos nisi prata et fluvius.

Et veniebant quandocunque de una parte super alios et committebant inter se multa certamina, in quorum uno Philippus ducis Burgundiae filius miles effectus est. Deinde comes Hanoniae, habito consilio cum duce Brabantiae, comite Gheldriae et aliis majoribus sui exercitus, misit unum militem ad ducem Normanniae, qui diceret ei quod si auderet, bellum sibi annueret, alioquin dimitteret castellum et rediret in Francia. Dux autem consilio regis patris sui mandavit comiti per dictum militem quod non annueret sibi bellum, nec recederet a castelli obsidione donec ipsum funditus eversum cerneret et qui erant infra, captivos haberet. Quo audito, comes non modicum contristatus est. Post paululum receperat litteras a rege Angliae quod abiret obviam ei in Flandriam, quo in brevi venturus erat. Idcirco cum exercitu suo recessit et abiit in Hanoniam et exercitus ejus sequens eum. Dum enim recederent, vicecomes de Thoarco, sciens eorum recessum, cum suis hominibus armorum sequens eos, caudam Hanoniensium aggressus est, multosque ex eis occidit; cumque exercitus commoveretur, vicecomes sine suorum amissione remeavit ad exercitum Francorum. Comes autem Hanoniae, videns quod eum attrahere non posset, non modicum super hoc dolens, itinere resumpto in patriam suam regressus est. Richardus quoque de Limosino, capitaneus castelli et qui cum eo erant, considerantes recessum comitis, jugemque impugnationem Francorum atque murorum castelli confractionem, insuper maxime haesitantes ne caperentur a Gallicis, illa die, habito consilio qualiter possent salvari, magnam resistentiae apparentiam ostenderunt Gallicis ut eorum intentio melius celaretur. Deinde in noctis medio pinguedine et oleo trabes castelli unxerunt, igneque imposito, sine mora secrete intraverunt fluvium in batellis quos providerant ac egredientes fugerunt ad comitem. Qui autem vigilabant in exercitu Francorum, percipientes flammam infra castellum, multum pavefacti clamaverunt ad arma; moxque exercitu ad hunc clamorem expergefacto, omnes convenerunt ad castellum et bene viderunt qualiter Anglici fugerant ac igneni accenderant. Ex hoc autem rex valde contristatus jussit eos insequi. Illi vero se tantum elongaverant de nocte quod in crastinum venerunt ad comitem. Qui abiens ad suum castrum de Montibus, ibidem facto magno prandio, remisit suos barones, dicens eis quod in brevi eos remandaret et quod semper parati essent venire ad mandatum suum : qui ita promiserunt. Et comes Hanoniae abiit in Flandriam, ibique expectavit regem Angliae.

Rex Franciae rediit in Franciam.

Rex autem Franciae tristis de evasione Anglicorum et castelli combustione convocavit consilium an obsideret castellum de Bouchain in Austrevanto aut divideret exercitum suum. Consilii namque deliberatione hortatus est in Franciam redire et quod mitteret garnisiones in munitionibus ubi erant, necnon festinaret navigium suum ad obviandum regi Angliae praeparare, qui ad portum Scluzae, ut relatum sibi fuerat, debebat applicare. Moxque cum exercitu venit Attrebatum.

De combustione Hanoniae.

Rex Franciae inde misit multos barones Tornacum, Sanctum Audomarum, Insulas, Duacum ad custodiendos passus. Misit etiam ducem Athenarum et vicecomitem Thoarcensem cum III^{or} milibus viris ad comburendam patriam Hanoniae. Qui abeuntes combusserunt Bavayum et patriam per girum usque ad Malbodium ac postmodum recesserunt, quum rex remandaverat eos precibus sororis suae matris dicti comitis Hanoniae, quae post mortem mariti sui assumpserat habitum religionis in abbatia de Fontenellis ordinis Cisterciensis et erat abbatissa illius loci.

Quidam vero dicunt quod cum castellanus Thuni conspiceret se validissimis oppressionibus aggravatum, intravit quamdam navem cum hominibus suis, posito igne in castello, et abiit cum inimicis regis, et rex intuens castri incendium fecit suos castrum istud scandere, et quod die crastina unius horae spatio ante diem exercitus Almanorum, Flamingorum et Hanonistarum retrogressus est et singuli reversi sunt ad propria, quodque statim praedictus rex Franciae misit tunc filium suum ducem Normanniae et socerum suum ducem Burgundiae ad devastandum terram Hanoniae, qui abeuntes ad castrum Kaisnoti Comitis combusserunt suburbia sibi adjacentia, necnon totam patriam qua transierunt, succenderunt flammis, et pertranseuntes ad unam leucam prope Valencianas fecerunt suos currere ante villam, et sic, quadam parte Hanoniae combusta ac vastata, ad regem Franciae regressi sunt, et quod tunc rex convocavit consilium suum an obsideret castellum aut dimitteret exercitum suum, et per consilium divisit exercitum, sicut dictum est supra, et recessit.

De deperditione navigii regis Franciae.

Interea dominus Hugo Kieret, admiraldus maris, Nicholaus Bahucheti et alius dictus Barbavaria supranominatus congregaverant in mari quadringentas naves, quas hominibus armorum munierant. Quomodo namque illud navigium deperditum est cupiditate thesauriarorum regis, sequitur. Nam dictus Bahuchetus qui unus ex illis erat, nolebat habere seu retinere homines nobiles sive ad bellandum aptos eo quod tales magna salaria de condigno seu de congruo expeterent. Stimulo igitur tenacis cupiditatis congregavit pauperes piscatores et marinarios atque de talibus suas naves munivit. Deinde transeuntes per ante Kalesium pervenerunt apud Scluzam ubi ante Swinum anchoraverunt, expectantes adventum regis Angliae, quod multum displicuit Flamingis qui ab omni parte Flandriae confluebant ad videndum magnam classem Francorum.

Interim vero rex Angliae per insidias agnovit quod navigium regis Franciae prope Flandriam transierat. Intravit vero in mare, et Robertus de Arthesio secum, cum baronibus suis, pluribusque nobilibus sagittariis de Anglia in magno apparatu et copiosa multitudine, et petiverunt Scluzam. Cumque Gallici et Anglici se a longe conspicerent, omnes ad bellandum se aptaverunt. Praenominatus autem Barbavaria qui erat in galeis suis, percipiens Anglicos venientes, dixit praefatis admiraldo et Nicholao Bahucheti : — « Domini » mei, jam videtis regem Angliae cum suo navigio venire super nos. Si mihi credatis, » omne navigium divertatur in mare altum. Si enim hic remaneatis, Anglici qui ven- » tum, solem et aquae fluxum habent pro se, in tantum vos coartabunt quod minime » vos poteritis juvare. » — Nicholaus autem Bahucheti qui melius sciebat unum compotum quam guerras marinas facere, respondit ei : — « Haesibundus enim sit qui » recedet abhinc et non praestolabit eventum belli. » — Et Barbavaria dixit : — « Ex » quo mihi acquiescere renuitis, tanquam nolens perire, cum iiii^{or} meis galeis ab hoc » districtu exibo. » — Et ita recedens de illo loco ipse et sui viderunt classem regis Angliae venire contra illos, et una navis antecedebat repleta armigeris qui milites debebant fieri. Haec enim navis applicuit ad quamdam navem quae gallice dicebatur : *Le riche de Leure*, a qua Anglicorum navis destructa est, et qui erant infra, penitus devicti et occisi. Mox itaque superveniente classe regis Angliae, commissum est bellum atrocissimum. Cumque pugnassent a prima usque ad nonam, Gallici non plus tollerare valuerunt quum ita conserti erant inter se quod non poterant se juvare, nec audebant egredi in terram propter Flamingos ipsis insidiantes. Insuper minime docti erant in armis respectu Anglicorum qui fere omnes nobiles erant. Ibi namque tanta occisio facta est quod mare undique occisorum cruore rubrifactum est : aestimabantur enim in numero xxx^m. Inter quos mortui sunt praetacti admiraldus et Nicholaus Bahucheti. Interim vero Barbavaria, percipiens rem ad malum finem tendere, evehit se longius. Tota vero classis Francorum deperdita est praeter aliquas naviculas quae a casu evaserunt. Ferunt enim quidam quod Gallici victores fuissent, nisi Flamingi supervenissent ad succurrendum Anglicis. Hii vero de Scluza ubi erant congregati, aspiciebant bellum duorum navigiorum quod satis prope erat, et cum vidissent quod pondus belli vertebatur in Anglicos, mox armati cum baculis suis intraverunt naves Scluzae et in magna multitudine accedentes ex improviso a dorso irruerunt super Francos bello fatigatos nichil hujusmodi praemeditatos. Anglici enim cernentes Flamingos in sui auxilium advenire resumpserunt audaciam sic quod Gallici ante et retro debellati omnes interierunt praeter Barbamvariam qui cum quibusdam suis sociis, ut fertur, evasit, et sexaginta alios qui vivi capti non diu post decollati sunt. Ex Anglicis autem cecciderunt quasi decem milia cum duodecim dominabus quas rex Angliae adducebat ad serviendum reginae uxori suae in Gandavo. Itaque rex Angliae post triumphum, quamquam in crure laesus esset, noluit tamen exire de navi sua ; sed Robertus de Arthesio et alii barones anglici descenderunt super terram in Selusa et ibi corpora quieti dederunt. Hoc namque bellum accidit anno Domini M° CCC° XL° in nativitate Sancti Johannis Baptistae.

Rex Angliae Brugensibus ac Gandavensibus cum magno gaudio recipitur.

Interea regina Angliae quae Gandavo erat, audiens regem maritum suum in Seluza applicasse, cursu celeri perrexit illuc. Rex autem erat in navi sua faciens collationem seu colloquium super facto guerrae suae. Consilio vero ab eo segregato, regina cum Jacobo de Arthevella intravit naviculam et abiit ad navem regis, cumque contulissent aliquandiu inter se, regina regressa est apud Gandavum. Et rex descendit super terram atque pedes abiit in peregrinationem ad Nostram-Dominam de Ardemburgo, missis hominibus armorum, sagittariis, equis et omnibus rebus suis apud Gandavum. Completa namque peregrinatione venit Brugis et adjunctis secum mestariis de villa venit Gandavum ubi a Gandavensibus cum jocunditate magna receptus est.

De rege Angliae qui duos fecit exercitus, unum ad obsidendum Sanctum Audomarum et alium ad obsidendum Tornacum.

Deinde rex Angliae mandavit omnes Alemannos sibi confoederatos ad habendum consilium cum eis quid acturi essent. Ibique fuit ordinatum quod fierent duo exercitus, de quibus idem rex et sui ac Gandavenses haberent unum, et illi de terra d'Alos et principes Almaniae unum, et irent versus Tornacum, et quod alium exercitum duceret Robertus de Arthesio, qui secum haberet multos sagittarios de Anglia et illos de Brugis, de Franco, de Disquemue, de Yppra, de Pauperingha, de Cassello, de Bailleolo, de Furnis, de Berghes et de Burburgo et iret usque Sanctum Audomarum. Sic igitur praedictus dominus Robertus una cum hiis omnibus venit versus Sanctum Audomarum, et venientes fecerunt unam stationem in Cassello, expectando alios.

Rex vero Angliae recedens a Gandavo venit ad pontem de Spiera a Tornaco duabus leucis distantem, ubi castra sua metatus est; ipsemet requievit seu jacuit in domo episcopi Tornacensis, quae vocatur Elein.

De exercitu regis Franciae.

Rex Franciae, audito quod rex Angliae disposuerat exercitus suos ad obsidendum similiter duas claves regni sui, mox congregavit suos et misit apud Tornacum conestabularium Franciae, comitem Fuxi et marescallum Bertrandum cum tribus milibus hominum armorum. Misit etiam apud Sanctum Audomarum ducem Burgundiae et comitem Armaniaci cum quadraginta duobus vexillis quae nominabimus ratione belli. Erant enim dux Burgundiae, Philippus filius ejus, dominus Vergiaci, dominus Guillelmus avunculus ejus, comes Montisbliaudi, dominus de Raeyo, socius ejus, dominus de Cabilione et dominus Guido Vilpini socius ejus. De Flandria fuerunt dominus de Ghistella, dominus Sancti Venandi, castellanus de Berghes et castellanus de Disquemue. De comitatu Arthesii fuerunt domini Morellus de Fiennes, de Wavrino, de Willervale, de Hamelincuria, de Querquiaco, de Fosseutis et dominus Johannes de Castellione, dominus de Rolaincuria; comes namque Armaniaci habebat secum sexdecim vexilla. Porro rex Franciae congregavit exercitum valde copiosum inter Lencium et Attrebatum, et nondum deliberaverat quo iturus esset.

Bellum letale commissum ante villam Sancti Audomari.

Robertus de Arthesio, ut dictum est, congregaverat magnum exercitum ad veniendum ad Sanctum Audomarum. Illi vero de Berghes et de Furnis, qui erant in magno numero pugillatorum et exierant de patria sua et erant in quadam villa nomine Bambeque ab una leuca distante a Cassello, dixerunt quod non transirent ultra eo quod alias fuerant versus Sanctum Audomarum et tamen nichil fecerant. Robertus autem de Arthesio hoc cognito habuit consilium cum suis militibus et burgensibus. Deinde abiens ad Bambeque dixit eis quod audacter transirent quoniam assecuratus erat de villa Sancti Audomari et ab ea receperat duo paria litterarum et quod, mox ut venirent ante portas, illi de villa ponerent eos infra et traderent ei ducem Burgundiae. Ipsi autem, ut fatui credentes ei, venerunt usque ad Novum Fossatum, dicentes tamen quod non transirent ultra nisi majorem assecuritatem haberent. Videns ergo Robertus de Arthesio quod per hanc viam haberet eos, multum laetatus est. Postea fecit currere suos sagittarios per terram Arthesii et vastare eam igne et caede. Dux vero Burgundiae videns ignem in terra sua illico tubis insonantibus exiit de villa aciebus dispositis, et sagittarii scientes adventum ejus fugam aggressi sunt. Nichilominus tamen se tam properare non potuerunt quin ex eis XL^a remanerent interfecti in quodam passu qui dicitur: Pons Hauzequin. Dux autem Burgundiae stetit aliquandiu in campis et postea videns neminem venire reversus est ad Sanctum Audomarum. Porro Robertus de Arthesio movit castra sua et venit versus Sanctum Audomarum. Brugenses autem qui faciebant primam aciem et conducebant currus, venerunt ad Archas. Illi vero de Furnis nolebant transire Novum Fossatum. Quod audiens Robertus de Arthesio fecit divulgari apud eos quod Brugenses pugnabant inter se et quod eis succurrerent. Qui cum hoc audissent, dimisso proposito suo, venerunt apud Archas et invenerunt Brugenses ibidem se locantes, interimque sagittarii cucurrerunt usque ad portas Sancti Audomari portantes unum vexillum in quo erant arma Roberti de Arthesio, mittebantque sagittas contra portam in numero mirabili. Qui autem in porta erant, uno impetu exierunt contra eos. Sagittarii vero terga verterunt et persecuti sunt ab aliis usque ad leprosoriam. Dux autem Burgundiae in hiis non est motus, nec homines armorum. Deinde Flamingi combusserunt Archas.

Eodem die comes Armaniaci cum exercitu venit ad Sanctum Audomarum.

Rex vero Franciae qui cum suo exercitu proposuerat ire Tornacum, movit exercitum suum ad eundum versus Sanctum Audomarum cum festinatione. Flamingi qui erant locati super Archas, quotidie veniebant usque ad suburbia villae Sancti Audomari, et de nocte maxima lux resplendebat in exercitu eorum usque ad Sanctum Audomarum. Faciebant etiam multos assultus in quodam parvo castro nomine Ruhaut, quod est comitis Arthesii, sed nunquam poterunt ipsum lucrari. Porro Robertus de Arthesio, sciens quod rex Franciae dimitteret Tornacum et veniret contra eum, festinavit negotium suum. Die quadam mercurii mandavit omnes capitaneos exercitus sui et dixit eis quod audierat nova quod iret ante villam Sancti Audomari et quod ipsa redderetur sibi. Qui statim ad arma properantes, ordinaverunt acies suas et a tentoriis suis descendentes venerunt per magnum iter per medium Archas versus Sanctum Audomarum, Roberto de Arthesio praecedente cum duobus vexillis et Anglicis et cum Brugensibus et sagittariis. Nec moram fecerunt illae acies donec venirent ad leprosoriam ubi in itinere steterunt, habebantque fossata ab utraque parte ut nullus valeret ad eos accedere, necnon ante se posuerant *bretesque* gallice, quibus veruta ferrea infixa erant, quae quidem velata erant telis ne perciperentur. In subsequenti vero acie erant illi de Franco; et in alio latere versus montem juxta Sanctum Bertinum erant illi de Yppra, ac inter dictas duas acies erant illi de Furnis, de Berghes et earum castellaniis. Ad custodienda vero tentoria remanserant illi de Pauperingha, de castellaniis Casselli et Bailleoli. Erat enim quoddam fossatum ex transverso durans ab acie Yppriensium qui supra montem erant, usque ad aciem Roberti de Arthesio. Cum enim militia quae erat in Sancto Audomaro, vidit Flamingos sic ordinatos in buto suburbium, omnes exierunt habentes vexilla per turmas sine ordinatione, seclusis duce Burgundiae et comite Armaniaci quoniam rex remandaverat duci Burgundiae ne sine ipso bellum committeret contra Flamingos. Milites qui erant in campis ubi erant Flamingi ordinati, multoties cucurrerunt contra ipsos, nec unquam potuerunt eos disjungere, et sic fuerunt a meridie usque ad completorium. Porro dux videns inimicos ita prope vocavit ad se comitem Armaniaci et consilium suum et dixit eis : — « Quid mihi laudatis? non video modum » quin incidam in magnum dedecus aut fiam regi inobediens. » — Cui respondit comes Armaniaci : — « Domine, auxilio Dei et amicorum nostrorum cito pervenietis ad » pacem regis. Eamus ad arma ex parte Dei et sancti Georgii! » — Cumque armatus esset, exiit de villa solum cum quinquaginta hominum armorum. Caeteri enim prius exierant, nec arrestavit donec venit ad leprosoriam ubi reperit aciem Roberti de Arthesio sibi obviantem. Postea sequebatur comes Armaniaci secum habens octingentos homines armorum de quibus fere trecenti erant operti de haubergeria et de franchieriis. Haec acies abiit ad dextram partem versus aciem illorum de Yppra. Et Burgundi videntes dominum suum in campis abierunt secum. Arthesiani vero et Flamingi regi faventes steterunt in campo. Et magna acies illorum de Berghes, de Furnis et de Franco venit per medium campum ad irruendum super Arthesianos. Mox quidem Arthesiani et Flamingi fideles venerunt contra eos. Cumque venirent ad fossatum intermedium, nec illuc possent transire, diverterunt vexilla sua ad revertendum. Multi nobiles fugiebant, dominum suum relinquentes in campis inter manus hostium, nisi gratia Dei evasisset. Flamingi quoque, ut viderunt vexilla retrocedere, turmatim cucurrerunt post eos, credentes ipsos devictos esse. Arthesiani namque videntes quod Flamingi transissent fossatum, verterunt signa sua et ferociter irruerunt super eos. Bello ergo letale commissum est, in quo Flamingi tandem devicti sunt. Comes itaque Armaniaci properavit contra illos de Yppra. Illi vero videntes eum mox fugam aggressi sunt, nec post comparuerunt. Comes autem traxit se cum hostes fugantibus. Ibi nempe maxima occisio facta est et magnum armorum exercitium. Interim vero, dum comes Armaniaci cum Arthesianis et Flamingis qui ex parte regis erant, insequebantur Flamingos caedendo versus Archas, Robertus de Arthesio cum sua acie videns coram leprosoria ducem Burgundiae jussit ingenia deponi et cum maxima cohorte venit versus villam, quod cernentes qui cum duce erant, regressi sunt de itinere in campum. Robertus itaque de Arthesio credidit eos quasi comprehensos in medio vici suburbium quia homines armorum non possent illic resistere contra pedites, sed non pervenit ad suam intentionem; et veniens versus villam credidit eam subripere, sed, Dei beneplacito, qui portam observabant, recognoverunt vexilla ejus, statimque sagittaverunt et jecerunt contra eos. Tanta namque hominum pressura villae ingressum occupabat ne unus quidem ingredi valeret aut egredi de fugientibus versus villam. Videns autem Robertus de Arthesio cum suis quod defecerat, arripuerunt quosdam milites fugientes versus villam et ceciderunt eos ante portam. Ibi enim occisi sunt dominus de Hamelincuria, dominus Frossardus de Belloforti, quidam miles campanus, dominus Sancti Berani, quidam alter de Burgundia, qui dicebatur dominus de Branges, unus alter de Anglia, portans vexillum et arma seacata argento et rubro, qui sagitta penetratus est per medium cerebri. Deinde ordinatis aciebus retraxerunt se versus Archas. Et cum exirent suburbia, dux Burgundiae qui suos congregabat, volebat subito irruere super eos; sed qui cum eo erant, hoc facere renuerunt eo quod jam dilucescerat. Posteaque dominus Robertus de Arthesio cum suo exercitu ordinato pertransierat magno itinere voce sonora personando sanctum Georgium. Interim autem comes Armaniaci et Arthesiani qui fugaverant devictos, ignorantes quae gesta fuerant ante villam, obviaverunt domino Roberto de Arthesio cum suo exercitu, minime eum cognoscentes propter noctis tenebras, de quibus aliqui capti et necati sunt. Ibi captus est unus miles de Burgundia, qui vocabatur dominus de Julleii. Eodem die levavit vexillum comes de Montbrisone qui erat cum comite Armaniaci, et novus miles est effectus. Et similiter dominus Sanctae-Crucis levavit vexillum illa die, et quidam miles Arthesianus qui dicebatur dominus de Reliaco, necnon multi alii novi milites effecti sunt. Postea dux Burgundiae, suis adunatis, cum magna laetitia regressus est in villam, et ei obviam venerunt illi de villa et eum duxerunt infra cum torchis accensis. Intraverunt etiam milites cum tanto tumultu ut vix audiretur tonitruum. Deinde allati sunt milites qui jacebant mortui extra villam et in crastinum sepulti cum magnis lamentationibus. Istud bellum accidit die Sancti Jacobi in julio anno Domini M° CCC° XL°.

De fuga Roberti de Arthesio.

Cum igitur Robertus de Arthesio veniret ad tentoria sua, jam lumen accensum erat, nullum quidem invenit. Omnes enim fugerant, currus, quadrigas et quodcunque habebant relinquentes, nunquam credentes venire ad tempus ad Cassellum. Nam ex eis quamplurimi remanserunt in via mortui, qui prius vulnerati fuerant. Exercitus autem Flamingorum qui erat sub diversis capitaneis, numerabatur usque ad quinquaginta quinque milia hominum, aurigis exceptis. Mortuorum vero numerus erat III milium. Porro Robertus de Arthesio, videns quod sui fugissent sine mora, properavit ad eos in montem Casselli, ubi occidi a gentibus suis multum dubitavit, et quousque venit apud Yppram, semper haesibundus permansit. Interim cum dux Burgundiae et homines sui in villa Sancti Audomari corpora quieti darent, eadem inquam nocte magni dextrarii currebant per campos, nec homines sciebant quo pergere. Duo namque milites episcopi Morinensis vicem custodiae pro tunc agentes, nec scientes aliquid de bello, cucurrerunt versus tentoria et neminem invenerunt. In aurora quoque videntes quod omnes fugissent, intraverunt in tentoriis et de rebus melioribus se oneraverunt. In crastinum vero cum hoc sciretur in villa, multi pedites et equites ad praedam cucurrerunt, tota die ducentes in villam cum curribus et quadrigis tentoria et papilliones et multa alia in quibus villa magnum lucrum acquisivit. Ibi enim combusti sunt fere bis sexcenti equi mortui propter foetorem cum multis hominibus occisis. Et Robertus de Arthesio non plus ausus est remanere apud Yppram, sed, quamcitius potuit, ad exercitum regis Angliae remeavit, qui erat ante Tornacum. Patria namque Flandriae sic erat debilitata ut mille homines armorum totam patriam usque ad Brugias devastare potuissent. Rex autem Angliae audiens quae facta sunt ad Sanctum Audomarum, multum stupefactus est, et omnes suos fecit transire fluvium Scaldis ut obsideret Tornacum circumquaque.

Litterae regis Angliae directae regi Franciae.

Porro rex Franciae congregato exercitu majore quam unquam in Francia visum fuerat, castra metatus fuerat die prima post bellum in prioratu Sancti Andreae situatum inter Ariam et Taruennam, ubi audivit nova de bello. Ibique allatae sunt litterae ex parte regis Angliae cujus tenor subsequitur [1].

Qualiter rex Angliae Edouardus cum infinitis milibus suorum obsedit Tornacum.

Igitur Edouardus rex Angliae cum maximo exercitu quasi quadringentorum milium hominum, anno et mense quibus supra, obsedit civitatem Tornacensem spatio undecim septimanarum continue. Tornacenses quoque illos a longe venire prospicientes exierunt armati contra eos et eorum praevios ferociter aggressi sunt. Ex utraque vero parte multis occisis, antegardia superveniente quam subsequebatur totalis exercitus, Tornacenses regressi sunt in villam suam. Rex autem Angliae, videns eos fideles erga regem suum, suo exercitu cinxit civitatem in modum coronae et ordinavit contra quamlibet portam civitatis optime servare ne quis civitatem intraret vel exiret. Nam contra portam Sancti Fontis fixit tentoria idem rex Angliae, et Robertus de Arthesio et comites Herbicensis, Claudocestriae, Bellimontis, Norwicensis, Lencastriae, Harondelli, baro de Stanforti, episcopus Dunelmensis et Johannes de Forti. Ex alia parte super Scaldum contra portam Blandenosam fuit Jacobus de Arthevella cum suis Flamingis. Ad portam Quoquerelli fuerunt Anglici cum episcopo Lincolnensi. Ex alia parte ripariae dux Brabantiae et satis prope dominus de Falcomonte. Deinde ad portam Morelli comes Ghelriae, de cujus terra rex Angliae, tanquam vicarius Ludovici de Bavaria, ducatum fecerat. Hic cum III^{or} milibus viris erat. Ad portam de Bruillo marchio Juliaci; ad

---

[1] Le texte français de la lettre d'Édouard III et de la réponse de Philippe de Valois est donné par les Chroniques de Saint-Denis; on le trouve aussi dans les *Acta* de Rymer.

portam vero de Bordello comes Hanoniae cum Johanne avunculo suo. Hoc itaque modo civitate obsessa, soldarii regis qui intus erant, peste famis multum affecti sunt, videlicet comites Fuxi et Petragoricensis, conestabularius Franciae et filius ejus, comes Guisnensis, vicecomes Narbonensis et Almaricus frater ejus, Petrus de Roussillone, miles, Ludovicus et Aymardus de Pictavia et alii plures usque ad numerum sex milium bachinetorum. Porro exercitus regis Angliae fortiter impugnabat civitatem. Tornacenses etiam cum soldariis regis fortiter resistebant, ponentes custodes in singulis portis, ingenia atque instrumenta bellicosa.

Interim comes Hanoniae proposuit destruere villam et abbatiam Sancti Amandi in vindictam abbatiae de Hanon prius combustae a soldariis qui erant ex parte regis Franciae. Et rex Angliae concessit sibi episcopum Lincolnensem, dominum Magniaci, Alanum de Sirehunde, magistrum sagittariorum Angliae, cum sagittariis; et Jacobus de Arthevella concessit sibi duodecim milia Flamingorum. Cumque se disponerent pro recessu, quadraginta homines comitis Fuxi cum telis exierunt de Tornaco per portam Bruilli atque per prata cucurrerunt versus illos de Hannonia, scindentes cordas papilionum ac multos occidentes. Et Hanonienses commoti persecuti sunt eos usque in civitatem et occiderunt ex eis quinque, subitoque omnes de exercitu obsidentium uno impetu multis assultibus et jaculis impugnaverunt civitatem. Qui vero intus erant, validis deffensionibus ipsis repugnaverunt. Nox autem supervenit, quae assultus cessare coegit, et sic regressus est unusquisque ad tentoria sua.

Comes Hanoniae cepit villam et abbatiam Sancti Amandi, spoliavit et combussit.

In crastinum vero, comes Hanoniae, de hiis multum iratus, cum avunculo suo recessit cum dominis d'Enghien, d'Antoing, de Lingne, de Havrech, senescallo Hanoniae, de le Hamede et de Falcomonte, cum Anglicis et Flamingis sibi concessis, et quasi cum xxx milibus viris venit ante Sanctum Amandum. Et erant in villa Bernardus de Cataluna, miles, senescallus de Carcasona et plures alii soldarii ex parte regis Franciae. Comes vero appropinquans impugnavit villam undequaque. Qui vero intus erant, acriter se deffendebant, multique occisi et vulnerati sunt. Interim vero quidam miles de villa nomine Radulfus de Maillelers, pavore perterritus, auffugit. Idcirco illi de villa aestimabant eum villae traditorem. Finaliter autem obsidentes ingressi sunt villam per muros versus abbatiam et ceperunt Bernardum et senescallum, magnamque occisionem facientes spoliaverunt villam et abbatiam atque combusserunt, posteaque cum spoliis et captivis remearunt ad regem Angliae.

Comes Hanoniae Orchias cepit et incendit et postmodum Seclin.

Interim die crastina, idem comes et marchio Juliacensis cum exercitu suo obsederunt Orchias; cumque fortiter eam impugnarent, qui erant in villa, postulaverunt inducias comiti Hanoniae ad habendam collationem quid facturi essent. Interim vero cum de hoc conferrent similiter in falla, intraverunt Anglici villam et eam spoliaverunt et combusserunt, ac cum multis captivis regressi sunt ad castra. Iterumque veniens obsedit Seclin, tunc muris firmatam, qua quidem capta, multis etiam occisis et captis, regressi sunt ad castra.

Comes Hanoniae obsedit Marchiennes, quam cepit, et etiam abbatiam, et combussit.

Insuper quodam mane praefatus comes cum multis hominibus armorum secedens obsedit Marchiennes et eam tota die impugnavit. Porro castellanus et qui cum eo erant, validis deffensionibus eis obviaverunt, ita ut comes qui fere cum xxx^a hominibus juxta fossata venerat ad oppugnandum eos, laesus et dolens rediret ad castra prope Tornacum. Illi vero de villa formidantes ne comes regrederetur, habito inter se consilio, miserunt dominum de Landas apud Bethuniam ad regem Franciae ut eis succurreret. Antequam vero reverteretur, comes Hanoniae venit illuc cum circiter xl^a milibus viris, villam cepit, omnes occidit, villamque et abbatiam spoliavit et combussit. Et regressus est comes ad castra regis Angliae, a quo magnifice, tanquam melius se habens, recommendatus est.

Sequitur de obsidio civitatis Tornacensis.

Flamingi vero cupientes gravare civitatem Tornacensem aptaverunt currum quem iii^or magni equi vehebant, eumque multis straminibus oneraverunt et duobus milibus viris armatis conduxerunt usque ad baillias civitatis coram porta Sancti Fontis. Deinde apposito igne fumus elevabatur contra moenia. Quod custodes murorum percipientes maximum clamorem emiserunt, ad quem omnis civitas commota est, et soldarii regis Franciae cum illis de villa pariter illuc cucurrerunt. Similiter exercitus Anglicorum commotus illa parte civitatem aggressus est, diuturnisque assultibus eam impugnavit. Tandem vero exercitus Anglicorum regressus est ad tentoria sua post magnam ipsorum occisionem et specialiter Flamingorum. Regressi sunt illi de civitate unusquisque ad hospitia sua praeter illos qui muros observabant.

Per idem tempus conestabularius locutus est ad burgenses in falla ostendens qualiter soldarii regis fame premerentur, atque rogavit eos ut consentirent aliquos de ipsis exire ad lucrandum victualia super hostes et quod panderent eis portas pro egressu et regressu. Quo concesso, Petrus de Rousillone, jussu conestabularii, sumptis centum nobilibus, cum armis et equis exivit de civitate per portam Sancti Martini, ubi burgenses portam aperientes injunxerunt eis ne per ibi reverterentur, sed per portam Sancti Marci et illam apertam reperirent. Abeuntes namque per prata versus leprosoriam pervenerunt prope illam partem ubi erant locati audaciores totius exercitus, scilicet episcopus Lincolnensis, Galterus de Magniaco, Richardus de Limosino, Alanus de Syrehonde et sagittarii Angliae. Cum dictus episcopus in mensa sederet indubius, Petrus de Roussillone cum equo et lancea in manu intravit tentorium ejus, dirigensque lanceam contra eum. Quidam scutifer episcopi posuit se contra dominum suum et a lancea penetratus interiit. Deinde Petrus evaginavit gladium ad recuperandum super episcopum, et episcopus subito perterritus clamavit, ejusque homines fere quadrigenti repente supervenientes acriter Petrum cum suis invaserunt. Collectis autem in unum Gallicis, fortiter dimicaverunt contra eos montonem vociferantes [1]. Ibique multi sunt occisi et plurima tentoria prostrata. Petrus vero suorum auxilio praevalens, tumultibus exercitus principalis attonitus, percipiensque dominum de Moubrai, Richardum de Limosino, Alanum de Syrehonde cum mille et quadringentis sagittariis venientes ad succurrendum episcopo, cum suis regressus est versus Tornacum, insequentes debellando. Ingressu namque multa passi sunt quoniam dicti milites cum sagittariis eos inquietabant ita ut retrocedendo plurima facta armorum contra eos inirent, necnon cum magna difficultate venerunt ad portam quae respicit ad Valencianas, ubi erant burgenses armati, qui portam eis aperuerunt et eis subvenerunt cum magna balistariorum comitiva. Porro Anglici, Flamingi, Hanonienses et Almanni illuc commeantes accurrerunt. Cumque ferox pugna ibidem fieret, Richardus de Limosino qui juxta portam erat, multum habilis in arte sagittandi, prospiciens Petrum de Roussillone, sagittam contra eum misit, ejusque caput per frontem et cerebrum perforavit. De quo ictu cadens statim erectus est a quodam nepote suo nomine Guillelmo, qui dixit ei quod eum vindicaret. Petrus vero super hoc verbo gavisus apodiavit se super lanceam suam, dicens quod inde non discederet donec vindicatus esset et rogans nepotem suum ut se expediret; subitoque Guillelmus animose pressuram ingrediens dicto Richardo appropinquavit, quem cum manibus arripiens levavit loricam ejus et cultello suo ventrem ejus penetravit. Qui cadens de equo cecidit in terram et mortuus est. Anglici vero collegerunt eum et tulerunt ad castra

---

[1] Que signifie cette expression : montonem vociferantes? Une ordonnance du roi d'Angleterre Henri V, citée par Ducange, porte ce qui suit: Nullus audeat clamores facere, quibus exercitum nostrum turbari contingat, et specialiter illum clamorem quem : *Mountée* appellamus.

sua. Deinde cum Tornacenses clamoribus derisoriis Anglicos persequerentur, illico regressi civitatem acrius quam ante aggressi sunt. Qui autem erant in villa, fortiter se deffenderunt ita ut Anglici redirent ad castra multum plangentes dictum Richardum de Limosino quem rex Angliae perfecte diligebat. Tornacenses etiam, firmatis portis, regressi sunt unusquisque ad hospitia sua, et Petrum de Roussillone cum magnis lamentationibus, ejus celebratis exequiis honorifice, tumulaverunt ad Sanctum Franciscum.

Eodem tempore, Tornacenses valde dubitabant quod, ut dicebatur, rex Angliae juraverat se nunquam recessurum donec caperet civitatem et ejus inhabitantes vivos aut mortuos haberet cum principibus ibidem existentibus, scilicet comitibus Fuxi et Petragoricensi et vicecomite Narbonensi qui destrinxerant Vasconiam, et conestabulario Augi et filio suo comite Guisnensi cum marescallo Bertrando qui succenderat Grenesim. Idcirco rex Angliae fecit opponi muris civitatis ingenia fortia, inter quae comes Hanoniae per quemdam magistrum erexit unum valde magnum et nocuum quo direxit lapides multas contra portam de Bordello, eamque jactibus turpiter detexit. In cujus opposito et in eadem porta Tornacenses aliud statuerunt, pluresque lapides jacientes neminem laeserunt quousque magister illius ingenii, videns rectorem alterius ingenii extra villam suum ingenium adaptans contra ipsum, misit lapidem cum maximo impetu, a quo ingenium fractum est et caput rectoris ejusdem projectum est longe a corpore, quod multum displicuit illis de exercitu et praecipue comiti Hanoniae.

Qualiter Tornacenses miserunt ad regem petentes succursum.

Interim cum rex Franciae recepisset litteras regis Angliae, ut dictum est, in prioratu Sancti Andreae, Tornacenses secrete transmiserunt duos cordigeros ad eum, postulantes ut succurreret eis quoniam ita circumdati erant ab inimicis quod victualia non poterant duci ad eos. Idcirco rex misit ducem Athenarum, vicecomitem de Thoarco, vicecomitem de Alneyo, dominum Petrum de Feinquegni [1].....

Rex non habuit consilium eundi in Flandriam, sed habuit consilium ut iret versus Tornacum.

... Tunc rex qui responderat praefatis cordigeris quod nesciret quo pergere, vel in Flandriam ad patriam depopulandam, vel ad Tornacum ab Anglicis obsessum, pro-

[1] Pour la suite de ce chapitre, voyez les Chroniques de Saint-Denis, éd. de M. Paulin Paris, t. V, p. 401.

misit eis quod iret Tornacum, et ejus obsidionem removeret. Ibique undecim diebus exactis, rex recedens abiit per Bethuniam ad tres leucas prope Tornacum ad villam nomine Bouvines et ibi castra metatus est satis prope inimicos suos. Indeque remearunt cordigeri apud Tornacum referentes quid rex ipsis promiserat et quod veniret ad liberandum eos. Quibus auditis laeti facti sunt et jocundi ad arma se disponentes et sperantes quod bellum festinanter committeretur inter duos reges. Cum autem haec nova pervenirent ad Anglicos, rex Angliae praecepit ut omnes ultra Scaldum locati se traherent ad aliam partem cum aliis, quod ita factum est. Porro cum rege Franciae erant multi nobiles videlicet..... Ex parte vero regis Angliae erant [1]......

De fame quam habebant Tornacenses et maxime soldarii regis.

Postmodum fame invalescente in Tornaco, soldarii regis Franciae fame arctati dabant unum magnum equum pro duobus francis eo quod nescirent cibum pro eis ubi habere. Nec erat ita magnus princeps qui non expendisset argentum suum et omnia jocalia sua invadiasset. Nam quadam die veneris comes Fuxi non habuit in prandio suo pro se et suis militibus nisi unum piscem de aqua dulci et unum panem. Qui cum interrogasset servitorem quid alii comederent, respondit quod amplius nichil esset, nec aliud repertum esset in foro. Tunc comes cum lacrimis dixit quod ipse non comederet ex quo milites sui nichil haberent, porrigensque piscem jussit dari in honorem Dei cuidam pauperi ad portam hospitii sui. Deinde abiens in forum invenit conestabularium de tali re conquerentem. Cumque ambo colloquerentur, ibi vicecomes Narbonnensis illuc adveniens de simili casu conquerebatur. Qui rogavit eos ut postularent illis de civitate quatenus ipse cum suis exiret ad aliquid lucrandum super hostes. Quo concesso, cum centum XL" viris armatis exivit per portam quae respicit Valencianas et perrexit ad exercitum Brabantinorum, de quibus multis occisis, dum exercitus jam commoveretur et dux Brabantiae, Alanus de Syrehonde, episcopus Lincolniensis et sagittarii de Anglia ipsos jam aggredi niterentur, regressi sunt ad dictam portam civitatis et ibidem steterunt. Insequentes vero timore fundibalariorum regressi sunt ad tentoria. Quo facto, principes et barones soldarii regis Franciae locuti sunt Johanni Moulle, Johanni Trabegot et aliis burgensibus quatenus providerent eis aliqualiter de victualibus, promittentes ipsis ad valorem solvere. Qui burgenses habito super hoc consilio coegerunt capitulum cathedralis ecclesiae Beatae Mariae ut cuilibet soldario regis Franciae traderent unam raseriam bladi, atque responderunt eis pro soldariis.

---

[1] Pour cette double énumeration, notre texte est conforme à celui des Chroniques de Saint-Denis, t. V, pp. 401 et 402.

Tornacenses rursum ad regem miserunt ad ejus expetendum succursum, qui promisit eos cito liberare.

Quia vero rex Franciae tardabat venire ad removendam obsidionem Tornacensem sicut promiserat, Tornacenses elegerunt duos burgenses quibus injunxerunt ire ad regem Franciae et eidem exprimere statum suum atque defectum et miseriam principum et baronum suorum. Qui venientes et assistentes coram rege dixerunt ei qualiter principes et barones sui una cum omnibus de civitate fame in brevi perirent et civitas caperetur nisi festinum subsidium eis conferret. Insuper dixerunt ei quod comes Fuxi voluerat exire de civitate malens occidi quam fame periclitari et quod militia nobilis existens in civitate mirabatur quare tantum tardabat eis succurrere. Quibus rex iratus respondit quod cito liberaret eos quia magnum honorem fecerant sibi atque redderet eis leges quas abstulerat eis et tolleret gubernatorem quem posuerat. Idcirco rex instantia burgensium misit proprios nuntios Tornacum una cum eis ut diceret Tornacensibus quod in brevi succurreret eis et quod tribuerent soldariis suis victualia et bene solverentur ab eo. Qui ita fecerunt.

Jacobus de Arthevella offendit ducem Brabantiae.

Cum autem haec scirentur ab Anglicis, rex Angliae dixit quod hoc non fieret, sed prius civitatem destrueret. Dum ergo in tentorio suo de hac materia loqueretur duci Brabantiae, Jacobus de Arthevella ibidem assistens dixit ei quod praeter eum caeteri principes multos assultus fecerant contra civitatem et quod ipse minus omnibus fecerat. Quidam vero miles ducis Brabantiae hoc audiens cum ira dixit ei quod cessaret a talibus et iret Gandavum ad conficiendum *miés* et quod tali homini non pertineret tantum dominium. Quem statim Jacobus de hasta seu securi sua percussit et occidit. Dux autem Brabantiae videns haec sine mora exiit de tentorio. Et rex Angliae arripiens frenum equi ejus rogavit eum ut hoc parceret dicto Jacobo, qui, licet traditor et malus esset, tamen erat sibi multum utilis pro guerra sua et necessarius. Postea dux Brabantiae fecit deferri corpus militis sui in Brabantia. Et rex Angliae, parato magno convivio, fecit ducem et Jacobum simul prandere pro confirmatione pacis.

Complementum cujusdam voti.

In quo prandio Johannes de Forti assistens dixit quod volebat complere votum suum quod, scilicet quamcunque villam in Francia rex Angliae obsideret, contra quamlibet turrem quarellum de balista emitteret. Hic post prandium armatus super equum venit ante portam Sancti Fontis et circuivit civitatem singulas turres percutiendo. Cum adhuc restarent quinque turres ad percussiendum, quidam in una illarum existens direxit quarellum contra eum, qui infra corpus ejus remansit. Qui licet cum dolore perficiens quod inceperat, regressus est ad regem Angliae, quarellum habens infra corpus suum. Quem rex inspiciens multum doluit, eoque confesso et ordinato fecit quarellum extrahi, et protinus mortuus est.

De invasionibus comitis Hanoniae factis super gentes Philippi Francorum regis.

Itaque comes Hanoniae, marchio Juliacensis et Rufus de Falcomonte cum IIII^{or} milibus viris egressi de castris ut nocerent gentibus regis Franciae qui erant ad Bouvines, venerunt versus montem in Pabula et absconderunt se in quodam nemore. Eadem die recesserant de exercitu regis Franciae quasi mille quingenti homines inter quos erant episcopus Leodiensis, Karolus de Montmorensi et Guillebaudus dominus de Tria ad quaerendum provisiones. Quo audito per unum insidiatorem, comes Hanoniae collectis suis exierunt super campos et nec diu equitaverant quod episcopus Leodiensis et alii miserunt baillivum Hoy ad eos ad sciendum qui essent. Quem Rufus de Falcomonte videns venire cum lancea cucurrit contra eum et prostravit in terram. Qui surgens dixit illi quod non venerat ad hastiludiandum, sed episcopus Leodiensis et multi nobiles de Francia miserant eum ad videndum si essent de parte Anglicorum. Cui alter dixit quod iret ad socios suos atque diceret eis quod comes Hanoniae pugnaret contra eos. Qui ita fecit. Porro comes Hanoniae venit contra eos, et commissum est atrox praelium in quo Gallici victi sunt, et ex eis non remanserunt nisi septingenti. Episcopus autem, videns suos deficere, fugam aggressus est versus exercitum regis Franciae cum quingentis hominibus, et eos persequebatur comes Hanoniae. Interim dominus de Montmorensi et Guillebaudus de Tria cum ducentis viris pugnabat contra marquisum Juliacensem in quodam valcello, omnesque occisi sunt praeter xxv. Videntes ergo suorum stragem traxerunt se bellando juxta IIII^{or} arbores quae ibi erant, ita ut non possent gravari nisi per ante. Ibi diu resistentes multos occiderunt quousque non fuerunt nisi quinque. Et marchio Juliacensis, parcens illis, jussit suos ab eorum caede cessare atque rogavit eos benigniter quatenus se redderent et non se ibi permitterent occidi. Quo ita facto, mox duxit eos ad castra regis Angliae.

Interim comes Hanoniae insecutus fuerat episcopum Leodiensem usque ad semileucam prope castra regis Franciae. Episcopus autem fugiens repperit comitem de Tanquardivilla et Johannem ducem Britanniae cum quinque milibus viris et subsidium ab eis proclamavit contra comitem Hanoniae. Qui, mox ordinatis aciebus suis, [aggressi sunt] Hanonienses [et] similiter durum inter se commiserunt praelium, in quo comes Hanoniae cum multa suorum nece victus celeriter fugam aggressus est ad castra regis Angliae.

Tornacenses currum oneratum armis capiunt.

Eo tunc exierant filii burgensium et soldarii de Tornaco usque ad decem, qui tendentes versus Hanoniam intraverunt quoddam parvum nemus. Interim transivit circa eos currus oneratus armis nobilibus quae mittebantur regi Angliae a Ludovico de Bavaria, de quo supradictum est, qui conducebatur sex hominibus armorum et vehebatur quatuor magnis equis. Exierunt ergo qui erant in nemore et irruerunt in eos. Almani quoque se oppressos sentientes statim fugerunt versus castra Anglicorum. Aliis vero currum vehentibus Tornacum, mox exierunt multi de civitate et eos ita properaverunt ut exercitus jam hac de causa commotus non posset eos attingere, quin prius ducerent currum et equos in civitatem. Hujus causa rex Angliae, hiis amissis, tristatus est valde; Tornacenses vero laetitiam ex hoc deduxerunt.

Episcopus Leodiensis capitur et liberatur; Wauflart de Cruce autem persecutus est et captus a Gallicis.

Postea comes Hanoniae ad faciendam vindictam de sui fuga vituperabili assumpsit secum dominum de Moubray, marescallum Londoniae, Alanum de Sirehonde et plures alios, et egressus de castris Anglicorum per viam quae ducit Insulis supra fluvium Lisiae quasi cum decem milibus viris, venit usque ad Fresin. Interim cum essent ibi, episcopus Leodiensis, causa sumendi aerem matutinum, eodem itinere pergebat. Quem inspiciens comes Hanoniae exiliendo exclamavit ad mortem. Tunc episcopus pavefactus dixit militibus suis quod traditus erat atque rogavit eos ut eum observarent ne caperetur, necnon subito misit quemdam suum armigerum ad castra Francorum ad habendum auxilium. Commisso itaque praelio, episcopus multos occidit et laesit, suique homines resisterunt fortiter et eum observaverunt quamdiu potuerunt. Tandem vero victi sunt Leodienses et episcopus captus.

Eodem bello durante, comes Sabaudiae haec sciens per dictum scutiferum fere cum decem milibus armatis, jam bello finito, supervenit. Quem videns comes Hanoniae monuit suos multitudinem Francorum elongare considerata fatigatione contra Leodienses. Porro comite Sabaudiae cum suis ad eos pervenientibus, marescallus Londoniae, Galterus de Magniaco et alii Anglici bellaverunt contra eos. Interim Gerardus de Werchino, senescallus Hanoniae, cepit frenum equi comitis domini sui et fugiendo quamtocius ipsum duxit versus castra Anglicorum, dicens ei quod praevaleret fugere quam male expectare. Ea quidem die Gallici eripuerunt episcopum et alios captos de manibus hostium; victique sunt Anglici et ex eis occisi super campos usque ad quadringentos homines. Caeteri vero qui potuerunt fugere, regressi sunt ad castra sua, praeter unum militem nomine Wauflart de Cruce, cujus equus vulneratus fuerat, cum persequeretur a Gallicis. Hic descendit de equo suo ac fugit in quoddam nemus, cumque quadam via erraret tendens redire ad castra Anglicorum et videret castellum de Vossemer, soldarii ejusdem castelli a quibus visus est, ceperunt eum, et a castellano missus est ad regem Franciae apud Bouvines. Et rex qui de ipso multas querelas audierat, gavisus est valde. Tuncque duo burgenses de Insulis Lothardus Fremaudi et Alardus Probi assistentes coram rege supplicaverunt ei ut concederet ipsum Insulensibus, quibus multa nocumenta fecerat. Quibus rex ipsum tradidit ut ducerent eum in villam suam, inhibens eis ne occiderent eum donec Parisius rediret. Sic ergo, eo Insulis adducto, ab Insulensibus gaudenter receptus est et arcto carceri mancipatus.

Rex fecit per papam excommunicare Flamingos.

Praeterea cum rex Angliae, ut dictum est, urbem Tornacensem multis assultibus infestaret et similiter Tornacenses sibi fortiter repugnarent, rex Franciae per nuntios conquisitus est summo pontifici Benedicto XII° de inobedientia Flamingorum, qualiter sibi guerram faciebant et comitem suum proprium expulserant de patria sua. Et tunc fulminata est sententia super eos a papa nisi rursus obedirent domino suo, quae in obsidione Tornaci allata est.

De induciis concessis inter duos reges, procurante comitissa Hanoniae, et de colloquio apud Chisonium.

Deinde comitissa Hanoniae, mater comitis supradicti, audito quod rex Franciae sine mora pontem transiturus esset ad debellandum Anglicos, venit ad ipsum regem fratrem suum apud Bouvines et dixit ei quod aliqui de principibus suis ipsum traderent regi Angliae. Tunc multum iratus est quare noluit eos nominare. Nichilominus eadem domina sibi lacrimabiliter supplicavit ut criminosa facta quibus filius suus ei nocuerat et nocere nitebatur, benigniter indulgeret et quod non transiret praedictum pontem de Bouvines donec locuta fuerit regi Angliae et ad eum regrederetur. Cui rex respondit quod si teneret filium ejus, faceret sibi caput amputari. Ipsa vero cum magna difficul-

tate obtinuit mediante comite Alectionensi, fratre suo, quod rex promisit non movere castra sua duobus diebus, aliquo modo formidans traditionem. Deinde comitissa abiens ad regem Angliae qui filiam suam nupserat, multis verbis persuasit ei componere treugas inter ipsum et regem Franciae sub spe futurae pacis. Quam rex intelligens vocavit ad se barones suos, ducem Brabantiae, comites Hanoniae et Guelriae, Jacobum de Arthevella, marquisum Juliacensem, Robertum de Arthesio et plures alios et proposuit coram eis requestam comitissae. In quo consilio primus locutus est dux Brabantiae, ut fertur, multa verba ad pacem tendentia. Deinde Robertus de Arthesio, ut fertur, locutus est, dicens ei : — « Si pax componeretur, libenter consentiretis. Audacter dico quod
» si diu stemus hic, hanc civitatem habebimus quoniam moriuntur fame. » — Audiens autem dux quod verba ejus in sui derisionem sonarent, dixit ei : — « Male poteritis
» pacificare hanc guerram asperam quam incepistis. Secundum meam opinionem, ante-
» quam pejora eveniant, melius est tractare de pace. Quidquid enim fiat, abhinc cum
» hominibus meis recedam. » — Jacobus autem de Arthevella, ut quidam ferunt, praetactis regi Angliae et baronibus exercitus dixit : — « Domini mei, pensate qualem
» pacem vultis facere, quoniam, nisi nos in ipsa complectamur et omnes nostrae offensae
» remittantur, non recedemus abhinc, nec quittabimus juramentum quod jurastis
» nobis. » — Et tunc comitissa Hanoniae, ut fertur, dixit : — « Deus avertat quod
» pro dicto unius rustici tantus Christianorum cruor effundatur ! » — Deinde post longam rei deductionem Jacobus de Arthevella eis praebuit assensum. Tunc concluserunt principes quod bonum esset habere inducias. Quo facto, dicta domina procurante, assignatum est colloquium ad Chisonium. Principes autem qui tenuerunt parlamentum pro rege Franciae, fuerunt Johannes rex Bohemiae, comes Sabaudiae, dominus Ludovicus de Sabaudia, dominus de Noieriis. Pro rege Angliae erant episcopus Lincolniensis et domini Guilelmus de Clitone, Gaudefridus Scrop, Johannes de Hanonia, Henricus d'Antoing et ille de Cuc. Hii principes utriusque partis, pacem nequentes componere, concordaverunt inducias per tres annos quae sigillatae et confirmatae sunt per ambos reges, sic quod Flamingi per papam absolverentur a sententia.

Rex Angliae, dimissis omnibus, cum suis Anglicis reversus est Gandavum, et rex Franciae similiter in Franciam reversus est.

Deinde rex Angliae remisit singulos in patriam suam et abiit cum Anglicis suis in Gandavo. Et venit illuc comes Flandriae, ubi unus alteri cibaria magna contulit atque in multis encheniis honorare curavit. Rex vero Angliae, quamquam multis precibus niteretur attrahere comitem Flandriae ad suam partem, tamen a fidelitate domini sui regis Franciae nullo modo potuit eum amovere. Et rex Franciae, similiter remisso exercitu, remeavit in Franciam.

Rex Franciae regratiatur Tornacensibus et dedit eis dona.

Principes vero supranominati qui erant in Tornaco, sequentes regem Franciae, invenerunt eum in itinere quod ducit Parisius. Hii cum recommendassent sibi Tornacenses, praesentibus Johanne Trebegot et aliis duobus burgensibus de Tornaco postulantibus aliquam gratiam ex parte civitatis, rex benigniter regratiatus est Tornacensibus, deditque eis in hereditatem nemus de Breuza et, ut promiserat eis, tulit gubernatorem ab eis, restituens leges antiquitus observatas per litteras suo magno sigillo in cera viridi impressas, quas eis tradidit cum aliis donis quamplurimis. Qui ab eo valefacti regressi sunt Tornacum, de quorum adventu et relatione laeti facti sunt et jocundi in civitate.

Recesserunt ad partes suas reges, duces et principes exercitus regis Franciae.

Rex etiam Navarrae, dimissis regibus Boemiae et Scotiae, cum rege Franciae remeavit ad partes suas. Recesserunt insuper a praefato rege Franciae Odo, sororius ejus, dux Burgundiae, et Johannes dux Britanniae, quem valde diligebat quoniam sibi servierat in hac guerra suis expensis propriis cum mille et quingentis bachinetis.

Rex Angliae rediit in Angliam.

Post non multum vero temporis, rex Angliae, facto apparatu et valefactis foederatis suis, cum regina uxore sua transfretavit in Angliam. Et quoniam aliqui magni domini qui in Angliae remanserant, transmittere denarios ad regem suum citra mare neglexerant, ita ut hac de causa opportuerit eum Tornaci obsidionem necessario dimittere, quamquam recepissent denarios ex parte regis, Robertus de Arthesio noluit transmeare cum rege in Angliam, ne, cum illic veniret, haberet malas grates, quoniam aestimabat quod rex puniret eos. Rex quoque Angliae in recessu suo reliquit in Gandavo, causa debitorum suorum, ducem Guelriae obsidem pro se [1].

---

[1] Pour ce qui suit, voyez les Chroniques de Saint-Denis, t. V, p. 406.

Comes Flandriae indignatus recessit e Flandria et abiit ad regem Franciae [1].

. . . .
. . . .

De guerra regis Hispaniae et Portugaliae contra Saracenos.

. . . .
. . . .

De crudelissimo certamine Christianorum et Saracenorum.

. . . .
. . . .

Praelium atrox et cruentum inter Christianos et Saracenos.

. . . .
. . . .

[1] Voyez les Chroniques de Saint-Denis, t. V, p. 406.

CHRONIQUES ANONYMES

CONSERVÉES

A LA BIBLIOTHÈQUE NATIONALE DE PARIS.

(EXTRAITS.)

Ms. 4960 (ancien 9631 [3,3]).

... En ce temps là estoient les Flamens rebelles contre le conte et l'avaient chassé hors de sa terre, non contrestant la paix faite à Arcques.

... Là [1] fut fait chevalier le conte de Flandres, lequel requist au roy que pour Dieu et en faveur de consanguinité il lui voulsist aider et avoir pitié de luy parce que ses gens ne luy vouloient obéir. Le roy manda tous ses barons qui là estoient et leur requist, par la foy que luy devoient, qu'ils feussent tous prests et armés à Arras, aux octaves de la Magdalène, car il avoit entention de mettre les Flamens en sa subjection. Tantost luy accordèrent tous ses barons. Si alla tout chacun en son lieu pour faire son appareil.

Le roy manda messire Robert de Flandres et fist sermenter et jurer avec luy. Puis lui commanda prendre deux cens hommes d'armes et qu'il allast à Saint-Omer pour tenir frontière contre les Flamans. Après commanda au conte de Flandres qu'il allast vers Lisle et qu'il marchast en frontière entre le Lys et l'Escaut.

---

[1] Au sacre de Philippe de Valois à Reims.

Quant Flamans sceurent que le roy avoit faict sa semonce, ils s'assemblèrent et virent qu'ils n'avoient de seigneur dont ils peussent faire chevetaine, car tous les gentils hommes du païs leur estoient défaillis. Or les Flamans ne sçavoient de quel cousté le roy devoit venir. Et pour ce ordonnèrent ceulx de Bruges et ceulx d'Ipre que tous ceulx du terrouer de Furnes et de Diquemue, de Berghes et de Cassel avec ceulx de Popringhe se tireroient tous sur le mont de Cassel, et d'autre part ceulx de Bruges et du Franc tiendroient le païs devers Tournay, et ceulx d'Ipre et de Courtray à l'encontre de Lisle.

Le roy vint à Arras où il ne séjourna guères, car il eut conseil que il se tireroit vers Saint-Omer et par là entreroit en Flandres. Et partant alla à une ville appelée : Estrée, où il se logea et sa chevalerie. Puis alla seoir entre Aire et Saint-Omer. Là séjourna trois jours et attendit sa chevalerie. Par ung samedi matin vint le roy à tout son ost et entra fièrement et à moult grant effort dedens la terre de Flandres entre Blaringhen et le Pont-Hasquin parmy le Neuf-Foussé. Et allèrent loger soubs une forest, qui est des appartenances de la seigneurie du conte d'Artois, qui estoit appelée communément : Ruhoud, assise et située sur un vivyer nommé : Schaudebrouc, qui est de l'abbaye de Clermarès.

Or nous convient desduire et spécifier comment les batailles passèrent. De la première bataille estoient conducteurs les deux mareschaux de France et le maistre des arbalestriers, lesquels avoient en leur rote six banières. Et tous les gens de pié suyvirent leur bataille, et tout le charroy [1].

Quant les mareschaux vindrent ou champ, ils baillèrent place aux fourriers pour leurs maistres. Après passa la bataille du conte d'Alençon, où il y avoit XXI banières; cette bataille print son tour jusques au mont de Cassel, où là s'arresta jusques ad ce que les tentes furent dressées. Après passa la tierce bataille, à XIII banières, de laquelle estoit cappitaine le maistre des Hospitalliers de outre mer et le seigneur de Beaujeu; et conduisoient toute la compagnie de Languedoc. La quarte bataille menoit le connestable de France, Gaultier de Chastillon; et y avoit VIII banières. En la quinte bataille estoit le roy armé de ses plaines armes, et y avoit XXXIX banières, en laquelle bataille estoit le roy de Navarre, le duc de Lorraine et le conte de Bar. Si y avoit une esle de XI banières, que messire Milles de Noiers conduisoit, lequel portoit l'oriflambe. La sixième bataille conduisoit le duc de Bourgoingne à tout XVI banières [2]. La septième conduisoit le daulphin de Viennois à XII banières. La huitième estoit conduite par monseigneur le conte de Haynau à XVII banières; et y avoit une esle de messire Jehan

---

[1] Au lieu de : et tout le charroy, on lit dans le Ms. 10145 : les chevaliers et le roy. C'est évidemment une erreur de copiste.

[2] On lit : dix-huit banières, dans le Ms. 10143. Il en est de même dans les Chroniques de Saint-Denis.

de Haynau, son frère, qui menoit les gens du roy de Behaigne. La neufvième bataille menoit le duc de Bretaigne à xv banières. Tous ceulx devant nommés s'en allèrent loger à la place que les mareschaux leur avoient baillée et ordonnée, à deux lieues près de Cassel-la-Montaigne. Quant tous furent logés, si vindrent ceulx de l'arrière-garde, qui estoit la dixième bataille, qui estoit conduicte par messire Robert d'Artois, à xxii banières, et se tira vers le mont de Cassel; si environna tout l'ost pardevers la tente du roy et alla à une abbaye, assés près de là, nommée : Wastine, où il se logea. L'endemain vint le duc de Bourbon à xiv banières en bataille.

Les Flamans, qui estoient sur le mont de Cassel, virent le roy à tout son povoir, qui estoient logés à deux lieues près d'eulx. Et combien qu'ils veissent les François en grant effort, toutesvoyes ne s'esmayèrent en riens; ains misrent les Flamans leurs tentes hors de la ville et s'en allèrent loger sur le mont, affin que les François les peussent mieulx veoir et eslire en l'air des mons en toute oultrecuidance. Et ainsi furent trois jours les ungs contre les autres sans rien faire. Et au quart jour se deslogea le roy et s'en alla loger à demy-lieue près et plus prochainement [1] sur une petite rivière nommée : la Pene. Adont vint messire Robert de Flandres à tout xv [2] banières. Alors le roy de France print sur ce conseil comment ils pourroient avoir les Flamans jus d'icellui mont; car, de les assaillir sur le mont, il n'y avoit apparence, ne jeu. Et pour ce envoia, par un mardi vers Saint-Berthélemy, au point du jour, les deux mareschaux avec messire Robert de Flandres pardevers le terrouer de Berghes et embrasèrent le feu partout. Et par ce moyen les cuidèrent tirer jus du mont; mais oncques n'en firent conte, ne semblant de doubte et crainte qu'ils eussent, ainçois vindrent tout au long du jour paleter aux gens du roy. Et les chevaliers montoient sur leurs chevaux souvent pour aller veoir leurs paletis [3]. Quant les mareschaux et leurs gens furent venus et arrivés du fourrage, ils s'en allèrent reposer, car ils avoient en ce jour eu grant peine. Et entretant qu'ils estoient en repous, nul en l'ost royal ne fist semblance de gait et d'estre en armes par doubte et suspens; ainçois les grands seigneurs alloient de tente en pavillon et de tref en aucube pour eulx desduire, joer et triumpher en leurs belles robbes.

Or les Flamans qui estoient en agait pour surprendre les François, estoient tousjours sur le mont; et si prindrent garde que les mareschaulx estoient moult lassés, et les chevaliers s'esbatoient à jouer aux dés, eschaits et autres desduits et que le roy estoit en sa tente, avec son conseil, pour ordonner des besoignes de sa guerre. Et, sur ceste

---

[1] A une lieue plus près (Ms. 10138).
[2] On lit : v dans les Mss. 10138 et 10145 et dans les Chroniques de Saint-Denis.
[3] Le Ms. 10145 ajoute (et cette phrase est aussi donnée par les Chroniques de Saint-Denis) : et quant ils en veoient aucuns blechiés, qui bien avoient fait la besongne, ils s'en moquoient et rioient.

considération, les Flamans firent trois grosses batailles et vindrent dévaller le grant pas, et descendirent le mont devers l'ost du roy, et passèrent tout oultre sans cry, ne sans noyse; et fut à l'eure de vespre sonnans. Si tost que on les aperceut, alors l'on eust peu veoir toutes manières de gens de l'ost du roy fuyr vers Saint-Omer; et les Flamans ne tardèrent pas longuement, ains vindrent le grant pas pour surprendre le roy en sa tente. Mais, ainsi que Dieu le voulut, les mareschaulx et leurs gens n'estoient encores pas désarmés; et lorsqu'ils oyrent le cry, soudain montèrent à cheval et vindrent à grant course en férant des esperons vers leurs ennemys. Quant ils les virent venir, ils commencèrent à faire aucun arrest. Toutesvoies, quant ils virent que peu de gens estoient en armes, si marchèrent les Flamans pour venir avant. Tantost vint messire Robert de Flandres au secours des mareschaulx. Adonc les Flamans s'arrestèrent et se misrent en conroy. Si avoient jà tant exploicté qu'ils estoient à deux portées [1] d'arbaleste de la tente et pavillon roial. Mais, par l'arest qu'ils firent, furent tous les haulx hommes armés, lesquels firent marcher toutes leurs batailles vers leurs ennemys et leur coururent sus, mais à grant peine les entamèrent. Et moult navrèrent de haulx et nobles hommes avant que on les peust mettre au dessoubs et desconfire par force d'armes.

Or vous dirons du roy qui se armoit en sa tente, et n'avoit autour de lui que deux jacobins et ses chambellans. Ceulx qui estoient de son corps, vinrent et le montèrent sur ung coursier couvert de ses armes, et avoit ung tournicle [2] des armes de France et ung bacinet couvert de blanc cuir. A sa destre estoit messire Jacques de Ligny [3], messire Guy de Beausay et messire Jehan de Chepoy. A la senestre estoient messire Troullard du Sagot [4] et messire Jehan de Vausan [5]. Derrière la personne de lui estoient le Borgne de Séry [6], qui portoit son heaulme, à tout une couronne et la fleur de lys dessus. Par devant estoit messire Jehan de Beaumont, qui portoit son escu et sa lance. Et messire Mille de Noiers estoit monté sur ung hault destrier couvert de haubergerie, tenant en sa main une lance, à laquelle l'oriflambe estoit attachée, d'un vermeil samit, à guise de gonfanon à trois queues [7], et avoit entour houppes de vert [8]; et ainsi alla devers la bataille.

Quant les Flamans virent tant de gens venir sur eulx, ils ne peurent plus eulx sous-

---

[1] A trois portées, lit-on dans le Ms. 10143. Il en est de même dans les Chroniques de Saint-Denis. Le Ms. 10138 porte : à quatre arbalètes.

[2] Une tunique (Ms. 10138).

[3] On lit : Flastres de Ligny dans les Mss. 10138 et 10143, et dans les Chroniques de Saint-Denis.

[4] Var. : Troullart de Usages ... Charles de Usages.

[5] Var. : De Beausar .. de Beausay .. Sance de Bausay.

[6] Var. : De Sioy .. de Sency.

[7] A deux queues (Ms. 10143 et Chroniques de Saint-Denis).

[8] De soye verte (Ms. 10143 et Chroniques de Saint-Denis).

DE NEVERS.

tenir, ains se desconfirent, parce qu'il n'y avoit nul qui leur donnast cuer, ne avantage. Par quoy là povoit-on veoir mains haulx hommes tresbuchier et mettre à mort confusible. Le noble roy de France [1] cryoit : « Montjoye Saint-Denis ! » à haulte voix. Le conte de Haynau trouva vers le mont une grosse bataille de Flamans, qui s'estoient retyrés en ung enclos. Tantost courut à eulx, mais ils estoient tant grant nombre et si entrelassés qu'il ne les povoit despartir, ne dessembler. Pour ce fut conseillé de descendre à pié, et toute sa chevallerie. Puis print l'escu et la lance et leur courut sus, criant à haulte voix : « Haynau ! » Les Flamans se deffendirent au commencement par grant force et hardiesse; mais en la fin ne peurent endurer, ne porter le grant effort et vaquarmes des François; car, à veoir et oyr les batailles du roy, il sembloit que fouldre et tonnerre y fussent et que le ciel et terre se deussent assembler du bruit et tempeste qu'ils faisoient. Par quoi les Flamans et leurs communes furent desconfits, prins et occis. Après ce monta le conte de Haynau et se tira vers le mont de Cassel, où il mist à mort tous ceulx qu'il y trouva, auquel lieu avoit une belle bande de Flamans. En celle bataille fut tué Colin Zanequin, qui estoit cappitaine des Flamans.

Les gens du roy, qui ès champs avoient chassé les Flamans, vindrent en la ville de Cassel et myrent le feu partout. De quoy tous ceulx du païs furent resjoïs quant ils y virent le feu. Puis retourna le roy en sa tente en louant Dieu de sa victoire. Et, tantost après, aucuns qui avoient prins la fuyte quant ils virent que les Flamans, au commencement de l'estour périlleux, se portoient sy vertueusement en armes, retournèrent arrière, faisans les bons varlets; ils disoient qu'ils avoient tout vaincu et desconfit. Toutesfois ils furent tous recogneus et notés de perpétuelle infamye et lascheté.

Les haulx hommes qui moururent en celle bataille, s'ensuivent : Premièrement ung chevalier de Champaigne, à banière, nommé : sire Regnault de Lor, et fut inhumé à Saint-Bertin. Item ung banerès de Berry appelé : le viscomte de Bresse, avec six chevaliers, qui furent enterrés aux Cordeliers à Saint-Omer.

Ceulx qui vindrent navrés à Saint-Omer, s'ensuyvent : le duc de Bretaigne, le conte de Bar, le conte de Bouloigne. Messire Loys de Savoie fut navré en la main; sire Bouchart de Montmorency fut navré au pié; messire Henry de Bourgoigne eut l'œil crevé; et moult d'autres hommes y furent navrés. Et aussi y eut plusieurs, qui furent mallades des fièvres et d'autres infirmités.

Ceste bataille advint la veille Saint-Berthélemy, l'an M CCC XXVIII [2].

---

[1] Les nobles de France (Ms. 10145 et Chroniques de Saint-Denis). Les nobles hommes de France (Ms. 10158).

[2] On lit dans le Ms. 5699 : « Au jour Saint-Berthélemi en aoust M. CCC. XXVIII, obtint cestui roy victoire contre Flamans soubs le mont de Cassel, dont fut l'occision nombrée xxviii^m ix^c Flamans. » Le Ms. 10158 ne porte le nombre des Flamands qui succombèrent, qu'à vingt mille.

Le roy de France fut quatre [1] jours au champ de la bataille, en attendant la garison de ses gens, qui là estoient mallades et navrés. Puis s'en partit et passa Cassel à la main destre. Et tous ceulx de la Basse Flandre se vindrent rendre à lui. Le roy se tyra près Ypre. Adont ceulx de la ville s'en vindrent rendre à lui par condition, lesquels livrèrent certaines malfaicteurs que le roy fist pendre. Après le roy envoia le conte de Savoie en la ville et le connestable de France à deux mille hommes d'armes, lesquels contraignirent tous ceulx de la ville à bailler leurs armures et les bastons de deffence; puis fut abatue la cloche qui pendoit au belfroy. Et ordonnèrent en la ville cappitaine ung chevalier de Flandres appelé : messire Jehan de Baillueil.

Adonc vint le conte de Flandres devers le roy et amena ceulx de Bruges et ceulx du Franc avec lui, lesquels, après la desconfiture de Cassel, s'estoient rendus au conte. Et pour ce que le roy vit que le temps commençoit à refroidir, il les receut à sa mercy et à sa voulenté : si condemna les ungs par bannissemens à estre trois ans oultre mer ou oultre fleuve de Somme, et les aultres fist mourir. Puis restablit le conte à sa conté... [2] et vint à Lisle et despartit son ost. Après retourna en France....

Le roy d'Angleterre avoit envoié en Gascoigne messire Béraut de la Breth pour commencer la guerre. Si avoit envoié en Flandres pour faire amys et alliances [3], car il veoit bien qu'il ne povoit à chef venir de tel affaire, s'il n'avoit Flandres de sa partie, et le conte de Flandres fit faire ung parlement à Bruges. Et, icelluy fixé, il fit prendre ung chevalier de Flandres, que on appeloit : Courtroisien : dont ceulx de Gand se courroucèrent, et dirent que jamais n'entreroient en parlement si le chevalier ne leur estoit rendu. Mais le conte, qui avoit prins le chevalier par le commandement du roy de France, luy fist trancher le chef, pour ce que on lui mist sus qu'il avoit receu les deniers du roy d'Angleterre [4]. Ceste chouse sceue, ceulx de Gand envoyèrent à ceulx de Bruges qu'il leur pleust leur aider contre le conte. Dont les aucuns d'eulx leur eurent en convent, et les autres non. Quant le conte sceut qu'il y eut aucuns de ceulx de Bruges alliés à ceulx de Gand, il se tyra tantost devers Bruges; mais ceulx de Bruges s'armèrent contre lui et vindrent au marché. Lors y vint messire Moreau de Fiennes et le conte contre eulx à banières desploiées. Là commença une forte bataille; mais en la fin convint au conte reculer en son hostel, puis s'en alla à Male.

Le roy d'Angleterre envoia en Flandres messire Gaultier de Mauny, avec lequel

---

[1] Le Ms. 10145 porte : trois.

[2] Ici se trouvent reproduites les paroles données par le Ms. 10138 et par les Chroniques de Saint-Denis, éd. de M. Paulin Paris, t. V, p. 519 : « Gardés-vous désormavant que par deffault de justice ne nous faille plus par deçà retourner. »

[3] Le Ms. 5699 rapporte en ces termes l'influence exercée par Robert d'Artois dans cette guerre : Robert d'Artois alla en Angleterre et mist au courage d'Édouart dou royaume de France guerroier, et grandes alliances fist ès Allemaignes l'an M. CCC. XXXVIII.

[4] Contre le roy de France (Ms. 10138).

envoia grande compaignie d'archiers. Et arrivèrent en la ville de Cagent[1] appartenant au conte de Flandres.

Quant le conte le sceut, il assembla ses haulx hommes pour aller à l'encontre. Les Anglois prindrent port et entrèrent en l'isle et mirent le feu partout. Les Flamans qui demouroient en l'isle, vindrent à l'encontre et se combatirent à eulx; mais en la fin furent les Flamans desconfits. Là mourut messire Jehan de Rodes et plusieurs autres haulx hommes de Flandres. Et y fut prins le bastart de Flandres Guy, frère du conte de Flandres. Puis se retirèrent les Anglois en leur païs.

Quant le roy de France entendit que les Anglois estoient ung avec les Flamans[2] pour la chouse devant dicte, tantost les fit requérir qu'ils se voulsissent allier avec lui, et il leur remettroit et quitteroit tous les liens et charges, en quoy ils estoient liés à lui et à ses sucesseurs, réservé la sentence.

Le roy d'Angleterre envoia aux villes de Bruges, de Gand et d'Ipre et fist traicter aux maistres des trois villes[3] tant que par dons et par promesses il les fist joindre et acorder à luy. Et, pour ce que ceste chouse ne pouvoit estre démenée par tous ceulx du party du roy d'Angleterre, si firent eslever ung homme en la ville de Gand, de moult cler engin, que on appeloit : Jacques d'Artevelle, lequel avoit esté avec le conte de Valois oultre les mons et en l'isle de Rodes, et puis fut varlet de la fruiterie de messire Loïs de France ; puis s'en alla à Gand, dont estoit natif, et print à femme une brasseresse de miel. Quant il fut eslevé, il fit assembler le commun de Gand et leur remonstra que sans le roy d'Angleterre ils ne povoient vivre, car toute Flandres estoit fondée sur drapperie, et sans layne on ne povoit drapper. Et pour ce tenoit-il que on s'alliast au roy anglois. Lesquels furent tous de son oppinion. Quant Jacques d'Artevelle vit qu'il eut l'amour et accordance de ceulx de Gand, il assembla et ordonna ses gens, et vint à Bruges, où il fut receu en grant joye de ceulx de la ville. Puis vint à Ypre, à Berghes, à Cassel et à Furnes. Lesquels lui firent tous obéissance. Quant les messaigiers du roy d'Angleterre virent ce, ils firent assembler les trois villes à Gand et là démonstrèrent et donnèrent à entendre, soubs couleurs et évasions palliées, que le roy d'Angleterre estoit le plus puissant de tous les Crestiens et que, si les trois villes ne s'allioient ensemble et qu'ils ne entreprinssent le gouvernement du païs par leurs forces, le conte de Flandres qui estoit en France par devers le roy, ne leur lairroit faire leurs voulentés. Tantost firent là leurs alliances par foy et serment, présent le conte de Guelre, si que les gens du conte de Flandres n'y avoient povoir de à eulx contredire. Puis vindrent devers le conte de Guelre, auquel requirent que tous ceulx qui estoient banis

---

[1] En une isle qui est appelée : Cagent (Ms. 10138).

[2] Que les Flamans estoient esmeus contre les Anglois (Ms. 10158 et Chroniques de Saint-Denis).

[3] Aux maistres des gardes (Ms. 10158 et Chroniques de Saint-Denis).

par conspiration ou autre mauvaistié, fussent rappelés. Et le conte l'octroia aux trois bonnes villes. Après envoièrent par toutes les bonnes villes et chastellenies de Flandres chevetaines de par eulx, qui le païs gouverneroient ou gouvernoient avec les bannis qui entrés y estoient. Mais, pour ce qu'ils se doubtoient que les gentils hommes les peussent contrester et leur faire violences, lesdis gouverneurs les prindrent en ostaiges. Si leur mandèrent par toutes leurs chastellenies que sur leurs vies ils venissent tenir prison à Gand, et ils vindrent tantost, car ils n'osèrent désobéir.

Quant les gens du roy d'Angleterre virent qu'ils estoient asseurés des gens et du païs de Flandres, ils se tyrèrent devers leur roy pour ce luy annoncer : lequel soudain leur envoia des laines à grant foison.

Le conte de Flandres vint à Gand pour sçavoir s'il pourroit divertir et muer leurs mauvais couraiges ; mais, quant il fut devers eulx, ils le tindrent par devers eulx à toute force et le gardèrent. Quant il vit qu'il ne povoit eschapper, il feignit qu'il vouloit estre de leur party. Lors le vestirent de leurs paremens, lesquels il porta ung jour. Et pria les dames de Gand à disner avec lui, où il avoit appareillé ung moult riche banquet. Et quant ledit conte eut oy sa messe, il dist qu'il se vouloit aller esbatre à voller ; puis monta et s'en alla sans revenir, et ainsi faillit la feste de la prinse de leur conte.

Or vous diray des chevetaines et des banys qui gouvernoient le païs de Flandres. Et toutesfois ils traictoient mal les gentils hommes et les bonnes gens du païs ; car, aussitost que aucun leur reffusoit quelque chose par eulx désirée, ils les menoient en ostaiges à Gand. Or avoit-il aucuns gentils hommes ou terrouer de Berghes et de Furnes, qui ceste chose ne povoient endurer par quelque dissimulation, ains coururent sus à ceulx qui estoient ou terrouer, sur le marché de Berghes, et dura tant la bataille que ceulx qui estoient commis et establis de par les trois villes, furent desconfits ; et en eut de mors jusques au nombre de xxv, et les autres s'enfuirent. Puis mandèrent tous ceulx qui bien leur vouloient, et se tirèrent vers Furnes. Et ceulx de la ville s'acordèrent à eulx. Puis allèrent à Dicquemue et joignirent ceulx de la ville avec eulx. Après mandèrent le conte qui estoit à Tournay, que luy pleust tantost venir à leur secours ; car ils avoient toute la Basse Flandre à leur voulenté. Le conte fist incontinent son appareil et manda tous les chevaliers ses alliés et bons amys qu'ils venissent à luy à Dicquemue. Quant le conte fut venu en la ville, moult lui firent grant joie, combien qu'ils avoient mandé à ceulx de Bruges que soudainement venissent à eulx et ils leur livreroient le conte et les laisseroient de nuyt entrer. Mais aucuns des amys du conte luy firent assavoir, par quoy le conte et ses gens s'armèrent. Toutesfois il ne se peut tant haster que lui et ses gens ne trouvassent la porte clouse. Lors rompirent le verroil de la porte ; et ceulx qui estoient au dessus, leur gettoient de grosses pierres. Mais en la fin yssirent le conte et partie de ses gens. Et d'autre cousté entrèrent ceulx de Bruges en la ville, et occirent ceulx qu'ils peurent trouver de la partie du conte. Là furent prins messire

Mahieu de Bours et messire Enguerran Aweel; et ceulx qui alloient avec le conte, laissèrent femmes et enffans derrière. Le conte qui vit la chose perdue, alla à Saint-Omer, en sa compaignie cent hommes d'armes, et là acheta des draps; car il n'avoit apporté que ses armeures, et avoit laissé grant partie de son harnois, ses habits et son scel.

Après ce, Jacques d'Artevelle envoia gens d'armes sur toutes les frontières de Flandres et fist bouter le feu par tous les manoirs de ceulx qui estoient alliés avec le conte de Flandres.

Or, pendant ces entreprinses, le roy de France, qui avoit conceu en cueur grant hayne contre les Flamans, fist assembler grande compaignie de gens d'armes à Amiens. Mais, quant il eut séjourné xv jours, par aucuns cas à lui de nouvelles survenues, hastivement retourna en France, sans faire entreprinse pour l'eure....

.,... Et retourna le roy d'Angleterre à Valenciennes, où il despartit son ost, et alla faire ses garnisons à Saint-Bavon de Gand pour demourer. Et fist là venir la royne qui estoit ençainte, et ceulx de Gand le receurent à grant joye. Puis y vindrent ceulx des bonnes villes et chasteaux de Flandres pour le saluer, et lui apportèrent de grant présens et renouvellèrent leurs sermens. Si ordonnèrent sur la vie que nul ne fust si hardi, qui appellast le roy de France fors Philippe de Valois. Et composèrent unes lettres pour envoier à Saint-Omer, dont la teneur estoit telle :

« Édouart, par la grâce de Dieu, roy d'Angleterre, seigneur d'Irlande, aux bailliſs
» et eschevins conservateurs de la communauté et ville de Saint-Omer, salut et con-
» gnoissance de vérité. Pour ce qu'il est notoire que Charles de bonne mémoire, na-
» guères roy de France, mourut saisy héritablement du roiaume de France et que
» nous sommes fils à la seur germaine dudit Charles, après laquelle mort nous est
» escheu icellui roiaume par droit héritaige dévolu, et que Phelippe de Valois, fils à
» l'oncle dudit sire Charles, s'est embatu contre Dieu et droicture ou roiaume, si
» avons, en grant fiance de Dieu et des bonnes gens, empris le nom et gouverne-
» ment du roiaume, comme nous devons et sommes en propos de faire, grâce à ceulx
» qui viendront devers nous pour faire leur devoir. Et n'est mie nostre intention de
» vous tollir vos juridictions et droictures, mais pensons faire droict à tous et de
» réparer les bonnes lois et coustumes qui furent ou temps de nostre prédécesseur
» saint Loïs. Et n'est nostre entente etc....

» Donné à Gand, le viiie février, l'an de nostre règne de France le premier et d'An-
» gleterre xive [1]. »

---

[1] Après vient le récit d'une expédition de l'amiral Barbevaire en Angleterre. Ensuite Édouard quitte Gand : « Et dist à Jaques d'Artevelle qu'il » print garde du païs de Flandres de par lui. Puis » passa à xxxvi nefs en Angleterre. »

La royne d'Angleterre estoit en couche pour raison d'un bel enffant qu'elle avoit eu à Gand. Et estoient demourés avec elle l'évesque de Lincolle et Guillaume de Montagu. Quant la royne fut relevée, si vint messire Guillaume à Ypre, où ceulx de la ville lui prièrent qu'il leur voulsist aider à oster ung nyt de Genevois qui auprès d'eulx estoient en une ville nommée : Armentières. Et il respondit qu'il yroit voulentiers avec eulx, mais que pour ce faire il n'avoit nombre de gens à suffisance. Et ils lui dirent qu'ils luy en livreroient assés. Puis passèrent oultre le Lys et vindrent à Armentières. Si gaignèrent la ville sur les Genevois et mirent le feu partout. Après se misrent en chemin vers Lisle. Ceulx de la ville yssirent avec le seigneur de Roubays et enclouèrent les Anglois entre eulx et la ville. Là fut grande bataille et dure; mais en la fin les Anglois s'enfuyrent villainement et furent desconfits. Là mourut messire Guillaume de Quilarin, et messire Guillaume de Montagu fut prins. Et lorsque les Flamens veirent les Anglois fuir, ausquels avoient du tout fiance cuidans que ce fussent leurs escus et banières, à leur exemple tournèrent le dos et fuyrent soudainement. Et messire Guillaume de Montagu, conte de Salabière, fut mené à Paris.

Messire Jehan de France assembla grande compaignie de gens d'armes et s'en alla à Cambray où il trouva le connestable de France, le mareschal Bertram, le mareschal de Trye. Le seigneur de Fauquemont envoia au connestable et aux mareschaulx unes lettres en ceste forme :

« A vous, connestables et mareschaulx qui estes à Tournay ou vos lieutenans. Nous
» Thierry, seigneur de Montjoye, de Fauquemont, de Borne et de Zolain, visconte, et
» Jehan seigneur de Bridembac et de Varguen, nostre frère, faisons à tous pour nous,
» nos chevaliers et gens savoir que avons receu lettres du roy de France et que, pour
» le grant tort qu'il a faict à nostre très-cher frère le roy d'Angleterre, auquel sommes
» pouvres cousins, que nous lui viendrons aider à maintenir sa guerre contre vostre
» roy et les siens, etc....
» Donné à Ville-Sauvage, aux octaves de Pasques. »

Or messire Jehan de France, qui estoit à Cambray, alla assiéger le chastel de Chaudeuvre [1]. Et dedens xv jours y vint le roy de France en personne, en grant ost, pour tenir siége. Alors ceulx du chastel eurent belle paour et doubte de leurs personnes; car en la fin de trois sepmaines se rendirent au roy, leurs vies sauves et leur avoir. Et tantost fut abbatu le chastel. Puis fut assiégé le chastel de Thun-L'-Évesque. Ne demoura pas grantment que le duc de Brabant, le duc de Guelres et tout le païs de Flandres vindrent pour lever le siége devant Thun. Si furent d'ung costé de l'Escaut les Flamens, et le roy de l'autre part tenoit les champs, en grant armée. Et tantost coururent les ungs sur les autres par certains pons qu'ils avoient faits. Quant ceulx du chastel de Thun furent tant

---

[1] Escaudœuvre.

froissés qu'ils ne se savoient plus où tenir, ne tapir, ils se mirent en une nef et tous leurs biens. Puis boutèrent le feu ou chastel et s'en allèrent en l'ost des ennemys du roy de France. Et l'endemain s'en allèrent les Allemans et les Flamans en leur païs....

Messires Hugues Quiérès, messire Nicolas Bahuce et Barbevaire avoient assemblé une armée de quatre cens nefs. Ils passèrent devant Callais et se misrent devant l'Escluse.

Le roy d'Angleterre se mist en mer, avec lui messire Robert d'Artois, ensemble grant nombre de gentils hommes et archiers, lesquels vinrent à approcher le navire du roy de France. Et commença en cest instant dure et cruelle bataille, laquelle dura depuis prime jusques à nonne. Toutesfois, au commencer de l'assault, Barbevaire persuada moult messire Nicolas qu'ils se missent en avant en la mer, affin que, quant ils verroient qu'ils seroient trop chargés et encombrés de la grande multitude des navires du roy d'Angleterre et de messire Robert, ils se peussent expliquer et mettre au large à leur avantaige, et aussi affin de éviter le soleil qu'ils avoient aux yeux éclairé et que en tournant de place ils attribuassent à leurs ennemys la clarté du soleil aux yeulx. Lequel conseil ne voult croire ledit Nicolas Bahuce, autrement nommé Buchet, mais dist audit Barbevaire, qui estoit ung notable, preux et vaillant chevalier sur la mer, qu'il n'y entendoit rien et qu'il sçavoit mieulx gouverner les grans trésors des princes que disposer des batailles et assaulx de mer, et oultre luy dist que pendu fust cellui qui se départiroit du lieu où ils estoient, car ils engardoient que les Flamans ne sortissent hors le païs et aussi que les Anglois n'y entrassent. Quant Barbevaire considéra bien tout le fait, lui qui estoit bien saige en tel fait, se départit du lieu de l'Escluse, pour le péril imminent, et se tira au large, avec quatre fusts de navire, et au saillir rencontra en front deux grans navires chargiés de grans richesses, èsquels estoient plusieurs nobles princes et riches seigneurs anglois. Barbevaire, quant il les vit, ne se mist pas en fuyte, mais les assaillit vertueusement. Et furent en la fin tous occis ceulx qui estoient dedens lesdites nefs, et les richesses pillées et ravies. Et allèrent à leur aventure.

Or tantost après arriva la grosse bataille du roy Édouart, avec toutes ses nefs qui vinrent enclourre messires Hugues et Nicollas, avec le demourant du navire de France. Et par leur pertinacité et faulse opinion qu'ils ne creurent le conseil de Barbevaire, furent à peu près tous desconfits et tués parce qu'ils ne se povoient aiser et tourner à voulenté les nefs et gallées, dont ce fut moult grant perte; car en moins de six heures moururent bien xxx^m hommes, d'un costé et d'autre. Et y fut blessé le roy Édouart d'un traict d'arbaleste en la cuisse. Et messire Hugues Quiéret fut prins vif prisonnier, et Nicolas Buchet, qui avoit dit à Barbevaire que pendu fust-il qui bougeroit du port de l'Escluse, fut soudain pendu au faiste du mast d'une nef, par la sentence dudit roy

Édouart : dont il ne fut pas loué des grans seigneurs. Et fut faicte ceste envahie l'an M CCC XL, le jour de la Nativité monseigneur Saint Jehan-Baptiste [1]....

Ms. 10138 (ancien supplément français 98 [22]) [2].

Environ ce temps, le conte de Flandres Loïs fit hommage au roy de France, et après il lui dit et exposa les rebellions et faits importables de ses subgects, c'est-assavoir de Bruges, de Ypre et meismement de Cassel, et que il ne porroit obvier à leurs malices, ne excuser [3] la matère de leur rebellion, et lors pria au roy très-humblement qu'il lui volsist à son besoing aidier, à laquelle supplication le roy inclina ses oreilles très-bénignement, mais en quel temps ou quant ce seroit, il le feroit par le bon conseil de ses barons....

Après ce [4], avec ses barons eust délibération sur la besongne des Flamens, dont plusieurs dirent au roy que bonne chose seroit que il demourast en France jusques à un an, et disoient que le temps n'estoit pas convenable. Laquelle parole despleut moult au roy, et dit li roys à monseigneur Gauchier de Crécy [5], son connestable : « Et vous, » Gauchier, que en dictes? » Liquels respondi en telle manière : « Qui bon cuer a à » bataille, tousjours treuve-on temps convenable. » Quant le roy eust oïes ces paroles, il eust très-grant joie et dit : « Qui me amera, me sive! » Et fut crié par tout le roiaume que chacuns, selonc son estat, fust apparilliés à Arras, à la feste de la Magdelaine [6].

Après ce, li rois prinst aucuns de ses familliers et s'en alla par la ville de Paris.

---

[1] Adoneques fist le roy Phelippe fort garder les pors et passages de son royaume, et pour le mer garder assembla vaisseaulx d'armée, qu'il fist garnir de vivres, de gens de guerre et de tous habillemens, dont il fist chief Nicole Buschet et Barbevaire.

En l'an M. CCC. XL monta sur mer à puissance le roy Édouart, qui l'armée du roy de France rencontra. Là ot fière et merveilleuse bataille où fut navré le roy Édouart, qui le plus de ses gens et de ses naves perdi; mais desconfis furent les François, et furent prins Bahuchet et Barbevaire, lesquels le roy Édouart fist pendre aux deus plus hauls mas de son navire; et retourner le convint en son païs, car du tout fut son armée rompue (Ms. 5699).

[2] Mémorial de Jean, abbé de Laon.

[3] On lit : extirper dans les Chroniques de Saint-Denis.

[4] Après le sacre de Philippe de Valois à Reims.

[5] Gauthier de Châtillon, seigneur de Créey.

[6] Le Ms. 10143, d'accord avec les Chroniques de Saint-Denis, ajoute : « Néentmoins les bourgois des bonnes villes ne s'armèrent point, mais lesdis bourgois et bonnes villes aidièrent au roy d'argent et demourèrent pour garder leurs cités et les bonnes villes de par le roy. »

tout ad piet, et visita une grant partie des églises et, par espécial, les maisons Dieu, et là fist moult de oevres de miséricorde et leur fist administrer grans almosnes, D'ilec s'en alla à Saint-Denis. Là fut en très-grant dévotion et fit ouvrir le lieu où reposent les corps de monseigneur saint Denis et ses compagnons. Et quant ledit lieu fut ouvert, le roy Phelippe, meu de très-grant dévotion, osta son chapperon et sa coiffe et apporta l'un après l'autre les corps des glorieux martirs monseigneur saint Denis et ses compagnons. Et semblablement fist-il du corps saint Loys et l'emporta et mist emprès des corps sains devant dis. Depuis fist là chanter la messe devant lesdis corps sains par Guy, abbé de ladite église, et fist par le dessusdit abbé benéir l'oriflambe, et la receupt li rois de la main dudit abbé : laquelle oriflambe fut baillée à messire Mile de Noiers pour la garder. Après ces choses, le roy Phelippe prinst lesdis corps sains et les raporta en leur lieu. Et après il se départi et ala à Arras et passa légièrement oultre; et prinst son chemin vers Cassel, et ilec fist fichier ses tentes et ses pavillons. Et fut le païs d'entour moult gastet.

Adoncques, quant les Flamens virent l'ost du roy, si firent faire ung grant coq de toile tainte. Et en ce coq avoit escript :

> Quant ce coq chantera
> Le roy trouvé ci entera.

Et le misrent en hault lieu. Et ainsy se moquoient du roy et de sa gent, et le appelloient : *Le roy trouvé.* Laquelle moquerie leur tourna en la fin à grant dommage.

Lors le roy manda monseigneur Robert de Flandre et le fist sermenter avec lui. Et puis lui commenda que il prenist deux cens hommes et alast à Saint-Omer et ilec tenist la frontière contre les Flamens. Et commanda au conte de Flandres que il alast vers Lisle et tenist la frontière entre le Lis et l'Escault.

Quant les Flamens virent que le roy avoit faict si grant mandement, si s'assemblèrent et virent que il n'avoient point de si grant de qui il peussent faire capitaine; car tous les gentils hommes du païs leur estoient faillis, et ne sçavoient de quel part li rois les assauroit, ne debvoit assallir, ne de quel part il debvoit à eulx venir. Et pour ce ordenèrent ceulx de Bruges et de Ypre que tous ceulx du terroir de Furnes et Diquemue, de Bruges, de Cassel et de Poperingues [1] se traississent tous sur le mont de Cassel, et ceulx de Bruges et du Franc tenroient le païs devers Tournay, et ceulx d'Ypre et de Courtray à l'encontre de Lisle. Et le roy de France estoit entrées à ung sabmedi bien matin, li et tout son ost, en la terre de Flandres entre Blaringuehen et le Pont-Hasequin, parmi le Neuf-Fossé, et s'alèrent logier dessoubs une forest. Le conte d'Artois

---

[1] Le MS. 10145 ajoute : et de Commine.

et sa compaignie se logèrent en ung lieu que on appelle Ruhout, sur ung : vivier que on appelle : Scoudebroue et est de l'abbaïe de Clermarés.

Cy orés comment les batailles passoient [1].....

En ce temps, Loïs, conte de Flandres, n'oublia pas les paroles que li rois Phelippes lui dist au départir de Flandres, c'est-assavoir que il gardast justice, et si fist-il; car, dedens trois mois ou environ, il extirpa de ceulx qui avoient esté conspirateurs et détracteurs contre le roy et luy en mist et fist mettre à mort jusques à somme de dix mille ou d'environ. Mais le principal capitaine des Flamens, qui estoit appellés : Guillaume de Canny [2], de Bruges, quant il vit que li contes de Flandres faisoit justice, si eut paour et s'enfuy au duc de Braibant et li requist aide contre le conte de Flandres, lequel avoit faict mettre à mort plusieurs preudes hommes, sicomme il disoit, ne encore ne désistoit-il point de jour en jour. Et promist lidis Guillaume de Canny au duc de Braibant chevaulx, armures et très-grant somme de deniers : auquel le duc respondi que ce ne feroit-il point sans le conseil du roy de France, ne sans son assentement, mais lidis Guillaumes yroit pardevers le roy et de sa gent avec lui, et ce que le roy ordeneroit à la requeste doudit Guillaume, ledit duc le feroit à son povoir. Liquels fut amené à Paris au roy, et fut faict enqueste sur lui, par laquelle il fut trouvés moult coulpable; et pour ce fut moult honteusement condempnés. Premièrement il fut tournés au pillori, puis li furent les deux poings coppés, puis fut mis en une haulte roe, et ses poings emprès lui. Mais, quant on vit que il s'inclinoit à morir, on l'osta de ladite roe. Et fut liés à la queue d'une charrette et trainnés. Et puis après fut pendus, et ses poings emprès de li...

En ce temps, le roy de France envoya en Flandres messire Jehan de Vienne, évesque d'Avrenches, avec plusieurs autres personnes, et firent abatre, de par le roy, les portes de Bruges, de Ypres et de Courtray, et les firent toutes destruire et mettre au-bas : laquelle chose fut aussy faicte par le bon conseil du roy, en pourvéant de remède convenable, tant pour soy comme pour ses successeurs, contre l'orgueil des Flamens...

En ce temps, vint une grant matère de discention et de guerre entre le duc de Braibant et le conte de Flandres pour aucunes redevances, lesquelles l'évesque de Liége se disoit avoir en la ville de Malines en Braibant : lesquelles redevances ledit conte de Flandres avoit frauduleusement achetées audit évesque adfinque discention fust entre eulx. Si advint que les parties commencèrent à faire moult grans semonses et mandemens l'un contre l'autre. Le roy de Behaingne, l'évesque de Liége, le conte de Haynnault, Jehan de Haynnault son frère, le duc de Guelles et plusieurs aultres nobles

---

[1] Voyez ci-dessus, p. 608, le texte du Ms. 4960.

[2] Les chroniques latines portent : Decani (de Deken, le Doyen). Ce mot a passé dans les textes français sous une forme fort altérée.

hommes d'Alemaingne estoient pour le conte de Flandres. Et pour l'autre partie estoient le roy de Navarre, le conte d'Alensson, frère du roy de France, le conte de Bar et le conté d'Estampes, qui estoient pour le duc de Braibant. Et le roy de France estoit comme médiateur tant d'une partie comme de l'autre, lequel, par l'aide de Dieu et par la grant diligence qu'il i mist, il les mist à bon accord...

Environ ce temps, il advint que le roy d'Angleterre avoit envoié en Gascoingne monseigneur Bérard de La Breth, pour commencer la guerre ; et si avoit envoyé en Flandres pour faire amis et aliances, car il veoit bien que il ne pooit bonnement venir à sa volenté, se il n'avoit Flandres de sa partie [1]...

Quant le roy de France sceut ces nouvelles que le conte de Flandres s'en estoit venus pardevers luy, si fit li rois excommunier aucuns de Flandres de par le pappe et espéciaulment ceulx de Gant. Et y furent envoyés de par le roy l'évesque de Senlis, l'abbé de Saint-Denis et Guy de Castres. Si en furent un pau plus reffroidiés...

Puis eurent conseil avec le conte de Salebière et le conte de Auxire [2] de assiéger Lisle en Flandres, et se misrent au chemin et s'en alèrent en une abbaye que on appelle : Marquettes. Là ordenèrent leurs batailles et les firent ilec attendre, et lors se départirent, avec le conte de Salebière et le conte d'Auxire, environ deux cens personnes pour aler veoir de laquelle part ils pourroient plus ladite ville de Lisle grever. Endementiers que ils estoient ilec, ceulx de la ville issirent par derrière hors de la ville avec un chevalier que on appelloit : le seigneur de Rebais qui les conduisoit, liquels enclost le conte de Salebière et ledit monseigneur Guillaume et ceulx qui avec eulx estoient, entre soy et ladite ville. Et lors le seigneur de Rebais leur courut sus, et là fut jettés jus de son cheval le conte de Salebière d'un cop de lance et fut malement navrés, et ledit monseigneur Guillaume fut prins, et les autres Anglès et Flamens desconfis. Là fut mors un moult riches homs d'Angleterre, qui avoit nom : messire Guillaume de Quilain, et mena lidis sires de Rebais le conte de Salebière à Paris et le présenta au roy, et li roys le fit mettre en Chastelet soubs certaine garde...

En ce mesme an, les Flamens, les Brabençons et les Haynnuiers offrirent pais au roy de France sur certaines conditions, lesquelles le roy ne les veut pas passer, ne accorder, et ainssy se partirent leurs messagers sans riens faire.

En ce mesme an, le roy de France Philippe esmeut ung grant ost contre les Flamens, les Brabençons et les Haynnuiers et s'en ala à Arras. Là attendi que son ost fut assamblés ; mais, endementiers que il attendoit son ost, il envoya son ainsné fil monseigneur Jehan de France, duc de Normandie, pour gaster la terre au conte de Haynnault : liquels assambla ung grant ost à Saint-Quentin en Vermendois et s'en ala à Cambray.

---

[1] Voyez pour ce qui suit, le texte du Ms. 4960.
[2] On lit : le comte d'Auxone, dans les Chroniques de Saint-Denis.

Et quant il fut à Cambray, il manda assés tos après toutes les connestablies qui estoient sur les frontières qu'il venissent à lui ; et quant elles furent venues, si s'en ala assiéger ung chastel que on appelle: Escaudeuvre et fit drecier les engiens et jetter dedens jour et nuict. Si n'avoit pas encore sis ledit monseigneur Jehan de France xv jours devant ledit chastel, quant le roy de France vint au siége. Et si tost comme le roy fut là venus, tous les hauls hommes du roiaume le suyrent, et assambla ilec un si grant ost que ce fust merveilles. Et au chief de ung mois[1] se rendirent ceulx du chastel, salves leurs vies et tous leurs biens que il emportèrent et rendirent, et livrèrent le chastel. Quant les gens du roy furent dedens, si commanda le roy que tout fust mis par terre. Après ala assiéger ung autre chastel qui estoit à l'évesque de Cambray, que on appelloit: Tun-l'Évesque, lequel séoit sur la rivière de l'Escaut ; et fit getier pierres et mangonniaux, mais ceulx dedens se deffendirent si bien que on ne gaingna riens sur eulx. Il avoit ung chastel assés près de ilec, qui estoit au conte de Haynnault, que on appelle : Bouchain, duquel la garnison qui estoit dedens, faisoit maintte course sur l'ost du roy de France. Et ne demoura mie que le duc de Braibant et le conte de Guerles et grant partie du païs de Flandres vinrent pour lever le siége de devant Tun-l'Évesque. Et estoient à l'un des costés de la rivière, et le roy à l'autre ; mais à la fois venoient les uns sur les autres parmi pons que il avoient fais, et y eut moult de bons poigneis, et y fut fais chevalier, à l'un des poigneis, monseigneur Phelippe, fils au duc de Bourgoingne. Quant le chastellain vid que le chastel estoit si froissiés que ad painne avoit-il lieu oudit chastel là où bonnement se peust retraire sans péril, si fit mettre tous ses biens en nefs et les fist mener oultre, puis fit bouter le feu oudit chastel et se mist en une nef et sa gent avec lui, et s'en alèrent en l'ost des Alemans. Quant le roy de France vid le chastel ardoir, si fit tantos ses gens entrer ens par eschieles, et l'endemain, une lieue[2] devant le jour, se départi l'ost des Alemans et des Flamens, et s'en alèrent en leur païs. Et tantos après envoia le roy monseigneur le duc de Normendie son fil et le duc de Bourgoingne pour essilier la terre de Haynnault...

En ce mesme an, on apporta nouvelles au roy de France que le roy d'Angleterre, qui longuement s'estoit absentés, apparilloit très-grant navie et voloit venir en l'aide des Flamens.

Quant le roy eut oy ces nouvelles, car autresfoys en avoit oy parler, si fist tantos assembler toute la navie que il peust avoir, tant en Normendie comme en Picardie, et institua deux souverains admiraulx, lesquels ordeneroient et conduiroient la dessusdite navie, adfin que le roy englès et monseigneur Robert d'Artois qui estoit avec luy,

---

[1] On lit: trois semaines, dans les Chroniques de Saint-Denis.

[2] C'est-à-dire une heure. En flamand le même mot signifie une heure et une lieue. Ce Ms. a été probablement écrit en Flandre.

DE NEVERS.

fussent empeschiés de prendre port. Et lors furent institués souverains de toute la navie messire Hue Quiéret et messire Nichole Beuchet et Barbevaire, lesquels assemblèrent bien quatre cens [1] nefs de par le roy de France, et entrèrent dedens eulx et leurs gens avec leurs garnisons. Si advint que messire Nichole Beuchet, qui estoit l'un des souverains, ne veult recepvoir gentils hommes avec soy, pour ce que il voloient avoir trop grantgaiges, mais receupt povres poissonniers et mariniers, pour ce que il en avoit grant marchié, et de tels gens fit-il s'armée. Puis meurent et passèrent pardevant Calays, et se trays-rent vers L'Escluse, tant que il furent devant, et ilec se tinrent tous cois et par telle manière que nuls n'y pooit entrer, ne issir.

Si advint que le roy d'Angleterre, qui avoit ses espies, sceut que la navie au roy de France estoit passée vers Flandres. Tantost se mist en mer, et monseigneur Robert d'Artois avec lui et moult grant foison de gentils hommes d'Angleterre et grant plenté d'archiers. Quant le roy anglès et toute sa gent furent prests, si tendirent leurs voiles en hault et singlèrent grant aleure vers L'Escluse et ne atargèrent gaires, par le bon vent que il eurent, qu'il approchèrent la navie au roy de France, et se misrent tantos en conroy. Quant Barbevaire qui estoit en ses galies, les apperceut, si dit à l'admirault et à Nichole Beuchet : « Seigneurs, vecy le roy d'Angleterre, à toute sa navie, qui vient sur
» nous. Se vous volés croire mon conseil, vous vous trairés en haulte mer ; car, se
» vous demourés icy, parmi ce que il ont le soleil et le vent et le flot de l'iaue, il vous
» tenront si court que vous ne vous porrés aidier. » Adoncques respondit Beuchet, qui mieux se sçavoit meller d'un compte faire que de guerroyer en mer : « Honnis soit qui
» se départira de cy ; car icy les attenderons et prenrons nostre adventure. » Tantost leur dit Barbevaire : « Seigneur, puisque ne volés croire mon conseil, je ne me
» vueil mie perdre. Je me metteray avec mes galies hors de ce trait [2] ». Et tantost se mist hors du havre, et toutes ses galies, et virent venir la grant flote du roy d'Angleterre, et vint une nef devant, qui estoit garnie d'escuiers qui debvoient estre chevaliers, et alla assambler à une nef, que on appeloit : La Riche de Leure; mais les Anglès n'eurent durée à celle grant nef : si furent tous desconfis, et leur nef acraventée, et tous ceuls qui dedens estoient mis à mort. Mais tantost vint le roy d'Angleterre assambler aux gens de France à toute sa navie, et commença ilec la bataille moult crueuse ; mais, quant il se furent combatus depuis prime jusques à haulte nonne, si ne peust plus la navie au roy de France endurer, ne porter le fais de la bataille, car il estoient si entassés l'un dedens l'autre qu'il ne se pooient aidier, et si n'osoient venir vers terre pour les Flamens qui sur les tertres [3] les espioient. Et avec ce les gens que on avoit mis sur les nefs

---

[1] Le Ms. 10143 porte : trois cens.

[2] On lit : hors de ce trou, dans les Chroniques de Saint-Denis.

[3] On lit : sur terre, dans les Chroniques de Saint-Denis. Par le mot : tertres, on a sans doute voulu désigner les dunes.

du roy de France, n'estoient pas si duis d'armes comme les Anglès estoient, qui estoient presque tous gentils hommes. Illec eut tant de gens mors que ce fust grant pité à veoir, et estimoit-on le nombre des mors jusques à trente mille hommes, tant d'une partie comme d'aultre. Là fut mort messire Hues Quiéret, sicomme on dit, nonobstant que il fut prins tout vif, sicomme aucuns dient; et messire Nichole Beuchet fut pendus au mast de sa nef, en despit du roy de France. Et quant Barbevaire vid que la chose aloit à desconfiture, il se retrait à garant [1], et furent les nefs du roy de France perdues [2], et avec ce les deux grans nefs au roy d'Angleterre Christofle et Édouard, que le roy d'Angleterre avoit paravant perdues, li furent restituées, et ainssi furent nos gens desconfis par le roy d'Angleterre et par les Flamens, et nos nefs perdues excepté aucunes petites nefs qui s'en eschapèrent. Et advint ceste desconfiture par l'orgueil des deux admiraulx, car l'un ne pooit souffrir l'autre, et tout par envie. Et si ne veulrent croire le conseil de Barbevaire, comme devant est dit : si leur en vint mal, comme plusieurs, après ceste chose finée, le tesmoignèrent.

Quant le roy d'Angleterre eut eu ceste grant victoire, lequel roy fut navrés en sa cuisse, onques ne veult issir de sa nef pour ceste navrure; mais monseigneur Robert d'Artois et les aultres barons d'Angleterre prinsrent terre à L'Escluse et se reposèrent ilec.

Ceste bataille fut faicte la vigille de Saint-Jean-Baptiste, l'an M. CCC. XL.

Quant la royne d'Angleterre qui estoit à Gant, sceut que le roy son mari estoit arrivés, tantost se mist à la voye vers L'Escluse, et le roy se gisoit en sa nef, car il avoit esté blessés en la cuisse et tenoit son parlement avec ses barons sur le fait de la guerre. Quant le conseil fut départis, si se mist la royne en ung batel, avec li Jaque de Artevelle, et vint à la nef du roy. Quant la royne eust veu le roy, et il eurent parlet ensamble, si se départi la roine et ala vers Gant.

Assés tost après que le roy fut amendé de la blessure qu'il avoit eue, comme dit est, il se mist à terre et s'en alla en pellerinage tout à piet à Nostre-Dame d'Ardembourc, et envoya ses gens d'armes, son harnas et ses chevaulx et ses archiers vers Gant. Quant il eut fait son pellerinage, si s'en vint à Bruges, et puis prinst avec luy des maistres de la ville [3] et s'en ala à Gant où il fut receups à moult grant joye. Puis fist mander tous les Alemans qui estoient de son aliance, qu'il venissent à lui, pour avoir conseil avec eulx sur ce qui il avoit à faire. Ilec fut ordené que le roy d'Angleterre feroit deux osts, desquels il en y aroit ung avec ceulx de Gant et de la terre d'Alos et les princes d'Alemaigne, et s'en yroient devant Tournay. Et l'autre menroit messire Robert d'Artois, qui

---

[1] A Gand, porte la dernière édition des Chroniques de Saint-Denis.

[2] Jusques au nombre de trois cens ou environ (Ms. 10145).

[3] Les mestiers de la ville, portent les Chroniques de Saint-Denis.

avoit avec lui grant quantité d'archiers d'Angleterre, et si avoit avec ceulx de la ville de Bruges, du Franc, de Diquemue, d'Ippre et de la chastellerie de Poperingues, de Cassel, de Bailluel, et ceulx du terroir de Furnes, de Bergues et de Bourboure. Tous ceulx vinrent ensemble avec monseigneur Robert d'Artois vers la ville de Saint-Omer et se arrestèrent à Cassel, et ilec assemblèrent leur gent. Le roy d'Angleterre se parti de Gant et s'ala logier au pont d'Espière, à deus lieues de Tournay; mais le corps du roy estoit à Elcin, une maison qui est à l'évesque de Tournay.

Quant le roy de France entendi que le roy d'Angleterre avoit ainssy son ost ordené comme de venir assiéger les deux clefs de son royaume tout à ung cop, si assembla son ost en grant haste [1] et envoya le connestable de France, le conte de Foys, le mareschal Bertram en la ville de Tournay à trois mille [2] hommes d'armes, et si envoya à Saint-Omer le duc de Bourgoigne et le conte d'Arminac à quarante-deux banières, lesquels nous nommerons, pour raison de la bataille [3] : le seigneur de Vergi, monseigneur Guillaume de Vergi, son oncle, messire Jehan de Frelay, le seigneur de Piennes et son oncle le conte de Montbéliart, le seigneur de Ray, son compaignon, monseigneur Jehan de Châlon, messire Guy Tulpins, son compaignon. De Flandres y fut le seigneur de Ghistelles, le seigneur de Saint-Venant, le chastellain de Bergues, le chastellain de Diquemue. De la conté d'Artois y fu monseigneur Jehan de Chastillon, monseigneur Moriau de Fiennes, le seigneur de Wavrin, le seigneur de Hamelincourt, le seigneur de Querquy, le seigneur de Fosseus, le seigneur de Guillerval [4]. Le conte d'Armignac avoit seize [5] banières en sa bataille. Et le roy de France assembla son ost, qui estoit moult grant, entre Lens [6] et Arras; mais encore il n'estoit pas advisiés de quel part il volroit tourner.

Or vous diray de monseigneur Robert d'Artois qui estoit à Gand, et ilec assembla son ost pour venir à Saint-Omer; mais ceulx de Furnes et de Bergues qui estoient moult grans gens et bons combateurs, estoient issus de leur païs et estoient venus à une lieue prés de Cassel, à une ville que on appelle: Bambeque, et là distrent que il n'yroient plus avant, car autresfois on les avoit menés vers Saint-Omer, mais onques bien ne leur en vint. Quant monseigneur Robert d'Artois eust ce oy, si prinst conseil à ses chevaliers et à ceulx de Bruges, et puis s'en ala à eulx à Bambeque et parla à ceulx de Furnes et de Bergues et leur dist que hardiement venissent avant, car il estoit tout asseur de avoir et recepvoir la ville de Saint-Omer, et en avoit jà receu deux paires de lettres que si tost que il venroit devant la porte, ceulx de la ville les lairoient entrer dedans et li livre-

---

[1] Entre Lens et Arras (Ms. 4960).
[2] Quatre mille (Mss. 4960 et 10143).
[3] Ceci est remplacé dans le Ms. 4960 par la phrase suivante : En la première estoit chef ledit duc, et ès aultres ceulx qui ensuivent : messire Phelippe son fils, etc. Le Ms. 10145 porte : Et y fut le duc de Bourgongne, monseigneur Jehan, son frère, etc.
[4] Willerval (Mss. 4960 et 10143).
[5] Six (Ms. 10143).
[6] Lisle (Ms. 10143).

roient le duc de Bourgoingne, et de ce estoit-il tout asseur. La meschéant gens le crurent comme fols et alèrent avant, mais il disrent que jà ne passeroient le Neuf-Fossé s'ils n'estoient mieulx asseurés. Quant messire Robert d'Artois vid que il les metteroit avant par telle voye, si en eust moult grant joye et fist tantos ses archiers courre par la terre d'Artois et bouter le feu. Quant le duc vid le feu en sa terre, tantost fist sonner sa trompette et issi, ses batailles ordenées, hors de la ville. Et quant les archiers sceurent qu'il venoit, si s'en cuidèrent raler, mais les gens du duc les retinrent et en tuèrent bien soixante, droit à ung pas que on appelle : le Pas-Hazequin [1]. Le duc se tint aux champs une pièce, et, quant il vid que nul ne venoit, si s'en retourna à la ville. Lors fist monseigneur Robert d'Artois deslogier son ost et trousser ses tentes, et s'en vint vers Saint-Omer.

Ceulx de Bruges, qui avoient la première bataille et conduisoient le charoy, s'en vinrent à une ville près de Saint-Omer, que on appelle : Arques ; mais ceulx de Furnes ne voloient passer le Neuf-Fossé, sicomme il avoient paravant dit. Quant messire Robert d'Artois vid que il ne voloient aler avant, si fit courre unes nouvelles pardevers eulx que ceulx de Bruges se combatoient et que pour Dieu il les voulsissent secourre. Quant il oyrent ces nouvelles, si laissièrent leur propos et s'en vinrent grande aleure vers la ville, et, quant il vinrent à Arques, il trouvèrent ceulx de Bruges qui se logoient. Endememtiers que il se logèrent, vinrent les archiers courre jusques à la porte, et portoient une banière des armes monseigneur Robert d'Artois et traioient si dru vers la porte que ce estoit merveilles. Quant ceulx qui à la porte estoient, les virent ainssy traire, si yssirent hors tous à ung cop et coururent à eulx ; mais il ne les attendirent mie, ains s'enffuirent ; mais ceulx de Saint-Omer les chassèrent jusques à la Maladrerie. Et ainssy paletoit-on moult souvent ; mais onques le duc, ne ses hommes d'armes ne se murent, et tant paletèrent que les Flamens furent tous logiés. Il boutèrent le feu en la ville d'Arques et l'ardirent toute. Celle meisme journée vint le conte d'Armignac, à tout son ost, en la ville.

Le roy de France qui avoit son ost assemblé pour aler vers Tournay, s'appensa que mieulx li vauldroit de soy combatre à monseigneur Robert d'Artois que aler vers Tournay [2]. Si fist mouvoir son ost en grant haste pour aler vers Saint-Omer. Les Flamens qui estoient dessus Arques, aloient presque tous les jours paleter jusques aux forbours de Saint-Omer et faisoient par nuit si grant lumière en leur ost que la lumière resplendissoit jusques en la ville ; et si faisoient chacun jour moult grans assaulx à ung petit chastelet qui estoit au duc de Bourgoingne, que on appelle : Ruhault, mais onques, pour assault qu'il feissent, ne le peurent gaingnier.

[1] On lit : le Pont-Hazequin, dans les Chroniques de Saint-Denis.

[2] Cette phrase manque dans les Chroniques de Saint-Denis.

Quant monseigneur Robert d'Artois sceut que le roy de France venoit vers luy et que il avoit laissié Tournay, si hasta moult sa besoingne. Par ung merquedi matin manda tous les capitaines de son ost et leur dist : « Seigneurs, je ay oy nouvelles que je voyse » vers la ville de Saint-Omer. » Et disoient l'un à l'autre : « Ore tost, compains, nous » beuverons encore à nuit de ces bons vins de Saint-Omer. » Quant les batailles furent ordenées, si s'en alèrent de leurs tentes, et vinrent le grant chemin parmi Arques vers la ville de Saint-Omer, et ou premier front devant vint monseigneur Robert d'Artois, et avoit avec lui deux banières d'Angleterre et tous ceulx de Bruges et les archiers, et ne se arrestèrent oncques jusques à tant que vinrent à une arbalestrie près de la Maladrerie, et illec s'arrestèrent, et avoient fossés devant eulx, sique on ne pooit venir à eulx, et avoient par devant eulx mis bretèches, qui avoient grans broches de fer et estoient couvertes de toiles adfin que on ne les peust appercevoir; et en l'autre bataille après, qui moult estoit grande, furent ceulx du Franc. A l'autre costé sur le mont dalés, à la costière d'Arques, estoient arrengiés ceulx d'Ippre, qui estoient grant quantité, et entre ces deux batailles s'estoient arrengiés ceulx de Furnes, de Bergues et leurs chastelleries; et pour garder les tentes estoient demourés ceulx de Poperingues et toute la chastellerie de Cassel et de Bailleul. Or y avoit ung fossé traversant, qui s'estendoit de la bataille d'Ippre, qui estoit dessus le mont, jusques à la bataille monseigneur Robert d'Artois. Quant les chevaliers qui estoient à Saint-Omer, virent les Flamens rengiés au lonc des fourbours de la ville, si yssirent hors, par routes, sans conroy, et yssirent tous les banerès hors de la ville, exceptés le duc de Bourgoingne et le conte d'Ermignac, avec toutes leurs batailles, et la cause pour quoy le duc ne yssy, si fut telle; car le roy luy avoit mandé que il ne se combatist pas à monseigneur Robert d'Artois, ne à son effort, sans luy.

Quant les chevaliers furent venus au plain païs où les Flamens estoient arrengiés. moult firent de courses sur eulx; mais onques ne les peurent entamer, et durèrent les courses depuis midi jusques à complie ou environ.

Quant le duc de Bourgoingne vid que ses ennemis estoient si près de luy, si appela le conte d'Armignac et ses conseillers et leur dist : « Seigneurs, que me loés-vous? Je » ne puis veoir que je ne soie aujourd'uy déshonnorés ou que je ne désobéisse au » roy. » Adont dit le conte d'Armignac : « Sire, à l'ayde de Dieu et de vos bons amis, » à la paix du roy venrés-vous bien tantost. » Dist le duc : « Or nous alons armer, de » par Dieu et de par monseigneur saint-George. » Quant il fut armés, si yssi de la ville, et n'avoit plus hault que quarante hommes [1] avec lui. Et s'en ala droit à la Maladrerie sans arrester, et là trouva à l'encontre de lui la bataille monseigneur Robert d'Artois. Après issy le conte d'Armignac qui avoit huit cens hommes d'armes, desquels il en y

---

[1] On lit : cinquante hommes d'armes, dans les Chroniques de Saint-Denis.

avoit bien trois cens armés parfaitement; et ceste bataille se traist vers destre, où ceulx d'Ippre estoient. Quant les Bourguignons virent le duc aux champs, si se traisrent vers lui; mais les Artisiens et les Flamens qui de la partie au roy estoient, se tinrent tous cois en la champaigne où il estoient. Adoncques vinrent les grans batailles de Bergues et de Furnes travers les champs et leur coururent sus; et les Artisiens et les Flamens se deffendirent contre eulx. Mais, quant ils vinrent au fossé qui traversoit, si ne peurent aler oultre. Tantost retournèrent les banières, et en retournant cut maint hault homme desconfit, et s'enfuirent de tous costés et laissièrent leur seigneur, emmi les champs, ès mains des ennemis, se la grâce de Dieu ne l'eust saulvé. Tantost que les Flamens virent les banières retourner, si saillirent oultre le fossé à grans routes, et coururent après eulx et les cuidoient avoir desconffis; mais, quant les Artisiens les virent oultre, si retournèrent leurs banières et leur coururent sus par grant corage. Et commença illec la bataille par telle manière que, en la fin, les Flamens furent desconfis, et le conte d'Armignac s'en ala vers ceulx d'Ippre, et tantost qu'il le virent venir vers eulx, si s'enfuirent, sique on ne sceut onques bonnement quel chemin il prinsrent. Et lors le conte se retraist vers ceulx qui chassoient les fuyans, et en celle fuyte il y eut moult grant quantité de Flamens et de ceulx de la partie monseigneur Robert d'Artois mors.

Endementiers que les Artisiens et le conte d'Armignac se combatoient et chassoient les Flamens vers Arques, monseigneur Robert d'Artois, avec toute sa bataille, vid le duc de Bourgoingne estre devant la Maladrerie. Si fit mettre ses engiens arrière et vint à tout ung grant huy vers la ville de Saint-Omer. Quant les gens au duc les virent venir, si se traisrent hors du chemin par devers les champs; et monseigneur Robert d'Artois les cuida avoir souspris enmy la rue des foursbours, car les gens d'armes ne se peussent là avoir aidié contre les gens de p'et, mais il failli à son entente. Tantost se retraist avec toute sa bataille vers la porte de Saint-Omer, et de rechief encore cuida ledit monseigneur Robert d'Artois avoir souspris ledit duc de Bourgoingne; mais, ainssy comme Dieux le veult, ceulx qui estoient à la porte, recongneurent les banières. Tantos commencèrent à traire et à jetter vers eulx; mais l'entrée de la ville fut oppressée de gent sique nulluy n'y pooit entrer, ne issir, de ceulx qui fuyoient vers la ville. Quant monseigneur Robert d'Artois et ses gens virent que il avoient failli à leur entente, si aconsuirent aucuns chevaliers qui venoient à la ville, à secours, ung pau devant la porte. Là les tuèrent et acraventèrent, et y furent tués li sires de Hamelincourt, messires Froissars de Baufort et ung chevalier d'Espaigne, que on appelloit : le seigneur de Saint-Vérain et ung chevalier de Bourgoingne, que on appelloit : le seigneur de Branges, et là fut tués ung chevalier d'Angleterre, qui portoit en ses armes eschiqueté d'argent et de gueules, et fut férus parmi la cervelle. Et puis ordenèrent leurs batailles et se retraisrent vers Arques; mais, quant il furent issus des foursbours, le duc qui ralioit sa gent et les attendoit, leur voloit courre sus; mais, pour ce que il estoit nuit, ne le veurent ses gens souffrir. Puis passa la bataille monseigneur Robert d'Artois, toute ordenée, oultre le chemin, criant « Saint-George! » à haulte vois. Le conte d'Armignac et les Artisiens, qui avoient chassiés les desconfis et ne savoient riens quelle chose avoit esté faicte devant la ville, encontrèrent monseigneur Robert d'Artois et toute sa bataille; mais il ne le congneurent point, pour ce que il estoit trop tard, et y en eut aucuns sousprins en eulx, qui furent tués. Là fut prins un chevalier de Bourgoingne, que on appelloit: monseigneur Guillaume de Juilly. Ad ce jour levèrent banières le conte de Molisson, qui estoit au conte d'Armignac, et fut nouvel chevalier li sires de Saincte-Croix et un aultre chevalier d'Artois, que on appelloit: le seigneur de Reli. Ilec eut maint chevalier nouvel fait.

Le duc de Bourgoingne, quant il eust ralié ses gens, s'en vint vers la ville, à grant joye, et ceulx de la ville issirent contre lui à torches et l'emmenèrent en la ville, et entrèrent dedens la ville de Saint-Omer à grant joye. Puis fist-on aporter les chevaliers qui gisoient mors dehors la ville, et furent enterrés l'endemain, à grant pleurs.

Ceste bataille fut l'endemain du jour Saint-Jacques et Saint-Christofre, l'an MCCC XL.

Quant monseigneur Robert d'Artois fut revenus à ses tentes, la lumière estoit jà toute alumée; mais il n'y trouva nulluy, car tous s'en estoient fuys et avoient laissié tentes et harnas et tout quanque il avoient, pour la plus grant partie, derrière eulx, et estoient si desconfis que jà ne cuidoient venir à Cassel, et en morut grant foison en la voie, qui estoient trais et navrés.

L'ost qui estoit avec monseigneur Robert d'Artois, fut esmés de la partie des Flamens par connestablies à LV^m,[1] sans leur charroy, et les mors furent nombrés à III^m. Quant monseigneur Robert d'Artois vid que ses gens s'en estoient ainssy fuys, si monta tantost et ne tarda onques jusques ad tant que il fut à Cassel sur le mont; et là cuida bien estre tués de ses gens, ne onques n'y fut à saulveté jusques à tant qu'il vint à Yppre. Puis vous diray du duc de Bourgo'ngne qui estoit entrés en la ville de Saint-Omer. Là reposoient toutes ses gens d'armes. Toute la nuit coururent destriers par les champs, et les gens ne savoient où aler; mais deus chevaliers qui estoient à l'évesque de Thérouenne, qui faisoient le guet et ne savoient riens de la bataille, vinrent courant jusques bien près des tentes. Si n'y virent âme; et, quant vint à l'aube du jour, si virent que tous s'en estoient allés. Tantost coururent ès tentes et prinsrent du plus bel et du milleur qu'il trouvèrent, tant qu'il furent tous chargiés. Et l'endemain, quant on le sceut en la ville, chascuns au gaing coururent à piet et à cheval, et ne fina-on onques toute jour de amener chars et charrettes chargés de tentes et d'autres estoffes de guerre, et gaingnèrent si grant avoir que ce fust merveilles, et morurent ilec bien XII^c chevaulx, que on fit ardoir pour la punaisie, et fist-on jetter les mors en grant charniers.

[1] Les Chroniques de Saint-Denis portent: LX^m.

Monseigneur Robert d'Artois, qui estoit à Yppré, n'y advisa plus demourer et retourna en l'ost du roy d'Angleterre, qui estoit devant Tournay; et fut le païs de Flandres si desconfit que mille hommes d'armes eussent bien desconfit tout le païs jusques à Bruges.

Quant le roy d'Angleterre sceut la desconfiture qui avoit esté devant Saint-Omer, si fit toute sa gent passer l'Escaut et assiéger la ville de Tournay tout entour.

Le roy de France, qui avoit assemblé un si grant ost, s'estoit venus logier à Aire, l'endemain de la bataille, à ung prioré que on appelle : Saint-Andrieu, et là li apporta-on unes lettres de par le roy d'Angleterre, desquelles la teneur s'ensuit :

« De par Édouard, roy de France et d'Angleterre, etc..... Donné soubs nostre séel,
» à Elchin sur l'Escaut, dalés Tournay, en l'an de grâce M CCC XL, le xxviie juillet. »

Quant le roy de France et son conseil eurent veues ces lettres, tantost envoya response au roy d'Angleterre sur ceste fourme :

« Philippe, par la grâce de Dieu, roy de France, etc..... Donné sur les champs à la
» prioré Saint-Andrieu dalés Ayre, soubs le séel de nostre secret, en absence de nostre
» grant séel, le xxxe juillet M CCC XL. »

Endementiers que le roy de France fut à Saint-Andrieu et que il eut receues les lettres du roy d'Angleterre, ainssy comme vous l'avés oy par avant, envoyèrent ceulx de Tournay à lui que pour Dieu il les volsit secourre, car leurs ennemis les avoient si advironnés que nuls vivres ne povoient à eulx entrer. Et tantost envoya le roy le duc d'Athènes, le visconte de Thouars, le visconte d'Aunoy, monseigneur Pierre de Fauquigny, le conte d'Ausserre, le seigneur de Craon et son frère, monseigneur Guy Tulepin, le seigneur de Chastillon en Touraine, le fil au conte de Roussy, le dalphin d'Aulvergne, le seigneur de Clisson, le seigneur de Laillac, le seigneur de Biaugeu, le seigneur de Saint-Venant, le frère à l'évesque de Mès et Ourry Thiébaut. Tous ceux-cy estoient à banières et avoient bien avec eulx deux mille hommes, et s'en alèrent droit à Cassel ; mais les Flamens avoient jà prins le mont tout environ et estoient au devant. Quant il virent ce, si boutèrent le feu partout, et cuida-on par le feu et les fumées faire lever le siége de Tournay. Puis vinrent à Saint-Omer. L'endemain meurent à heure de prime et s'en allèrent par toute la terre au conte de Bar, ardant et essillant, et ainssy s'en retournèrent en l'ost.

Lors assembla le roy de France grant conseil à sçavoir se il entreroit en la terre le conte de Flandre, à tout son ost, ou se il yroit vers Tournay. Mais à ce conseil avoit le conte de Flandres amis qui virent bien que, se le roy entroit en Flandre, que tout le païs seroit essilliés; et pour ce li loèrent d'aler vers Tournay. Quant le roy eust illec séjourné huit jours, si fit mouvoir son ost, et chevaucha continuellement jusques ad tant qu'il vint à trois lieues de Tournay, à une villette que on appelle : Bovines, et là se loga assés près de ses ennemis.

DE NEVERS.

Or vous diray les hauls princes qui estoient en l'ost du roy de France. Premièrement le roy de France Philippe en sa personne, le roy de Behaingne, le roy de Navarre, le duc de Normandie, le duc de Bourbon, le duc de Bretaingne, le duc de Bourgoingne, le duc de Lothrainne, le duc d'Athènes, le conte d'Alensson, le conte de Flandre, le conte de Savoye, le conte d'Armignac, le conte de Bouloingne, le conte de Bar, l'évesque de Liége, le conte de Dreux, le conte d'Aubemale, le conte de Blois, le conte de Sanserre, le conte de Joingny, le conte de Roucy et mains aultres nobles, princes et chevaliers.

De la partie au roy d'Angleterre y furent ceulx qui s'ensuivent : Premièrement ledit roy Édouard d'Angleterre en sa personne, monseigneur Robert d'Artois, le conte de Herefort, le conte de Norantonne, le conte Derbi, le conte de Hantonne, le conte d'Arondel, le baron d'Estanfort, le duc de Braibant, le duc de Guerles, le conte de Haynnault, monseigneur Jehan, son oncle, le marquis de Julers, le conte des Mons, le conte de Chigny, le seigneur de Fauquemont, Jaque d'Artevelde avec toute la commune de Flandres. Tous ceulx-icy avoient assis la ville de Tournay; mais il ne firent oncques assault fors que jetter pierres, excepté ung jour que aucuns sergens d'armes du roy issirent hors de la ville avec le connestable et vinrent en la rue des foursbours et encontrèrent une route d'Alemans et d'Anglès et férirent ilec ensemble; mais tant creut la force des Anglès qu'il convint les François retourner. Ce fut tout le fait d'armes qui fut fais à ce siége.

Ains vous diray de la contesse de Haynnault, qui tant pourchassa devers le roy de France, son frère, et devers le roy d'Angleterre, qui avoit sa fille espousée, avec le roy de Behaingne, que ung jour de parlement fut prins entre les deus roys. Mais Jaque d'Artevelde vint devers le roy d'Angleterre et devant les barons, et lors leur dist : « Seigneurs, » prenés garde quelle pais vous faictes; car, se nous n'i sommes comprins et tous nos » articles pardonnés, nous ne nous départirons de cy, ne ne vous quitterons du sere- » ment que vous avés devers nous. » Dont dist la contesse de Haynnault : « Ha! sire, » Dieux en ait pité, quant pour le dit d'un vilain tout le noble sang de la chrestienneté » sera expandus ! » Tant fut la chose menée que Jaques d'Artevelde s'accorda au traictiet, ainssy comme il sera dit cy-après.

Les barons qui tinrent le parlement de par le roy de France, furent le roy de Behaingne, le conte d'Armignac, le conte de Savoie et li sires de Nojers. Et de par le roy anglès y furent monseigneur Guillaume de Clithonne, l'évesque de Lincole, monseigneur Geffroy Scrop, messire Jehan de Haynnault, le seigneur de Cuc et monseigneur Henri d'Anthoing; et fut le parlement sur ceste forme :

Premièrement que le roy de France renderoit au roy d'Angleterre, par mariage de leurs enfans, toute la terre de Gascoingne et d'Acquitainne et la conté de Pontieu, aussi avant comme le roy son tayon le tint et par ainssy que nul sergent du roy ne puist sergenter ou païs.

Après, tant que au païs de Flandres, que moiennes gens et petis soient menés aux lois qu'il tinrent du temps au conte Guy.

Item, que toutes obligations où il sont obligiés devers le roy, en quelconques manières et de quelconques temps que ce soit, tout soit quittié, tant de voyages comme de sommes d'argent ou de painnes èsquelles il sont escheus.

Item, que tout excommuniement ou interdit où il pueent estre encourus, que il en soient absobs, et que toutes les fortes obligations par lesquelles il porroient avoir encouru lesdites sentences, leur soient rendues et mises par devers eulx.

Item, que toutes les males volontés où il pueent estre encourus par cause de rébellion ou de désobéissance envers le roy ou le conte de Flandres leur soient du tout pardonnées en telle manière que jamais aucuns d'eulx n'en doye recepvoir, ne en corps, ne en biens, dommage.

Et, se il advenoit que il feissent aucune chose ou temps advenir pour quoy il deuissent estre pugnis, que pour les choses passés il n'en aient pis, ains soient démenés par les lois et coustumes dou lieu où il sont demourans.

Et pour tous ces traictiés de pais faire et accorder à plus grant délibération, avec les autres accords, requist la contesse de Haynnault trièves jusques à la Saint Jehan-Baptiste, ausquelles trièves certainnes personnes seroient envoyées à ung certain lieu; et seront les sentences relachées et suspendues, et fera-on le service de Dieu par toute Flandres.

Quant ces choses furent ainssy ordenées, le roy de France départi son ost et s'en retourna en France; et le roy d'Angleterre départi le sien et s'en ala à Gant. Là vint li contes de Flandres à luy, et s'entrefestioient li uns l'autre de grant mengiers et de biaux dons; mais onques ne le peust le roy d'Angleterre attraire qu'il venist à son serement, comment que ledit conte en euist esté assés requis.

Depuis fit li rois d'Angleterre aparillier sa navie et prinst congié aux aliés..... Si laissa le roy d'Angleterre le duc de Guerles en plège pour ly à Gant, et puis s'en ala, luy et la royne, en Angleterre.

Or advint que le conte de Flandres qui estoit demourés en son païs, pour ce que on luy fit pau de obédience, il s'en parti par maltalent et s'en ala vers le roy de France.

ERRATA ET VARIANTES.

Page 5, ligne 24. Au lieu de : Mont-Cassin, d'autres MSS. portent : Mont-Cenis, ce qui vaut mieux.
Page 6, ligne 18. Au lieu de : Wanemiers li Clers, d'autres portent : Wanemiers de Lillers, ce qui est plus correct.
Page 14, ligne 22. Au lieu de : Danfort, quelques MSS. portent : Danfront.
Page 21, ligne 22. Un MS. ajoute à la mention de Douay, celle de Beaumont.
Page 25, ligne 26. Au lieu de : Canines, lisez : Canivès.
Page 147, ligne 7. Au lieu de : Redage, le texte de Baudouin d'Avesnes porte : Regate (Ramsgate). — Le même texte ajoute : Porcestre.
Page 147, ligne 30. Au lieu de : en Flandres, lisez, comme le porte le texte de Baudouin d'Avesnes, en France.
Page 148, ligne 23. Un MS. porte : Pons de Montbéraut.
Page 148, ligne 25. Un MS. porte : Pierres de Bonivent.
Page 149, ligne 11. Au lieu de : Aurames de Chisoing, un MS. porte : Amauris de Croon.
Page 149, ligne 14. Au lieu de : poteras, un MS. porte : pertrias.
Page 151, ligne 4. Il y a une grande lacune dans notre texte. Voici ce que porte la Chronique de Baudouin d'Avesnes (fol. 337 v°) : « Uns hom vint comme hermites en un bois qui siet entre
» Tournay et Valenciennes, qu'on apelle la forest de Glançon. Ce fut en l'an de l'Incarnation Nostre-
» Seigneur M. CC. et XXVI en un karesme. »
Page 152, ligne 27. Au lieu de : qouy, lisez : quoy.
Page 154, ligne dernière. Au lieu de : castiel de Savoye, le texte de Baudouin d'Avesnes porte : le castiel de Poilvache.
Page 185, ligne 8. Au lieu de : désployes, lisez : desployes.
Page 200, ligne 12. Au lieu de : li roy, lisez : li roys.
Page 256, ligne 13. Au lieu de : sceurent qui, lisez : sceurent que.
Page 269, ligne 11. Au lieu de : conviut, lisez : convint.
Page 284, ligne 26. Au lieu de : celé, lisez : célé.
Page 284, ligne 27. Au lieu de : cèleroit, lisez : céleroit.
Page 298, ligne 32. Au lieu de : cretiens, lisez : crestiens.
Page 305, ligne 11. Au lieu de : Hennin-Lliétart, lisez : Hennin-Liétart.
Page 307, ligne 35. Au lieu de : s huis, lisez : as huis.
Page 310, ligne 3. Au lieu de : Béraut de Martueil, plusieurs MSS. portent : Béraut de Marcueil.

ERRATA ET VARIANTES.

Page 513, ligne 15. Au lieu de : ocordés, lisez : acordés.
Page 524, ligne 20. Au lieu de : Charle, lisez : Charles.
Page 527, ligne 8. Au lieu de : Loey, lisez : Loeys.
Page 545, ligne 9. Au lieu de : orrés vous, lisez : orrés-vous.
Page 564, ligne 6. Au lieu de : comte, lisez : conte.
Page 571, ligne 14. Au lieu de : Artevelte, lisez : Artevelle.
Page 595, ligne 7. Au lieu de : avironnes, lisez : avironnés.
Page 409, ligne 16. Au lieu de : encloirent, lisez : encloïrent.
Page 409, ligne 17. Au lieu de : Roberts, lisez : Robert.
Page 410, ligne 11. Au lieu de : mill., lisez : mille.
Page 533, ligne 24. Au lieu de : Valessi, lisez : Valesii.
Page 561, ligne 1. Au lieu de : Novionum, lisez : Noviomum.

TABLE.

		Pages.
Introduction	. . . .	I
I.	— Depuis Baudouin Bras de Fer jusqu'à Baudouin le Bon.	1
II.	— Robert le Frison	17
III.	— Robert de Jérusalem	27
IV.	— Baudouin à la Hache.	31
V.	— Charles le Bon	33
VI.	— Guillaume de Normandie	39
VII.	— Thierri d'Alsace.	45
VIII.	— Philippe d'Alsace	50
IX.	— Baudouin de Hainaut	70
X.	— Baudouin de Constantinople	78
XI.	— Jeanne de Constantinople	104
XII.	— Marguerite de Constantinople	156
XIII.	— Depuis l'avénement de Gui de Dampierre jusqu'à la bataille de Courtray.	181
XIV.	— Depuis la bataille de Courtray jusqu'à la mort de Gui de Dampierre . .	254
XV.	— Robert de Béthune	291
XVI.	— Depuis l'avénement de Louis de Nevers jusqu'à la retraite de Robert d'Artois en Brabant	328
XVII.	— Depuis l'assemblée à Valenciennes jusqu'à la réconciliation de Louis de Nevers et des communes de Flandre	360

SUPPLÉMENT.

Chronique anonyme conservée dans la Bibliothèque de la ville de Berne	425
Chroniques anonymes conservées à la Bibliothèque Nationale, à Paris (extraits) . . .	607

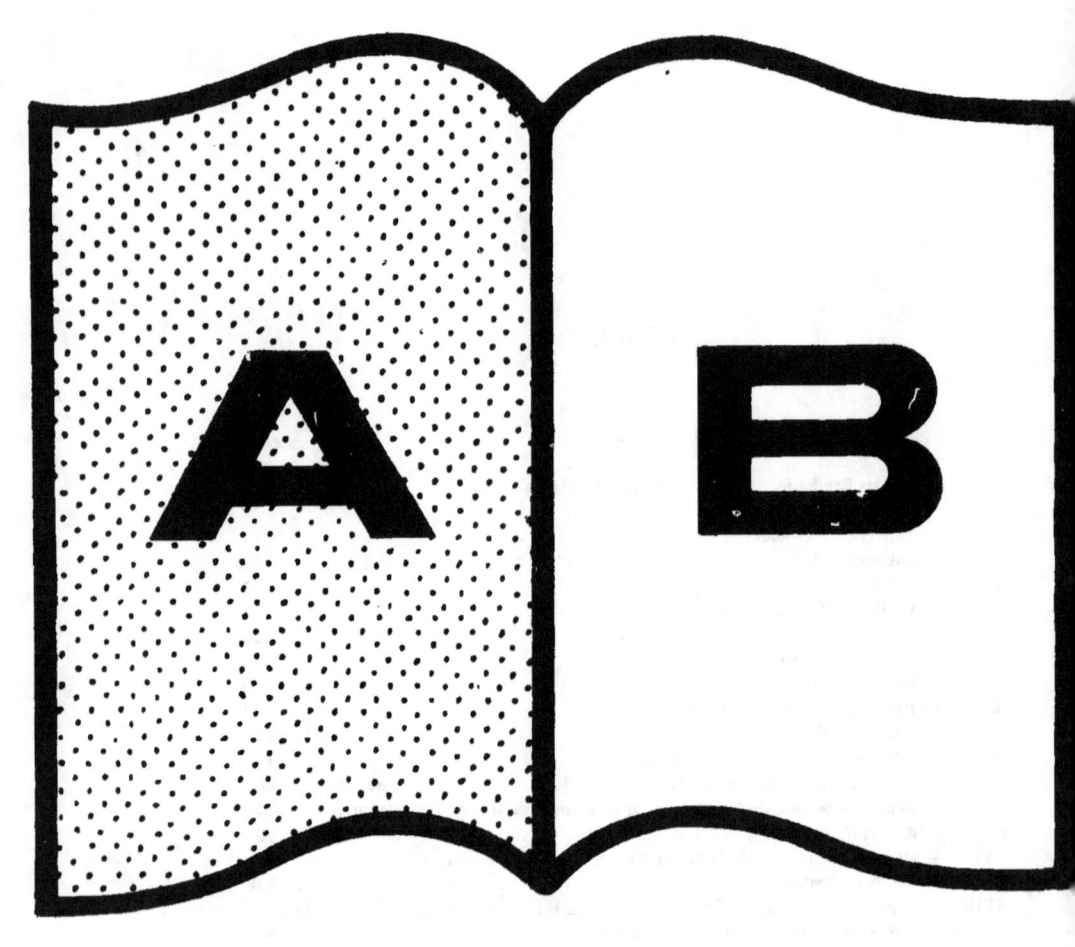

Contraste insuffisant

NF Z 43-120-14

www.ingramcontent.com/pod-product-compliance
Lightning Source LLC
Chambersburg PA
CBHW050103230426
43664CB00010B/1426